中国近代
思想家文库

◎

汤志钧 编

梁启超卷

中国人民大学出版社

·北京·

《中国近代思想家文库》编纂委员会名单

总　序

　　对于近代的理解，虽不见得所有人都是一致的，但总的说来，对于近代这个词所涵的基本意义，人们还是有共识的。一个国家、一个民族走入近代，就意味着以工业化为主导的经济取代了以地主经济、领主经济或自然经济为主导的中世纪的经济形态，也还意味着，它不再是孤立的或是封闭与半封闭的，而是以某种形式加入到世界总的发展进程。尤其重要的是，它以某种形式的民主制度取代君主专制或其他不同形式的专制制度。中国是个幅员广大、人口众多、历史悠久的多民族国家，由于长期历史发展是自成一体的，与外界的交往比较有限，其生产方式的代谢迟缓了一些。如果说，世界的近代是从 17 世纪开始的，那么中国的近代则是从 19 世纪中期才开始的。现在国内学界比较一致的认识，是把 1840 年到 1949 年视为中国的近代。

　　中国的近代起始的标志是 1840 年的鸦片战争。原来相对封闭的国门被拥有近代种种优势的英帝国以军舰、大炮再加上种种卑鄙的欺诈打开了。从此，中国不情愿地加入到世界秩序中，沦为半殖民地。原来独立的大一统的中央集权的君主专制国家，如今独立已经极大地被限制，大一统也逐渐残缺不全，中央集权因列强的侵夺也不完全名实相符了。后来因太平天国运动，地方军政势力崛起，形成内轻外重的形势，也使中央集权被弱化。经历第二次鸦片战争、中法战争、甲午战争、八国联军入侵的战争以及辛亥革命后的多次内外战争，直至日本全面侵略中国的战争，致使中国的经济、政治、教育、文化，都无法顺利走上近代发展的轨道。古今之间，新旧之间，中外之间，混杂、矛盾、冲突。总之，鸦片战争后的中国，既未能成为近代国家，更不能维持原有的统治秩序。而外患内忧咄咄逼人，人们都有某种程度"国将不国"的忧虑。

　　"天下兴亡，匹夫有责"，读书明理的士大夫，或今所谓知识分子，尤为敏感，在空前的危机与挑战面前，皆思有所献替。于是发生种种救亡图存的思想与主张。有的从所能见及的西方国家发展的经验中借鉴某些东西，形成自己的改革方案；有的从历史回忆中拾取某些智慧，形成某种民族复兴的设想；有的则力图把西方的和中国所固有的一些东西加以调和或结合，形成某种救亡图强的主张。这些方案、设想、主张，从世界上"最先进的"，到"最落后的"，几乎样样都有。就提出这些方案、设想、主张者的初衷而言，绝大多数都含着几分救国的意愿。其先进与落后，是否可行，能否成功，尽可充分讨论，但可不必过为诛心之论。显而易见，既然救国的问题最为紧迫，人们所心营目注者自然是种种与救国的方案直接相关的思想学说，而作为产生这些学说的更基础性的理论，及其他各种知识、思想，则关注者少。

围绕着救国、强国的大议题，知识精英们参考世界上种种思想学说，加以研究、选择，认为其中比较适用的思想学说，拿来向国人宣传，并赢得一部分人的认可。于是互相推引，互相激励，更加发挥，演而成潮。在近代中国，曾经得到比较广泛的传播的思想学说，或者够得上思潮的，主要有以下几种：

（一）进化论。近代西方思想较早被引介到中国，而又发生绝大影响的，要属进化论。中国人逐渐相信，进化是宇宙之铁则，不进化就必遭淘汰。以此思想警醒国人，颇曾有助于振作民族精神。但随后不久，社会达尔文主义伴随而来，不免发生一些负面的影响。人们对进化的了解，也存在某些片面性，有时把进化理解为一条简单的直线。辩证法思想帮助人们形成内容更丰富和更加符合实际的发展观念，减少或避免片面性的进化观念的某些负面影响。

（二）民族主义。中国古代的民族主义思想，其核心是"非我族类，其心必异"，所以最重"华夷之辨"。鸦片战争前后一段时期，中国人的民族思想，大体仍是如此。后来渐渐认识到"今之夷狄，非古之夷狄"，"西人治国有法度，不得以古旧之夷狄视之"。但当时中国正遭受西方列强的侵略和掠夺，追求民族独立是民族主义之第一义。20世纪初，中国知识精英开始有了"中华民族"的概念。于是，渐渐形成以建立近代民族国家为核心的近代民族主义。结束清朝君主专制，创立中华民国，是这一思想的初步实现。第一次世界大战爆发，中国加入"协约国"，第一次以主动的姿态参与世界事务，接着俄国十月革命爆发，这两件事对近代中国的发展历程造成绝大影响。同时也将中国人的民族主义提升到一个新的层次，即与国际主义（或世界主义）发生紧密联系。也可以说，中国人更加自觉地用世界的眼光来观察中国的问题。新生的中国共产党和改组后的国民党都是如此。民族主义成为中国的知识精英用来应对近代中国所面临的种种危机和种种挑战的一个重要的思想武器。

（三）社会主义。社会主义作为一种模糊的理想是早在古代就有的，而且不论东方和西方都曾有过。但作为近代思潮，它是于19世纪在批判近代资本主义的基础上产生的。起初仍带有空想的性质，直到马克思和恩格斯才创立起科学社会主义。20世纪初期，社会主义开始传入中国。当时的传播者不太了解科学社会主义与以往的社会主义学说的本质区别。有一部分人，明显地受到无政府主义的强烈影响，更远离科学社会主义。直到五四新文化运动兴起之后，中国人始较严格地引介、宣传科学社会主义。但有一段时间，无政府主义仍是一股很大的思想潮流。中国共产党的成立，从思想上说，是战胜无政府主义的结果。中国共产党把在中国实现社会主义乃至共产主义作为自己的奋斗目标。此后，社会主义者，多次同各种非科学社会主义思想的信仰者进行论争并不断克服种种非科学社会主义思想的影响。

（四）自由主义。自由主义也是从清末就被介绍到中国来，只是信从者一直寥寥。直到五四新文化运动兴起，具有欧美教育背景的知识精英的数量渐渐多起来，自由主义始渐渐形成一股思想潮流。自由主义强调个性解放、意志自由和自己承担责任，在政治上反对一切专制主义。在中国的社会条件下，自由主义缺乏社会基础。在政治激烈动荡的时候，自由主义者很难凝聚成一股有组织的力量；在稍稍平和的时候，他们往往更多沉浸在自己的专业中。所以，在中国近代史上，自由主义不曾有，也不可能有大的作为。

（五）激进主义与保守主义。处于转型期的社会，旧的东西尚未完全退出舞台，新的东西也还未能巩固地树立起来，新旧冲突往往要持续很长的时间，有时甚至达到很激烈的程度。凡助推新东西成长的，人们便视为进步的；凡帮助旧东西排斥新东西的，人们便视为保守的。其实，与保守主义对应的，应是进步主义；与顽固主义相对的则应是激进主义。不过在通常话语环境中人们不太严格加以区分。中国历史悠久，特别是君主专制制度持续两千余年，旧东西积累异常丰富，社会转型极其不易。而世界的发展却进步甚速。中国的一部分精英分子往往特别急切地想改造中国社会，总想找出最厉害的手段，选一条最捷近的路，以最快的速度实现全盘改造。这类思想、主张及其采取的行动，皆属激进主义。在中共党史上，它表现为"左"倾或极左的机会主义。从极端的激进主义到极端的顽固主义，中间有着各种程度的进步与保守的流派。社会的稳定，或社会和平改革的成功，都依赖有一个实力雄厚的中间力量。但因种种原因，中国社会的中间力量一直未能成长到足够的程度。进步主义与保守主义，以及激进主义与顽固主义，不断进行斗争，而实际所获进步不大。

（六）革命与和平改革。中国近代史上，革命运动与和平改革运动交替进行，有时又是平行发展。两者的宗旨都是为改变原有的君主专制制度而代之以某种形式的近代民主制度。有很长一个时期，有两种错误的观念，一是把革命理解为仅仅是指以暴力取得政权的行动，二是与此相关联，把暴力革命与和平改革对立起来，认为革命是推动历史进步的，而改革是维护旧有统治秩序的。这两种论调既无理论根据，也不合历史实际。凡是有助于改变君主专制制度的探索，无论暴力的或和平的改革都是应予肯定的。

中国近代揭幕之时，西方列强正在疯狂地侵略与掠夺殖民地和半殖民地，中国是它们互相争夺的最后一块、也是最大的资源地。而这时的中国，沿袭了两千年的君主专制制度已到了奄奄一息的末日，统治当局腐朽无能，对外不足以御侮，对内不足以言治，其统治的合法性和统治的能力均招致怀疑。革命运动与改革的呼声，以及自发的民变接连不断。国家、民族的命运真的到了千钧一发之际，危机极端紧迫。先觉分子救国之心切，每遇稍具新意义的思想学说便急不可待地学习引介。于是西方思想学说纷纷涌进中国，各阶层、各领域，凡能读书读报者，受其影响，各依其家庭、职业、教育之不同背景而选择自以为不错的一种，接受之，信仰之，传播之。于是西方几百年里相继风行的思想学说，在短时期内纷纷涌进中国。在清末最后的十几年里是这样，五四时期在较高的水准上重复出现这种情况。

这种情况直接造成两个重要的历史现象：一个是中国社会的实际代谢过程（亦即社会转型过程）相对迟缓，而思想的代谢过程却来得格外神速。另一个是在西方原是差不多三百年的历史中渐次出现的各种思想学说，集中在几年或十几年的时间里狂泻而来，人们不及深入研究、审慎抉择，便匆忙引介、传播，引介者、传播者、听闻者，都难免有些消化不良。其实，这种情况在清末，在五四时期，都已有人觉察。我们现在指出这些问题并非苛求前人，而是要引为教训。

同时我们也看到，中国近代思想无比的多样性与复杂性呈现出绚丽多彩的姿态，各种思想持续不断地展开论争，这又构成中国近代思想史的一个突出特点。有些论争为我们留下了非常丰富的思想资料。如兴洋务与反洋务之争，变法与反变法之争，革命与改良之争，共和与立宪之争，东西文化之争，文言与白话之争，新旧伦理之争，科学与人生观之争，中国社会性质的论争，社会史的论争，人权与约法之争，全盘西化与本位文化之争，民主与独裁之争，等等。这些争论都不同程度地关联着一直影响甚至困扰着中国人的几个核心问题，即所谓中西问题、古今问题与心物关系问题。

中国近代思想的光谱虽比较齐全，但各种思想的存在状态及其影响力是很不平衡的。有些思想信从者多，言论著作亦多，且略成系统；有些可能只有很少的人做过介绍或略加研究；有的还可能因种种原因，只存在私人载记中，当时未及面世。然这些思想，其中有很多并不因时间久远而失去其价值。因为就总的情况说，我们还没有完成社会的近代转型，所以先贤们对某些问题的思考，在今天对我们仍有参考借鉴的价值。我们编辑这套《中国近代思想家文库》，希望尽可能全面地、系统地整理出近代中国思想家的思想成果，一则借以保存这份珍贵遗产，再则为研究思想史提供方便，三则为有心于中国思想文化建设者提供参考借鉴的便利。

考虑到中国近代思想的上述诸特点，我们编辑本《文库》时，对于思想家不取太严格的界定，凡在某一学科、某一领域，有其独立思考、提出特别见解和主张者，都尽量收入。虽然其中有些主张与表述有时代和个人的局限，但为反映近代思想发展的轨迹，以供今人参考，我们亦保留其原貌。所以本《文库》实为"中国近代思想集成"。

本《文库》入选的思想家，主要是活跃在 1840 年至 1949 年之间的思想人物。但中共领袖人物，因有较为丰富的研究著述，本《文库》则未收入。

编辑如此规模的《文库》，对象范围的确定，材料的搜集，版本的比勘，体例的斟酌，在在皆非易事。限于我们的水平，容有瑕隙，敬请方家指正。

《中国近代思想家文库》编纂委员会

目　录

梁启超的一生[*]
——代导言

一

新会位于珠江三角洲,在广州西南,离澳门很近。1873 年 2 月 23 日(清同治十二年正月二十六日),梁启超生于新会凤山之麓的茶坑村。

梁启超,字卓如,号任公、沧江,又号饮冰室主人。祖父是举人,父亲是庠生,母亲也知书识礼。他从小聪明好学,深受祖父、父母的钟爱,也受到很好的家庭教育。除四书五经外,特别喜欢历史书,将家中仅有的《史记》、《纲鉴易知录》反复阅读,"《史记》之文能成诵八九"。

明清以来,推行科举考试,年仅十七岁的梁启超,就考取了举人,他的试卷,深受主考官李端棻的赏识,李端棻还把自己的堂妹李蕙仙许配给他。

1890 年,十八岁的梁启超在广州学海堂肄业。学海堂是嘉庆年间阮元担任两广总督时创设的广东最高学府,他主编的《皇清经解》,就被称为《学海堂经解》。堂内藏书丰富,梁启超遂得左图右史,博览群书。

这时,帝国主义国家不断侵略中国,1885 年中法战后,法国侵入中国西南边陲,民族危机严重,康有为于 1888 年 12 月 10 日上书请求变法,指出帝俄蚕食东方的阴谋和法国专力越南以窥中国的企图,要抵御外敌,就必须"内修政事";要"内修政事",就必须变更成法。应该"酌古今之宜,求事理之实","讲求变法之宜"。这次上书,光绪皇帝没有看到,康有为却声名大著。他回到广州,在安徽会馆晤见了廖平,受其启发,觉察今文经学讲求"变",正可援以论政,因为以孔子为代表

---

[*] 本文见编者所著《梁启超其人其书》,304～321 页,北京,中国人民大学出版社,2011。

的儒家经学几千年来一直为人们所尊颂，不如利用人们对孔子的迷信，进行改革，用他自己的话来说："布衣改制，事大骇人，故不如与之先王，既不惊人，自可避祸。"①

康有为回到广州后，移居广州云衢书屋。在学海堂肄业的高才生陈千秋听到康有为的声名，前往谒见，大为钦佩。1890 年秋，陈千秋告诉梁启超：康有为的学问，"乃为吾与子所未梦及，吾与子今得师矣"。梁启超随同陈千秋进见康有为时，康有为"乃以大海潮音，作狮子吼"，对中国数百年来没有用的旧学，一层层驳斥，举出事例，摧陷廓清，梁启超闻所未闻，大为感服，自称："自辰入见，及戌始退，冷水浇背，当头一棒，一旦尽失其故垒，惘惘然不知所从事，且惊且喜，且怨且艾，且疑且惧"，甚至"竟夕不能寐"②。于是"北面执弟子礼"。自此以后，追随康有为，从事维新变法的宣传鼓动。

康有为的教学方法、教学内容和传统的塾师课艺完全不同，梁启超"执弟子礼"后，也感到旧的为了应付科举考试的塾师诵读，不能适应当前形势的需要，必须改变学制，废除科举。要振兴中华，必须培养人才；要培养人才，又必须有新的学校。

二

1894 年的中日战争，中国惨败。次年 4 月 17 日（三月二十三日），清政府与日本签订了丧权辱国的《马关条约》，瓜分危机迫在眼前，康有为趁着入京应试的机会，联合各省应试举人联名上书请愿。接着，又在北京、上海设立强学会，创刊《万国公报》、《中外纪闻》。作为康有为的得力助手，梁启超积极参加，并于 1896 年 8 月 9 日，主持上海《时务报》笔政，宣传维新，鼓吹变法。

"维新"，是"维"资本主义之"新"，"改"封建主义之"旧"。要"维"资本主义之"新"，就要学习西方，讲求西学。早在 1890 年，梁启超入京会试返回广东经过上海时，就购买了《瀛寰志略》，读之，"始知有五大洲各国，且见上海制造局译出西书若干种"③。在广州，康有为也讲过"西学之梗概，自是决意舍去旧学"，梁启超看的翻译本西书

①　康有为：《孔子改制考》，267 页。
②③　梁启超：《三十自述》。

也就多了。等到主持《时务报》，还写了《西学书目表》，说日本之所以
"翻然而悟，奋然而兴"，是由于"既受俄、德、美劫盟之辱，乃忍耻变
法，尽取西人之所学而为之，遂有今日"①。

然而，洋务运动以来，中国"效西法三十年矣"，却"效之愈久，
而去之愈远"，又是为什么？这就不能不引起梁启超的深思。

学习西方，就离不开学校，就不能不改革科举弊政，梁启超在《时
务报》连载的《变法通议》中，以较多的篇幅专门写《论学校》，包括
《论学校总论》、《科举》、《学会》、《师范学校》、《幼学》、《女学》、《译
书》多篇，从《时务报》第五册起，一直连载到第三十六册。

洋务运动时期，也设过学院、学校，也有过同文馆、广方言馆等机
构教习西文，也出版过一些翻译本西书，为什么三十年来还是遭受外国
的欺侮？为什么西方的工艺不能给衰朽的封建制度催生资本主义，改变
中国贫穷落后的面貌呢？梁启超认为："所译之书不尽可用，所用之人
不尽有才，所引进的技术又有早为西方吐弃不足道者"，不能什么都学，
什么都要，应该"译西方有用之书"，"用西方有用之才"。聘用西人也
应聘用专门人才，而不是不学无术之人。至于翻译，也不是仅识"外国
之语言"或"稍涉范篱"的人所能胜任。如果译书之人"仅识文字"，
自然不能"达意寻旨"。京师译署等虽已译书数百种，但"驳杂迂讹，
为天下识者鄙夷而讪笑"。他又认为，要译西方最新之书，而不是"二
十年之旧籍"。西方各国也是经历多年才形成一些成果的，他们又不断
更新，日新月异，因而只有学习西方最新之书，才能缩短实现近代化的
时间进程。

梁启超还说：学习西方，还得注意中国国情。他说："居今日之天
下"，而要参照西法以救中国，不是只懂得西方文字或入籍西方就可以
从事的，必须要熟悉中国的经、史，明了中国的律法，懂得天下群国的
利害，以及本国所以治理天下的道理，才能得到立法的来源，改革的原
因，再考察中国古往今来政治的不同"而会通之，以求其可行"，这才
叫做"真知"。② 事实上，西方各国也有西方各国的地区特点和民族传
统。"学习西方"，一方面，要摄取其中的营养，用以发展自身；另一方
面，又不能生搬硬套，全盘西化。

① 梁启超：《变法通议·论学校》，载《时务报》第二十七册，光绪二十三年四月二十
一日（1897年5月22日）出版。
② 参见梁启超：《变法通议·论译书》。

《时务报》影响大，销路广，它虽在上海租界发行，但总会受到当局的干预，梁启超和《时务报》经理汪康年又有矛盾，汪康年还受到张之洞的胁迫。这样，梁启超就想到离自己家乡很近而清政府难以控制的澳门办报。1896年冬，他到了澳门，在华商何穗田的支持下，筹集资金，开办《广时务报》，以"开风气，广见闻"。定名为《广时务报》，表示"推广"《时务报》和广东的《时务报》之意。以为《时务报》"不藏否人物"，对"京师及各省近事，有耳闻目见，不容已于言者"，也"抉择多载"。《〈广时务报〉公启》刊登后，汪康年的友僚很有意见，对梁启超"兼领澳报"也有看法：有的说"卓如在澳门大有阴谋"，有的说"不宜与《时务报》相连"。由于澳门报纸主持笔政和写稿的，除梁启超外，何树龄（易一）、韩文举、欧榘甲、徐勤、曹泰，都是康有为在万木草堂的弟子，汪康年"畏祸"，反对"《广时务报》"的名称，终于把报名改为《知新报》。

1897年2月22日（光绪二十三年正月二十一日），《知新报》在澳门创刊，梁启超写了《叙例》，说明分为"论说"、"上谕"、"近事"、"译录西国政事表"、"译录西国农学、矿政、商务、工艺、格致等报"诸栏。发表了《说群》、《说动》等论文多篇，《公车上书请变通科举折》也在《知新报》第五十五册刊出，痛陈"强敌交侵，割地削权，危亡岌岌，人不自保"，都是因为人才乏绝，无以御侮之故。为什么人才乏绝，又都是由于"科举不变致之"。科举取士，不能取得人才，而层层考试，又使学子思想束缚，不明国事，"当时局危急如此，而天下之士为无用之学如彼，岂不可为大忧哉！"他代表应试举人，上书皇帝："国事危急，由于科举乏才。"

百日维新时期，梁启超还代总理衙门奏拟《京师大学堂章程》，今录"学堂功课例"第一节如下：

> 近年各省所设学堂，虽名为中西兼习，实则为西而无中，且有西文而无西学。盖由两者之学未能贯通，故偶涉西事之人，辄鄙中学为无用。各省学堂，既以洋务为主义，即以中学为具文。其所聘中文教习，多属学究帖括之流；其所定中文功课，不过循例咿唔之事。故学生之视此学，亦同赘疣。义理之学，全不讲究；经史掌故，未尝厝心。……夫中学体也，西学用也，二者相需，缺一不可。体用不备，安能成才？且既不讲义理，绝无根柢，则浮慕西学，必无心得，只增习气。……今力矫流弊，标举两义；一曰中西

并重，观其会通，无得偏废。二曰以西文为学堂之一门，不以西文为学堂之全体；以西文为西学发凡，不以西文为西学究竟。宜昌明此意，颁示各省。

这些是针对洋务运动时期办学的弊端而厘定的。他还在百日维新时期，草拟过《译书局章程》。

由于《知新报》在海外发行，每能登载内地报刊不敢登、没有登的文章和报道，如《保国会演说辞》："启超窃谓吾中国之亡，不亡于贫，不亡于弱，不亡于外患，不亡于内讧，而实亡于此辈士大夫之议论之心力也。"对当时士大夫的"消遣岁月，甘为游民"严加痛责，这些，内地报刊是不敢登的。

值得注意的是，政变以后，内地宣传维新的报刊先后停办，只有《知新报》仍旧继续发行，与梁启超在日本创办的《清议报》相互呼应，同为指责慈禧、批评清政府的重要刊物。

梁启超的文字通俗易懂，言论激昂慷慨，说理深入浅出，当时"新学士子"怵于民族危机的严重，看到他"语言笔札之妙，争礼下之，通邑大都，下至僻壤穷陬，无不知有新会梁氏者"。梁启超的声名大著，《时务报》在他主笔政时，影响日广，数月之间，销行万余份，"为中国有报以来所未有"。此后，《知新报》也风行海外，传入内地。这使他感到，要宣传变法，要开发民智，报章的影响，比学校教育更加广泛、深远。

三

维新百日，变法失败，梁启超仍旧追随康有为，展开"勤王求救"。光绪死后，他又鼓吹立宪。在这十多年中，他没有放弃报章宣传，也没有忘记教育鼓动。

1898 年 9 月，政变发生，梁启超流亡日本，首先考虑重建宣传阵地。12 月 23 日（十一月十一日）在横滨发刊《清议报》旬刊。在《〈清议报〉叙例》中，说明要以之"为国民之耳目，作维新之喉舌"。所列四条宗旨的第一条是"维持支那之清议，激发国民之正气"；第二条是"增长支那人之学识"。自己远在海外，只有利用报刊教育国人了。

《清议报》最初几册的论文，着重对发生不久的政变予以述评，如《论八月之变乃变立而非训政》（第一册）、《上舍位忘身而变法》（第二册)、《政变原因答客难》(第四册)、《论变法后安置守旧大臣之法》(第四册)等。第六册以后,侧重正面阐发其政治主张。《戊戌政变记》也在该报陆续刊布。

《清议报》的主旨是"尊皇"。梁启超认为:"中国之能力与否,全系乎改革不改革";"能改革与否,又全系乎皇上之有权无权"。"但使皇上有复位之一日,按次第以变法令行禁止,一二年间,积弊可以尽去,一切美政可以尽行。"还幻想"借友邦之力以抵制之"。从而集矢攻击以慈禧为首的封建顽固派,说是当前"惟有一策,曰尊皇而已"①。着力宣传"尊皇",以光绪皇帝为自古以来未有的圣人,认为中国的安危存亡都系于光绪一身。他专门写了《光绪圣德记》,说他是"舍位忘身而变法"、"爱民忘位"的"圣君"。在社论中也是同样论调,如说:"今日之变,为数千年所未有。皇上之圣亦为数千年之所未有。天生圣人,以拯诸夏,凡我同胞,获此慈父。"②

《清议报》"日日言尊皇",也深刻指出当时民族危机的严重。认为"东西之国"之所以"浡然日兴",中国之所以日益危机,是因为他们的国民,"以国为己之国,以国事为己事,以国权为己权,以国耻为己耻,以国荣为己荣",而"我之国民,以国为君相之国,其事其权,其荣其耻,皆视为度外之事"。民和国,本来是"一而二,二而一"的,如果"人人不自有其国",那是很危险的。

这些言论,比政变以前更加激切,梁启超当时又以"维新志士"流亡海外,所以《清议报》传布很广,在舆论界起过影响。

梁启超在鼓吹"勤王"、"保皇"的同时,也注意到兴设学校。

还在维新运动急剧展开时,维新志士就于1898年3月在横滨开设了大同学校,康有为的弟子徐勤为总教习,"中文、西文、东文三者并进"。梁启超流亡日本后,大同学校"创一志学会,将以尊其所闻,学其所志,集寰宇之知识,拯宗国之危阽"。他特地写了《大同志学会序》,以为"志"是学的基础,"智"又是"志"的基础。人不可以无"志",而"志"的大小,每"因其智之大小以为差"。"知道学习的可贵,然后求学的志向产生了。知道有京师,然后到京师的志向产生了。知道有天下,然后救天下的志向产生了。知识越扩充,志向也就越浩

①②《尊皇论》,载《清议报》第一册,光绪二十四年十一月十一日(1898年12月23日)出版。

广；知识越真确，志向也就越坚定。听说这里学生都以古人作为自己的榜样，希望您们既有其言，也有其志。”

接着，梁启超对“立志”又提出两点建议：一是“求所以扩充其志”，一是“求所以实副其志”。怎样能做到这两点？那就是好求学，不学不能增加“智”，不“智”不能坚定“志”，如今“国家之病，殆入膏肓”，内忧外患，危机日深，应该随时关心，“勉求扩充其知，真确其所知”。“志”是不可夺的，“知”是要“先立乎其大者”的。

梁启超以为变法虽然失败，但“新法他日在所必行”，准备“合各同志，悉心研究”，又借大同学校召开政治学会，他作了“中国必先开议院，乃可变法”的演说。说是“议院不可开，地方议会可速开”①。

1899年4月，梁启超又来到神户，与华侨麦少彭商议华侨教育，设立神户华侨同文学校，聘日本文部前大臣犬养毅为名誉校长。5月24日，神户华侨同文学校举办“梁启超先生的欢迎会”，梁启超很激烈地讲述了祖国衰落的原因，并作为结论说了以下的话：

> 所谓一国的舆论，是看其国民有无国家的观念而论，日本国民只不过是中国之十分之一，但能打胜中国，这是日本国民能牺牲生命为国尽忠，但是，我国的国民大多是重视个人的利益，而以营利为重而不顾国家，这原因就是我国和日本国的教育大有不同之故。所以华侨应该重视教育，现在横滨华侨也已设立了教育华侨的学校，校名为“大同学校”，所以神户华侨也有必要设立华侨的学校。

据记载，梁启超这一番演讲，感动了听众，华商麦少彭等热烈支持建立华侨同文学校。

该校章程第一条“立学总议”称：“本校专为教神户华侨子弟及中国内地有志游学之士而设。”这所学校在梁启超离开日本后，一直坚持办学。1984年，我到神户访问，还特地参观了神户中华同文学校②。

梁启超是关心教育的，即使流亡海外，还注意对旅日华侨子弟的教育，教他们“立志”、爱国。

然而，旅日华侨子弟毕竟不多，他们对国内的了解也远不如国内同

---

① 《记政治学会开会事》，载《清议报》第二十七册，光绪二十五年八月十一日（1899年9月15日）出版。

② 1939年，神户华侨同文学校与神阪中华公学合并，正式命名为神户中华同文学校。

胞，这样，对国内同胞以至青少年进行教育、介绍世界情况、鼓励立志爱国，还得依靠报纸宣传。

四

1901 年 12 月 21 日（光绪二十七年十一月十一日），《清议报》第一百册出版，梁启超发表《本馆第一百册祝辞并论报馆之责任及本馆之经历》，他总结《清议报》的特色：一是倡民权，二是衍哲理，三是明朝局，四是厉国耻，"一言以蔽之曰：广民智，振民气而已"。希望《清议报》能使"彼政府采其议以为政策焉，彼国民奉其言以为精神焉"。

就在这一册出版后的第二天，清议报社失火，《清议报》也宣告停刊。1902 年 2 月 8 日（光绪二十八年正月初一日），梁启超另在日本横滨续创《新民丛报》，每月旧历初一日、十五日发行。光绪二十九年（1903 年）正月起，改为每月十四日、二十九日发行，历时六年。1904年 2 月以后，经常不能按期出版。共出九十六号。编辑兼发行人署冯紫珊，实为梁启超负责。刊物中重要文章，大都出自梁氏手笔。

创刊号在章程中提出三条：一是"取《大学》新民之义，以为欲维新吾国，当先维新吾民"，"广罗政学理论，以为智育之本原"。二是"以教育为主脑，以政论为附从"，"所论务在养吾人国家思想"。三是"为吾国前途起见，一以国民公利公益为目的"，"不为危险激烈之言，以导中国进步当以渐也"。

梁启超在《新民丛报》连续发表《饮冰室自由书》，自创刊号起，一直登到 1905 年 4 月出版的第六十七号，《叙言》中称："每有所触，应时援笔，无体例，无次序，或发论，或讲学，或记事，或抄书，或用文言，或用俚语，惟意所之"，"思想自由、言论自由、出版自由三大自由，皆备于我焉"。《饮冰室自由书》后来还汇成单行本出版。

《新民丛报》自第一号起还连续刊载梁启超的《新民说》，凡二十节，即叙论、论新民为今日中国第一急务、释新民主义、就优胜劣败之理以证新民之结果而论及取法之所宜、论公理、论国家思想、论进取冒险、论权利思想、论自由、论自治、论进步、论自尊、论合群、论生利分利、论毅力、论义务思想、论尚武、论私德、论民气、论政治能力。一直登到 1906 年 1 月 6 日出版的第七十二号，历时五年，后又出版单行本。

什么叫做"新民"？他说："新民云者，非欲吾民尽弃其旧以从人也，新之义有二：一曰淬厉其所本有而新之，二曰采补其所本无而新之。"也就是说：旧有的应创新，本无的应采补。处于当时各国竞争的时代，要救国图强，就不能保守，而应进取，吸收各国之长，"以补我之所未及"。中国文化灿烂，开化在希腊、罗马之前，汉、唐、元、明的文治武功，欧美各国都加称道。只因近今日渐衰退，"优胜劣败"，国民被外人称为"东亚病夫"。应该"观彼族之所以衰所以弱，此族之所以兴所以强，而一自省焉"。

接着，他从公德、权利、自由、自治、自尊、合群等各个方面阐述了自己的看法，指出在旧传统的束缚下，国民品格存有亟待提高的问题，如"爱国心之薄弱"、"独立性之柔脆"、"公益心之缺乏"、"自治力之欠缺"等等，要在新时代立足，必须与传统道德观念"奋起抗争"。

《新民丛报》自1902年2月8日创刊，到1907年11月20日出版第九十六号后停刊，历时七年。在这七年中，中国国内形势发生了很大变化：同盟会的成立，武装起义的展开，革命报刊的出版，清政府的预备立宪，等等。在这风云变幻的社会中，梁启超的文章，有时拉车向前，随潮流而上，有时也会不适应形势甚至逆时代而动。这样，对梁启超和《新民丛报》的评价，也就并不一致。我认为，《新民丛报》和革命派的机关报《民报》有过争论，梁启超也确曾写了一些与当时形势不相适应的文章。但学术讨论中有不同看法是正常的，评价人物，不能"阿其所好"，"为贤者讳"，也不能一笔抹杀，不计其余，应该实事求是，具体分析。这里不发挥私见，只想提下列几点参考意见。

第一，《饮冰室自由书》、《新民说》的社会影响不能低估。

第二，《新民丛报》自创刊号起，就在"学说"栏着力介绍西方学说，如《近世文明初祖二大家之学说》（"二大家"，指培根、笛卡尔，第一、二号）、《天演学初祖达尔文之学说及其略传》（第三号）、《法理学大家孟德斯鸠之学说》（第四、五号）、《民约论巨子卢梭之学说》（第十一、十二号），"广罗政学理论"，对开发"智育之本原"，无疑是有益的。

第三，梁启超受康有为的思想影响，人们以"康、梁"并称，但他们的思想也不完全一致，否则康有为就不会叫他"流质善变"。当他主编《清议报》时，屡屡登载康有为的诗文，连康氏早年的哲学著作都加登载。《新民丛报》则不然，举例来说，1902年春，康有为《答南北美洲诸华侨论中国只可行立宪不可行革命书》、《与同学诸子梁启超等论印度亡国由于各省自立书》发表，并合并为《南海先生最近政见书》发表。《新民丛报》初未刊登，直到1902年9月16日（光绪二十八年八月十五日）出版的《新民丛报》第十六号，才将《答南北美洲诸华侨论中国只可行立宪不可行革命书》摘录，把标题也修改了。此后，康有为还在手稿后面加上跋语："此书当时为教告梁启超、欧榘甲等二人，离索既久，摇于时势，不听我言，谬倡新说以毒天下，吾国人尚慎鉴之，勿甘从印度之后也。""摇于形势，不听我言"，正说明梁氏这时对中国前途的看法和康有为不合。

第四，《新民丛报》发表了梁启超不少学术论文和专著，特别是史学著作，如《新史学》、《中国史叙论》、《论中国学术思想变迁之大势》等，都是流传久远、至今重印不止之作。这点，下面还将阐述。即哲学方面，也有《子墨子学说》、《德育鉴》。

第五，梁氏之文，通俗易解。为了广泛传播，他还写了小说《劫灰梦传奇》。与此同时，还出版了《新小说》。

《新小说》，光绪二十八年十月十五日（1902年11月14日）创刊，在日本横滨出版，新小说社发行，月刊。编辑兼发行人署赵毓林，实际主持人是梁启超，发行所和印刷所都为横滨市山下町百五十二番新民丛报社活版部。第二期起，改由上海广智书局发行。除小说外，也有文艺理论、剧本、译文、诗与歌谣、笔记等。光绪三十一年十二月停刊，共出二十四号。

《新小说》创刊号在目录前首载《本社谨启》，说是"同人为思想普及起见，故特创为此册"。"欲新一国之民，不可不先新一国之小说"，"新民"和"新小说"相互联系，而小说"有不可思议之力支配人道"，"故今日欲改良群治，必自小说界革命始；欲新民，必自新小说始"。他以生动的语言，强调小说之作用。他自己也写了《新中国未来记》，在《新小说》第一、二、三、七号连载，绪言中说：要写此书已有五年，因"日无寸暇"，未能如愿。想到这类小说，对中国前途"大有裨助"，于是"夙夜志此不衰"。如今《新小说》出版，故"发愿专为此编"。

《新中国未来记》塑造了一个叫黄克强的人物，说他和好友到美国留学时，他父亲给了他一部《长兴学记》，说是老友"南海康君"发挥老师朱九江"微言大义，来训练后学的"。黄克强等到了上海，遇到谭嗣同，谭正在著《仁学》，"即日抄得一部"，在船上"一路细读"，"把那志气越发涨高几度"。朱九江、南海康君、谭嗣同，实有其人；《长兴学记》、《仁学》实有其书。梁启超服膺康氏，细绎《仁学》，小说中借别人之口，表达他对康、谭的心态。

小说中谓："我们是中国人做中国事，不能光看外国的前例。"关怀国事，借小说以抒发自己的情怀，说："专制政治，这是中国数千年来积痼，却不能把这些怨毒尽归在一姓一人。""若说嫌他不是同一民族，你想我四万万民族里头，却又那一个有这种资格呢？""若能有一圣主，几个名臣用着这权，大行干涉政策，风行雷厉，把这民间事业整顿得件件整齐，桩桩发达，这岂不是事半功倍吗？"想望"圣主"、"名臣"，不要"嫌他不是同一民族"，无疑怀念"不是同一民族"的"圣主"光绪。

他说，要写此书，"五年于兹"，从戊戌到此文发表，适值五年。它在《新小说》陆续登载，革命形势却又发展得那么快，他对"新中国未来"也有些茫然，全书未登完，恐怕和他对"未来"找不到出路有关吧！

《新小说》还连载过讽刺官场黑暗的名著，如我佛山人（吴趼人）的《二十年目睹之怪现状》、《痛史》。

梁启超在《新小说》上，还有译文和《小说丛话》，但数量不多。

五

《新民丛报》出版到最后两号，梁启超又在日本创办了《政论》；稍后，又发行了《国风报》。

1906 年 9 月 1 日，清政府应考察宪政大臣载泽等奏请，下诏"预备立宪"。梁启超听到这个消息，致函蒋智由："今夕见号外，知立宪明诏已颁，从此政治革命问题可告一段落。"次年 5 月 16 日，写信给徐佛苏，设想"先组织一报"，"名曰《政论》，其社即名政论社"。提出"此社非如新民社之为出版物营业团体之名称，而为政治上结合团体之名称"，它不像《新民丛报》那样名目繁多，吸取广告，而以"政论"性文篇为主，作为政闻社的机关报。

《政论》创刊号，于 1907 年 10 月 7 日（光绪三十三年九月初一日）在东京出版。

创刊号首载梁启超所拟《政闻社章程》，表明："务唤起一般国民政治上之势力，而增长其政治上之兴味"，"以造成正当之舆论，改良中国之政治"。

创刊号还发表梁氏所拟《〈政论〉章程》，说明内容分为论著、译述、批评、记载、杂录、应问、社报诸栏，主要论述国会、政党和地方自治。梁启超对此也抒述了自己的政见，认为"横览天下，从未闻有无国会之立宪国，故吾党所主张，惟在速开国会，以证明立宪之诏非具文"（《政闻社宣言书》）。说是"专制政体与立宪政体之区别"，唯一表现就是"国会之有无"。对政党和地方自治，也表达了他的政见。

1907 年 11 月 17 日，政闻社开成立会，梁启超发表演说，在革命派冲劫下，"不能终其言以去"。在《政论》第二号《政闻社开会纪事》中，将其演说词登出。他的《中国国会制度私议》，也载《政论》第五号。

1908 年 8 月 13 日，清政府宣布查禁政闻社，《政论》随之停刊。

1910 年 2 月 20 日（宣统二年正月十一日），《国风报》在上海发行，编辑兼发行人署何国桢，实际主持人是梁启超。

《国风报》本想设在神户，因为"无资本，不得不委诸上海"。梁启超在 1910 年 4 月 18 日写给台湾友人林献堂的信中言其事。

《国风报》，旬刊，出版之初，《申报》登有广告，说该报"内容分谕旨、论说、时评、著译、调查、记事、法令、文牍、谈丛、文苑、小说、图画、问答、附录，凡十四门。议论宏通，记载详确"。

梁启超在《国风报》第一年第一期起发表《说国风》上、中、下，认为"国风之善恶则国命之兴替所攸系也"，"国家之盛衰兴亡，孰有不从其风者"。它要"灌输世界之常识，以风人之旨"，"忠告政府"，"指导国民"，故以之名报。

当清政府宣布预备立宪，国会请愿运动展开，《国风报》发表《国会请愿同志会意见书》。立宪派召开国会请愿运动被阻，梁启超又与清政府抗争，说是：

> 谓今日中国以人民程度不足之故，无一人堪为政府官吏，则吾或无以为难。既有人堪为政府官吏，而独云无人堪为国会议员，此犹谓力足以举百钧，而不足以举一羽，天下宁有是理。

他又认为中国要振兴实业，首先要确定立宪政体，谓"盖政治组织诚能改良，则一切应举者自相次毕举"。

《国风报》上，梁启超论述"立宪"以至"币制"等论文很多，是研究梁启超这时政治活动的主要素材。

《国风报》于 1911 年 7 月停刊，共出五十二期。

梁启超在政变发生、避居日本后，办报宣传，自《清议报》起，到《新民丛报》、《新小说》、《政论》、《国风报》，都想用报刊教导国人。在这十多年中，他也想利用学校教育人才，但毕竟留学生不多，报刊宣传，还可传播国内，使更多的人了解。寻求他在报刊上刊载的文篇，对梁氏的"海外活动"，将可得到全面的了解。

六

旅日期间，梁启超在报刊上发表的文章，除政论外，也有学术专著。这里，只想就他对史学的贡献，作一些窥测。

梁启超在史学方面的撰著：一种是为当时的政治活动服务的；一种则学术性较强，还有一定的开创性。

梁启超最早的史学专著是《戊戌政变记》，这是距离戊戌变法只有三个月、他流亡日本不久即行发表的，最初是 1898 年 12 月 10 日在日本东亚同文会的机关报《东亚时报》半月刊开始登载，连载四号，没有登完，十二天后，《清议报》于 12 月 23 日创刊，《戊戌政变记》也在该刊连载，共登十册，因即将出版"单行本"停载。单行本于 1899 年 5 月印行。后来，上海广智书局又出铅字排印本。

《戊戌政变记》发表，距离政变只有三个月，时日非遥，记忆犹新，梁启超又耳闻目睹，亲历其事，自有史料价值：它保存了一些原始资料，如康有为的《上清帝书》、梁启超的《上陈宝箴书》，以至《保国会章程》、《保国会演说辞》等，有的还和其他书刊所载不同，如《上清帝第五书》与上海大同译书局印本、《上清帝第六书》与《戊戌奏稿》都有差异，有助于勘复探索。它记载了变法"始末"，也阐述了维新派的看法，在"新政诏书"之后，每每赘以"跋语"。有事实，有议论，这都是它的可贵之处。

但是，梁启超对"西后与皇上积不相能，久蓄废立之志"，都用了很大篇幅，对光绪皇帝又尽量美化。除历述慈禧罪状外，更写了《光绪圣德记》和《六君子传》，六君子的遇难，显示了慈禧之恶，《光绪圣德记》的专章显示了光绪之"圣"。只要从《光绪圣德记》的十五章目录中就看出他是怎样美化光绪的。目录是：一、上舍位忘身而变法；二、新政皆无人辅佐而独断；三、群僚士民皆许上书；四、豁达大度；

五、日昃勤政；六、求才若渴；七、破格用人；八、明罚敕法；九、用人不惑；十、从善如流；十一、俭德谨行；十二、好学强记；十三、养晦潜藏；十四、特善外交；十五、爱民忘位。把光绪说成古往今来"绝世简出"的"圣主"，一旦光绪复位，变法能成功，中国就有希望。

梁启超这些例证，宣传气氛浓厚，就是他自己也"不敢自承"。他所著《中国历史研究法》中，特举《戊戌政变记》为例，说："吾二十年前所著《戊戌政变记》，后之作清史者，记戊戌事，谁不认为可贵之史料，然谓所记悉为信史，吾已不敢自承。何则？感情作用所支配，不免将真迹放大也。"他之所以将"真迹放大"，正是为了"勤王求救"，扩大影响。

随着旅日时间稍久，接触到西方、日本的史学著作和史学理论，1902 年，他在《三十自述》中说："一年以来，颇竭绵薄，欲草一《中国通史》以助爱国思想之发达，然荏苒日月，至今犹未能成十之二。"这时，梁氏确是注意史学，从事《中国通史》撰写的准备，写过《中国近十年史论》、《中国四十年来大事记》，在《清议报》、《新民丛报》先后发表过《中国史叙论》和《新史学》，作为《中国通史》写作的准备。

梁启超认为新史学和旧史学不同，新史学不是"一人一家之谱牒"，而"必探索人间全体之运动进步，即国民全部之经历及其相互之关系"。他看到"西人之著世界史，常分为上世史、中世史、近世史等名"，不是"以一朝为一史"，从而把中国历史分为三个时期：自黄帝至秦统一，"为中国之中国"，是"上世史"；自秦至乾隆末，"为亚洲之中国"，是"中世史"；自乾隆末"以至今日"，"为世界之中国"，是"近代史"。打破时代界限，探索运动进化，这种史学分期，当时颇称新颖。

1902 年，梁启超又发表《新史学》，批判旧史学"陈陈相因"，以致"能铺叙而不知别裁"，"能因袭而不能创作"，呼吁"史界革命不起，则吾国遂不可救"。

梁启超批判旧史学"陈陈相因"，写出《新史学》，设想"叙述进化之现象"，"叙述人群进化之现象而求得其公理之例"，在当时确是振聋发聩，在学术界起了很大波澜。

七

辛亥革命结束了清朝的统治。梁启超回国后，对袁世凯有过幻想，一旦发觉袁的帝制自为，便即支持蔡锷，支持护国战争。五四以后，也提倡新学，抨击旧学。1920 年，旅欧返国，"未尝废书案一度"，发表了很多与史学有关的论著。1921 年到 1927 年的几年中，先后以学术讲演的形式，发表了《中国历史研究法》。

《中国历史研究法》原是梁启超 1921 年秋在天津南开大学作的讲演，是根据他多年的治史经历和"所积丛残之稿"就讲稿记录增删而成的。

《中国历史研究法》一开始就对"史之意义"作了概括，认为中国史必注意中华民族和"世界他部分之文化民族"，对国内各种团体、法律、农工商业、经济制度、人口增殖移转、与外国交通等等，校其总成绩以求其因果。评述了纪传、编年、纪事本末、政书四种体例，对史书考核、史书批判也予说明。对"自然科学与历史之别"，对"英雄造时势"还是"时势造英雄"也进行了剖析和提出了自己的看法。

没过多久，梁启超又"对于旧著《中国历史研究法》之修补及修正"，发表《研究文化史的几个重要问题》，其一是"史学应用归纳研究法"，但它的效率只到整理史料而止；其二是对《中国历史研究法》中"有求得其因果关系"一语加以修正；其三是自己一直都认为历史现象是进化的。

《中国历史研究法补编》是 1926 年 10 月至次年 5 月在清华学校所讲，梁启超自称"与几年前所讲的《历史研究法》迥然不同"。过去注重通史，此次讲演则注意专史。

总论第一章是"史的目的"，说"历史的目的在将过去的真事实予以新意义或新价值，以供现代人活动之资鉴"。在"求得真事实"中，提出了钩沉法、正误法、新注意、搜集排比法、联络法五项，"予以新意义"、"予以新价值"、"供吾人活动之资鉴"等要求，至于"读史的方式"，则有"鸟瞰式"、"解剖式"。

总论第二章是"史家的四长"，所谓四长，即史德、史学、史识、史才。其中还对"人的专史"、"事的专史"、"文物的专史"、"地方的专史"、"断代的专史"等五种专史"提纲挈领地说一个大概"。

分论一是"人的专史"，对列传、年谱、专传、合传、人表等体裁的位置和作用提出了自己的看法，以为"应该作专传或补作列传的人物约有七种"：一是"思想及行为的关系方面很多，可以作时代或学问中心"的；二是"一件事情或一生性格有奇怪处，可以影响当时与后来，或影响不大而值得表彰"的；三是"在旧史中没有记载，或有记载而太过简略"的；四是"从事史家有时因为偏见，或者因为狭嫌，对于一个人的记载完全不是事实"的；五是"皇帝的本纪及政治家的列传有许多过于简略"的；六是"有许多外国人，不管他到过中国与否，只要与中国文化上政治上有密切关系"的；七是"近代的人学术、事功比较伟大"的。但是，也"有许多人虽然伟大奇特，绝对不应作传"：一、"带有神话性的，纵然伟大，不应作传"；二、"资料太缺乏的人，虽然伟大奇特，亦不应当列传"。

接着，考虑"作传的方法"，包括合传、年谱、专传、人表等，对孔子、玄奘的专传更提出了具体、详细的看法。

分论二原拟作"事的专史"，结果略去。

分论三是"文物的专史"，包括政治的专史、经济专史和文物专史三大类。梁启超说，"文化是人类思想的结晶。思想的发展，最初靠语言，次靠神话，又次才靠文字。思想的表现有宗教、哲学、史学、科学、文学、美术等"。就这些方面，"他一件一件的讲下去"。在"学术思想史"中，他侧重于道术史、史学史、自然科学史、社会科学史的说明。

他认为"中国史学的成立与发展，最有关系的是三个人：一、刘知几；二、郑樵；三、章学诚。此外，很多史家，在史学方面零零碎碎都讲了些原理原则，把史学的范围意义及文化都各各论定了。但在许多人里边，要找出几个代表时代特色而且催促史学变化与发展的人，就只有这三个"。

至于"文物专史的工作"，他认为"在专史中最为重要，亦最为困难"，应该注意的是："一、文物专史的时代不能随政治史的时代以画分时代"；二、"文物专史的时代不必具备，普通史上下千古，文物专史则专看这种文物某时代最发达，某时代有变迁，其他时代或没有或无足重轻，可以不叙"；三、"凡做一种专史，要看得出那一部分是他的主系而特别注意，详细叙述"；四、"文物专史又须注重人的关系"；五、"文物专史要注意的多用图表"。

《中国历史研究法补编》的内容大抵如此。

《中国历史研究法》和《中国历史研究法补编》是梁启超多年研究历史的治学积累，他自己在《〈中国历史研究法〉自序》中说："蓄志此业，逾二十年。"如果从1901年《中国史叙例》刊布算起，到此书的发表，也"逾二十年"了。梁启超涉猎东西方史学著作，结合中国史书的过去和现状，系统整理，专门讲演，条分缕析，言简意赅，有理论，有方法，有例证，有判断。《中国历史研究法》及其补编，不愧是中国近代史学的名著。其中很多治学经验，至今仍有重要参考价值。

梁启超是维新运动的领袖、著名学者。他的著作，涉及史学、哲学、文学、政治、经济、宗教、语言文学等各个方面。他虽然只活了五十七岁，却留下了约两千万字的著作和讲演录、来往函札。

梁启超又是一位杰出的教育家，早在维新运动时期，就对旧的科举取士教育猛加抨击，提出设学校，为京师大学堂、译书局拟订章程。戊戌变法失败后，他流亡海外，支持和筹设东京大同高等学校、神户华侨同文学校；更在报刊上大力宣传，开发民智，使更多的国内外读者得到教育。

梁启超晚年潜心讲学，很多讲稿至今仍屡印不衰。本文只谈到他对历史学的创新和贡献，其实他的成就何止这些！梁启超重视教育，办报写书，教育了一代又一代知识分子，身受其益的学生不断写出回忆作品。当然，他对子女的教育也极有特色，《给孩子们的信》，留下了一份重要的教材，他的儿子有三位是院士，并非偶然。

论报馆有益于国事[*]
（1896 年 8 月 9 日）

　　觇国之强弱，则于其通塞而已。血脉不通则病，学术不通则陋，道路不通故秦、越之视肥瘠漠不相关，言语不通故闽、粤之与中原邈若异域。惟国亦然，上下不通故无宣德达情之效，而舞文之吏因缘为奸；内外不通故无知己知彼之能，而守旧之儒乃鼓其舌。中国受侮数十年，坐此焉耳！

　　去塞求通，厥道非一，而报馆其导端也。无耳目，无喉舌，是曰废疾。今夫万国并立，犹比邻也；齐州以内，犹同室也。比邻之事而吾不知，甚乃同室所为不相闻问，则有耳目而无耳目，上有所措置不能喻之民，下有所苦患不能告之君，则有喉舌而无喉舌。其有助耳目喉舌之用，而起天下之废疾者，则报馆之为也。

　　报馆于古有征乎？古者太师陈诗以观民风，饥者歌其食，劳者歌其事，使乘辀轩以采访之，乡^①移于邑，邑移于国，国移于天子，犹民报也。公卿大夫，揄扬上德，论列政治，皇华命使，江汉纪勋，斯干考室，驹马畜牧，君以之告臣，上以之告下，犹官报也。又如诵训掌道方志以诏观事，掌道方慝以诏辟忌，以知地俗；外史掌四方之志，达书名于四方；撢人掌诵王志，道国之政事，以巡天下之邦国而语之。凡所以宣上德、通下情者，非徒纪述，兼有职掌，故人主可坐一室而知四海，士夫可诵三百而知国政，三代盛强，罔不由此。

　　西人之大报也，议院之言论纪焉，国用之会计纪焉，人数之生死纪焉，地理之险要纪焉，民业之盈绌纪焉，学会之程课纪焉，物产之品目

* 录自《时务报》第一册，光绪二十二年七月初一日（1896 年 8 月 9 日）出版，署"新会梁启超撰"。收入《饮冰室合集·文集》之一。

① "乡"，《饮冰室合集》作"邻"。

纪焉，邻国之举动纪焉，兵力之增减纪焉，律法之改变纪焉，格致之新理纪焉，器艺之新制纪焉。其分报也，言政务者可阅官报，言地理者可阅地学报，言兵学者可阅水陆军报，言农务者可阅农学报，言商政者可阅商会报，言医学者可阅医报，言工务者可阅工程报，言格致者可阅各种天算、声、光、化、电专门名家之报。有一学即有一报，其某学得一新义，即某报多一新闻，体繁者证以图，事赜者列为表，朝登一纸，夕布万邦，是故任事者无阂隔蒙昧之忧，言学者得观善濯磨之益。犹恐文义赜，不能尽人而解，故有妇女报，有孩孺报。其出报也，或季报，或月报，或半月报，或旬报，或七日报，或五日报，或三日报，或两日报，或每日报，或半日报。国家之保护报馆如鸟鬻子，士民之嗜阅报章如蛾①坿膻，阅报愈多者，其人愈智，报馆愈多者，其国愈强，曰：惟通之故。

其益于国事如此，故怀才抱德之士，有昨为主笔而今作执政者，亦有朝罢枢府而夕进报馆者。其主张国是，每与政府通声气，如俄、土之争战，德、奥、意之联盟，五洲之人莫不仰首企足以观《泰晤士》之议论。文甫脱稿，电已飞驰，其重之又如此！然而英国、德国、日本国，或于报馆有谗谤之律，有惩罚之条，则又何也？记载琐故，采访异闻，非齐东之野言，即秘辛之杂事，闭门而造，信口以谈，无补时艰，徒伤风化，其弊一也。军事敌情，记载不实，仅凭市虎之口，罔惩夕鸡之嫌，甚乃揣摩众情，臆造诡说，海外已成劫烬，纸上犹登捷书，荧惑听闻，贻误大局，其弊二也。臧否人物，论列近事，毁誉凭其恩怨，笔舌甚于刀兵，或飏颂权贵，为曳裾之阶梯，或指斥富豪，作苞苴之左券，行同无赖，义乖祥言，其弊三也。操觚发论，匪有本原，蹈袭陈言，剿撮涂说，或乃才尽为忧，敷衍塞责，讨论轶闻，纪述游览，义无足取，言之无文，其弊四也。或有译录稍广，言论足观，删汰秽芜，颇知体要，而借阐宗风，不出郑志，虽有断章取义之益，未免歌诗不类之憾，其弊五也。具此诸端，斯义遂牿②，遂使海内一二自好之士，反视报馆为蟊③贼，目报章为妖言，古义不行，良法致敝。呜呼！不其恫欤！

今设报于中国，而欲复西人之大观，其势则不能也。西国议院议定一事，布之于众，令报馆人入院珥笔而录之；中国则讳莫如深，枢府举

---

① "蛾"，《饮冰室合集》作"蚁"。
② "斯义遂牿"，《饮冰室合集》作"斯议遂梏"。
③ "蟊"，《饮冰室合集》作"蝥"。

动，真相不知，无论外人也。西国人数、物产、民业、商册，日有记注，展卷粲然，录副印报，与众共悉；中国则夫家六畜，未有专司，州县亲民，于其所辖民物产业，末由周知，无论朝廷也。西人格致制造专门之业，官立学校，士立学会，讲求观摩，新法日出，故亟登报章，先睹为快；中国则稍讲此学之人，已如凤毛麟角，安有专精其业、神明其法而出新制也？坐此数故，则西报之长皆非吾之所能有也。然则报之例当如何？曰：广译五洲近事，则阅者知全地大局与其强盛弱亡之故，而不至夜郎自大，坐智井以议天地矣。详录各省新政，则阅者知新法之实有利益，及任事人之艰难经画，与其宗旨所在，而阻挠者或希矣。博搜交涉要案，则阅者知国体不立受人嫚辱，律法不讲为人愚弄，可以奋厉新学，思洗前耻矣。旁载政治学艺要书，则阅者知一切实学源流门径，与其日新月异之迹，而不至抱八股、八韵、考据、词章之学，枵然而自大矣。准此行之，待以岁月，风气渐开，百废渐举，国体渐立，人才渐出。十年以后，而报馆之规模亦可以渐备矣。

嗟夫！中国邸报兴于西报未行以前，然历数百年未一推广。商岸肇辟，踵事滋多，劝百讽一，裨补盖寡，横流益急，晦盲依然，喉舌不通，病及心腹。虽蚊虻之力，无取负山，而精禽之心，未忘填海。上循不非大夫之义，下附庶人市谏之条，私怀救火弗趋之愚，迫为大声疾呼之举，见知见罪，悉凭当途，若听者不亮，目为诽言，摧萌拉蘗，其何有焉！或亦同舟共艰，念厥孤愤，提倡保护，以成区区，则顾亭林所谓"天下兴亡，匹夫之贱，与有责焉已耳！"

论中国积弱由于防弊 *
（1896 年 10 月 27 日）

先王之为天下也公，故务治事；后世之为天下也私，故务防弊。务治事者，虽不免小弊，而利之所存，恒足以相掩。务防弊者，一弊未弭，百弊已起，如葺漏屋，愈葺愈漏；如补破衲，愈补愈破。务治事者，用得其人则治，不得其人则乱。务防弊者，用不得其人，而弊滋多，即用得其人，而事亦不治。

自秦迄明，垂二千年，法禁则日密，政教则日夷，君权则日尊，国威则日损。上自庶官，下自亿姓，游于文网之中，习焉安焉，驯焉扰焉，静而不能动，愚而不能智。历代民贼，自谓得计，变本而加厉之。及其究也，有不受节制，出于所防之外者二事：曰夷狄，曰流寇。二者一起，如汤沃雪，遂以灭亡，于是昔之所以防人者，则适足为自敝之具而已。

梁启超曰：吾尝读史，鉴古今成败兴废之迹，未尝不惘惘而悲也。古者长官有佐无贰，所以尽其权，专其责，易于考绩。《王制》、《公羊传》、《春秋繁露》所述官制，莫不皆然。独《周礼》言建其正立其贰，故既有冢宰、司徒、宗伯、司马、司寇、司空，复有小宰、小司徒、小宗伯、小司马、小司寇、小司空。凡正皆聊一人，凡贰皆中大夫二人，此今制一尚书、两侍郎之所自出。《周礼》伪书，误尽万世者也。汉世九卿，尚沿斯制。汉、晋间，太常等尚无少卿，后魏太和十五年始有之。后世惧一部之事，一人独专其权也，于是既有尚书，复有侍郎，重以管部，计一部而长官七人，人人无权，人人无责。防之诚密矣，然不相掣肘，即相推诿，无一事能举也。古者大国百里，小国五十，各亲其民，而上统于天子，诸侯所治之地，犹今之县令而已。汉世犹以郡领县，而郡守则直达天子。后世惧亲民之官权力过

---

* 录自《时务报》第九册，光绪二十二年九月二十一日（1896 年 10 月 27 日）出版，署"新会梁启超撰"。收入《饮冰室合集·文集》之一。

重也，于是为监司以防之；又虑监司之专权也，为巡抚、巡按等以防之；又虑抚、按之专权也，为节制、总督以防之；防之诚密矣；然而守令竭其心力以奉长官，犹惧不得当，无暇及民事也；腹万姓脂膏，为长官苞苴，虽厉民而位则固也。古者任官，各举所知①，内不避亲，外不避雠，汉、魏之间，尚存此意。故左雄在尚书，而天下号得人；毛玠、崔琰为东曹掾，而士皆砥砺名节。后世虑选人之请托，铨部之徇私也，于是崔亮、裴光庭定为年劳资格之法，孙丕扬定为掣签之法。防之诚密矣，然而奇才不能进，庸下不能退，则考绩废也；不为人择地，不为地择人，则吏治隳也。古者乡官，悉用乡人，《周礼》、《管子》、《国语》具详之。汉世掾尉，皆土著为之。《京房传》：房为魏郡太守，自请得除用他郡人。可知汉时掾属，无不用本郡人者，房之此请，乃是破格。盖使耳目相近，督察易力。后世虑其舞弊也，于是隋文革选，尽用他郡，然犹南人选南，北人选北。宋政和六年，诏知县注选，虽甚远，无过三十驿，三十驿者，九百里也。明之君相，以为未足，于是创南北互选之法。防之诚密矣，然赴任之人，动数千里，必须举债，方可到官，非贪污无以自存也；土风不谙，语言难晓，政权所寄，多在猾胥，而官为缀旒也。古者公卿，自置室老，汉世三府，开阁辟士，九卿三辅郡国，咸自署吏，顾氏《日知录》云：鲍宣为豫州牧，郭钦奏其举错烦苛，代二千石署吏。是知署吏乃二千石之职，州牧代之，尚为烦苛，今以天子而代之，宜乎事烦而职不举。所以臂指相使，情义相通。后世虑其植党市恩也，于是一命以上，皆由吏部。防之诚密矣，然长佐不习，耳目不真，或长官有善政，而末由奉行，或小吏有异才，而不能自见也。

古者用人，皆久于其任，封建世卿无论矣，自余庶官，或一职而终身任之，且长子孙焉。爰及汉世，犹存此意，故守令称职者，玺书褒勉，或累秩至九卿，终不迁其位，盖使习其地，因以竟其功。后世恐其久而弊生也，于是定为几年一任之法，又数数迁调，宜南者使之居北，知礼者使之掌刑。防之诚密矣，然或欲举一事，未竟而去官，则其事废也，每易一任，必经营有年，乃更举一事，事未竟而去如初。故人人不能任事，而其盘踞不去，世其业者，乃在胥吏，则吏有权而官无权也。古者国有大事，谋及庶人。汉世亦有议郎、议大夫、博士、议曹、不属事、不直事，以下士而议国政，余别有《古议院考》。所以通下情，固邦本。后

---

① "各举所知"，《饮冰室合集》作"各举其所知"。

世恐民之讪己也，蔑其制，废其官。防之诚密矣，然上下隔绝，民气散
奂，外患一至，莫能为救也。古者三公，坐而论道，其权重大，其体尊
严。三公者，一相二伯。汉制丞相用人行政，无所不统，盖君则世及，而相
则传贤，以相行政，所以救家天下之穷也。后世恐其专权敌君也，渐收
其权归之尚书，渐收而归之中书，而归之侍中，而归之内阁；渐易其名
为尚书令，为侍中，为左、右仆射，中书侍郎，门下侍郎，为平章政事
同三品，为大学士；渐增其员为二人，为四人，乃至十人；渐建其贰为
同平章事、参知政事，为协办大学士。其位日卑，其权日分，于是宰相
遂为天子私人。防之诚密矣，然政无所出，具官盈廷，徒供画诺，推诿
延阁，百事丛脞也。古者科举，皆出学校，教之则为师，官之则为君。
汉、晋以降，犹采虚望。后世虑士之沽名，官之徇私也，于是为帖括诗
赋以锢之，浸假而锁院，而搜检，而糊名，而誊录，而回避。若夫试
官，固天子近侍亲信之臣，亲试于廷，然后出之者也，而使命一下，严封
其宅焉，所至严封其寓焉，行也严封其舟车焉，若槛重囚。防之诚密矣，
然暗中摸索，探筹赌戏，驱人于不学，导人以无耻，而关节请托之弊，卒
未尝绝也。

　　古之学者，以文会友，师儒之官，以道得民。后世恐其聚众而持清
议也，于是戒会党之名，严讲学之禁。防之诚密矣，然而儒不谈道，独
学孤陋，人才凋落，士气不昌，徒使无忌惮之小人，借此名以陷君子，
为一网打尽之计也。古者疑狱，氾与众共，悬法象魏，民悉读之，盖使
知而不犯，冤而得伸。后世恐其民之狡赖也，端坐堂皇以耸之，陈列榜
杨以胁之。防之诚密矣，然刁豪者益借此以吓小民，愿弱者每因此而戕
身命，猾吏附会例案，上下其手，冤气充塞，而莫能救正也。古者天子
时巡，与国人交，君于其臣，贱亦答拜。汉世丞相谒天子，御座为起，
在舆为下；郡县小吏，常得召见。后世恐天泽之分不严也，九重深闭，
非执政末由得见。防之诚密矣，然生长深宫，不闻外事，见贤士大夫之
时少，亲宦官宫妾之时多，则主德必昏也；上下暌孤，君视臣如犬马，
臣视君如国人也。凡百庶政，罔不类是，虽更数仆，悉数为难。悠悠二
千岁，莽莽十数姓，谋谟之臣比肩，掌故之书充栋，要其立法之根，不
出此防弊之一心。谬种流传，遂成通理，以慎密[①]安静为美德，以好事

_____

① "慎密"，《饮冰室合集》作"缜密"。

喜功为恶词，容容者有功，硁硁^①者必缺，在官者以持禄保位为第一义，缀学者以束身自好为第一流。大本既拨，末亦随之，故语以开铁路，必曰恐妨舟车之利也；语以兴机器，必曰恐夺小民之业也；语以振商务，必曰恐坏淳朴之风也；语以设学会，必曰恐导标榜之习也；语以改科举，必曰恐开躁进之门也；语以铸币楮，必曰恐蹈宋元之辙也；语以采矿产，必曰恐为晚明之续也；语以变武科，必曰恐民挟兵器以为乱也；语以轻刑律，必曰恐民藐法纪而滋事也。坐此一念，百度不张。譬之怔病，自惊自怛，以废寝食；譬之痿病，不痛不痒，僵卧床蓐，以待死期。岂不异哉！岂不伤哉！

防弊之心乌乎起？曰：起于自私。请言公私之义，西方之言曰：人人有自主之权。何谓自主之权？各尽其所当为之事，各得其所应有之利，公莫大焉，如此则天下平矣！防弊者欲使治人者有权，而受治者无权，收人人自主之权，而归诸一人，故曰私。虽然，权也者，兼事与利言之也。使以一人能任天下人所当为之事，则即以一人独享天下人所当得之利，君子不以为泰也。先王知其不能也，故曰"不患寡，而患不均"，又曰"君子有絜矩之道"，言公之为美也。地者积人而成，国者积权而立，故全权之国强，缺权之国殃，无权之国亡。何谓全权？国人各行其固有之权。何谓缺权？国人有权者，有不能自有其权者。何谓无权？不知权之所在也。无权恶乎起？曰：始也欲以一人而夺众人之权，然众权之繁之大，非一人之智与力所能任也，既不能任，则其权将糜散堕落，而终不能以自有。虽然，向者众人所失之权，其不能复得如故也，于是乎不知权之所在。故防弊者，始于争权，终于让权。何谓让权？天下有事，上之天子，天子曰议以闻，是让权于部院；部院议可，移文疆吏，是让权于督抚；督抚以颁于所属，是让权于州县；州县以下于有司，是让权于吏胥。一部之事，尚俟互让，一省之事，督抚互让；一国之事，君民互让^②。争固不可也，让亦不可也。争者损人之权，让者损己之权。争者半而让者半，是谓缺权；举国皆让，是谓无权。夫自私之极，乃至无权，然则防弊何为乎？吾请以一言蔽之，曰：因噎而废食者必死，防弊而废事者必亡。

---

① "硁硁"，《饮冰室合集》作"嶢嶢"。
② "一国之事，君民互让"，《饮冰室合集》作"一君之事，君国民互让"。

记自强军[*]
（1897 年 6 月 10 日）

东事起，天子以南皮张尚书督两江，佩南洋大臣印绶。时敌氛张甚，中兴诸湘、淮百战军皆不有功，于是南洋自强军之议起。和成，尚书移节去，金陵绿营与自强军弗善也，乃徙军吴淞。今年春，抚军赵侍郎大阅兵，既毕，则曰江南诸军，无如自强军；贤士大夫知兵法者，举曰江南诸军，无如自强军。是以梁启超记之曰：

今日之疲苶、散漫、偷惰、畏葸、骚扰者，莫中国之兵若矣！而旗兵、而绿营、而防勇，地地不同，名名不同，而疲苶、散漫、偷惰、畏葸、骚扰无不同，若是乎中国之人，殆不可以为兵矣！启超于军旅之事未之学，然以所闻自强军者，全军操练仅八阅月，马军乃一月有余耳，而其士躯之精壮、戎衣之整洁、枪械之新炼、手足之灵捷、步伐之敏肃、纪律之严谨，能令壁上西士、西官、西妇观者百数，咸拍手咋舌，点首赞叹，百吻一语曰："不意支那人能如是！能如是！"梁启超曰：天下无不学焉而能之事，亦无学焉而不能之事。黄种之聪明材力、坚定耐苦，无一事弱于白种。昔之游其国、肄其学校、受其业者，往往试焉冠其曹，而噪名于其都，夫宁独兵！今夫向之言洋务者，则曰西之强，惟兵而已。而岂知其政事、其问学、其风俗，举有可以强，而后以兵强之，强者兵，而所以强者不在兵。

善夫！西报之言曰：西兵之长，此军略具矣，少有未熟，岁月之后大成矣！虽然，若以临阵能克敌与否，非所敢言也。又曰：惜夫！中国之大，而可观之兵只有此数也！虽然，使遍中国之兵，而皆能如此军，

---

　　[*] 录自《时务报》第二十九册，光绪二十三年五月十一日（1897 年 6 月 10 日）出版，署"新会梁启超撰"。收入《饮冰室合集·文集》之二。

中国之能强与否，犹非所敢言也。嗟夫！使吾中国人而必不可教，如黑人焉、如红人焉、如棕色人焉，吾国无觊焉。等是人也，数百年以疲罢、散漫、偷惰、畏葸、骚扰闻于邻国者，今若此，岂其一军如是，而他军不能如是？岂其兵能如是，而官、而士、而农、而工、而商不能如是？彼大人先生，与吾侪小民可以兴矣！请言军额：步队八营，营二百五十人；炮队两营，营二百人；马队一营，百八十人。凡二千五百八十人。请言军饷：每人每月饷八元①，视寻常兵四倍有余，全军每月需费三万两。请言军官：营务处总办、道员四明沈敦和，提调知县香山郑汝骙，统领德国游击子爵来春石泰，教习德弁齐百凯、喀索维基、德特勒夫斯、柏登高森、伏德利西、马师凯、南尔多福、那汉斯，每营副以华官。

---

① "八元"，《饮冰室合集》作"八两"。

论中国之将强[*]
(1897 年 6 月 30 日)

　　西人之侮我甚矣！西人之将灭人国也，则必上之于议院，下之于报章，日日言其国政之败坏，纲纪之紊乱，官吏之苛黩。其将灭人种也，则必上之于议院，下之于报章，日日言其种族之犷悍，教化之废坠，风俗之糜烂。使其本国之民士，若邻国之民士，闻其言也，仁者愀然，思革其政，以拯其难；鸷者狡焉，思乘其敝以逞其志。夫然后因众人之所欲，一举再举，而墟其国，奴其种，而腼然犹以仁义之师自居。斯道也，昔施诸印度，又施诸土耳其，今彼中愤土、责土、唾骂土之言，且日出而未有止也。迭见近年《万国公报》、《时务报》中。余读西报，其訾中国之国政纲纪官吏，盖数十年以来矣。去岁八九月以后，乃更明目张胆，昌言华种之野犷，华民之愚诈，华教之虚伪。《时务报》中亦屡译之，然其不敢译者尚不知凡几。即如去年西历十二月二十四号上海某西报有一论，言华民不徒已死，并且臭烂，其言真不堪入耳。此外类此者尚多。其意若谓：苟不灭此朝食，则为逆天、为辱国、为悖理。一倡百和，举国若狂。日本人师其故智，于其报章，日言台湾之民，顽恶刁狡，不如生番之驯善。西国罗马旧律，凡与文教之国战争者，皆有公法，虽攻城入邑，无得肆扰，惟与野蛮战，不在此论。日人惟痛诋华民曾土番之不若，故得屠戮淫掠，惨无天日。而他国鲜有以为非者，非不知其非也，彼其因利乘便，狡焉思启，思以此道行于吾十八行省者，举欧洲诸国，皆有同心也。罗马旧律，凡入野蛮之国者，不由国门入，筑桥逾城而进焉。庚申之役，英、法之待我，盖以此也。去岁五、六月间，英人、德人先后调其向驻非洲之公使来驻中国，厥意谓之国也，非以治非洲之道治之，弗

　　[*] 录自《时务报》第三十一册，光绪二十三年六月初一日（1897 年 6 月 30 日）出版，署"新会梁启超撰"。收入《饮冰室合集·文集》之二。

治也。无端而逐工，无端而拒使，无端而索岛岸，无端而揽铁路，无端而涎矿产，无端而干狱讼，人之轻我、贱我、野蛮我、奴隶我、禽兽我、尸居我，其惨酷至于如此其极也！

梁启超曰：西人其毋尔，中国非印度、土耳其之比也！印度见并，已百数十载，尔来英人设学校以教之，其人才成就，能与旅印之英人齐驱者盖绝焉，愚智之相越远也。土耳其受侮三十年，而其君民上下，委软荼敝，无或思自振厉以卫国本，徒知区别种族，仇视其民。今中国诚败衄矣，然未至如百年以前之印度也，且未至如三十年前之土耳其也。今自和议以后，虽朝贵大吏，晏安犹昔，而草茅之间，风气大开，其灼然有见于危亡之故，振兴之道，攘臂苦口，思雪国耻者，所在皆有。虽喉舌之地，尚多窒塞，而各省封疆，奋然兴作者，盖不乏人。虽乡曲学院①，枯守智井，侈言尊攘，旧习未改，而后起之秀，年在弱冠以下者，类多资禀绝特，志气宏远，才略沉雄。嗟乎！谓天之不亡中国也，则瓜分之约，期以五年，内讧之形，不可终日，虽讳言亡，宁有幸也。谓天之亡中国也，则何必生此无数人才，以膏兵刃而借马足，使之奴焉、仆焉、犬马焉于异类，然后为快也。

吾请与国之豪杰，大声疾呼于天下曰：中国无可亡之理，而有必强之道。约举其故，都有三事，而土地之腴，矿脉之盛，物产之衍，犹不与焉。

今夫西人之所以强者，则岂不以人才乎哉？以今日蒙翳固陋窒闭之中国，而欲与西方之人才较短长，其奚不量。虽然，今微论他事，以吾所闻，向者所派学生游学美国者，咸未及卒业，中途撤归，而至今卓然成就专门之业，有声于西域者，犹不乏人。当其初达美境，于彼中语文一无所识，二三年后，则咸可以入中学校，每试焉辄冠其曹，学中教师，罔不鼓掌赞叹。盖无论何国学堂，苟有支那人在弟子籍者，未有不翘然秀出于侪辈也。今夫向者之游学生，皆非必吾此间之上才也。向者风气未开，父兄所以诏勉其子弟者，恒在科第，大率量其才力，不足以得科第，乃遣之从事于此途，非如日本之遴选俊异以承其乏也，然所成就已若此。然则以彼中上才与吾中才较，而其短长高下，固尚在不可知之数矣。况率吾四万万人中所谓聪明才智之士者，而一一进之以实学，练之以实事，行之以实心，十年之内，何才不成？彼夫印度之不昌，限

---

① "学院"，《饮冰室合集》作"学究"。

于种也。凡黑色、红色、棕色之种人，其血管中之微生物，与其脑之角度，皆视白人相去悬绝。惟黄之与白，殆不甚远，故白人所能为之事，黄人无不能者，日本之规肖西法，其明效也。日本之种，本出于我国，而谓彼之所长，必我之所短，无是道也。土耳其之不振也，局于教也。回民锢蔽室塞，残忍酷虐，谓杀人者生天，谓战死者成圣，其教也，盖野蛮之行也。若夫吾教，则精粗并举，体用兼备，虽久湮昧，一经发明，方且可以施及蛮貊，莫不尊亲，而何有于区区之神州也！以种则若彼，以教则若此。呜呜！是岂宜奴焉、仆焉、犬马焉于人者哉！闻之有才千人，国可以立；有才万人，国可以强。今夫以中国之大，种类之美，教俗之善，欲求于四万人中而得一人，殆匪曰难也。此其将强之道一也。

今天下大较，西国则君子多而野人少，中国则君子少而野人多，斯盖强弱之大原哉！虽然，福固祸所倚，祸亦福所伏，十年之后，吾恐黄、白两种之交涉，必有因此而生非常之变者。西国机器日盛，工厂所容之人日夥，而争工价、争作工时刻、抑胁厂主、相率罢役之事，岁辄数十见，何也？知学之人日以多，谋生之道日以广，苟其才力粗足以自养，则恒乐为劳心，而不乐为劳力，此人情也。以是操作辛工之人，日少一日，工人既日益减，而所兴作之事，所需工人日益增，以希获贵，于是执业愈贱愈苦者，其所获之工价愈大。工价既涨，则所成物价亦涨，一切物价既涨，则一切人所执业之价亦涨，互相增益，无有已时。故欧洲人谭时务者，以工价一端为数十年来绝大消息之事。夫以今日白种作工之人，应今日欧美工厂之用，犹叹其少，况十年以后，此益增而彼益减乎？工价日增，而作工时刻日减，则厂主病。厂主折阅，工亦无依，则工人亦病。百物腾踊，人心皇惑，则举国皆病。穷极思反，必求工人多，然后工价可以贱，工价贱，然后物价可以平，此必然之情形矣。今夫华民四万万，其恃作工以谋食者，过半而未有已也。中国妇女恃粗工自养者亦过半。而其操业最勤，其费用最俭。惟勤也，故作工时刻可以倍增；惟俭也，故工价可以倍减。于彼时也，用吾之所短，以持西人之所长，则华工之权力，可以横绝于天下。举天下之器物，皆仰成于华民之手，欲华种之无强，不可得也。今夫日本之民数，视中国仅什一耳，其操作之勤，取值之寡，视欧洲虽有间，其去中国则尚远甚也。而近年以来，犹以工艺雄于万国，每岁手作之物，售至美国者，且值百千万。西方诸国，靡不眈眈畏之，而况于阓繁朴悫之中国乎！彼美人之苟逐华民也，固彼中巨室所大不欲，而无如其力之不足以胜细民也。彼细民之嫉我也，盖亦由忌我畏我，而无术以制我，故宁冒天下之不韪，而悍然出于此途。然则①我必有使人可忌可畏之道，昭昭然也。彼今日徒知嫉吾以自卫，而不知隐微之间，同受其病者，已非一日。十年以后，患害大著，上下共睹，而吾华民之公利，终莫得裁制而禁抑之也。此其将强之道二也。

欧洲何以强？欧洲壤地最褊，生齿最盛，自四五百年前，即忧人满。于是哥仑波创探新地，辟阿墨利加大洲，而印度、非洲、南洋、澳岛，相继垦殖，徙欧民以实之，莽莽五洲，辙迹殆满，是以白种之权利遍天下。使欧人以丸泥自封，闭关勿出，今虽以瘠亡，可也。虽然，殖民之政，日本人称属地为"殖民地"，盖人满则徙之他地以殖之也。行之数百年矣，其真能尽地利者，今惟合众一国。自余若印度，若加拿大，若澳洲，若南洋诸岛，近数十年，锐意拓殖，然犹未得其半。若非洲、若亚洲西北一带，虽颇经营，曾靡功焉，此犹曰沙漠不毛之地为然也。若夫南阿墨利加一洲，若巴西，若墨西哥，其纬道在温热带之间，与中国、美国相等，地质肥沃，物产繁衍，亦伯仲于两邦，盖地球天府之壤，未或过是也，而欧人之力，不能及之，听其荒而不治而已。彼非不涎之也，强弩之末，不穿鲁缟。彼白人只有此数，固不足以尽专天下之利。且其君子多而野人少，用以攘他人已有之成业则有余，用以开千古未辟之地利则不足。故千手亿目，咸注东方，而穰穰膏腴，莫或厝意也。夫全地人类，只有五种，白种既已若是，红种则湮灭将尽，棕、黑两种，其人蠢而惰，不能治生，不乐作苦，虽芸总犹昔，然行尸走肉，无所取材。然则佃治草昧，澄清全地者，舍我黄人末由也。今夫合众一国，澳大一洲，南洋一带，苟微华人必不有今日。今虽获兔烹狗，得鱼忘筌，摈之逐之，桎之梏之，鱼之肉之，奴之仆之，然筚路篮缕之功，在公论者，终不没于天下。顾徒为人作计，曾未能得其丝毫之利，虽由国势之不振，亦由吾民于彼中情伪未悉，恒以可得之权利，晏然让诸人耳！昔惟昧之，是以弃之，今惟察之，是以得之，消息甚微，轨轴甚大，殆亦天之未绝黄种，故留此一线，以俟剥极将复之后，乃起而苏之也。此其将强之道三也。

吾闻师之言地运也，大地之运，起于昆仑，最先兴印度，迤西而波斯，而巴比伦，而埃及，渡地中海而兴希腊，沿海股而兴罗马、意大

---

① "则"，《饮冰室合集》无。

利，循大西洋海岸，迤北兴西班牙、葡萄牙，又北而兴法兰西，穿海峡而兴英吉利。此千年以内，地运极于欧土，洋溢全洲。其中原之地，若荷兰、若瑞士、若德意志，则咸随其运之所经，而一一浮起。百年以内，运乃分达，一入波罗的海，迤东以兴俄；一渡大西洋，迤西以兴美。三十年来，西行之运，循地球一转，渡大东洋以兴日本。日本与中国接壤，运率甚速，当渡黄海、渤海兴中国，而北有高丽，南有台湾，以为之过脉，今运将及矣。东行之运，经西伯利亚达中国。十年以后，两运并交，于是中国之盛强，将甲于天下。昔终始五德之学，周秦儒者，罔不道之，其几甚微，其理可信，此固非一孔之儒，可以持目论而非毁之者也。以人事言之则如彼，以地势言之则如此。呜呼！彼西人虽欲犬马我、奴隶我，吾奚惧焉！吾奚馁焉！

问者曰：瓜分之约，期以五年，内讧之形，不可终日，汲汲顾影，日薄崦嵫，死丧无日，皇言盛强，五尺之童，知其无救。甚矣，吾子之至愚而病狂也。不则，故为大言以自憙，以欺天下也。释之曰：不极剥者不速复，不小往者不大来。华盛顿八岁血战，南北美频年交恶，于美之强，宁有害焉？拿帝用兵，杀人如草菅，君民革政，废置如弈棋，于法之强，宁有害焉？俄、德、美三国，劫盟海疆，萨、长、土诸藩，构衅内地，于日本之强，宁有害焉？且而不闻乎，殷忧所以启圣，多难乃以兴国。又曰："置之死地而后生，置之亡地而后存。"举天下人而安之，斯获危矣，举天下人而危之，斯获安矣。吾直惧夫吾国人于今日危亡之故，知之者尚少也，借或知之，则以为大局之患，于我无与也。亦既知之，亦既忧之，固知重泉之下，即是天衢，各怀衔石之心，已无东海。彼何德而天幸，我何罪而天亡？敬告我后及我大夫，凡百君子，吾侪小民，忍大辱，安大苦，发大愿，合大群，革大弊，兴大利，雪大耻，报大雠，定大难，造大业，成大同，仁人志士，其宁能无动于其心者乎？其听其冥冥以沦胥也？若夫夜郎之夫，莫肯念乱，徒撼余论，益其嚣张，则蒙有罪焉矣。

《史记·货殖列传》今义[*]
（1897年8月8、28日）

西士讲富国学，倡论日益盛，持义日益精，皆合地球万国土地、人民、物产，而以比例公理盈虚消息之，彼族之富强，洵有由哉！然导其先河，乃自希腊昔贤，肇阐义奥，溯逮晚近，乃更光大，虽曰"新学"，抑亦古谊也。蒙昔读《管子·轻重篇》、《史记·货殖传》，私谓与西士所论，有若合符，苟昌明其义，而申理其业，中国商务，可以起衰。前哲精意，千年湮没，致可悼也，作今义。

老子曰：邻国相望^①，鸡狗之声相闻，民各甘其食，美其服，安其俗，乐其业，至老死不相往来。必用此为务，挽近世涂民耳目，则几无行矣。

　　启超谨案：老子所言，上古之俗也。中国旧论，每崇古而贱今，西人则不然，以谓愈上古则愈蛮野，愈挽近则愈文明，此实孔子三世之大义也。三世之例：由据乱而升平而太平，义主渐进。所谓"邻国相望，而老死不相往来"者，上古道路未通，所至闭塞，一林之障，一川之隔，则其势不能相通，于是沟然画为一国，故上古之国最多。今中国边地之土司、南洋非洲之酋长，犹彷彿是俗。是俗盛行，则必一州一县之内，古之所谓一国者，其幅员不过与今日一州县相等。百物皆备然后可。然地力土宜，实难齐一，是以山人乏渔^②，泽人乏木，农有余粟，女有余布，操作之人甚劳，而所获乐利甚寡，遇有旱干水溢，更复无自振救。"不相往来"，其敝乃极于

---

　　* 录自《时务报》第三十五、三十七册，光绪二十三年七月十一日、八月初一日（1897年8月8、28日）出版，署"新会梁启超撰"。收入《饮冰室合集·文集》之二。
　　① "邻国相望"前，《饮冰室合集》有"至治之极"四字。
　　② "渔"，《饮冰室合集》作"鱼"。

此。《佐治刍言》云："譬之英国诺东北兰、达尔喊两省则产煤，迷德塞、根德、诺佛色佛克等省则产五谷，哥奴瓦省则产铜、锡，若非彼此互易，则采煤者既须兼顾饮食器用之事，不能专力开采，即产五谷之处，其人亦岂能专心树艺耶？"又云："物产既可互易，则诺东北兰人欲得哥奴瓦省之铜、锡，并根德等省之五谷，不啻取之本省中矣。"由两义观之，则通商者，天地自然之理，人之所借以自存也。故言理财之学者，当并国之差别界限而无之，有差别、有界限，斯已下矣。如各国有加重进口税，以保护己商等事。若不相往来，又差别界限之下者也。孟子所谓"不通功易事，以羡补不足"，又曰"如必自为而后用之，是率天下而路"，皆深陈商学精义。太史公最达此义，故篇首直揭邪说，而斥为"涂民耳目"。老氏自言"法令者，将以愚民，非以明民"，正"涂民耳目"之碻诂。以上古不得已之陋俗，而指为郅治之极，此言荧惑二千余岁。驯至今日，犹复以锁港谢客为务，强邻势胁，不得已而弛海禁，然曾不思相通之义，有来而无往，以至漏卮日甚一日。不宁惟是，各省道路梗塞，货钱不流，百里之遥，邈若异域，是岂直邻国而已！即所谓十八行省者，已不啻其几万亿国，是真能奉行老子之教者也。故史公作传，开宗即明此义，盖谓吾中国受病之所在，不清其本，则条流靡得而言也。

太史公曰："夫神农以前，吾不知已，至若《诗》、《书》所述虞、夏以来，耳目欲极声色之好，口欲穷刍豢之味，身安佚乐，而心矜夸势能之荣，使俗之渐民久矣，虽户说以眇论，终不能化。"

启超谨案：言货殖，而推本于耳、目、口、体之欲者何也？凡圣人之立教，哲王之立政，皆将以乐其民耳，《礼运》曰："货恶其弃于地也，不必藏于己。"大地百物之产，可以供生人利乐之用者，其界无有极，其力皆藏于地，待人然后发之。所发之地力愈进，则其自乐之界亦愈进；自乐之界既进，则其所发之地力，愈不得不进。二者相牵，引而益上，故西人愈奢而国愈富，货之弃于地者愈少故也。中国旧①说，以黜奢崇俭为美德，此正与《礼运》孔子之言相反也。朝鲜之人最俭，人持两钱，可以度日，而国卒以削亡。彼其人于两钱之外无所求，一日所操作，但求能易两钱，则亦已

---

① "也。中国旧"，《饮冰室合集》无。

矣，虽充其人与地之力，可以日致百钱或万钱，彼勿顾也。何也？
己无所用之，而徒劳苦何为也。故尚俭之藏货于己，人尽知之，其
为弃货于地，人罕察之。举国尚俭，则举国之地利，日堙月塞，驯
至穷蹙不可终日，东方诸国之瘵亡，盖以此也。故俭者亦上古不得
已之陋俗，而老氏欲持此以坊民，非惟于势不行，抑于义不可。太
史公谓"俗之渐民久矣"，而世之辟儒，犹拾老氏之唾余，导民于
苦，以塞地利，殆不率天下为野人不止也。

"故善者因之，其次利导之，其次教诲之，其次整齐之，最下者与
之争。"

　　启超谨案：何谓因之？西人言种植者，必考某种植物，含某种
质，宜于某土；某地土性，含某种质，宜于某物。然后各因而用
之。苟不知而误用则败，知之而强易则劳，此因之第一义也。又如
热力、电力、水力，皆天地自然之物，取不禁，用不竭，昔人惟不
知因，乃弃之于无用耳。故因之之学，今日地球上，方始萌芽，他
日此学大行，地力所能养人之界，将增至无量数倍，故史公以为最
善也。人力亦然，燕函粤镈，各用所长，如英之曼支斯德，专业纺
纱织布；法之来恩，专造丝货；德之波希米，专造五色玻璃；瑞士
之专造金练表。苟易其俗，则不能良。又如有数事于此，以一人分
数日任之，则成就必钝而窳，以数人分一日任之，则成就必速而
良，此亦贵能因也。何谓利导？如能自出新法、制新器者，许其专
利，设博览会、比较场、通转运、便邮寄之类是也。何谓教诲？设
农学堂、矿学堂、工学堂、商学堂是也。何谓整齐？不能兴新利，
惟取世界上旧有之利益，从而整顿之，厘剔其弊，如陶文毅、胡文
忠之理盐、改漕等政，皆是也。自善治财者视之，已为中、下策
矣。与之争者，不思藏富于民之义，徒欲朘民之脂膏以自肥，挽近
之计臣，日日策画筹度者，大率皆与之争也。故西人于民生日用必
需之物，则必豁免其税以便民，中国则乘民之急而重征之，如盐政
之类是也。亦有西人良法美意，为便民而起，而中国恃为助帑之
计，行之而骚扰滋甚者，如今日之邮政之类是也。故大本一缪，则
无适而可，公理之学之不可以不讲如是夫。

"故待农而食之，虞而出之，工而成之，商而通之。"

　　启超谨案：西人言富国学者，以农、矿、工、商分为四门。农

者地面之物也；矿者地中之物也，工者取地面、地中之物，而制成致用也；商者以制成致用之物，流通于天下也。四者相需，缺一不可，与《史记》之言，若合符节。

"此四者，民所衣食之原也。原大则饶，原小则鲜。上则富国，下则富家。贫富之道，莫之夺予，而巧者有余，拙者不足。"

启超谨案：原之大小，不以地为界，不以人为界，不以日为界，当以力为界。凡欲加力使大，莫如机器。各种机器，农、矿、工之机器也；修通道路，利便转运，商之机器也。是故一亩所出，能养百人，则谓之饶；百亩所出，能养一人，则谓之鲜。一人耕能养百人，则谓之饶；百人耕能养一人，则谓之鲜。一日所作工，能给百日食，则谓之饶；百日所作工，能给一日食，则谓之鲜。是以用智愈多者，用力愈少，故曰"巧者有余，拙者不足。"

"故太公望封于营丘，地潟卤，人民寡，于是太公劝其女功，极技巧，通鱼盐，则人物归之，繦至而辐凑。"

启超谨案：《易》曰："日中为市。"通天下之民，聚天下之货，盖众人之所集，必大利之所丛也。孟子谓"天下之商皆悦而愿藏于王之市"。商之藏于吾市，吾之利也。后世公理不明，耻尚失所，于是倡为锁港闭关之说，以通商为大变，以开口岸为大蠹。闻之西人论通商公例，谓主国之利九，而客邦之利一，故西方无论何国，尺土寸地，皆可互市。日本旧论，亦主锁港，后乃举全国而口岸之，曷尝见其害乎？故史公论及富强，必以人物归之为主义，今之腐士，犹惴惴以通商开口岸为惧，冀绝外货之入，而止内泉之流，其犹受老子"涂民耳目"之余毒欤！劝女红，极技巧，亦今之日本所以兴也。

"故曰：'仓廪实而知礼节，衣服足而知荣辱。'礼生于有而废于无。故君子富，好行其德；小人富，以适其力。渊深而鱼生之，山深而兽往之，人富而仁义附焉。"

启超谨案：《周礼》有保富之义，泰西尤视富人为国之元气。何以故？国有富人，彼必出其资本，兴制造等事，以求大利。制造既兴，则举国贫民，皆可以仰糊口于工厂，地面地中之货，赖以尽出，一国之货财，赖以流通，故君子重之。挽近西国好善之风日益盛，富人之捐百数十万，以兴学堂、医院等事者，无地不有，无岁不闻，岂其性独异人哉？毋亦保①富之明效也，故曰"人富而仁义附焉"。俄罗斯苛待犹太人，犹太人最富。而国日以贫；高丽臣子无私蓄，而国日以削。太史公之重富人，其有意乎！不明此义，无惑夫世之辟儒，从而非笑之也。

"六岁穰，六岁旱，十二岁一大饥。夫粜②，二十病农，九十病末。末病则财不出，农病则草不辟矣。上不过八十，下不减三十，则农末俱利。"

启超谨案：西人综核贸易情形，大率以十年为一运。以英商论之，自乾隆十八年、二十八年、三十七年、四十八年、五十八年时，为商务最盛之运。大都极盛之后，以渐而衰，至五年而大衰，大衰之后，以渐而盛，又五年而大盛。西士深究其循环所以然之理。盖由欧洲产葡萄之数国，逾十年或十一年，必大熟一次，所获或数倍于寻常。又印度各地，每十二年必大歉一次，因思升降之原，必由于此。与"六岁穰，六岁旱"之说，不谋而合。西士又考十年一熟，或一歉之故，殆由日体射来③，地面之热度差率所致，其一岁而各地之荒歉异者，受热之例异也。由此言之，则计然金穰、水毁、木饥、火旱之说，亦或由实测欤。要之，人非食不生，故百物之贵贱，恒依农产之贵贱生比例，十年循环，其机全系于此，姑计然斤斤剂农、末之平也。

"平粜齐物，关市不乏，治国之道也。"

启超谨案：平粜齐物之权，操之于税则。西国旧制，每有重收进口税，欲以保本国商务者，近时各国尚多行之。惟明于富国学者，皆知其非，以为此实病国之道也。盖通商之例，半属以货易货，其用现银者，十不及一二，故本国每年出口之货，皆由外商运货入境，交易而去，未必俱以现银购也。今既阻输入之路，则人亦更无术以易我货，此之谓自困。且一国之中，势不能尽百物而备造之，故无论何国人，欲屹然独立，不仰给于他国所产之物，必无是

---

① "保"，原作"倮"，据《饮冰室合集》改。
② "粜"，《饮冰室合集》作"余"。本篇下同。
③ "殆由日体"，《饮冰室合集》作"始知由日体"；"热"，原作"熟"，据《饮冰室合集》改。

理，譬如多产五谷之国，以为若谷价翔贵，则利于己国，不知己国之民，不能徒食而自存也。其所需衣服器物等，皆取之于他国，谷价增，则一切工价皆随之而增，我不已受其累乎？又昔有不宜谷之数国，业此者工本极大，而其地主严禁他国运谷食入口，或议加重其税，以困外农，英国五十年前，即行此政。坐此之故，常患缺食，而余物贸易，亦不畅旺。自一千八百四十六年，大开海禁，一切商务，岁增惟倍，何也？平与不平之所致也。一物不平，斯百物不平矣；一国不平，斯万国不平矣。地球所产百物，恒足以供地上居民之用而有余。惟壅之于此，则匮之于彼，大壅则大匮，小壅则小匮，更迭吸引，相为比例，而品类盈绌，而价值涨落，其几甚微，其流甚巨。能平能齐，则天下蒙其福；不平不齐，则天下受其害。有国家者，曷为能平之、能齐之？恃有税则以左右之也。虽然，则政者天下之事也，非合全地球之地力，人力所产所需而消息之，则无以得其比例。故《大学》理财之事，归于平天下也，仅治一国者抑末矣。然治国者苟精研此理而酌剂之，则关市亦可不乏，而国必极富，今之英国，殆稍近之也。

"积著之理，务完物，无息币，货勿留。"

启超谨案：今日中国之言商务者，未尝不知此义，然而无法以避之者，阻力不去之所致也。何谓阻力？铁路不通，内河轮船不行，市镇中马路不修，故西人一日可运之货，我至以十日或半月始克运，运费视物之本价动增数倍，而道中存积顷刻坏损，从至百货不能出境。阻力一也。逢关纳税，遇卡抽厘，黠吏需索，扦手留难，或扣勒数日，犹不放行，坐此霉烂积货，耽误市价。阻力二也。既无商会，不能相联，西商窥其情实，阴持短长，任意涨落，故延时日以老我师。阻力三也。三者不去，则息币留货之弊，无自而免。然去此非借国力保护不为功也，故曰"良牧亦去其害马者而已"，去阻力之谓也。天下一切事悉有阻力，阻力悉去，百事毕举矣，此固不独商务为然也。

"论其有余不足，则知贵贱。贵上极则反贱，贱下极则反贵。贵出如粪土，贱取如珠玉。"

启超谨案：天下豪杰之士，每喜创新事业，而中人以下，每甘追逐风气。天下豪杰少而中人多，当每一事业之初创也，必获厚实，于是①群无量之人，相率而追逐之。不知此业实不能容此无量之人，乃不得②不争贬其价值以相竞，于是其势必立蹶。而他种事业，因为众人所不趋，必至缺乏，值乃骤进。此"上极反贱，下极反贵"所以然之故。其理甚浅，而治生家往往不能察者，因其上极、下极之界至难定，间有未极而指为已极者，亦有已极而拟为未极者，苟非善观时变，则易生迷惑也。昔康熙五十六年时，英国太平洋商务极盛，股分之值，骤增数倍，彼时格物士奈端致书其友，购此股分，甫购至而彼商务公司已倾圮矣。西人论商务中，此等情形，比之气泡，谓其张至极大时，即将散之时也。世间无论何种商务，皆所不免，而以奈端之硕学高识，犹为所迷，故至今英人犹取其致友人书，藏之国家大书楼，视为鸿宝，以为商务中人戒也。西人富国之书，斤斤以此为言，盖谓苟国中人人尽明此理，则追逐风气者，不至举国若狂，而气泡不至屡张速散，而一国之群商，亦可无受其牵累也。此有国者保商之道也。若夫举吾全国之商，与他国之商争，则正宜用"出如粪土，取如珠玉"之法。今欧西诸国，亦持此术以瘠我也。今吾中国之商，非无一二人能行此道者，然所争者只本国之财，如鹬蚌相持，授渔人以利枋，而曾不知联为商会以与他人竞，此所以弱也。

"财币欲其行如流水。"

启超谨案：《礼运》曰："货恶其弃于地也，不必藏于己。"故泉之义取之流，布之义取之布。财政之患，莫患乎财藏于一人，若数人一处壅之，则全局受其害矣。然则古人曷为言保富？曰：凡富者莫善于出其财以兴工艺、讲③贸易，子母相权，已可以获大利，而佣伴衣食于是焉，工匠衣食于是焉。如兴一机器织布之厂，费本二十万，而造机器之人，得其若干；种棉花之人，得其若干；修房屋之人，得其若干，工作之人，得其若干；贩卖之人，得其若干。而且因买机器也，而炼铁之人，得其若干；开矿之人，得其若干。因买棉花也，而赁地种植之人，得其若干；造粪料、造农器之人，得其若干。因修房屋也，而木厂得其若干，窑厂得其若干。推而上

---

① "是"，《饮冰室合集》无。
② "得"，《饮冰室合集》作"能"。
③ "讲"，《饮冰室合集》无。

之，炼铁、开矿，以至窑厂等人，其货物又有其所自出，彼之所自出者，又复有其所自出。如是互相牵摄，沾其益者，至不可纪极。且工作贩卖之人既聚，既有所赡，则必衣焉、食焉、居焉、游焉，而于是市五谷蔬菜者，得其若干；市布缕丝麻者，得其若干；赁屋庑者，得其若干；赁车马者，得其若干。而此种种之人，持其所得者，复以经营他业，他业之人有所得，复持以经营他业。如是互相摄引，沾其益者，亦不可纪极，此之谓"行如流水"。虽然，人之沾吾益者，既已若此，疑于吾必有所大耗，而所获之利，乃转不赀者。然则所获究谁氏之财乎？曰：是皆昔者弃于地者也。今以富者之财，贫者之力，合而用之，以取无量之财于地，故两有所益，而财亦不见其损也。曰：然则富人而骄奢淫佚以自奉者何如？曰：无伤也。彼食前方丈，而市酒肉者，得以养焉；彼侍妾数百，而市罗绮簪珥者，得以养焉；彼高堂华屋，而市楠甋者，得以养焉；彼雕鞍玉勒，而市车骑者，得以养焉。他事称是，而彼所市者，则又复有其所市者递而引之，至不可纪极，犹前之云也。故于彼虽有大损，然为全局计，则流水之行，卒无所于碍，曾何伤乎？所最恶者，则癖钱之奴，守财之虏，朘削兼并他人之所有，以为己肥，乃窖而藏之以私子孙，己身而食不重肉，妾不衣帛，犹且以是市俭名于天下，壅全国之财，绝廛市之气，此真世界之蟊贼、天下之罪人也。而后世之颂善政者，辄以大官之钱，累巨万贯杇而不可校，谓为美谈，抑何与计然之言相刺谬耶？善夫，西人之政也！国家设银行，借国债，民有财，贷之于官，官借之以兴工程，拓商务，以流通之于民，而国之富强，遂莫与京。

"废著鬻财于曹、鲁之间。"

徐广曰："《子赣传》云'废居'。著犹居也。"启超谨案：《书》言"肇牵车牛远服贾"。凡言商务者，必贾于四方，未有死徙无出乡者，故必废著然后能鬻财也。西人商会，遍于五洲，每疲举国之力，以求通一地，辟一口岸。而中国四万万人，怀安重迁，曾无思纠一公司、通一轮船，往他国以与人相角者，真可悲矣！

"当魏文侯时，李克务尽地力，而白圭乐观时变。"

启超谨案：尽地力者，农、矿、工之事也；观时变者，商之事也。两者相须而成，不可偏废。然尽地力者，每劳而所得少，谓以所用力与所得利比较，观时变者而觉其少。观时变者，每逸而所得多。大抵其国多下等筋力之人者，宜讲尽地力；其国多上等智术之人者，宜讲观时变。今吾中国欲持观时变之学，以与西人争，未必能胜之，若讲尽地力，则未知鹿死谁手也。中国数千年未辟之地利，蕴积以俟今日，而地球五洲荒莽之区，尚居其半。他日亚洲、非洲、南美洲，非借我四万万人之力，终莫得而辟也。

"趋时若鸷鸟猛兽之发。故曰：吾治生产，犹伊尹、吕尚之谋，孙吴用兵，商鞅行法是也。是故其智不足以权变，勇不足以决断，仁不能以取予，强不能有所守，虽欲学吾术，终不告之矣。"

启超谨案：西人富国之学，列为专门，举国通人才士，相与讲肄之。中国则邃古以来，言学派者，未有及此也。观计然、白圭之所云，知吾中国先秦以前，实有此学。白圭之言，其郑重之也如是，知其中精义妙道必极多，苟承其学而推衍之，未必逊于西人，而惜其中绝也。今西人之商焉者，大率经学堂中朝研夕摩，千印万证而来，而我以学书不成之人，持筹而与之遇，无惑乎未交绥而已三北也。

启超又案：务观时变者，据乱以至升平世之事也。若太平世，必无是，何以故？所谓时变者，生于市价之不一；市价之不一，生于不平不齐；不平不齐，生于商之不相通。或道路阻于转运，或关税互生区别，是以或彼物壅于此而匮于彼，或彼物壅于彼而匮于此，故虽一二日之间，数十家之市，而变态之起，已无量数，积以多时，参以各地，其倏忽幻异，波谲云诡，益不可思议。昧者弗察其故，当变之忽来而讶之，及变之既去而忘之，以故累失算而恒见制于人，是之谓拙商。有工心计者出，求其所以然，究其所终极，合前后情形以察之，统各地异同以较之，行之以钩距之法，用之以罗织之术，参伍错综，观之既熟，而得其比例之定率，乃用其中数以权之，以消息之，故所发无不中，而群商皆受制焉，是之谓巧商。商学之精义，至是备矣。然其所得者，皆群商之财也，不啻欺群商之暗弱，而渗其臂以挽夺之也，无以异于豪强兼并之为也。且彼所幸者，亦由地球之上，智人少而愚人多，故术得行耳。若太平之世，教学大明，天下一切众生，智慧平等，将彼所谓时变者，皆如日食彗见，尽人知其所由来，与其一定不易之式，而何所惊骇，而何所播弄？况乎太平之世，自有平货齐物之道，而所谓随时随地，变态倏忽，波谲云诡者，皆归消灭也，故曰观时变者，非太平之行也。今吾持此义以语今日据乱世之人，知必莫予信也。吾今试问：有一国于此，其商互相挽夺，互相倾挤，而冥冥之中，垄断其利于一人或数人，彼其国之商务何如？则必曰是将癫败衰落而不可理也。识时者必又曰：何不合全国之力相联属相友助，以与他国敌，而徒自糜烂其商务何为也？夫吾究不知垄断其利于一国，与垄断其利于一人，有何殊异也！人与人相挤，而全国之商病；国与国相挤，而举天下之商病。彼天下亦一大国也，妄生分别，自相蟊贼，故国与国之界限不破，则财政终莫得而理，天下终莫得而平也。孟子曰："有贱丈夫焉。"以太平世之律治之，则白圭之流，其犹不免于此名，而彼之以商务称雄于寰宇者，又贱丈夫之大者耳！虽然，若以治今日之中国，拯目前之涂炭，则白圭、计然，真救时之良哉！①

---

① 原文至此，末注"未完"，但未见续载。《饮冰室合集》亦至此为止。

知耻学会叙 *
（1897 年 9 月 26 日）

　　《春秋》曰："蒙大辱以生者，无宁死。"《春秋繁露·竹林篇》。痛乎哉！以吾中国四万万戴天履地、含生负气之众，轩辕之胤，仲尼之徒，尧、舜、文王之民，乃伈伈睍睍，忍尤攘垢，腼然为臣、为妾、为奴、为隶、为牛、为马于他族，以偷余命而保残喘也。《记》曰："哀莫大于心死。"心死者，诟之而不闻，曳之而不动，唾之而不怒，役之而不惭，刲之而不痛，縻之而不觉。此其术也，自老氏言之，谓之"至道"；而自孔子、孟子言之，谓之"无耻"。呜呼！吾不解今天下老氏之徒何其多也！越惟无耻，故安于城下之辱，陵寝之蹂躏，宗祐之震恐，边民之涂炭，而不思一雪，力反托虎穴以自庇，求为小朝廷，以乞旦夕之命。越惟无耻，故坐视君父之难，忘越镝之义，昧蟊纬之恤；朝睹烽燧，则苍黄瑟缩；夕闻和议，则歌舞太平。官惟无耻，故不学军旅，而敢于掌兵；不谙会计，而敢于理财；不习法律，而敢于司李。瞽聋跛疾，老而不死；年逾鲞颐，犹恋栈豆。接见西官，栗栗变色，听言若闻雷，睹颜若谈虎。其下焉者，饮食无事，趋衙听鼓，旅进旅退，濡濡若驱群豕，曾不为怪。士惟无耻，故一书不读，一物不知，出穿窬之技以作搭题，甘囚虏之容以受搜捡；裹八股八韵，谓极宇宙之文，守高头讲章，谓穷天人之奥。商惟无耻，故不讲制造，不务转运，攘窃于室内，授利于渔人。其甚者习言语为奉承西商之地，入学堂为操练买办之才，充犬马之役，则耀于乡间，假狐虎之威，乃轹其同族。兵惟无耻，故老弱羸病，苟且充额，力不能胜匹雏，耳未闻谈战事。以养兵十年之蓄，饮酒看

---

　　* 录自《时务报》第四十册，光绪二十三年九月初一日（1897 年 9 月 26 日）出版，署"新会梁启超撰"。收入《饮冰室合集·文集》之二。

花；距前敌百里而遥，望风弃甲。民惟无耻，百人之中，识字者不及三十，安之若素；五印毒物，天下所视为虺蜮为鸩，乃遍国种之，遍国嗜之，男妇老弱，十室八九，依之若命；缠足陋习，倡优之容，天刑之惨，习之若性。嗟乎！之数无耻者，身有一于此罔不废，家有一于此罔不破，国有一于此罔不亡。使易其地居殷周之世，则放巢流彘之事，兴不旋踵；使移此辈实欧、墨之域，则波兰、突厥之辙，将塞天壤。吾不解天之所毒中国者，何以如此其甚也。吾又不解中国人之自绝于天者，又何以如此其至也。

孟子曰："无耻之耻，无耻矣！"吾中国四万万人者，惟不知无耻之为可耻，以有今日。亦既知之，亦既耻之。子胥耻父，乃鞭楚墓；范蠡耻君，乃沼吴室；张良耻国，乃墟秦社；大彼得耻愚以兴俄；华盛顿耻弱以造美；惠灵吞耻挫以拒法；嘉富洱耻散以合意；威良、卑士麦耻受辖而德称雄；参亚士耻割地而法再造；日本君臣民耻劫盟而幡然维新，更张百度，遂有今日。若是者，虽耻何害？而惜乎吾中国知之者尚少，方且掩匿弥缝其可耻者，以冀他人之不我知，而未闻有出天下之公耻，以与天下共耻之者也。宗室寿君，以天潢之亲，明德之后，奋然耻之，特标此义，立会以号召天下，而走告于启超。启超曰：嗟乎！吾侪四万万蒙耻之夫，苟犹有人心，犹是含生负气、戴天履地者，其庶诵《春秋》之义，抉老学之毒，以从寿君之后，意者天其未绝中国欤！虽然，吾犹将有言，愿吾侪自耻其耻，无责人之耻，贤者耻大，不贤耻小，人人耻其耻而天下平。自讳其耻，时曰无耻；自诵其耻，时曰知耻。启超请诵耻以倡于天下。呜呼！圣教不明，民贼不息，太平之治不进，大同之象不成，斯则启超之耻也。

吾友寿君伯福，乃宝竹坡先生之令子，殷忧时艰，首倡此会于京师，闻旗满诸名士及首善贤士大夫，集者颇众，此实中国自强之本务也。寿君《自序》及《会章》等，别见《会报》中。启超又记。①

---

① 此段文字，《饮冰室合集》未收。

论君政、民政相嬗之理*
（1897 年 10 月 6 日）

　　博矣哉！《春秋》"张三世"之义也。治天下者有三世：一曰多君为政之世，二曰一君为政之世，三曰民为政之世。多君世之别又有二：一曰酋长之世，二曰封建及世卿之世。一君世之别又有二：一曰君主之世，二曰君民共主之世。民政世之别亦有二：一曰有总统之世，二曰无总统之世。多君者，据乱世之政也；一君者，升平世之政也；民者，太平世之政也。此三世六别者，与地球始有人类以来之年限有相关之理，未及其世，不能躐之；既及其世，不能阏之。

　　酋长之世，起于何也？人类初战物而胜之，然而未有舆骑舟楫之利，一山一川一林一泽之隔，则不能相通也，于是乎划然命为一国，其黠者或强有力者，即从而君之。故老子曰："古者邻国相望，鸡犬之声相闻，其民老死不相往来。"禹会诸侯于涂山，执玉帛者万国，彼禹域之大，未及今日之半也，而为国者万，斯盖酋长之世也。今之蒙古也，回疆也，苗也，黎也，生番也，土司也，非洲也，南洋也，墨洲①、澳洲之土人也，皆吾夏后氏以前之世界也。凡酋长之世，战斗最多。何也？其地隔，故其民不相习，而其情不相通，加以凡有血气，皆有争心，故相戕无已时也。

　　封建世既有一天子以统众诸侯矣，而犹命为多君，何也？封建者天子与诸侯俱据土而治，有不纯臣之义。见《公羊》何注。观于《周礼》，祗治畿内，春秋战国诸侯，各自为政，可以见封建世之俗矣。其时诸侯与天子同有无限之权，故谓之多君。封建亦一大酋长耳，其相戕亦惨，

---

　　* 录自《时务报》第四十一册，光绪二十三年九月十一日（1897 年 10 月 6 日）出版，署"新会梁启超撰"。收入《饮冰室合集·文集》之二。
　　① "墨洲"，《饮冰室合集》作"美洲"。

其战斗亦多。

世卿亦谓之多君，何也？《礼·丧服》传：公士大夫之众臣为其君。传曰：君，谓有地者也。盖古者凡有采地皆称君，而仕于其邑、居隶其地者，皆为之民，其待之也，亦得有无限之权，故亦谓之多君。世卿之国，亦多战斗，如鲁之季孙氏、郈氏，晋之韩、赵、魏、范、中行氏，皆是也，故世卿亦可谓之小封建。

凡多君之世，其民皆极苦，争城争地，糜烂以战无论矣。彼其为君者，又必穷奢极暴，赋敛之苛，徭役之苦，刑罚之刻，皆不可思议。观于汉之诸侯王及今之土司，犹可得其概矣。孔子作《春秋》，将以救民也，故立为大一统、讥世卿二义。此二者，所以变多君而为一君也。变多君而为一君，谓之小康。昔者秦、楚、吴、越，相雠相杀，流血者不知几千万人也，问今有陕人与湘人争强、苏人与浙人构怨者乎？无有也。昔之相雠相杀者，皆两君为之也。无有君，无有国，复归于一，则与民休息，此大一统之效也。世卿之世，苟非贵胄，不得位卿孤。既讥世卿，乃立选举，但使经明行修，虽蓬荜之士，可以与闻天下事。如是则贤才众多，而天下事有所赖，此讥世卿之效也。

虽然，当其变也，盖亦难矣！秦、汉以后，奉《春秋》为经世之学，亦既大一统矣，然汉初之吴、楚七国乱之，汉末之州牧乱之，晋之八王乱之，唐之藩镇乱之，乃至明之燕王、宸濠，此害犹未获息。越二千年，直至我朝，定宗室自亲王以下，至奉恩将军，凡九等，功臣自一等公以下，至恩骑尉，凡二十六等，悉用汉关内侯之制，无分土，无分民，而封建之多君始废。汉氏虽定选举之制，而魏晋九品中正，寒门贵族，界限画然，此犹微有世卿之意焉。虽然，吾中国二千年免于多君之害者，抑已多矣，皆食素王之赐也。

凡变多君而为一君者，其国必骤强。昔美之三十七邦也，德之二十五邦也，意之二十四邦也，日本之九十二诸侯也，当其未合也，彼数国者，曾不克自列于地球也。其既合也，乃各雄长于三洲。何也？彼昔者方罢敝其民，以相争之不暇，自斲其元气，耗其财力，以各供其君之私欲，合而之一，乃免此难，此一君世之所以为小康也。而惜乎诸国用《春秋》之义太晚，百年前之糜烂，良可哀也。

世卿之多君，地球各国，自中土以外，罕有能变者。日本受毒最久，藤原以后，政柄下移，大将军诸侯王之权，过于天皇，直至明治维新，凡千余年，乃始克革。今俄之皇族，世在要津，英之世爵，主持上议院，乃至法人既变民政，而前朝爵胄，犹潜滋暗窥，渐移国权，盖甚矣变之之难也。

封建世卿之与奴隶，其事相因也。举天下之地而畀诸诸侯，则凡居其地者，莫敢不为臣；举天下之田而聚诸贵族，则凡耕其田者，莫敢不为隶。故多君之世，其民必分为数等，而奴隶遍于天下。孔子之制，则自天子以外，士、农、工、商，天子之元子犹士也。编为四民，各授百亩，咸得自主。六经不言有奴隶，《周礼》有之者，非孔子所定之制。汉世累诏放奴婢，行孔子之制也。后世此议不讲，至今日而满、蒙尚有"包衣"，望族达官尚有"世仆"，盖犹多君世之旧习焉。西方则俄国之田，向悉归贵族掌辖，法国之田，悉为教士及世爵公产。凡齐民之欲耕者，不得不佃其田，而佃其田者，不得不为之役。自余诸国，亦多类是。日本分人为数等之风尤盛，乃至有"秽多"、"非人"等名号，凡列此者，不齿人类。而南北美至以贩奴一事，构兵垂十年。此皆多君世之弊政也。今殆将悉革矣，此亦《春秋》"施及蛮貊"之一端也。余别有《孔制禁用奴婢考》。

欧洲自希腊列国时，已有议政院，论者以为即今之民政，然而吾窃窃焉疑之。彼其议政院，皆王族世爵主持其事，如鲁之三桓，郑之七穆，晋之六卿，楚之屈景，父子兄弟，世居要津，相继相及耳。至于匹夫编户，岂直不能与闻国是，乃至视之若奴隶，举族不得通籍。此其为政也，谓之君无权则可，谓之民有权则不可，此实世卿多君之世界也。度其为制也，殆如英国今日之上议院，而非英国今日之下议院。周厉无道，见流于彘，而共和执政，滕文公欲行三年之丧，而父兄百官皆不悦，此实上议院之制也，不得谓之民政。若谓此为民政，则我朝天聪、崇德间，八贝勒并坐议政，亦宁可谓之为民政也？俄史称俄本有议事会，由贵爵主之，颇有权势，诸事皆可酌定。一千六百九十九年，大彼得废之，更立新会，损益其规，俾权操于己。见《俄史辑译》卷二。俄之旧会，殆犹夫希腊、罗马诸国之议院也，犹多君之政也。俄之变多君而为一君，则自大彼得始也。

大地之事事物物，皆由简而进于繁，由质而进于文，由恶而进于善，有一定之等，有一定之时，如地质学各层之石，其位次不能凌乱也。今谓当中土多君之世，而西国已有民政，既有民政，而旋复退而为君政，此于公理不顺，明于几何之学者，必能辨之。

严复曰："欧洲政制，向分三种：曰满那弃者，一君治民之制也；曰巫理斯托格拉时者，世族贵人共和之制也；曰德谟格拉时者，国民为政之制也。德谟格拉时，又名'公产'，又名'合众'，希、罗两史，班班可稽，与前二制相为起灭。虽其时法制未若今者之美备，然实为后来民治滥觞。且天演之事，始于胚胎，终于成体。泰西有今日之民主，则当夏、商时，合①有种子以为起点，而专行君政之国，虽演之亿万年，不能由君而入民。子之言未为当也。"启超曰：吾既未克读西籍，事事仰给于舌人，则于西史所窥，知其浅也，乃若其所疑者，则据虚理比例以测之。以谓其国既能行民政者，必其民之智甚开，其民之力甚厚，既举一国之民而智焉而力焉，则必无复退而为君权主治之理。此犹花刚石之下，不得复有煤层；煤层之下，不得复有人迹层也。至于希、罗二史所称者，其或犹火山地震喷出之石汁，而加于地层之上，则非所敢知，然终疑其为偶然之事，且非全体也，故代兰得常得取而篡之，西史称借民权之名以攘君位者，谓之"代兰得"。其与今之民政，殆相悬也。至疑西方有胚胎，而东方无起点，斯殆不然也。日本为二千年一王主治之国，其君权之重，过于我邦，而今日民义之伸，不让英、德，然则民政不必待数千年前之起点明矣。盖地球之运，将入太平，固非泰西之所得专，亦非震旦之所得避。吾知不及百年，将举五洲而悉惟民之从，而吾中国亦未必能独立而不变，此亦事理之无如何者也。

世之贤智太过者，或疑孔子何必言小康，此大谬也。凡由多君之政而入民政者，其间必经一君之政，乃始克达，所异者西人则多君之运长，一君之运短，中国则多君之运短，一君之运长。此专就三千年内言之。至其自今以往，同归民政，所谓及其成功一也。此犹佛法之有顿有渐，而同一法门。若夫吾中土奉一君之制，而使二千年来杀机寡于西国者，则小康之功德无算也，此孔子立三世之微意也。

问："今日之美国、法国，可为太平矣乎？"曰：恶，恶可。今日之天下，自美、法等国言之，则可谓为民政之世；自中、俄、英、日等国言之，则可谓为一君之世；然合全局以言之，则仍为多君之世而已。各私其国，各私其种，各私其土，各私其物，各私其工，各私其商，各私其财，度支之额，半充养兵，举国之民，悉隶行伍，耽耽相视，龁龁相雠，龙蛇起陆，杀机方长，螗雀互寻，冤亲谁问？呜呼！五洲万国，直一大酋长之世界焉耳！《春秋》曰："末不亦乐乎，尧、舜之知君子也！"《易》曰："见群龙无首，吉。"其殆为千百年以后之天下言之哉！

---

① "合"，《饮冰室合集》作"含"。

大同译书局叙例*
(1897 年 10 月 16 日)

译书真今日之急图哉！天下识时之士，日日论变法，然欲变士，而学堂功课之书，靡得而读焉；欲变农，而农政之书，靡得而读焉；欲变工，而工艺之书，靡得而读焉；欲变商，而商务之书，靡得而读焉；欲变官，而官制之书，靡得而读焉；欲变兵，而兵谋之书，靡得而读焉；欲变总纲，而宪法之书，靡得而读焉；欲变分目，而章程之书，靡得而读焉。今夫瞽者虽不忘视，跛者虽不忘履，其去视、履固已远矣，虽欲变之，孰从而变之？无已，则举一国之才智而学西文、读西籍，则其事又迂远，恐有所不能待，即学矣，未必其即可用，而其势又不能举一国之才智而尽出于此一途也。故及今不速译书，则所谓变法者尽成空言，而国家将不能收一法之效。虽然，官译之书，若京师同文馆、天津水师学堂、上海制造局，始事迄今，垂三十年，而译成之书，不过百种，近且悉辍业矣。然则以此事望之官局，再自今以往，越三十年，得书可二百种，一切所谓学书、农书、工书、商书、兵书、宪法书、章程书者，犹是万不备一，而大事之去，固已久矣。是用①愤懑，联合同志，创为此局，以东文为主，而辅以西文；以政学为先，而次以艺学。至旧译希见之本，邦人新著之书，其有精言，悉在采纳，或编为丛刻，以便购读；或分卷单行，以广流传。将以洗空言之消，增实学之用，助有司之不逮，救然眉之急难，其或忧天下者之所乐闻也。

一、本局首译各国变法之事，及将变未变之际，一切情形之书，以备今日取法。译学堂各种功课书②，以便诵读；译宪法书，以明立国之

---

* 录自《时务报》第四十二册，光绪二十三年九月二十一日（1897 年 10 月 16 日）出版，署"新会梁启超撰"。收入《饮冰室合集·文集》之二。

① "用"，《饮冰室合集》作"以"。

② "书"，《饮冰室合集》无。

本；译章程书，以资办事之用；译商务书，以兴中国商学，挽回利权。大约所译先此数类，自余各门，随时间译一二，种部繁多，无事枚举。其农书则有农学会专译，医书则有医学会专译，兵书则各省官局尚时有续译者，故暂缓焉。

一、旧译之书，或有成而未刻，刻而已佚者，随时搜取印布，或编为丛书，以便新学购读。

一、中国人所著或编辑之书，有与政教艺学相关，切实有用者，皆随时印布。

一、海内名宿，有自译、自著、自辑之书，愿托本局代印者，皆可承印。或以金钱奉酬，或印成后，以书奉酬，皆可随时商订，同志之士，想不吝见教。

一、本局所印各书，行款装潢①，悉同一式，散之则为单行本，合之则为丛书，收藏之家，致为便益。

一、本局系集股所立，不募捐款，印出各书，译费、印费，所縻甚巨，已在上海道署存案，翻印射利者究治。

---

① "潢"，原作"演"，今改。

倡设女学堂启[*]
（1897 年 11 月 15 日）

上可相夫，下可教子，近可宜家，远可善種，妇道既昌，千室良善，岂不然哉！岂不然哉！是以三百五篇之训，勤勤于母仪；七十后学之记，眷眷于胎教。宫中宗室，古经厘其规纲；德言容工，昏义程其课目。必待傅姆，《阳秋》之贤伯姬；言告师氏，《周南》之歌淑女。圣人之教，男女平等，施教劝学，匪有歧矣。去圣弥远，古义浸坠，勿道学问，惟议酒食。等此同类之体，智男而愚妇，犹是天伦之爱，戚子而膜女。悠悠千年，芸芸亿室，曾不一事生人之业，一被古圣之教。宁惟不业不教而已，且又戕其支体，蔀其耳目，黜其聪慧，绝其学业，闺阃禁锢，例俗束缚，惰为游民，顽若土番。乌乎！聚二万万之游民土番，国几何而不弊也！

泰西女学，骈阗都鄙，业医课蒙，专于女师。虽在绝域之俗，邈若先王之遗，女学之功，盛于时矣。彼士来游，悯吾窘溺，倡建义学，求我童蒙，教会所至，女塾接轨。夫他人方拯我之窘溺，而吾人乃自加其梏压，譬犹有子弗鞠，乃仰哺于邻室；有田弗芸，乃假手于比耦。匪惟先民之恫，抑亦中国之羞也。甲午受创，渐知兴学。学校之议，腾于朝虎；学堂之址，踵于都会。然中朝大议，弗及庶媛；衿缨良规，靡逮巾帼。非曰力有不逮，未遑暇此琐屑之事邪？无亦守扶阳抑阴之旧习，昧育才善種之远图也^①。同志之士，悼心斯弊，纠众程课，共襄美举，建堂海上，为天下倡。区区一学，万不裨一，独掌埋河，吾亦知其难矣。然振二千年之颓风，拯二兆人之呼命，力虽孤微，乌可以已。夫男女平

* 录自《时务报》第四十五册，光绪二十三年十月二十一日（1897 年 11 月 15 日）出版，署"新会梁启超撰"。收入《饮冰室合集·文集》之二。

① "也"，《饮冰室合集》作"耶"。

权，美国斯盛；女学布濩，日本以强。兴国智民，靡不始此。三代女学之盛，宁必逊于美、日哉？遗制绵绵，流风未沫，复前代之遗规，采泰西之美制，仪先圣之明训，急保种之远谋，海内魁桀，岂无恫游民土番之害者欤！傀傀窅溺，宁忍瞠目①坐视，而不一援手欤？仁而种族，私而孙子，其亦仁人之所乐为有事者也。天下兴亡，匹夫有责，昌而明之，推而广之。乌乎！是在吾党也矣。

---

① "瞠"，《饮冰室合集》作"张"。

读《日本书目志》书后 *
（1897 年 11 月 15 日）

　　梁启超曰：今日中国欲为自强第一策，当以译书为第一义矣。吾师南海先生，早睋睋忧之，大收日本之书，作《书目志》以待天下之译者。谨按其《序》曰：

　　圣人譬之医也，医之为方，因病而发药，若病变则方亦变矣。圣人之为治法也，随时而立义，时移而法亦移矣。孔子作六经而归于《易》、《春秋》。《易》者，随时变易，穷则变，变则通，孔子虑人之守旧方而医变症也，其害将至于死亡也。《春秋》发三世之义，有拨乱之世，有升平之世，有太平之世，道各不同，一世之中，又有天、地、文质三统焉，条理循详，以待世变之穷而采用之。呜呼！孔子之虑深以周哉！吾中国大地之名国也，今则耗矣哀矣，以大地万国皆更新，而吾尚守旧故也。伊尹古能治病国者也，曰："用其新，去其陈，病乃不存。"汤受其教，故言："日新又新。"积池水而不易，则臭腐兴；身面不沐浴，则垢秽盈；大地无风之扫荡改易，则万物不生。物新则壮，旧则老；新则鲜，旧则黯；新则洁，旧则败。天之理也。

　　今中国亦汲汲思自强而改其旧矣，而尊资使格、耆老在位之风未去，楷书割截之文、弓刀步石之制未除，补缀其一二以具文行之，譬补漏糊纸于覆屋破船之下，亦终必亡而已矣。即使扫除震荡，推陷其旧习而更张之，然泰西之强，不在军兵炮械之末，而在其士人之学。新法之书，凡一名一器，莫不有学，理则心伦、生物，气则化、光、电、重，业则农、工、商、矿，皆以专门之学为之，此其所以开辟地球，横绝宇

---

　　* 录自《时务报》第四十五册，光绪二十三年十月二十一日（1897 年 11 月 15 日）出版，署"新会梁启超撰"。收入《饮冰室合集·文集》之二。

内也。而吾数百万之吏士，问以大地道里、国土、人民、物产，茫茫如堕烟雾，瞠目拓舌不能语，况生物、心伦、哲、化、光、电、重、农、工、商、矿之有专学新书哉？其未开径路固也。故欲开矿，而无矿学，无矿书；欲种植，而无植物学，无植物书；欲牧畜，而无牧学，无牧书；欲制造，而无工学，无工书；欲振商业，而无商业，无商书。仍用旧法而已，则就开矿言之，亏败已多矣。泰西于各学，以数百年考之，以数十国学士讲之，以功牌科第激厉之，其室户堂门，条秩精详，而冥冥入微矣。吾中国今乃始舍而自讲之，非数百年不能至其域也。彼作室而我居之，彼耕稼而我食之，至逸而至速，决无舍而别讲之理也。

今吾中国之于大地万国也，譬犹泛万石之木航，与群铁舰争胜于沧海也。而舵工榜人，皆盲人瞽者，黑夜无火，昧昧然而操舵于烟雾中，即无敌船之攻，其遭风涛沙石之破可必也。况环百数习于出没波涛之铁舰，而舵工榜人，皆渔户为之，明灯火、张旌旗而来攻，其能待我从容求火乎？然今及诸舰之未来攻也，吾速以金篦刮目，槐柳取火，尤不容缓也。然即欲刮目取火以求明矣，而泰西百年来诸业之书，万百亿千，吾中人识西文者寡，待吾数百万吏士，识西文而后读之，是待百年而后可，则吾终无张灯之一日也。故今日欲自强，惟有译书而已，今之公卿明达者，亦有知译书者矣。曾文正公之开制造局以译书也，三十年矣，仅百余种耳。今即使各省并起，而延致泰西博学专门之士，岁非数千金，不能得一人。得一人矣，而不能通中国语言文字，犹不能译也。西人有通学游于中国，而通吾之语言文字者，自一二教士外，无几人焉，则欲译泰西诸学之要书，亦必待之百年而后可。彼环数十国之狡焉思启者，岂能久待乎？是诸学终不可得兴，而终不能求明而自强也。

夫中国今日不变法日新，不可；稍变而不尽变，不可；尽变而不兴农、工、商、矿之学，不可；欲开农、工、商、矿之学，非令士人尽通物理，不可。凡此诸学，中国皆无其书，必待人士之识泰西文字，然后学之。泰西文字，非七年不可通，人士安得尽人通其学？不待识泰西文字而通其学，非译书不可矣。然即欲译书，非二十行省并兴不可。即二十行省尽兴而译之矣，译人有人矣，而吾岌岌安得此从容之岁月？然则法终不能变，而国终不可强也。康有为昧昧思之曰：天道①后起者胜于先起也，人道后人逸于前人也。泰西之变法，至迟也，故自倍根至今五

---

① "天道"，《饮冰室合集》作"天下"。

百年，而治艺乃成。日本之步武泰西，至速也，故自维新至今三十年，而治艺已成。大地之中，变法而骤强者，惟俄与日也。俄远而治效不著，文字不同也。吾今取之至近之日本，察其变法之条理先后，则吾之治效，可三年而成，尤为捷疾也。且日本文字，犹吾文字也，但稍杂空海之伊吕波文，十之三耳。泰西诸学之书，其精者，日人已略译之矣，吾因其成功而用之，是吾以泰西为牛，日本为农夫，而吾坐而食之，费不千万金，而要书毕集矣。使明敏士人，习其文字，数月而通矣。于是尽译其书，译其精者而刻之，布之海内。以数年之期，数万之金，而泰西数百年、数万万人士新得之学举在是，吾数百万之吏士识字之人，皆可以讲求之。然后致之学校以教之，或崇之科举以励之，天下向①风，文学辐凑，而才不可胜用矣。于是言矿学而矿无不开，言农、工、商而业无不新，言化、光、电、重、天文、地理而无之不入微也。以我温带之地，千数百万之士，四万万之农、工、商，更新而智之，其方驾于英、美而逾越于俄、日，可立待也。

日本变法，二十年而大成，吾民与地十倍之，可不及十年而成之矣。迩者购铁舰枪炮，筑营垒以万万计，而挫于区区之日本，公卿士夫，恐惧震动，几不成国。若夫一铁舰之费，数百万矣，一克虏伯炮之微，费数万金矣。夫以数万金，可译书以开四万万人之智，以为百度之本，自强之谋而不为，而徒为购一二炮以为赍敌借寇之资，其为智愚何如也？呜呼！日人之祸，吾自戊子上书言之，曲突徙薪，不达而归，欲结会以译日书久矣，而力薄不能成也。呜呼！使吾会成，日书尽译，上之公卿，散之天下，岂有割台之事乎？故今日其可以布衣而存国也，然今不早图，又将为台湾之续矣。

吾译书之会，不知何日成也。窃悯夫公卿忧国者，为力至易，取效至捷，而不知为之也。购求日本书至多，为撰提要，欲吾人其通之，因《汉志》之例，撮其精要，剪其无用，先著简明之目，以待忧国者求焉。

启超既卒业，乃正告天下曰：译书之亟亟，南海先生言之既详矣。启超愿我农夫，考其农学书，精择试用，而肥我树艺；愿我工人读制造美术书，而精其器用；愿我商贾读商业学，而作新其货宝贸迁；愿我人士读生理、心理、伦理、物哲学②、社会、神教诸书，博观而约取，深

---

① "向"，《饮冰室合集》作"响"。

② "物哲学"，《饮冰室合集》作"物理哲学"。

思而研精，以保我孔子之教，愿我公卿读政治、宪法、行政学之书，习三条氏之政议，撢究以返观，发愤以改政，以保我四万万神明之胄；愿我君后读明治维新之书，借观于寇雠，而悚厉其新政，以保我二万万里之疆土①。纳任昧于太庙，以广鲁于天下，庶几南海先生之志，则启超愿鼓歌而道之，跪坐而进之，馨香而祝之。

———————

① "疆土"，《饮冰室合集》作"疆域"。

日本横滨中国大同学校缘起[*]
（1897 年 12 月 4 日）

带中州二万里灵淑之气，演四万万神明之胄，材质之慧敏，种类之繁殷，大地万国，岂有比哉！徒以民贼自私，愚其黔首，遂使聪明锢蔽，人才衰落。黄、农之胤续，将为皂隶；洙、泗之教化，日就陵夷。越在商旅，罔能保护，揽印度奴隶之由、非洲牛马之故，可不愤哉！方今万国交通，新学大启，欧米条法，日益详明，于是中原志士，咸发愤而言变政，报馆学会，缤纷并起。北肇强学于京师，南开圣学于桂海，湖湘陕右，角出条奏，云雾既拨，风气大开。疆吏以开中西学堂为急务，总署亦拟遣人出洋学习为要图，神州不沉，或此是赖。

夫日本三岛之地、千里之国耳，近以步武泰西，维新政治，国势之强，与欧西等。推原其由，皆在遍译西书、广厉学官之故。泰西各学，若生物、心哲、化、光、电、重、农、工、商、矿，莫不兼备，且能出新。其文与中土本同，其地隔渤海一带，吾中人商旅其地，人凡数千，童子之秀亦复数百，而学堂未设，教化无闻，材艺不开，人灵坐锢，不其惜乎！泰西通商之地，皆有拜堂以崇其教主，有书院以训其童蒙。而中人数百万，流溢诸洋，而未闻有崇先圣之堂，广书院之教^①，此亦可为大愧恧者也！

乡人远慕中朝志士发愤之诚，近采泰西、日本教育之法，立学横滨，号以"大同"，庶几孔子选贤与能、讲信修睦之治，萌芽于兹。以孔子之学为本原，以西文、日文为通学，以中学、小学章程为课则，延中土通才及日本大学①教授为教习，并于文部省立案。凡由此学满业之生，准入其高等学校及大学校，或海陆军学校，以通其专门之学。夫日本大学，与欧美已并驾齐驱，吾中人欲游学欧美，而苦于资斧者，东游足矣。天子失官，太庙纳乐，斯学之设，非徒教旅日后来之秀，亦以备西学东道之供。夫日本维新之治，赖伊藤数人之西游，则中土拨乱之才，安知不出于东土之学校，以保我种族，保我国家，其关系岂小补哉?! 所望远识之士，同志之人，各竭其才，共宏斯义。虞促翔之舍宅，鲁子敬之指囷，庶几杜陵广厦，忽突兀于东瀛，徐福童男，还栋梁于汉室，回沧海之横流，救生民于涂炭，凡我神明之胄，岂无意乎?

---

① "大学"，《饮冰室合集》作"大学校"。

论中国宜讲求法律之学 *
(1898 年 3 月 11 日)

法者何？所以治其群也。大地之中，凡有血气者，莫不有群，即莫不有其群之条教部勒。大抵其群之智愈开、力愈大者，则其条教部勒愈繁。虎豹，天下之至不仁者也，而不闻自噬其同类，必其一群之中，公立此号令而不许或犯者也。何也？以为苟如是，则于吾之群有大不利也。此其理至简至浅，而天下万世之治法学者，不外是矣。其条教部勒，析之愈分明，守之愈坚定者，则其族愈强，而种之权愈远。人之所以战胜禽兽，文明之国所以战胜野番，胥视此也。古之号称神圣教主、明君贤相、劬劳于席突、咨嗟于原庙者，其最大事业，则为民定律法而已。孔子，圣之神也，而后世颂其莫大功德，在作《春秋》。文成数万，其指数千，有治据乱世之律法，有治升平世之律法，有治太平世之律法，所以示法之当变，变而日进也。秦、汉以来，此学中绝，于是种族日繁，而法律日简，不足资约束，事理日变，而法律一成不易，守之无可守，因相率视法律如无物，于是所谓条教部勒者荡然矣。

泰西自希腊、罗马间，治法家之学者，继轨并作，赓续不衰。百年以来，斯义益畅，乃至以十数布衣，主持天下之是非，使数十百暴主，戢戢受绳墨，不敢恣所欲。而举国君民上下，权限划然，部寺省署，议事办事，章程日讲日密，使世界渐进于文明大同之域，斯岂非仁人君子心力之为乎？《春秋》之记号也，有礼义者谓之"中国"，无礼义者谓之"夷狄"，礼者何？公理而已。以理释礼，乃汉儒训诂，本朝之焦里堂、凌次仲

---

* 录自《湘报》第五号，光绪二十四年二月十九日（1898 年 3 月 11 日）出版，署"梁启超撰"。收入《饮冰室合集·文集》之一。

大阐此说。义者何？权限而已。番禺韩孔庵先生有《义说》① 专明此理。今吾中国聚四万万不明公理、不讲权限之人，以与西国相处，即使高城深池，坚革多粟，亦不过如猛虎之遇猎人，犹无幸焉矣。乃以如此之国势，如此之政体，如此之人心风俗，犹嚣嚣然自居于中国而夷狄人，无怪乎西人以我为三等野番之国，谓天地间不容有此等人也，故今日非发明法律之学，不足以自存矣。抑又闻之，世界之进无穷极也，以今日之中国视泰西，中国固为野蛮矣；以今日之中国视苗、黎、瑶、僮及非洲之黑奴、墨洲之红人、巫来由之棕色人，则中国固文明也；以苗、黎诸种人视禽兽，则彼诸种人固亦文明也。然则文明、野番之界无定者也，以比较而成耳。今泰西诸国之自命为文明者，庸讵知数百年后，不见为野番之尤哉？然而文明、野番之界虽无定，其所以为文明之根原则有定。有定者何？其法律愈繁备而愈公者，则愈文明；愈简陋而愈私者，则愈野番而已。今泰西诸国，非不知公之为美也，其仁人君子，非不竭尽心力以求大功也。而于国与国、家与家、人与人，各私其私之根原，不知所以去之，是以揆诸吾圣人大同之世，所谓至繁至公之法律，终莫得而几也。故吾愿发明西人法律之学，以文明我中国，又愿发明吾圣人法律之学，以文明我地球，文明之界无尽，吾之愿亦无尽也。

---

① 《义说》即《推广中西义学说》，载《知新报》第十五册，光绪二十三年四月初一日（1897 年 5 月 2 日）出版。

公车上书请办德人拆毁山东孔庙折[*]
（1898 年 5 月 30 日）

具呈举人麦孟华等，为圣像被毁，圣教可忧，乞饬驻使，责问德廷严办，以保圣教而安人心，伏乞代奏事：

窃闻山东即墨县文庙孔子像被德人毁拆，断圣像手臂，并抉先贤子路眼，蔑我圣教，视我无人，天下士类，咸为震动。凡有血气，怒发咸指。伏惟孔子道参天地，德在生民，列代奉之以为教，我朝列圣，尤加尊崇。令天下人知君臣父子之纲，家知孝弟忠信之义，庙祀皇皇，至巨典也。四国之来，虽微有讥词，而尚不敢明相攻毁。自胶、旅之事，习知吾国势极弱，尚未敢遽加分灭者，盖犹畏吾人心也。顷乃公毁先圣先贤之像，是明则蔑吾圣教，实隐以尝我人心。若士气不扬，人心已死，彼即遍毁吾郡邑文庙，即焚毁吾四书六经，即昌言攻吾先师，即到处迫人入教。若人咸畏势，大教沦亡，皇上孤立于上，谁与共此国者！夫皇上以冲龄践祚，二三大臣辅助于下，而天下晏然，四海靖谧者，非以其威力为之，实以君臣之义，深入人心，相与扶植而立此国者也。夫君臣主义，父子之纲，乃孔子所立，若大教既亡，纲常绝纽，则教既亡而国亦随之。举人等私忧窃痛，实有难言。彼越数万里而传彼教，稍不得当，则索地杀人，我在内地而不能自保其庙像，夫复何言？《中庸》称事死如事生，事亡如事存。古者用尸，后世用像，皆在主外。明世张孚敬不知此义，妄改用主，而即墨犹存古义。德人敢行狂妄，实蔑视我全国之人。朝廷若不加保护，人心从此尽失。割胶不过失一方之土地，毁像则失天下之人心。失天下之圣教，事之重大，未有过此。查两国和

* 录自《知新报》第五十四册，光绪二十四年四月十一日（1898 年 5 月 30 日）出版。原题下注："同人公拟，顺德麦孟华属稿。"

约，既保彼教，亦当保吾教，乃合公平均沾之道。伏乞皇上深察人心，恤念圣教，饬下驻德国使臣吕海寰，责问德廷，责令查办毁坏圣像之人，勒令赔偿，庶可绝祸萌而保大教，存国体而系人心。伏乞代奏皇上圣鉴。谨呈。

公车上书请变通科举折 *
(1898 年 6 月 9 日)

　　具呈举人梁启超等，为国事危急，由于科举乏才，请特下明诏，将下科乡会试，及此后岁科试停止八股试帖，推行经济六科，以育人才而御外侮，伏乞代奏事：

　　窃顷者强敌交侵，割地削权，危亡岌岌，人不自保，皇上临轩发叹，天下扼腕殷忧，皆以人才乏绝，无以御侮之故。然尝推求本原，皆由科第不变致之也。夫近代官人，皆由科举，公卿百执，皆自此出，是神器所由寄，百姓所由托，其政至重也。邑聚千数百童生，而擢十数人为生员；省聚万数千生员，而拔百数十人为举人；天下聚数千举人，而拔百数人为进士；复于百数进士，而拔数十人入翰林。此其选之精也。然内政外交、治兵理财，无一能举者，则以科举之试，以诗文楷法取士，学非所用，用非所学故也。凡登第皆当壮艾之年，况当官即为政事所累，婚宦交逼，应接实繁，故待从政而后读书，必无之理，此所以相率为无用之才也。非徒无用而已，又更愚之。二十行省，童生数百，乃皆民之秀也，而试之以割裂搭截、枯困纤小不通之题，学额极隘，百十不得一，则有穷老尽气，终身从事于割裂搭截、枯困纤小侮圣之文，而不暇它及者，是使数百万之秀民皆为弃才也。若为生员，宜可为学矣，则制艺功令，禁用后世书、后世事，于是天下父兄师长，虑子弟之文以驳杂见黜，禁其读书。非徒子史不观，甚且正经不读，既可惰学，又便速化，谁不从之？至朝殿试，临轩重典，亦仅试楷法，或挑破体，故虽为额甚隘，得之甚艰，老宿奇才，亦多黜落，而乳臭之子，没字之碑，

---

　　* 录自《知新报》第五十五册，光绪二十四年四月二十一日（1898 年 6 月 9 日）出版。原题下注："同人公拟，新会梁启超属稿。"收入《饮冰室合集·文集》之三。

粗解庸烂墨调，能为楷法，亦多侥幸登第者。其循资至公卿，可为总裁阅卷，其资浅下者，亦放同考试差。谬种流传，天下同风，故自考官及多士，多有不识汉、唐为何朝，贞观为何号者。至于中国之舆地不知，外国之名形不识，更不足责也。其能稍通古今者，郡邑或不得一人，其能通达中外，博达政教之故，及有专门之学者，益更寡矣。以彼人才至愚极陋如此，而当官任政如彼，而以当泰西十六之强国，万亿之新学新艺，其为所凌弱宰①割，拱手受缚，乃其固然也。乾隆时舒赫德尝请废之矣，礼官泥于旧习，谓举业发明义理，名臣多出其间，千年立国，未尝有害。此似是而非之谬论，亡我国，割我地者，皆自此言也。夫明孔、孟之义理，为论体已可，何为试割裂题以侮圣言，限以八股代言之制，而等于倡优哉！名臣多出其间，可以治国无害者，乃先抑天下于至愚，而用其稍智者治之，此施于一统闭关之世则可，若以较之泰西列国人才，则昔所谓名臣者，亦非有专门之学，通中外之故，不过才局可用，其为愚如故也。

且科举之法，非徒愚士大夫无用已也，又并其农、工、商、兵、妇女而皆愚而弃之。夫欲富国必自智其农、工、商始，欲强其兵必自智其兵始。泰西民六七岁，必皆入学，识字学算，粗解天文舆地，故其农、工、商、兵、妇女皆知学，皆能阅报。吾之生童，固农、工、商、兵、妇女之师也。吾生童无专门之学，故农不知植物，工不知制造，商不知万国物产，兵不知测绘算数，妇女无以助其夫，是皇上抚有四万万有用之民，而弃之无用之地，至兵不能御敌，而农、工、商不能裕国，岂不大可痛哉！

今科举之法，岂惟愚其民，又将上愚王公。自非皇上天亶圣明，不能不假于师学，近支王公，皆学于上师房之师傅，师傅皆出自楷法八股之学，不通古今中外之故、政治专门之业，近支王公，又何从而开其学识，以为议政之地乎？故科举为法之害，莫有重大于兹者。

夫当诸国竞智之时，吾独愚其士人，愚其民，愚其王公，以与智敌，是自掩闭其耳目，断刖其手足，以与乌获、离娄搏，岂非自求败亡哉！昔我圣祖仁皇帝已赫然变之矣，然此后复行之而无害者，窃谓当闭关卧治、士民乐业之时，无强敌之比较，无奸宄之生心，虽率由千年，群愚熙熙，固无害也。无如大地忽通，强邻四逼，水涨堤高，专视比

———
① "宰"，原作"牢"，据《饮冰室合集》改。

较，有一不及，败绩立见。人皆智而我独愚，人皆练而我独暗，岂能立国乎？故言守八股楷法不变者，皆不学之人，便其苟窃科第之私耳。我皇上则以育才造士、任官御侮为主，何爱于割裂枯困空疏之文，方光乌端楷之字，而循庸谬之人，委以神器之重，以自弃其数百万之秀民，而割千万里之地，以亡我三百年祖宗艰难缔构之天下乎？顷者伏读上谕，举行经制之科，天下咸仰见旁求之盛意矣。而以旧科未去，经制常科，额又甚隘，举人等从田间来，见生童昼夜呫唔，尚诵读割裂搭截、庸恶陋劣之文如故，举人等亦未免习写楷法，以备过承策问之用。当时局危急如此，而天下人士为无用之学如彼，岂不可为大忧哉？此非徒多士之无耻，亦有司议例之过，以误我皇上，以亡我中国也。

夫《易》尚穷变，《礼》观会通。今臣工频请开中西学堂，皇上频诏有司开京师大学矣。然窃观直省生童之为八股以应科举，一邑百千，皆非郡邑教官教之者，盖上以是求，下以是应。昔齐桓服紫，一国皆服紫；楚灵细腰，宫人饿死。皇上抚有四万万之民，倍于欧罗巴全洲十六国之数，有雷霆万钧之力，转移天下之权，举天下之人而陶冶成才，以御侮兴治，在一反掌间耳，奚惮而不为哉？查经制常科，已由总理各国事务衙门王大臣会同礼部议准颁行。伏乞皇上忧恤国家，哀怜多士，奉圣祖仁皇帝之初制，尽行经制科之条例，断自圣衷，不必令礼官再议，特下明诏，宣布天下，今自丁酉、戊戌乡会试之后，下科乡会试停止，八股试帖，皆归并经制六科举行。其生童岁科试，以经古场为经制正场，四书文为二场，并废八股试帖体格，天下向风，改视易听，必尽废其呫唔割裂腐烂之文，而从事于经制之学。得此三年讲求，下科人才，必有可观，风化转移，人才不可胜用。皇上挟以复仇雪耻，何所往而不可哉？变法之要，莫过于此。

举人等素习举业，并讲楷法，于兵、农、工、商、内政、外交之学，向未讲求，至外国新法及一切情形，尤所未睹。将来幸被贡举，皇上授官任政，不出举人等，既内自惭悚，实恐误国。顷上痛误国，不恤身家，不敢复恋旧习，以徇私便，同声知误，更无异辞。谨合辞上渎，伏乞代奏皇上圣鉴。谨呈。

筹议京师大学堂章程*
（1898 年 9 月 16 日）

第一章　总纲

第一节　京师大学堂为各省之表率，万国所瞻仰，规模当极宏远，条理当极详密，不可因陋就简，有失首善体制。

第二节　各省近多设立学堂，然其章程、功课皆未尽善，且体例不能划一，声气不能相通。今京师既设大学堂，则各省学堂皆当归大学堂统辖，一气呵成，一切章程、功课皆当遵依此次所定，务使脉络贯注，纲举目张。

第三节　西国大学堂学生，皆由中学堂学成者递升。今各省之中学堂草创设立，犹未能遍，则京师大学堂学生之情形，亦与西国之大学堂略有不同。今当于大学堂中，兼寓小学堂、中学堂之意，就中分列班次，循级而升，庶几兼容并包，两无窒碍。

第四节　西国最重师范学堂，盖必教习得人，然后学生易于成就。中国向无此举，故各省学堂不能收效，今当于堂中别立一师范斋，以养教习之才。

第五节　西国学堂皆有一定功课书，由浅入深，条理秩然，有小学堂读本，有中学堂读本，按日程功，收效自易。今中国既无此等书，故

---

* 录自《知新报》第六十五册，光绪二十四年八月初一日（1898 年 9 月 16 日）出版。《康南海自编年谱》"光绪二十四年"记："自四月杪大学堂议起，枢垣托吾为草章程，吾时召见无暇，命卓如草稿，酌英、美、日之制为之，甚周密，而以大权归之教习。"梁启超《戊戌政变记》中《新政诏书恭跋》，于筹办京师大学堂上谕下跋云："梁乃略取日本学规，参以本国情形，草定规则八十余条。"则此项章程，为梁启超所拟，故系于此。

言中学，则《四库》、《七略》，浩如烟海，穷年莫殚，望洋而叹；言西学，则陵乱无章，顾此失彼，皮毛徒袭，成效终虚。加以师范学堂未立，教习不得其人，一切教法皆不讲求，前者学堂不能成就人才，皆由于此。今宜在上海等处开一编译局，取各种普通学，尽人所当习者，悉编为功课书，分小学、中学、大学三级。量中人之才所能肄习者，每日定为一课，局中集中西通才，专司纂译。其言中学者，荟萃经、子、史之精要及与时务相关者编成之，取其精华，弃其糟粕；其言西学者，译西人学堂所用之书，加以润色。既勒为定本，除学堂学生每人给一分外，仍请旨颁行各省学堂，悉遵教授，庶可以一趋向而广民智。

第六节　学者应读之书甚多，一人之力必不能尽购，乾隆间高宗纯皇帝于江、浙等省设三阁，尽藏《四库》所有之书，俾士子借读，嘉惠士林，法良意美。泰西各国，于都城省会皆设有藏书楼，即是此意。近年张之洞在广东设广雅书院，陈宝箴在湖南设时务学堂，亦皆有藏书。京师大学堂为各省表率，体制尤当崇闳。今拟设一大藏书楼，广集中西要籍，以供士林流览，而广天下风气。

第七节　泰西各种实学，多借试验始能发明，故仪器为学堂必需之事。各国都会率皆有博物院，蒐集各种有用器物，陈设其中，以备学者观摩，事半功倍。今亦宜仿其意，设一仪器院，集各种天算、声光、化电、农矿、机器制造、动植物各种学问应用之仪器，咸储院中，以为实力考求之助。

第八节　现时各省会所设之中学堂尚属寥寥，无以备大学堂前茅之用，其各府、州、县学堂尤为绝无仅有，若不克期开办，则虽有大学堂而额数有限，不能逮下，成就无几。今宜一面开办，一面严饬各省督抚学政，迅速将中学堂、小学堂开办。务使一年之内每省、每府、每州县皆有学堂，庶几风行草偃，立见成效。

第二章　学堂功课例

第一节　近年各省所设学堂，虽名为中西兼习，实则有西而无中，且有西文而无西学。盖由两者之学未能贯通，故偶涉西事之人，辄鄙中学为无用。各省学堂，既以洋务为主义，即以中学为具文。其所聘中文教习，多属学究帖括之流；其所定中文功课，不过循例咿唔之事。故学生之视此学，亦同赘疣。义理之学，全不讲究；经史掌故，未尝屑心。

考东西各国，无论何等学校，断未有尽舍本国之学而徒讲他国之学者，亦未有绝不通本国之学而能通他国之学者。中国学人之大弊，治中学者则绝口不言西学，治西学者亦绝口不言中学，此两学所以终不能合，徒互相诟病，若水火不相入也。夫中学体也，西学用也，二者相需，缺一不可。体用不备，安能成才？且既不讲义理，绝无根柢，则浮慕西学，必无心得，只增习气。前者各学堂之不能成就人才，其弊皆由于此。且前者设立学堂之意，亦与今异。当同文馆、广方言馆初设时，风气尚未大开，不过欲培植译人，以为总署及各使馆之用，故仅教语言文字，而于各种学问皆从简略。此次设立学堂之意，乃欲培①非常之才，以备他日特达之用，则其教法亦当不同。夫仅通中国语言文字之人，必不能谓为中学之人才；然则仅通西国语言文字之人，亦不能谓为西学之人才明矣。西文与西学二者判然不同，各学堂皆专教西文，而欲成就人才必不可得矣。功课之完善与否，实学生成就所攸关，故定功课为学堂第一要着。今力矫流弊，标举两义，一曰中西并重，观其会通，无得偏废。二曰以西文为学堂之一门，不以西文为学堂之全体；以西文为西学发凡，不以西文为西学究竟。宜昌明此意，颁示各省。

第二节　西国学堂所读之书皆分两类：一曰普通学，二曰专门学。普通学者，凡学生皆当通习者也；专门学者，每人各占一门者也。今略依泰西、日本通行学校功课之种类，参以中学，列为一表如下：

经学第一	理学第二	中外掌故学第三	诸子学第四
初级算学第五	初级格致学第六	初级政治学第七	初级地理学第八
文学第九	体操学第十		

以上皆普通学。其应读之书，皆由上海编译局纂成功课书，按日分课。无论何种学生，三年之内必须将本局所纂之书全数卒业，始得领学成文凭，惟体操学不在功课书内。

英国语言文字学第十一	法国语言文字学第十二
俄国语言文字学第十三	德国语言文字学第十四
日本语言文字学第十五	

以上语言文字学五种。凡学生每人自认一种，与普通学同时并习，

---

① "培"下，疑脱"植"字。

其功课书悉各该本国原本。

高等算学第十六	高等格致学第十七
高等政治学第十八（法律学归此门）	高等地理学第十九（测绘学归此门）
农学第二十	矿学第二十一
工程学第二十二	商学第二十三
兵学第二十四	卫生学第二十五（医学归此门）

以上十种专门学。俟普通学卒业后，每学生各占一门或两门，其已习西文之学生，即读西文各门读本之书；其未习西文之学生，即读编译局译出各门之书。

第三节　凡学生年在二十以下，必须认习一国语言文字。其年在二十以上，舌本已强不能学习者，准其免习，即以译出各书为功课，惟其学成得奖，当与兼习西文者稍示区别。

第四节　本学堂以实事求是为主，固不得如各省书院之虚应故事，亦非如前者学堂之仅袭皮毛。所定功课，必当严密切实，乃能收效。今拟凡肄业者，每日必以六小时在讲堂，由教习督课，以四小时归斋自课。其在讲堂督课之六小时，读中文书、西文书时刻各半。除休沐日之外，每日课肆时刻不得缺少，不遵依者即当屏出。

第五节　考验学生功课之高下，依西例用积分之法。每日读编译局所编普通学功课书，能通一课者即为及格。功课书之外，每日仍当将所读书条举心得，入劄记册中，其劄记册呈教习评阅，记注分数，以为高下之识别。其西文功课，则以背诵、默写、解说三事记注分数，每月总核其数之多寡，列榜揭示。

第六节　每月考课一次，就普通学十类中，每类命一题，以作两艺为完卷。其头班学生习专门学者，则命专门之题试之，由教习阅定，分别上取、次取。其课卷、劄记列高等者，择尤刊布，如同文馆算学课艺之例，布诸天下，以为楷模。

第三章　学生入学例

第一节　学生分为两项：第一项，谕旨所列翰林院编检、各部院司员、大门侍卫、候补候选道府州县以上，及大员子弟、八旗世职、各省武职后裔之愿入学堂肄业者。第二项，各省中学堂学成领有文凭咨送来京肄业者。

第二节　学生分作两班，其治各种普通学已卒业者作为头班，现治普通学者作为二班。第一项学生投考到堂之始皆作为二班，以渐而升；第二项学生咨送到堂时，先由总教习考试，如实系曾经治普通学卒业者，即作为头班，若未卒业者即作为二班，俟补足后乃升。

第三节　恭绎谕旨"其有愿入学堂者均准入学肄习"等语，似不必先行甄别考录，仰见广大教泽之圣意。惟绝无节制，人数既多，恐其中或有沾染习气不可教诲，或资质劣下难以成就者，在所不免。若令一体杂厕，恐于学中功课有碍。今拟凡此各项人员愿来就学者，取结报名投到，先作为附学生。一月以后，由总教习、提调等察其人品资质，实可教诲，然后留学。庶几精益求精，成就较多。

第四节　既不经甄别，则愿来学者多少无定额，经费及学舍等，亦皆不能悬定。今拟略示限制，暂以五百人为额，其第一项学生额设三百人，第二项学生额设二百人。若取额已满，续行投到咨到者，暂作外课生，俟缺出乃补。外课生不住学堂，不给膏火。

第五节　额设学生分为六级，略依同文馆之例，据功课之优劣，以第其膏火之多寡，列表如下：

计开

等次	额数	每月膏火
第一级	三十人	二十两
第二级	五十人	十六两
第三级	六十人	十两
第四级	一百人	八两
第五级	一百人	六两
第六级	一百六十人	四两

第六节　凡学生留学补额，宁缺毋滥，六级递升，宁严毋宽，以昭慎重。其有本在优级者，或功课不如格，则随时黜降，以优者补升，或犯堂规，轻者降为外课，重者摈出。

第七节　于前三级学生中，选其高才者作为师范生，专讲求教授之法，为他日分往各省学堂充当教习之用。

第八节　西国师范生之例，即以教授为功课，故师范学堂每与小学堂并立，即以小学堂生徒命师范生教之。今绎谕旨，凡大员子弟、八旗世职等，皆可来学，未指明年限。今拟择其年在十六以下、十二以上者，作为小学生，别立小学堂于堂中，使师范生得以有所考验，实一举两得之道。

第四章　学成出身例

第一节　前者所设各学堂，所以不能成就人才之故，虽由功课未能如法，教习未能得人，亦由国家科第仕进不出此途，学成而无所用，故高才之人不肯就学。今既创此盛举，必宜力矫前弊。古者贡举皆出于学校，西人亦然。我中国因学校之制未成，故科举之法亦弊。现京师大学堂既立，各省亦当继设，即宜变通科举，使出此途，以励人才而开风气。

第二节　本年正月初七日上谕，已有各省学堂经济科举人、经济科贡士各名号。今拟通饬各省，上自省会，下及府、州、县，皆须一年内设立学堂，府、州、县谓之小学，省会谓之中学，京师谓之大学堂。由小学卒业领有文凭者，作为经济科生员升入中学；由中学卒业领有文凭者，作为举人升入大学；由大学卒业领有文凭者，作为进士，引见授官。既得举人者，可以充各处学堂教习之职；既得进士者，就其专门，各因所长，授以职事，以佐新政。惟录用之愈广，斯成就之益多。

第三节　京师大学堂多有已经授职之人员，其卒业后应如何破格擢用之处，出自圣裁。其各省中学堂生，如有已经中式举人者，其卒业升入大学堂之时，亦即可作为进士，与大学堂中已经授职之人员一体相待。

第四节　大学堂中卒业各生，择其尤高才者先授以清贵之职，仍遣出游欧美各国数年，以资阅历而期大成。游学既归，乃加以不次擢用，庶可以济时艰而劝后进。

第五节　学生既有出身，教习亦宜奖励。今拟自京师大学堂分教习及各省学堂总教习，其实心教授、著有成效、确有凭证者，皆三年一保举。原系生监者，赏给举人；原系举人者，赏给进士，引见授职；原系有职人员者，从异常劳绩保举之例，以为尽心善诱者劝。

第五章　聘用教习例

第一节　同文馆及北洋学堂等，多以西人为总教习。然学堂功课，既中西并重，华人容有兼通西学者，西人必无兼通中学者，前此各学堂于中学不免偏枯，皆由以西人为总教习故也。即专就西文而论，英、法、俄、德诸文并用，无论任聘何国之人，皆不能节制他种文字之教习，专门诸学亦然。故必择中国通人，学贯中西，能见其大者为总教习，然后可以崇体制而收实效。

第二节　学生之成就与否，全视教习。教习得人，则纲目毕举；教习不得人，则徒縻巨帑，必无成效。此举既属维新之政，实事求是，必不可如教习、庶吉士、国子监祭酒等之虚应故事。宜取品学兼优、通晓中外者，不论官阶，不论年齿，务以得人为主，或由总理衙门大臣保荐人才，可任此职者，请旨擢用。

第三节　设普通学分教习十人，皆华人；英文分教习十二人，英人、华人各六；日本分教习二人，日本人、华人各一；俄、德、法文分教习各一人，或用彼国人，或用华人，随所有而定。专门学十种，分教习各一人，皆用欧美洲人。

第四节　用使臣自辟参随例，凡分教习皆由总教习辟用，以免枘凿之见，而收指臂之益。其欧美人或难于聘请者，则由总教习、总办随时会同总署及各国使臣，向彼中学堂商请。

第五节　现当开办之始，各学生大率初学，必须先依编译局所编出之普通功课卒业，然后乃学专门。计最速者，亦当在两年以后。现时专门各学之分教习，如尚无学生可教，即暂以充编译局译书之用。

第六章　设官例

第一节　设管学大臣一员，以大学士、尚书、侍郎为之，略如管国子监事务大臣之职。

第二节　设总教习一员，不拘资格，由特旨擢用，略如国子监祭酒、司业之职。

第三节　设分教习汉人二十四员，由总教习奏调，略如翰林院五经博士、国子监助教之职。其西人为分教习者，不以官论。

第四节　设总办一人，以小九卿及各部院司员充。

第五节　设提调八人，以各部院司员充。一人管支应，五人分股稽查学生功课，二人管堂中杂务。

第六节　设供事十六员，誊录八员。

第七节　藏书楼设提调一员，供事十员。

第八节　仪器院设提调一员，供事四员。

第九节　以上各员，除管学大臣外，皆须常川驻扎学堂。

第七章　经费

第一节　西国凡一切动用款项，皆用预算表、决算表之法。预算者先估计此事应需款若干，甲项用若干，乙项用若干，拟出大概数目，然后拨款措办也。决算者，每届年终，将其开销实数，分别某项某项开出清单也。中国向来无列表预算之法，故款项每患舞弊，费帑愈多，成效愈少。今宜力除积弊，采用西法，先列为常年预算表、开办预算表，然后按表拨款办理。

第二节　中国官制向患禄薄，今既使之实事求是，必厚其薪俸，使有以自养，然后可责以实心任事。除管学大臣不别领俸外，其各教习及办事人应领俸薪，列一中数为表如下：

职名	人数	每人每月薪水银	每年合计银
总教习	一	三百两	三千六百两
专门学分教习西人	十	三百两	三万六千两
普通学分教习头班	六	五十两	三千六百两
普通学分教习二班	八	三十两	二千八百八十两
西文分教习头班西人	八	二百两	一万九千二百两
西文分教习二班	八	五十两	四千八百两
总办	一	一百两	一千二百两
提调	八	五十两	四千八百两
藏书楼提调	一	五十两	六百两
仪器院提调	一	五十两	六百两
供事	三十	四两	一千四百四十两
誊录	八	四两	三百八十四两

右教习及其余办事人薪俸预算表第一，统计每年开销银七万九千一百零四两。

学生分为六级，每级以所领膏火之多少为差，列表如下：

级数	人数	每人每月膏火银	每年合计银
第一级	三十	二十两	七千二百两
第二级	五十	十六两	九千六百两
第三级	六十	十两	七千二百两
第四级	一百	八两	九千六百两
第五级	一百	六两	七千二百两
第六级	一百六十	四两	七千六百八十两
附设之小学堂学生	八十	四两	三千八百四十两

右学生膏火预算表第二，统计每年开销银五万二千三百二十两。

其余各项杂用列表如下：

火食	共五百六十人	每人每月银三两	每年约一万六千两
华文功课书	每学生一分	每分约银二两	每年约一万两
西文功课书	每学生一分	每分约银二两	每年约一万两
奖赏		每月银一千两	每年共一万二千两
纸张及墨水、洋笔等			每年约二千两
仆役薪工饭食	约用一百人		每年均三千六百两
预备格外杂用			每年约五千两

右其余杂用预算表第三，共银五万八千六百两。

三表合计，每年共应开销银十九万零零三十两之谱，是为常年统计经费之数。

第三节　开办经费，以建学堂、购书、购器及聘洋教习来华之川资为数大宗，今略列于下：

建筑学堂费约十万两	建筑藏书楼费约二万两
建筑仪器院费约二万两	购中国书费约五万两
购西文书费约四万两	购东文书费约一万两
购仪器费约十万两	洋教习来华川资约一万两

右开办经费预算表，约共银三十五万两。

第四节　一切工程及购书购器等费，皆由总办、提调经理，实支实销，不得染一毫官场积习。

第八章　新章

第一节　以上所列，不过大概情形，若开办以后，千条万绪，非事前所能悉定，在办事人各司所职，顺时酌拟。

第二节　功课之缓急次序，及每日督课、分科、分课及记分数之法，其章程皆归总教习、分教习续拟。

第三节　一切堂规，归总办、提调续拟。

第四节　建筑学堂分段分斋，一切格式，归总办、提调续拟。

第五节　应购各书目录及藏书楼收藏借阅详细章程，归藏书楼提调续拟。

第六节　应购各器并仪器院，准人游观，详细章程，归仪器院提调续拟。

第七节　学成出身详细章程，应由总教习会同总理衙门、礼部详拟。

第八节　各省、府、州、县学堂训章，应由大学堂总教习、总办拟定，请旨颁示。

第九节　学生卒业后，选其高才者出洋游学，其章程俟临时由总教习会同总理衙门详拟。

此稿由京邸友人寄来，其中各表数目略与近日日报者不无出入，如仍之，以待参考。

本报附识

创办《时务报》源委 *
（1898 年 9 月 26 日）

　　本日在《国闻报》中见有汪君穰卿告白云"康年于丙申秋在上海创办《时务报》，延请新会梁卓如孝廉为主笔"等语，阅之不胜骇诧，现《时务报》既奉旨改为官报，又适派吾师南海康先生督办，局外人见穰卿告白，恐将有谓启超攘夺彼所独创之事者，故不得不详细言之。

　　夫所谓创办者何？一曰筹款，二曰出力而已。查《时务报》初起，系用上海强学会余款。当乙未九月，康先生在上海办强学会，张南皮师首捐一千五百两为开办经费。沪上诸当道亦有捐助者，遂在王家沙地方开办。当时，康先生以母寿之故，不能久驻上海，因致穰卿一函两电，属其来沪接办。时穰卿犹在湖北就馆也。既而穰卿到沪，而京师强学会为言者中止，沪会亦因停办。当时，尚余银七百余两；又将原租房屋已交去一年之租银追回半年，得三百五十元；又将会中所置器物、书籍等项变卖，得二百余元。共得千二百金，实为《时务报》嚆矢。

　　第一期报中所登汪穰卿进士、梁卓如孝廉捐集银一千二百两者，即此项也。第三期以后，改为张孝达制军捐银七百两，汪、梁捐集六百元者，以原存七百两，乃南皮师原捐，故改登；其追回房租、变卖器物等项，无从指名，故仍冒我等二人名号。当时，穰卿因欲没康先生之旧迹，故不将此款声明强学会之余款，而登为汪某某捐集云云；黄公度京卿改之，使并列两名，实则启超何尝有捐集之功，而冒此称，实滋不安

---

　　* 录自《知新报》第六十六册，光绪二十四年八月十一日（1898 年 9 月 26 日）出版。原题作"梁卓如孝廉述创办《时务报》源委"。查 1898 年 7 月 26 日（六月初八日），光绪皇帝下谕："将《时务报》改为官报，派康有为督办其事。" 8 月 17 日（七月初一日），汪康年另创《昌言报》，且谓："康年于丙申之春，倡设《时务报》"，以梁启超为"先后延请之人"。报名虽变，《昌言报》还是"与以前《时务报》蝉联一线"，版式完全按照《时务报》。故此，此文应撰于政变以前，故系于此。

耳。此《时务报》最初之起点也。

强学会停办之后，穰卿即在沪度岁。时穰卿已移家上海，时启超方在京师。康先生并招出沪改办报以续会事。时同乡黄公度京卿遵宪适在沪，公度固强学会同事之人，愤学会之停散，谋再振之，亦以报馆为倡始，于是与穰卿及启超三人，日夜谋议此事。公度自捐金一千圆为开办费，且语穰卿云："我辈办此事，当作为众人之事，不可作为一人之事，乃易有成，故吾所集款，不作为股分，不作为垫款，务期此事之成而已。"此等语固公度屡言之，穰卿屡闻之者也。

创办时所出印公启三十条，系由启超初拟草稿，而公度大加改定。彼时穰卿力主办日报，欲与天南遁叟争短长，公度及启超力主旬报之说，乃定议。其后聘请英文翻译张少塘，系公度托郑瀚生司马代请者；东文翻译古城贞吉，系由公度托日本驻上海总领事代请者。所立合同，亦出公度之手。其致函各处劝捐，托各处派报，亦多公度之力。当时公度在上海，至九月始北行。数月之中，报馆一切事，公度无不与闻，其捐款之独多也如彼，其开办之出力也如此。今穰卿自称《时务报》为彼所创办者，不知置公度于何地也？

邹殿书部郎凌瀚，亦强学会同事之人，志愿与公度同，故首捐五百金开办。吴季清大令德潚与公度、穰卿、启超皆至交，当时又与启超同寓京师，故《时务极》开办一切事，无不共之。丙申五月，季清先生与其子亡友铁樵名樵。同到沪，即寓在报馆，朝夕商榷一切，故《时务报》公启，即以公度、季清、殿书、穰卿及启超五人出名，此人人所共见者。当时，公启订成一小本，自四、五月间，即分送各处同志，至第一期出报时，用单张夹在报内，想阅报诸君无不共见，四人之名，岂可划去？今穰卿自称《时务报》为彼所创办者，不知置季清、殿书于何地也？

同人既定议此报为众人之事，不得作为一人之事，因得以公义向各同志劝捐，而海内君子，亦以公义之故而乐助之。两年以来，捐款至万余金，此实《时务报》为公事而非私事之明证。今穰卿自称《时务报》为彼所创办者，不知置捐款诸公于何地也？

至于启超，即为穰卿雇工之人，亦复何足比数，然自问创办时固不无微劳矣。当丙申五、六月间，穰卿湖北馆地尚未辞却，恐报馆之或不能支，住鄂住沪，不能自决，屡商之于启超。启超谓报能销四千份，则此局便可支持，因故留之。启超自以不谙会计，惮管杂务，因与穰卿约彼理事务，兼外间酬应，而启超主报中文字，此总理、撰述之名所由分也。当时各因其才，自执一职，天泽之分不甚严，总办之与属员名分平等，而启超亦贸贸然自忘其受总办厚恩，为总办雇请之人也。当时总办之勤劳，固云至矣。然即如启超者，忝任报中文字，每期报中论说四千余言，归其撰述；东西文各报二万余言，归其润色；一切奏牍告白等项，归其编排；全本报章，归其覆校。十日一册，每册三万字，经启超自撰及删改者几万字，其余亦字字经目经心。六月酷暑，洋蜡皆变流质，独居一小楼上，挥汗执笔，日不遑食，夜不遑息。记当时一人所任之事，自去年以来，分七八人始乃任之。虽云受总办厚恩，顾东家生意，然自问亦无负于《时务报》矣。

然犹不止此。计丙申七月初一为《时务报》出报之日，而穰卿于六月前赴湖北，月底始返沪。七月下旬，又因祝南皮寿辰，前赴湖北，中秋后始返沪。彼时正当创办吃紧之时，承乏其间者谁乎？虽以启超之不才，亦只得竭蹶从事，僭行护理总办而已。此后局面既成矣，捐款既至万余金矣，销报既至万余分矣，穰卿之以启超为功狗，固其宜也。且穰卿之自称《时务报》为彼创办，不自今日始。当丙申夏秋间，海内巨公同志提倡斯举，捐款日多。当时我两人商议，谓不可无谢启。启超谓宜将公启内出名之五人作为公函，凡有捐款者，五人公谢之。穰卿谓何必如是，只我两人出名足矣。凡此等馆中杂务向章，皆由穰卿主办，启超不能争也。自八月后，凡有捐款者，皆穰卿一人出名函谢矣，其函中之言，犹夫本日《国闻报》告白之言也。盖当初办之时，早已有据为汪氏产业之计，而天下之人，视此局为汪氏产业也亦已久矣。穰卿既为东家，则启超虽欲辞佣工之名，岂可得哉？

当开办之始，公度恐穰卿应酬太繁，盖穰卿宗旨谓必须吃花酒，乃能广通声气，故每日常有半日在应酬中，一面吃酒，一面办事。不能兼办全局之事，因议推吴铁樵名樵，四川人，季清先生之子，去年已即世矣。为坐办。时铁樵方由蜀至湘，公度屡函电促之。又开办时所出公启内办事规条第九款云：本报除住馆办事各人外，另举总董四人，所有办事规条，应由总董议定，交馆中照行云云。自丙申秋至丁酉夏，公度屡申此议，谓当举总董。以此两事之故，穰卿深衔公度，在沪日日向同人诋排之，且遍腾书各省同志，攻击无所不至，以致各同志中，有生平极敬公度，转而为极恶公度者。至去年八月，公度赴湘任，道经上海，因力持董事之义，几于翻脸，始勉强依议举数人。然此后遇事，未尝一公商如故也。总董虽有虚名，岂能干预汪家产业哉？

穰卿常语启超云：公度欲以其官稍大，捐钱稍多，而挠我权利，我故抗之，度彼如我何？公度一抗，则莫有毒予者矣，此言启超之所熟闻也。自兹以往，正名之论大起，日日自语云：总理之名不可不正，总理之权利不可不定。于是东家之架子益出矣。去年一年中，馆中凡添请十余人。时启超在沪同事也，而所添请之人，未有一次与启超言及者。虽总办之尊，东家之阔，亦何至如是乎？启超性狭隘，诚不能无所芥蒂，自去秋以来，常不免有龃龉总办之事，此实不容自讳也。

至于馆中开销，公度与启超开办时再四熟筹，能销报四千份，即可支持。乃后此捐款万余金，销报万余份，而去年年底，犹几于不能度岁，致使《万国公报》从旁讪笑。虽由各处报费，难于收齐，然其中曲折，固有非佣工小人所能窥者。穰卿与启超之有意见，自去年以来矣。同事之难，自古所叹，以乱易整，旁观所笑，启超所以隐忍于心，绝不敢为我同志一言之也。独所不解者，穰卿于康先生何怨何仇，而以启超有嫌之故，迁怒于康先生，日日向花酒场中，专以诋排为事；犹以为未足，又于《时务日报》中，编造谣言，嬉笑怒骂；犹以为未足，又腾书当道及各省大府，设法构陷之，至诬以不可听闻之言。夫谤康先生之人亦多矣，诬康先生之言亦种种色色，怪怪奇奇，无所不有矣。启超固不与辩，亦不稍愤，独怪我穰卿自命维新之人，乃亦同室操戈，落井下石，吾不解其何心也？

康先生之待穰卿，自启超观之，可谓得朋友之道矣。乙未办强学会，屡致函电，请其来沪接办，是久以同志可信之人待之也。此次奉旨督办《时务报》后，即致一电一函与穰卿，请其仍旧办理，己不过遥领而已。电文云："奉旨办报，一切依旧，望相助，有为叩。"其函则系六月十二由邮政局寄者，文长不能全录。康先生之于穰卿，可谓尽道矣。而穰卿既无覆电，又无回信；既不肯仍旧同办，又不肯交出。私众人所捐之金为己产，私众人所出之力为己功，不顾交情，显抗圣旨，吾不解其何心也？此后之事，既改归官办，则亦非启超之所敢言，惟于创办之原委，及启超之果为佣工与否，不得不哓哓一辩白之，褊心之诮，固不敢辞，知我罪我，听之海内同志而已。

书十二月二十四日伪上谕后[*]
（1900 年 3 月 21 日）

　　呜呼！逆后贼臣之计画竟如此其狠毒耶！呜呼！逆后贼臣之手段竟如此其拙劣耶！彼辈与我四万万人何怨何仇，而取其所爱戴之圣主幽之废之，必致之于死地而后已？彼辈与中国何冤何孽，惧其维新自强之机尚有一线之萌蘖①，而芟之锄之，必使之无复遗苗而后为快？彼辈与外国何德何恩，虑其瓜分之迟迟也，而三揖三让延之导之，必使尽吾所有以畀之而后始安？豺狼枭獍，抑何肺肠，后土皇天，是孰可忍？呜呼！读十二月二十四日伪上谕而不发竖眦裂者，岂得复为人哉？岂得复为人哉？

　　当穆宗即同治帝。崩而无子，于例当为穆宗立后，此人人所同知也。西后舍之而立我皇上也，非有爱于皇上也，惧穆宗有子则毅后即同治皇后。得权，而已将为退院之僧也。于是敢枉国法、犯舆论，而复立皇上为文宗即咸丰帝。后。夫文宗则既有子矣，何更以立后为？彼其居心之险恶，固已路人皆见。御史吴可读死谏一疏，固已抉彼狗彘之心肝，而逆料其后来之鬼蜮，未始有极矣。《礼经》曰：为人后者为之子。兄为弟后者且有之矣，况于弟为兄后乎？皇上既嗣穆宗继大统，则为穆宗后固宜也；皇上既不为穆宗后，则是穆宗为闰位。以十三年之同治而变为闰位，不可也，西后自知理屈词穷，于是云俟皇上生有皇子，则以之后穆宗。以是为穆宗计则得矣，然皇上不又成闰位乎？以二十余年之光绪而变为闰位，又何说乎？是则西后所以强缝掩饰者，终无一而可耳。昔时恐毅后之分其权也，乃为文宗立后。为文宗立后，则毅后既非皇后，

---

　　* 录自《清议报》第三十九册，光绪二十六年二月二十一日（1900 年 3 月 21 日）出版，署名"任公"。

　　① "蘖"，原作"櫱"，今改。

又非皇太后，无所位置，于是毅后不得不死。今者怒皇上之行其权也，乃又为穆宗立后。为穆宗立后，则皇上既非皇帝，又非太上皇，无所位置，于是皇上不得不死。龙髯帝后，燕啄王孙，国家将亡，必有妖孽，生此妖孽，以亡中国，以绝满洲。呜呼！读十二月廿四日伪上谕而不发竖眦裂者，岂得复为人哉？岂得复为人哉？

彼逆后贼臣，固日谓祖宗之法不可变者也。抑岂不闻本朝祖宗之法，不许立太子乎？《储贰金鉴》一书，固爱亲觉罗氏之传家宝也。国初大小臣工以请立储而获谴者，不可胜数，逆后贼臣岂其忘之？而今之所谓大阿哥溥儁从何而来？皇上于祖宗之法也，其利于民者则守之，其损于民者则变之。西后于祖宗之法也，其便于己者则守之，其碍于己者则变之。吾于是不能不叹其用心之悍而操术之狡矣。虽然，西后之变法，又岂止此一事而已？祖宗之法不许母后临朝，而西后乃三次垂帘，浸行篡弑。祖宗之法不许外戚柄国，而西后乃纵荣禄身兼将相，权倾举朝。祖宗之法不许奄宦预政，而西后乃昵李联英，黩乱宫闱，卖官鬻爵。祖宗之法不许扰民聚敛，而西后乃兴颐和园，剥尽脂膏，供己观娱。是天下勇于变法者，莫西后若也。彼以变法之故而自戕其身，自覆其家，自绝其族，自作自受，曾何足怜？而独恨我二十一省膏腴①之壤，四百余兆衣冠之伦，何罪何辜而一并断送于其手也？《诗》曰：鸱鸮鸱鸮，既取我子，毋毁我室。呜呼！读十二月廿四日伪上谕而不发竖眦裂者，岂得复为人哉？岂得复为人哉？

此伪上谕名为立储，而其实不止立储，虽五尺童子皆能知之，无待余言也。试问悬赏以购刺新党者何为乎？试问夺刘坤一之彊职何为乎？试问使李鸿章出守广东何为乎？试问荣禄握全国之兵权何为乎？试问召俄、法两国兵入京师何为乎？试问集亲王、贝勒、御前大臣、军机大臣、大学士、六部尚书会议何为乎？彼岂不以为维新领袖者，皇上也；帝党所凭借者，皇上也；天下人所爱戴者，皇上也。皇上一日生存，则天下之望一日不绝；天下之望一日不绝，则逆后贼臣之位一日不安，而新政之根株终不能尽拔，中国之生机终不能尽锄。故处心积虑，筹画经年，必致皇上于死地，使天下忠义之士灰心短气而无复系恋，夫然后高枕而无后患。是犹小说所载，欲夺人之妻而先毒杀其夫者，其用心如出一辙。呜呼！读十二月廿四日伪上谕而不发竖眦裂者，岂得复为人哉？

---

① "腴"，原作"腴"，今改。

岂得复为人哉?

彼逆后贼臣计画之狠毒,至于是而极矣。然吾谓其手段之拙劣者,亦即在于是。彼辈岂不以为通国兵权皆在我掌握,通国官吏皆为我羽翼,可以为所欲为,横行无事矣,而岂意有海外义民百数十电之力争,而岂意有上海绅商三千余人之死谏,而岂意有大江以南数省豪杰磨拳擦掌号呼奔走乘机而讨贼。彼苟非如是,尚不足以激天下之愤怒;彼苟非如是,尚不足以惊破冥顽者之梦;彼苟非如是,尚不足以促各省豪杰使之大团结;彼苟非如是,尚不足以使中立之人皆归于帝党;彼苟非如是,尚不足以表暴其野蛮丑态于万国;彼苟非如是,尚不足以显其穷凶极恶令人忍之无可忍,恕之无可恕,他日非碎尸万段而不餍普天率土之人心。彼之所借以自保者,而岂知即为自戕之快刀;彼之所欲以制人者,而岂知即为助人之利器。吾于是不得不怜其愚蠢笨拙,至于如是其极也。

今者篡弑之事,虽暂停止,光绪纪元,虽未遂变,不知彼逆后贼臣果有所畏有所悟而不敢行凶耶,抑有所待有所谋以为他日之地步也?《记》不云乎:怨毒之于人甚矣。又曰:君父之仇,不与共戴天。今者皇上之命悬于逆贼之手,万一有变,则我四万万同胞当思皇上之及于难,皆因欲救我辈而来。虽流尽我东南十数省之血,以拼彼逆后贼臣之命,亦决不辞。吾知朱虚、敬业必不绝于天壤也。虽然,若皇上遇变之后而始问罪,则虽三豕磔蚩尤,千刀刽王莽,岂足以偿普天冤愤于万一?今及其有所待有所谋也,而万众一心,万口一声,万躯一力,以戴我圣主,护我慈母,彼逆后贼臣或亦有所警省,而弃其狠毒之计画,改其拙劣之手段,俾吾四万万人复见天日,而吾四万万人亦可有所恕谅以待彼辈,则宁非彼此之福欤?得百愚公,何山不移?得千精卫,何海不填?呜呼!是在我同胞矣。

作者越在檀岛,电信不通,经一月始得见内地报章,始确悉此事,著论以诛伐之。论之出于世,当在事后四五十日矣。报名《清议》,而于此事久阙焉,诚不足以谢天下。然事变之起,未始有艾。今之此论,固未可以六日菖蒲、十日黄菊目之也。正月廿一日作者附记。

上粤督李傅相书[*]
（1900年3月31日）

合肥相国年伯大人阁下：

不相见者二十阅月矣。去国以来，曾承伊藤侯及天津日本领事郑君、东亚同文会井深君，三次面述我公慰问之言，并教以研精西学，历练才干，以待他日效力国事，不必因现时境遇，遽灰初心等语，私心感激，诚不可任。公以赫赫重臣，薄海具仰，乃不避嫌疑，不忘故旧，于万里投荒一生九死之人，猥加存问，至再至三，非必有私爱于启超也。毋亦发于爱才之盛心，以为孺子可教，而如此国运，如此人才，不欲其弃置于域外以没世耶？启超自顾愚陋，固不足以当我公之期许。虽然，公之所以待启超者不可谓不厚，所以爱启超者不可谓不深，每一念及，无以为报。窃闻之，君子爱人以德，仁者赠人以言。公之所以惠启超者在是，启超所欲还以报公者亦即在是，故敢竭尽其愚，惟垂采焉。

窃以今日国势之危慭，朝局之糜烂，虽五尺童子，犹识隐忧，明如我公，岂其暗之？若斯者，本无待启超之词费也，然启超窃观公之所以自处，一若于地球之大势，举国之民情，尚有未了了者，请为公姑述其一二。

自甲午以来，割台湾，割辽东，订《中俄密约》，助西伯利亚铁路之速成，割广西瓯脱之土司，割胶州，割旅顺、大连，割威海，割九龙，割广州湾，与俄国定东三省不让与他人之约，与德国定山东不让与他人之约，与英国定长江不让与他人之约，与法国定两广、云南不让与他人之约，与日本定福建不让与他人之约，若此者皆公在北洋及总署时

---

* 录自《清议报》第四十册，光绪二十六年三月一日（1900年3月31日）出版，署名"任公"。

经手事件，而举国之人所疾首而痛心者也。凡此皆不能尽指为公之罪，亦未必尽出于公之意。而要之自经此诸役以后，中国已非复中国人之中国，则万目所共见而百口所不能辩也。譬我有宅于此，甲、乙、丙数队大盗入其堂奥，点验其财物曰某室之物甲所有也，某院之物乙所有也，某堂之物丙所有也，又从而毁其垣，又从而踞其户，若是，则此宅尚得谓为我之有乎？彼之不即持去者，特需时耳。所需者何？则所谓投骨于地，群犬必争；两虎相斗，必有一毙。泰西诸国数十年来汲汲于增修军备，日日以彼此兵力互相比较，使常足相敌而不肯少让。而以近时枪炮之进步，交战一刹那间，可以流血漂杵，故各相惮而莫敢为天下先也。中国所以得延残喘于此五年间者，皆以此故。然而有虎狼之俄拊我背而扼我吭，及西伯利铁路之既成，必无从向走无常而乞余命，不待智者，固已知之。

　　然使仅如此，犹冀其祸之可以在数年后也。然地球大势之所逼，固有出人意料之外者，以蕞尔之杜兰斯哇，乃使持盈保泰不轻用兵之英国，忽焉张旗鼓以向之。不宁惟是，英人一败再败，而至于惮狮子搏兔之全力，倾举国之兵不足而悉索之于属地，借助之于友邦。不宁惟是，杜国以种族之关系也而德人助之，以利害之关系也而法人助之，于是飞天之火星，遂不得不超撒哈拉沙漠渡地中海而燎乱于欧洲。启超窃疑此书达于公之目之时，英、德、法哀的美敦书之电报亦随而至，未可定矣。因德、法而及俄，因英而及美、日，此又人人所同见也。果尔，则今十九世纪之末年，将盈地球中皆硝烟弹雨。呜呼！实千五百兆人人人股栗之时代哉！我中国人生长于螺壳之中，不知有天地间事，此等局势，非所闻也，即或闻之，亦以为乡邻有斗，于己无关，或且谓强敌相残，是我之福。殊不知今日之问题，不在西欧而在东亚；今日之战场，不在地中海而在太平洋。而所谓飞天火星者，曾不转瞬间，已纷纷能集于我屋梁我牖户而莫能救也。昔之所以暂缓瓜分者，虑相争而惮用兵耳。今兵气一动，我辈处众矢共的之地，而欲免其难，譬之犹放群羊于薮泽，而望已发威之虎怜而活之也。以启超论之，中国之存亡死活，即在欧洲列强酣战之时。列强兵事始末之日，即中国生命定夺之日。此语在他人或不之信，以我公之洞识时务，幕府多才，试一审思讨论，当亦谓其无以易也。

　　外祸之逼既已如此，当其境者，宜如何战兢惕厉，上下一心，国民一体，合全国之人才，修一国之整备。乃今也内顾朝局则何如？皇上在位二十余年，薄海爱戴，变法三月，百度维新，扫千年之积弊，为万国所钦诵，曾有何罪，而必欲置之死地而后快？国家多难，赖有长君，废此英明绝世之圣主，而举彼九岁乳臭不解汉语之溥儁，以为傀儡，嗟彼枭獍，是何肺肠？今虽未敢易位，但言立储，然司马昭之心，路人皆见。启超笔下所欲言，未必非公心中所欲言，固不必更为是赘陈也。即果云立储矣，抑岂不闻本朝祖宗之法，不许言及"太子"二字？《储贰金鉴》一书，举朝内外衮衮诸公，岂未尝一寓目耶？而所谓大阿哥溥儁者，从何而来？祖宗之法不可变，此狐群狗党所以罪我党人也，不知大阿哥溥儁之伪谕，为守祖宗之法乎？为变祖宗之法乎？从古亡国，皆有成例，今虑其取亡之具之未足也，而刻意摹仿之，必求其酷肖齐备而后已。《诗》曰：鸱鸮鸱鸮，既取我子，无毁我室。启超诚不解主持此事之人，与大清十代二百余年之祖宗有何冤业，与我十八行省四百兆人有何仇雠，乃敢于冒天下之大不韪，而忍于下无类之毒手也。

彼辈以百千万亿之怨毒集于康南海之一身与其党人。夫以二十余年仁慈智勇之皇上，且若是矣，康南海何有焉？其党人更何有焉？以全国之力而与一匹夫为难，不足，则又贿托万国，欲借全地球百数十政府之力以济之，何求不得？何欲不成？胜之不武，不胜则不止为笑矣。启超以为不杀南海，则天下仅一南海耳；杀一南海，吾恐天下之南海，将千百出而未有已，虽欲杀之，又可尽乎？即如启超，固不才也，曾不足以劳彼辈全力之顾盼，然窃自忖度，启超若死于彼辈之手，彼死我者未必能高枕而卧也。谭复生之言曰：魂当为厉，以助杀贼。所谓魂者何物哉？即百千万亿继起者之怒气与其热力而已。

今且勿论此事，窃闻自去岁以来，南洋、美洲、日本等处商民，屡有电请圣安及归政之事，联名以万数千计。不知彼辈之视此商民，为义民乎？为莠民乎？夫此商民者，糊口四方，孑身万里，其与国家官吏之关系，既已绝少，虽南冠之未改，已汉腊之几忘，乃其于今上，不知何故，爱之慕之，如赤子之恋其慈母，此岂非直道在人，而天性同具者耶？闻公之简为商务大臣也，实为劝谕此事，果尔，则公持节所及，欲作何语，此诚启超所急欲闻也。公之所受于彼辈者，岂不曰两宫和好，勿听人煽惑之言云尔。启超请公扪心自思，皇上一年以来，在瀛台作何状？请公拭目一视。立储之伪上谕为何语？而两宫和好之言，顾忍出诸口耶？欲以一手掩尽天下目，天下之人，岂皆师旷哉？大丈夫有死而已，断不能向众人前作昧本心之言。启超窃料公半世英雄，未必有觍面目而作此巫妪媒婆之丑态也。若所谓听人煽惑者何人哉？则必以康南海及启超为罪魁矣。夫一年以来，南海在加拿大，启超在日本，足迹未尝一至他地，公所知也。而美属数十埠，南洋数十埠，乃至澳洲、暹罗，散布全球，风马牛不相及，虽欲煽惑，曷从而煽惑之？彼辈必曰我等以信函文字为煽惑之具也。启超若辨信函文字之有无，虽累千言，彼等固不之信。借曰果有之矣，而彼辈不尝日日有伪上谕，处处有告示，以与吾辈相抵制乎？而何以政府之上谕，官吏之告示，曾不足以敌一逐臣片纸之信函，岂我辈之文字有魔术耶？彼辈若一念此，可以瞿然自省矣。

又顷者闻海外各埠，相率立"保皇会"，而所至公使、领事，出示禁之，曰：是康有为辈所立也。曰：尔小民皆有家属，宜自念之，勿听煽动也。启超从报纸中略见其告示之一二，而不禁色然而惊也。夫皇上岂康南海一人之皇上哉？康南海之爱戴皇上固也，然不能禁康南海之外，不使更有一人爱戴皇上也。彼辈日日有欲死皇上之心，而欲使普天率土之人尽同于彼之所欲，是何异蜣螂嗜粪，而欲强天下物类尽投身于圊圂中。夫保皇会而可禁也，则立废皇会者必当赐级，而立弑皇会者必当封侯矣。昔京师士夫立"保国会"，彼辈则曰保中国不保大清；今海外商民立保皇会，则彼辈亦将曰保皇上不保太后。深文罗织，何患无辞！夫使大清而果与中国一体也，则保中国即所以保大清；使太后而果与皇上一心也，则保皇上即所以保太后。而彼辈必断断然别大清于中国，别太后于皇上，吾不知其何解也。已先自分别，而欲人之不分别之，曾亦思鼓钟于宫，声闻于外，固有丝毫不能假借者耶？沈仲堂《请诛三凶折》云：率天下之人而叛皇上者，刚毅也。呜呼！启超观彼辈然觍食皇上之禄，服皇上之官，而敢于明目张胆悖伦逆理，出告示以禁保皇，而叹率天下之人而叛皇上者，不止刚毅一人也。

至于小民各有家属，各自爱之，夫何待言？小民惟知皇上之可以保我家属也，故爱戴皇上，其保皇之心，即从其保家属之心而发生，非有二物。夫九龙、广州湾，岂非小民维桑与梓之地耶？今者祠堂被毁矣，坟墓被掘矣，乡村被炸矣，财产被夺矣，妻子被淫矣，苛政之猛猛于虎矣，人命之贱贱于蚁矣！家也何在？属也何在？长官如爱我家属也，则宜为我保之。彼已割者不可追矣，其与割为邻者，亦如釜中之鱼，俎上之肉，今不为曲突徙薪之计，后必有噬脐无及之忧，不知为民父母者，何以待之？乃前日代民卖地之人，即为今日禁民设会之人，而今日禁民设会之人，他日又将为代民卖地之人。无怪乎民之皇惑而啧有烦言也。且彼辈之矜矜然以家属为言者，岂不以此为胁制之具，而欲借以夺人民忠君爱国之诚心哉？古训有之：罪人不孥。今日地球万国，苟非三等野蛮不入人类之政府，从未有一人得罪牵及他人者，即使果有罪矣，其于家属尚不能有一毫之关涉。若民人之忠爱皇上，思各尽其力以助君国者，则按之《大清律例》，果犯何罪乎？虽以问诸出告示之人，当亦无以应也。然彼辈犹以此为言者，以为人心之易欺，而官威之足恃云耳。不知商民久历外洋，其受他族凌辱，蓄怨积愤也已极，故其望中国维新自强速苏困厄之心，如满炉热火，勃勃不可压制。又习见外国之所以能维新者，无不由民间爱国之士，合大群经大险而后能成，其敬而慕之也非一日矣。万口一声，万目一的，万众一心，万心一力，夫岂区区无理取闹之官威所能威吓？以启超所闻，海外五百万人，其沥血诚以倾心于皇上者十而七八，若欲问其家属也，以一家八口计之，亦当有二三千万人。闽、粤两省之人，当逮问者过半矣。不知彼辈何以处之？方今外患然眉，伏莽满地，虽设尽方法固结民心，犹惧不济，而犹复从而骚扰之，逼迫之，驱而纳之于冤霜愤泉之间。古语不云乎？怨毒之于人甚矣。彼其人之倡入此会者，必其有百折不回之心，置利害祸福于度外。虽质太公，固不能阻刘季之雄心；虽胁徐母，固不能陷元直于不义。而为官吏者，犹复搏而跃之，激而行之，此伍子胥所以挞平王之墓也。

呜呼！彼荣、刚诸逆贼不足道，彼碌碌之官吏不足道。虽然，启超窃尝为我公计矣。公虽为西后所眷，然废皇上非公之意也。而荣、刚诸逆贼又忌公之望，而与公不相容者也。公惮于炙手可热之权威，不得不奉行逆命，启超亦谅公之苦心而不为怪。然尝闻吕新吾之言曰：可杀可生，不当为人作荆卿。公试一自思，即尽其全力为若曹作荆卿，于公何利焉？公位极人臣，名满天下，今行年且七十余矣，皤皤老翁，复何所求？今以末路晚节，乃更欲屈身于逆贼所拥立九岁乳臭不识汉语孺婴之伪朝，且从而为之效死力。窃计公他日之位置，不幸则为李斯之辕杀，为曹爽之族诛，幸则如孔光之为莽三公，王祥之作晋太傅，而于公究何利焉？李固《与胡广、赵戒书》曰：公等受主厚禄，颠而不扶，倾覆大事，后之良史，岂有所私？启超窃愿公三复此言，而思所以自处也。

抑启超所欲言犹有进于此者，公固以识洋务闻于天下者也，公试一读西史，岂不闻今日十九世纪为民权之世界乎？彼美与法不待言矣，若英、若德、若奥、若意、若日本，皆以民权而强者也，惟伸民权，故君主之位益以尊荣。是以有国者而欲固其位，则莫如伸民权；有官者而欲保其禄，则莫如伸民权。彼民非必乐于争权也，而无如处今日生存竞争优胜劣败之世界，非借民权无以保国权，国权一失，而国民之身家性命随之而亡。泰西各国民之争权也，皆所以自保其身家性命也。而中国忧时之君子所以汲汲然以此义相提倡者，诚有鉴于今日天下之大势，而知其不可以已也。故倡民权之人，其心地最纯洁，而必无一毫利己之私心存乎其间。其所求者惟在伸权，权一伸，而迅雷烈风之行变作光风霁月之态矣。为君相者，如遇民之争权也，其所以善待之者，惟有一法，曰：因而伸之而已。英国与日本是也。今者英皇、日本皇之安富尊荣，世界莫与京也，而冥顽不灵者，从而压制之。夫民权之为物，岂可压制者耶？不观于水乎？愈壅之则其决也愈甚。俄皇所以三代见弑于希利尼党，法王路易第十六所以暴尸于市场，皆压制民权之前车也。彼美国与法国，苟非压制之已极，而至于万无可伸，何至经八年之血战，创从古未有之大革命而变为民主政体乎？合英、日与美、法前事观之，孰得孰失，孰利孰害，为民上者宜何择焉？凡此所言，皆近百年来之事实，而世界得失之林最彰明较著者也。公号称识洋务，宜能知之，若犹不信，请以启超之所举者质诸幕府之西人，当必谓其非诞言也。

今地球大势之所逼，使我中国民权之机不得不动。月晕知风，础润知雨，数年来之消息，有识者皆能知之矣。此后其机之动，日烈一日，有盛无衰，有进无退，此又欧洲诸国已然之成例也。而今日执国权者，犹瞢于大势，暗于利害，欲压而激之，不知愈压之则其爆发也愈烈，愈激之则其逆行也愈急。是犹虑病者之不速死，而复从而鸩之也。天下力量最大者，莫如时势。欲逆时势而行，如以卵投石，立见摧碎；如仰天自唾，徒污其面。民权者，今日全地球时势所驱迫而起也。昔张香涛著《劝学篇》，内有一篇，名曰《正权》，有天津通人某君论之曰：此书十年以后，虽烧为灰尘，天下人犹将掩鼻。张氏模棱贱儒，不足道矣！至于我公，则岂宜暗之？公若尚不悟，而欲以压制为得计，岂不闻防民之口，甚于防川。防口且然，而况于防其心防其气者耶？公办之愈力，则愈益为丛驱爵，为渊驱鱼，不徒促二百余年国祚之倾覆，恐公之玉体，亦不免再见日本议和时之横祸也。启超之为此言，固非以危词耸听者，盖此理此势，全地球之人皆能道之，非启超一人之私言而已。知公之必不我信，虽然，因公之相爱，故心所谓危，不敢不告也。若启超者，则万里亡人，濒于九死，毫无势力，固不待言，中原之事，岂敢过问，凡所云云，固非欲恐吓我公以求自免。何也？启超之获罪于逆贼，固知非笔舌恐吓所能稍宽也。若公之所嘱，"使其孳精西学，以待他日之用"云云，启超虽心感之，而亦有不能解者。何也？盖启超学成之时，国家虽或有用我之心，恐已沦亡而不能待也。若启超自为计，既为四万万人之一人，即中国绝我，我固不忍绝中国。然则今日亦有报效国家之方法乎？曰：有。但使一日不死，必倡民权之公理，顺地球之大势，以导我四万万同胞，使进于文明，以为他日自立之地步。是即启超所以报效国家，亦即启超所以答公拳拳之盛心者也。

抑又有附陈者。公今度之督粤，朝旨所在，虽非逋臣所敢言，然粤中承前督朘削颓弛之极敝，而公继之，赫赫具瞻，粤民之所以责望于公者，不一而足，公之所知也。窃读报纸，见幕府所征集者，类皆声名狼藉、千夫所指之人。此辈平昔之舆论，公未必不有所闻，或者使贪使诈，别有权衡。虽然，金人勿用，昔贤所诫，闻诸道路，颇不免有前门距虎后门进狼之忧。启超窃为公计，公之不理于众口也，亦已久矣，启超望公自今一雪之，不愿公之从而附益之也。然以天下大计比较之，则粤事又其小焉者也。放饭流歠，而问无齿决，此区区者更何足哓哓乎？姑一言之，待公抉择而已。

启超以负罪亡人，本当引嫌自远，但以公既殷勤垂爱，不可无以为报，可与言而不言，非所以待公也。而此书所言，又知其必不为公累，故除邮寄钧览之外，更布之于各报馆，幸勿为怪。热血在腔，随笔坌涌，恐贵人事忙，不能看冗长文字，故略陈一二，不尽所言。即请钧安。

二月三日梁启超再拜

上鄂督张制军书[*]

（1900 年 4 月 20 日）

南皮尚书阁下：

呜呼！往事已矣。阁下今日避启超若将浼已，从前之交谊既已尽绝，非惟阁下绝启超，抑启超亦绝阁下也。虽然，交虽绝，然尚有不能尽绝者存，则以中国者为启超与阁下所同居之国，皇上者为启超与阁下所同戴之皇，坐是之故，启超与阁下私情虽绝，而公义未绝。故今者于忍之无可忍、恕之无可恕之际，不能不更以公义之言进于阁下，阁下虽恶之嫉之畏之避之，顾请始读终篇而一自省焉。

去腊二十四日之伪诏，阁下曾见之否耶？此诏之为废立，天下人皆知之皆痛之。又不惟中国之同胞而已，即西人东人亦莫不皆知之皆痛之。阁下既依附逆谋，必有饰词以处此曰：是建嗣也，非废立也云尔。夫此事之始末底蕴彰明较著，人人共见，本不待辩而明者也。虽然，阁下咬文嚼字之人也，与阁下论大义，阁下必复出其俗吏舞文之手段，以巧为弥缝。今请仍咬文嚼字，为阁下一言。

光绪五年闰三月，廷旨以吴可读死谏一疏交议，有一折洋洋千余言陈说吴氏所未及虑有三事，非阁下之手笔耶？启超犹记其第一事谓：一生而已定为后之义，即一生而已定大宝之传，合并为一，将类建储，我朝列圣以立储为大戒，高宗九降纶音，万分剀切，今若建之，有违家法云云。然则当时阁下之意，知建储之有背祖训矣，又知预定嗣子之即为建储矣。若今次溥儁之立，非所谓"已定大宝之传"者耶？非所谓"将类建储"者耶？非新谓"自违家法"者耶？何阁下昔日虑之，而今日不

---

* 录自《清议报》第四十二册，光绪二十六年三月二十一日（1900 年 4 月 20 日）出版，署名"任公"。

及虑也？其第二事谓：前代储贰谗构夺嫡，流弊已多，今被以绍统之高名，重以承继之形迹，较之寻常主器，尤易生嫌云云。然则当时阁下之意，谓早定嗣子易生嫌疑矣。夫以皇上亲生之子，有"承继之形迹"，犹易生嫌，而况于横自外来之溥儁耶？何阁下昔日虑之，而今日不及虑也？其第三事谓：天位授受，简在帝心，所以慎重付托，为宗社计也。此时早定，岂不太骤云云。是当时阁下之意，以为皇上虽生有皇子，但使皇上一日生存，则一日不必定继统，若定之则太骤也。夫皇上即生有皇子而早定之，尚且谓为"太骤"，岂未有皇子而别定之，独非"太骤"耶？何阁下昔日虑之，而今日不及虑也？阁下折中又有云：托诸文辞，则可避建储之名。见诸实事，则俨成一建储之局。此四语不啻为今日言之矣。去腊伪诏末数语云：谨当仰遵慈训，封载漪之子溥儁为皇嗣云云。阁下最精训诂之学，试问皇嗣与皇太子之名义，有何分别？以此为弥缝掩饰，又不徒狙公之朝三暮四而已。而阁下前者殷忧之言，今岂其遂忘之？阁下折中又有云：在两宫慈爱之念，惟期于继嗣继统久远遵行，岂必呕呕焉指定一承继之人而后慰。即穆宗在天之灵，当亦愿后嗣圣德永绥洪祚，又岂必介介焉早标一嗣子之目而后安。启超每读此数语，未尝不叹其片言居要，善①于陈词。乃去腊伪诏，托名于预定承继之人以慰太后，借口于早标嗣子之目以安穆宗，而阁下顾噤若寒蝉，未闻一伸前说，何其无记性欤？抑无血性也？凡以上所录，皆阁下折中原亦未有一字增减，启超窃以为即以此折上之于今日，虽不能收格心之效，仍不失为正名之言。何意前后历二十年，阁下位已尊矣，名已高矣，遂乃一口两舌，食言而肥。前日能虑吴柳堂之所未及虑，今日可虑之事，视前此加十百倍，而恝然安之，又从而暗助之。吾不知阁下曾有何面目以见天下人，更有何颜以自读光绪五年之奏议也！

虽然，居今日而论建储之是非可否，正所谓放饭流歠，而问无齿决。此次之变，实为废立而非建储，司马昭之心，路人皆见。即以阁下之无耻，但使清夜扪心自问，亦未必无天良发现之时。惟是骤然以不谏废立之罪罪阁下，而阁下之口必不服。故即如阁下之意，谓不过建储而已，而阁下之不谏建储，其罪已不容于死。呜呼！阁下其无谓天下人之易欺。前有千古，后有万年，李子坚《与胡广、赵戒》一书，愿阁下日三复之也。

---

① "善"，原作"喜"，今改。

　　至启超此次移书之意，又非故为嬉笑怒骂，以快泄其积愤云尔。今日中国之命脉系于皇上，而皇上之生命悬于北廷诸逆之手，诸逆之与皇上不两立也久矣。前年之变，得刘岘帅十二字之电奏，而皇上之命得延一年。去腊之变，得经莲珊及海内外之电奏，而皇上之命得延至于今日。顾皇上一日不去，则诸逆之眼中钉一日不拔。势成骑虎，岂肯罢休？今者岘帅已去任矣，莲珊已被逮矣，逆贼心目中已无彊臣，已无舆论，自谓横行天下，谁敢奈何？禅让之诏，不出于期年；鼎湖之痛，即在于眉睫。阁下如自外覆载，甘心从贼，屈膝于孺婴之下，乞怜于操、莽之朝，夫复何言？若犹有一线之天良，眷念神州，顾恋旧主，上畏昊天之视听，下思良史之衮钺，则亡羊补牢，今犹可及。日暮途远，更不容迟。若能率三楚子弟，堂堂正正，清君侧之恶，奉太后颐养耄年，辅皇上复行新政，策之上者也。如是则阁下之威名，当辉于五洲，亘于万古。即不尔而远之追念光绪五年之初心，近之效法刘制军、岑廉访、经太守之愚忠，以一纸之封事谢天下之责望，身既膺兼圻之威，言即有九鼎之重，亦可以寒贼胆于万一，拯君难于须臾，策之次者也。

　　虽然，启超虽言之而有以知阁下之必不能行也，知阁下之必不能行而犹不自已于言，正以公义之不可以绝也。阁下之所以必不能行者何也？亦曰全躯而已，保位而已。然以启超计之，阁下觍然澳然为妾妇之容以媚逆贼，而所谓全躯保位之道遂果得乎？彼逆贼者遂能抚阁下如螟蛉，豢阁下如犬马乎？启超窃意其终未必然也。侧闻去腊今春，曾两次电召阁下而又中止，此何为乎？台官交章弹劾，特派钦差查办，此何为乎？怒掷报效之七千两，严旨申饬，词意俱厉，电报琐费，断断然与阁下计较，此何为乎？阁下奴颜婢膝以向诸逆，诸逆岂能推心置腹以待阁下？而况戾太子之嫌疑，近方在阁下之肘腋，闻诸道路，颇有谓阁下实授意假托，将借之以行大事者。而日本鄂生之言，述阁下隐若深意，尤有不可听闻之语。启超固信阁下之必无是事无是心也，非以阁下之忠而信之也，白衣秀士王伦，岂能占梁山泊一席地？是以知阁下之必非其人也。虽然，彼诸逆之视阁下，实俨如一敌国，阁下今日之地位，如以猎人而向群虎膜拜，其幸能免乎？其终不能免乎？阁下固无自主之权也。欲归新党，而新党不屑有此败类；欲附贼党，而贼党亦不愿有些赘瘤。卒至进退失据，身败名裂，后世谥为至愚，千载指为奸佞，翻云覆雨，究何益乎？居恒读史至胡广、孔光、冯道故事，孰不怜而笑之？呜呼！其无使后人而复笑后人也。

　　启超万里投荒，一生九死，头颅声价，过于项羽。俯仰千古，亦足自豪。钼麂满地，日日可死。虽然，但使一日立于天地之间，则一日不能忘中国忘皇上。西风残照，汉家之陵阙已非。石烂海枯，精卫之冤诚难改。蹈迹东海，昔昔犹梦长安。移文北山，字字不容假借。不辞瘏口，更渎清尘。孔子曰：不可与言而与之言，失言。吾知罪矣。

　　　　　　　　　　　　　　　二月二十九日梁启超再拜

论今日各国待中国之善法[*]
（1900 年 8 月 5、25 日）

今日我中国之时局，如系千钧于一发，其危险真有不可思议者。但其危机，非独属于中国，中国危机一动，天下万国之危机皆动。吾今者为我国忧虑，更为万国忧虑，故不得不述其意见以告外国人焉。

现在办理中国北方事务之权，归于各国之手。各国之占手此事也，非有所贪图也，乃出于不得已耳。各国如办理此事得法，非徒各国人在中国者得享安宁而已，且能代我中国人造无量之福；若不得法，恐自今以后，二十年间，中国全国之地，成为一大流血场，而黄色人与白色人之血，将混而为一，以染红此二万万方里之地，此诚第一可怖之事也。世有仁人君子，不忍人血之狼藉者，请俯听吾之一言。

办事者如医病，先知其病根之所在，而以药攻去之，病根去而元气复矣。若所下之剂过于狠毒，溢出于病根之外，则药又为生病之媒焉。今日中国之病根何在？即西后党之政府是也。我辈同志与西后政府为仇敌，非有私怨也，因西后政府为我中国人之公共仇敌，又为万国之公共仇敌。故我辈迫于公义，誓不与之两立，盖必将此病根拔去，然后我国得安，万国得安也。我辈昔日言此，外国人或不信，今观北京政府与拳匪交涉之事，则西后党为万国公敌之实据已见。而外国人昔日不知中国病根何在者，今亦可以了然矣。

吾观中国之病不一，然有一总源头。源头维何？即守旧自大、憎恶外人之心是也。因有此心，故种种安民良法不肯仿效，以至不能自治其国，使乱机满地，民不聊生。因有此心，故其与外国人通商，不过迫于

* 录自《清议报》第五十三、五十五册，光绪二十六年七月十一日、八月一日（1900 年 8 月 5、25 日）出版，署名"任公"。

无可奈何，其实彼之心，日日欲杀逐外国人然后快。我中国数十年来，政府之主义皆在于此，是明与世界之公理相拗背，其积而成今日之大祸，有识者所早料也。中国人之犯此病者，不独政府，即人民亦多有之，但人民所以如此者，实由政府为之倡导，故政府实为罪魁也。而数十年握政府之权者为谁？即西后与其党人是也。

今欲医中国之病，惟有将此恶政府除去而别立一好政府，则万事俱妥矣。而或者疑我中国人不能自造成好政府，此未知中国内情也。我皇上深知地球大势，久慕泰西政教，忧国如家，爱民如子，时时以维新变法为心，乃至欲弃其君位以兴民权，惜为西后党所压，不能行其志。前年曾稍得微权，以行维新之事者三月，虽其心中所欲办者未能推行十一，然亦可以知其大概矣。故使我皇上若有全权，必能造成一好政府无疑。而我中国人民之性质，最喜服从政府，得此好政府，则不及十年，而中国之人心国势，皆必焕然改观。此最顺而最易做之事也。顷阅各西报，知英、美、日等国，有欲协力扶助皇帝登位变法之事，此诚仗义扶危，大公无我，而又合于时势者也。今日处置中国之法，莫善于此。我辈同志日日所奔走图谋，皆为此事，今得局外文明公道之国起而代办之，此我辈所极深感谢者也。吾愿此文明公道之国坚持此义，百折不回，然后徐议其条理，讲善后之法，则中国之大乱必立解矣。皇上复位，欲行新政，势不能不借用外国人。得各国之贤才以相赞助，必能百废具举。国政修明，大开门户，推广商务，其利一也。主权有属，不至于各国相争，扰乱世界太平之局，其利二也。王室安宁，乱民不作，商务不至损失，其利三也。故为中国计，为万国计，皆莫如此法之为妙也。

若舍此法之外，更有何法乎？吾为各国计之，其法有二：一曰英、法待埃及之法，二曰俄、普、奥待波兰之法是矣。由前之法，则代掌其政权；由后之法，则瓜分其土地。吾今试取此二法之利害论之。

夫代掌政权者，一国能独掌之乎？抑各国人共掌之乎？此事非一国人所得专不待言矣。今地球各国之中，有尚民权自由者，亦有尚君权压制者；有专主开商务者，亦有希图侵略土地者。其切己之利害，各各不同；其行政之手段，自各各互异。今既共来执中国之政权，欲使甲国让乙国，而甲国未必肯也；欲使乙国让甲国，而乙国亦未必能也。吾不知各国将何以处之。

将如美国上议院之例，每国各派一二人来主持其事乎？吾未见有合许多利害不同手段互异之人，而能成一政府者也。昔南北花旗因地势人情各有所私利，而卒至分裂。同为一国，且有此患，而况今日之以客代主，而互相猜忌乎？然则万国共掌政权之事，万不可行者也。

至于瓜分土地之为害，更不待言。吾信英、美、日诸国，绝无此心，并永不欲有此事。即有之，亦为他国所逼，出于不得已耳。但吾为诸国计之，若必出此下策，则分疆画界之时，此多彼寡，论长说短，岂能无争？将取数十年来所养之兵，所造之械，以之相见于亚洲大陆之间，演从古以来未有之惨剧，而此十九世纪、二十世纪交界过渡人人欢喜之年，将变为硝烟弹雨神号鬼哭之世界。试问文明教化之人，体上天好生之心者，固当如是耶？且不止此也，列国之争虽息，而勘定中国，亦岂易事哉？中国人虽懦弱，然亦为四千年有史志之国，其人民颇有坚忍固守不为人夺之气概，他种之人来临御之，固非易易，历代以来，每转一朝，易一姓，必经数十年，死亡千数百万人，然后仅乃底定。今以西国兵力之强，器械之精，虽或终非我邦人所能敌，然非十年以后，难望其尽服，此则吾所敢断言也。试观非律宾一小岛，耗美国之兵力几何？杜兰斯哇一弹丸，耗英国之兵力几何？中国政府虽弱，民气犹强，吾恐未必让非律宾与杜兰斯哇也。试思由欧美运一兵来东方，每月所需若干乎？而各国欲勘定中国，需若干兵乎？需若干年乎？而此多年中商务之损失，更不再此数。苟念及此，能无寒心？夫各国人之所以注目于中国者，岂有他哉？为商务耳，为全地球人类公共之利益耳。今利益未来，而经此大劫，苟稍有远虑者，当不为此下愚之计也。

然则代掌政权之不可行也如彼，瓜分土地之有大害也如此，各国当何择焉？吾观美国政府所颁发各国之公文，谓美国愿开通中国门户，愿保全中国土地及自主之权，此诚光明正大、济困扶危、真仁人君子之用心也。今日若能扶我皇帝，禁他国之侵夺，即所以践此公文之言也。美国向守前总统们罗之誓言，不与闻美洲以外之事，近乃锄强扶弱，救民水火，遂援古巴之艰危，收夏威夷为郡县，仁义之声，天下钦仰。与我中国通商以来，未曾占我寸土，尤为中国人所深信重。今日高扯头旗，救我四万万人于深渊者，舍美国何属哉？而况乎英国为世界文明先进第一之国，日本为我东方兄弟唇齿相依之交，其待中国之心，亦与美国略同。美国肯力任其难，英、日必联袂而起，彼耽耽虎视者，亦岂能逆我正道之救世军哉？此则我所深望于此邦之贤士大夫者也。

或者曰：闻近日电报，谓光绪皇帝有被害之噩耗。果若此，则如之何？曰：呜呼！此非吾之所忍言。虽然，吾今固不信其有此事，果有此事，则吾亦将别有所论。然终不离吾此论之本意，但今不必多及也。

中国积弱溯源论 *
（1901 年 4 月 29 日至 7 月 6 日）

　　本馆总撰述梁君近著《中国近十年史论》一书，此其第一章①也。项由澳洲将原稿邮来，亟刊报，以供先睹为快。本馆附志。

　　呜呼！中国之弱，至今日而极矣。居今日而懵然不知中国之弱者，可谓之无脑筋之人也；居今日而恝然不思救中国之弱者，可谓之无血性之人也。乃或虽略知之而不察其所以致弱之原，则亦虽欲救之而不得所以为救之道。譬有患痨病者，其脏腑之损坏，其精血之竭蹶，已非一日，昧者不察，谓为无病。一旦受风寒暑湿之侵暴，或饮食消养之失宜，于是病象始大显焉。庸医处此，谓其感冒也，而投辛散之剂以表之；谓其滞食也，而投峻削之剂以攻之。不知伏于新病之前者，有旧病焉；为外病之导线者，有内病焉。治其新而遗其旧，务其外而忽其内，虽欲治之，乌从而治之？其稍进者，见其羸弱瘠瘵之亟当培养也，而又习闻夫参、苓、桂、术之可以引年也，于是旁采旧方，进以补剂。然而积疴未除，遽投斯品，不惟不能收驱病之效，且恐反为增病之媒，虽欲治之，又乌从而治之？是故善医者，必先审病源。其病愈久，则其病愈深而远；其病愈重，则其病源愈多而繁。浅而近者易见，深而远者难明。简而单者，虽庸医亦能抉其藩；多而繁者，虽国手亦或眯于目。夫是以医者如牛毛，而良者如麟角也。医一身且然，而况医一国者乎！

　　嗟乎！吾中国今日之病，顾犹未久耶？吾中国今日之病，顾犹未重

---

　　* 录自《清议报》第七十七至八十四册，光绪二十七年三月十一、二十一日，四月一、十一、二十一日，五月一、十一、二十一日（1901 年 4 月 29 日，5 月 9、18、28 日，6 月 7、16、26 日，7 月 6 日）出版，署名"新会梁启超任公"。《清议报》原题《中国近十年史论》，自何天柱编《饮冰室文集》始改用现题，《饮冰室合集》从之，遂以此篇名行世。

　　① "章"，原作"意"，今改。

耶？昔扁鹊过齐，齐桓侯客之，入朝，见曰：君有疾，在凑理，不治将深。桓侯曰：寡人无疾。后五日，扁鹊复见曰：君有疾，在血脉，不治将深。桓侯曰：寡人无疾。后五日复见，曰：君有疾，在肠胃间，不治将深。桓侯不应。扁鹊出，桓侯不悦。后五日，扁鹊复见，望见桓侯而退走。桓侯使人问其故。鹊曰：疾之居凑理也，汤熨之所及也；在血脉，针石之所及也；其在肠胃，酒醪之所及也；其在骨髓，虽司命无奈之何。今在骨髓，臣是以无请也。后五日，桓侯体病，使人召扁鹊，鹊已逃去，桓侯遂死。嗟乎！吾中国今日之受病，有以异于此乎？夫病犹可为也，病而不自知其病，不可为也；不自知其病犹可为也，有告以病者，且疑而恶之，不可为也。呜呼！吾国之受病，盖政府与人民各皆有罪焉，其驯致之也非一时，酿成之也非一人，其败坏之也非一事。《易》曰：履霜坚冰至。所由来者渐矣。浅识者流，徒见夫江河日下之势极于今时，因以为中国之弱，直此数年间事耳。不知其积弱之源，远者在千数百年以前，近者亦在数十年之内，积之而愈深，引之而愈长。夫使蚤三十年而治之，则一汤熨①之劳耳；使早十年而治之，亦一针石之力耳。而乃蹉跎蹉跎，极于今日。夫岂无一二先觉，怀抱方术，大声疾呼，思欲先时而拯之者？其奈举世梦梦，昊天悠悠，非特不采其术，不听其言，直将窘之逐之，戮之绝之，使举国之人，无不讳疾忌医以图苟全，至于今日，殆扁鹊望而退走之时矣。虽然，孟子不云乎：犹七年之病，求三年之艾，苟为不蓄，终身不得。今日始知为病而始谋医之，虽曰迟乎，然使失今不为，更阅数年，必有欲求如今日而不可复得者！我同胞国民，夫岂无怵惕恻隐于其心者乎？抑吾尤惧夫所称国手者，不审夫所以致弱之原因，不得其所以救之之道，处今日危急存亡、间不容发之顷，而犹出庸医之伎俩，摭拾目前一二小节，弥缝补苴，药不对症，一误再误，而终断送我国于印度、埃及、土耳其之乡也。故于叙述近事之前，先造此论，取中国病源之繁杂而深远者，一一论列之，疏通之，证明之。我同胞有爱国者乎，按脉论而投良药焉。今虽瞑眩，后必有瘳，其慎勿学齐桓侯之至死而不寤也。

第一节　积弱之源于理想者

国家之强弱，一视其国民之志趣、品格以为差，而志趣、品格有所

---

① "熨"，原作"尉"，今改。

从出者一物焉，则理想是已。理想者何物也？人人胸中所想像，而认为通常至当之理者也。凡无论何族之民，必有其社会数千年遗传之习惯，与其先哲、名人之所垂训所传述，渐渍深入于人人之脑中，涤之不去，磨之不磷，是之谓理想。理想者，天下之最大力量者也，其力能生出种种风俗，种种事业。凡有一旧理想久行于世界者，而忽焉欲以一反比例之新理想夺而易之，非有雷霆万钧之力不能。

中国人脑中之理想，其善而可宝者固不少，其误而当改者亦颇多。欧西、日本有恒言曰：中国人无爱国心。斯言也，吾固不任受焉。而要之吾国民爱国之心，比诸欧西、日本殊觉薄弱焉，此实不能为讳者也。而爱国之心薄弱，实为积弱之最大根原。吾尝穷思极想，推究之所以薄弱之由，而知其发源于理想之误者，有三事焉。

一曰不知国家与天下之差别也。中国人向来不自知其国之为国也。我国自古一统，环列皆小蛮夷，无有文物，无有政体，不成其为国，吾民亦不以平等之国视之，故吾中国数千年来，常处于独立之势。吾民之称禹域也，谓之为天下，而不谓之为国。既无国矣，何爱之可云？夫国也者，以平等而成；爱也者，以对待而起。《诗》曰：兄弟阋于墙，外御其侮。苟无外侮，则虽兄弟之爱，亦几几忘之矣。故对于他家，然后知爱吾家；对于他族，然后知爱吾族；游于他省者，遇其同省之人，乡谊殷殷，油然相爱之心生焉；若在本省，则举目皆同乡，泛泛视为行路人矣①。惟国亦然，必对于他国，然后知爱吾国。欧人爱国之心所以独盛者，彼其自希腊以来，即已诸国并立，此后虽有变迁，而其为列国也依然，互比较而不肯相下，互争竞而各求自存，故人人脑中之理想，当有一"国"字浮于其间。其爱国也，不教而自能，不约而自同。我中国则不然。四万万同胞，自数千年来，同处于一小天下之中，视吾国之外无他国焉。缘此理想，遂生二蔽：一则骄傲而不愿与他国交通，二则怯懦而不欲与他国争竞。以此而处于今日交通自由、竞争最烈之世界，安往而不窒碍耶？故此为中国受病之第一根源。虽然，近年以来，此理想有迫之使不得不变更消灭者矣。按：文中间有与前册重复者，盖作者自采其论说之语以入所著书中，不必避也，阅者谅之。本馆附志。

二曰不知国家与朝廷之界限也。吾中国有最可怪者一事，则以数百兆人立国于世界者数千年，而至今无一国名也。夫曰支那也，曰震旦

---

① "泛泛视为行路人矣"，《饮冰室文集》作"漠漠视为行路人矣"，《饮冰室合集》作"漠然视为众路人矣"。

也，曰钗拿也，是他族之人所以称我者，而非吾国民自命之名也；曰唐、虞、夏、商、周也，曰秦、汉、魏、晋也，曰宋、齐、梁、陈、隋、唐也，曰宋、元、明、清也，皆朝名也，而非国名也。盖数千年来，不闻有国家，但闻有朝廷，每一朝之废兴，而一国之称号即与之为存亡，岂不大可骇而大可悲耶？是故吾国民之大患，在于不知国家为何物，因以国家与朝廷混为一谈，浸假而以国家为朝廷之所有物焉，此实文明国民之脑中所梦想不到者也。今夫国家者，全国人之公产也；朝廷者，一姓之私业也。国家之运祚甚长，而一姓之兴替甚短；国家之面积甚大，而一姓之位置甚微。朝廷云者，不过偶然一时为国民中巨擘之巨室云尔。有民而后有君，天为民而立君，非为君而生民，有国家而后有朝廷，国家能变置朝廷，朝廷不能吐纳国家，其理本甚易明，而我国民数千年醉迷于误解之中，无一人能自拔焉，真可奇也。试观二十四史所载，名臣、名将，功业懿铄、声名彪炳者，舍翊助朝廷一姓之外，有所事事乎？其曾为我国民增一分之利益、完一分之义务乎？而全国人顾啧啧焉称之曰：此我国之英雄也。夫以一姓之家奴走狗而冒一国英雄之名，国家之辱，莫此甚也！乃至舍家奴走狗之外，而数千年几无可称道之人，国民之耻，更何如也！而我四万万同胞，顾未尝以为辱焉，以为耻焉，则以误认朝廷为国家之理想，深入膏肓而不自知也。夫使认朝廷为国家，而于国家之成立无所损，吾亦何必断断焉。无如国家之思想不存，即独立之志气全萎，但使有一姓能钳制我鞭箠我者，我即从而崇拜之、拥护之，驯致异种他族践吾土而食吾毛，亦然奉之为朝廷，且侈然视之为国家，若是者盖千余年于兹矣。推此理想也，则今日之印度，岂尝无朝廷哉？我国民其亦将师印度而恬不为怪也。中国所以永远沉埋之根源，皆在于此。此理想不变，而欲能立国于天地之间，其道无由。

　　三曰不知国家与国民之关系也。国也者，积民而成。国家之主人为谁？即一国之民是也。故西国恒言谓：君也，官也，国民之公奴仆也。凡官吏以公事致书于部民，其简末自署，必曰：汝之仆某某。盖职分所当然也，非其民之妄自尊大也，所以尊重国民之全体而不敢亵，即所以巩护国家之基础而勿使坏也。乃吾中国人之理想，有大异于是者。唐韩愈之言曰：君者，出令者也；臣者，行君之令而致诸民者也；民者，出粟、米、麻、丝，作器皿，通货财以事其上者也。君不出令，则失其所以为君；臣不行君令，则失其所以为臣；民不出粟、米、麻、丝，作器皿，通货财以事其上，则诛。嗟乎！愈之斯言也，举国所传诵，而深入于人人之脑中者也。嗟乎！如愈之言，吾壹不解夫斯民之在斯世，竟如是其旒赘而无谓也；吾壹不解夫自主独立之国民，为今世文明之国所最尊重者，竟当尽诛而靡有孑遗也。今使有豪奴于此，夺其主人之财产为己有，而曰主人供亿若稍不周，行将鞭挞而屠戮之，虽五尺童子，未有不指为大逆不道者。今愈之言，何以异是乎？而我国民守之为金科玉律，曾不敢稍生疑议焉，更无论驳词也，是真不可解者也。孟子曰：生于其心，害于其政；发于其政，害于其事。盖我国民所以沉埋于十八层地狱，而至今不获见天日者，皆由此等邪说成为义理，而播毒种于人心也。数千年之民贼，即攘国家为己之产业，絷国民为己之奴隶，曾无所于忤，反得援大义以文饰之，以助其凶焰，遂使一国之民不得不转而自居于奴隶，性奴隶之性，行奴隶之行，虽欲爱国而有所不敢，有所不能焉。何也？奴隶而干预家事，未有不获戾者也。既不敢爱不能爱，则惟有漠然视之，袖手而观之。家之昌也，则欢娱焉，醉饱焉；家之败也，则褰裳以去，别投新主而已。此奴隶之恒情也。故夫西人以国为君与民所共有之国，如父兄子弟通力合作以治家事，有一民即有一爱国之人焉。中国不然，有国者仅一家之人，其余则皆奴隶也，是故国中虽有四万万人，而实不过此数人也。夫以数人之国与亿万人之国相遇，安所往而不败也？

以上三者，实为中国弊端之端，病源之源，所有千疮百孔，万秽亿腥，皆其子孙也。今而不欲救中国则已耳，苟欲救之，非从此处拔其本，塞其源，变数千年之学说，改四百兆之脑质，虽有善者，无能为功。乃我同胞之中，知此义者既已如凤毛麟角矣，或知之而不敢言，或言之而行不远，此所以流失败坏，极于今时，而后顾茫茫，未知税驾于何日者也。

第二节　积弱之源于风俗者

今之论国事者，每一启齿，未有不太息痛恨，唾骂官吏之无状矣。夫吾于官吏，则岂有怨辞焉，吾之著此书，即将当局者十年来殃民误国之罪，一一指陈之，而不为讳者也。虽然，吾以为官吏之可责者固甚深，而我国民之可责者亦复不浅。何也？彼官吏者，亦不过自民间来，而非别有一种族，与我国民渺不相属者也。故官吏由民间而生，犹果实从根干而出，树之甘者其果恒甘，树之苦者其果恒苦。使我国民而为良国民也，则任于其中签掣一人为官吏，其数必赢于良；我国民而为劣国民也，则任于其中慎择一人为官吏，其数必倚于劣。此事有必至，理有固然者也。久矣夫聚群盲不能成一离娄，聚群聋不能成一师旷，聚群怯不能成一乌获，以今日中国如此之人心风俗，即使日日购船炮，日日筑铁路，日日开矿务，日日习洋操，亦不过披绮绣于粪墙，镂龙虫于朽木，非直无成，丑又甚焉。故今推本穷源，述国民所以腐败之由，条列而偻论之，非敢以玩世嫉俗之言，骂尽天下也，或者吾国民一读而猛省焉，庶几改之，予日望之。今将风俗之为积弱根源者，举其荦荦大端如下。

一曰奴性。数千年民贼之以奴隶视吾民，夫既言之矣，虽然，彼之以奴隶视吾民，犹可言也，吾民之以奴隶自居，不可言也。孟子曰：人必自侮，然后人侮之。故使我诚不甘为奴隶，则必无能奴隶我者。嗟乎！吾不解吾国民之秉奴隶性者何其多也。其拥高官、籍厚禄、盘踞要津者，皆禀奴性独优之人也，苟不有此性，则不能一日立于名场利薮间也。一国中最有权势者既在于此辈，故举国之人，他无所学，而惟以学为奴隶为事，驱所谓聪明俊秀第一等之人，相率而入于奴隶学校，不以为耻，反以为荣。天下可骇可痛之事，孰有过此者？此非吾过激之言也。诸君未尝游京师，未尝入宦场，虽闻吾言，或不信焉。苟躬历其境，见其昏暮乞怜之态，与其趦趄嗫嚅之形，恐非徒怵惕而有不慊于心，更必且赧作而不忍挂诸齿。孟子曰：人之所以求富贵者，其妻妾见之而不相泣者，几希矣。诚至言哉！诚至言哉！夫居上流之人既如此矣，寻常百姓又更甚焉。乡曲小民，视官吏如天帝，望衙署如宫阙，奉搢绅如神明。昔西报尝有戏言，谓在德国为俾士麦，不如在中国做一知县；在英国为格兰斯顿，不如在中国做一县丞。非过言也。然则官吏之所以骄横暴戾，日甚一日者，未始不由民间骄纵之而养成之也。且天下惟能谄人者，为能骄人；亦惟能骄人者，为能谄人。州县之视百姓，则奴隶也，及其对道府以上，则自居于奴隶也；监司道府之视州县，则奴隶也，及其对督抚，则自居于奴隶也；督抚视司道以下，皆奴隶也，及其对君后，则自居于奴隶也，其甚者乃至对枢垣阁臣，或对至秽至贱宦寺宫妾，而亦往往自居奴隶也。若是乎，举国之大，竟无一人不被人视为奴隶者，亦无一人不自居奴隶者，而奴隶视人之人亦即为自居奴隶之人，岂不异哉？岂不痛哉？盖其自居奴隶时所受之耻辱苦蘖，还以取偿于彼所奴隶视之人，故虽日日为奴，而不觉其苦，反觉其乐；不觉其

辱，反觉其荣焉。不见夫土豪乎，皂役乎，彼入而见长官也，局蹐瑟缩
无所容，吮痈舐痔无不至，及出而武断乡曲，则如虎傅翼，择肉而食，
而小民之畏彼、媚彼、奔走而奉养彼者，固自不乏人矣。若是乎，彼之
所得者，足以偿所失而有余也。若是乎，奴隶不可为而果可为也。是以
一国之人转相仿效，如蚁附膻，如蝇逐臭，如疫症之播染，如肺病之传
种。昔有某画报绘中国人之状态者，图为一梯，梯有级，级有人，级千
百焉，人无量数焉，每级之人，各皆向其上级者稽首顶礼，各皆以足蹴
踏其下级者，人人皆顶礼人焉，人人皆蹴踏人焉。虽曰虐谑，亦实情
也。故西国之民，无一人能凌人者，亦无一人被凌于人者。中国则不
然，非凌人之人，即被凌于人之人，而被凌于人之人，旋即可以为凌人
之人。咄咄怪事，咄咄妖孽，吾无以名之，名之曰奴性而已。故西国之
民，有被压制于政府者，必群集抗论之、抵拒之，务底于平而后已。政
府之压制且然，外族之压制更无论矣。若中国则何有焉，忍气吞声，视
为固然，曰惟奴性之故。嗟乎！奴隶云者，既无自治之力，亦无独立之
心，举凡饮食男女、衣服起居，无不待命于主人；而天赋之人权，应享
之幸福，亦遂无不奉之主人之手；衣主人之衣，食主人之食，言主人之
言，事主人之事；倚赖之外无思想，服从之外无性质，谄媚之外无笑
语，奔走之外无事业，伺候之外无精神；呼之不敢不来，麾之不敢不
去；命之生不敢不生，命之死亦无敢不死；得主人之一盼，博主人之一
笑，则如获异宝，如膺九锡，如登天堂，嚣然夸耀侪辈以为荣宠；及婴
主人之怒，则俯首屈膝，气下股栗，虽极其凌蹴践踏，不敢有分毫抵忤
之色，不敢生分毫愤奋之心；他人视为大耻奇辱，不能一刻忍受，而彼
怡然安为本分。是即所谓奴性者也。今试还视我①国人，彼蚁民之事官
吏，下僚之事长官，有一不出于此途者乎？不宁惟是而已，凡民之受压
制于官吏而能安之者，必其受压制于异族而亦能安之者也。法儒孟德斯
鸠之言曰：民之有奴性者，其与国家交涉，止有服役、纳税二事。二者
固奴隶之业，自余则靡得与闻也。故虽国事危急之际，彼蚩蚩者狃于历
朝亡国之习惯，以为吾知纳税与服役，尽吾奴隶之责任耳，脱有他变，
则吾亦纳税与服役，尽吾奴隶之责任耳。失一家更得一家，去一主更易
一主，天下至大，主人至众，安所往而不得奴隶。譬犹犬也，豢而饲
我，则为之守夜而吠人，苟易他主，仍复豢而饲我，则吾亦为之守夜而

---

① "视我"，原作"我视"，今改。

吠人。其身既与国家无丝毫之关系，则直不知国家为何物，亦不必问主国家者为何人，别辟一浑噩之天地，别构一醉梦之日月，以成为刀刺不伤、火熱不痛之世界。呜呼！有如此性，有如此民，积之千岁，毒遍亿身，生如无生，人而非人，欲毋堕落，恃奚以存？匪敌亡我，繄我自沦。斯害不去，国其灰尘。此吾不能不痛心疾首而大棒大喝于我国民者也。①

二曰愚昧。凡人之所以为人者，不徒眼、耳、鼻、舌、手、足、脏腑、血脉而已，而尤必有司觉识之脑筋焉，使四肢五官具备而无脑筋，犹不得谓之人也。惟国亦然，既有国形，复有国脑，脑之不具，形为虚存。国脑者何？则国民之智慧是已。有智慧则能长其志气，有智慧则能增其胆识，有智慧则能生其实力，有智慧则能广其谋生之途，有智慧则能美其合群之治。集全国民之良脑而成一国脑，则国于以富，于以强，反是则日以贫，日以弱。国脑之不能离民智而独成，犹国体之不能离民体而独立也。信如斯也，则我中国积弱之源，从可知也。四万万人中，其能识字者，殆不满五千万人也。此五千万人中，其能通文意、阅书报者，殆不满二千万人也。此二千万人中，其能解文法、执笔成文者，殆不满五百万人也。此五百万人中，其能读经史、略知中国古今之事故者，殆不满十万人也。此十万人中，其能略通外国语言文字、知有地球五大洲之事故者，殆不满五千人也。此五千人中，其能知政学之本源、考人②群之条理，而求所以富强吾国、进化吾种之道者，殆不满百数十人也。以堂堂中国，而民智之程度乃仅如此，此有心人所以暗暗而长悲也。而吾所最悲者，不悲夫少特达智慧之人，而悲夫少通常智慧之人。盖特达智慧者，人类中之至难得者也，非惟中国不多有之，即西国亦不多有之。若夫通常智慧，则异是矣。西国之民自六七岁时，无论男女，皆须入学校，至十四五岁然后始出校。其校中所读之书籍，皆有定本，经通儒硕学之手编成。凡所以美人性质，长人志趣，浚人识见，导人材艺者，无不备焉。即使至贫之家，至钝之童，皆须在校数年，即能卒业数卷，而其通常之智慧，则固既有之矣。故无论何人皆能自治其身，自谋其生；一寻常之信，人人皆能写；一浅近之报，人人皆能读。但如是而其国脑之强，已不可思议；其国基之固，已可不③动摇矣。且天下未有通常智慧之人多，而不能出一特达智慧之人者；亦未有通常智慧之人

① 此段注文，《清议报全编》、《饮冰室合集》作正文。
② "人"，原作"之"，今改。
③ "可不"，《饮冰室文集》、《清议报全编》、《饮冰室合集》作"不可"。

少，而能出特达智慧之人者。以天赋聪明而论，中国人岂必让于西人哉？然以我国第一等智慧之人与西国第一等智慧之人比较，而常觉其相去霄壤者，则以乏通常智慧故也。今之所谓搢绅先生者，咿哑占毕，欺骄乡愚，曾不知亚细、欧罗是何处地方，汉祖、唐宗系那朝皇帝。然而秀才、举人出于斯焉，进士、翰林出于斯焉，浸假而州县、监司出于斯焉，军机、督抚出于斯焉，我二十余省之山河，四百兆人之性命，一举而付于其手矣。若以此为不足语耶，舍而求之于市廛之商旅，乡井之农氓，更每下愈况矣。何也？我国固无通常智慧之人也，以此而处于今日脑与脑竞之世界，所谓盲人骑瞎马，夜半临深池，天下之险象，孰有过是者也？虽然，明知其险而无以易之，此所以日弱一日而至于今也。夫今日拳匪之祸，论者皆知为一群愚昧之人召之也。然试问全国之民庶，其不与拳匪一般见识者几何人？全国之官吏，其不与通拳诸臣一般见识者几何人？国脑不具，则今日一拳匪去，明日一拳匪来耳，而我二十余省之山河，四百兆人之性命，遂将从此而长已也。是不可不深长思者也。

三曰为我。天下人亦孰不爱己乎？孰不思利己乎？爱己利己者，非圣人之所禁也。虽然，人也者，非能一人独立于世界者也，于是乎有群；又非能以一群占有全世界者也，于是乎有此群与彼群。一人与一人交涉，则内吾身而外他人，是之谓一身之我；此群与彼群交涉，则内吾群而外他群，是之谓一群之我。同是我也，而有大我、小我之别焉。当此群与彼群之角立而竞争也，其胜败于何判乎？则其群之结合力大而强者必赢，其群之结合力薄而弱者必绌，此千古得失之林矣。结合力何以能大？何以能强？必其一群之人常肯绌身而就群，捐小我而卫大我，于是乎爱他、利他之义最重焉。圣人之不言为我也，恶其为群之贼也。人人知有身不知有群，则其群忽涣摧坏，而终被灭于他群，理势之所必至也。中国人不知群之物为何物，群之义为何义也，故人人心目中但有一身之我，不有一群之我。昔日本将构衅于中国，或有以日本之小，中国之大，疑势力之不敌者。日相伊藤博文曰：中国名为一国，实则十八国也。其为一国，则诚十余倍于日本，其为十八国，则无一能及日本之大者，吾何畏焉？乃果也战端既起，而始终以直隶一省敌日本全国，以取大败。非伊藤之侥幸而言中也，中国群力之薄弱，固早已暴著于天下矣。又岂惟分为十八国而已，彼各省督抚者，初非能结合其所治之省而为一群也，不过侥幸战祸不及于己辖，免失城革职之处分，借设防之名，以观成败而已，其命意为一己，而非为一省也。彼各省之民，亦非能联合其同省者以为一群也，幸锋镝未临于眉睫，而官吏亦不强我使急公家之急，因饱食以嬉焉，袖手而观焉，其命意亦为一己也。昔吾闻明怀宗煤山殉国之日，而吾广东省城日夜演戏。初吾不甚信之，及今岁到上海，正值联军入北京之日，而上海笙歌箫鼓，熙熙焉，融融焉，无以少异于平时，乃始椎胸顿足，痛恨于我国民之心既已死尽也。此无他，为我而已矣。谚有之曰：各人自扫门前雪，不管他人瓦上霜。吾国民人人脑中，皆横亘此二语，奉为名论，视为秘传，于是四万万人遂成为四万万国焉。亡此国而无损于我也，则束手以任其亡，无所芥蒂焉；甚且亡此国而有益于我也，则出力以助其亡，无所惭怍焉。此诚为我者魑魅魍魉之情状也，以此而立于人群角逐之世界，欲以自存，能乎不能？

四曰好伪。好伪之极，至于如今日之中国人，真天下所希闻，古今所未有也。君之使其臣，臣之事其君；长之率其属，属之奉其长；官之治其民，民之待其官；士之结其耦，友之交其朋。无论何人，无论何事，无论何地，无论何时，而皆以"伪"之一字行之。章奏之所报者，无一非伪事；条告之所颁者，无一非伪文；应对之所接者，无一非伪语。举国官缺，大半无事可办，有职如无职，谓之伪职；一部律例，十有九不遵行，有律如无律，谓之伪律。文之伪也，而以八股墨卷谓为圣贤之微言；武之伪也，而以弓刀箭石谓为干城之良选。以故统兵者扣额克饷，而视为本分之例规；购械者以一报十，而视为应得之利益；阉寺名分至贱，而可以握一国之实权；胥隶执业至丑，而可以掌全署之威福。凡兹百端，皆生于伪。然伪犹可疗也，伪而好之，不可瘳也。世有号称清流名士者流，其面常有忧国之容，其口不少哀时之语；读其文，则字字皆贾生之痛哭涕零；诵其诗，则其篇篇皆少陵之孤忠义愤；而考其行，则醇酒妇人也；察其心，则且食蛤蜊也。夫既无心爱国，无心忧国，则亦已矣，而为此无病之呻吟何为焉？虽然，彼固不自觉其为伪也，因好之深而习惯之，以为固然也。尤有咄咄怪事者，如前者日本之役，今兹团匪之难，竟有通都大邑之报馆，撷拾"残唐"、《水浒》之谰语，以构为刘永福空城之计、李秉衡黄河之阵者，而举国之人，靡然而信之。夫靡然而信之，则是为作伪者所欺也，犹可言也。及其事过境迁，作伪情状既已败露，而前此之信之者，尚津津然乐道之，叩其说，则曰：过屠门而大嚼，虽不得肉，且快意焉。是则所谓好伪也，不可言也。呜呼！中国人好伪之凭据，万绪千条，若尽说者，更仆难尽。孔子曰：民无信不立。至举国之人，而持一"伪"字以相往来，则亦成一虚伪泡幻之国而已。本则先拨，虽无外侮之来，亦岂能立于天地间耶？

五曰怯懦。中国民俗，有与欧西、日本相反者一事，即欧、日尚武，中国右文是也。此其根源，殆有由理想而生者。《中庸》曰：宽柔以教，不报无道，南方之强也。《孝经》曰：身体发肤，受之父母，不敢毁伤。《孟子》曰：好勇斗狠，以危父母，不孝也。凡此诸论，在先圣昔贤，盖有为而言，所谓言非一端，各有所当者也。降及末流，误用斯言，浸成锢疾，以冒险为大戒，以柔弱为善人，至有"好铁不打钉，好仔不当兵"之谚。抑岂不闻孔子又有言曰：能执干戈以卫社稷，可无殇也。吾尝观欧西、日本之诗，无不言从军乐者；又尝观中国之诗，无不言从军苦者。甲午、乙未间，日本报章所载赠友人从军诗以千亿计，皆祝其勿生还者也。兵之初入营者，戚党赠之以标，曰"祈战死"，以视杜甫《兵车行》所谓：车辚辚，马萧萧，行人弓箭各在腰。爷娘妻子走相送，尘埃不见咸阳桥。牵衣顿足拦道哭，哭声直上干云霄。其一勇一怯，相去何太远耶？何怪乎中日之役，绿、旗、湘、淮军数十万，皆鼓声甫作，已弃甲曳兵而走也。夫兵者不祥，圣贤之"无义战"，宁非至道欤？虽然，为君相者不可以好兵，而为国民者不可以无勇。处今日生存竞争最剧最烈、百虎眈视、万鬼环瞰之世界，而茶然偷息，酣然偃卧，高语仁义，宁非羞耶？《诗》曰：天之方蹶，无为夸毗。《传》曰：夸毗，谓柔脆无骨之人也。夫人而柔脆无骨，谓之非人焉可也。合四万万柔脆无骨之人而成一国民，吾不知其如何而可也。中国世俗，有传为佳话者一二语，曰百忍成金，曰唾面自干。此误尽天下之言也。夫人而至于唾面自干，天下之顽钝无耻，孰过是焉？天生人而界之以权利，且界之以自保权利之力量，随即界之以自保权利之责任者也，故人而不思保护其权利者，即我对于我而有未尽之责任也。故西儒之言曰：侵人自由权者为第一大罪，放弃己之自由权者罪亦如之。放弃何以有罪？谓其长恶人之气焰，损人类之资格也。犯而不校，在盛德君子，偶一行之，虽有足令人起敬者，然欲使尽天下而皆出于此途，是率天下人而为无骨、无血、无气之怪物，而弱肉强食之祸，将不知所终极也。中国数千年来误此见解，习非成是，并为一谈，使勇者日即于销磨，而怯者反有所借口，遇势力之强于己者，始而让之，继而畏之，终而媚之，弱者愈弱，强者愈强，奴隶之性日深一日，民权由兹而失，国权由兹而亡。彼当局之人，日日割地而不以为怍者，岂非所谓能让者耶？岂非所谓唾面自干者耶？无勇之害，一至于此。彼西方之教，曷尝不曰爱敌如友、降己下人乎，然其人民遇有压力之来，未有不出全力以抗拒之者。为国流血，为民流血，为道流血，数千年西史不绝书焉。先圣昔贤之单语片言，固非顽钝无耻者所可借以藏身也。吾闻日本人有所谓日本魂者，谓尚武之精神是也。呜呼！吾国民果何时始有此精神乎？吾中国魂果安在乎？吾欲请帝遣巫阳而招之。

六曰无动。老子有言曰：无动为大。此实千古之罪言也。夫日非动不能发光热，地非动不能育万类，人身之血轮片刻不动则全身冻且僵矣，故动者，万有之根原也。《易》曰：天行健，君子以自强不息。《论语》曰：逝者如斯乎，不舍昼夜。动之谓也。乃今世之持论者则有异焉，曰安静也，曰持重也，曰老成也，皆誉人之词也；曰喜事也，曰轻进也，曰纷更也，皆贬人之词也。有其举之莫敢废，有其废之莫敢举，一则曰依成法，再则曰查旧例，务使全国之人如木偶，如枯骨，入于隤然不动之域然后已。吾闻官场有六字之秘诀，曰：多叩头，少讲话。由今观之，又不惟官场而已，举国之人，皆从此六字陶镕出来者也。是故污吏压制之也而不动，虐政残害之也而不动，外人侵慢之也而不动，万国富强之成效灿然陈于目前也而不动，列强瓜分之奇辱咄然迫于眉睫也而不动。谭浏阳先生《仁学》云：自李耳出，遂使数千年来成乎似忠信似廉洁、一无刺无非之乡愿天下。言学术则曰宁静，言治术则曰安静。处事不计是非，而首禁更张；躁妄喜事之名立，百端由是废弛矣。用人不问贤不肖，而多方遏抑，少年意气之论起，柄权则颓暮矣。陈言者则命之曰希望恩泽，程功者则命之曰露才扬己。既为糊名以取之，而复隘其途；既为年资以用之，而复严其等。财则惮辟利源，兵则不贵朝气。统政府六部、九卿、督抚、司道之所朝夕孜孜不已者，不过力制四万万人之动，絷其手足，涂塞其耳目，尽驱以入乎一定不移之乡愿格式。夫群四万万乡愿以为国，教安得不亡，种类安得而可保乎？呜呼！吾每读此言，未尝不废书而叹也！抑吾又闻之，重学之公例，谓凡物之有永静性者，必加之以外力而始能动也。故吾向者犹有所冀焉，冀外力之庶几助我乎。顾近年以来，中国受外力之加者，亦既屡见不一见矣，而其不动也依然，岂重学之例犹有未足据者耶？抑其外力所加者尚微弱，而与本性中所含之静力尚未足成比例耶？虽然，外力而加强焉加重焉，窃恐有不能受者矣。若是乎，此无动为大之中国，竟长此而终古也，是则可忧也。

以上六者，仅举大端，自余恶风，更仆难尽。递相为因，递相为果。其深根固蒂也，经历夫数千余年年年之渐渍，莫或使然，若或使然；其传染蔓延也，盘踞夫四百兆人人人之脑筋，甲也如是，乙也如是。万方一概，杜少陵所以悲吟；长此安穷，贾长沙能无流涕！呜呼！我同胞苟深思焉，猛省焉，必当憬然于前此致弱之故，有不能专科罪于当局诸人；又怵然于此后救弱之法①，有不能专责望于当局诸人者。吾请更质言其例。今日全国人所最集矢者，在枢臣之中，岂非载漪乎，刚毅乎，赵舒翘乎？在疆臣之中，岂非裕禄乎，毓贤乎，李秉衡乎？夫漪、刚、赵、裕、毓、李之误国殃民，万死不足蔽罪，无待言矣。今以漪、刚、赵为不可用，屏而去之，而代之以他之亲王、大学士、尚书、侍郎，其有以愈于漪、刚、赵乎？吾未见其能也。以亲王、大学士、尚书、侍郎为皆不可用，而代以九卿、学士，其有以愈于尚、侍以上乎？以九卿、学士为皆不可用，而代以科、道、编、检、部员，其有以愈于九卿、学士乎？吾未见其能也。今以裕、毓、李为不可用，屏而去之，而代以他之将军、督抚，其有以愈于裕、毓、李乎？吾未见其能也。以将军、督抚为皆不可用，而代以藩、臬、道、府，其有以愈于将军、督抚乎？以藩、臬、道、府为皆不可用，而代以同、通、州、县，其有以愈于藩、臬、道、府乎？吾未见其能也。充其类而极之，乃至以现时京外大小臣工为皆不可用，屏而去之，而代之以未注朝籍之士民，其有以远愈于现时大小臣工乎？吾未见其能也。何也？吾见夫举国之官吏、士民，其见识与漪、刚、赵、裕、毓、李相伯仲也，其意气相伯仲也，其性质相伯仲也，其才能相伯仲也。盖先有无量数漪、刚、赵、裕、毓、李之同类，而漪、刚、赵、裕、毓、李乃乘时而出焉。之数人者，不过偶然为其同类之代表而已。一漪、刚、赵、裕、毓、李去，而百千万亿之漪、刚、赵、裕、毓、李方且比肩而立，接踵而来，李僵而桃代，狼却而虎前，有以愈乎？无以愈乎？吾请更以一言正告我国民：国之亡也，非当局诸人遂能亡之也，国民亡之而已；国之兴也，非当局诸人遂能兴之也，国民兴之而已。政府之良否，恒与国民良否为比例，如寒暑针之与空气然，分秒无所差忒焉，丝毫不能假借焉。若我国民徒责人而不知自责，徒望人而不知自勉，则吾恐中国之弱，正未有艾也。

---

① "有不能专科罪于当局诸人；又怵然于此后救弱之法"，《饮冰室合集》作"有不能专科罪于当局诸人者；怵然于此后救弱之法"。

第三节　积弱之源于政术者

　　然则当局者遂无罪乎？曰：恶，是何言欤！是何言欤！纵成今日之官吏者，则今日之国民是也；造成今日之国民者，则昔日之政术是也。数千年民贼既以国家为彼一姓之私产，于是凡百经营，凡百措置，皆为保护己之私产而设，此实中国数千年来政术之总根源也！保护私产之术将奈何？彼私产者，固由绐国民之臂，而夺得其公产以为己物者也，故其所最患者，在原主人一旦起而复还之。原主人者谁？即国民是也！国民如何然后能复还其公产？必有气焉而后可，必有智焉而后可，必有力焉而后可，必有群焉而后可，必有动焉而后可。但使能挫其气，窒其智，消其力，散其群，制其动，则原主人永远不能复起，而私产乃如磐石苞桑而无所患。彼民贼其知之矣，故其所施政术，无一不以此五者为鹄，千条万绪而不紊其领，百变亿化而不离其宗，多历一年则其网愈密，多更一事则其术愈工。故夫今日之政术，不知经几百千万枭雄险鸷、敏练桀黠之民贼所运算布画，斟酌损益，而今乃集其大成者也。吾尝遍读二十四朝之政史，遍历现今之政界，于参伍错综之中而考得其要领之所在。盖其治理之成绩有三：曰愚其民、柔其民、涣其民是也。而所以能收此成绩者，其持术有四：曰驯之之术、曰餂之之术、曰役之之术、曰监之之术是也。

　　所谓驯之之术者何也？天生人而使之有求智之性也，有独立之性也，有合群之性也，是民贼所最不利者也，故必先使人失其本性，而后能就我范围。不见夫花匠乎？以松柏之健劲，而能蟠屈缭纠之，使如盘、如梯、如牖、如立人、如卧兽、如蟠蛇①，何也？自其勾萌茎达之时而戕贼之也。不见夫戏兽者乎？以马之骏，以猴之黠，以狮之戾，以象之钝，而能使趋跄率舞于一庭，应弦合节，戢戢如法者，何也？自乳哺幼稚之日而调伏之也。历代政治家所以驯其民者，有类于是矣。法国大儒孟德斯鸠曰：凡半开专制君主之国，其教育之目的，惟在使人服从而已。日本大儒福泽谕吉曰：支那旧教，莫重于礼乐。礼也者，使人柔顺屈从者也；乐也者，所以调和民间勃郁不平之气，使之恭顺于民贼之下者也。夫以此科罪于礼乐，吾虽不敢谓然，而要之中国数千年来所以

---

　　① "如蟠蛇"，《饮冰室合集》作"如蟠蛇者"。

教民者，其宗旨不外乎此，则断断然矣。秦皇之焚书坑儒以愚黔首也，秦皇之拙计也，以焚坑为焚坑，何如以不焚坑为焚坑。宋艺祖开馆辑书，而曰：天下英雄，在吾彀中。明太祖定制艺取士，而曰：天下莫予毒。本朝雍正间，有上谕禁满人学八股，而曰：此等学问，不过笼制汉人。其手段方法，皆远出于秦皇之上，盖术之既久而日精也。试观今日所以为教育之道者何如，非舍八股之外无他物乎！八股犹以为未足，而又设为割裂截搭、连上犯下之禁，使人入于其中，销磨数十年之精神，犹未能尽其伎俩，而遑及他事。犹以为未足，禁其用后世事、后世语，务驱此数百万侁侁衿缨之士，使束书不观，胸无一字，并中国往事且不识，更奚论外国！并日用应酬且不解，更奚论经世！犹以为未足，更助之以试帖，使之习为歌匠；重之以楷法，使之学为钞胥。犹以为未足，犹恐夫聪明俊伟之士，仅以八股、试帖、楷法不足尽其脑筋之用而横溢于他途也，于是提倡所谓考据、词章、金石、校勘之学者，一以涵盖笼罩之，使上下四方皆入吾网。犹以为未足，有伪托道学者出，缘饰经传中一二语，曰：惟辟作福，惟辟作威；曰：天下有道，则庶人不议；曰：位卑而言高，罪也；曰：生斯世也，为斯世也，善斯可矣；曰：既明且哲，以保其身。盖圣经贤传中有千言万语，可以开民智、长民气、厚民力者，彼一概抹煞而不征引，惟撷拾一二语足以便己之私图者，从而推波助澜，变本加厉，谬种流传，成为义理。故愤时忧国者则斥为多事，合群讲学者则目为朋党，以一物不知者为谨愿，以全无心肝者为善良。此等见地深入人心，遂使举国皆盲瞽之态，尽人皆妾妇之容。夫奴性也，愚昧也，为我也，好伪也，怯懦也，无动也，皆天下最可耻之事也。今不惟不耻之而已，遇有一不具奴性、不甘愚昧、不专为我、不甚好伪、不安怯懦、不乐无动者，则举国之人视之为怪物，视之为大逆不道。是非易位，憎尚反常，人之失其本性，乃至若是。吾观于此，而叹彼数千年民贼之所以驯伏吾民者，其用心至苦，其方法至密，其手段至辣也。如妇女之缠足者然，自幼而缠之，历数十年，及其长也，虽释放之，而亦不能良于行矣，盖足之本性已失也。曾国藩曰：今日之中国，遂成一不痛不痒之世界。嗟乎！谁为为之，而令我国民一至于此极也？

所谓话之之术者何也？孟德斯鸠曰：专制政体之国，其所以持之经久而不坏裂者，有一术焉。盖有一种矫伪之气习深入于臣僚之心，即以爵赏自荣之念是也。彼专制之国，其臣僚皆怀此一念，于是各竞于其职，孜孜莫敢怠，以官阶之高下，禄俸之多寡，互相夸耀，往往望贵人之一颦一笑，如天帝如鬼神然。此语也，盖道尽中国数千年所以饴民之具矣。彼其所以驯吾民者，既已能使之如妾妇、如禽兽矣，夫待妾妇、禽兽之术，则何难之有？今夫畜犬见其主人，摇头摆尾，前趋后蹑者，为求食也；今夫游妓遇其所欢，涂脂抹粉，目挑心招者，为缠头也。故苟持一脔之肉以饴畜犬，则任使之如何跳掷，如何回旋，无不如意也；缠千金于腰以饴游妓，则任使之如何献媚，如何送情，无不如意也。民贼之饴吾民，亦若是已耳。齐桓公好紫，一国服紫。汉高祖恶儒，诸臣无敢儒冠。曹操号令于国中曰：有从我游者，吾能富而贵之。盖彼踞要津、握重权之人，出其小小手段，已足令全国之人载颠载倒，如狂如醉，争先恐后，奔走而趋就之矣。而其趋之最巧、得之最捷者，必一国中聪明最高、才力最强之人也。既已饴得此最有聪明才力者皆入于其彀中，则下此之猥猥碌碌者更何有焉？直鞭筈之、圈笠之而已。彼蚁之在于垤也，自吾人视之，觉其至微贱、至幺麽而可怜也；而其中有大者王焉，有小者侯焉，群蚁营营逐逐以企仰此无量之光荣，莫肯让也，莫或怠也。彼越南之沦于法也，一切政权、土地权、财权皆握于他人之手，本国人无一得与闻，自吾人视之，觉其蹐天跼地，无生人之趣也。而不知越南固仍有其所谓官职焉，仍有其所谓科第焉，每三年开科取士，其状元之荣耀，无以异于昔时，越人之企望而趋争之者，至今犹若鹜[①]焉。当顺治、康熙间，天下思明，反侧不安，圣祖仁皇帝一开博学鸿词科，再设明史馆，搜罗遗佚，征辟入都，位之以一清秩、一空名，而天下帖帖然、戢戢然矣。盖所以饴民者得其道也。此术也，前此地球各专制之国莫不用之，而其最娴熟精巧而著有成效者，则中国为最矣！

所谓役之之术者何也？彼民贼既攘国家为己一家之私产矣，然国家之大，非一家子弟数人可以督治而钤辖之也，不得不求助我者，于是官吏立焉。文明国之设官吏，所以为国民理其公产也，故官吏皆受职于民；专制国之设官吏，所以为一姓保其私产也，故官吏皆受职于君。此源头一殊，而末流千差万别，皆从此生焉。故专制国之职官，不必问其贤否才不才，而惟以安静、谨慎、愿朴，能遵守旧规、服从命令者为贵。中国之任官也，首狭其登进之途，使贤才无自表见；又高悬一至荣耀、至清贵之格，以奖厉夫至无用之学问，使举国无贤无愚，皆不得不俯首以就此途，以消磨其聪明才力。消磨略尽，然后用之。用之又非

器其才也，限之以年，绳之以格。资格既老，虽盲喑亦能跻极品；年俸未足，虽隽才亦必屈下僚。何也？非经数十年之磨砻陶冶，恐其英气未尽去，而服从之性质未尽坚也；恐一英才得志，而无数英才慕而学之；英才多出，而旧法将不能束缚之也。故昔者明之太祖，本朝之高宗，其操纵群臣之法，有奇妙不可思议者，直如玩婴儿于股掌，戏猴犬于剧场，使立其朝者，不复知廉耻为何物，道义为何物，权利为何物，责任为何物，而惟屏息蜷伏于一王之下。夫既无国事民事之可办，则任豪杰以为官吏，与任木偶为官吏等耳。而驾驭豪杰，总不如驾驭木偶之易易。彼历代民贼筹之熟矣，故中国之用官吏，一如西人之用机器，有呆板之位置，有一定之行动，满盘机器，其事件不下千百万，以一人转捩之而绰绰然矣。全国官吏，其人数不下千百万，以一人驾驭之，而戢戢然矣。而其所以能如此者，则由役之得其术也。夫机器者，无脑、无骨、无血、无气之死物也，今举国之官吏皆变成无脑、无骨、无血、无气之死物，所以为驾驭计者则得矣，顾何以能立于今日文明竞进之世界乎？

所谓监之之术者何也？夫既得驯之、饴之、役之之术，则举国臣民入其彀者，十而八九矣。虽然，一国之大，安保无一二非常豪杰不甘为奴隶、为妾妇、为机器者？又安保无一二不逞之徒，蹈其瑕隙，而学陈涉之辍耕陇畔，效石勒之倚啸东门者？是不可以不监。是故有官焉，有兵焉，有法律焉，皆监民之具也。取于民之租税，所以充监民之经费也；设科第，开仕途，则于民中选出若干人而使之自监其侪也。故他国之兵所以敌外侮，而中国之兵所以敌其民。昔有某西人语某亲王曰：贵国之兵太劣，不足与列强驰骋于彊场，盍整顿之？某亲王曰：吾国之兵，用以防家贼而已。呜呼！此三字者，盖将数千年民贼之肺肝和盘托出者也！夫既以国民为家贼，则防之之道，固不得不密。伪尊六艺，屏黜百家，所以监民之心思，使不敢研究公理也；厉禁立会，相戒讲学，所以监民之结集，使不得联通声气也；仇视报馆，兴文字狱，所以监民之耳目，使不得闻见异物也；罪人则孥，邻保连坐，所以监民之举动，使不得独立无惧也。故今日文明诸国所最尊最重者，如思想之自由，信教之自由，集会之自由，言论之自由，著述之自由，行动之自由，皆一一严监而紧缚之。监之缚之既久，贤智无所容其发愤，桀黠无所容其跳梁，则惟有灰心短气，随波逐流，仍入于奴隶、妾妇、机器之队中，或且捷足争利，摇尾乞怜，以苟取富贵，雄长侪辈而已。故夫国民非生而具此恶质也，亦非人人皆顽钝无耻也。其有不能驯者，则从而恬之；其有不受役者，则从而监之。举国之人，安有能免也？今日中国国民腐败至于斯极，皆此之由。

观于此，而中国积弱之大源，从可知矣。其成就之者在国民，而孕育之者仍在政府。彼民贼之呕尽心血，遍布罗网，岂不以为算无遗策，天下人莫余毒乎？顾吾又尝闻孟德斯鸠之言矣：专制政体，以使民畏惧为宗旨。虽美其名曰辑和万民，实则斲丧元气，必至举其所以立国之大本而尽失之。昔有路衣沙奴之野蛮，见果实累累缀树上，攀折不获，则以斧斫树而挕取之。专制政治，殆类是也。然民受治于专制之下者，动辄曰：但使国祚尚有三数十年，则吾犹可以偷生度日，及吾已死，则大乱虽作，吾又何患焉？然则专制国民之苟且偷靡，不虑其后，亦与彼野蛮之斫树无异矣。故专制之国所谓辑和者，其中常隐然含有扰乱之种子焉。呜呼！孟氏此言，不啻专为我中国而发也。夫历代民贼之用此术以驯民、恬民、役民、监民，数千年以迄今矣！其术之精巧完备如此，宜其永保私产、子孙、帝王万世之业。顾何以刘兴项仆，甲攘乙夺，数千年来，莽然而不一姓也？孟子曰：天下之生久矣，一治一乱。以吾观之，则数千年之所谓治者，岂真治哉？特偶乘人心厌乱之既极，又加以杀人过半，户口顿减，谋食较易，相与帖然苟安而已！实则其中所含扰乱之种子，正多且剧也。夫国也者，积民而成，未有以民为奴隶、为姜妇、为机器、为盗贼而可以成国者。中国积弱之故，盖导源于数千年以前，日积月累，愈久愈深，而至今承其极敝而已。顾其极敝之象，所以至今日而始大显者，何也？昔者为一统独治之国，内患虽多，外忧非剧，故扰乱之种子常得而弥缝之，纵有一姓之兴亡，无关全种之荣瘁。今也不然，全地球人种之竞争，愈转愈剧。万马之足，万锋之刃，相率而向我支那，虽合无量数聪明才智之士以应对之，犹恐不得当，乃群无脑、无骨、无血、无气之俦，偃然高坐，酣然长睡于此世界之中，其将如何而可也？彼昔时之民贼，初不料其有今日之时局也，故务以驯民、恬民、役民、监民为独一无二之秘传，譬犹居家设廪者，虑其子弟夥伴之盗其物也，于是一一桎梏之，拘挛①之，或闭之于暗室焉。夫如是，则吾固信其无能为盗者矣，其如家

————————
① "挛"，原作"挐"，今改。

务廛务之废弛何？废弛犹可救也，一旦有外盗焉，哄然坏其门，入其堂，括其货物，迁其重器，彼时为子弟夥伴者，虽欲救之，其奈桎梏拘挛①而不能行，暗室仍闭而莫为启，则惟有瞠目结舌，听外盗之入此室处，或划然长啸以去而已。今日我中国之情形，有类于是。彼有司牧国民之责者，其知之否耶？抑我国民其知之否耶？

第四节　积弱之源于近事者

以上三节所言，皆总因也，远因也，虽然，尚有分因焉，近因焉。总因、远因者，譬之刑法，则犹公罪也；分因、近因者，譬之刑法，则犹私罪也。总因、远②因之种根虽深，然使早得人而治之，未尝不可以奏效；即不治之而听其自生自灭，不有以增其种焉，培其根焉，则其害犹不至如今日之甚。所最可痛者，旧病未去，新病复来，日积月深，纳污藏垢，驯至良医束手，岌岌待亡。吾尝纵览本朝入主中夏以来二百余年之往事，若者为失机，若者为养痈，若者为种祸，若者为激变，每一循省，未尝不椎心顿足，仰天而长恸也。略而论之，有四时代焉。

其一为顺治、康熙时代。满洲之崛起而奄有华夏也，其时天潢之英，从龙之彦，彬彬济济，颇不乏才，以方新之气，用天府之国，实千载一时之机也。然当发端伊始，有聚六洲之铁铸成大错者一事，则严满汉之界是也。摄政睿亲王，旷代之英才也，入关甫一月，即下教国中，使满汉互通昏姻，此实长治久安之计也。使当时诸臣，其识皆如睿王，行其意遵其法以迄今日，虽子孙亿万年可也。乃便佞无耻如洪承畴，骄恣昏暴如鳌拜之流，渐握大权，睿王一薨，收孥削爵，尽反其所为，以快其忮嫉之私。基础败坏，实起于是。揆当时之情形，岂不以满洲仅数十万人，而驭汉人数万万人，惧力薄而不能压服之也。乃禁满人不得为士、不得为农、不得为工、不得为商，而一驱之以入兵籍，既有猜忌于汉种，自不得不殊而别之，殆亦有万无得已者存耶？不知汉人沐栉而耕之，满人安坐而食之，其中固久含有抑郁不平、殆哉岌岌之象，而满人资生日绌，智慧不开，亦安睹所谓利者耶？故中叶以后，而八旗生计之案，已为一大棘手之问题矣。

---

① "挛"，原作"孪"，今改。
② "远"，原作"近"，今改。

不宁惟是，界限之见日深一日。生于其心，害于其政；发于其政，害于其事。终必有承大敝而受大创之时。逮于近年，遂有如刚毅辈造出"汉人强，满洲亡；汉人疲，满洲肥"之十二字诀以乱天下者。追原祸始，不能不痛恨于二百年前作俑之人也。今夫国也者，必其全国之人有紧密之关系，有共同之利害，相亲相爱，通力合作，而后能立者也。故未有两种族之人，同受治于一政府之下，而国能久安者。我汉人之真爱国而有特识者，则断未有仇视满人者也。何也？以日本之异国，我犹以同种同文之故，引而亲之，而何有于满洲？且吾辈所最切齿痛恨者民贼耳，使其为贼民之君也，岂能因其为汉人而徇庇之？彼秦始皇、魏武帝、明太祖，非汉人耶？吾嫉之犹蛇蝎也。使其为爱民之君也，岂必因其为满人而外视之？若今上皇帝，非满人耶？吾戴之犹父母也。故有特识而真爱国者，惟以民权之能伸与否为重，而不以君位之属于谁氏为重。彼欧洲列国，常有君统乏嗣，而迎立异国之公族以为君者矣。然则中国积弱之源，非必由于满人之君天下明矣。然使人不能无疑于此者何也？则因满人主国，而满汉分界；因满汉分界，而国民遂互相猜忌，久之而将见分裂之兆也。此则顺治诸臣不能辞其咎者也。康熙初元，三藩削平，海内宁息，圣祖仁皇帝以英迈绝特之资，兼开创守成之业，与俄前皇大彼得同时并生，其雄才大略亦绝相似。彼时固尝垂意外事，召西儒南怀仁辈入直南书房，颇有破格之行，非等拘墟之习，百废具举，灿然可观。顾何以俄国自彼得以后，日盛月强，驯至今日为世界第一雄邦？中国自康熙以后，日腐月败，驯至今日为世界第一病国？何也？则以当时困于满汉界限之见，急于为满洲朝廷计利益，而未暇为中国国民谋进步也。是则大可惜者也。

其二为乾隆时代。当乾隆改元，满洲入中国殆百年矣。民气既静，外侮未来，以高宗纯皇帝之才，当此千载一时之遇，我国民最有望者，莫彼时若矣。乃高宗不用其才为我中国开文明政体之先河，乃反用其才为我中国作专制政体之结局，是则有天运焉，有人事焉。识者不特为中国惜，且为高宗惜也。高宗以操纵群臣愚柔士民为生平第一得意事业。六十年中，兴文字狱以十数，如胡中藻、汪景祺等之狱，毛举细故，株连满廷。盖立于乾隆朝之大臣，其始终未曾一入刑部狱者，不过一人而已。使举国臣民栗慄慑伏于其肘下而后快于心。不宁惟是，又开四库馆以奖厉伪学，手批《通鉴》以诋诹名节，驱天下人使入于无用，习于无耻。不宁惟是，又四征八讨，南扫北伐，耗全国之财，涂万人之血，以逞一己之欲。盖至乾隆末年，而海宇骚然矣。高宗自撰《十全老人记》，以为天下古今未有之尊荣。诚哉其尊荣矣，然日中则昃，月盈则亏。君权之盛，至乾隆而极；国权之替，亦自乾隆而开矣。窃尝论之：东方之有乾隆，犹西方之有路易第十四也。路易第十四借法国全盛之业，在位七十四年，骄侈满盈，达于极点，遂有"朕即国家也"一语，为今日全世界人所唾骂。及其崩殂，而法国无宁岁矣。一千七百八十九年之大革命，演出空前绝后之惨剧，尔后君、民两党，转战接斗，互起互仆，流血盈野，殆数十年。法国之民，十死八九，皆不啻路易第十四握其吭而断其项也，而其子孙以万乘之尊，卒送残魂于断头台上。路易一姓之鬼，亦从兹其馁；而法国民主之局，亦从兹而大定矣。然则其所以为志得意满者，岂不即为一败涂地之先声耶？其所以挫抑民气、压制民权者，岂不即为民气、民权之引线耶？中国自乾隆以后，四海扰扰，未几遂酿洪、杨之变，糜烂十六省，蹂躏六百余名城，其惨酷殆不让于法国之一千七百八十九年矣。吾诚不愿我中国自今以往，再有如法国一千八百三十年、一千八百四十八年之革命者，顾吾尤惧夫我中国自今以往，欲求得如今日之法国而渺不可睹也。独居深念，俯仰感慨，不禁于乾隆时代有余痛焉耳。

其三为咸丰、同治时代。洪、杨之难既作，痛毒全国，以十余年之力，仅克削平，而文宗显皇帝复为英、法联军所迫，北狩热河，鼎湖一去，龙髯不返。此实创巨痛深而无以复加者也。曾、胡、左、李诸贤，咸以一介儒将转战中原，沐雨栉风，百折不挠。吾每按其行迹，接其言论，有加敬焉，断不敢如今之少年喜谤前辈也。虽然，援《春秋》责备贤者之义，则除胡文忠中道殂陨、不预后事之外，吾于曾文正、左文襄、李合肥以及其并时诸贤，有不能为讳者，以其仅能为中国定乱，不能为中国图治也。夫豪杰之任国事也，非徒使之不乱而已，而必求国家之光荣焉，求国民之进步焉。苟不尔尔，则如今日欧洲文明政体之国，永绝乱萌者，其将永无豪杰之出现乎？彼俾士麦、格兰斯顿何人也？乃我中国数千年来，惟扰乱之时有豪杰，而治平之时则无豪杰，是一奇也。呜呼！吾知其故矣。中国之所谓豪杰者，其任国事也，不过为朝廷之一姓，而非为国民之全体也。故或为一姓创立基业焉，或为一姓拥护私产焉，或为一姓光复旧物焉，数千年豪杰，不出此三途矣。若曾国藩、左宗棠、李鸿章之徒，亦犹是也。故诸公者，其在大清朝廷，可谓有莫大之勋；而其在我中国国民，则未尝有丝毫之功也。孟子曰：有事君人者，有安社稷臣者，有大人者，有天民者。若曾、左、李之徒，可谓之事君人，可谓之社稷臣，若夫大人、天民之道，则瞠乎未有闻也。吾所云云，非谓欲劝诸公离朝廷而别有所建树也。当是时，半壁江山，岌岌不可终日，盈廷昏庸衰谬之臣，既已心灰胆落，失所凭借，惟依阃外诸将帅以为重，此实除旧布新一大机会也。使曾、左、李诸人，有一毫为国民之心，乘此时，用此权，以整顿中央政府之制度，创立地方自治之规模，决非难也。果尔，则维新之业，与日本同时并起，迄今三十余年，雄长地球矣。而诸公何以无闻也？或为之解曰：当三十余年前，与欧洲交通未盛，诸公不知西法，不解维新，亦奚足怪？不知吾之所谓维新者，非必西法之谓也。西法者，不过维新之形质耳，若维新之精神，则无中无西，皆所同具，而非待他求者也。彼日本三十年前之维新，岂战船之谓乎？岂洋操之谓乎？岂铁路之谓乎？岂开矿之谓乎？并无战船、洋操、铁路、开矿等事，而不得不谓之维新者，有其精神也。若中国近日，曷尝无战船、洋操、铁路、开矿等事，而仍不得谓之维新者，无其精神也。当同治初元，虽不能为形质之维新，岂不能为精神之维新？但使有精神之维新，而形质之维新自应弦赴节而至矣。当时曾、左、李诸贤岂不知官场之积弊，岂不知士风之颓坏，岂不知民力之疲困，苟能具大眼识，运大心力，不避嫌怨，不辞劳苦，数贤协力，以改弦而更张之，吾度其事体之重大，未必如日本之勤王讨幕也；阻力之扞格，未必如日本之废藩置县也。而日本诸公能毅然成之，我国诸公乃漠然置之，是乃大可惜也。吾尝略揣诸贤之用心，曾则稍带暮气，守知足知止之戒，惮功高震主之患，日思争流勇退，以保全令名，而不遑及他事也；左则稍带骄气，其好战之雄心，已发而不可制，思贾其余勇，立功名于绝域，而不遑及他事也；李则谦不如曾，骄不如左，略知西法之美，思欲仿效，摭其皮毛，而不知其本源也。吾持高义以责备之，则诸贤者皆有负于国民者也。曾之谦也，中老、杨之毒也。大臣既以身许国，则但当计国民之利害，不当计一身之利害。营私罔利，固不可也；惜爱身名，仍不可也。不见格兰斯顿乎，为爱尔兰自治之案，至于党员亲友，尽变敌国，而气不稍挫焉，曾文正其有愧之也。左之骄也，意气用事也。彼其以如许血汗，如许心力，而开拓西域十余城之石田，何如移之以整顿内政也。李之误也，亦由知有朝廷，不知有国民者也。彼之所效西法各事，仍不过欲为朝廷保其私产，而非为国民扩其公益也。自余并时诸勋臣，除滥冒、骄蹇、粗悍者不计外，所称高流者，其性质亦不出于此三途矣。以当时大乱初定，天下颙颙望治，千载一时之机会，及诸贤分缩兵符，勋业赫赫，可以有为之凭借，失此不为，时会一失，驷追不及，荏苒荏苒，蹉跎蹉跎，任其腐败，听其凌夷，此实千古之遗恨也。虽然，吾以此责望于曾、左、李诸人，吾固知其不伦矣。何则？彼诸人之思想、见识，本丝毫无以异于常人也。彼方以其能多杀人而施施自豪，方以能徼宠荣于一姓之朝而沾沾自喜。语以国民之公义，豪杰之责任，彼乌从而知之。闻李鸿章之使西域也，至德见前相俾士麦，叩李以生平功业，李历述其平发、平捻之事，意气颇自得。俾氏曰：公之功业，诚巍巍矣，然吾欧洲人以能敌异种者为功，自残同种以保一家，欧人所不称也。李闻之有惭色云。嗟乎！吾惜李公闻此言之太晚也，吾更惜曾、左诸贤之终身未闻此言也。虽然，区区数人何足惜，吾愈惜以中国之大，而所谓近世第一流人物者，乃仅仅如是也。

抑尤可痛者，同治戡乱之后，不惟不能起中国积弱之病，乃反窒中国图强之机。盖自兹以往，而彼势利顽固者流，以为天命永存，富贵长保，益增其骄侈满盈之气，更长其深闭固拒之心。故自英、法破北京，无所要索，仅订盟通商而去，彼等于是觉西人足畏而不足畏矣。自戈登助攻，克复苏、常诸名城，遂定江南，彼等于是忘外人之助，而自以为武功巍巍莫与京矣。自俄罗斯定约，还我伊犁，彼等不知他人之别有阴谋，而以为畏我之威矣。自越南谅山一役，以主待客，小获胜仗，彼等于是铺张扬厉之，以为中国兵力足挫欧洲强国而有余矣。坐是虚骄之气，日盛一日，朝野上下莫不皆然，如井底蛙，如辽东豕，如夜郎之不知汉大，如匈奴之自谓天骄，遂复歌舞湖山，粉饰藻火，仍出其数千年祖传秘诀，驯民、饴民、役民、监民之手段，汲汲然讲求而附益之，精益求精，密益求密，而岂复有痛定思痛、存不忘亡之一念来往于其胸中者耶？于是而近十年来之局成矣，于是而近十年来之难作矣。

其四则最近时代。今上皇帝以天纵之资，抱如伤之念，借殷忧以启圣，惟多难以兴邦。天之生我皇也，天心之仁爱中国而欲拯其祸也，其奈道高一尺，魔高一丈，有西太后那拉氏梗乎其间。那拉氏垂帘三次，前后凡三十余年，中国之一线生机，芟夷斩伐而靡有孑遗者，皆在此三十年也。中兴诸勋臣所以不能兴维新之治者，虽由其识力之不足，抑亦畏那拉氏之猜忌、悍忍而不敢行其志也。以肃顺为先

朝顾命大臣，湘、淮诸将，皆所拔擢，而那拉以莫须有之狱，一旦骈
其党而戮之；以恭亲王之亲贤，身当大难，仅安社稷，而那拉挟私愤
而屏逐之，况于诸臣之起自疏逖而威权震主者耶？故曾国荃初复江
南，旋即罢职闲居，曾国藩之胆，于是寒矣。左宗棠班师入觐，解其
兵权，召入枢垣，虚隆其礼，阴掣其肘也，故甫及一月，而已不安其
位矣。自余百端，所以驾驭诸臣者，无不类是，亦何怪其灰心短气而
无能为役也。今夫专制之国之钤辖其民，以自保私产，古今恒情，吾
姑无责焉。虽然，保之则亦有道矣。如彼俄罗斯者，现世最专制之国
也，而其任百官也，则必尽其才，尊其权，政府之方针有定向，施政
之条理有定程，盖虽不知有民，而犹知有国焉。其君其臣一心一德以
务国事，此其所以强也。若那拉后者，非惟视中国四百兆之黎庶如草
芥，抑且视大清二百年之社稷如秦越也。故忍将全国之大权畀诸数阉
宦之手，竭全国之财力以穷极池台鸟兽之乐，遂使吾中国有所谓安仔
政府，有所谓皮笑李政府者。盖二百余年来京师之腐败秽丑，未有甚
于那拉时代者也。今上皇帝忍之无可忍，待之无可待，乃忘身舍位，
毅然为中国开数千年来未有之民权，非徒为民权，抑亦为国权也。那
拉氏之仇皇上，其仇民权耶？其仇国权耶？仇民权则是四百兆人之罪
人也，仇国权抑亦大清十一代之罪人也。呜呼！我一部《近十年史
论》，那拉氏实书中之主人翁也。使三十年来无那拉氏一人梗乎其间，
则我中国今日其勃兴如日本可也，其富乐如英、美可也，其威强如
法、俄可也。故推原其所以积弱之故，其总因之重大者，在国民全体；
其分因之重大者，在那拉一人。其远因在数千年之上，其近因在二百年
以来，而其最近因又在那拉柄政三十年之间。《诗》曰：乱匪降自天，
生自妇人。阢阢周原，茫茫禹壤，其竟如斯而长已矣耶，其未然耶？此
吾所以中夜拔剑起舞，而涕泪弥襟矣。

结　论

以上所论列中国病源，略尽于是矣。吾之所以下笔二万言，刺刺不
能自休者，非如江湖名士之傲睨一世，使酒骂坐，以快其口舌意气也；
亦非有所抑郁不得志而诋当道，以浇其胸中块垒也。谚曰：解铃还须系
铃人，又曰：心病还将心药医。故必知其病根之伏于何处，又知酿成此
病者属于何人，然后治疗之术可得而讲焉。国也者，吾之国也，吾爱

之，不能坐视其亡而不救也。今既无救之之权，则不能不望于有权者；吾一人之力不能救，则不能不望于众人之与吾同心者。吾所以著此书之意在是，吾所以冠此论于全书之意亦在是。抑闻《大易》之义：剥极则复，否极则泰。吾中国今日之弱，岂犹未极耶？思之思之，鬼神通之，雷霆一声，天地昭豁，亦安知夫今与后之不殊科耶？亦安知夫祸与福之不相倚耶？

嗟夫！嗟夫！天胡此醉，叩帝阍其难闻；人之无良，览横流其未极。哀莫大于心死，逝者如斯；祸已迫于眉然，泣将何及。莽莽千载，念来日之大难；芒芒九州，见夕阳之无限。岂一治一乱，昆明无不劫之灰；抑人谋鬼谋，精卫有未填之海。卷欧风与亚雨，惊咄咄其逼人；营兔裘于冰山，羌梦梦而视我。嗟夫！嗟夫！千年辽鹤，望人民城郭以怆神；何处铜驼，向棘地荆天而长涕。不辞瘏口，聊贡罪言。父兮母兮，胡宁忍予；墨耶泪耶，长歌当哭。知我者谓我心忧，不知我者谓我何求。悠悠苍天，此何人哉？

立宪法议 *
（1901 年 6 月 7 日）

　　有内地志士某君劝作巽言之论说，使脑质顽旧之徒，其刺激于彼之眼帘者不太甚，庶多读终篇而或省悟焉。余然其言，乃作此等篇，卑之无甚高论，令今可行，非所以质于大方之家也。作者识

　　有土地、人民立于大地者，谓之国。世界之国有二种：一曰君主之国，二曰民主之国。设制度、施号令以治其土地、人民，谓之政。世界之政有二种：一曰有宪法之政，亦名立宪之政。二曰无宪法之政。亦名专制之政。采一定之政治以治国民，谓之政体。世界之政体有三种：一曰君主专制政体，二曰君主立宪政体，三曰民主立宪政体。今日全地球号称强国者十数，除俄罗斯为君主专制政体，美利坚、法兰西为民主立宪政体外，自余各国则皆君主立宪政体也。君主立宪者，政体之最良者也。民主立宪政体，其施政之方略变易太数，选举总统时竞争太烈，于国家幸福未尝不间有阻力。君主专制政体，朝廷之视民如草芥，而其防之如盗贼；民之畏朝廷如狱吏，而其嫉之如仇雠。故其民极苦，而其君与大臣亦极危，如彼俄罗斯者，虽有虎狼之威于一时，而其国中实杌隉而不可终日也。是故君主立宪者，政体之最良者也。地球各国既行之而有效，而按之中国历古之风俗与今日之时势，又采之而无弊者也。三种政体旧译为君主、民主、君民共主。名义不合，故更定今名。

　　宪法者何物也？立万世不易之宪典，而一国之人，无论为君主、为官吏、为人民，皆共守之者也，为国家一切法度之根源。此后无论出何令，更何法，百变而不许离其宗者也。西语原字为 The Constitution，

---

　　* 录自《清议报》第八十一册，光绪二十七年四月二十一日（1901 年 6 月 7 日）出版，署"爱国者草议"。

译意犹言元气也。盖谓宪法者，一国之元气也。

立宪政体，亦名为有限权之政体。专制政体，亦名为无限权之政体。有限权云者，君有君之权，权有限；官有官之权，权有限；民有民之权，权有限。故各国宪法，皆首言君主统治之大权及皇位继袭之典例，明君之权限也；次言政府及地方政治之职分，明官之权限也；次言议会职分及人民自由之事件，明民之权限也。我中国学者，骤闻君权有限之义，多有色然而惊者，其意若曰：君也者，一国之尊无二上者也，臣民皆其隶属者也，只闻君能限臣民，岂闻臣民能限君，臣民而限君，不几于叛逆乎？不知君权有限云者，非臣民限之，而宪法限之也。且中国固亦有此义矣。王者之立也，郊天而荐之；其崩也，称天而谥之。非以天为限乎？言必称先王，行必法祖宗，非以祖为限乎？然则古来之圣师哲王，未有不以君权有限为至当不易之理者。即历代君主，苟非残悍如秦政、隋炀，亦断无敢以君权无限自居者。乃数千年来，虽有其意而未举其实者何也？则以无宪法故也。以天为限，而天不言；以祖宗为限，而祖宗之法不过因袭前代旧规，未尝采天下之公理，因国民之所欲而勒为至善无弊之大典，是故中国之君权非无限也，欲有限而不知所以为限之道也。今也内有爱民如子、励精图治之圣君，外有文明先导、可师可法之友国，于以定百世可知之成宪，立万年不拔之远猷，其在斯时乎！其在斯时乎！

各国宪法，既明君与官之权限，而又必明民之权限者，何也？民权者，所以拥护宪法而不使败坏者也。使天下古今之君主，其仁慈睿智皆如我今上皇帝，则求助于民可也，不求助于民亦可也。虽然，以禹、汤之圣而不能保子孙无桀、纣，以高、光之明而不能保子孙无桓、灵，此实千古之通轨，不足为讳者矣。使不幸而有如桀、纣者出，滥用大权，恣其暴戾以蹂躏宪法，将何以待之？使不幸而有如桓、灵者出，旁落大权，奸庸窃取以蹂躏宪法，又将何以待之？故苟无民权，则虽有至良极美之宪法，亦不过一纸空文，毫无补济，其事至易明也。不特此也，即使代代之君主，圣皆如汤、禹，明皆如高、光，然一国之大，非能一人独治之也，必假手于官吏。官吏又非区区少数之人已也，乃至千万焉、亿兆焉。天下上圣少而中材多，是故勉善难而从恶易，其所以不敢为非者，有法以限之而已；其所以不敢不守法者，有人以监之而已。乃中国未尝无法以限官吏，亦未尝不设人以监官吏之守法，而卒无效者何也？则所以监之者，非其道也。惧州县之不守法也，而设道府以监之。道府不守法，又将若何？惧道府之不守法也，而设督抚以监之。督抚不守法，又将若何？所谓法者，既不尽可行，而监之之人又未必贤于其所监者，掣肘则有万能，救弊则无一效。监者愈多而治体愈乱。有法如无法，法乃穷。是故监督官吏之事，其势不得不责成于人民，盖由利害关切于己身，必不肯有所徇庇。耳目皆属于众论，更无所容其舞文也。是故欲君权之有限也，不可不用民权；欲官权之有限也，更不可不用民权。宪法与民权，二者不可相离，此实不易之理，而万国所经验而得之也。

孟子曰：天下之生久矣，一治一乱。此为专制之国言之耳。若夫立宪之国，则一治而不能复乱。专制之国，遇令辟则治，遇中主则衰，遇暴君则乱。即不遇暴君，而中主与中主相续，因循废弛之既久，而亦足以致乱。是故治日常少，而乱日常多。历观中国数千年致乱之道，有乱之自君者，如嫡庶争立、母后擅权、暴君无道等是也；有乱之自臣者，如权相篡弑、藩镇跋扈等是也；有乱之自民者，或为暴政所迫，或为饥馑所驱。要之，皆朝廷先乱，然后民乱也。若立宪之国，则无虑是。君位之承袭，主权之所属，皆有一定，而岂有金壬得乘隙以为奸者乎？大臣之进退，一由议院赞助之多寡，君主察民心之所向，然后授之，岂有操、莽、安、史之徒能坐大于其间者乎？且君主之发一政、施一令，必谋及庶人，因国民之所欲，经议院之协赞，其有民所未喻者，则由大臣反覆宣布于议院，必求多数之共赞而后行。民间有疾苦之事，皆得提诉于议院，更张而利便之，而岂有民之怨其上者乎？故立宪政体者，永绝乱萌之政体也。馆阁颂扬通语动曰：国家亿万年有道之长。若立宪政体，真可谓国家亿万年有道之长矣。即如今日英、美、德、日诸国，吾敢保其自今以往，直至天荒地老，而国中必无内乱之忧也！然则谋国者亦何惮而不采此政体乎？

吾侪之昌言民权，十年于兹矣。当道者忧之、嫉之、畏之，如洪水猛兽然。此无怪其然也，盖由不知民权与民主之别，而谓言民权者必与彼所戴之君主为仇，则其忧之、嫉之也固宜。不知有君主之立宪，有民主之立宪，两者同为民权，而所以驯致之途亦有由焉。凡国之变民主也，必有迫之使不得已者也。使英人非虐待美属，则今日之美国犹澳洲、加拿大也。使法王非压制其民，则今日之法国犹波旁氏之朝廷也。故欲翊戴君主者，莫如兴民权。不观英国乎？英国者，世界中民权最盛之国也，而民之爱其皇若父母焉。使英廷以畴昔之待美属者待其民，则英之为美续久矣。不观日本乎？日本者，亚洲民权滥觞之国也，而民之敬其皇若帝天焉，使日皇如法国路易第十四之待其民，则日本之为法续久矣。一得一失，一荣一瘁，为君者宜何择焉？爱其君者宜何择焉？

抑今日之世界，实专制、立宪两政体新陈嬗代之时也。按之公理，凡两种反比例之事物相嬗代，必有争，争则旧者必败，而新者必胜。故地球各国必一切同归于立宪而后已，此理势所必至也。以人力而欲与理势为敌，譬犹以卵投石，以蜉撼树，徒见其不知量耳。昔距今百年以前，欧洲各国除英国外，皆专制也。压之既极，法国大革命忽焉爆裂，声震天地，怒涛遂波及全欧。民间求立宪者，各国皆然。俄、普、奥三国之帝结同盟以制其民，有内乱则互相援助，而奥相梅特涅以阴鸷狡悍之才执欧洲大陆牛耳四十年，日以压民权为事，卒不能敌，身败名裂。距今五十年顷，而全欧皆立宪矣。尚余一土①耳其，则各国目之为病夫，日思豆剖而瓜分之者也。尚余一俄罗斯，虽国威赫赫于外，然其帝王之遇刺者三世矣，至今犹钽麑满地，寝息不安。为君之难，一至于此，容何乐耶？故百年以来，地球各国之转变凡有四别：其一，君主顺时势而立宪法者，则其君安荣，其国宁息，如普、奥、日本等国是也。其二，君主不肯立宪，民迫而自立，遂变为民主立宪者，如法国及南美洲诸国是也。其三，民思立宪，君主不许，而民间又无力革命，乃日以谋刺君相为事者，如俄罗斯是也。其四，则君民皆不知立宪之美，举国昏蒙，百政废弛，遂为他族夷而灭之者，如印度、安南诸国是也。四者之中，孰吉孰凶，何去何从，不待智者而决矣！如彼普、奥之君相，初以为立宪之有大害于己也，故出死力以争之；及既立宪之后，始知非惟无害，又大利焉，应爽然失笑，悔前者之自寻烦恼矣，然犹胜于法国之路易第十六，欲悔而无及也。今西方之嬗代既已定矣，其风潮遂环卷而及于东土。日本得风气之先，趋善若渴，元气一立，遂以称强。中国彼昏日醉，凌夷衰微，情见势绌，至今而极矣。日本之役一棒之，胶、旅之警一喝之，团匪之祸一捶之，识者已知国家元气为须臾不可缓，盖今日实中国立宪之时机已到矣！当局者虽欲阻之，乌从而阻之？顷当局者既知兴学育才之为务矣，学校中多一少年，即国民中多一立宪党，何也？彼其人苟有爱国心而略知西人富强所由来者，未有不以此事为第一义也。故中国究竟必与地球文明国同归于立宪，无可疑也。特今日而立

---

① "土"，原作"牛"，今改。

之，则国民之蒙福更早，而诸先辈尸其功；今日而沮之，则国家之进步稍迟，而后起者为其难。如斯而已。苟真有爱君爱国心者，不可不熟察鄙言也。

问者曰：然则中国今日遂可行立宪政体乎？曰：是不能。立宪政体者，必民智稍开而后能行之。日本维新在明治初元，而宪法实施在二十年后，此其证也。中国最速亦须十年或十五年始可以语于此。问者曰：今日既不可遽行，而子汲汲然论之，何也？曰：行之在十年以后，则定之当在十年以前。夫一国犹一身也，人之初就学也，必先定吾将来欲执何业，然后一切学识、一切材料，皆储之为此业之用。故医士必于未行医之前数年而自定为医，商人必于未经商之前数年而自定为商，此事之至浅者也。惟国亦然，必先定吾国将来采用何种政体，然后凡百之布置，凡百之预备，皆从此而生焉。苟不尔尔，则如航海而无南针，缝衣而无量尺，乱流而渡，不知所向，弥缝补苴，不成片段，未有能济者也。故采定政体，决行立宪，实维新开宗明义第一事而不容稍缓者也。

既定立宪矣，则其立之之次第当如何？曰：宪法者，万世不易者也，一切法度之根源也，故当其初立之也，不可不精详审慎而务止于至善。日本之实行宪法也，在明治二十三年；其颁布宪法也，在明治十三年；而其草创宪法也，在明治五年。当其草创之始，特派大臣五人游历欧洲，考察各国宪法之同异，斟酌其得失，既归而后开局以制作之。盖其慎之又慎、豫之又豫也如此。今中国而欲行之，则吾以为其办理次第当如左：

一、首请皇上涣降明诏，普告臣民，定中国为君主立宪之帝国，万世不替。

次二，宜派重臣三人游历欧洲各国及美国、日本，考其宪法之同异得失，何者宜于中国，何者当增，何者当弃。带领通晓英、法、德、日语言文字之随员十余人同往，其人必须有学识，不徒解方言者。并许随时向各国聘请通人以为参赞。以一年差满回国。又，此次所派考察宪法之重臣、随员，宜并各种法律，如行政法、民法、商法、刑法之类，皆悉心考究。

次三，所派之员既归，即当开一立法局于宫中，草定宪法，随时进呈御览。

次四，各国宪法原文及解释宪法之名著，当由立法局译出，颁布天下，使国民咸知其来由，亦得增长学识，以为献替之助。

次五，草稿既成，未即以为定本，先颁之于官报局，令全国士民皆得辨难讨论，或著书，或登新闻纸，或演说，或上书于立法局，逐条析辩，如是者五年或十年，然后损益制定之。定本既颁，则以后非经全国人投票，不得擅行更改宪法。

次六，自下诏定政体之日始，以二十年为实行宪法之期。

本篇乃论宪法之当速立及其如何办法，至各国宪法之异同得失及中国宪法之当如何，余亦略有管见，但今兹论之，尚非其时，愿以异日。

过渡时代论[*]
（1901 年 6 月 26 日）

一、过渡时代之定义

今日之中国，过渡时代之中国也。

过渡有广、狭二义。就广义言之，则人间世无时无地而非过渡时代。人群进化，级级相嬗，譬如水流前波后波相续不断，故进步无止境，即过渡无已时，一日不过渡，则人类或几乎息矣。就狭义言之，则一群之中，常有停顿与过渡之二时代。互起互伏，波波相续体，是为过渡相；各波具足体，是为停顿相。于停顿时代而膨胀力即涨力。之现象显焉，于过渡时代而发生力之现象显焉。欧洲各国自二百年以来皆过渡时代也，而今则其停顿时代也。中国自数千年以来皆停顿时代也，而今则过渡时代也。

二、过渡时代之希望

过渡时代者，希望之涌泉也，人间世所最难遇而可贵者也。有进步则有过渡，无过渡亦无进步。其在过渡以前，止于此岸，动机未发，其永静性何时始改，所难料也。其在过渡以后，达于彼岸，踌躇满志，其有余勇可贾与否，亦难料也。惟当过渡时代，则如鲲鹏图南九万里而一息，江汉赴海百十折以朝宗，大风泱泱，前途堂堂，生气郁苍，雄心鬲

---

* 录自《清议报》第八十三册，光绪二十七年五月十一日（1901 年 6 月 26 日）出版，署名"任公"。

皇。其现在之势力圈，矢贯七札，气吞万牛，谁能御之？其将来之目的地，黄金世界，荼锦生涯，谁能限之？故过渡时代者，实千古英雄豪杰之大舞台也，多少民族由死而生、由剥而复、由奴而主、由瘠而肥所必由之路也。美哉！过渡时代乎。

三、过渡时代之危险

抑过渡时代又恐怖时代也。青黄不接，则或受之饥；却曲难行，则惟兹狼狈。风利不得泊，得毋灭顶灭鼻之惧；马逸不能止，实维蹒山蹒垤之忧。摩西之彷徨于广漠，阁龙之漂泛于泰洋，赌万死以博一生，断后路以临前敌，天下险象，宁复过之？且国民全体之过渡，以视个人身世之过渡，其利害之关系有更重且剧者。所向之鹄若误，或投网以自戕；所导之路若差，或迷途而靡届。故过渡时代，又国民可生可死、可剥可复、可奴可主、可瘠可肥之界线，而所争间不容发者也！

四、各国过渡时代之经验

船头坎坎者，自由之鼓耶？船尾舒舒者，独立之旗耶？当十八、十九两世纪中，相衔相逐相提携，乘长风冲怒涛，以过渡于新世界者，非远西各国耶？顺流而渡者，其英吉利耶？乱流而渡者，其法兰西耶？方舟联队而渡者，其德意志、意大利、瑞士耶？攘臂冯河而渡者，其美利坚、匈牙利耶？借风附帆而渡者，其门的内哥、塞尔维亚、希腊耶？维也纳温和会议所不能遏，三帝国神圣同盟所不能禁，拿破仑席卷囊括之战略所不能挠，梅特涅饲狙豢虎之政术所不能防。或渡一次而达焉，或渡两三次而始达焉。或渡一关而止焉，或渡两三关而犹未止焉。或中途逢大敌，血战突围而径渡焉。或发端遇挫折，卷土重来而卒渡焉。吾读《水浒传》，宋公明何以破祝庄？吾读《西游记》，唐三藏何以到西域？吾以是知过渡之非易，吾以是知过渡之非难。我陟高丘，我瞻彼岸，乐土乐土，先鞭已属他人。归欤归欤，座位尚容卿辈。角声动地，提耳以唤魂兮。巾影漫天，招手而邀邛涉。河汉清且浅，相去复几许？盈盈一水间，脉脉不得语。望门大嚼，我劳如何？

五、过渡时代之中国

今世界最可以有为之国，而现时在过渡中者有二：其一为俄罗斯。俄国自大彼得及亚历山大第二以来，几度厉行改革，输入西欧文明，其国民脑中渐有所谓世界公理者，日浸月润，愈播愈广，不可遏抑，而其重心力实在于各学校之学生。今世识微之士，谓俄罗斯将达于彼岸之时不远矣。其二则为我中国。中国自数千年来，常立于一定不易之域，寸地不进，跬步不移，未尝知过渡之为何状也。虽然，为五大洋惊涛骇浪之所冲激，为十九世纪狂飙飞沙之所驱突，于是穷古以来祖宗遗传深顽厚锢之根据地遂渐渐摧落失陷，而全国民族亦遂不得不经营惨憺，跋涉苦辛，相率而就于过渡之道。故今日中国之现状，实如驾一扁舟，初离海岸线而放于中流，即俗语所谓两头不到岸之时也。语其大者，则人民既愤独夫民贼愚民专制之政，而未能组织新政体以代之，是政治上之过渡时代也；士子既鄙考据词章庸恶陋劣之学，而未能开辟新学界以代之，是学问上之过渡时代也；社会既厌三纲压抑虚文缛节之俗，而未能研究新道德以代之，是理想风俗上过渡时代也。语其小者，则例案已烧矣，而无新法典；科举议变矣，而无新教育；元凶处刑矣，而无新人才；北京残破矣，而无新都城。数月以来，凡百举措，无论属于自动力者，属于他动力者，殆无一而非过渡时代也。故今日我全国人可分为两种：其一老朽者流，死守故垒，为过渡之大敌，然被有形无形之逼迫，而不得不涕泣以就过渡之途者也。其二青年者流，大张旗鼓，为过渡之先锋，然受外界内界之刺激，而未得实把握以开过渡之路者也。而要之，中国自今以往日益进入于过渡之界线，离故步日以远，冲盘涡日以急，望彼岸日以亲，是则事势所必至而丝毫不容疑义者也。以第二节之现象言之，可爱哉！其今日之中国乎。以第三节之现象言之，可惧哉！其今日之中国乎。

六、过渡时代之人物与其必要之德性

时势造英雄耶？英雄造时势耶？时势、英雄递相为因、递相为果耶？吾辈虽非英雄，而日日思英雄、梦英雄、祷祀求英雄。英雄之种类不一，而惟以适于时代之用为贵，故吾不欲论旧世界之英雄，亦未敢语新世界之英雄，而惟望有崛起于新旧两界线之中心的过渡时代之英雄。窃以为此种英雄所不可缺之德性，有三端焉。

其一，冒险性。是过渡时代之初期所不可缺者也。过渡者，改进之意义也。凡革新者不能保持其旧形，犹进步者必当掷弃其故步。欲上高楼，先离平地；欲适异国，先去故乡。此事势之最易明者也。虽然，保守恋旧者，人之恒性也。《传》曰：凡民可以乐成，难与图始。故欲开一堂堂过渡之局面，其事正自不易。盖凡过渡之利益，为将来耳，然当过去已去、将来未来之际，最为人生狼狈不堪之境遇。譬有千年老屋非更新之不可复居，然欲更新之，不可不先权弃其旧者。当旧者已破、新者未成之顷，往往瓦砾狼藉，器物播散，其现象之苍凉有十倍于从前焉。寻常之人观目前之小害，不察后此之大利，或出死力以尼其进行，即一二稍有识者，或胆力不足，长虑却顾而不敢轻于一发，此前古各国所以进步少而退步多也。故必有大刀阔斧之力，乃能收筚路蓝缕之功；必有雷霆万钧之能，乃能造鸿鹄千里之势。若是者，舍冒险末由。

其二，忍耐性。是过渡时代之中期所不可缺者也。过渡者，可进而不可退者也，又难进而易退者也。摩西之率犹太人出埃及以迁于迦南也，飘流踯躅于沙漠间者四十年，与天气战，与猛兽战，与土蛮战，停辛伫苦，未尝宁居，同行俦类，睊睊怨谤，大业未成，鬓发已白。此寻常豪杰之士所最扼腕而短气者也。且夫所志愈大者，则其成就愈难；所行愈远者，则其归宿愈迟。事物之公例也。故倡率国民以经此过渡时代者，其间恒遇内界外界无量无数之阻力，一挫再挫三挫，经数十年百年而及身不克见其成者，比比然也。非惟不见其成，或乃受唾受骂，虽有口舌而无以自解。故非有过人之忍耐性者，鲜有不半路而退转者也。语曰：行百里者半九十；井掘九仞，犹为弃井；山亏一篑，遂无成功；惟危惟微，间不容发。故忍耐性者，所以贯彻过渡之目的者也。

其三，别择性。是过渡时代之末期所不可缺者也。凡国民所贵乎过渡者，不徒在能去所厌离之旧界而已，而更在能达所希望之新界焉。故冒万险、忍万辱而不辞，为其将来所得之幸福足以相偿而有余也。故倡率国民以就此途者，苟不为之择一最良合宜之归宿地，则其负国民也实甚。世界之政体有多途，国民之所宜亦有多途。天下事固有于理论上不可不行，而事实上万不可行者；亦有在他时他地可得极良之结果，而在此时此地反招不良之结果者。作始也简，将毕也巨。故坐于广厦细旃以谈名理，与身入于惊涛骇浪以应事变，其道不得不绝异。故过渡时代之人物，当以军人之魄，佐以政治家之魂。政治家之魂者何？别择性是已。

凡此三种德性，能以一人而具有之者上也。一群中人，各备一德，组成团体，互相补助，抑其次也。嗟乎！英雄造时势耶？时势造英雄耶？时势时势，宁非今耶？英雄英雄，在何所耶？抑又闻之，凡一国之进步也，其主动者在多数之国民，而驱役一二之代表人以为助动者，则其事罔不成；其主动者在一二之代表人，而强求多数之国民以为助动者，则其事鲜不败。故吾所思、所梦、所祷祀者，不在轰轰独秀之英雄，而在芸芸平等之英雄。

灭国新法论 *
（1901 年 7 月 16、26 日，8 月 24 日）

今日之世界，新世界也。思想新，学问新，政体新，法律新，工艺新，军备新，社会新，人物新，凡全世界有形无形之事物，一一皆辟前古所未有，而别立一新天地。美哉新法！盛哉新法！人人知之，人人慕之，无俟吾论。吾所不能已于论者，有灭国新法在。

灭国者，天演之公例也。凡人之在世间必争自存，争自存则有优劣，有优劣则有胜败，劣而败者，其权利必为优而胜者所吞并，是即灭国之理也。自世界初有人类以来，即循此天则相搏相噬，相嬗相代，以迄今日。而国于全地球者，仅百数十焉矣。灭国之有新法也，亦由进化之公例使然也。昔者以国为一人一家之国，故灭国者必虏其君焉，潴其宫焉，毁其宗庙焉，迁其重器焉。故一人一家灭而国灭。今也不然，学理大明，知国也者，一国人之公产也。其与一人一家之关系甚浅薄，苟真欲灭人国者，必灭其全国，而不与一人一家为难。不宁惟是，常借一人一家之力以助其灭国之手段。故昔之灭人国也，以挞之伐之者灭之。今之灭人国也，以噢之咻之者灭之。昔之灭人国也骤，今之灭人国也渐；昔之灭人国也显，今之灭人国也微。昔之灭人国也，使人知之而备之；今之灭人国也，使人亲之而引之。昔之灭国者如虎狼，今之灭国者如狐狸。或以通商灭之，或以放债灭之，或以代练兵灭之，或以设顾问灭之，或以通道路灭之，或以煽党争灭之，或以平内乱灭之，或以助革命灭之。其精华已竭，机会已熟也，或一举而易其国名焉，变其地图之颜色焉。其未竭未熟也，虽袭其名仍其色，百

* 录自《清议报》第八十五、八十六、八十九册，光绪二十七年六月一、十一日，七月十一日（1901 年 7 月 16、26 日，8 月 24 日）出版，署名"任公"。

数十年可也。呜呼！泰西列强以此新法施于弱小之国者，不知几何矣。谓余不信，请举其例。

其①一征诸埃及。埃及自苏彝士河开通之后，始借债于外国。其时正值欧洲诸国物产过度，金价停滞，而资本家怀金无所用之时也。乃恃己国之强，利埃及之弱，以重利而行借贷之术。一千八百六十二年，借一千八百五十万打拉，一打拉当墨银二元。其六十四年，借二千八百五十二万打拉，皆有所谓经手周旋费者。埃政府所得实额仅十之七耳。其初骤进多金，外观忽增繁盛，埃王心醉外债之利，复于六十五年、六十六年借三千余万打拉，六十八年借五千九百四十五万打拉于英、法之都。土耳其者，埃及之上国也，虑其后患，从而禁之。而埃王左右有欧人而为顾问官者，说以富国学之哲理，惑以应时机之谰言，复以一千八百七十年，更借新国债三千五百七十万打拉，而所谓周旋费者去其千万焉。土国政府愈禁之，欧人资本家愈趋之，卒至行四百五十万打拉之重贿以赂土廷，以求废其禁埃借债之诏令。其结局也，卒使埃及政府共借外债至五万万三千二百余万打拉。夫英、法之资本家，岂不知埃及之贫弱不足以负担此重债乎哉？其所谓顾问官者，岂非受埃之禄而事埃之事者哉？其各国之政府官吏，岂不日言文明、日言和亲，以与埃廷相往来者哉？而何以孳孳焉恳恳焉献甘言行重赂，务送其巨万货财于纷浊不可知之地。此实在旧法灭国时代百思而不得其解者也。曾几何时，至于一千八百七十四、五年，而埃及财政扫地，不可收拾，债主愈迫，国帑全空，于是有英国领事迫埃王聘请长于理财之英人为顾问官之事矣，募民债，其法殆如中国数年前之昭信股票。加租税，丝毫无所补。其七十六年，遂有各国领事迫埃王设立财政局，以英、法两国人为局长之事矣。局长履任之始，因本国户部大臣议论不合，立置诸重典，遂以外人监督岁入，管铁路，掌关税，而财权全外移矣。七十七年，而财政局增聘数十欧人，支俸给十七万五千打拉矣。未几，又以领事之劝而给债主以厚禄矣。不宁惟是，关税之权既握于外国，而欧人在埃者十万，皆私贩运而不纳税矣。及埃廷以此事诘责英、法领事，英、法政府犹复依违不答。经年之后，始以埃及内政不修为辞，竟横行而无惮矣。至七十八年，遂使埃及两倍其人头税，三倍其营业税，罗掘以还利息，而每年岁入四千七百余万打拉者，仅能以五百三十五万供本国政费，其余尽投诸外人

---

① "其"，原无，据下文校补。

矣。全国官吏经数月不得支俸，而欧人之佣聘者，其厚俸如故矣。未几而欧人讼埃王，裁判于欧人司理之会审法院矣。未几而将埃王所有私产典与欧客以偿债息矣。究其极也，卒乃将埃及岁入岁出之权，全归外人之手。直以英、法人入政府，尸户部、工部二大臣之位，是实千八①百七十八年事也。二大臣既入政府，借更新百度之名，谓埃及人老朽不可用，遽免要官五百余人，而悉代以欧人矣。自七十九年自八十二年四载之间，全国官吏次第嬗易，至于欧人在位者一千三百二十五人，俸给百八十六万五千打拉，而其名犹曰代埃及振兴内治也，整理财政也。及至山穷水尽、罗掘俱空之际，犹复裁减兵士之饷，使军队无力，不能相抗；增加贵族之税，使豪强尽锄，无复自立；清查通国之田亩，使农民骚动，鸡犬不宁。犹以为未足，又欺小民之无识，以甘言诱，以强威迫，使全国之土地大半归欧人之管业。民无所得食，鬻家畜以糊口，饿莩载道，囹圄充闉，而埃王卒乃被废，拥立新王之权归于债主之手矣。不宁惟是，埃及国民于忍之无可忍、望之无可望、呼吁不闻、生路全绝之际，不得不群起而与外敌为难。而所谓重文明、守道义之大英国，所谓尊耶教、倡自由之格兰斯顿，直以数万之雄师压埃境，挟埃王，以伐埃民。石卵不敌，义旗遂靡，而埃及爱国之志士，卒俯首系颈，流窜于异洲之孤岛，而全埃之生机绝矣。呜呼！世有以借外债、用客卿而为救国之策者乎？吾愿与之一观埃及之前途也。虽然，吾无怪焉，灭国之新法则然耳。

其二征诸波兰。波兰者，欧洲千年之名国也。当十七世纪初叶，波政始衰，瑞典王废波王，别立新主。未几而前王以俄援复位，惴息于俄皇势力之下。国中复分为两大党派，其一仰普、法之庇荫，其一借俄为后援，于政治上、于宗教上讧争不息。俄人利其有辞也，于是貌为热诚博爱，以甘言狡计结其欢心，且煽其党争使日益剧烈，遂借词扶助公义，屯兵四万于波兰境上以为声援。俄兵既集，乃使人胁从所庇之党以二事：一曰对波王绝君臣之分，二曰许俄皇以干涉内政之权。所庇党既陷术中，欲脱不得，俄军乃于贵族议院前筑一炮台，使数兵卒立炮侧爇火以待，迫全院议员画诺。此后俄公使遂握废置波王、生杀波民之权者凡数十年。尔后土耳其、普鲁士、奥大利诸国展转效尤，国内之争亦嚣嚣未已。而俄人始终挟波王以令波民，不遽废其

---

① "八"，原作"七"，今改。

位也。殆国民同盟党到处蜂起，仍借王室以压制之。一切义士指为叛民，杀戮窜流，无所不至。量其国民之气不可复振，乃从而豆剖而瓜分之。至千七百七十二年，而波兰之名遂绝于地图矣。世有以争党派联外国为自保禄位之计者乎？吾愿与一览波兰之覆辙也。虽然，吾无怪焉，灭国之新法则然耳。

其三征诸印度。印度之灭亡，可谓千古亡国之奇闻也。自古闻有以国灭人国者，未闻有以无国灭人国者。如古者民族迁徙、掠踞土地者，虽未成为国，而全体团结，已有国之形。若本国人民起而独立，又非灭国也。故印度之例实古今所无。至于近世之印度，举其百八十万英方里之土地，二百九十兆之人民，以置诸英皇维多利亚之治下者，谁乎？则区区七万磅小资本之东印度公司而已。英人经略印度之起点，在千六百三十九年，于其东岸得纵六英里、横一英里之地，阅二十七年，始得孟买岛，而每岁纳十磅于英王，以让受其主权。由不满方三里之地，而衍至百八十万方里；由十磅之岁入，而增至五六千万磅。英人之所以成就此伟业者，果由何道乎？以常理论之，其必暴露莫大之军队，耗竭无量之军费乃始及此，而岂知有大谬不然者。英人之灭印度，非以英国之力灭之，而以印度①之力灭之也。昔法人焦白礼之欲吞印度也，曾思得新法两端：一曰募印度之土人，教以欧洲之兵律，而以欧人为将帅以指挥。二曰欲握印度之主权，当以其本国之君侯酋长为傀儡，使率其民以服从命令。呜呼！后此英人之所以蚕食全印者，皆实行此魔术而已。以如此惊天动地之大业，而英廷未尝为之派一兵，遗一矢，课一钱之租税，募一铢之国债，盖当一千七百七十三年，征略之事既已大定，实东印度公司全盛时代。而在印之英兵不过九千人，皆公司之兵，非国家之兵。其余皆土兵也。至一八五七年，所养印兵多之二十三万五千人。盖当其侵略之始，攻印度人者，印度人也；当其戡定之后，监印度人者，印度人也。而自始事迄今日，凡养战兵养防兵之费，所有金谷缯帛，一丝一黍，无非出自印度人也。今者世界之上，赫赫然有五印度大后帝之名矣，而大后帝之下，其号称君侯酋长各君其国，各子其民者，尚以万计焉，彼服从于此万数酋长肘下之群氓，其谓自国为已灭乎？谓为未灭乎？是非吾所能知也。若此者，岂惟印度，而英之所以待南洋群岛，法之所以待安南，皆用此术焉矣。世有媚异种残同种而自以为功者乎？吾愿与之一游印度之遗墟

---

① "度"，原作"之"，今改。

也。虽然，吾无怪焉，灭国之新法则然耳。

其四征诸波亚。波亚者，南阿非利加之强健民族，而今与英国在战争中者也。波亚之种，本繁殖于好望角之地，百年以来，为英人屡次逼迫，大去其乡，渐入内地，建设杜兰斯哇儿及阿郎治两民主国于南非之中央，父子兄弟宗族相率而农而牧而猎，以优游于此小天地间，谓可安堵无鸡犬之惊矣。乃于一千八百六十五年，某欧人游历其地，见有金矿之迹，乃测制杜国地质图，至八十五年，遂查出舒杭呢士布之大金穴。好望角之英商某，一攫而获巨万之利。于是锥刀之徒相率麇至，前后十二年，欧人设大公司于此间者，七十有二家。以前者蓬艾满目、麏鹿群游之地，忽成为居民十五万之巨镇，而杜国政府之财权几全移于此金市之域。而握其枢者实英人也。英人乃变其前此兵力并吞之谋，改为富力侵略之策。乃迫杜政府许其开一铁路，自杜京至金市以达好望角。杜统领知此举为祸胎也，乃别自筑一铁路通印度洋以抵制之，仅乃得免。而英人之在金市者，复要求自治权利，欲人人得入议院为议员，以干预杜国之内政。彼杜国之京师，居民不逾一万，而金市户口十五倍之，富力智力皆集中于此。以金市老猾之英商，与杜京质朴之波民，同上下驰驱于一议院中，则全国之政权转瞬而归于英族之手。此英人所处心而积虑，亦波亚人所熟察而炯知也。此议开始，杜人坚执拒绝之，至千八百九十五年，遂有英公司董事禅桑氏以六百之兵谋袭金市之事。而其主动者，实英国好望角总督也。此蛮暴之举既为波亚人先发所制，不达其志。迨九十九年，而流寓杜国之英人联名二万，求英政府干涉杜政，务求得参政权利，而英政府遂恃大国之威，用强制手段限来住五年者即得参政权矣。此事之交涉未竟，又忽移于主权问题，指杜兰斯哇儿为英之属国矣。且也文牍复往玉帛未渝之顷，即为示威运动，阴调兵队以陈境上矣。彼英人固不虞波亚之敢于一战也，更不信以蕞尔之波亚能抗衡世界第一雄国，使之竭狮子搏兔之全力也。于是敢悍然以其待埃及待印度之故技以待波人。波亚虽不支，要不失为轰轰烈烈有名誉之败绩乎？然英人之所谓文明道德者，抑何其神奇出没而不可思议耶？世有以授开矿权、铁路权及租界自治权于外国人为无伤大体者乎？吾愿与之一读波亚之战史也。虽然，吾无怪焉，灭国之新法则然耳。

其五征诸①非律宾。非律宾者，我同洲同种之国民，两度与白种战

---

① "诸"，原缺，今补。

争,百折而不挠者也。吾人所当南望顶礼而五体投地者也。西班牙之力不足以灭非律宾,吾今不具论,吾将论美国与非国交涉之事。夫美[①]国亦岂能灭非国之人哉?其所以灭之者,亦恃新法而已。当美、班之交战也,非国犹受压于班之轭,美人首以兵舰欲捣非岛以牵制班力,而自惧其力之不逮也,乃引非国豪杰阿军鸦度将军以自重。阿将军前以革命未成,韬迹香港,新嘉坡之美领事乃密约相会,有所订议,乃以电报往复于华盛顿政府及海军提督杜威,卒以美兵舰而护送阿将军返故国。阿将军之归也,为彼全岛同胞之权利、义务也,非为美国之嗾犬而代之驱除也。美国现政府既已弃其祖传之们罗主义,而易为帝国侵略政策,欲求一商业、兵事之根据地于东洋久矣,于是包藏祸心以待非人,宣言兵舰之来,将以助非岛之独立,脱西班牙之羁轭。非人以为美国文明义侠之称久著于天下,坦然信之,表亲爱焉。至一千八百九十八年,非国独立军既奏成功,民主政府既已建设,其时非政府所辖者,有十六万七千八百四十五方里西班牙里。之地,所统治者有九百三十九万五千余之民,而美军所侵掠领有者,地不过百四十三方里,人不过三十万余耳。非未尝借美之兵力以复国权,美却借非之声援以杀班力。两国之关系,如是而已矣。岂意美人挟大国之势,借战胜之威,一旦反戈,以向非人。虽血战三年,死伤疫疠,其所以惩创美人者不可谓不剧,而卒至今日,刀缺矢绝,大将被俘,百战山河,又易新主。天道无知,惟有强权。世有欲借外国之助力以成维新革命之功者乎?吾愿与之凭吊非律宾之战场也。虽然,吾无怪焉,灭国之新法则然耳。

以上所列,略举数国,数之不遍,语之不详。虽然,近二百年来,所谓优胜人种者,其灭国之手段略见一斑矣。莽莽五洲,被灭之国大小无虑百数十,大率皆入此彀中,往而不返者也。由是观之,安睹所谓文明者耶?安睹所谓公法者耶?安睹所谓爱人如己、视敌如友者耶?西哲有言:两平等者相遇,无所谓权力,道理即权力也;两不平等者相遇,无所谓道理,权力即道理也。彼欧洲诸国与欧洲诸国相遇也,恒以道理为权力;其与欧洲以外诸国相遇也,恒以权力为道理。此乃天演所必至,物竞所固然,夫何怪焉?夫何怼焉?所最难堪者,以攘攘优胜之人,托于岌岌劣败之国,当此将灭未灭之际,其将何以为情哉?其将何能已于言哉?

---

① “美”,原作“英”,今改。

天下事未有中立者也，不灭则兴，不兴则灭，何去何从，间不容发。乃我四万万人不讲所以兴国之策，而窃窃焉冀其免于灭亡，此即灭亡之第一根源也。人之爱我，何如其之自爱？天下岂有牺牲己国之利益而为他国求利益者乎？乃我四万万人，闻列强之议瓜分中国也，则哈然以忧；闻列强之议保全中国也，则释然以安；闻列强之协助中国也，则色然以喜。此又灭亡之第二根原也。吾今不欲以危言空论惊骇世俗，吾且举近事之一二与各亡国之成案比较而论之。

埃及之所以亡，非由国债耶？中国自二十年前，无所谓国债也。自光绪四年始有借德国二百五十万圆，周息五厘半之事。五年复借汇丰银行一千六百十五万圆，周息七厘。十八年借汇丰三千万圆，十九年借渣打一千万元，二十年借德国一千万元，皆周息六厘。廿一年借俄、法一万万五千八百二十万元，周息四厘。廿二年借英、德一万万六千万元，周息五厘。廿四年借汇丰、德华、正金三银行一万万六千万圆，周息四分五厘。盖此二十年间，除此次团匪和议赔款未计。而外债之数，已五万万四千六百余万元矣。大概总计，每年须偿息银三千万圆。今国帑之竭，众所共知矣。甲午以前所有借项，本息合计每年仅能还三百万，故惟第一次德债，曾还本七十五万，他无闻焉。自乙未和议以后，即新旧诸债不还一本，而其息亦须岁出三千万。南海何启氏曾将还债迟速之数，列一表如下：

债项五万万元，周息六厘，一年不还，其息为三千万元，合本计共为五万万三千万元。

使以五万万三千万元，再积一年不还，则其息为三千一百八十万元，本息合计五万万六千百八十万元。

再以五万万六千百八十万元，积八年不还，则其息为三万万三千三百万元有奇，本息合计为八万万九千五百万元有奇。

再以八万万九千五百万圆有奇，积十年不还，则其息为七万万零八百万元有奇，本息合计为十六万万零三百万元有奇。

再以十六万万零三百万元有奇，积十年不还，则其息为十二万万六千八百万元有奇，本息合计为二十八万万七千一百万元有奇。

然则不过三十年，而息之浮于本者几五倍，合本以计，则六倍于今也。夫自光绪五年至十八年，而不能还一千六百余万元之本，则中东战后三十年，其不能还五万万元之本明矣。在三十年以前之今日，而不能还三千万元之息，则三十年后，其不能还二十三万万元之息又明矣。加以此次新债四万万五千万两，又加旧债三之一有奇，若以前表之例算之，则三十年后，中国新旧债，本息合计当在六七十万万以上。即使外患不生，内忧不起，而三十年后，中国之作何局面，岂待蓍龟哉！又岂必待三十年而已，盖数年以后，而本息已盈十万万，不知今之顽固政府何以待之？夫使外国借债于我，而非有大欲在其后也，则何必互争此权，如蚁附膻，如狗夺骨，而彼此寸毫不相让耶？试问光绪廿一年之借款，俄罗斯何故为我作中保？试问廿四年之借款，俄、英两国何故生大冲突，几至以干戈相见？夫中国政府财政困难，而无力以负担此重债也，天下万国，孰不知之？既知之而复争之若鹜①焉，愿我忧国之士一思其故也。今即以关税、厘税作抵，或未至如何启氏之豫算。中国庞然大物，精华未竭，西人未肯遽以前此之待埃及者以相待。而要之债主之权日重一日，则中央财政之事必至尽移于其手然后快，是埃及覆辙之无可逃避者也。而庸腐奸险、貌托维新之疆臣如张之洞者，犹复以去年开督抚自借国债之例借五十万于英国，置兵备以残同胞，又以铁政局之名，借外债于日本。彼其意岂不以但求外人之我信，骤得此额外之巨款以供目前之挥霍，及吾之死也，或去官也，则其责任非复在我云尔？而岂知其贻祸于将来，有不可收拾者耶？使各省督抚皆效尤张之洞，各滥用其现在之职权，私称贷于外国，彼外国岂有所惮而不敢应之哉？虽政府之官吏百变，而民间之脂膏固在，彼嗌我吭而搤我胸，宁虑本息之不能归赵。此乐贷之，彼乐予之，一省五十万，二十行省不既千万乎？一年千万，十年以后不既万万乎？此事今初起点，论国事者皆熟视无睹焉，而不知即此一端，已足亡中国而有余，而作俑者之罪，盖擢发难数矣。中央政府之有外债，是举中央财权以赠他人也；各省团体之有外债，是并举地方财权以赠他人也。吾诚不忍见我京师之户部、内务府及各省之布政使司、善后局，其大臣长官之位皆虚左以待碧眼虬髯辈也。呜呼！安所得吾言之幸而不中耶？吾读埃及近世史，不禁股栗焉耳！

　　不宁惟是。国家之借款，犹曰挫败之后为敌所逼，不得不然。乃近者疆吏政策，复有以借款办维新事业为得计者，即铁路是其已事也。夫开铁路为兴利也，事关求利，势不可不持筹握算，计及锱铢。而凡借款者，其实收之数，不过九折，而金钱涨价，还时每须添一二成。即以一成而论，其入之也，十仅得九，其还之也，十须十一。是一转移间，已

---

　　① "鹜"，原作"鹜"，今改。

去其二成，而借万万者短二千万矣。此犹望金价平定，无大涨旺，然后能之。若每至还期，外国豪商高抬金价，则不难如光绪四、五年时之借项，借百万者几还二百万，是借款断无清还之期，而铁路前途岂堪设想耶？夫铁路之地，中国之地也，借洋债以作铁路，非以铁路作按不可。路为中国之路，非以国家担债不可。即今暂不尔，而他日稍有嫌疑，则债主且将执物所有主之名，而国家之填偿实不能免，以地为中国之地也。又使今之债主不侵路权，而异时一有龃龉，则债主又将托办理未善之说，而据路以取息，势所必然，以债为外洋之债也。以此计之，凡借款所办之路，其路必展转归外人之手而后已。路归外人，而路所经地及其附近处，岂复中国所能有耶？以上一段，多采何氏《新政始基》之议，著者自注。试观苏彝士河之股份，其关系于英国及埃及主权之嬗代者何如？呜呼！此真所谓自求祸者也。此所以芦汉铁路由华俄银行经理借款，而英国出全力以抗之；牛庄铁路之借款于汇丰银行，而俄国以死命相争也。诚如是也，则中国多开一铁路，即多一亡国之引线。又不惟铁路，凡百事业皆作如是观矣。今举国督抚亦竞言变法矣，即如其所说，若何而通道路，若何而练陆军，若何而广制造，若何而开矿务，至叩其何所凭借以始事，度公私俱竭之际，其势又将出于借款。若是则文明事业遍于国中，而国即随之而亡矣。呜呼！往事不可追，吾犹愿后此之言维新者，慎勿学张之洞、盛宣怀之政策以毒天下也。

俄人之亡波兰也，非俄人能亡之，而波兰之贵官豪族三揖三让以请俄人之亡我也。呜呼！吾观中国近事，抑何其相类耶！团匪变起，东南疆臣有与各国立约互保之举。中外人士交口赞之，而不知此实为列国确定势力范围之基础也。张之洞惧见忌于政府，乃至电乞各国，求保其两湖总督之任。又恃互保之功，蒙惑各领事，以快其仇杀异党之意气。僚官之与己不协者，则以恐伤互保为名，借外人之力以排除之。岂有他哉？为一时之私利、一己之私益而已。而不知冥冥之中，已将长江一带选举、黜陟、生杀之权全移于外国之手，于是扬子流域之督抚生息于英国卵翼之下，一如印度之酋长，盖自此役始矣。第四次惩治罪魁名单，荣禄等以广大神通，借俄、法两使之力，以免罪谴，于是京师、西安之大吏生息于俄人卵翼之下，一如高丽之屠王，又自此役始矣。一国之中，纷纷扰扰，若者为英、日党，若者为俄、法党，得附于大国为之奴隶，则栩栩然自以为得计。噫嘻！吾恐非至如俄人筑炮台以临波兰议院之时，而衮衮诸公遂终不悟也。人不能瓜分我，而我先自分之，开群雄以利用之法门，彼官吏之自为目前计则得矣，而遂使我国民自今以往将为奴隶之奴隶而万劫不复。官吏其安之矣，抑我国民其安之否耶？

呜呼！吾观天下最奇最险之现象，则未有如拳匪之役者也。列强之议瓜分中国也，十余年于兹矣。事机相薄，妖孽交作，无端而有义和团之事，以为之口实。皮相者流，孰不谓瓜分之议，将于今实行乎？而岂知不惟不行而已，而环球政治家之论，反为之一大变，保全支那之声，日日腾播于报纸中。而北京公使会议，亦无不尽变其前此威吓逼胁之故技，而一出以温柔噢咻之手段。噫嘻，吾不知列强自经此役以后，何所爱于中国，而方针之转变，乃如是其速也？一面骂吾民之野蛮无人性，绘为图画，编为小说，尽情丑诋，变本加厉，惟恐不力；一面抚摩而煦妪之，厚其貌，源其情，视畴昔有加焉。义和团之为政府所指使，为西后所主持，亦既万目共见，众口一词矣，而犹觍然认为共主，尊为正统，与仇为友，匿怨相交。欢迎其谢罪之使，如事大神；代筹其偿款之方，若保赤子。噫嘻！此何故欤？狙公之饲狙也，朝三暮四则诸狙怒，朝四暮三则诸狙喜。中国人之性质，欧种知之矣，以瓜分为瓜分，何如以不瓜分为瓜分。求实利者不务虚名，将大取者必先小与。彼以为今日而行瓜分也，则陷吾国民于破釜沉舟之地，而益其独立排外之心，而他日所以钳制而镇抚之者，将有所不及；今日不行瓜分而反言保全也，则吾国民自觉如死囚之获赦，将感再造之恩，兴来苏之颂，自化其前此之蓄怨积怒，而畏慑、歆羡、感谢之三种心次第并起。于是乎中国乃为欧洲之中国，中国人亦随而为欧洲之国民。吾尝读赫德氏新著之《中国实测论》（Robert Harts, *Essays on the Chinese Question*）去年西十一月出版，因义和团事而论西人将来待中国之法者也。其大指若曰：

> 今次中国之问题，当以何者为基础而成和议乎？大率不外三策：一曰分割其国土，二曰变更其皇统，三曰扶植满洲政府是也。然变更皇统之策终难实行，因今日中国人无一人有君临全国之资望，若强出此策，则骚扰相续，迄无宁岁耳！策之最易行者，莫如扶植满洲朝廷。而漫然扶植之，则亦不能绝后来之祸根。故论中国最终之处分，则瓜分之事，实无所逃避。而无奈瓜分政策，又不可遽实行于今日。盖中国人数千年在沉睡之中，今也大梦将觉，渐有"中国者，中国人之中国也"之思想，故义和团之运动，实由其爱国之心所发，以强中国拒外人为目的者也。虽此次初起，无人才，无器械，一败涂地，然其始羽檄一飞，四方响应，非无

故矣。自今以往，此种精神，必更深入人心，弥漫全国，他日必有义和团之子孙，辇格林之炮，肩毛瑟之枪，以行今日义和团未竟之志者。故为今之计，列国当以瓜分为最后之一定目的，而现时当一面设法顺中国人之感情，使之渐忘其军事思想，而倾服于我欧人。如是则将来所谓"黄祸"西人深畏中国人，向有"黄祸"之语，互相警厉。者，可以烟消烬灭矣云云。此乃撮译全书大意，非择译一章一节。作者自注。

呜呼！此虽赫德一人之私言，而实不啻欧洲各国之公言矣。由此观之，则今日纷纷言保全中国者，其为爱我中国也几何？不宁惟是，彼西人深知夫民权与国权之相待而立也，苟使吾四万万人能自起而组织一政府，修其内治，充其实力，则白人将永不能染指于亚洲大陆。又知夫民权之兴起，由于原动力与反动力两者之摩荡，故必力压全国之动机，保其数千年之永静性，然后能束手以待其摆布，故以维持和平之局为第一主义焉。又知夫中国民族，有奴事一姓崇拜民贼之性质也，与其取而代之，不如因而用之，以中国人而自凌中国人，自制中国人，则相与俯首帖耳，谓我祖若宗以来，既皆如是矣，习而安之，以为分所当然，虽残暴桎梏十倍于欧洲人，而民气之靖依然也。故尤以扶植现政府为独一无二之法门焉。吾今请以一言正告四万万人曰：子母虑他人之颠覆而社稷变置而朝廷也。凡有谋人之心者，必利其人之愚，不利其人之明；利其人之弱，不利其人之强；利其人之乱，不利其人之治。今中国之至愚至弱而足以致乱者，莫今政府若也。使从而稍有所变易，无论其文野程度何若，而必有以胜于今政府；而彼之所以谋我者，必不若今之易易。列强虽拙，岂其出此？且同是压制也，同是凌辱也，出之于己，则己甚劳而更受其恶名；假手于人，则己甚逸而且借以市惠。各国政治家，其计之熟矣。使以列强之力直接而虐我民，民有抗之者，则谓之抗外敌，谓之为义士，为爱国，而镇抚之也无名。使用本国政府之力间接而治我民，民有抗之者，则谓之为抗政府，谓之为乱民，为叛逆，而讨伐之也有辞。故但以政府官吏为登场傀儡，而列强隐于幕下，持而舞之。政府者，外国之奴隶，而人民之主人也。主人既见奴于人，而主人之奴，更何有焉？印度之酋长，印度人之主人也，英皇则印度主人之主人也。安南之王，安南人之主人也，法总统则安南主人之主人也。吾中国之有主人也，主人之尊严而可敬畏也，是吾国民所能知也。主人之复有其主人也，主人即借其主人之尊严以为尊严也，是非吾国民所能知也。今论者动忧为外国之奴隶，而不知外国曾不屑以我为奴隶，而必以我为其奴隶之奴隶。为奴隶则尚或知之，尚或忧之，尚或救之；为奴隶之奴隶，则冥然而罔觉焉，帖然而相安焉，栩然而自得焉。呜呼！此真九死未悔而万劫不复者矣。灭国新法之造妙入神，至是而极矣。虽然，惟螂蛆为能甘粪，惟蓼虫为能受辛，彼列国亦何足责，亦何足怪。彼自顾其利益，自行其政略，例应尔尔也。而独异乎四百兆蚩蚩者氓，偏生成此特别之性质，以适足供其政略之利用。而至今日，已奔走相庆，趋跄恐后，以为列强爱我、恤我、抚我、字我，不我瓜分而我保全，我中国亿万年有道之长定于今日矣。此则魔鬼所为掀髯大笑，而天帝所为爱莫能助者也。

凡言保全支那者，必继之以"开放门户"（Open the door in China）。译意谓将全国尽开为通商口岸也。夫"开放门户"岂非美事？彼英国实门户全开之国也，而无如吾中国无治外法权，凡西人商力所及之地，即为其国力所及之地。夫上海、汉口等号称为租界者，租界乎？殖民地耳！举全国而为通商口岸，即举国而为殖民地。西人之保全殖民地，有不尽力者乎？其尽力以保全支那，固其宜也。保全支那者，必整理其交通机关。今内河既已许外国通行小轮，而列国所承筑之铁路必将实施速办，而此后更日有扩充矣。夫他人出资以代我筑当筑之铁路，岂不甚善？而无如路权属于人。路与土地有紧密之关系，路之所及，即为兵力之所及。二十行省之路尽通，而二十行省之地已皆非吾有矣。保全支那者，必维持其秩序，担任其治安。和议成后，必有为我国代兴警察之制度者。夫警察为统治之要具，昔无今有，宁非庆事？而无如此权委托于外人，假手于顽固政府，施德政则无寸效，挫民气则有万能。昔波兰之境内，俄人警察之力最周到焉，其福波兰耶？其祸波兰耶？又今者俄国本境警察严密，为地球冠，俄政府所以防家贼者则良得矣。而全俄之民，呻吟于专制虐政之下，沉九渊而不能复。俄民永梏，而俄政府亦何与立于天地乎？而况乎法制严明、主权确定之远不如俄者也。故以警察力而保全支那，是犹假强盗以利刃而已。保全支那者，必整顿其财政。夫中国之财富，浮积于地面，阒塞于地中者，天下莫及焉。浚而出之，流而布之，可以操纵万国，雄视五洲矣，而无如商权、工权、政权既全握于他人之手，此后富源愈开，而吾民之欲谋衣食者愈不得不仰鼻息于彼族。不见乎今日欧美之社会乎？大公司既日多，遂至资本家与劳力者划然分为两途。富者愈富，贫者愈贫，而中间无复隙地以容中等小康之家。今试问中国资本家之力，能与西人竞乎？既不能为资本家，势不得不为劳力者。畴昔小康之家遍天下，自此以往，恐不能不低首下声，胼手胝足，以求一劳役于各省洋行之司理人矣。保全支那者，必兴教育，教育固国民之元气也。顾吾闻数月以来，京师及各省都会，其翻译通事之人声价骤增，势力极盛，于是都人士咸歆而慕之。昔之想望科第者，今皆改而从事于此途焉。而达官华胄，有出其娇妻爱女侍外国将官之颦笑以为荣幸者矣。吾知此后外国教育之势力日涨，而此等之风气亦日开，所以偿义和团之损失者，如是而已。教育一也，而国民教育与奴隶教育，其间有一大鸿沟焉。而奴隶之奴隶教育，更有非言思拟议所能及者矣。嗟乎！列国之所以保全支那者，如斯而已乎？支那之所以自保全者，如斯而已乎？夫孰知瓜分政策，容或置之死地而获生？夫孰知保全政策，实乃使其鱼烂而自亡乎？新法乎？新法乎？前车屡折而来轸方遒，饮鸩如饴而灰骨不悔。吾又将谁尤哉？吾又将谁尤哉？

国家思想变迁异同论*
（1901 年 10 月 12、22 日）

　　思想者，事实之母也。欲建造何等之事实，必先养成何等之思想。

　　世界之有完全国家也，自近世始也。前者曷为无完全国家？以其国家思想不完全也。今泰西人所称述之国家思想，果为完全否乎？吾不敢知。虽然，以视前者，则其进化之迹粲然矣。其得此思想也，非一朝一夕所骤致，非一手一足所幸成，或自外界刺激之，或自内界启牖之。虽曰天演日进之公理不得不然，然所以讲求发明而提倡之者，又岂可缓耶？故今略述其变迁异同之大体，使吾国民比较而自省焉。苟思想之普及，则吾国家之成立，殆将不远矣。

　　德国大政治学者伯伦知理所著《国家学》，将欧洲中世与近世国家思想之变迁，举其特异之点，凡若干条，兹译录如下：

甲、中世	乙、近世
一、国家者，其生命与权利受于上帝。国家之组织，皆由天意，受天命。	一、国家者，本于人性，成于人为。其所组织，乃共同生活之体，生民自构成之，生民自处理之。
二、国家二字之理想，全自教门之学说而来，王者代上帝君临国家，王国即神国也。天主教主持教令与国家之两大权，谓教界之权与俗世之权，皆上帝之所付，其一归于教皇，其一归于罗马帝。即耶稣新教，虽知教令干预政权之不可，然其论国家权，仍带宗教上之思想。	二、以哲学及史学定国家之原理。故近世之政治学，全自国家与吾人之相关如何着想。或曰：国家者，由人人各求其安宁，求其自由，相议合意而结成者也。或曰：国家者，同一之国民，自然发生之团体也。要之，近世国家之理想，非全滞于宗教，亦非全离于宗教，至政治学之所务，则不在求合于天则，而在求合于人事。

---

　　* 录自《清议报》第九十四、九十五册，光绪二十七年九月一、十一日（1901 年 10 月 12、22 日）出版，署名"任公"。

续前表

甲、中世	乙、近世
三、中世国家之理想，虽非如东洋古国指埃及、犹太等。直接之神权政体，而尚不免为间接之神权政体。盖君主者，神之副代理也。	三、神权政体与近世政治思想不相容。近世之国家，乃生民以宪法而构造之；其统治之权，以公法节制之；其行政也，循人生之道理，因人为之方法，以图国民之幸福。
四、国家由教徒之团体而成，故以教派之统一为最要。凡异教、无教之徒，不许有政权，且虐待之。	四、宗教无特权，无论公法、私法，皆与教派不相涉。国家有保护"信教自由"之责任，无论何种教令，不得禁止凌害之。
五、耶苏教国以教令为形而上者，故视之也尊；以国家为形而下者，故视之也卑。教主之位，在国王之上；教士之位，在平民之上。常享特权，免常务。	五、国家自有精神，国民之元气。有形体，宪制。而成一法人，法人者，谓自法律上视之，与一个人同例。对于教令而有独立之地位，且能以权力临教会。其施行法律也，一切阶级皆平等，教士不能有特优之权。
六、教育少年之事，皆由教会管之。各专门学亦归宗教势力范围。	六、国家所委于教会者，仅宗教教育耳，若学校，则国家之学校也。一切专门学，皆脱宗教之羁绊，国家保护其自由。
七、无公法、私法之别，于属地所行之主权，殆如私管业之财产。君权者，一家族之权也。	七、公法与私法之区别极分明，公权与公务相倚。
八、因封建制度之故，国权破碎分离，自神而王，自王而侯伯，自侯伯而士，自士而市府，遂渐推移，法律之组织极散漫。	八、国家者，自国民而成者也，但中央统制之权仍存于国家。国家因国民的基础，其范围日赴广大。法律亦以国家统一之精神，施平等于全体。
九、代议选举之权由身份而异，贵族及教士占非常之势力。法律亦因阶级为区别。	九、选举之权达于人民全体，其根柢即民政是也。法律通全国而为一。
十、诸侯自保其家国，故盛行保护政略。国家主权偏于一方，细民不能享自由。	十、全体之人民各伸其共有之自由，又各服其自集之权力。
十一、国家无意志，无精神，只由于天性与趋势而决行为，如天然之生物然。其法律以习俗为根柢。	十一、国家自有知觉，循至善之理而行。其法律，以公议别择为根柢。

　　吾今者略仿其例，推而衍之，举欧洲旧思想与中国旧思想与欧洲新思想试一比较，列表如下：

甲、欧洲旧思想	乙、中国旧思想	丙、欧洲新思想
一、国家及君主、人民皆为神而立者也，故神为国家之主体。	一、国家及人民皆为君主而立者也，故君主为国家之主体。	一、国家为人民而立者也。君主为国家之一支体，其为人民而立，更不俟论，故人民为国家之主体。（十九世纪下半纪之国家主义，亦颇言人民为国家而立，然与旧思想有绝异之点，语详下篇。）
二、人民之一部分与国家有关系。国家者，半公私之物也，可以据为己有，而不能一人独有	二、国家与人民全然分离。国家者，死物也，私物也，可以一人独之。其得之也，以强权，以优先权，故人民之盛衰与国家之盛衰无关。	二、国家与人民一体。国家者，活物也（以人民非死物故），公物也（以人民非私物故），故无一人能据有之者。人民之盛衰与国家之盛衰如影随形。
三、治人者为一级，被治于人者为一级，其地位生而即定，永不得相混。	三、治人者为一级，治于人者为一级，其级非永定者，人人皆可以为治人者，人人皆可以为治于人者。但既为治人者，即失治于人之地位；既为治于人者，即失治人者之地位。	三、有治人者，有治于人者，而无其级。全国民皆为治人者，亦皆为治于人者。一人之身，同时为治人者，亦同时即为治于人者。
四、帝王代天临民，帝王之权即神权，几与神为一体。	四、帝王非天之代理者，而天之所委任者，故帝王对于天而负责任。	四、帝王及其他统治权，非天之代理，而民之代理；非天之所委任，而民之所委任。故统治者对于民而负责任。
五、政治为宗教之附属物。	五、宗教为政治之附属物。	五、政治与宗教，各有其独立之位置，两不相属。
六、公众教育，权在教会。	六、无公众教育。	六、公众教育，权在国家。
七、立法权在少数之人（君主及贵族），其法以神意为标准。	七、立法权在一人（君主），其法以古昔为标准（或据先哲之言，或沿前朝之制，或任旧社会之习惯）。	七、立法之权在众人（合国民），其法以民间公利公益为标准。
八、与中国旧思想略同。	八、无公法、私法之别。国家对于人民，有权利而无义务；人民对于国家，有义务而无权利。	八、公法、私法，界限极明。国家对于人民，人民对于国家，人民对于人民，皆各有其相当之权利、义务。

续前表

甲、欧洲旧思想	乙、中国旧思想	丙、欧洲新思想
九、全国人皆受治于法律，惟法律有种种阶级，各人因其身分而有特异之法律。	九、惟君主一人立于法律之外，其余皆受治于法律，一切平等。	九、全国人皆受治于法律，一切平等，虽君主亦不能违公定之国宪。
十、政权分散，或在王，或在诸侯，或在豪族，或在市府，无所统一。	十、政权外观似统一，而国中实分无量数之小团体，或以地分，或以血统分，或以职业分。中央政权，谓之弱小也不可，谓之强大也亦不可。	十、政权统一，中央政府与团体自治各有权限，不相侵越。
十一、列国并立，政治之区域颇狭，且有贵族阶级，故人民常不得自由。	十一、庞大一统，政治之区域寥阔，且无贵族阶级，故政府虽非能予民以自由，而因其统治力之薄弱，人民常意外得无限之自由（亦意外得无限之不自由）。	十一、政府为人民所自造，人民各尊其自由，又委托其公自由于政府，故政府统治之权甚大，而人民得有限之自由。

今考欧洲国家思想过去、现在、未来变迁之迹，举其荦荦大者如下：

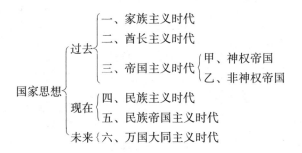

过去者已去，如死灰之不能复然。未来者未来，如说食之不能获饱。今暂置勿论，但取现在通行有力者而论之。

今日之欧美，则民族主义与民族帝国主义相嬗之时代也。今日之亚洲，则帝国主义与民族主义相嬗之时代也。专就欧洲而论之，则民族主义全盛于十九世纪，而其萌达也在十八世纪之下半；民族帝国主义全盛于二十世纪，而其萌达也在十九世纪之下半。今日之世界，实不外此两大主义活剧之舞台也。

于现今学界，有割据称雄之二大学派，凡百理论皆由兹出焉，而国家思想其一端也。一曰平权派，卢梭之徒为民约论者代表之。二曰强权派，斯宾塞之徒为进化论者代表之。平权派之言曰：人权者，出于天授者也，故人人皆有自主之权，人人皆平等。国家者，由人民之合意结契约而成立者也，故人民当有无限之权，而政府不可不顺从民意。是即民族主义之原动力也。其为效也，能增个人强立之气，以助人群之进步；及其弊也，陷于无政府党，以坏国家之秩序。强权派之言曰：天下无天授之权利，惟有强者之权利而已。故众生有天然之不平等，自主之权当以血汗而获得之。国家者，由竞争淘汰不得已而合群以对外敌者也。故政府当有无限之权，而人民不可不服从其义务，是即新帝国主义之原动力也。其为效也，能确立法治以法治国，谓之法治。之主格，以保团体之利益；及其弊也，陷于侵略主义，蹂躏世界之和平。

十八、十九两世纪之交，民族主义飞跃之时代也。法国大革命开前古以来未有之伟业，其《人权宣言书》曰：凡以己意欲栖息于同一法律之下之国民，不得由外国人管辖之。又，其国之全体，乃至一部分，不可被分割于外国。盖国民者，独立而不可解者也云云。此一大主义以万丈之气焰，磅礴冲激于全世界人人之脑中，顺之者兴，逆之者亡。以拿破仑旷世之才，气吞地球八九于其胸而曾不芥蒂，卒乃一蹶再蹶，身为囚虏，十年壮图，泡灭如梦，亦惟反抗此主义之故。拿破仑之既败也，此主义亦如皎日之被翳，风雷虽歇，残云未尽。于时，比利时合并于荷兰，荷尔士达因日耳曼族之一都府也。被领于丹麦，意大利之大部被轭于奥国，匈牙利及波希米亚亦皆被略于奥国，波兰为俄、普、奥所分，巴干半岛诸国见掩于土耳其。一时国民独立之原理，若将中绝焉。曾几何时，而希腊抗土以独立矣，比利时自荷兰而分离矣，荷尔士达因复还于德国矣，数百年憔悴于教政、帝政下之德意志、意大利皆新建国称雄于地球矣，匈牙利亦得特别自治之宪法矣，罗马尼亚、塞尔维亚、门的内哥皆仰首伸眉矣，爱尔兰自治之案通过矣。至千九百年顷，其风潮直驰卷腾，溢于欧洲以外之天地。以区区荒岛之非律宾，一度与百年轭缚之西班牙抗而脱其羁绊，再度与富源莫敌之美国抗，虽暂挫跌而其气未衰焉。以崎崎山谷之杜兰斯哇儿，其人口曾不及伦敦负郭之一小区，致劳堂堂大英三十余万之雄兵，至今犹患苦之。凡百年来种种之壮剧岂有他哉？亦由民族主义磅礴冲激于人人之胸中，宁粉骨碎身，以血染地，而必不肯生息于异种人压制之下。英雄哉，当如是也！国民哉，当如是也！今日欧洲之世界，一草一石，何莫非食民族主义之赐？读十九世纪史而知发明此思想者,功不在禹下也!

民族主义者,世界最光明正大公平之主义也,不使他族侵我之自由,我亦毋侵他族之自由。其在于本国也,人之独立;其在于世界也,国之独立。使能率由此主义,各明其界限以及于未来永劫,岂非天地间一大快事?虽然,正理与时势亦常有不并容者。自有天演以来,即有竞争,有竞争则有优劣,有优劣则有胜败,于是强权之义,虽非公理,而不得不成为公理。民族主义发达之既极,其所以求增进本族之幸福者,无有厌足。内力既充,而不得不思伸之于外,故曰:两平等者相遇,无所谓权力,道理即权力也;两不平等者相遇,无所谓道理,权力即道理也。由前之说,民族主义之所以行也,欧洲诸国之相交则然也。由后之说,帝国主义之所以行也,欧洲诸国与欧外诸国之相交则然也。于是乎厚集国力,扩张属地之政策不知不觉遂蔓延于十九世纪之下半。虽然,其所以自解也,则亦有词矣。彼之言曰:世界之大部分被掌握于无智无能之民族,此等民族不能发达其天然力(如矿地、山林等)以供人类之用,徒令其废弃,而他处文明民族人口日稠,供用缺乏,无从溉注。故势不可不使此劣等民族受优等民族之指挥监督,务令适宜之政治普遍于全世界,然后可以随地投资本,以图事业之发达,以增天下之公益。此其口实之大端也。不宁惟是,彼等敢明目张胆谓:世界者,有力人种世袭之财产也;有力之民族攘斥微力之民族而据有其地,实天授之权利也。不宁惟是,彼等谓:优等国民以强力而开化劣等国民,为当尽之义务,苟不尔,则为放弃责任也。此等主义既盛行,于是种种无道之外交手段随之而起。故德国以杀两教士之故,而掠口岸于支那;英国以旅民权利之故,而兴大兵于波亚。其余互相猜忌、互相欺蔽之事,往来于列强外交家之头脑者,盖日多一日也。其究也,如美国向守们罗主义,超然立于别世界者,亦遂狡焉变其方针,一举而墟夏威夷,再举而刘非律宾。盖新帝国主义如疾风,如迅雷,飙然訇然震撼于全球,如此其速也!

新帝国主义之既行,不惟对外之方略一变而已,即对内之思想亦随之而大变。盖民族主义者,谓国家恃人民而存立者也,故宁牺牲凡百之利益,以为人民;帝国主义者,言人民恃国家而存立者也,故宁牺牲凡百之利益,以为国家,强干而弱枝,重团体而轻个人。于是前者以政府为调人为赘疣者,一反响间,而政府万能之语遂遍于大地。甚者如俄罗斯之专制政体,反得以机敏活泼,为万国之所歆羡,而人权、民约之旧论，几于萧条门巷，无人问矣。回黄转绿，循环无端，其现状之奇有如此者。今试演孟子之言，以证明国家思想之变迁如下：

十八世纪以前，君为贵，社稷次之，民为轻。

十八世纪末至十九世纪，民为贵，社稷次之，君为轻。

十九世纪末至二十世纪，社稷为贵，民次之，君为轻。

虽然，十九世纪之帝国主义与十八世纪前之帝国主义，其外形虽混似，其实质则大殊，何也？昔之政府以一君主为主体，故其帝国者，独夫帝国也。今之政府以全国民为主体，故其帝国者，民族帝国也。凡国而未经过民族主义之阶级者，不得谓之为国。譬诸人然，民族主义者，自胚胎以至成童所必不可缺之材料也，由民族主义而变为民族帝国主义，则成人以后谋生建业所当有事也。今欧美列强皆挟其方刚之膂力以与我竞争，而吾国于所谓民族主义者犹未胚胎焉。顽锢者流墨守十八世纪以前之思想，以欲与公理相抗衡，卵石之势，不足道矣。吾尤恐乎他日之所谓政治学者，耳食新说，不审地位，贸然以十九世纪末之思想为措治之极则，谓欧洲各国既行之而效矣，而遂欲以政府万能之说移殖于中国，则吾国将永无成国之日矣。知他人以帝国主义来侵之可畏，而速养成我所固有之民族主义以抵制之，斯今日我国民所当汲汲者也！

本馆第一百册祝辞并论报馆之责任及本馆之经历*
(1901 年 12 月 21 日)

第一　祝典之通例及其关系

祝典乌乎起？所以纪念旧事业而奖厉新事业也。凡天下一事之成，每不易易，恒历许多曲折，经许多忍耐，费许多价值，而后仅乃得之。故虽过其时，不忘其劳，于是乎有以祝之。其祝之也，或以年年，或以十年，或以五十年，或以百年，要之借已往之感情，作方新之元气，其用意至深且美。若美国之七月四日，法国之七月十四日，为其开国功成之日，年年祝之勿替焉。一千八百八十七年，美国举行独立百年之祝典。八十九年，法国举行共和百年之祝典。九十三年，开万国大博览会于芝加哥，以举行哥仑布寻出西半球四百年之祝典。去年，开十九世纪博览会于巴黎，以举行耶苏降生一千九百年之祝典。又如亚丹①·斯密氏《原富》出版后第一百年，世界之理财学者共举祝典焉。瓦特氏发明汽机后第五十年，世界之工艺学者共举祝典焉。达尔文氏《种源论》成书后第三十年，世界之物理学者共举祝典焉。下之如一市，如一乡，如一学校，如一医院，如一船舰，如一商店，亦往往各有其祝典。大抵凡富强之国，其祝典愈多；凡文明之事业，其祝典愈盛。岂好为侈靡烦费以震骇庸耳俗目哉？所以记已往，振现在，厉将来。所谓历史的、思想精神的教育，其关系如此其重大也。

---

* 录自《清议报》第一百册，光绪二十七年十一月十一日（1901 年 12 月 21 日）出版，署名"任公"。

① "丹"，原作"并"，今改。

中国向无所谓祝典也。中国以保守主义闻于天下，虽然，其于前人之事业也，有赞叹而无继述，有率循而无扩充，有考据而无纪念，以故历史的思想甚薄弱，而爱国、爱团体、爱事业之感情亦因以不生。夫西人以好事而强，中国以无动而弱。斯事虽小，亦可以喻大矣。《清议报》，事业之至小者也。其责任止在于文字，其目的仅注于一国，其位置僻处于海外。加以其组织未完备，其体例未精详，其言论思想未能有所大补助于国民，况当今日天子蒙尘，宗国岌岌之顷，有何可祝？更何忍祝！虽然，菲葑不弃，敝帚自珍，晓音喑口，亦已三年。言念前劳，不欲泯没。且以中国向来无此风气，从而导之，请自隗始，故于今印行第一百册之际，援各国大报馆通例，加增叶数，荟萃精华，从而祝之。亦庶几以纪念既往而奖厉将来，此同人区区之微意也。

第二　报馆之势力及其责任

《清议报》之事业虽小，而报馆之事业则非小。英国前大臣波尔克尝在下议院指报馆记事之席各国议院议事时，皆别设一席，以备各报馆之傍听记载。而叹曰：此殆于贵族、教会、平民三大种族之外，而更为一绝大势力之第四种族也。英国议院以贵族、教徒、平民三阶级组织而成。盖英国全国民，实不外此三大种族而已。日本松本君平氏著《新闻学》一书，其颂报馆之功德也，曰：彼如豫言者，讴国民之运命；彼如裁判官，断国民之疑狱；彼如大立法家，制定律令；彼如大哲学家，教育国民；彼如大圣贤，弹劾国民之罪恶；彼如救世主，察国民之无告苦痛而与以救济之途。谅哉言乎！近世泰西各国之文明日进月迈，观已往数千年，殆如别辟一新天地。究其所以致此者何自乎？或曰：是法国大革命之产儿也。而产此大革命者谁乎？或曰：中世神权专制政体之反动力也。而唤起此反动力者谁乎？或曰：新学新艺勃兴之结果也。而勃兴此新学新艺者谁乎？无他，思想自由，言论自由，出版自由。此三大自由者，实惟一切文明之母，而近世世界种种现象皆其子孙也。而报馆者，实荟萃全国人之思想言论，或大或小，或精或粗，或庄或谐，或激或随，而一一绍介之于国民。故报馆者，能纳一切，能吐一切，能生一切，能灭一切。西谚云：报馆者，国家之耳目也，喉舌也，人群之镜也，文坛之王也，将来之灯也，现在之粮也。伟哉！报馆之势力。重哉！报馆之责任。

　　欧美各国之大报馆，其一言一论，动为全世界人之所注观所耸听。何以故？彼政府采其议以为政策焉，彼国民奉其言以为精神焉。故往往有今日为大宰相、大统领，而明日为主笔者；亦往往有今日为主笔，而明日为大宰相、大统领者。美国禁黑奴之盛业何自成乎？林肯主笔之报馆为之也。英国爱尔兰自治案何以通过乎？格兰斯顿主笔之报馆为之也。近日俄皇何以开弭兵会乎？吐尔斯吐主笔之报馆为之也。报馆者，政本之本，而教师之师也。惟其然也，故其人民嗜之如饮食，男女不可须臾离。闻之英国人，无论男妇老幼、贫富贵贱，有不读书者，无不读报者。其他文明诸国国民，大率例是。以此之故，其从事于报馆事业者，亦益复奋勉刻厉，日求进步。故报章愈多，体例愈善，议论愈精，记载愈富，能使人专读报纸数种，而可以尽知古今天下之政治、学问、风俗事迹，吸纳全世界之新空气于其脑中。故欲觇国家之强弱，无他道焉，则于其报章之多寡良否而已矣。

　　校报章之良否，其率何如？一曰：宗旨定而高。二曰：思想新而正。三曰：材料富而当。四曰：报事确而速。若是者良，反是则劣。

　　所谓宗旨定而高者何也？凡行一事，著一书，皆不可无宗旨，惟报亦然。宗旨一定，如项庄舞剑，其意常在沛公，旦旦而聒之，月月而浸润之，大声而呼之，谲谏而逗之。以一报之力而发明一宗旨，何坚不摧！何艰不成！虽然，宗旨固有择焉，牟利亦宗旨也，媚权贵亦宗旨也，悦市人亦宗旨也，故为报馆者，不可不以热诚慧眼，注定一最高之宗旨而守之。政治学者之言曰：政治者，以国民最多数之公益为目的。若为报者，能以国民最多数之公益为目的，斯可谓真善良之宗旨焉矣。

　　所谓思想新而正者何也？所贵乎报馆之著述者，贵其能以语言文字开将来之世界也。使取人人所已知者而敷衍之，则与其阅报，何如坐禅？使拾前人所已言者而牙慧之，则与其阅报，何如观剧？故思想不可以不新。凡欲造成一种新国民者，不可不将其国古来误谬之理想摧陷廓清，以变其脑质。而欲达此目的，恒须借他社会之事物理论输入之而调和之，如南北极之寒流与赤道之热流相剂而成新海潮，如常雪界之冷气与地平之热气相摩而成新空气。故交换智识，实惟人生第一要件，而报馆之天职，则取万国之新思想以贡于其同胞者也。不宁惟是，凡一新理之出世也，恒与旧义不相容，故或举国敌之，一世弃之，固又视其自信力何如焉。信之坚而持之毅，此又前者所谓定宗旨也。若夫处今日万芽齐苗之世界，其各种新思想殽列而不一家，则又当校本国之历史，察国民之原质，审今后之时势，而知以何种思想为最有利而无病，而后以全力鼓吹之。是之谓正。

所谓材料富而当者何也？凡真善良之报，能使人读其报而全世界之智识无一不具备焉。若此者，日报与丛报丛报者，指旬报、月报、来复报等，日本所谓杂志者是也。皆所当务，而丛报为尤要。各国之大丛报，其搜罗极博，其门类极繁，如政治，如理财，如法律，如哲学，如教育，如宗教，如格致，如农工商，如军事，如各国近事，如小说，如文苑，如图画，如评骘各报，无一不载。而其选择又极严，闻之欧美有力之丛报，每年所蒐集著记之论说纪事，在一万篇以上，而其刊发者不过二百篇内外。盖其目的在使阅者省无谓之目力，阅一字则得一字之益，而又不使有所罣漏，有所缺陷。诚哉！其进步。诚哉！其难能而可贵也。

所谓报事速而确者何也？报之所以惠人者不一端，而知今为最要。故各国之报馆，不徒重主笔也，而更重时事，或访问，或通信，或电报，费重赀以求一新事不惜焉。此事之要，业此者多能知之，兹不具论。

合此四端，则成一完全尽善之报。盖其难哉！是以报章如牛毛，而良者如麟角也。欧美且然，而况于中国乎？

第三　中国报馆之沿革及其价值

西谚曰：罗马者，非一日之罗马。凡天下大业，必非一蹴可几，必渐次发达以进于圆满之域。此事物之公例，无可逃避者也。虽然，其发达之迟缓而无力，独未有如中国之报馆者。中国邸报视万国之报纸，皆为先辈，姑勿置论。即自通商以后，西国之报章形式始入中国，于是香港有《循环日报》，上海有《申报》，于今殆三十余年矣。其间继起者虽不少，而卒无一完整良好，可以及西人百分之一者。以京都首善之区，而自联军割据以前，曾无一报馆，此真天下万国之所无也。十八行省，每省之幅员户口皆可敌欧洲一国，而除广东、福建外，省会之有报馆者无一焉，此亦世界之一怪现象矣。近年以来，陈陈相接，惟上海、香港、广州三处，号称最盛而其体例无一足取。每一展读，大抵"沪滨冠盖"、"瀛脊南来"、"祝融肆虐"、"图窃不成"、"惊散鸳鸯"、"甘为情死"等字样阗塞纸面，千篇一律。甚乃如台湾之役，记刘永福之娘子军、团匪之变，演李秉衡之黄河水，明目张胆，自欺欺人。观其论说，非"西学原出中国考"，则"中国宜亟图富强论"也。展转抄袭，读之惟恐卧。以故报馆之兴数十年，而于全国社会无纤毫之影响。大抵以资本不足，阅一年数月而闭歇者，十之七八，其余一二，亦若是则已耳。参看本册附录《中国各报存佚表》①。惟前者天津之《国闻报》，近日上海之《中外日报》、《同文沪报》、《苏报》，体段稍完，然以比诸日本一僻县之报，犹不能望其肩背，无论东京之大者，更无论泰西也。若夫丛报，则更不足道。前者惟《格致汇编》稍称完整，然出于西人之手，且据上海制造局官书之力，又不过每季一册，又仅明一义，不及其他。然犹仅出二十八册，遽亦中断。其次则《万国公报》，亦出西人之手，凭教会之力，其宗旨多倚于教，于政治学问界非有大关系焉。甲午挫后，《时务报》起，一时风靡海内，数月之间，销行至万余分，为中国有报以来所未有。举国趣之，如饮狂泉。作者当时承乏斯役。虽然，今日检阅其旧论，辄欲作呕；覆勘其体例，未尝不汗流浃背也。夫以作者今日之学识、思想、经历，其固陋浅薄，不足以当东西通人之一指趾甚明也，则数年前之庸滥愚谬更何待论！而举国士夫乃啧啧然目之曰：此新说也，此名著也。呜呼伤哉！吾中国人之文明程度，何低下之至于此极也？《时务报》后，澳门《知新报》继之，尔后一年间沿海各都会继轨而作者，风起云涌，骤十余家。大率面目体裁悉仿《时务》，若惟恐不肖者。然其间惟天津《国闻汇编》成于硕学之手，精深完粹，复乎尚矣。然仅出五册，便已戛然。此外余子，等诸自桧。及戊戌政变，《时务》云亡，而所谓此十余家者，亦如西山残阳，倏忽匿影，风吹落叶，余片无存。由此观之，其当初设报之心果何在乎？不待鞫讯矣。《知新报》僻在贫岛，灵光岿然者凡四年有余，出报至一百三十余册。旬报之持久者，以此为最。然其文字体例尚不及《时务报》，于社会之关系盖甚浅薄。己、庚之间，上海有所谓《亚东时报》、《五洲时事报》、《中外大事报》者出，皆颇阐新理，视《时务》有过之无不及，然当中国晦盲否塞达于极点之际，不为学界所欢迎，旋兴旋废，殆无足论。客冬今春以来，日本留学生有《译书汇编》、《国民报》、《开智录》等之作。《译书汇编》至今尚存，能输入文明思想，为吾国放一大光明，良可珍诵，然实不过丛书之体，不可谓报。《国民报》、《开智录》亦铮铮者也，而以经费不支，

---

① "《中国各报存佚表》"，原作"《中国各报馆存殁表》"，据《清议报》第一百册篇名，今改。

皆不满十号，而今已矣。此实中国数十年来报界之情状也。由此观之，其发达之迟缓无力，一何太甚！吾向者谓：欲觇国家之强弱，则于其报章之多寡良否而已。使此言而无稽也则可，此言如稍有可信者，则是岂可不为寒心哉？推原其所以致此之由，盖有数端：一由于创设报馆者不预筹相当之经费，故无力扩充，或小试辄蹶。二由于主笔时事等员之位置，不为世所重，高才之辈莫肯俯就。三由于风气不开，阅报人少，道路未通，传布为难。四由于从事斯业之人思想浅陋，学识迂愚，才力薄弱，无思易天下之心，无自张其军之力。而四者之中，尤以第四项为病根之根焉。呜呼！案既往，考现在，不知吾中国所谓此第四种族者，何时始见其成立也？掷笔三思，感慨系之矣。

第四 《清议报》之性质

《清议报》可谓之良报乎？曰：乌乌可。《清议报》之与诸报，其犹百步之与五十步也。虽然，有其宗旨焉，有其精神焉。譬之幼儿，虽其肤革未充，其肢干未成，然有灵魂莹然湛然，是亦进化之一原力欤。《清议报》之特色有数端。一曰倡民权。始终抱定此义，为独一无二之宗旨。虽说种种方法，开种种门径，百变而不离其宗。海可枯，石可烂，此义不普及于我国，吾党弗措也。二曰衍哲理。读东西诸硕学之书，务衍其学说以输入于中国。虽不敢自谓有所得，而得寸则贡寸焉，得尺则贡尺焉。《华严经》云：未能自度而先度人，是为菩萨发心。以是为尽国民责任于万一而已。三曰明朝局。戊戌之政变，己亥之立嗣，庚子之纵团，其中阴谋毒手，病国殃民，本报发微阐幽，得其真相，指斥权奸，一无假借。四曰厉国耻。务使吾国民知我国在世界上之位置，知东西列强待我国之政策，鉴观既往，熟察现在，以图将来。内其国而外诸邦，一以天演学"物竞天择，优胜劣败"之公例，疾呼而棒喝之，以冀同胞之一悟。此四者，实惟我《清议报》之脉络之神髓，一言以蔽之曰：广民智，振民气而已。

其内容之重要者，则有谭浏阳之《仁学》，以宗教之魂、哲学之髓，发挥公理，出乎天天，入乎人人，冲重重之网罗，造劫劫之慧果。其思想为吾人所不能达，其言论为吾人所不敢言，实禹域未有之书，抑众[1]

---

[1] "众"，原作"罪"，今改。

生无价之宝。此编之出现于世界，盖本报为首焉。《饮冰室自由书》虽复东鳞西爪，不见全牛，然其愿力所集注，不在形质而在精神，以精锐之笔说微妙之理，谈言微中，闻者足兴。有《国家论》、《政治学案》述近世政学大原，养吾人国家思想。有章氏《儒术新论》诠发教旨，精微独到。有《瓜分危言》、《亡羊录》、《灭国新法论》等陈宇内之大势，唤东方之顽梦。有《少年中国说》、《呵旁观者文》、《过渡时代论》等开文章之新体，激民气之暗潮。有《埃及近世史》、《扬子江》、《中国财政一斑》、《社会进化论》、《支那现势论》等。皆东西名著巨构，可以借鉴。有政治小说《佳人奇遇》、《经国美谈》等，以稗官之异才写政界之大势，美人芳草，别有会心。铁血舌坛，几多健者，一读击节，每移我情。千金国门，谁无同好。若夫雕虫小技，余事诗人，则卷末所录诸章，类皆以诗界革命之神魂，为斯道别辟新土。凡兹诸端，皆我《清议报》之有以特异于群报者。虽然，以云良也，则前途辽哉邈乎，非所敢言也，非所敢望也！不有椎轮，安有大辂？不有萌蘖①，安有森林？思以此为我国报界进化之一征验云尔。祝之祝之，非祝椎轮，祝大辂也，非祝萌蘖②，祝森林也。

第五　《清议报》时代中外之历史

《清议报》之在中国，其沧海之一粟乎？《清议报》之在世界，其大千之一尘乎？虽然，其寿命固已亘于新旧两世纪，无舌而鸣；其踪迹固已遍于纵横五大洲，不胫而走。今请与阅报诸君一为戏言，斯亦可谓文字界中之得天最厚者耶！且勿具论。要之，《清议报》时代实为中国与世界最有关系之时代。读者若能研究此时代之历史而有所心得，有所感奋，则其于天下事思过半矣。

请先言中国。《清议报》起于戊戌十月，其时正值政变之后，今上皇帝百日维新之志事忽大挫跌，举国失望，群情鼎沸。自兹以往，中国遂闭于沉沉妖雾之中，其反动力一起再起而未有已。翌年己亥夏秋之间，刚毅下江南岭南搜括膏脂，民不堪命。其冬十二月，遂有议废君立伪储之事。本朝二百年来，内变之祸未有甚于此时者也。既而臣民犯颜，友邦侧目，志不得逞，遂乃积羞成怒，大兴党狱；积怒成狂，自弄

---

① ② "蘖"，原作"櫱"，今改。

兵戎。奖群盗为义民，尸邻使于朝市。庚子八月，十国联兵，以群虎而搏一羊，未五旬而举万乘，乘舆播荡，神京陆沉，天坛为刍牧之场，曹署充屯营之帐，中国数千年来外侮之辱，未有甚于此时者也。反动之潮至斯而极，过此以往，而反动力之反动力起焉。十九世纪与二十世纪交点之一刹那顷，实中国两异性之大动力相搏相射、短兵紧接而新陈嬗代之时也。今年以来，伪维新之诏书屡降，科举竟废，捐①例竟停，动力微蠢于上。俄人密约，士民集议，日本游学，签纷来，动力萌蘖②于下。故二十世纪之中国，有断不能以长睡终者，此中消息，稍有识者所能参也。《清议报》虽不能为其主动者，而欲窃附于助动者，未敢多让焉。

请更言世界。《清议报》时代世界之大事，除北京联军外，有最大者三端：一曰美国与非律宾之战，二曰英国与波亚之战，三曰俄皇开万国和平会。其次大者五端：一曰日本政党内阁之两次失败，二曰意大利政府之更迭，三曰俄国学生之骚动，四曰美国大统领之被刺，五曰南亚美利加之争乱。美国之县非律宾也，是其伸权力于东方之第一着，而将来雄飞于二十世纪之根据地也。英国之蹙波亚也，植民政略之结果也，其下种在数十年以前，而刈实在数十年以后。凡在英国势力范围之下者，不可不引为前车也。俄皇之倡和平会也，保欧洲之平也。欧洲平和，然后可合力以逞志于欧洲以外也。意大利政府之更迭也，为索三门湾不得也，索不得而政府遂不能安其位，意人之心未熄也。日本政党内阁之屡败也，东方民政思想尚幼稚之征验也。非加完全之教育，养民族之公德，则文明之实未易期也。日本且然，我中国更安得不兢兢也！俄罗斯学生之骚动也，革命之先声也，专制政体未有能立于今世界者也，中国之君民不可不自择也。美国大统领之被刺与南美之争乱也，由贫富两级太相悬绝，而社会党之人从而乘之也。此事将为二十世纪第一大事，而我中国人蒙其影响将有甚重者，而现时在北美，侨民为工党所排；在南美，侨民为乱党所掠。犹其小焉者也。要之，二十世纪世界之大问题有三：一为处分中国之问题，二为扩张民权之问题，三为调和经济革命因贫富不均所起之革命，日本人译为经济革命。之问题。其第一题，各国直接于中国者也。其第二题，中国所自当从事者也。其第三题，各

---

① "捐"，原作"指"，今改。
② "蘖"，原作"櫱"，今改。

国间接于中国，而亦中国所自当从事者也。抑今日之世界与昔异，轮船、铁路、电线大通，异洲之国犹比邻而居，异国之人犹比肩而立，故一国有事，其影响未有不及于他国者也。故今日有志之士，不惟当视国事如家事，又当视世界之事如国事，于是乎报馆之责任愈益重，若《清议报》则有志焉而未之逮也。

第六　结论

有一人之报，有一党之报；有一国之报，有世界之报。以一人或一公司之利益为目的者，一人之报也。以一党之利益为目的者，一党之报也；以国民之利益为目的者，一国之报也；以全世界人类之利益为目的者，世界之报也。中国昔虽①有一人报而无一党报、一国报、世界报，日本今有一人报、一党报、一国报而无世界报。若前之《时务报》、《知新报》者，殆脱一人报之范围而进入于一党报之范围也。敢问《清议报》于此四者中位置何等乎？曰：在党报与国报之间。今以何祝之？曰：祝其全脱离一党报之范围而进入于一国报之范围，且更努力渐进，以达于世界报之范围。乃为祝曰：报兮报兮，君之生涯，亘两周兮，君之声尘，遍五洲兮。君之责任，重且遒兮，君其自爱，冈俾羞兮。祝君永年，与国民同休兮。重为祝曰：《清议报》万岁！中国各报馆万岁！中国万岁！

---

① "虽"，原作"难"，今改。

自由乎？死乎？[*]
（1905 年 1 月 20 日）

　　谆谆！出出!! 俄国革命!!!

　　自阳历去年十一月十九日，俄国各地方议会始开联合会于旧都。阅一月至十二月十九日，而有俄皇否认立宪之事。更阅一月，至今年正月十九日，而有冬宫爆裂弹及举国大同盟罢工之事。人有恒言曰：改革事业，如转巨石于危崖，非达其最终之目的地不止。观于俄国最近现状而益信。

　　前此各地方议会，以极平和极秩序之举动，求政体根本之改革。乃俄皇欲以一纸无责任之诏书镇压之，而诏书中于其要求之主点，所谓开国会出代议士者，无一语提及也。夫俄之王室，自累世以来，未尝有能坚明约束者，虽有仁言，其不足以靖狂热之民情，既昭昭矣，而况乎所谓仁言者，复不慊于众也。于是乎，俄人遂不得不出最后之手段。

　　正月十八日路透电云：记载皆用阳历，下同。

　　　　圣彼得之铁工有同盟罢工之举，其他诸职工应之，现辍业者已五万人，政府之弥华河船坞工程亦已停工。此事现初起，但其中似有才智之士，以极巧妙之组织法指挥之，殆将酿一大事。

　　同日电又云：

　　　　现调查各工场停工人数，共七万五千内外。

　　二十日路透电云：

　　　　俄国之工人及其他各团体与夫社会党之代表者，共一千五百

---

　　[*] 录自《新民丛报》第六十一号，光绪三十年十二月十五日（1905 年 1 月 20 日）出版，署名"饮冰"。《饮冰室合集》未收。

人，以正月十八日公然开会议于俄京，决议三条，请愿于政府。

一、请许人民以完全之权利。

二、请立补助贫民之法案。

三、请除资本家压抑劳佣之特别威权。

此外如言论、集会自由之保障，下级人民教育之普及，国务大臣之责任，所得税之改正等，各子目皆备述之云云。

由此观之，俄国此次之同盟罢工，与近年来欧美各国所起之同盟罢工，其性质大有所异，即其所争者，非生计上之问题，而政治上之问题也。质而言之，则此次之罢工，革命的罢工也。同日电又云：

现各种商业家，拟悉相率加入于此同盟罢工。

寻常之罢工，大率劳力者与资本家相角，今则资本家、劳力者为协同一致之运动焉，此实一特别之现象也。而以船坞工程停止故，于海军前途大有影响；以铁工停止故，于军事全体之前途皆大有影响。此实足以制俄廷顽党之死命者也。路透电谓其有巧妙之组织，诚哉巧妙！

此方面之风潮，方澎湃而未有已，乃同时复有冬宫爆裂弹之事。

正月二十日路透电云：

俄国每年例以本月十九日举行大祭，俄皇、俄后及外交团诸员皆临焉。昨日举此典之时，冬宫译者案：冬宫者，俄国最著名之离宫，俄皇所常御也。对岸发祝炮，内一炮实以石榴开花炸弹，向冬宫轰击，其炸片一落于俄皇前，距宝座仅十五步，其一片毙警官一名，其一片伤牧师一名，其他诸片将冬宫窗棂及他物尽皆虀碎。当下将发炮部队之兵卒全数逮捕。

其日俄国《半官报》论此事，谓由兵队之偶误，非有他意。而奥、法诸国各报，皆谓此举出于暗杀之阴谋，毫无可疑。果也，二十二日柏林电报云：

现在祝炮事件，经已为严重之审讯，盖确出于阴谋云。

而俄皇已于翌日避地他徙矣。二十日路透电云：

俄皇去圣彼得堡，往沙士哥西罗宫止焉。

其后之形势何如？二十一日路透电云：

圣彼得堡情形日急一日，现在以电灯局、煤灯局之职工罢业故。全市皆为之黑暗，市民竞购买蜡烛以代之。……政府印刷局亦罢工。……各新闻报馆皆罢工，今日全市无一新闻纸。……兵器厂所有工人悉散去。……沿路铁道之工人悉散去，铁路为之不通行。

二十二日上午电云：

今日大牧师嘉般氏率领四十万人伏阙上书，其书殆可称天下古今最悲壮最切直之大文，其大略云："今者人民被侮被辱，纯然立于奴隶之地位，政府鞭笞驰骤之，用吾民力于所不能堪，我等非人，而牛马也。我等居此盗贼官吏压制之下，忍而待之者，日复一日，年复一年，今实忍之无可忍。与其永沉此苦海，不如死之为乐也。今者全国人民之止痛剂，独一无二，曰参政权而已。今某等沥血诚伏斧锧，以匍匐哀诉于我皇，若不得请，愿毕命于皇宫前之广场。"云云。又全市民皆纷纷持各色之旗，大书曰："我所择者只有两途，自由乎？坟墓乎？"其中一部分之急激派沿街大呼曰："无政府万岁！无政府万岁！"

同日下午电云：

俄廷调军队五万镇压市民，直发枪射击。市民皆不持武器，故死伤狼籍。首领嘉般氏死焉。译者案：其后电云负伤耳，想未死也。其奉命实行攻击市民者，哥萨克骑兵也。至步兵大率表同情于市民，倒戈向政府。步兵之死伤者，亦三百人云。……现俄廷飞檄各省，调集全国军队从事镇压。

二十三日电报云：

市民至尼古拉士桥，军队击之。市民告兵卒曰：俄国独非公等之国耶，何苦戕同胞？万口同声，其言哀以壮。步兵立刻抛枪，惟哥萨克暴戾殊甚，现市中到处战斗，妇女小儿，死伤尤夥，哀号詈骂之声，沸然盈耳。入夜全市惨憺，人民皆舍家逃亡，剩有军队露营雪中而已。

又云：

《俄国公报》谓本日之变，死者七十六人，伤者二百三十三人。实欺人之言也。顷据确实调查，死者当在千五百乃至二千，伤者当在四千乃至五千。

又云：

> 顷俄京施行戒严令，皇太后已逃去，皇帝亦不知所在。

二十一、二十二等日之骚动，其骚动者仅私人之职工而已，至是而军队之关系起，前此所执者，仍平和手段也，至是而战争之状起。二十三日下午电报云：

> 西巴士特波尔海军工场火起……工场中罢业者四万人，持武器，由哥尔彼那进于圣彼得堡。

又云：

> 黑海舰队水兵八千人起革命的暴动，俄廷召军队拒之，军队无肯发炮者。

又云：

> 俄京附近铁路八英里被掘。……华尔梭附近停车场大火起。

前此暴动者，仅在圣彼得堡及其附近耳，不两日而蔓延于全国。二十四日电云：

> 墨斯科之同盟罢业继起，全市之电灯、煤气灯皆灭，黑暗一如圣彼得堡。哥里那亦有暴动者万余人与之响应，全市诸制造所皆停闭。……淮尔纳罢工亦继起。

二十五日电云：

> 波兰之拉特模地方大起革命。……哥乌那省全省罢工。……阿秩沙、西巴士特波尔、卡尔哥弗、奇士弥弗诸大市皆大动摇。……波兰之坪志地方大起革命，俄国之驻防军，今为民党所包围。

二十六日电云：

> 芬兰全境亦乱，其首都海土科市民五千人与警官生大冲突。

又云：

> 里巴乌之海军仓库大火起，里华尔之陆军仓库亦然。

又云：

> 奉天之俄军以粮食不足，寒衣不具，将谋叛乱，形势极危急云。

由是观之，此事之影响，直及于战局。奉天军之果与祖国民党有关系否，今未能明言，要之同时并起，事出有因也。

俄廷之所以对付民党者，则何如？二十四日柏林电云：

> 圣彼得堡今纯然变为战场，且军队大半不袒政府。虽然，俄廷犹决意用强硬手段，谓借专制之威灵，必可以始终镇压之。

二十五日柏林电云：

> 俄皇命内务大臣德黎泼夫译者案：自米尔士奇辞职后，本命域提氏代之，域提亦辞，故以德氏代。为圣彼得堡总督，此官乃新设者，其职权甚广，代俄皇专断一切，殆如假皇帝云。

同日伦敦电云：

> 俄皇现尚不知所在，或云在沙士哥西罗，或云在卡的拿，或云在哥滨黑圭黎，或云在某河船中。惟闻本日开御前会议，决议始终持镇压策云。……俄廷诸臣，多有不以俄皇之逃匿为然者。

又云：

> 新总督德黎泼夫下严命，命各工人速复业，否则放逐之于村落，不许复在帝都云。

又云：

> 顷逮捕怀抱自由主义之知名士，凡大学之教师，报馆之主笔，法廷之法律家，共数十人，文豪麦占哥尔奇与焉。译者案：哥尔奇者，俄国近数年来新出现之小说家，与托尔斯泰齐名者。

二十六日电云：

> 墨斯科警察长遍张告示云，此次同盟罢工之运动，实出于英、日两国之阴谋，罢工者所恃以为养，皆由英国阴接济之，劝人民勿为所愚云云。……英国公使闻此谤言，直与俄政府为激烈之交涉，迫其速行辩正，又要求特派戍兵保护英国使馆。

又云：

> 俄皇顷颁温旨，慰谕工人，谓将定减少作工时刻之法律，且为确实之保证。又对于彼等所要求，将细加审议，酌量采行。……又闻俄皇有欲引见职工代表人十二名之说。

民间之所以准备对付政府者何如？二十四日伦敦电云：

> 昨夜有大律师三百五十人开临时法律会议，其决议如左：
> 一、与彼同盟罢工者协同一致；
> 二、对于政府诛戮无辜之举，为绝对的抗议；
> 三、为此事须抗争之于法廷；
> 四、募捐款以接济同盟罢工者。

二十五日电云：

> 嘉般氏遍发函檄于全国，声讨俄皇之罪，谓我国民不可不万众一心，以图报复云云。译者案：据此电则知嘉般氏实未死也。

欧洲各国对于此役之感情何如？连日各地电报云：

> 全欧各国，殆无不以此事为一大事。诸报馆皆表同情于俄民，无一袒俄廷者。内中与俄同盟之法国，激昂特甚，其报纸大率谓市民不持武器，为平和之要求，俄廷以强暴手段待之，实无理之甚云云。又某新闻纸谓：俄太后、俄皇为坡鳖那士德夫之傀儡，日被玩弄于股掌上，至今迷梦不醒，实属可怜。
> 比利时素表同情于俄，今次亦大加非难，其新闻纸多以俄皇此次之出奔，与一七九一年法王路易第十六之出奔相比较。比国人民愤俄廷举动既极，本月二十三日晚，至有在俄国公使馆门前为示威运动，以表敌意者，警官弹压，仅乃无事。
> 各国纷纷募义捐，以恤俄国被难之民。
> 各国中，惟德国对于此事，视之稍冷淡。

此最近一旬间俄国变乱之大概情形也，其间更有一事与此事有间接之关系者。二十四日电报云：

> 俄国顽固党首领、宗教总监坡鳖那士德夫抱病危笃，命在旦夕。

或谓此魔若去，则俄国政界前途，将生大影响云。虽然，此恐非一二人之问题，而全部之问题也。果以一人去而全部为动，则亦我辈为俄民所祷祀以求耳。

呜呼！痛！！呜呼！惨！！俄国革命！！！呜呼！壮！！呜呼！烈！！俄国革命！！！自由乎？死乎？二者殆必居一。于是吾侪更拭目以观其后。

世界将来大势论[*]
（1905 年 2 月 18 日）

    矢野文雄者，日本之雄于文者也。丁酉、戊戌间，曾任公使，驻北京。顷新著一书，题曰《世界二於ル日本之将来》。杀青浃旬，重版再三，其价值可想矣。今撷其要点，译之为上篇。复以彼论为前提，更述鄙见，推论日俄战役后，中国所受于世界大势之影响，与夫中国之影响于世界大势者为下篇，改题今名。著者识

    矢野文雄曰："一国变迁之大势，曲折蜿蜒，其所以养成之者，近或在四五年十年，远乃在数十年百年。及其势已成，欲以一手一足、一朝一夕之力抵抗之，未有能致者也。一国有然，世界中国与国之交涉亦然。以上撷译原著第一章。

    "日俄战争一役，使日本而终为战胜国，其结果必将使满洲全境置诸俄国势力范围以外，而俄国亦永不复能得不冻港于东方。吾今以此形势为本论假定之前提，使此前提而谬误也，则我全论无复铢黍之价值，苟不谬误者，则吾将以次研究下列之各问题。

    "天下本无事也，有扰之者，祸乱斯起焉。自今以往，全世界包藏祸萌之地果安在？则尝横览大地上下而求索之。彼南北美洲者，卵翼于美国门罗主义之下，列强夫既默认之，即有不认者，美国之力优足以实行其主义而有余。若云祸萌在美洲者，无有是处。复次澳洲，英国势力范围既已久定。云在彼者，无有是处。复次非洲，其中虽有多少瓯脱，但优腴之域，位其南端，英既攫之，其北之摩洛哥、亚昔里、阿比西尼，法、意诸国，鸿沟略定，惟其中部林莽之数，或有一二主权未明，

---

  * 录自《新民丛报》第六十三号，光绪三十一年正月十五日（1905 年 2 月 18 日）出版，署名"中国之新民"。收入《饮冰室合集·文集》之十五，且末注："下篇待续。"

其细已甚。若云祸萌当在彼者，无有是处。复次小亚细亚及印度之北陲，其可以惹起纷争者，未始绝无。但其价值，略同非洲，而谓列强将以狮子搏兔之力，赌国运以争此鸡虫者，无有是处。

"然则今后争点更无他所，惟在泰东。日俄战前，辽满尸焉，战后则辽满之地位，又既略定。自今以往则满洲以外之中国全境，实为万国竞争之烧点，此稍明时局者所能道，无俟余喋喋者。

"满洲以外之中国全境，其发难最亟而最剧者果安在？此又一问题也。俄既失诸辽满，将一转而自伊犁新疆窥关中，固也。虽然，其地势形便，固有所限，欲达其志，非旦夕之效也。英人以扬子江流域为势力范围，固也。虽然，其所注在商业，非必为武力的行动也。法国于广之西东眈眈焉，固也。虽然，山川界之，其扰乱未足以遽动全局也。故自今以往，最适于侵略中国之资格者，惟德国；最易生事之地，惟山东。以最近之事实证之，彼德人根据胶湾以向西南，汲汲扶植势力，日不暇给。胶济铁路开通以后，日接日厉，西南数百里间，无崇山广川可以为围，彼地者，实侵略中原最优之据根也。译者案：山东为用兵根据最宜之地，证诸秦末、汉末、隋末、唐藩镇、元末诸历史上之事实，信不诬也！岂惟德人，任取一国，易地处此，未有不野心勃勃，得寸思尺，而不知止也。以上撷译原著第二章。

"今之论者，莫不明明睨德国，唾讽而腹诽之，谓其好生事而乐为戎首也。虽然，我辈固不能不为德人谅，彼自挫法以来，一跃而跻于一等国之列，其陆军力既举全球无与比伦者，其海军力亦已匹法而亚英，自余一切进步，罔不一日千里。其人口则五千八百余万，远非英、法、奥、意、欧俄译者案：欧俄云者，欧洲内俄罗斯之地，别于亚洲属境而云之也。之所能及也。若乃还顾其地域则何如？美则于本国有三百万方里，俄则于本国有八百万方里，英则于他洲有一千一百万方里，法则于他洲有三百万方里，惟彼德人于区区弹丸之本部以外，仅在非洲一隅得八十万方里。而天候、地味不适殖民，盖犹石田也。夫其民众既位西欧诸强之上，而其属地与其人口比较，乃不及十之一，今后欲发展经济力于域外，遂不得不蜷伏人下，仰鼻息焉，是使德国国势永无突飞之期也。彼为自卫计，不能不出于侵略，未可以悖戾人道为德人咎也。岂惟德人，任取他国易地以处，其亦尤而效之也。以上撷译原著第九章、第十四章。

"德国自处之地位既若此，其所凭借之地位又若彼，其必为戎首既无俟蓍蔡矣。而中国之不能以自力遏德，又尽人所能知也。则其势不得不诉之于列国。于彼时也，则列国中天然之二派分焉：一曰左袒德国者，即侵略派是也；二曰反抗德国者，即保全派是也。视此二派势力之强弱如何，其所生之结果如下：

第一，保全派强，则中国得维持今日之现状，无待言。

第二，保全、侵略两派势均，相持不下，则中国犹得保持现状，以延时日。

第三，侵略派强，保全派自审其力不足以障之，毋宁变其宗旨以取均势，则瓜分之实行，遂不能免。

此两派者无论为公然开战，为隐然相阋，要之必为全世界外交上操纵离合之一大因缘。至其离合之大动机若何，则正本论所亟亟欲研究也。以上撷译原著第二章之下半。

"德国欲逞于山东，不得不求同盟。第一同盟必为俄，其次则法。俄之必表同情，无待言也。法本非释然于德者，然以事势所迫，或不得不加入此同盟。故今设为假定之前提曰：侵略派以德国为主动，俄、法助之，此普通言时局者所同认也。保全派之主动必首英、日，而美国亦以屡昌言此主义，其所左袒者必在英、日，又无待言。虽然，若此问题非以樽俎之所能解决，而必至乞灵于干戈，彼美国果能赌一战以助英、日乎？此一疑问也。

"又一旦战事破裂，吾日本在东方之势力，固足以自卫。若乃西欧之方面，以一英而敌俄、法、德三强，其势固极孤，为英国者果尚肯冒祖国之大险，谋东方之治安乎？此又一疑问也。

"若英国自审以一敌三之不利，持重不敢发，则日本之独力，终不能制彼三强，又无待言。

"使大势所趋而诚如是也，则两派之争遂罢，各自充其欲望，以蕲势力之平均而已。即德国发轫山东，西略河南，南下江淮；英国保有大江南北之各省；俄国滥觞新疆伊犁，入关抚山陕；法国有广西之全部、广东之一部。事已至此，吾日本为均势自卫计，亦不得不南取瓯闽江右，北保全辽。于是中国之瓜分终，列国之争竞戡。以上撷译原著第三章。

"虽然，英国于德国之举动，果能袖手乎？夫谓英人不肯冒险以争其保全主义者，将以避战事也。以前所言，德国之地位，如饥狮然，盈其欲壑，谈何容易。且使瓜分主义实行，以德人所欲之奢，恐终不免与英抵触，而战遂卒不可避，此亦英人所能知也。为虺不摧，为蛇奈何？故毋宁前事而遏之，英之政策，固应尔尔，是又可悬断者。

"于是吾辈所亟当研究者，即前此第二之疑问，所谓英人欧西以一敌三，其安危之程度果何若也。今请先语海军。俄之海军力，以今次之战，丧失泰半，可屏勿论。其所余者，则德、法之海军也。以英海军与德、法海军相比较，其力适略相均。英人以独力保本境及其属地，尚可无虞，以云操券制胜，则犹未也。日本之海军力壮矣，然方以全力为东方保障，未遑他顾也。故英人而欲于全世各方面皆保其制海权，使无万一之失，则不得不于日本以外更求一同盟国。此同盟国安求之？若意大利，若葡萄牙，近数年来，昵英殊甚。虽然，葡人加盟不足为轻重于英也。意大利则庶几矣。然意人利于三国同盟即法、奥、意三国同盟。之关系，未能骤脱，今若就英，其海上固可安全，若陆上与法相阋，其未免狼顾也。故为英之计，最适当之同盟莫如美者。于是前此第一之疑问亟当审焉。即美人肯赌开战以助英、日与否之疑问。

"求助者英也，而相敌者德也，于此而欲测美人之举动何若，则当先审美人与彼两国之感情何若。美人国于新大陆，素抱持其门罗主义，与旧陆不相闻问。立国以来，惟汲汲殖产兴业，视军备蔑如也。乃最近数年间，以扩张海军为独一无二之政策，全国上下，咸挈挈焉。各国皆相视骇眙，而不知其中有一消息焉。德人抱其侵略主义，瞵眈而四顾，方其未得山东也，盖尝以全力涎菲律宾，视之若怀中物也。无端有美、班之役，美人直以舰队略菲岛。德人愕眙懊恨，不可名状，亦派舰若干游弋该岛附近以示威。此实美人九世不忘之恶感情也。以余所闻诸当时外交社会之秘密，盖德人欲干涉菲岛之事，先示意于俄，俄诺之；更叩法，法诺之；最后以讽英，英则为严厉正确之拒绝，谓美之并菲，权利宜然也。德人惮焉，其议乃寝。译者案：此一段秘密，未之前闻，矢野氏当时方居外交社会之要津，所言必当不谬。当是时也，美国海军力，远在德国下，胜负之数，不待交绥而决。若陆军，则德之强素甲天下，以之临美国之民兵，其犹以千钧砮溃痈也。当是时也，苟微英国，则德、俄、法将演第二次干涉还辽之手段，而美国将蒙万世不可涤之耻辱。此消息一达新陆，全美七千万人之脑电，忽被刺击，乃始大忏悔，知今之世界，苟无武装，国不可以一朝居也。匪直此也，当时柏林一有力之新闻，无端而草一论说，指斥美国兵力之弱，谓德、美若有战事，若何而一举歼其海军，若何而以精练之陆军上陆，不旬月而降旛竖矣。此其论为出于德政府恫喝之意，为出于一私人好事之言，皆未可知，而美人见之，惭与愤俱。亦有一有力之新闻宣言曰：'以吾美之富力，数年之后，能养成倍蓰于汝之军备而有余。'此言实不啻代表全美七千万人人人心中之言也。坐是之故，美人一面怀非常之怨毒于德，一面铭无量之感激于英。盖美人自独立以来，其视旧母国素有芥蒂焉。近数年来，其爱情乃骤加无量，职此之由，彼其与两国之感情既若是矣。而保全中国者，又美国所常扬言不离口也，其泰东商业之前途，又泱泱如新生之潮也。于此而有一国焉，反其主义而障其前途，而此国又其所蓄怨积怒思欲一雪者也，而此国所敌之国，又其所感激涕零而思欲一报者也，则其奋然执殳以前驱，亦常情也。以此论之，则英、日两国，苟至不得已之时，以武力行其所主张，而英人以孤立故，在欧西陷于险焉，而乞助于其同种同文之美国，殆必有不忍旁观者。以上撷译原著第四章。

"英、美所长者海军也，而所短者陆军也。英国一旦与他国开战，则苏彝士河以东，若阿富汗，若印度，若海峡殖民地，即新加坡等。处处须设防，不得不求他国焉以补其乏。今次战役以后，我日本陆军之价值，举世所同认也。畴昔日、英同盟之约，其范围仅限于极东。自今以往，英国而欲谋全局之敉安，或更求扩张此同盟范围延及亚细亚全境，此亦意中事也。果尔则我日本能应之否乎，此又一疑问也。英、俄一旦相阋，苟英国以守围不周之故，致俄人得伸其翼于阿富汗及印度北境，随意南下，则英国势力，生一大挫，而我国缘此同盟所得之利益，亦减杀其半，故英国而诚欲扩张此同盟范围也。吾日本为友谊计，固不忍拒绝，即为自卫计，亦不得不力任其难。于此而第二、第三之疑问起焉。即我日本之力究能否任此，任此而于我日本将来果有何利益也，以吾度之，我日本今后之国力，咄嗟之间，输运二十万乃至三十万陆军于印度、阿富汗一带，尚属非难。而我既以此市恩于英，则英国亦必于亚细亚全境承认我日本势力范围之扩张焉以为报。夫我日本固非好为野心侵略，然为均势起见，多占一分地位，多获一分安全，是亦安得已也。故此同盟扩张之议，不久将见诸实行，吾敢言之。以上撷译原著第六章之上半。

"如是保全派之三国与侵略派之三国，角立对峙，其时之中国，必加盟于英、日、美而不加盟于俄、法、德，殆又无可疑者。中国兵力微弱，诚不足为英、日、美之轻重。虽然，其地正为竞争之客体，苟英、日、美得其同盟，于其内地及其沿岸得以自由使用，则利便正复不少。以日本之陆军，加之以英国之海军，复加之以美国之海军，复加之以中国地利之形便，则保全派在亚洲之势力，似又非侵略派之所能敌。

"亚洲之胜利，保全派尸之；全世界制海权之胜利，亦保全派尸之。此吾辈所略能自信者。惟英、美本国，以陆军之稍有弱点，其果足以捍俄、法、德之侵入而立于不败之地乎？是盖难言。虽然，制海权既在保全派之手，苟战局相持稍久，则彼侵略派之三国，其工商业遂将蒙不可复之损害，此又不可不察也。于彼时也，俄、法、德睹英、美、日之不易侮，尚肯赌开战以主张其侵略主义否乎？是又一大疑问也。

"要之，德之必侵略，其国势使然，欲止不得止者也。德人成骑虎之势，俄、法应不坐视，英、日之必防遏德国，亦国势使然，欲止不得止者也。英、日成骑虎之势，美国应不坐视。此两造者，其操纵离合之势，自今已成，而后此将日益著。其究极果肯赌胜负于战争与否，不可知。战争将破裂之一刹那顷，两造果肯各枉其成见，相让以冀无事与否，不可知。其退让属于何派，不可知。要之，其角立之大势，则洞若观火也。于斯时也，俄、法、德苟自审不易得志于东方，因不为已甚焉，姑稍戢以待将来，则中国亦得维持现状以延时日，而世界亦赖以小康。以上撷译原著第五章。

"由前之说，第三章以上之说。则保全派之势力劣于侵略派也；由后之说，第五、六章以上之说。则保全、侵略两派，势力相均也。于此而欲保全派之势力必优于侵略派，则其间有一国焉，举足左右，便分轻重，则法兰西是也。欲决法国将来之行动何如，必当先审法国与英、美、日、俄、德本来之关系何如。英、美者，世界中最重人权尊自由之国也，日本亦后进而骎骎追踪者也。若乃俄、德，则未足以语于此。俄以专制恶魔闻，勿论矣。即德之视英、美，犹瞠乎后也。若是乎，此两派之争，实不啻自由国与专制国之争也。原著附言云：以德与俄相提并论，指为专制国，似未免酷评。虽然，德之人权进步，实际不及英、美。我辈不得不为德人遗憾耳！而法国者，则自百年以来，凤以传播自由主义自认为其国民之天职者也。以情理论之，彼法国者本宜昵英、美而疏德、俄，徒以见挫于德以来，以国势之阽危、外交之魔障殴之，使不得不与主义冰炭之俄国相提携。译者案：自德、奥、意三角同盟成后，法人屡欲与英结同盟，皆为俾士麦阴谋所败，其结俄实不得已也。盖亦法人之遗憾也。自今以往，法国果犹始终昵俄，而不惜与英、日、美为难与否，是又一大疑问也。以上撷译原著第六章之下半。

"俄、法、德连盟之动机，起于乙未年胁日还辽之役。论者惩前毖后，谓昔既尔尔，今后其亦尔尔也。虽然，今之事势，固有以异于昔所云者。昔之日本，其军备之盛，远不逮今，且连战之余，不免疲敝，而外之复无一与国以为之援。故三国之干涉，当其未干涉之始，既逆知日本之无能抗，而以空言可以收成功也。法之所以肯参其间者一也。又还辽之议，倡之者俄人，俄、法之与国也。进焉则深量日本之实力，既无盘错之忧；退焉重以俄国之感情，乐市不费之惠。法之所以肯参其间者二也。若今日之形势，则与此异，其主动者德国，德固法之国仇也，若其公表同盟之俄，则不过立于从属之地位者也。其感情之关系既若此，而他之一方面，则受英、日、美非常之反抗，相持之极，遂将不免于血战，其所对待者，又非十年前区区之日本比也。于此之时，而谓法国犹必悍然弃彼而就此，吾盖难言之。

"更还观英、法之交，近年以来，日益密迩，两主相朝，礼文逾渥，两国代议士交聘之际，彼此欢迎燕昵，动天下耳目焉。论者谓英、法数百年来积不相能，乃其最近之亲好，则旷古未尝见也。更论法、美，美之自立也，受法人之赐独多，百年以来，新旧大陆之两共和国互表敬爱之情，非一日也。其于英、美之私交，既若是矣，而英、美所抱持之自由主义，又法国所常以负荷自夸耀者也。今一旦乃徇仇雠之主动而蔑夙懬，舍博爱之美名而为戎首，法之果出于此与否，吾甚疑之。

"审如是也，则当德国所倡之政策，而既得俄国之同意也，则俄将必密勿示意于法。为法人者，殆必以前途之牵动重大，戒惧之不可以怠，为俄忠告焉。俄而愎谏也，则法国将以同盟之逼迫，牺牲一切以自投于战乱之盘涡乎？抑将借口于俄之愎谏遂与彼绝乎？全局之安危，皆系于是。

"法而诚告绝于俄，势固不得中立，必将折而党于英、日、美于斯时也，则在欧洲方面，以俄、德敌英、法，遂成南欧、北欧之竞争。以地势论之，意大利不得不与法相结，法、意陆军，足以当北方之敌；而英之海军，更卵翼之，则三国之地位如磐石安矣。奥之去就不可知，其趋于英、法、意之一面，又意中事也。事势若果至此，则以德、俄之力，遂不足以敌五六强国。俄人或遂馁焉，不愿复为德当前敌，区区一德，竟陷于孤立之地位，而不得不自戢。如是则侵略主义，乃一败涂地，而天下得以无事。"以上撷译原著第七章。

矢野原著凡二十二章，右所译者，全论最一贯之点，且最重要之点也。此外其第十六章，复申言德国之侵略，不患无辞，略谓："频年以来，美国屡牒告各国，宣示保全中国之主义，最近又以日、俄战后共保中国领土为言，列国皆画诺焉，即德人亦无异议。虽然，纸上条约之空文不足恃也。彼德人者，若更有如前此以戕二教士掠胶州之举动，彼德国自以特别之资格，向中国为相当之要求，中国诺之，非第三国所能容喙也。一波平，一波起，要求无已，许诺无已，又非第三国所能容喙也。且外交上之手段，往往去其名而取其实，彼德人之所以取中国者，将悉出此焉。名义上毫不悖公约，而冥冥中全制其死命，几经岁月，列国习而安焉，熟视无睹，夫乃并其名而攘之也。"其第十七章，略言："若中国瓜分之祸，终不得免，则将来酿纷争者，实惟四川。俄之势力在关中，势必欲取蜀以自广。法得滇、粤，蜀亦其唇际歙张物也。而英奠基于大江，巴蜀实其发源地，由藏入炉，亦有建瓴之势。故虽公认以均势行瓜分政策，而势之不能均者，此地其祸萌也。"其第十九章，复申言俄、法同盟之将有变兆。谓："俄、法今日之政体，立于正反对之地位，太不能相容。今春以来，以俄国君民交哄之故，法议会中，前有政府豫算委员长报告之批评，后有社会党首领攻击之提议，其人皆朝野之有力者，所言殆足以代表全法之舆论也。译者案：委员长焦比福氏，在议会报告书，公然嘲骂俄皇，谓以海牙平和会议主唱之人，今举动若是，何其滑稽耶！又社会党首领佐黎氏，提议不当更与虐杀政府同盟。文长不具引。而巴黎人民示威于俄使，公债交涉，屡踬于成言。译者案：其详叠见本报前数号'批评门'之纪俄事者。法人厌俄之机，既大动矣，苟自今以往，能得他友国焉，可以捍城德意志，使我仇不我能即，则法人之弃俄如敝屣，有断然矣。"云云。本章皆以证前此第七章法、俄离合之说，可谓特识，章末复以："俄人专制，万难持久，或将同化于英、美、法、日，而大势亦因以一变。"此其大概也。其第七章之末，言："英国之主义，固与美、日同。但其皇室之血缘，则与俄、法之亲密，远过于美、日。译者案：德皇为英皇之甥，俄皇幼年为英皇之被保护人。故英皇一身，最适于为此四国调人云云。"此本论之附庸，可勿多述。其第九章，则略言："大势之所趋，略既如是。如第七章以前所言即译出之文也。虽然，苟有一二非常之人物出焉，时或能捩时势之机关而一转之，其结果有不可以常轨论者，如拿破仑、俾士麦、加富尔之时代是也。今日最适于此资格者，则德皇其人也。"其第十五章略言："英、日之于中国，犹有余望。中国者，实天然适于与英、日联盟之地位者也。以彼不自振故，同盟之约，仅限于二国，二国之遗憾也。"其最末之第二十二章，题曰《清廷之三忧》："三忧者，一权臣篡夺，二人民暴动，谓此两者为向来中国历史上通患，至本朝则加以种族恶感而三焉。以此之故，朝廷猜忌心，终不可免，而开心见诚之改革，遂无其期。而人民复有一缺点焉，曰视习俗重于视国家，保俗先于保国，故望其人民以自力建设新政府，盖亦甚难云云。"

以上撷译矢野氏新著纲要之大略也，更不避骈枝，再举其关目：

（一）德国之侵略中国，情势使然，其侵略之进行甚易，而又不患无辞。

（二）英、日不利于德国之有此举动，必思防遏之。

（三）德国为侵略之主动，俄、法计当助之；英、日为保全之主动，美国计当助之。

（四）德国之主义占优势，则中国瓜分；英、日之主义占优势，则中国保全。

（五）德、俄、法与英、日、美相持，则势力略均；美若不肯赌战以助英、日，则侵略派遂占优势；法若不肯赌战以助德、俄，则保全派遂占优势。

（六）美国以种种因缘，宜若肯赌战以助英、日；法国以种种因缘，宜若不肯赌战以助德、俄。

今请以矢野氏所论为假定之前提，更发表鄙见，为我国存亡之决论，著诸下篇。

文字狱与文明国[*]
（1905 年 2 月 18 日）

两月前有《警世钟》之狱，最近复有《警钟日报》之狱，谁发之？握有上海警察权之文明国人发之。谁主持之？握有上海裁判权之文明国人主持之。

文明国与非文明国之差别多端，而言论之自由与不自由其一也。今受治于文明国法律之下者则若此。

文明国之法律固文明也，虽然不与非文明人共之。吾辈人与人相处虽极悍戾者，犹知互尊其生命之所有权也。顾偶一款客，供膳双鸡焉，鸡语我曰："汝自谓文明于我，曷为视我生命所有权若弁髦也？"我应之曰："我文明我，非文明汝也。"

英国号称最自由之国也，其法律号称言论最自由之法律也。去春香港诸华文报，有以"黄种"、"白种"字样而逮主笔者，至今各报莫敢齿及"黄"、"白"，而指斥英国之论文及记事，更无论也。一年以前，惟香港然也，今则上海一香港矣。自今以往，全中国将一香港矣。去年香港某报初发刊，有某党机关报主干某自号为中国革命开幕伟人者，扬言曰："吾有权力，能令该报于两月内，非封禁则命停刊，非命停刊即逐主笔。"果也，不及两月，而三者竟践其一焉。今请寄语彼辈，毋太自苦，外人自有代公为之者。

频年以来，政府当道，日日思与报馆为敌，移牒租界，寻瘢索垢者，屡见不一见焉，如《苏报》如《国民日日报》甚最著也。今请寄语彼辈，毋太自苦，外人自有代公为之者。

---

* 录自《新民丛报》第六十三号，光绪三十一年正月十五日（1905 年 2 月 18 日）出版，署名"饮冰"。《饮冰室合集》未收。

　　闻此案初起，会审公堂不允出票云。贤哉会审员也！而德领事致函云《警钟报》污蔑皇太后、皇上。《警钟》之果污蔑与否，吾不能知焉，即污蔑，而吹皱一池春水，干卿甚事也。吾不知我当道见德领事之拔剑相助以理不平，以仇禁夫我民之污蔑我皇太后、皇上者，其果拳拳称谢焉否也？吾不知吾民间之与《警钟》同业而异宗旨者，见《警钟》以获戾外人而致蹶，其果忻忻称快焉否也？

　　呜呼！吾更何言哉？吾惟哀哀泣告我种种阶级、种种党派之同胞曰："兔死狐悲，物伤其类。"又曰："兄弟阋于墙，外御其侮。"

申论种族革命与政治革命之得失[*]
（1906 年 3 月 9 日）

吾于所著《开明专制论》第八章，曾极言种族革命与政治革命之非同物，亦几详且尽矣。乃今覆诵陈君天华遗书，益有所感触而不能已于言者，用更述所怀，以质诸我国民。

吾与陈君相识不过一年，晤谭不过两次，然当时已敬其为人，非于其今之既死而始借其言以为重也。但君既以一死欲易天下，则后死者益崇拜之而思竟其志，亦义所宜然。吾以为当世诸君子中，或有多数焉，其交陈君也，视吾久且稔，而其知陈君也，不若吾真且深，吾请言吾所欲言，可乎？

陈君曰："鄙人以救国为前提，苟可以达其目的者，其行事不必与鄙人合也。"此文所谓行事，必非徒指自湛一事，殆指一般行事而言。则君之意，苟与彼同目的者，正不必与彼同手段，其言甚明。若虽与彼同手段，而不与彼同目的者，其必非君之所许，此意又在言外也。然则君之手段安在？其言曰："革命之中，有置重于民族主义者，有置重于政治问题者，鄙人所主张，固重政治而轻民族。"是其于政治革命与种族革命两义之中，认政治革命为可以达救国目的之手段，而不认种族革命为可以达救国目的之手段，章章明甚，虽谓政治革命为君唯一之手段焉可也。虽然，君又言曰："鄙人之排满也，非如倡复仇论者所云云，仍为政治问题也。"是其既认政治革命为可以达救国目的之手段，而复认种族革命为可以达政治革命目的之手段。于是吾得命政治革命为君之本来手段，亦曰第一手段，亦曰直接手段；得命种族革命为君之补助手段，

* 录自《新民丛报》第七十六号，光绪三十二年二月十五日（1906 年 3 月 9 日）出版，署名"饮冰"。收入《饮冰室合集·文集》之十九。

亦曰第二手段，亦曰间接手段。然则君有两手段乎？曰：否否，其手段仍唯一也。盖君认种族革命为可以补助政治革命，而间接以达救国之目的，故取之。然则苟有他道焉，可以补助政治革命，而间接以达救国之目的者，则君亦必取之，无可疑也。又使君一旦幡然而觉种族革命不足以补助政治革命，甚或与救国之目的不相容，则亦必幡然弃之，无可疑也。盖君之意，以为此目的万不许牺牲，若夫手段，则听各人自由焉，选择其适此目的者，而牺牲其不适此目的者。故苟别有他道焉足以救国，则君虽并其政治革命之本来手段而牺牲之，亦所不辞，而种族革命之补助手段，更无论也。故曰："苟可以达其目的者，其行事不必与鄙人合也。"

是故当知，苟以复仇为前提者，是先与君之目的相戾，万不许其引君之言以为重，故复仇论可置勿道。

既以救国为目的而别择所当用之手段，然则君所采之手段，适耶？不适耶？吾得断言曰：适也。盖君以政治革命为唯一之手段，而以将来大势推之，苟能有政治革命，则实足以救今后之中国；苟非有政治革命，则不能救今后之中国。故曰：适也。试以论理法演之，则先定一大前提，而以两小前提生出两断案，其式如下：

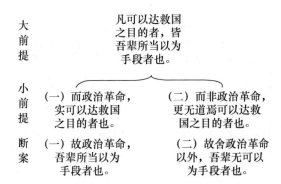

此两论式皆如铜墙铁壁，颠扑不破，无论何人，不能相难者也。今使易其小前提，而云："种族革命，实可达救国之目的者也。"随生出断案云："故种族革命，吾辈所当以为手段者也。"或为第二之小前提云："非种族革命，更无道焉可以达救国之目的者也。"随生出断案云："故舍种族革命以外，吾辈无可以为手段者也。"如此，则两小前提皆不正确，而两断案亦随而不正确。何以故？设有难者曰：种族革命而得如秦始皇、隋炀帝者以执政，或得如齐东昏、陈后主者以执政，遂可以达救国之目的乎？必不能也。则第一之小前提遂破也。又有难者曰：即微种族革命，而今之满洲政府，忽以至诚行立宪，以更新百度，其可以达救国之目的乎？必能也。则第二之小前提亦破也。准是以谈，苟以复仇为前提，则无可言者；苟以救国为前提，则无论从何方面观之，而种族革命总不能为本来手段，为直接手段。苟不含有政治的观念，则直谓之无意识之革命焉可也，而政治革命则不尔尔。故吾以为政治革命不徒当以为手段，而且当以为第二之目的。盖政治革命之一观念与救国之一观念，既连属为一体而不可分也。

吾所云种族革命，不能为本来手段、直接手段，在陈君则明已承认也，即凡持种族革命论者，当亦不可不承认。何也？苟不承认，必须将吾前所举两设难，下正当之答辩。苟不能得正当之答辩，遂终归于承认也。既承认矣，则次所当研究者，在种族革命能否为补助手段、间接手段之一问题。申言之，则以政治革命为前提，而问种族革命能否为政治革命之手段是也。此问题则陈君之所见，与鄙人之所见，大有异同。今推陈君之意，复以论理法演之，则如下：

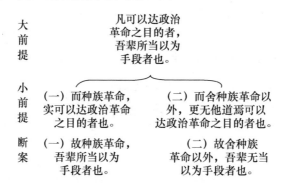

大前提	凡可以达政治革命之目的者，吾辈所当以为手段者也。	
小前提	（一）而种族革命，实可以达政治革命之目的者也。	（二）而舍种族革命以外，更无他道焉可以达政治革命之目的者也。
断案	（一）故种族革命，吾辈所当以为手段者也。	（二）故舍种族革命以外，吾辈无当以为手段者也。

欲知此两断案之正确与否，则当先审两小前提之正确与否，今请细检之。

第一　种族革命，实可以达政治革命之目的者也

欲知此小前提正确与否，不可不先取政治革命与种族革命之两概念而确定之。

（一）政治革命者，革专制而成立宪之谓也，无论为君主立宪，为共和立宪，皆谓之政治革命。苟不能得立宪，无论其朝廷及政府之基础生若何变动，而或因仍君主专制，或变为共和专制，皆不得谓之政治革命。

（二）种族革命者，民间以武力而颠覆异族的中央政府之谓也。盖苟非诉于武力，而欲得种族上之政权嬗代，则必其现掌政权者三揖三让以致诸我，然后可。然此必无之事也。陈君之意似冀其有此，此俟下方别辨之。故非用武力，不能得种族革命，明也。而其武力苟未足以颠覆中央政府，则不成其为革命，又无待言。

此两概念者，又无论何人不得不承认者也。既承认矣，则"人民以武力颠覆中央政府"之一概念，与"变专制为立宪"之一概念，果有何种之关系，是不可不以严密之归纳论理法说明之。

立宪有两种：一曰君主立宪；二曰共和立宪。苟得其一，皆可命曰政治革命。则试先取"人民以武力颠覆中央政府"之一概念与"君主立宪"之一概念，而求其因果之关系。君主立宪，必以先有君主为前提，而革命前之旧君主既灭，则所谓君主者，其必革命后之新君主也。革命后以何因缘而得有新君主，则吾中国二千年来历史上之成例，不可枚举。一言蔽之，则陈君所谓"同时并起，势均力敌，莫肯相下，非群雄尽灭，一雄独存，而生民之祸终不得息。以数私人之竞争，而流无数国民之血，若是，则亡中国者，革命之人也"。撷述君所著《中国革命史》第二章第三节中之语。可谓尽抉其弊矣。信如是也，则"立宪"二字，将来能至与否未可期；而"君主"二字，当下已先受其毒也。信如是也，则无论彼欲为君主之人，未必诚有将来立宪之志愿。即使诚有之，窃恐志愿未偿，而中国已先亡也。若是乎，人民以武力颠覆中央政府，其与君主立宪制，无一毫因果之关系。此吾所敢断言，而当亦凡持种族革命论之所同认也。故此问题殆不必辨，而所余者，惟有共和立宪制之一途。

人民以武力颠覆中央政府，其与共和立宪制，有无正当之因果关系？此其现象甚复杂，非可以一言决也。吾于所著《开明专制论》第八章，剖析既略尽，今更补其所未及。

欲决此论，又不可不先取共和立宪之概念而确定之，吾示有界说二：

（一）共和立宪制，其根本精神，不可不采卢梭之国民总意说。盖一切立法行政，苟非原本于国民总意，不足为纯粹的共和也。

（二）共和立宪制，其统治形式，不可不采孟德斯鸠之三权分立论。盖非三权分立，遂不免于一机关之专制也。

以上二端，精神形式，结合为一，遂成一共和立宪之概念，此概念谅为言共和立宪者所能承认也。既承认矣，则吾将论此概念之能实现与否，及其能行于种族革命后之中国与否。

第一　卢梭之国民总意说

此说万不能实现者也。夫所谓国民总意者，当由何术而求得之乎？用代议制度耶？决不可。今世各国行代议制度者，非谓以被选举人代表选举人之意见也。故代议士之意见，与选举代议士之人之意见，常未必相同。然则以代议士之意即为国民总意，不可也。故欲求总意，则举凡立法、行政，皆不可不付诸直接投票。卢梭亦以为必如瑞士乃可谓之真共和，亦以此也。虽然，瑞士蕞尔国也，而内部复析为联邦之本位者二十二，夫是以能行直接投票，顾犹不能常行。若在他稍大之国，能行之乎？必不能矣。故国民总意之难实现者一也。复次，即行直接投票，又必须极公平而自由，万一于有形无形间，有威逼之者，或愚弄之者，使其不得为本意之投票，则所谓总意者，缪以千里矣。故国民总意之难实现者二也。复次，即直接为公平、自由之投票矣，遂能真得总意乎？"总"之云者，论理学上之全称命题也，必举国中无一人不同此意，然后可。苟有一人焉，仍不得冒"总"之名也。而试问横尽虚空，竖尽来劫，曾有一国焉，其国民悉同一意见，而无一人之或歧异者乎？必不能也。不能，则所谓"总"者，仍不过多数与少数之比例，多数而命之曰"总"，论理学上所决不许也。故国民总意之终不能实现者三也。于是乎所谓国民总意说，不得不弃甲曳兵，设遁词焉，而变为国民多数说。

则又诘之曰：所贵乎国民多数者何为乎？彼必曰：多数之所在，即国利民福之所在也。虽然，此前提果正确乎？吾以为多数之所在，时或为国利民福之所在，而决不能谓必为国利民福之所在。集一小学校数百学童而询之曰：若好弄乎？若好学乎？而使之以自由意志投票，吾知其好弄者必占大多数也。而以多数之故，谓好弄即为学校之利、学童之福焉，决不得也。盖国家自身，别有一伟大目的焉，高立于各人民零碎目的之上，而断不能谓取此零碎目的捆为一团。即与此伟大目的同物，尤不能谓零碎目的之多数，即与此伟大目的同物也。故国民总意，微论其不能实现，即实现矣，而未必遂可为政治之鹄。若夫国民多数，固可以实现，然遂以为政治之鹄，则其于理论上基础之微弱，抑视总意说更不逮也。质而言之，则谓多数所在，即国利民福之所在者，不过属于抽象的观念，而多数果足为政治之鹄与否，更当就其国民自身之程度以求之，非可漫然下简单的断案也。

然而共和政治，舍多数说外，固无复可以立足之余地，则吾请让一步，姑承认焉，曰：多数者，恒近于国利民福者也。虽然，吾于此不得不补一前提焉，曰：所谓多数者，必以自由意志之多数为断；苟非自由意志之多数，非真多数也。此前提当亦为读者所同认也。则试诇诸历史，见夫国民多数之意志，有时方在此点，乃不移时而忽转其方向，尽趋于正反对之彼点者，则两者皆其自由意志乎？抑皆非其自由意志乎？抑一自由而一不自由乎？以例证之，如法国大革命时，马拉、丹顿、罗拔士比宣告国王死刑，乃至并最初提倡革命实行革命之狄郎的士党，取而尽屠之，而得巴黎市民大多数之同意。未几，马拉被刺，丹顿及罗拔士比骈首就戮，而亦得巴黎市民大多数之同意。其果前后皆出于自由意志乎？何变化之速也。此无他焉，盖有从有形无形间丧其自由者也。所谓有形间丧其自由者何也？一党派之势太鸱张，而其人复狞悍，中立者惮焉，不得不屈其本意以从之也。所谓无形间丧其自由者何也？外界波谲云诡之现象刺戟其感情，而本心热狂突奔，随之以放乎中流，而不复能自制也。夫自由意志云者，谓吾本心固有之灵明足以烛照事理，而不为其所眩；吾本心固有之能力足以宰制感觉，而不为其所夺。即吾先圣所谓良知良能者是也。眩焉夺焉，是既丧其自由也，内心为外感之奴隶也。于彼时也，吾所谓意志者，已不能复谓为吾之意志，及移时而外界之刺戟淡焉，而吾本心始恢复其自由，故前此之意志与后此之意志，截然若不相蒙也。然又必外界之刺戟淡，而自由乃始得恢复耳。若外界之刺戟，转方向而生反动，则吾本心又可以随之而生反动，而复放乎中流，脱甲方面之奴籍，复入乙方面之奴籍，而所谓真自由者，不知何时而始得恢复。故波伦哈克氏谓以革命求共和者，恒累反动以反动，亦为此而已。此实人类心理学上必至不符也。由此观之，则欲求得自由意志之真多数，其难也如此。而当人心骚动甚嚣尘上之时，愈无术以得之，章章然也。彼持共和立宪论者，苟承认国民多数说以为前提也，则当种族革命后，果有何道以得自由意志之真多数，吾愿闻之。

犹有疑此理者乎？则去年东京学界罢学之现象，最足以相证明。彼事件早已过去，吾非欲再提之以翘人之短。但其事之性质绝相类，以小例大，最可以为吾人前车之鉴，能惩前毖后，则此事件其亦于前途有影响也。则试以留学生总会馆比政府，以留学生全体比国民，甚相肖也。其所争者，为文部省令问题，若以例国家，则政治上一问题也。总会馆上书公使，争论第九、第十条之利益范围，即法国革命前之改革也。而所争者不能满多数留学生之意，于是有联合会起，犹法人不满于政府之改革而起革命也。

初时胁执行部干事，使为取消之决议，犹法人胁国王承认其宪法也。未几总干事及其他执行部之人多逃焉，犹法王之逊荒也。联合会遂取总会馆而据之，以决意见发布告，则革命大功告成，而立法、行政权皆归革命党掌握也。而纠察员则新共和政府之警察，敢死队则新共和政府之军队及司法官也。于彼时也，幸而所谓总干事者，能藏身远害，未尝为此巴黎市民所弋获。然固已侦骑四出矣，万一不幸，而如路易十六之遁英未出境，被国民遮留而返之，则遂变为断头台上之路易十六，亦意中事也。盖彼时之国民，其计较是非利害之心，早置度外也。又幸而此新共和政府，无执行刑罚之权也，使其有之，则浃旬之间，八千人不屠其半，亦屠其三之一也。闻者疑吾言为过乎？苟亲当其境者，必能知其时之国民心理，实如是已。幸其无此权，故不生大反动；使其有之，则反动必起，而所屠余之半或三之二，又将起而屠昔之屠人者。法人所以赤巴黎全市，而棼乱亘十余年不定，盖以此也。在当时新共和政府之党人（即联合会），固自以为国民总意也（即留学生全体总意）。夫总意固决非尔，若其为多数，则较然不能掩也。吾闻诸当时学界中人曰：实非多数，仍少数耳。然彼云停课，则竟全体停课；云退学，则竟几于全体退学；云归国，则两旬之间，归国者遽逾二千。而其时组织维持会与之相抗者，会员乃仅得二十七人。就形式上论之，谓其非大多数焉不得也。夫彼其本无大多数之实，吾亦信之，顾何以竟能有大多数之形？则其原因甚复杂，由是以细察焉，实最有益之研究也。彼其发表公意之机关，未尝严肃整备，今日甲校集议，曰全体退学；明日乙校集议，曰全体退学；今日甲省集议，曰全体归国；明日乙省集议，曰全体归国。究之所谓全体云者，不过由主动者若干人强名之，并未尝为正式之投票，其果为全体之自由意志与否勿问也。其所以能得多数者一也。又其发表公意之方法，未尝公平自由，有欲为反对的演说者，则群起而哗之；有欲为反对的投票者，则示威而胁之。于是有怯懦焉而不敢与竞者，有顾全大局而不屑与较者，则自屈其本来之自由意志而姑从彼。其所以能得多数者二也。此皆所谓有形的干涉也，然犹不止此，其势力之最可怖者，则一般之人为感情所刺戟，其良知不复能判断真理，其良能不复能裁制外感，冥冥之中，全失其意志之自由，随波逐流，而入于洄淳之深渊，不自知其非，不自知其害也。夫不自知其非，不自知其害，犹可言也，乃感情刺激之既极，则至有明知其非明知其害，而犹徇感情而不恤其他者，比比然矣。故其为说曰："一错便错到底。"曰："一错便大家错。"

盖至是而不惜以感情枉真理焉矣。此其^①所以能得多数者三也。迨乎浪
去波平，畴昔主动者，既不复能占势力以为有形的压制，而感情刺戟之
相压于无形者亦既消灭。夫如是而后层层之束缚解脱，而自由意志始再
见天日焉。试在今日，任举一当时最激烈之留学生，叩以前事，度未有
不爽然自悔，哑然失笑者。是可知其后此之意志为自由，而证前此之意
志非自由矣。然幸而无反动耳，倘有反动，则他方面之层层束缚其所以
相压者，亦一如其前，而所谓真自由者，未知何时而始得平和克复也。
以上吾解释东京学界罢学时代之物界、心界两现象如此，闻者其肯承认
否耶？若不承认，吾愿别闻其解释；苟承认也，则当思国民自由意志之
真多数诚不易觏，纯粹的共和政治诚不易行。而当国家根本破坏摇动、
人心骚扰甚嚣尘上之时，愈益无道以得之，章章明甚也。夫学界事件，
则其小焉者也，然学界中人，又一国中文明程度最高者也，而犹若此，
其他则更何如矣？

　　若我国民能以武力颠覆现在之中央政府，而思建一共和新政府乎，
则其现象当何如？吾欲得正当的解释，又不能不先立一前提，前提维
何？曰：最初主动占优势之人，不过属于国民之一小部分，而其余大部
分之人，不能与彼同意见是也。譬如将全国民意见，区为甲、乙、丙、
丁等诸部分，其主动者，最多不过能占甲部分耳。其余乙、丙、丁等诸
部分，虽乙部分意见未必与丙、丁同，丙部分意见未必与乙、丁同，要
之，其对于甲部分之意见，亦各各不与彼相同，此自然之势也。于斯时
也，甲部分之人既得政，则不能无所建设无所更革，苟不尔，则不能谓
之政治革命，而与共和之初意相悖也。既有施设有更革，则与之异意见
之人，必交起而与之相抗，又不可避之数也。吾所立前提之界说如此，
若有不承认此前提者乎，其说必曰："以我之意见如此其高尚美妙，岂
有他人而不同我？"

　　虽然，此幻想也。去年学界之主动者，曷尝不自以其意见为高尚美
妙，而真为高尚美妙与否，局中者宁能自知之？且即使真高尚美妙矣，
而各人有各人之主观的判断，万不能以我所判断而强人也。即如近者自
号革命党首领某氏，持土地国有主义，在鄙人固承认此主义为将来世界
最高尚美妙之主义，然试问今之中国能行否乎？即吾信其能行，而谓他
人皆能如吾所信乎？此如去年学界主张归国办学，吾安能不承认其为高

---

　　① "此其"，原作"其此"，今改。

尚美妙之主义？然能行与否，及能使人人同此主张与否，则终不能不听诸外界之裁择，非可以一部分人之意见例其他也。况乎寻常人之表同情于一主义也，恒非问其主义之是否高尚美妙，而先问其主义是否与我之利害相冲突。故凡一主义，苟有与某部分之人利害相冲突者，则某部分之人必起而反抗，此万不能逃避者也。而当夫初革政体建新政体时，其政策必与旧社会一大部分之人利害相冲突，此亦万不能逃避者也。信如是也，则吾所立前提，既极正确，无论何人，殆不能不承认。

既承认矣，则新共和政府，对于彼反抗者，将以何道处之？最不可不深长思也。其在君主立宪国，固不能无冲突、无反抗。然当其未立宪以前，已经过若干年之开明专制时代，于其间既已能缓融此冲突，而减低其程度。由开明专制以移于立宪，拾级而升，又不至助长此冲突而骤高其程度。其所以处之者，既稍易矣，而使其立宪而如德国、日本，仍含有变相的开明专制之精神，政府不必定得国民多数之同意乃能行其职权，则其所以处之者益更易。若种族革命后之共和立宪则大不然，昨日犹专制，而今日已共和，如两船相接触，而绝无一楔子以介于其间，则其冲突之程度必极猛烈，显然易见。然既已名为共和，则不可不以国民总意为前提，否亦以国民多数为前提，苟蔑视多数焉，则已不能命之曰共和矣，而新政府之意见，又不过为国民一小部分之意见，而其他大部分皆与之反对，其必不能得多数，无待言也。于是新政府不能不运全力以求多数，盖非得多数，则所持意见万不能实行，而政府且一日不能存立，盖共和立宪之性质然也。如彼去年学界，必欲得所谓全体归国多数归国者，然后可以拱卫其所主张，亦性质然也。然则何术而能得多数耶？则必或用直接、间接手段，以干涉其发言权、投票权；或从种种方面，弄小小伎俩，以刺戟其感情，使益涨于高度，迷其故常，而饮新政府之狂泉，于是乎渐得多数。夫用直接、间接手段以干涉，既已惹起一般之不平，而为新政府之隐患。弄小伎俩以刺戟其感情，始焉未尝不见小效，而感情既奔于极度，则又非复新政府所能裁抑，如跅弛之马，既已奔逸，宁复衔勒之所得驭，是又为新政府之隐患。而况乎所谓渐得多数者，亦不过多数云尔，无论如何，总不能得全体，必仍有最小之部分焉，有强毅之意志，而抵死不肯屈从，而其人又必为旧社会中之有力者也。如去年联合会势力披靡全学界之时，而犹有维持之二十七人，此亦自然必至之符也。于彼时也，新政府之人，若不能降伏此小部分之强毅者，则其地位终不能安，故不得不滥用其运手段所得之多数威力，而蹙彼反对者以不堪。此非好为之，而骑虎之形固不得不尔也。蹙之既极，而反动起焉。彼新政府既伏有种种之隐患，故强毅之反抗者乘之，而遂蹶，无论迟早，终必有蹶之一日也。其既蹶也，则前此强毅之反抗者代之。代之者既蓄怨积怒，而加以前此一般被干涉者之不平，又加以刺戟于感情者，既为失其故常之热度，则其所以还施于前政府者，往往视前政府而尤甚，亦必至之势也。于是反动复反动，皆循此轨以行，速则数岁，迟则数十年，而未能宁息于彼时也。甲、乙、丙、丁诸部分之人，竞政权于中央，而他事皆不遑及。有武人拥兵于外，如该撒、拿破仑其人者，则俟狷狷群犬两毙俱伤之时，起而收渔人之利，以行共和专制。若无其人，则各地方当骚扰凋瘵之后，秩序已破，而复乘中央政府之无暇干涉，则群盗满山，磨牙吮血，举国中无一人能聊其生。若无外国乘之，则俟数年或十数年后，有刘邦、朱元璋起，复于君主专制。若有外国，则不俟该撒、拿破仑、刘邦、朱元璋之兴，已入而宰割之矣，于是乎其国遂亡。呜呼！言念及此，安得不股栗也。呜呼！读者试平心静气以察之，鄙人所言，其果合于论理否耶？如其不合也，愿读者有以教之；如其合也，则请公等于种族革命后建设共和立宪制之论，稍审慎焉，乃可以出诸口也。

问者曰：然则主动者，或具极高尚之人格，届时自审不能得多数也，则奉身而退，让诸他之多数者，其可以免此患乎？应之曰：不然。其事固不能行，即行矣，而其患亦不能免也。所谓其事不能行者何也？夫所谓最初主动占优势之人。质言之，即革命党首领其人也，既排万险历万难以颠覆中央政府，其本心岂非以旧政府可愤可嫉，故为民请命而颠覆之也。当其初成功也，旧政府之气焰尚未遽绝，盖犹有余烬焉。故当时除革命军占最优势之外，其占次优势者，仍旧政府党人，而此外未有第三之势力焉能与之敌者。革命党若曰：吾既覆旧政府，而吾之责任毕矣。急流勇退，而一切善后，听诸国民，则起而代之者，必占次优势之旧政府党人也。其必释憾于革命党，而党员生命供其牺牲焉，固意中事。不宁惟是，革命事业一切随而牺牲。然则前此之扰扰也，奚为也哉？故新政府初建，而革命党中人，必不能不出死力以自壅植其权力，势则然也。今让一步，而曰主动人奉身以退，而国权或仍可以不落旧政府党之手，然吾犹谓其患终不能免者，何也？盖让政权于他部分之人，而其不能得多数亦与我同也。如甲部分让诸乙部分，而乙部分复有甲、丙、丁三部分与之立于反对之地位，让诸丙、丁部分亦然。故无论何部分，皆不惟不能得总意，并不能得多数，势使然也。吾闻诸粹于政学者之言曰：凡非在历史上有久发达而极强固之两大政党者，其国万不能有多数政治。夫政党而必限以两者何也？必全国中政治之原动力，仅划然中分为两中心点，然后有多数、少数之可言。盖非甲多于乙，则乙多于甲，甲多于乙则甲为政，乙多于甲则乙为政，而非若党派纷歧之国，甲为政而乙、丙、丁等从而挠之，乙为政而甲、丙、丁等从而挠之也。故现在全世界中，以多数、少数而进退执政之国，惟英、美两国能行之而蒙其利，其他则皆利不足以偿害，德国、日本非以多少数进退执政者，皆此之由。夫一国政治动力集于两大政党，此决非可望诸未有政治思想、未有政治能力之国民，而秩序新破时，更愈不能望也。然则最初主动占优势之党派，虽复高蹈善让，而终不免此危亡。此无他，共和立宪制，实不适于此等国家与此等时代，而非关在位之人之贤不肖何如也。

然则在历史上久困君主专制之国，一旦以武力颠覆中央政府，于彼时也，惟仍以专制行之，且视前此之专制更加倍蓰焉，则国本其庶可定，所谓刑乱国用重典是也。而我国三千年间之历史，大率当鼎革之初，靡不严刑峻法以杜反侧，越再三传，人心已定，而始以仁政噢咻之，其理由皆坐是也。于彼时也，而欲慕共和之美名，行所谓国民总意的政治、国民多数的政治，则虽有仲尼、墨翟之圣，而卒无以善其后也。夫既不能不仍用专制，且不能不用倍蓰之专制，则其去政治革命以救国之目的，不亦远乎？

第二 孟德斯鸠之三权分立说

此说亦万不能①实现者也。此其理，近世学者固多言之，吾于所著《开明专制论》第七章亦曾述之。然寻常学者之言其流弊也，不过谓机关轧轹而缺调和，谓施政牵制而欠圆活。夫此犹为民政基础已定之国言之耳，若新造时，则其弊犹不止此，盖危险有不可思议者焉。请言其故：凡一国家，必有其最高主权。最高主权者，唯一而不可分者也。今三权既分矣，所谓最高主权者，三机关靡一焉得占之，然则竟无最高主权乎？苟无之，斯不成国矣。既有国家之形，则必有之。然则三权分立之国，其最高主权安在？曰：仍在国民之自身而已。于是不得不复返于国民总意之说。所谓国民总意，即最高主权也，总意既不能得，则国民多数即最高主权也。于是多数之国民，对于立法、行政、司法之三机

---

① "能"，原无，据《饮冰室合集》补。

关，而皆可以行其总揽之权，何也？彼诸机关皆吾所命耳，一旦拂吾意
焉，吾即可以易置之，盖其根本精神，应如是也。论者或责备去腊东京
学界中人，谓总会馆之干事也，评议员也，皆彼等以自由意志用多数投
票而公举者也。既举之矣，而不肯服从其意见，何也？吾以为此所谓责
其不当责者也。夫谓吾既举之而即当服从之者，霍布士之说也，最高主
权，移于他方也。若卢梭说，则最高主权，无论何时，而皆保存于国民
之自身也。夫既已三权分立矣，则最高主权非在国民自身而何在也。故
吾昨日可以自由意志选举者，明日即可以自由意志而取消也。故如瑞士
之制，随时得以国民五万人之同意，遂行全国普通投票，得多数取决，
即可取国家根本法而变更之。盖共和制之真精神，实在是也。然此惟如
瑞士者能行之耳，若夫在不惯民政而党派纷歧、阶级纷歧、省界分歧种
种方面利害互相冲突之国，则惟有日以此最高主权为投地之骨，群犬猎
狺焉竞之。而彼三机关者，废置如弈①棋，无一日焉得以自安已耳。盖
随时拈一问题，可以为竞争之鹄，而国民复无判断真是非、真利害之能
力，野心家利用而播弄之，略施小伎俩，即可以刺戟其感情，而举国若
狂。故所谓多数者，一月之间，恒三盈而三虚，彼恃多数之后援以执政
权者，时时皆有朝不保暮之心，人人皆怀五日京兆之想，其复何国利民
福之能务也。夫去年东京留学生总会馆之旧政府，其初意，岂料以区区
文部省令之问题而遂致颠覆也。而竟以颠覆，盖千金之堤，溃于蚁穴，
非人力之所能虑及也。夫留学生总会馆之政府，惟有义务而无权利，故
人无所歆焉尔。若夫一国之政权，则无论文明国、野蛮国之人皆所同欲
也，而况在教育未兴民德未淳之国，人人率皆先其私利而后国家之公
益，今也倾轧他人而自代之也，既如此其易，夫安有不生心者乎？更櫽
括言之，则三权分立之政治，即最高主权在国民之政治也。而最高主权
在国民之政治，决非久困专制骤获自由之民所能运用而无弊也。准是以
谈，则虽当革命后新建共和政府之时，幸免于循环反动以取灭亡，而此
政体，终无术以持久，断断然矣。不持久奈何？其终必复返于专制。或
返于共和专制，或返于君主专制。然则其去政治革命以救国之目的，不亦
远乎？

彼极端激烈派之不喜闻吾言者，必曰：子曷为频举法国之前事以相
吓，彼美国非革命乎，而何以能行共和而晏然也？呜呼！夫美国非我中

---

① "弈"，原作"奕"，据《饮冰室合集》改。

国所能学也，彼其人民积数百年之自治习惯，远非我比。吾既已屡言之，然此或犹未足以使激烈派死心塌地。彼将曰：吾自军兴伊始，即畀权与民，兵权涨一度，民权亦涨一度，迨中央政府覆，而吾民之能自治，遂如美国也。纵吾曰不能，而彼曰能之，此程度问题，各凭其人之主观判断，吾安从难焉？虽然，即让一步，而谓革命功成时，吾民之程度已如美国，抑犹当知吾中国之建设事业，非可如美国云也。论者曾读美国宪法乎？彼其中央政府之权限，不过募发军队、接派外交官、定关税、借国债、铸货币、管邮政、保护版权及专卖权、定入籍法破产法、管理海上裁判及甲省与乙省之诉讼等区区数端而已。其他一切政治，为宪法明文所未规定者，如教育、警察、农工商务乃至各省财政、各省普通立法等诸大政，皆属各省政府之权，未尝缘革命而有所变置者也。其变置者少，故其冲突也不甚，然犹各怀其私，莫能统一。盖自一七八三年军事定，直至一七八九年，始布宪法，举华盛顿为大统领。此六年间，各省暴动屡起，华盛顿为之端居窃叹，而惧前劳之无良果。此稍读美国史者所当能知也。于彼时也，幸而彼各省故有政府有议会耳，不然，夫安见美之不为法也。而彼后此宪法，亦惟节缩中央政府权限，除荦荦数端外，一无所更革，其他政治，一如未革命以前，故大体无冲突，而厪乃相安。使其事事而干涉焉，夫又安见美之不为法也。论者如谓我中国革命后之中央政府可以无须有伟大之集权，而一切政治皆悉听人民之自由而无劳干涉也，则援美国为前例焉，犹之可也。然试问若此者能为治乎？如其不能，则请毋望新大陆之梅以消我渴也。

至是而人民以武力颠覆中央政府，其与共和立宪制，无一毫因果之关系，吾敢断言矣。夫其与君主立宪制无关系也既若彼，其与共和立宪制无关系也复若此，故吾得反其小前提曰：

种族革命，实不可以达政治革命之目的者也。

随而反其断案曰：

故种族革命，吾辈所不当以为手段者也。

若是乎，苟不以救国为前提，而以复仇为前提，置政治现象于不论不议之列，惟曰国可亡仇不可不复者，则种族革命，诚正当之手段也。若犹如陈君之教，以救国为前提乎，则种族革命者，不惟不可以为本来手段、直接手段，而并不可以为补助手段、间接手段，盖真当一刀两断，而屏除之于一切手段之外者也。世有真爱国之君子，其肯听吾言否也？

（附言）吾所论种族革命之不可，及共和立宪之不可，皆就政治方面以立言，不及其他。盖此问题不能解释，则其他问题虽尽解释，而论者之壁垒，犹不能自完也。顷见某报有《论支那立宪必先以革命》一文，驳反对革命论者之说，而举其两端，一曰怵杀人流血之惨，二曰惧列强之干预，而于革命后政治现象未言及焉。夫吾之此论，虽至今日而大畅厥旨，然前此固已略言之，屡见于《新民丛报》中，论者宜未必熟视无睹，而竟不一及，何也？得无兵法所谓避坚攻瑕耶？然一坚之不破，虽摧百瑕，亦无益也。而况其所谓瑕者，亦未见其能破也。彼文本无可受驳难之价值，吾姑宽假之荣幸之而与一言，可乎？

其言杀人流血之不足怵也，曰："彼夫英吉利之三岛，与蕞尔弹丸之日本，世人艳之，谓为无血之革命，乃试一繙两国之立宪史，其杀人流血之数，殆不减于中国列朝一姓之鼎革，特其恐怖时期为稍短促耳。"呜呼！论者岂谓举国人皆无目耶？不然，何敢于为此欺人之言也。彼所谓英国之杀人流血，殆指克林威尔一役。夫克林威尔之役，岂能谓于英之立宪无大影响，而断不可谓英之宪法，由此役发生，由此役成立也。盖英为不文宪法之国，其立宪之起于何代，成于何代，无有能确言之者。彼其颁布《大宪章》，在一二一五年，当克林威尔前四百年也。若其完全成立，则有谓其实在一八三二年之议院法改正选举法改正者，美人巴支士所著《政治学及比较宪法论》，谓英国实当一八三二年后始有宪法。则当克林威尔后百五六十年也。然则纯以彼一役为英国立宪之原因，其足以服读史者之心乎？且即以彼一役论，曷尝有极大之杀人流血？彼役之最惨酷者，则对于爱尔兰及旧教徒之虐杀也，然与立宪无关也。若日本则西乡隆盛以军东指，胜安房以城迎降，东台一战，死伤者不过数百，其后西南之役，又与立宪纯然无关也。而论者乃谓其数不减于我列朝一姓之鼎革。夫我列朝之鼎革，其屠戮之数若何，今虽无确实之统计，而一役动逾数百千万，史上之陈迹，尚可略考而推算也。今论者为此言，苟其非自无目而于英国史、日本史及中国史未尝一读，必其欺举国人无目而谓其于英、日史及中国史无一人能读者也。陈君之言曰："中国今日而革命也，革命之范围，必力求其小；革命之期日，必力促其短。否则，亡中国者，革命之人也。"此诚仁人君子之言，而谓杀人流血之不可以不怵也。而试问今日若行种族革命，其范围有术能求其小，其期日有术能促其短乎？若其不能，则亦如陈君所云亡中国而已。吾闻诸论者之言曰："军既兴，定一县则开一县之议会，以次定十八省，则全开十八省之议会。"信如是也，是其范围极广也。又曰："自军兴以迄功成，则全国民自治习惯已养成焉。"信如是也，是其期日极长也。使陈君之言而无丝毫价值也，则论者之政策，其或可行；使陈君之言而有价值也，则论者之政策，不外陈君所谓亡中国之政策而已。夫彼所以敢于立一"杀人流血不宜怃"之断案者，殆有两前提焉，其一则曰：非杀人流血，不能立宪也；其二则曰：杀人流血，于中国之前途无伤也。然其第一前提不衷于历史也，既若彼，其第二前提不应于事实也复若此，亦适成为脆而易破之论理而已。

其言列强干涉之不足惧也，亦有两前提焉。其一则谓列强持均势主义，莫敢先发难。其言曰："一起而攫之，一必走而挠之，无宁两坐守之而尚可以少息也。"其二则谓我实行革命，列强将畏我而不敢干涉。其言曰："列强之所以环瞵者，吾之不动如死，有以启之，一旦张耳目振手足，虽不必行动若壮夫，而彼觊觎之心，固已少息。欧族虽恃其威力，然未有不挠折于如荼如潮之民气者。"此两前提又果正确乎？则试先检其第二前提。其第二前提，童骏之言也，未尝一自审吾之力如何，又未一审人之力如何，惟喊杀之声连天，遂谓人之必将闻喊声而震慑也。夫威力而果挠于民气乎？义和团之民气，曷尝不如荼如潮？而列国联军之威力，曾挠折焉否也？论者必将曰：彼野蛮而我文明也。问彼野蛮而我何以能文明，必将曰：彼由下等社会主动，我由学界或其他中等社会之人主动也。则试问抵制美约，学界人主动矣，美国曾挠折焉否也？上海闹审罢市，学界人主动矣，英国曾挠折焉否也？东京罢学，学界人主动矣，日本曾挠折焉否也？夫吾非谓民气之必不可用也，而用之必与力相待，无力之气，虽时或偶收奇效，而万不可狃焉以自安也。力者何？强大之陆海军是已。苟有是物，则天下万国，可以惟余马首是瞻；若其无之，虽气可盖世，而遂不免于最后之灭亡。中国而欲绝人觊觎也，必其行动确然为一壮夫焉斯可也。仅若壮夫，犹不足以威敌。而论者乃谓不必若壮夫，惟张耳目振手足而人已惮矣。其毋乃言之太易乎？将来之事未可知，而以最近电报，则美国人固派二万五千之陆军以防我暴动，且彼明言所防者不仅在排外而尤在排满矣。彼反对革命者，谓列强必干涉，而主张革命者谓列强必不干涉，其果谁之言验而谁之言不验耶？夫民气犹火也，善用之可以克敌，不善用之亦可以自焚。暴动之起，主动者无论若何文明，而必不能谓各地方无闹教案杀西人之举，此事势之至易见者，而谓人之能无干涉乎？且就令无闹教之举，而以暴动之故，全国商业界大生影响，而谓人之能无干涉乎？必不然矣。呜呼！我国人虚憍之态，殆其天性矣，前者为顽固的虚憍，今也为浮动的虚憍，外形不同，而精神实乃一贯。日本人所笑为一知半解的国权论，其言虽刻薄，而固不得不谓之切中也。今日欲救中国，惟忍辱负重，厚蓄其力，以求逞于将来。而论者乃于毫无实力之国民，惟奖其虚憍之气以扬其沸，是得为善医国矣乎？是其第二说之不能自完也。则请复检其第一前提。其第一前提，所谓知其一而未知其二者也。夫自今以往，列强中无一国焉能独占利益于中国，无待言也，如英，如日，如美，皆不愿中国之瓜分，亦无待言也。虽然，列强固未尝不持机会均等主义，日眈眈焉睊一机会之至，而各伸其权力于一步，若中国民间而有暴动，是即予彼等以最良之机会也。则试为悬揣将来革命之趋势，此段单言革命者，即指种族革命，非指政治革命也，勿误。为中央革命乎？为地方革命乎？中央革命者，如法国然，仅起于巴黎取旧王室旧政府而颠覆之，不必以革命军糜烂四方也。然此恐非中国所能望，如是则必地方革命。地方革命，如其乍起旋灭，仅以现政府之力能削平之，则不必论。然此又必非言革命者之所望也，吾于是如其愿，谓革命军之力，足以蔓延数省，而现政府不能制之，于彼时也，则外国之态度如何？现政府之态度又如何？外国必频促现政府削平之，否则干涉；现政府初时必不许，及自审其不能制，则转而求外国之协助；外国则或俟现政府之请求然后干涉焉，或不俟其请求而先干涉焉。皆意中事也。于彼时也，又当视革命军之举动如何，革命军必求列国承认其为国际法上之内乱团体，固也。然无论何国，断未有孟浪焉以承认者也。其中必多有绝对不承认者，亦或有徘徊焉。观其将来之趋势，而始确定其承认或不承认者，但得一二国徘徊焉，已非有极才之外交家不能矣。然即有极才之外交家，亦仅能得其徘徊，不能得其承认。欲得其承认，必须有二种实力：（一）革命军之地位，确已视旧政府占优胜；（二）革命军确能保障其领土之平和，使外人生命财产得十分安全，有再起暴动者，革命军顷刻即能镇压之。然此两种实力，固非易言也。苟彼此之地位，优劣久难决，则相持久而影响于商业者甚大。外国必欲其一仆而一存，此自然之理也。然欲仆革命军以存旧政府者，必多于欲仆旧政府以存革命军者。彼诚非有所偏爱偏憎，然扶旧政府以仆革命军，则其可以得利益之机会必甚多，彼自为计，宁出于此也。然犹必革命军于其领土内能确有保障平和之实力，乃久徘徊耳。若以有革命军之故，而致彼之生命财产蒙危险的影响，则其绝对的不承认，或始虽徘徊，而随即转方针为不承认。此一定之势也。而排满之心理，恒与排外之心理相连属。在最初革命主动者，固已难保其不含此性质，即曰吾能节制之，而影响所波动，必唤起各地方之排外热，此实不可逃之现象也。于彼时也，革命军以威力镇压之乎，恐遂以此失人心而生内讧。苟放任之，则此等现象将续续起，而欲求外国承认之希望遂绝。夫不承认则必干涉矣，又让一步，而谓革命军以极机敏之行动，能于外国未及干涉之前，以迅雷不掩耳之势，遽仆中央政府，或中央革命与地方革命同时并行，如是则革命军既取旧中央政府而代之矣，则于斯时也，举全国十八省中无论何处有暴动，而危及外国人之生命财产者，革命军皆不可不任其责，何也？使革命军与旧政府对立，则革命军所负责者，惟在其已略得之领土耳，此外则旧政府任之。若旧政府既亡，则革命军任责之范围逾广，盖权利与义务之关系，应如是也。而以仓猝新造之政府，能保各省之无骚动乎？有骚动而其力遂足以遍镇压之乎？必不能矣。不能，而欲各国认我为国际上一主格，此必不可得之数也。借曰无骚动矣，有骚动而能镇压之矣，犹当视其新政府之基础如何，能无于政权攘夺之间生冲突乎？苟如吾前者所言建共和政体而不能成立也，则不必问各地方之现象如何，即以中央政府之蜩唐沸羹，而亦足以召干涉。干涉则奈何？夫论者所谓"一起而攫之，一必走而挠之"，此义固吾所已承认者也。然则干涉之结果究奈何？曰：使革命军而久未能覆旧政府，则彼与旧政府提携，以联军代戡定之，而于事后取机会均等主义，各获莫大之报酬于旧政府云尔。使革命军而遽覆旧政府，而或不能镇压地方之骚扰，或不能调和中央之冲突，则彼亦将以联军入而再覆此新建之政府。于彼时也，新旧政府既皆灭绝，而举国中无一人有历史上之根柢可以承袭王统者，其间必有旧王统之亲支或远派，遁逃于外以求庇，于是联军乃拥戴之以作傀儡，此路易第十八之所以能再王法国也。而此傀儡之废置，自兹以往，一惟外国人之意，而中国遂永成埃及矣。信如是也，则革命军初意，本欲革满洲之王统，而满洲卒未得革，不过以固有之王统，易为傀儡之王统而已。则试问于中国前途，果为利为害，而言革命者，亦何乐乎此也。夫论者所谓"一起而攫之，一必走而挠之"，以此证列国中无能用单独运动以行干涉者，则其说完矣。然须知列国尚有以共同利害关系之故，用共同运动以行干涉，此实将来不可逃避之现象也。故吾谓彼知其一未知其二也。要之，兵法曰：毋恃敌不来，恃我有以待之。今日不言革命则已耳，苟言革命，万不能曰：外国殆不干涉，而掩耳盗铃以自慰也。俗语所谓一厢情愿。必其自始焉曰：吾固预备外国干涉，彼从某方面干涉，吾之力可以从某方面拒之；彼用某手段干涉，吾之力得用某手段以胜之。不观法兰西乎？其大革命时，外国联军所以干涉之者何如？法人之力能战联军而退之，仅足自支耳。不然，则不待拿破仑之兴，而已为波兰未可知也。美国独立时，其情形又稍不同。彼僻在新大陆，与欧洲列国关系甚浅。当时有势力于新陆者，惟英、法两国。英其敌国也，而法则以妒英之故，反为美援也。故彼无干涉之患，而我中国今日情形，实同于法而不同于美，至易见也。故又未可援美以自慰。而所谓某方面、某手段者，又必须有确实证据，将彼我之实力，统计而比较之，而确见其为如是，万不能以空谈及模糊影响之言以自欺也。今持革命论者，亦曾计及此而确有所自信乎？若有之，请语我来；若其未也，则不惧外国干涉之言，慎勿轻出诸口也。

以上所驳，吾欲求著者之答辩；若不能答辩，则请取消前说可也。但即能答辩此节，而于革命后不能建设共和立宪制之论，不能答辩焉。则种族革命说，即已从根柢处被破坏而不许存立也。

又顷见种族革命党在东京所设之机关报，大标六大主义：一曰颠覆现今之恶劣政府，二曰建设共和政体，三曰维持世界真正之平和，四曰土地国有，五曰主张中国、日本两国之国民的连合，六曰要求世界列国赞成中国之革新事业。吾见之而瞀惑，不知其所谓。其第一条颠覆现今恶劣政府，此含有政治革命的意味，虽用语不甚的确，犹可言也。其第二条建设共和政体，则吾此文及《开明专制论》第八章，已令彼之此主义无复立锥地。其第三条维持世界真正之平和，言之太早，请公等先维持我国之平和，待我国既自立，他国有疑我怀侵略世界之野心者，其时自表白焉，犹未为晚。其第四条土地国有，则公等若生于乌托邦，请实行之，若犹未能脱离现今地球上各国土，则请言之以自娱可也。其第五条主张中、日两国国民的连合，可谓大奇。所谓连合者，属于交际的耶，则何国不当连合，岂惟日本？言日本，则日本以外之各国岂皆排斥乎？属于法律的耶，既命之曰两国国民，则何从连合？合日本于中国乎？是又谚所谓一心情愿也。合中国于日本乎？公等虽欲卖国与日本，恐四万万人未必许公等也。其第六条要求列国赞成中国革新事业，亦大奇。中国革新事业，中国之主权也，岂问人之赞成不赞成。夫要求云者，未可必得之辞也。如彼言外之意，万一列国不赞成，我遂不能革新乎？然则中国不已失独立之资格乎？噫嘻！吾知之矣，彼其意殆云要求列国承认我共和新政府也。但不敢明言之，故易其词以自饰，而忘其用语之不正确也。其第五条则因偶结识日本之浮浪子数辈，沾沾自喜，恃以为奥援，此终不离乎媚外之劣根性也。而以此为政纲以号于天下，是明示人以举党中无一有常识之人耳。以吾读该报，除陈君天华之文以外，可直谓无一语非梦呓，不能多驳之以费笔墨，仅举其政纲与一国有识者共评之。

第二　舍种族革命之外更无他道焉可以达政治革命之目的也

此小前提正确与否，即吾之政论正确与否之所攸判也。夫种族革命不可以达政治革命之目的，既为绝对的而无所容疑，而使更无他道焉可以达之，是亦束手待亡而已。盖陈君于种族革命之能否间接以救国，亦未尝无疑焉，而觉舍此以外，无一而可，故不得不姑倡之以为尝试也。其言曰："我退则彼进，岂能望彼消释嫌疑，而甘心与我共事乎？"是其义也。某报之言亦曰："今乃欲以种类不同、血系不属、文化殊绝之二族，而强混淆之，使之为一同等之事业，其声气之隔膜，已不待言，而况乎此二族者，其阶级悬殊，又复若云泥之迥判，相猜相忌，已非一日，于此而欲求一推诚布公之改革，岂可得乎？"此其论亦含一面的真理，而驳解之颇不易易者也。吾所以驳解者则如下。

试请读者暂将复仇一念置诸度外，平心以观察现今之政局，其所以不能改革者，其原因专在种族上乎？抑种族之外尚有他原因乎？抑原因全在他，而与种族上毫无关系乎？就此以立三前提。其第一前提曰：徒以种族不同，故不能改革也；其第二前提曰：既以种族不同，复以他种障碍，故不能改革也；其第三前提曰：徒以他种障碍，故不能改革也。若第一前提正确，则仅为种族革命，而即可以改革；若第二前提正确，则一面既为种族革命，一面复取他障碍而排除之，而后可以改革；若第三前提正确，则仅排除他障碍，即不必为种族革命，而亦可以改革。此三前提孰为正确，非以严密的归纳研究法不能得之，然此归纳研究法，正未易施也。

欲从事研究，则不可不取改革之定义而先确定之。所谓改革者（即论者所谓开诚布公之改革），吾欲以立宪当之，次则开明专制亦可以当之，此谅为论者所肯承认也。即不承认开明专制，亦必承认立宪，故吾今就立宪以立言。

凡治论理学者，其所用归纳研究法有四，而最适用者，曰类同法（Method of Agreement），曰差异法（Method of Difference）。

今试以类同法求不能立宪之原因。类同法者，甲现象之显而必有乙现象起于其前，或乙现象之显而必有甲现象随乎其后，因知乙现象必为甲现象之原因也。如"甲、乙、丙"之后恒有"呷、吃、呵"，"甲、乙、丁"之后恒有"呷、吃、叮"，"甲、丙、丁"之后恒有"呷、呵、叮"，由是知"甲"必为"呷"之原因，"呷"必为"甲"之结果也。今请以"甲"代"种族不同"，以"呷"代"不能立宪"，而求诸百余年来各国之历史。法国当一七九一年以前，非"甲"也，而竟为"呷"；普国当一八四八年以前，非"甲"也，而竟为"呷"；日本当明治以前，非"甲"也，而竟为"呷"；乃至葡萄牙当一八二六年以前，西班牙当一八〇九年以前，奥大利当一八四九年以前，皆非"甲"也，而竟为"呷"。凡此皆无"甲"而能生"呷"，然则"甲"必非"呷"之原因，"呷"必非"甲"之结果明矣。申言之，则"种族不同"必非"不能立宪"之原因，"不能立宪"必非"种族不同"之结果明矣。于是向他方面以求之，则见夫各国之不能立宪者，或其君主误解立宪，以为有损于己，或其人民大多数未知立宪之利而不肯要求，此两者皆其普通共有之现象也。故以类同法求之，知此两现象实为不能立宪之原因也。吾今以"己"代前者，以"戊"代后者，得断言曰："己"与"戊"即"呷"之原因也。然君主之误解，实由于一己之利害问题，若人民要求迫切，则君主必知不立宪而所损更甚。比较焉而误解自销，故人民要求，又为消释君主误解之原因，故不肯要求，实为不能立宪之最高原因，以代字表之，则"戊"即"呷"之最高原因也。

问者曰："甲"不能为"呷"之单独原因，吾固承认矣。虽然，英国之在印度，以"甲"故生"呷"；法国之在越南，以"甲"故生"呷"；日本之在台湾，以"甲"故生"呷"；今满洲之在中国，亦以"甲"故生"呷"。然则安知"呷"之非有诸种原因，而"甲"即为其一种乎？若是乎，则非除"甲"，而"呷"终不能除也。欲答此难，则当以差异法明之。差异法者，凡一现象恒合数部分之小现象而成，若其现象本有乙部分，忽将其除去，而续起之现象，即不见有甲部分；或其现象本无乙部分，忽将其增入，而续起之现象，即见有甲部分。因知乙必为甲之原因也。如本为"甲、乙、丙"，故生"呷、叱、呐"，及将"甲"除去，变为"乙、丙"，则其续生者仅为"叱、呐"，而无复有"呷"；或本为"乙、丙"，故生"叱、呐"，及将"甲"增入，变为"甲、乙、丙"，则其续生者，遂为"呷、叱、呐"，而竟有"呷"。若是则可以断"甲"必为"呷"之原因，即不尔，亦为其原因之一部分也。今试除之以求其差异乎。我中国当元代，其本来现象为"甲、乙、丙"，其相属之现象为"呷、叱、呐"。至明则将"甲"除去，所余之现象为"乙、丙"，而其相属之现象仍为"呷、叱、呐"，不闻其以无"甲"之故而遂无"呷"也。又试增之以求其差异乎。南非洲杜兰斯哇尔及阿兰治两国，其本来之现象为"乙、丙"，其相属之现象为"叱、呐"，及败于英，变为"甲、乙、丙"，而其相属之现象仍为"叱、呐"，两国今皆已有完全之宪法。不闻其以有"甲"之故而遂有"呷"也。由此观之，则可知"甲"必非"呷"之原因，且并非其原因之一部分也。反而求之，则见夫吾中国明代以有"戊"之故，故虽无"甲"而犹有"呷"，南非两国以无"戊"之故，故虽有"甲"而能无"呷"，然则"戊"为"呷"之原因益明。

问者曰：元、明之交之中国，则本有"戊"者也，南非二国则本无"戊"者也。若夫本有"戊"而并有"甲"之国，则仅除其"戊"，不除其"甲"，而"呷"之现象遂可除乎？质而言之，则如今者之印度、安南、台湾乃至吾中国，若其人民大多数能要求立宪，则虽异族之君主不易位，而立宪可致乎？吾敢应之曰：可也。于何证之？于匈牙利证之。匈牙利之有"甲"而并有"戊"，盖数百年也。一旦将其"戊"除去，则虽"甲"未除而"呷"已灭，其所得结果，与本来无"甲"之国，毫无所异也。故苟使印度、安南之民智、民力、民德而能如匈牙利乎，而人民大多数要求宪法，则英、法终不能不以匈牙利待之，而况乎今日中国与满洲之关系，又绝非如印度与英、安南与法之关系也，且又不仅如匈牙利与奥大利之关系也。

由此言之，立宪之几，恒不在君主而在人民。但使其人民有立宪之智识，有立宪之能力，而发表其立宪之志愿，则无论为如何之君主，而遂必归宿于立宪。若如论者所谓开诚布公之改革乎，此岂惟难得诸异族君主，即欲得诸同族者，夫亦岂易易也。不然，试观古今中外历史，其绝无他动力而自发心以行开明专制者，曾有几何人？而不由人民要求而钦定宪法者，曾有几何国也？故曰：此别有他故焉，而非异族为政使之然也。

夫君主之所以不肯立宪者，大率由误解焉，以为立宪大不利于己也。若有人焉，为之委婉陈说，使知立宪于彼不惟无不利，而且有大利，则彼必将欣然焉，以积极的观念而欲立宪。于是乎立宪之几动，又使于国外有种种的势力之压迫，于国内有种种的势力之膨胀，人民有所挟而求焉，使知不立宪，于彼不惟无所利，而且有大害，则被必将悚然焉以消极的观念而不得不立宪，于是乎立宪之局成。此无论何国皆然，而绝非以种族之异不异生差别者也。故谓立宪之原因，则君主之肯与不肯固占一部分，然其肯与不肯，仍在人民之求与不求，故人民之求立宪，实能立宪之最高原因也。

亦间有君主虽肯而仍不能立宪者，则贵族实厄之。如某报论我国二百六十年来实为贵族政治，推其意则曰：纵使满洲之君主肯立宪，而满洲之贵族亦不肯，又奈之何也？吾以为贵族政治有二大要素，而今之满洲人皆不具之。二大要素者何？一曰贵族必有广大之"土地所有权"，世袭相续；二曰贵族之意见，常能压倒君主之意见，否亦左右君主之意见。试观古今中外历史，有不具此二要素，而史家名之为贵族政治者乎？而满洲人于事实上无此二者，故指为贵族政治，其断案实不正确也。满洲人无广大之"土地所有权"，尽人能知，无待设证。若满洲多数人之意见果能压倒君主之意见乎？论者或引一二事为证，谓如戊戌、庚子之役，西后随满洲诸顽固党为转移，是实被压倒也。吾以为此证不正确也。若使西后之意见与满洲多数人意见相反，而冲突之结果卒为满洲多数人所胜，斯可谓被压倒矣。而事实上确不然也，彼等苟非得西后之同意，万不能行其政策，事至易见也。且论者所指摘，多顺、康、雍间事，久为陈迹，至今屡变而非复其旧。以今日论之，号称第二政府之天津，坐镇其间者，汉人耶？满人耶？而北京政府诸人，不几于皆为其傀儡耶？两江、两湖、两广之重镇，主之者，汉人耶？满人耶？乃至满洲本土之东三省，今抚而治之者，汉人耶？满人耶？汉军固不得谓之满人。平心论之，谓今之政权，在满人掌握，而汉人不得与闻，决非衷于事实者也。夫谓彼汉人者，不过媚满洲之一人，乃得有此，斯衷于事实矣。然即此可证权力之渊源，实在一人之君主，而非在多数之贵族矣。夫吾之所以语此现象者，凡以证明中国今日实为君主专制政治，而非贵族专制政治云尔。吾之所以必为此证明者，以见中国今日，苟君主不欲立宪则已耳，君主诚欲之，则断非满洲人所能沮也。夫沮之者，固非无人矣，然其人岂必为满洲人？吾见夫今日汉人之沮立宪者，且多于满人，而其阻力亦大于满人也。由此观之，谓君主以其为君主之地位，而认立宪为不利于其身及其子孙，而因以不肯立宪焉，此诚有之；谓其以为满洲人之地位，而认立宪为不利于其族，而因以不肯立宪焉，则深文之言，非笃论也。即君主以外而有沮立宪之人，亦不过其人各自为其私人之地位，恐缘立宪而损其权力，是以沮之，而决非由种族之意见梗其间也。使其出于种族之意见也，则必凡汉人尽赞焉，凡满人尽梗焉，然后可。然今者汉人中或赞或梗，满人中亦或赞或梗，吾是以知其赞也梗也，皆于种族上毫无关系者也。

（附言）吾前文以类同法、差异法研究不能立宪之原因而解释此问题，谓不问君主之为异族为同族，而专问人民之能要求不能要求，其最后之结论，则谓人民果能要求，则虽异族之君主而犹必可立宪也。然此特如论者之意，认满洲与我确沟然为两民族，始纡曲而得此结论耳。但以严格论之，满洲与我确不能谓为纯粹的异民族，此吾所主张也。项见某报复有一文，题曰《民族的国民》，其言若甚辩，但以吾观之，则彼所列举之诸前提，皆足以证我断案之正确，而不足以证彼断案之正确。今撷述其说而疏通证明之。彼云："民族者，同气类者也。节其定义之要点。所云气类，条件有六：一同血系，二同语言文字，三同住所，四同习惯，五同宗教，六同精神体质。此六者，皆民族之要素也。"此前提根据于近世学者之说，吾乐承认之。惟据此前提以观察汉人与满人相互关系，其第二项同语言文字，则满洲虽有其本来之语言文字，然今殆久废不用，成为一种之僵石。凡满人皆诵汉文操汉语，其能满文满语者，百不得一，谓其非与我同语言文字不得也。夫凡异族之相灭，恒蹂躏其国语，如俄灭波兰，则禁波人用波语；奥大利之于匈牙利，初则官署及议会皆不得用匈语，直至去年，匈人所求于奥者，仍为军队上用匈语之一问题也，故如匈之与奥，斯可谓之异族，何也？其语言文字，划然不同，而匈人凡属政治方面，其国语皆受压迫也。若满洲则何有焉？其固有之语言文字，已不适用于其本族，而政治各方面，我国文国语，立于绝对的优胜之地位，更无论也。其第三项同住所，则满洲之本土，汉人入居者十而八九，而满人亦散居于北京及内地十八省，至今不能为绝对的区别，确指某地为满人所居也。其第四项同习惯，则一、二小节，虽或未尽同，而语其大端，则满人大率皆同化于北省之人，其杂居外省者，亦大略同化于其省，事实之不可诬者也。若举其小节之不同，则我国南省与北省亦有不同者矣。吾以为满人习惯之异于我者，亦不过我南省与北省异之类耳。其第五项同宗教，则现在汉人中大多数迷信"似而非的佛教"，满人亦然；现在汉人中少数利用"似而非的孔教"，满人亦然。是其极相吻合，更不待言。若夫其第六项同精神体质，则汉、满二者果同果异，此属于人种学者专门的研究，吾与论者皆不应奋下武断。但以外形论之，则满洲与我，实不见其有极相异之点，即有之，亦其细已甚，以之与日本人与我之异点相较，其多寡之比例，较然可见，而欧美更无论矣。然则即云异族，亦极近系之异族，而同化之甚易易者也。其第一项同血系，则二者之果同果异，又属于历史学者专门的研究，吾与论者又皆不能奋下武断。爱新觉罗氏一家，其自有史以来，与我族殆无血系之相属，吾亦承认之，若其最初果有关系与否，则今未得证明，不能确断。彼自述其神话时代之谱系，如天女鸟卵等诸说，此不过袭吾国前此谶纬之唾余，谓帝者无父，感天而生，如"天命玄鸟"、"履帝武敏歆"等之成说耳。凡中国历朝之君主莫不然，即各国神话亦莫不然，未可据为信史也。就令此一家者，自始与我无丝毫之血系相属，然亦限于彼一家耳，不能以概论满洲全族。其他之满洲人，则自春秋时齐、燕与山戎之交涉，秦时、五莽时、三国时人民避难徙居辽沈者，其数至夥，历史上斑斑可考。今限于本文之问题，不能备举以增支蔓，若有欲索吾立证者，吾可据历史以应之。然则谓凡一切满洲人，皆与我毫无血统之关系，吾断不能为绝对的承认也。一切之满洲人，既与我或有血统之关系，则爱新觉罗氏，或有或无，是终在未定之数也。就以上所辨，则论者谓民族之六大要素，满洲人之纯然同化于我者，既有四焉，其他之二，则彼此皆不能奋下武断，而以吾说较诸彼说，则吾说之正确的程度，比较的固优于彼说也。故以吾所主张，则谓以社会学者所下民族之定义以衡之，彼满洲人实已同化于汉人，而有构成一混同民族之资格者也。

复次，彼论文复揭所谓同化公例者凡四：第一例，以势力同等之诸民族融化而成一新民族；第二例，多数征服者而吸收少数被征服者而使之同化；第三例，少数征服者以非常势力吸收多数被征服者而使之同化；第四例，少数征服者为多数被征服者所同化。此四公例者，亦吾所乐承认也，而吾则以为满洲在中国，实如彼所举第四例之位置。故畴昔虽不能认为同族，而今后则实已有构成一混同民族之资格也。而论者必强指其为第三公例之位置，是不免枉事实而就臆见也。彼其所举证据分二种，每种复分二类，其第一种曰"欲不为我民族所同化"，就中第一类曰"保守其习惯"，杂引顺、康、雍、乾间各上谕以为证。第二类曰"发皇其所长"，则谓二百年来兵权悉萃于彼族，而我族无与焉，亦举顺、康、雍、乾间故实以为证。凡其所举者，亦吾所承认者也。虽然，此不过百余年前之事耳，若近百年来则何如？彼所云保守其习惯者，虽三令五申而诲谆谆，而听藐藐。今则并其固有之语言文字，莫或能解，而他更无论矣。若夫兵权，则自洪、杨一役以后，全移于湘淮人之手，而近今则一切实权，皆在第二政府之天津，又事实上之予人以共见者也。至其所举第二种，谓满洲欲迫我民族同化于彼者，其最重要莫如薙发一事，此亦吾所承认也。然此事抉去之甚易易，且挽近其机已大动，一旦效西风倡断发，则一纸之劳耳。故此事虽为我同化于彼之一徽识，而亦决不能久也。夫满洲自二百余年前，不能认之为与我同族，此公言也。其血系及其精神体质相同与否，不能断言，而语言文字、住居、习惯、宗教皆不相同，故不得认为同族也。其顺、康、雍、乾间诸雄主，不欲彼族之同化于我，亦其本心也，无奈循社会现象之公例，彼受同化作用之刺戟淘汰，遂终不得不被同化于我。日本小野冢博士谓凡两民族相遇，其性格相近而优劣之差少者，其同化作用速；其性格相异而优劣之差少者，其同化作用迟；其优劣之差远者，其同化作用速。论者引之，而谓满族与我，文野相殊，适合乎第三例，此语亦吾所承认者也。故吾谓今日满洲之位置，适如彼所举同化公例之第四种，盖亦谓此。而论者必谓其属于第三种，而引彼大酋所以思障其流者以为证。曾亦思此同化作用之大力，决非一二大酋所能障乎，故至今日而小野冢之言既毕验矣。

虽彼不欲之，而固无如何，而事实之章明较著者，则今既若是矣。然则就今日论，而必谓彼欲化我之可畏，必谓我欲化彼之不能，请论者平心思之，其果为适于事实、衷于论理矣乎？必不然矣。

夫论者固亦自知其说之不完，故于其下方又曰："其昔之所汲汲自保不欲同化于我者，已无复存。"又曰："凡此皆与嘉、道以前成一反比例。"是论者亦认满洲为已同化于汉族，如彼所云同化公例之第四项矣。乃旋复支离其词，谓立宪说若行，则我民族遂永沉于同化之第三例。此真所谓强词夺理，不可以不痛辩也。今复取而纠之，论者谓："民族不同而同为国民者，其所争者莫大于政治上之势力。政治上之势力优者，则其民族之势力亦独优。"此前提亦吾所承认也，然此又适足以证吾说之正确，而不足以证彼说之正确也。彼之言曰："今者满洲欲巩固其民族，仍不外乎巩固其政治上之势力，由是而有立宪之说。"又曰："吾今试想像一至美至善之宪法曰：此宪法能使满、汉平等相睦，自由之分配适均，同栖息于一国法之下，耦俱无猜，如是当亦一般志士所喜出望外也。虽然，吾敢下一断语曰：从此满族遂永立于征服者之地位，而同化之第三例，乃为我民族特设之位置也云云。"吾读至此，方急欲尽闻其言，听其有何等之说明，乃不料读至下方，则满纸仍复仇之说，而政治上之趋势，乃不复论及也。推彼所以致误之由，不外误认皇位与政治上势力同为一物。夫在非立宪之国，则皇位确与政治上势力同为一物，固也。若在立宪之国，则二者决非同物。如彼英国，其皇位全超然于政治势力以外，不必论矣。即如日本、普鲁士等国，其皇位虽亦为政治上一部分之势力所从出，而决不能谓舍皇位以外，更无他之政治上势力，盖立宪与非立宪之区别，实在是也。皇位以外之势力何在？亦曰在国民之自身而已。国民立于指挥主动之地位者，其势力固极大，即国民立于监督补助之地位者，其势力抑亦不小，此凡立宪国之先例所明示也。夫即在非立宪之国，其君主固非能举一切政务而悉躬亲之，其政治上大部分势力，实仍在臣下之手，但国家机关之行动，无一定规律，而臣下之进退，又悉出于君主之任意。故一切政务，悉动于君主意志之下，而非动于国家根本法之下。故虽谓皇位与政治上势力同为一物，亦无不可。若夫在立宪国，即其行大权政治如日本者，固不得不依于宪法条规以行统治权，一切法律皆须经议会协赞，即紧急敕令、独立命令亦有一定之限制。然则此等国家，其一切政务，皆动于国法之下，而非动于君主意志之下明甚。若其用人权，则国务大臣，虽非纯由议会所得进退，然固不能甚拂舆论。议院政治之立宪国，其内阁失议院多数者，必不得不退，而进而组织内阁者，惟限于议院多数党之首领。大权政治之立宪国，不得议院多数者，不必定退，即退矣，而亦不必限以多数党代之。故常有所谓"不党内阁"者之出现，此其所以为异也。然内阁太不满舆论，则君主亦不得不退之矣。以最近事证之，如日本于日、俄和议后之桂内阁，其例之著明者也。若国务大臣以外之一切官吏，则任用惩戒，皆循一定之法规以行，非特长官不能上下其手，即君主亦不能以喜怒为黜陟，明也。而司法权独立，君主不得任意蹂躏，益无待言矣。故吾谓苟不名为立宪则已，既名为立宪国，则皇位以外必更有政治上势力存焉。而此势力之所存，则国民自身是也。吾之此前提，谅论者虽有巧辩，而必不能不承认也。既承认矣，则吾将复进于第二前提，曰：既为立宪国国民，同栖息于四民平等的法律之下，则无论何种方面之势力，皆得行正当之"自由竞争"。自由竞争者，非谓竞其自由也，谓其竞争之力，能行于自由而不受他力之干涉、束缚、压抑也。而政治上势力，亦其一端也。此前提谅又论者所不能不承认也。既承认矣，则吾将复进于第三前提，曰：既行正当之"自由竞争"，则其能力独优者，其势力亦独优，故苟于立宪制度之下以异民族而同为一国民者，其政治能力高度之民族，则所占政治上势力，必能优于能力低度之民族者也。此前提谅又论者所不能不承认者也。既承认矣，而犹曰立宪之说，不外为满洲民族巩固其政治上势力，然则必须尚有第四前提焉，乃能达此断案。其第四前提云何？必当曰：满族所固有之政治能力，实优于汉族，而两族行正当之自由竞争，满必优胜，汉必劣败也。而此第四前提果正确乎？论者若承认之，则本意欲自尊汉族者，其毋乃反蔑汉族乎？若不承认之，则其断案已属谬妄，而绝对的不能成立也。夫吾所主张，固认满洲为已同化于我民族，间有一二未同化者，而必终归于同化。故一旦立宪而行自由竞争，则惟有国民个人之竞争，而决无复两民族之竞争。论者所谓某族占优势者，其实不足以成问题也。若此问题依然存在乎，则两族之政治能力，孰优孰劣，较然易见；而两族之政治势力，孰优孰劣，亦较然易见矣。论者如谓必不能得满、汉平等之宪法，则其事又当别论。若如彼所言，谓自由之分配适均，权利义务悉平等，同栖息于一国法之下矣，而犹谓我民族将来之位置，必永同于彼之第三同化公例，吾诚不知彼所据论理为何等也。夫彼言："满洲自入关以来，一切程度，悉劣于我万倍，而能久荣者，以独占政治上势力之故。"此语亦吾所大略承认者也。然诚能得正当之立宪政治，则已足救此弊而有余，何也？以正当之立宪政治，其政治上势力，未有能以一人或一机关独占之者也。故吾辈今日所当研究者：（一）现今君主肯立宪与否之问题；（二）所立宪法为何等宪法之问题；（三）吾辈当由何道能使彼立宪且得善良宪法之问题。若夫既肯立宪，且得善良宪法矣，而在此善良宪法之下，汉、满两族孰占优势，此则不成问题，即成矣而亦无研究之价值，何也？此固可以直觉的知识一言而决也。

右吾所述，即论者宁不知之，知矣而复强为之辞，则不过为复仇之一感情所蔽，否则欲以此煽动一般人之复仇感情已耳。论者断断自辨，谓彼之排满，非狭隘的民族复仇主义。以吾观之，彼实始终未尝能脱此范围，故吾请彼还倡其复仇主义，无为牵入政治问题，作茧自缚也。

复次，右吾所述，是辨满洲是否同化于我及能否同化于我之一问题也。吾所主张，则谓满洲与我，不能谓为纯粹的异民族也。论者若不能反驳吾说，则不得不承认吾所主张；若承认吾所主张，则论者所说，无论从何方面观之，皆不复能持之有故、言之成理。即能反驳矣，不承认吾所主张矣，如是则确认满洲为异民族，然即戴异族之君主，犹未尝不可以立宪，此则吾本论正文所主张，苟不能反驳焉，是犹不足以难我立宪说也。

夫既有梗焉者，其梗焉者又或为有力焉者，则甚足以荧君主之听，而立宪之希望，终不易达也，斯固然也。然此实各国普通之现象，不论其为异族政府、同族政府而皆有之，是不得缘附种族论，而谓以二族相猜相忌之故，故不能得立宪也，明矣。既将种族论剔出，则其所以对付此阻力者，亦采各国普通之手段焉可耳。夫使梗焉者出于贵族，则其对付之也颇难。盖贵族莫不有其特权，与其阶级相附丽，一旦立宪，则必取法律上四民平等之主义，于彼确大不利，故其反抗力甚强，而其意见既足以压倒君主或左右君主，故其反抗强，而抗其反抗固不易也。若我中国今日情势，则全与彼异。举国人民，其在法律上本已平等，无别享特权者。即如某报所举满洲人于公权、私权上间有与汉人异者，然其细已甚，且屡经变迁而非复其旧，况其由特权所得之利益，或不足以偿其损害，彼中稍有识者，必出死力以争此特权，可断言也。即让一步，谓彼必争，然彼之力曾不足以左右君主，君主苟欲之，彼虽争无益也。然则今后而于君主以外，犹有为宪法梗者乎？必其人自顾现在之权力地位，惧缘立宪而失之耳。若此辈者，苟有人焉为之陈说，谓欲立宪，必经过若干年之开明专制时代，在此时代中，则立宪之影响，不波及于公之权力地位，及夫宪法实施之时，而公且就木矣，何苦争其所不必争者，以从国民之怨也。又或虽至其时，而公犹健在，公今者能提倡立宪，则他日公之地位及公之名誉，或更高于今日，而公必弃而不取，甚无谓也。如此则彼将或有悟，而幡然以改，是消阻力之一法也。又或彼终冥顽不灵，则吾所以待之者，尚有最后之相当的刑罚在，则虚无党之前例是也。夫彼之为梗者，上焉者为权力，下焉者为富贵耳。然若无生命，则一切权力、富贵皆无所丽，故此最后之手段，实足以寒作梗者之胆而有余也。

问者曰：吾子屡言宪法，万一彼所颁宪法，虚应故事，或更予吾汉人以不利，则奈之何？或颁矣而不实行，又奈之何？曰：是亦在吾要求而已，要求固未有不提出条件者，夫条件则岂不由我耶？不承诺诸条件，吾要求不撤回，既承诺条件而不实行，则次度之要求，固亦可以继起耳。

故夫吾之言立宪，非犹夫流俗人之言立宪也。流俗人之言立宪，则欲其动机发自君主，而国民为受动者；吾之言立宪，则欲其动机发自国民，而君主为受动者。流俗人之言立宪，则但求得一钦定宪法，而遂以自安，其宪法之内容若何，不及问也；吾之言立宪，虽不妨为钦定宪法，而发布之时，万不能如日本为单纯的钦定之形式，此事吾别有论。若其宪法之内容若何，则在所必争也。故流俗人之言立宪，见夫朝廷派大臣出洋考察政治，则欣然色喜，谓中国立宪将在此役；吾之言立宪，则认此等举动与立宪前途，殆无关系，即有之，而殊不足以充吾辈之希望，或且反于吾辈之希望，而所谓真正之立宪政治，非俟吾民之要求，不能得之。故流俗人之言立宪，欲今日言之，明日行焉；吾之言立宪，则以立宪为究竟目的，而此目的之达，期诸十年、二十年以后。质而言之，则如流俗人所言，立宪不立宪之权操诸人，我惟祷祀以求而已；如吾所言，则立宪不立宪之权操诸我，我苟抱定此目的，终可操券而获也。

（附言）如近日派大臣出洋考察政治等事，吾固认其与立宪前途殆无关系，然如流俗人之见，则谓其小有关系，亦未始不可。盖君主之欲立宪，虽非能立宪之最高原因，然不得不谓为其原因之一部分也。然则此等举动之与立宪有关系与否，亦视其果出于君主欲立宪之意与否而已。若其非出于此意，则可谓为绝无关系；若其果出于此意，则可谓为小有关系，然终不能谓大有关系。何也？苟非由人民要求，则此种关系，或不足充吾辈希望，或且反于吾辈希望也。或不由要求而竟能充吾辈希望，亦未可知。虽然，其权不由我，即能得之，亦偶得而已，非必得也。若以人民要求为前提，则此种关系，及今已有之，固可喜也。即今尚无之，吾固可以随时唤起此关系，且令其关系更深切。故现在此等举动，其性质若何，吾以为毫不足轻重也。复次，若以人民要求为前提，则今日此等举动，其或不足充吾希望，吾可要求使获充；其或反于吾希望，吾可要求使毋反。吾悬一水平线以为衡。吾所知者，求适合此水平线而已。彼在水平线以下，无论何种现象，吾视之则五十步与百步耳。能知此义者，可与言立宪问题；不知此义者，未足与言立宪问题。

然则吾国今日所最要者，在使一国中大多数人知立宪希望立宪，且相率以要求立宪。若果能尔尔乎，则彼英人在昔常有"权利请愿"之举，有"不出代议士不纳租税"之格言，真可谓唯一正当之手段、唯一正当之武器也。而俄人虚无党故事，抑亦济变之手段，最后之武器也。我国民诚能并用之乎？吾敢信政治革命之目的，终必有能达之一日也。

（附言）人民要求，苟得其法，则必能使政府降心相从。征诸各国前例，殆成铁案，即以吾国近数年事实证之，其趋势亦甚显著。如最近粤绅与粤督争路权一事，其最为明效大验者也。彼事件于种族问题，丝毫无涉，而徒以正当的要求，虽当道以炙手可热之势，遂不能不出其交让之精神，以图解结。此虽仅属小节，不涉全体，然举一反三，亦可知不必为种族革命，而可以得政治革命，明矣。其他如枝枝节节之利权回收，断断续续之内治改革，彼政府当道，固未尝不以舆论为虾，而自为其水母。凡此之类，不可枚举。此皆数年来之事实，较然不能掩也。盖今日之政府当道，其大部分皆脆薄之人，其小部分则欲治事而不知何涂之从而可也。故苟民间有正当之舆论，而盾以实力之要求者，吾信其最后之胜利，必有属矣。而人民不能自改良其舆论，不能自扶植其势力，徒怼政府，诟当道，宁有济耶？呜呼！

虽然，尚有附加之三义焉：一曰：其所要求者，必须提出条件，苟无条件，微论彼不知所以应，即应矣，仍恐其不正确也；二曰：其提出之条件，必须为彼所能行，若为彼所必不可行，则是宣战而非要求，以云要求，则等诸无效也；三曰：其济变之手段，最后之武器，不可滥用，用之必在要求而不见应之后，且所施者限于反抗此要求之人。不然，则刑罚不中，既使彼迷惑，而有罪者反不自知其罪也。此则吾于所著《开明专制论》第八章，既言之矣。参观本报第三号《开明专制论》及第二号《对于陈烈士蹈海之感叹》。抱定此手段，而以此三义者整齐严肃之，吾谓未有不能济者也，故吾又得反其小前提曰：

舍种族革命以外，实有他道焉可以达政治革命之目的者也。

随而反其断案曰：

故舍种族革命以外，吾辈别有当以为手段者也。

吾昔于《开明专制论》第八章第一段之结论，曾有两语云：欲行种族革命者，宜主专制而勿主共和；欲行政治革命者，宜以要求而勿以暴动。吾自以为此两语盛水不漏，无论何人，不能致难矣。而吾见某报之论复有曰："改革之权，操之于上，而下尽输其资产生命以为之陛楯，上复慨与以高爵厚禄以施之报酬，立宪而已。"夫解释立宪而下此概念，是足以服持立宪论者之心乎？凡欲辨难者，必不可不衷于论理，而论理必先确定其概念，而不可先以其爱憎枉固有之定义。试观鄙人前后难种族革命说、难共和立宪说者，凡数万言，曾有一度焉曲解种族革命之定义、曲解共和立宪之定义者乎？苟不认此论理学上之公例，是亦不足以入辨林已耳。故吾略下君主立宪之概念曰："君主立宪者，君主应于人民之要求，而规定国家机关之行动及人民对于国家之权利、义务者也。"其所规定，则君主与人民协定之，而所以得之者，则由君主应于人民之要求也。故规定为其结果，而要求为其原因也。读者谓吾所下之概念，视某报所下之概念何如？

然则暴动绝无影响于立宪乎？曰：亦有之。要求不得而继以暴动，君主惮暴动而遂应其要求是也。然此殆非正当之手段，盖徒耗其力也。以之与虚无手段相校，其不如虚无远矣。然以要求不得而暴动，则其暴动之目的，已非在种族革命矣。然则种族革命的暴动，绝无影响于政治革命乎？曰：亦有之。君主惮种族革命之屡兴，而厉行政治革命以销其焰是也。信如是也，则种族革命适以助政治革命之成功也。质言之，则排满者适所以助立宪者狭义的立宪。之成功也。使排满者如有甘牺牲其功业名誉以助与己反对之立宪党使成功之心而出于暴动，则其可敬孰甚焉。信如是也，则其种族革命、共和立宪之主义，不得不中道抛弃矣。然此恐非言排满者所乐闻也。其所乐闻者，则投满人于荒服之外，而组织一卢梭的国家也。若此者，苟不能将吾之说一一答辩，则钳而口焉可也。不然，我四万万人当以故杀祖国之罪科之。

抑陈君又言曰："鄙人之于革命，必出之以极迂拙之手段。（中略）夫以鄙人之迂拙如此，或至无实行之期，亦不可知。然而举中国皆汉人也，使汉人皆认革命为必要，则或如瑞典、那威之分离，以一纸书通过，而无须流血焉可也。故今日惟有使中等社会皆知革命主义，渐普及下等社会，斯时也，一夫发难，万众响应，其于事何难焉。若多数犹未明此义而即实行，恐未足以救中国，而转以乱中国也。"盖君之言，深知现在革命之不可，而欲期诸极远之将来，其用心可谓良苦。然欲使社会之大多数，皆认排满为必要而实行之，此诚至难之事。何则？闻人言排满而乐听之者，比比皆是，若使其实行，则乐听者千人而不得一人也。其所举以刺激其感情而最有力者，无过顺、康、雍间事，然久已过去，成为陈迹，非复切肤之痛。复九世仇，岂能人人皆有此志？此犹不如政治论之之易动人也。故君自虑其无实行之期，良有由也。然又如君言，举中国皆汉人，故此手段虽极迂拙，犹非绝对的不可得达。虽然，君未计及实行之后，其效果何如也。盖君亦迷信共和论者之一人，而中国万不能行共和立宪制之理由，君所见尚未审。夫宁知乎，虽多数明此义而复实行，而犹不足以救中国，转以乱中国乎？呜呼！安得起君于九原，而一上下其议论也。

若取君之语而略点窜之，曰：今日惟有使中等社会皆知政治革命主义，渐普及于下等社会，则其言斯无弊矣。夫使今日中国之多数人，皆知政治革命主义，而循吾所谓正当手段者以进行也。其现今在政界地位已高者，陈利害于君主；其次高者，陈利害于上宪及其僚；即其未入宦途者，或其父兄，或其朋友。苟有可以为陈利害者悉陈之，以浸润移其迷见，其效既可以极速。何也？今之在政界者，其毫无心肝之人固多数，然亦非无欲有所为而茫然不知所从事者，无人焉从而晓之，而徒责其误国，是未免近于不教而诛也。故此层工夫，万不可少，而非徒以此而足也。联多数焉，发表其政治的意见，提出条件，为正当之要求，如英人之权利请愿然。不应，则以租税或类于租税者为武器；不应，则以虚无为武器。行之十年，而谓其无效可睹，吾不信也。其视专鼓吹种族革命，如陈君所谓或终无实行之期者，其相去不亦远乎？

今之少年，饮排满共和之狂泉而失其本性，恶夫持君主立宪论者之与己异也，而并仇之，于是"革命"二字，与"立宪"成为对待之名词，此真天下所未闻也。有与言现今政治得失宜兴宜革者，彼辄掉头曰："吾誓不为满洲政府上条陈。"叩以公欲何为，则曰："待吾放逐满人后，吾自能为之，今岂屑与彼喋喋也。"呜呼！此言误矣，公之放逐满洲，未有其期，而今之握政权者，日以公之权利畀诸外人。权利之断送也，如水赴壑；权利之回复也，如戈返日。恐未及公放逐之期，而公之权利已尽矣。且即使公能放逐彼，而于放逐之前，使彼代公做一二分预备工夫，亦于公何损焉，而必矜此气节誓不与言何也。况乎公即能放逐彼，而建设此不适我国之共和政府，则所谓实行公之政策者，又终无期也。然则公毋乃坐视中国之亡而已。

呜呼！舆论之之所以可贵，贵其能监督政府而已。今也不然，舆论曰：吾惟绝对的不认此政府，若此政府尚在，吾不屑监督之。然吾所谓绝对的不认者，在彼曾不感丝毫之痛痒，而以吾不屑监督之故，彼反得放焉自恣，惟所欲为，问所得效果维何？曰：不过为政府宽其责任而已。呜呼！国中而有此等舆论，为国之福乎？抑为国之祸乎？愿世之君子平心察之。

他社会勿论，即以东京学界及国内各省学界，其人数殊不鲜，而虚声颇为政府所惮，以之建言，甚有力也。而数年以来，惟于铁路、矿务及其他与外人交涉之事，有所抗争，而内治之根本，无一敢言者。夫内治根本不立，徒为枝叶之排外，终无所济，明也。谓学界诸君而不知此义耶？其不知者容或有人，而知之者总居多数，惟虽知矣，而不敢言。其不敢言者，畏政府耶？畏舆论耳？吾今请直抉其隐，盖有欲言及内治根本者，则舆论群起哗之曰：是立宪党也，是为满洲政府上条陈也，是欲做官之奴隶也。以故更无人敢提此议，即提矣而亦莫之应。故惟于交涉事件补苴罅漏，宁舍本而图其末也。学界诸君一读之，谓鄙人此言，果能写出诸君之心理否耶？果能道尽现今舆论之真相否耶？而此等心理、此等舆论，其必不为国家之福，吾敢断言矣。

质而言之，则要求必能达政治革命之目的，且非要求万不能达政治革命之目的，是要求者，实政治革命之唯一手段也。而政治革命既为救国之唯一手段，此积叠的论理式推之，则可径曰：政治上正当之要求，实救国之唯一手段也。然则中国之能救与否，惟视人民之能为要求肯为要求与否以为断。夫彼毫无政治智识、毫无政治能力者，不知要求为何物，不知当要求者为何事，固无冀焉矣。若其稍有政治智识者，又不务自养其政治能力，且间接以养成一般国民之政治能力，而惟醉梦于必不可致之事业，奔驰于有损无益之感情，语及正当之要求，反避之若浼焉。夫是以能要求肯要求者，举国中竟无其人也。夫彼绝无智识、绝无能力者，不足责焉。若夫稍有智识者，且可以有能力者，而亦如是，则亡国之恶因，非此辈造之而谁造也。呜呼！无有真爱国者乎？其忍以方针之误，而甘为亡国之主动人也。

夫鄙人之为此言，诚非有所爱于满洲人也。若就感情方面论之，鄙人虽无似，抑亦一多血多泪之人也。每读《扬州十日记》、《嘉定屠城纪略》，未尝不热血溢涌。故数年前主张排满论，虽师友督责日至，曾不肯自变其说。即至今日而此种思想，蟠结胸中，每当酒酣耳热，犹时或间发而不能自制。苟使有道焉，可以救国，而并可以复仇者，鄙人虽木石，宁能无歆焉？其奈此二者决不能相容，复仇则必出于暴动革命，暴动革命则必继以不完全的共和，不完全的共和则必至于亡国。故两者比较，吾宁含垢忍痛，而必不愿为亡祖国之罪人也。吾又见夫不必持复仇主义，而国民最高之目的，固非不能达也。吾又见夫苟持复仇主义，充之至于尽，则应仇者不止一满洲也。故吾谓复仇主义其可以已，而真爱国者，允宜节制感情，共向一最高之目的以进行也。诸君苟毋任感情，毋挟党见，平心以一听吾言，则真理其庶可出，而正当之手段，其庶可见也。

夫使诸君所执排满共和之手段，而果足以救国，则诸君坚持之宜矣。然于他人之执他手段而欲以救国者，犹当以其目的之相同而勿与为敌。然今者诸君之手段万不能实行，即实行而不为国之福，反为国之祸。既若是矣，而犹恋而不舍焉，是终耗其力于无用之地也。不惟不舍而已，于人之执他手段以欲救国者，反从而排之，两相排而其力两相消，卒并归于无有而已。所耗者所消者非他，一国中有热血有智识之人之实力也。一国中有热血有智识者，能得几人？其人之实力，即一国之元气，而国所赖以不亡者也。今徒以此而消焉耗焉，夫安得不为国家前途恸哭也。

呜呼！吾书至此，而吾泪承睫，而泗横颐，吾几不复能终吾言矣。呜呼！我国中有热血有智识之人，其肯垂听耶？其终不肯垂听耶？夫吾非欲以辩服人而自以为快也，吾实见夫吾国之存亡绝续在此数年，而所以救之者，惟有一途而不容有二，故不惜哓音瘏口以冀多数之垂听也。夫舍己从人，人情所难，在素持排满共和论之诸君，读鄙人之此两文，而必有数日之不快，殆意中事也。则请诸君抒其宏议，用严正之论理法以赐答辩，夫鄙人岂敢竟自以为是？苟答辩而使鄙人心折者，鄙人必为最后之降伏，毋为各趋一途而使力之互相消也。若犹以鄙人之言为有一节可取也，则请诸君弃其前说，而共趋于此一途。夫弃其前说者，非服从鄙人之谓也，服从公理而已，服从诸君之良知而已。先哲不云乎，询于刍荛。又曰：狂夫之言，圣人择焉。择之权在我，而岂问言者之狂不狂也。凡人类之心理，其骤接一理也，初念时所见最真，盖即此所谓良知也，及转一念时，则私欲蔽之，往往得反对之判断，以后转念复转念，皆此两念交战，万起万落，如循环焉。而逮于究竟，能依其初念而行者，则为光明磊落之夫；卒依转念而行者，则为龌龊卑劣之子。诸君读鄙人此文，若其竟以为非也，则诲之可也；若觉其是焉，而复自虞度曰：吾畴昔所持论如彼而今忽反之，惧人笑我，毋宁护前说焉，则吾愿诸君之万不可如是也。孔子曰：小人之过也必文。孟子曰：古之君子，过则改之；今之君子，过则顺之。岂徒顺之，又从为之辞。吾不自承认为过，则亦已耳。既承认矣，而文之而为之辞，是何其太不以君子自处也。鄙人性无他长，惟能不自护前短，一言一行之过，其不安于吾心者，必改之而后即安。而学识浅陋，道力微薄，尤悔丛脞，如扫落叶。故言论行事，往往不移时而反乎其前，师友所戒为流质，时论所诮为骑墙，皆谓是也。虽然，鄙人不能欺吾良知，是以及此。子王子曰：吾今日良知所见在此，则依吾今日良知以行；明日良知又有开悟，则依吾明日良知以行。鄙人知服膺此义而已。即如排满共和论，以诸君平心察之，若谓倡此论者为有功也，则鄙人不能谓无微劳；若谓倡此论者为有罪也，则鄙人不得不负重戾。盖鄙人于数年前实此派中之一人，且其关系甚不薄也。鄙人宁不欲护其前说？其奈今所研究，确见其与救国之义不相容，吾将爱吾国耶？吾将爱吾前说耶？吾良知于两者之间，必知所择矣。故决然舍旃而无复留恋也。夫诸君之取舍何如，亦质诸诸君之良知焉可耳。呜呼！陈君天华而不死也，吾信其将闻吾言而契之也。

吾之论于是终，吾更缀数言。吾此文固甚望当世有识者之诲之也。盖真理以辩而始明，况吾之浅识，岂敢谓所言之必当也。有赐教者，苟依正当之论理，则鄙人深愿更相攻错。而或于其根本大端，不能箴膏肓起废疾，而惟撷拾一二词句间之讹缪以相诋谋，则考据家之碎义逃难耳。甚或为嬉笑怒骂之言，深文周纳以相责，则村姬之角口耳，酷吏之舞文耳。凡此皆无相与攻错之价值，则恕其不报焉可也。

暴动与外国干涉*
（1906 年 7 月 6 日）

　　某报有《驳革命可以召瓜分说》一篇，其言若甚辩，而不知实自隐其缺点，以自欺而欺人也。故更一胪其利害，与普天下爱国君子共研究之。

　　某报胪举一般舆论之言革命可以召瓜分者，而区别为两种：甲种谓革命军起即被干涉者，乙种谓革命有自取干涉之道者。其所驳者，于甲种独详，而于乙种甚略。其驳甲种之说，虽多饰词，然间尚言之成理。其驳乙种之说，则无以自解于此问题，而冀以囫囵瞒过也。此种情实，本甚显浅，今以彼言之哓哓也，故一是正之。

　　暴动的革命所以自取干涉者彼报原文只云革命，今冠以"暴动的"之一形容词者，如吾之政治革命论，可谓之"秩序的革命"，彼等所持者，正暴动的革命也。有二：一曰对外之乱暴，二曰内部之冲突。

　　对外乱暴之一问题，彼亦辩解之，而不能自完其说，其言曰：

　　　　（前略）其所指为自取干涉之道者，谓革命家固以排满为目的，又兼有排外之目的。故革命之际，或蔑人国权，或侮人宗教，或加危险于外国人之生命财产，于是乃召外人之干涉。为此言者，若以施之义和拳，则诚验矣。（中略）吾人所主张之革命，则反乎是。革命之目的，排满也，非排外也。（中略）革命进行之际，自审交战团体在国际法上之地位，循战时法规惯例以行，我不自侮，其孰能侮之？谓革命军有自取干涉之道者，其太过虑也。抑犹有宜深论者，今日内地之暴动，往往不免排外的性质，此不能为讳者

---

　　* 录自《新民丛报》第八十二号，光绪三十二年五月十五日（1906 年 7 月 6 日）出版，署名"饮冰"。收入《饮冰室合集·文集》之十九。

也。然此等暴动，可谓之自然的暴动，乃历史上酝酿而成者也。
（中略）洎乎近日，感外界之激刺与生计之困难，其势尤不可一日
居。此为历史上自然酿成，无待乎鼓吹者。此等自然的暴动，无益
于国家，固亦吾人所深虑者也。以中国今日决不可不革命也如此，
而自然的暴动之不绝也又如彼，故今日之急务，在就自然的暴动，
而加以改良，使之进化。道在普及民族主义、国民主义，以唤醒
国民之责任，使知负担文明之权利、义务，为吾人之天职。于是
定共同之目的，为秩序之革命，然后救国之目的乃可以终达。
（下略）

其所以自辩解者略如此。夫以该报记者之言革命不含有排外的性
质，吾亦能信之。虽然诃诸吾国历史，凡一革命军之起，稍占势力，则
必有多数之革命军与之响应，而诸革命军必非能为一致的行动，此前事
之章章不可掩者也。论者果敢断言暴动方起时，仅为一单独之革命军，
而无他军与之迭兴乎？又敢断言他军迭兴者，必无一焉含排外之性质
乎？夫自然的暴动，由历史上酝酿而成，至今日而其势尤岌岌，此既论
者所能知之而自言之者矣。曾亦思历史上之遗传性，其势力最为伟大，
而欲革之也，决非一朝一夕之效。论者谓就自然的暴动而加以改良，使
之进化，此事抑谈何容易耶？所谓改良进化者，不可不取国民心理洗涤
而更新之。然欲洗涤更新国民之心理，必非口舌煽动、笔墨鼓吹所能为
力，而必赖秩序之教育。故非教育机关整备而普及，则所谓改良进化者
终不能实现。而教育机关之整备普及，又必在政治革命实行以后。而革
命前之煽动家，决无术以致此，至易见也。论者谓唤醒国民之责任，而
岂知其所能唤醒者，仅在感情，而责任观念决非简单之煽动口语所能唤
醒耶！论者所希望在秩序之革命，而不知苟非法治国国民，无论何事而
必不能有秩序，况革命事业，其与秩序性质最难相容。虽以素有秩序之
民行之，其骚扰混杂犹常出意计之外。若以素无秩序之民行之，其危险
宁更可思议耶？论者如欲求秩序的革命也，则其预备工夫，不可不先谋
所以养成有秩序之国民，而欲养成有秩序之国民，则必先求政治状态生
一大改革。苟不注意于现在政治上之监督，而惟思煽动于下，吾敢断言
曰：虽至海枯石烂，而秩序之革命终无自发生也。不幸而论者所执之手
段，乃正若是，故彼虽自号为秩序的革命，而吾敢断言其结果仍与自然
的暴动无以异也。比国硕儒普兰斯现世刑法大家。曰："群众心理学可分
为二：一曰有机的群众，二曰无机的群众。无机的群众者，以互不相知

之人，啸聚结合者是也。此种集合体，其拓都之程度，比于其幺匿尤为劣下。当其雷同附和也，往往有非常之力。然其聚散难测，其激动爆发最易，以其有多数之故。其为恶也，较为善为尤勇，往往以细故末节，一变而为犯罪的群众。此等群众之特色，尤易使入其中者骤变其秩序之性质，而发挥其野蛮之本体。"由此观之，突然啸聚之团体，其性质之危险也如是，而暴动事业，无论在何国，无论在何时，其必出于啸聚，必为无机的群众，至章章也。就令革命军主动之内部团体若干人，稍为有机的组织，而其他多数之景从者，固不能不出于啸聚。若夫响应于四方者，更无论矣。以十八省之大，苟并时云扰，合此大大多数之无机的群众，向于激动爆发以进行，其混乱状态之所极，谁能测之？而谓以一二人之力，能左右此大众，使一丝不紊，为规律的行动，此真书生之见，架空之理想也。夫天下最可用者莫如感情，最可畏者亦莫如感情。当情感之既发动也，如病狂者之骤生神力，其轨道之变幻，非寻常所能度，其势焰之凶猛，亦非寻常所能制。不见夫法国大革命乎？其最初提倡者，岂尝预为断头台上旬月断送二十万人之计画？而其结果竟如是者，盖已非复主动者之所能制也。又勿征诸远，即以去年日、俄和议时，日本国民之暴动事件论之，其最初提倡者，岂不以愤政府外交之失败，欲要求条约之停止画诺云尔，其绝不含有排外之性质，尽人所能知也。而其影响所波荡，乃至有欲向俄、法之教会及居留民加强暴者。当时东京各报纸皆载其事。甚或以战祸之导线，由我中国，而欲迁怒于我留学生者。此当时传说云云，然骏河台之清国留学生会馆附近，有警察注意保护，则事实也。幸而日本警察力完密强固，而其暴动时日又甚短，故不生他变耳。否则竟以此酿出国际问题，而使日本外交增无量荆棘焉，未可知也。夫以日本人之久受教育，渐已具备法治国国民之资格者，及其一旦为感情之奴隶，犹能生出此种不思议之恶现象，而况乎我国之暴动的革命，其暴动所波靡之面积，百倍于彼；（一）其暴动所历之时日，百倍于彼；（二）其参加于暴动团体之人数，百倍于彼；（三）而一般人民所受之教育，所具之常识，与夫习于法治之程度，非我所能望其肩背也；（四）而革命军初起之时，倥偬于军事，注力于一隅，其警察机关之整备而普及，非我所能望其肩背也；（五）而我国民排外之思想，受诸数千年以来之遗传性，自平居无事时，已跃跃欲试；（六）而近来各国对于我之手段，实又使我蓄怨积怒而久思一雪；（七）而革命家所倡之民族主义、国民主义，以狭义言之，虽专对于满洲及君主以立言，以广义言之，则以凡外族外国为之界线，煽动之余，最易招无远虑者之误认。
（八）以此诸原因，而谓当一方揭竿、万里响应之时，能定共同之目的，
为秩序之革命，绝不诒外国以干涉之口实，苟非欺人，其必自欺而已。
故论者无论运如何之广长舌以自掩饰，无论构如何圆满之理想以自慰
藉，吾敢一言以指其妄，警其迷曰：其结果与自然的暴动无以异。公等
既以自然的暴动为非国家之福而引为深虑，则鄙人所以对于公等所执之
手段而引为深虑者，其理由可以思矣。

缘内部冲突而自取干涉者，彼报所讳而不言也。然吾前此固已略陈
其利害，参观本报第四号第三十五、六叶。今请究竟其说。

吾所以认暴动主义为足以亡中国而深怵之者，全以其破坏之后，必
不能建设。吾所以断其必不能建设者，以其所倡者为共和政体，而共和
政体，则吾绝对的认为不可行于今日之中国者也。共和政体，为历史上
之产物，必其人民具若干种之资格，乃能实行，而不然者，强欲效颦，
徒增扰乱。此征诸法国及中美、南美诸共和国，覆辙相寻，皆历历可为
殷鉴者。而吾中国今日之国民程度，决无以远优于彼等，加以我幅员之
辽廓，各省之利害不相一致，故实行共和，视彼等尤为困难。无论今代、
古代之共和政体，其所以能发生成立者，恒由小国。今美国虽为绝大的
共和国，然实由四十余小国结合而成也。夫百年前法国之惨剧，尽人所能知矣。至中
美、南美诸国，如彼玻利菲亚，历代大统领十四人中，得善终者仅一
人；如彼散得米哥，自一八六五年脱西班牙独立，迄今仅四十年，而大
小革命凡五十余次。自余诸国，大抵当选举大统领时，辄杀人盈野，流
血成河，盖每三年或四五年，必起一度革命以为恒。凡此皆不适于共和
而强行共和之所致也。我国若于暴动后贸然欲建设此政体，则由攘夺政
权所生之惨剧，必至不可思议。若军人与人民之争也，劳动者与上流社
会之争也，党与党之争也，省与省之争也，纠纷错杂，随时可以生出问
题。而以未惯法治之国民当之，则讧争之结果，必诉于武力以求解决。
大统领为一国最高政权所在。苟大统领以四年改选者，则每四年全国当
起一次大革命；苟以三年或五年改选者，则每三年或五年当起一次大革
命。不宁惟是，以我国幅员之辽廓，我之一省足当人一国，故省之总
督，其政权亦庞大，而可为争夺之媒。苟总督而由民选者，则每当改选
之时，其省之起革命也亦如之。又不惟于大统领及总督改选时为然耳，
即在平日，任一事件之发生，而皆可以促政权之更迭，酿全国之骚扰，
抢抢攘攘，国无宁时。然此犹就既建设之后言之也。顾所最危险者，则

当新破坏而未能建设之时，中央旧政府既倒，而新共和政府不能成立，或暂成立而旋起冲突，中央纷如乱麻，而各省新经兵燹之后，人民生计憔悴，加以乱机已动，人人以好乱为第二之天性，自然的暴动陆续起，而政府所有有限之军队不能遍镇压此无垠之广土，于是秩序一破，不可回复，而外国之干涉乃起。其干涉之次第奈何？其始必有一二国焉，欲利用此机会，而独占非常之利益者，他国嫉之，谋所以相牵掣，相嫉相掣之结果，不得已而出于协商。协商奈何？则惟有拥旧王统以为傀儡而共监督之，此则吾前此固已言之矣。曰：新旧政府既皆灭绝，而举国中无一人有历史上之根柢可以承袭王统者，其间必有旧王统之亲支或远派，遁逃于外以求庇，于是联军乃拥戴之以作傀儡。而此傀儡之废置，自兹以往，一惟外国人之意，而中国遂永成埃及矣。信如是也，则革命军初意，本欲革满洲之王统，而满洲卒未得革，不过以固有之王统，易为傀儡之王统而已。则试问于中国前途，果为利？为害？而言革命者，亦何乐乎此也？参观第四号第三十五、六叶。呜呼！此非吾好为不祥之言以耸听也，吾逆揣破坏后不能建设之结果，其势殆非至此不止也。吾所谓暴动可以召干涉者，其著眼点全在此。吾一念及辄心悸焉。愿普天下爱国君子熟图之。

彼报又有云：

> 问者云：今者外人相惊以中国人排外，遇有小警，辄调兵舰。如南昌教案，法调兵舰矣；广东因铁路事官民交讧，各国亦调兵舰矣。凡此岂非干涉之小现象乎？应之曰：此非干涉，乃防卫也。（中略）盖国家于领域之内，不能自保，而使外人蒙其损害，则对之可以为匡正。（中略）然使蒙急遽之危害，有缓不及事之虞，则可以用防卫之手段，用强力于他国领域内，此国际法所是认者也。然则使内地有变，而危险及于外人之生命财产，则外国派兵保护，以扞御灾难，不得谓之非理，然此与干涉不同也。

此就法理上立言，诚若无以为难。然各国政策，往往有利用法理、曲解法理以为护符者，此又不可不察也。试举最近事实证之：俄国当拳乱以后，驻兵满洲，此非论者所认为国际法上正当之防卫者耶？而何以撤兵之期，迁延复迁延，直以满洲为彼领土，必待日、俄大战争告终以后，而此问题乃解决也？吾今试为一假定之说：当革命军之起也，主动者虽自宣言能守战时法规惯例，不至危及外国人之生命财产，恐外国人未能遽信也，于是竞借口于国际法上正当之防卫，各调兵于其所自认之势力范围内，如日、俄之于满洲也，俄之于蒙古也，德之于山东也，法之于广西、云南也，其他甲国之于某省也，乙国之于某省也，莫不皆然。于斯时也，革命军不得而责之，何也？彼有法理以为之楯也。而当此旧政府既破坏、新政府未建设之时（或建设而未巩固之时），地方状态必极混杂，彼乃借口于此而布军政焉，甚或布民政焉。革命军不能禁也。即至旧政府既覆，军事粗定，而当秩序新破、国民思乱之时，无论如何，而各地之大小骚动必时时爆发而不能绝，新政府若要求各国以撤兵，苟其国有狡焉之心者，则何患无辞？俄之前事，其成例也。于斯时也，新政府无论若何诘责，彼始终得以国际自卫权为词，而其势力遂永植而不可拔，非从事于战争而不能解决。以云战也，则新政府初成立之余，乘凋敝之后，内部纷扰且未息，能有力以及此乎？即曰能之，而对一国尚惧不堪，脱有二三国以上，将如之何？是无异与联军战也。如是，则一战而新政府可以覆亡，国家随之，则革命军为亡国之罪人也。若审其难而不战耶，则忍辱以终古，而国家一部分之主权丧失，是革命军亦亡国之罪人也。使吾之此假定而果见诸实事，则革命军亡国之罪，左冲右突，而无从解免也。然吾之此假定，犹必革命军自始至终毫无自取干涉之道，乃克致耳。若前此所论，谓缘对外之乱暴或内部之冲突而生干涉者，苟有一于此，则并此假定之结果而不能望也。

论者又言，近世各国惮于用兵，苟非关于国家大计，非兵力不足以维持者不轻言动众，斯固然也。然谓中国大暴动之影响，与他国之国家大计绝无相关，则浅之乎言之也。即以商务论，论者所指为单纯之原因，谓不足重轻者也。殊不知今后世界之大势，以经济上之竞争为第一大事，谓商务无关于国家大计者妄也。论者乃胪最近统计，举某国人在中国者若干，某国人在中国者若干，而谓彼政府议会，断不肯为此等人营业之故而遽动兵。此真小儿之言也。使彼我之关系，而仅在此区区每国千人或数千人之居留民而已，则外国人之势力侵入我国者，可谓之至微且弱，而我朝野上下，稍有识者，咸怵怵然忧外患之不易，其毋乃皆为杞人也！须知今日交通大开之天下，经济无国界，牵一发而全身动焉。使我中国以暴动之故，转战频年，则伦敦、纽约、横滨、柏林之银行，倒闭者不知凡几，而经济家所谓恐慌时代，可以遍于全球。义和团之役，美国南部之棉花业大工厂四十余家，倒闭者八家，其余皆亏缺。此吾游美时美人频举以相告者。去年上海闹审罢市不过数日，而横滨金融界大恐慌，中国人商店坐此歇业者三家。此吾在横滨所目击者。此举其例证之小者，他可推矣。各国对于此现象，无论或希望旧政府之速倒，或希望革命军之速灭，而要之不愿其相持而久不下，至易见也。若此两种希望皆不克达，则奋起焉以助其一而毙其一，亦意中事，而不能谓其必无。苟有此者，则其为助旧政府耶？为助革命军耶？又至易见也。

就使如论者言，商务果无关于国家大计，然中国若有大暴动，则各国对于中国之形势或将一变，此又不可不察也。论者谓各国对中国之政策，以维持势力平均之故，近数年来，由瓜分主义一变而为开放门户、保全领土主义，而信他人之必莫吾毒。虽然，吾闻诸日本松本君平博士之言曰："保全支那云者，非列国之宪法也。前此瓜分之说，虽以日俄战争之结果而全失其势，然如燎原之火，虽猛威暂戢于一时，而一星之煽，或再爆发，谁能料之！"《立宪政友会会报》第七五号第六叶。此其言可谓至言。夫瓜分之说，极盛于乙未至庚子六年之间，而庚子以后，日以失势，去年以来，更阒寂焉。其变化所以如是其速者，实由亚东形势之自身有变化使之然也。夫刻舟胶柱之不足以为政策，自古然矣。故各国政治家之对外也，其主观方面，虽有一定之方针，而又未尝不随客观方面之变迁而相与推移。举其一二之宣言，而认为不变之政策，去之远矣。夫自一八九八年，美国首倡门户开放主义以来，欧洲诸大国曷尝不皆报牍以表同情，而俄在满洲之经营自若也，德在山东之经营自若也。前此之不足恃既已若此，岂其后此而能信之！要之，今世界列强对中国之政策，分两大潮流：俄、德、法为侵略派，英、美、日为保全派。此形势起于十年以前，直至今日，未尝变也。而现在以保全派骤占优势，故侵略派之声迹，暂销匿于一时，而竟以为永戢焉，则其于诇邻之道，亦太不审矣。而论者乃谓俄方新败谋休养，法汲汲于平和。顾吾以事实证之，则俄虽失败于满洲方面，而于蒙古方面，且突进不休，未尝以新败而沮其计画也。法在安南，其所经营者著著进步，吾苦不能得其汲汲言平和之据也。独至德国，用心最险。自日、俄和议以后，其对于我一变前此之恫喝政策，而取怀柔政策。此则鉴于侵略派之气焰方衰，目前未可以得志，而惧空贾我国之怨，坐失应均之利，故忽然演出此回黄转绿之怪剧，所谓司马昭之心，路人共见也。而谓其侵略之野心遂已灰槁焉，则决不可。盖德国今方忧人满，殖民事业之能发达与否，实其国家之生死问题。而彼以后进之国，环顾全球无展其骥足之余地，故飞而择肉于东方。彼非好为此，而国势迫之，不得不然也。其此政策最后之成败不可知，而决不以目前之一挫而掷弃之，章章然矣。然则此侵略派之三国者，虽一时若暂戢其谋，而苟东方形势有变动，略予彼以可乘之机，则必将再爆发焉。若夫英、日、美者，其利害与彼三国相反，固尽人而知矣。然英、日新同盟协约，其对于中国而协定者，凡三大纲，曰保全领土，曰开放门户，曰机会均等。论者屡引"保全"、"开放"二语，指为各国对清之根本政策，而忘却"机会均等"一语，则又未足为善觇邻也。若非忘却，则必欲抹煞此语以自欺而欺读者矣。夫彼所谓机会者，其言甚概括，不知何所指，但既有"保全领土"一语，则其机会之性质，必不属于领土之攫取，是亦吾所能信者，然此外之机会万端，则非所敢知矣。而所谓机会者，虽有时可以彼我两利，然大率利彼而损我者为多，又至易见也。夫如是则安得以有保全领土、开放门户之宣言而遂即安也！吾意以为中国全国秩序破坏之日，即列强对清政策生一大变化之时。侵略派之死灰必复燃，而保全派之机会亦随至。俄、法、德三国必借口于国际自卫权，复演前此驻兵满洲之恶剧。英、日、美三国一方面对于我国之乱暴而行自卫也，一方面对于彼等之侵略而行自卫也，自始焉不得不与彼等出于同一之行动。若其终局之如何，则视彼两派势力之消长以为断。侵略派占优胜耶，则中国或缘是召瓜分。保全派占优胜耶，则以列国协商解决此问题，而协商之结果，则亦实行所谓机会均等之主义而已。夫使因中国之暴动而致俄、法、德三国之生心，则其影响于英、日、美之国家大计者，不可谓不重。英、美暂勿论，若日本则诚为其国家生死问题也。于彼时也，彼若审形势之不易，确认革命军为足以间接助侵略派之势力，则及其未成而干涉焉，亦意中事；即不然，则亦俟两派势力对抗，短兵几接之时，而后一决。要之，无论何派胜负，而皆非为福于我国家而已。夫以今日大势论之，侵略派之势力，谅终不能优胜于保全派。果尔，则当暴动后，列强处置中国之政策，当未必出于瓜分，而殆出于协商。协商之结果奈何？则亦袭义和拳善后之故智，拥护旧王统，以实收机会均等之效果而已，而况乎新共和政府之万不能建设，更予彼以口实，而促其此举之实行也。然则革命军舍为外国人作功狗之外，果无复一毫善状以神国家也。

论者又历引英杜、美菲前事，谓其动兵数十万，转战经年，糜帑杀人无数，仅乃得志，以此证干涉之不易，而谓各国必不出此愚策。此又知其一未知其二也。杜之陆军，以强闻于天下；而英之陆军，以弱闻于天下。英人千里馈粮，而杜以主待客，劳逸之势，固已悬殊。英人初又有藐杜之心，调兵不多，谓可一举歼旃，及其衄挫，乃图续调，一度再举，动需数月，此成功之所以濡滞也。惟美亦然。美自距今十年前，犹鄙夷军国民主义不屑道，其海陆军皆微微，不足齿于诸强，而征菲之役，骤然涉万里之重洋，悬军深入，以图一逞，故亦不得不需以岁月也。若中国有暴动而召干涉，则其所处之形势，及其所遇之敌，与彼大异。中国若秩序破坏而不可恢复，则其影响最密切者，莫如日本。各国协商之结果，若出于联军干涉，则其首借重者亦为日本。义和拳之役，英国电日本请先出师，其已事也。而彼日本以半月之力，输送四十万大兵于中国，绰绰有余。此彼国军事家所熟道，而事实亦至易见者也。而日本陆军力之伟大，又我国人所共见，而亦各国所同认者也。故各国若无干涉之举则已，苟其有之，则仅一日本之力，已足以制我革命军之死命而有余。以一重军保护北京，则革命军不能动中央政府之毫末；以一重军扼武汉，则革命军无论猘突于何方，而皆为瓮中之鳖。未见其以干涉之故，而所生困难之结果，有如英之于杜、美之于菲者也。夫英之于杜、美之于菲，其目的在屋其社而裂其旗，故非至反侧全安，民政确立，不得谓成功焉。若其干涉中国内乱，则但摧破革命军之武力，市恩于旧政府，而其事毕矣。若其善后之处置，仍以傀儡之旧政府当之，干涉军不必自直接以当此困难之冲也。是日本对朝鲜之比例，而非英对杜、美对菲之比例也。

此为实行干涉之时言之也。若其不居干涉之名，而托于国际自卫权，驻兵于其所自认之势力范围内，为负嵎之势者，革命军方自束缚于所揭橥之文明的战时法规惯例，不敢过问，彼等不费丝毫之战斗力，而可以收莫大之丰获，此则尤为功人所欲祷祠于功狗者耳。

以上所论，皆谓革命军有自取干涉之道，而干涉乃生，各国协商之结果，而干涉乃成也。虽然，干涉之来，抑又非限于此场合也。彼报所驳甲种第七项，其目曰："谓革命军起，政府之力既不能平，则必求助于外国，外国出兵助平乱，因以受莫大之报酬。"而其驳之曰：

> 夫虏之为此谋，容或意料所及。然使其借兵于一国耶，则虏先犯各国之忌。各国虑破均势之局，将纷起而责问，是徒自困也；使其借兵于各国耶，则各国之兵，非虏之奴隶，非虏之雇佣，无故为之致死耶。

此其论，吾不必自驳之。吾观彼报动引外国人之言以为重，吾亦请引外国一名士之言。日本前自由党领袖伯爵板垣退助曰：杂志《大日本》

第六卷第七号论文《东洋ノ平和ト清国ノ立宪制采用ヲ论ズ》。

> 清国若率今不变，则革命战争终不免爆发于南部。革命一旦
> 起，觉罗氏之朝廷无暇复计永久之利害，徒欲脱目前之急难，必假
> 俄力以自保其地位。于斯时也，日、英之利害如何？日本则卅七、
> 八年战役之结果，即指日俄战役。全然没却，英国之东洋政策，亦蒙
> 大打击，清国之保全于是破，东洋之和平于是乱。如此必非日、英
> 两国之所能堪也。故一旦有叛乱之兆，日、英两国不可不先起而干
> 涉之、镇定之。

此其言虽一人私言，然不可谓不中情实也。夫使如论者所希望，
英、日、美等爱平和之国能表同情于革命军，认为内乱团体，而自守局
外中立。及夫现政府之自审难支也，铤而走险，急何能择，势必将乞庇
于他国，而平和派之各国既莫之应，则不得不转而求诸侵略派诸国。于
彼时也，侵略派诸国，有不因利乘便，而思以豚蹄易篝车者乎？他国不
可知，若俄罗斯，向来惯用之卑劣的外交手段，其必喜而应之，殆无可
疑矣。而其应之也，又不必出兵于各省以为之代剿也，但以一军戍畿
辅，已足以市莫大之恩于政府，而攫莫大之报于将来。于彼时也，均势
必破，而必非平和派之所欲，无待言矣。然如论者言，谓各国仅交起诘
责，而政府适以自困云尔，则试问政府果惮于自困而遂中止此计画耶？
亡之不图，困于何恤？则政府必将答彼曰："贵国欲保均势耶？请助我，
我将予以机会均等之报酬。不然，我为救亡计，虽称臣称侄于他国，贵
国勿怨也。"如是则诘责者且无辞。何也？此生死问题，非简单之诘责
所能了也。夫既不助之，又不能禁其不求助于他人，又不能禁他人之不
彼助，而又不肯坐视助彼者之独占利益以破均势，然则所以待之者如
何？无已，则惟与助彼者宣战以摧其势耶？是诸强国中，或加盟于旧政
府，或加盟于革命军，两两对抗，而酿出全地球空前绝后之大战争，则
各国之兵，又岂其革命军之雇佣，岂其革命军之奴隶，乃无故而为之致
死也！舍此一策以外，则欲保均势之局，惟有仍出于协商，而以联军共
干涉之镇定之，否则如板垣所云云，日、英等国，出奇制胜，先自从事
干涉，间接以杀侵略派之势而已。若是乎，则即使革命军无自取干涉之
道，而未敢谓干涉之必不来也。
而论者尚有言干涉不足畏之说。其言曰：

> 为外国者，设因欲保商务，欲得报酬之故，连万国之众以来干

涉。斯时为我国民者将如何？其必痛心疾首，人人致死，无所于疑也。则试约略计各国之兵数。庚子一役，为战地者，仅北京一隅耳，而联军之数，前后十万。今若言干涉，言瓜分，即以广东一隅而论，新安近英，香山近葡，彼非有兵万人，不能驻守，即减其数，亦当五千，以七十二县计，当三十余万，即减其数为二十万，至少十万。而其他沿江沿海诸省当何如？至于西北诸省则又何如？计非数百万不能集事。而我国民数四万万，其起义也，在国内革命，而无端来外人之干涉，满奴不已，将为洋奴，自非肝脑涂地，谁能忍此者！我国亡种灭之时，即亦各国民穷财尽之时也。而问各国干涉之原因，则日因欲得报酬欲保傀儡之故，虽至愚者，亦有所疑而不信矣。且今勿谓我国民甚弱，而各国之兵力至强也，练兵不能征服国民军，历史所明示矣。普、佛之战，佛练兵尽矣，甘必大起国民军，屡败普军，为毛奇所不及料，不敢出诃南一步。古巴之革命也，金密士以数十人渡海，入古巴，振臂一呼，壮士云集，前后以四五万人，与西班牙兵二十万人鏖战连年，而美、西战事起，古巴遂独立。菲律宾之革命也，壮士十人，以杆枪六七枝劫西班牙兵五百人营，夺其枪五百，扑战累岁，西兵驻防于菲者，凡二万人，无如何，卒赔款二百万。其后西政府失信，战事再兴。美、西之役，美提督戴阿圭拿度再入菲律宾，与美合兵。阿圭拿度以兵数千人，俘西班牙兵万数，卒立政府。其后美复失信，菲人以所获于西兵之枪万余，择其可用者六七千，以与美精兵七万战，数年始定。使凭借丰裕，则美非菲敌也。英、杜之战，杜与阿连治合兵三四万人，英兵四十万，前后三年，乃罢兵。如上所述，以国民军与练兵角，皆以十当一，况中国人数非菲、杜比，凭借宏厚，相去千万。外侮愈烈，众心愈坚。男儿死耳，不为不义屈。干涉之论，吾人闻之而壮气，不因之而丧胆也。

壮哉言乎！吾读至此，亦欲为浮一大白，而惜乎其与情实全不相应也。彼谓练兵不能征服国民军，为历史所明示，而观其所示之历史，则除古巴、菲律宾之对西班牙外，无一为其适例者。夫西班牙之积弱，不足齿矣。而古巴、菲律宾之所以能驱除之，则犹以美国之助，而非徒恃独力所能为功也。自余诸役，则毛奇果尝征服甘必大否耶？美国果尝征服菲律宾否耶？英国果尝征服杜兰斯哇及阿连治否耶？夫国民军之力，诚不可侮，然以今世利用物质上之文明，以致战术之实飞进步，其间利器以及附属战事之各种机关，有非借国力而不能致其用者。故十九世纪下半期以降，虽有猛烈之国民军，而终不能与练兵为最后之决胜，虽属天地间不平之事，然亦势限之矣。我国凭借之厚，虽非菲、杜等蕞尔国之所可望，然谓以器械不良、机关不备之揭竿斩木的兵队，与世界轰轰著名数强国之联军相角，而可以立于不败之地，则大言壮语，聊以自豪，何所不可！若彼以见诸实事，则中国乃我四万万同胞公共之国，非公等一二人之孤注，而岂容公等之一掷以为戏也！故论者苟能证言外国之必不干涉，则其说始差完耳；若谓干涉不足畏，则非欺人，必自欺也。虽然，使外国干涉之结果，而必出于瓜分，则非屋吾社而裂吾旗，反侧全安民政确立不能谓成功。信如是也，则我国亡种灭之时，即亦各国民穷财尽之时，吾亦信之，而岂知其政策决不尔尔。其或托于国际自卫权，而遣戍兵于势力范围内耶，则革命军方兢兢然于战时法规惯例之不暇，岂敢妄为挑衅，而致授彼以干涉之口实！彼安坐而布军政民政，不遗一镞而收莫大之效果已耳。其或以协商之结果而实行干涉耶？则但求摧灭革命军之武力而已足。革命军武力既摧灭以后，若何善后之处置，自有傀儡之旧政府代当其冲，无劳彼为是攘攘也。而所谓摧灭革命军之武力者，则如吾前此所言，以一重军保护北京，则革命军不能动中央政府之毫末；以一重军扼武汉，则革命军无论猋突于何方，而皆为瓮中之鳖。彼专取守势而不取攻势，其所损伤能几何？若军费一项，则又岂忧现政府之无以犒之也！故各国决非有所惮而至于不敢干涉，如论者所云云也。

夫革命军有自取干涉之道也既若彼，各国有不能不干涉之势也即若彼，而干涉无论从何种方面进行，皆足以败革命之事业而危国家之地位也又若此。然则今日昌言起革命军者，其结果，小之则自取灭亡，大之则灭亡中国，无损于满洲人之毫末，而徒予外国人以莫大之机会，是亦不可以已乎！夫明知其可以生灭亡中国之结果，而犹悍然为之，则是叛国之逆夫也。明知其可以生自取灭亡之结果，而自取灭亡之后，又非能有益于国家也，而反以累国家，而犹贸然为之，则没而无名，谥为至愚，爱国君子，亦何忍出此！

呜呼！吾请掬一缕热诚以告普天下之爱国君子乎！今政府之所以待吾民者，与列强之所以待吾国者，稍有人心，受之能无愤慨，而绝非徒愤慨之所能了也，又非感情用事孤注一掷所能雪吾愤而偿吾愿也。利用此列强持均势主义之时，合全国民之力，从种种方面，用种种手段，以监督改良此政府，实坦坦平平之一大路，循之而未有不能至者也。苟至焉，则种族上之压制更何有？政治上之压制更何有？内既足以自立，则外人亦谁敢予侮焉！而不然者，溯必不可至之断港绝潢，造亿劫不复之噩因恶果，吾甚哀夫以光明俊伟之质、抑塞磊落之才，而误用其情，以为天下僇笑也。

中国不亡论*
——再答某报第十号对于本报之驳论
（1906 年 9 月 3 日）

　　某报第十号有《杂驳〈新民丛报〉》一篇，其言支离谬妄，无一语能自完其说，每下愈况，本无再驳之价值，但彼附注一言云："非承认则须反驳。"吾若不反驳，则第三者将以吾为默认彼言耶，是故又不得已于辩也。

　　彼报标题第一条云："自满洲入关后，中国已亡国，今之政府，乃满洲政府，非中国政府。"此命题之正确与否，即吾与彼论争之要点也。故本文当专以此为范围，彼所论有涉及此范围外者，则当别驳之，此从略也。

　　欲知今之政府为中国政府，抑为满洲政府，当先辨今之国家，为中国国家，抑为满洲国家。国家之问题解决，则政府之问题随而解决，此所谓前提正确则断案必正确也。故"满洲政府"四字能成一名词与否，不必论，但论中国为是否已亡国，我与彼所论争者，在此简单之一语而已。

　　彼报谓不当根据法理以论亡国，此大谬也。国家之性质及其现象，惟以科学的研究，乃能为正确之说明。此种说明，即所谓法理论也。而国家之灭亡，则国家现象之一种也。若何而为灭亡，若何而非灭亡，不可不求学理以为之根据。而所根据之学理正确与否，此不可不审者一也。学理既正确，而事实与此学理所命之定义相应或不相应，此不可不审者二也。今持此以衡彼说。

---

　　* 录自《新民丛报》第八十六号，光绪三十二年七月十五日（1906 年 9 月 3 日）出版，署名"饮冰"。《饮冰室合集》未收。

彼报共分六段，其第一段略谓民族与政治之关系，非常密切。使全国人民，分为两族，利害相反，则政治象现，无从得善良，故非解决种族问题，不能解决政治问题云云。驳之曰：此乃以政治论搀入法理论也。其标题既为论满洲入关后中国已亡国，此论则全轶出于标题之范围外，就令彼所言毫无差误，究竟与中国已亡未亡之一问题有何关涉。论者前诮我为不知政治论与法理论之区别，今何为复蹈之。夫国家有两民族以上，利害相反，而因以酿成不善良之政治者，是诚有之，如俄罗斯是也，如奥大利亦是也。然此乃政治上国家利害之问题，非法理上国家存在与否之问题也。且国内之人缘利害相反而生出政治上之障碍者，又岂必其为两族共栖而始有之云尔。如前此欧洲各国贵族之与平民，亦其例也；如北美合众国之南北战争，亦其例也；如近世各国资本家之与劳动者，亦其例也。凡此皆政治上之问题，而于法理上国家存在与否之问题无与也。如美国苟缘南北战争以召分裂，则其影响可谓及于国家之本体既不分裂，则于本体丝毫无与。此问题之解决，非本论范围，故不详论。以简单之语略说之，则无论何国，凡属政治上大小诸问题，其所以恒有论争者，殆皆可谓之缘国内各方面人民有利害冲突之点而起，而其冲突之发动力，或自种族上生，或自宗教上生，或自阶级上生，或自地方上生，或自经济上生，种种不同而无国无之。谓解决种族问题即能解决政治问题者谬也，谓不能解决种族问题即不能解决政治问题者亦谬也。有并无种族问题之须解决而政治问题仍不能解决者，如法兰西诸国是也。法兰西本以一民族为一国民，无种族问题之可言，而贵族、平民，利害冲突，争数十年而不决，最近则政教分离案，亦冲突之结果也。有种族问题已解决而政治问题仍不能解决者，如意大利是也。意大利纠合星散之民族以建国，而建国后为教会诸问题，尚屡费冲突也。有欲解决种族问题则将不能解决政治问题者，如奥大利是也。使奥之国民，各主张民族主义，则奥将分裂而更无复政治问题之可言也。有将种族问题加入政治问题内一同解决者，如英国之于爱尔兰是也。英、爱殊族，利害冲突，然只认为一通常之政治问题，与他之政治问题，同上议案，各党派赞成反对惟所择也。有不必解决种族问题而能解决政治问题者，如美国是也。美国人种复杂，而不害其合众以成国，从未闻以种族问题致生冲突也。我国种族问题与政治问题之关系，于此诸国中最肖何国，此非一言所能尽，以非本论范围，且略之以待将来。要之，以国民利害有冲突之说，而强牵入种族问题于政治问题者，其言皆无当也。

其第二段谓中国曾已建国，今日虽亡，失其国民之资格，然追溯前日之曾为国民，与豫定后日之复为国民，故可称为国民。如达官暂废，他日可以骤起，固与台隶有殊云云。驳之曰：此非事实论，非法理论，无耻之言也。若曰追溯前日之曾为国民，故可自称国民，则散居各国之犹太人可自称为犹太国民，分隶俄、普、奥之波兰人可自称为波兰国民，乃至前此腓尼西亚、巴比伦、希伯来、叙利亚之苗裔，皆可以彼之祖宗曾为国民故而自称为国民。作者素以湛深法理自诩，此所据者谁氏之法理，愿有以教我也。若曰豫定后日之复为国民，故可称为国民，则据嚣俄怀旧之作，今日阿非利加洲之黑人，可自称为阿非利加国民；遵阿圭拿度派之志，今日马尼剌诸岛之土人，皆可自称为菲律宾国民；乃至中国西南之苗、日本之虾夷、南洋之巫来由、西伯利之诸胡，亦谁敢谓其千百年后必不能建国者。即吾辈谓其不能，又安知彼之不自豫定以为能者，则皆可以此之故而自称为苗国民、虾国民、巫来由、西伯利国民。作者素以湛深法理自诩，此所据者又不知谁氏之法理，愿有以教我也。夫达官而废置，则平民耳。若重而囚系，则罪犯耳。以平民罪犯而举昔日之曾为达官以自豪，恋中堂大人之号而不肯舍，非天下之至顽钝无耻者，安得有此也。如曰将来可以起复也，则俟起复时称之未晚，且寻常之平民罪犯，虽未经为达官者，安见其他日不可以为宰相、为督抚，则何不可豫以中堂大人之号自娱也。此其不衷于事实，虽五尺童子能知之矣。要之，本报认中国为未亡，故对内对外，皆得岸然自称曰我国民。若彼报认中国为已亡，认满洲为已略夺我中国者，则只能自称曰满奴，自称曰捕虏。若欲称国民者，则请公等别建新国，经列国之承认，得为国际法上之主体时，称之未晚。若现在以亡国之人而自称国民，徒为天下僇笑耳。今请与彼报记者约，务请将全世界法学家言，有证明无国人民可称国民之法理征引焉以解我惑。如其不能，则请将彼报前此所称我国民字样，悉行更正，以后更绝对不许用此二字，否则我终谓足下认中国为未亡已耳。此段请赐答，勿躲避不言。

其第三段以法理解释亡国之意义，吾一切能承认之。虽然，此无的而放矢也。以一国家踏一国家，吾固认为亡国，此覆读本报第十二号之论文可以知之者。彼报引近世学者所示之观念，谓一方之国家，失其国家权力，他之国家代之而为行使其权力者，于是一方之国家消灭，同时他之国家开始其权力行使云云。此皆吾第十二号所已认者，无劳彼报之证引，而此观念适用于明、清嬗代之关系与否，则吾与彼论争之烧点也。其第四段论此，今请于下方驳诘明之。

吾认满洲非国家，认满洲人本为中国之臣民，此吾全论最要之点。彼所以相难者，手忙脚乱，全失依据，自相矛盾，不复成文。今逐段驳之如下。

（原文）夫建州之名，得于胡元，至明设营州中屯、左屯、右屯、后屯五卫，属北平行都指挥使司，其右屯卫即胡元之建州。永乐二年，右屯卫徙治蓟州，其余四卫，亦皆徙治内地诸县，则建州之地不毛久矣。自是以后，保塞诸胡，羁縻不绝。至正统二年，建州左卫都督猛可帖木儿为七姓野人所杀，其子童仓与叔范察（原注：范察为满洲远祖）遁亡朝鲜，童仓弟董山，嗣为建州卫指挥。无何凡察归建州，乃令董山领左，凡察领右，董山盗边无虚月，寻诛之，边备日严。嘉靖廿一年，建州夷李撒哈赤入寇，巡抚御之，已复稍戢，历诸酋，至觉昌安塔克世，以犯边伏诛，塔酋子奴儿哈赤，复受明左都督敕书，封龙虎将军。其后始叛，称帝扰边。子皇太极、孙福临相继立，乘明乱据中国。由是以观，满洲自奴儿哈赤称帝以前，受天朝羁縻，弱则戢服，强则盗边，未尝以齐民自居。而明之待之，亦以其为殊方异类，第绥靖之，使不为边患而已。其域既非内地，其人复异齐氓。

驳曰：此不足以证彼说之正确，而适足以证我说之正确也。我所主张者，谓满洲非国耳，谓满洲人为中国之臣民耳。就彼所考据，则满洲之非国益明，范察既为爱新觉罗氏之远祖，而范察之兄为建州左卫都督，都督非明官耶？范察之侄董山为建州卫指挥，指挥非明官耶？是不待龙虎将军之封，而其为明臣民之资格久已定矣。若以受天朝羁縻，弱则戢服，强则盗边，而指为非臣民之据也，则中唐淮、蔡诸镇，何一非受羁縻，弱则服而强则寇者。然则亦得以此之故，而指诸镇非唐之臣民乎，必不然矣。若以其域非内地而指为非臣民之据也，则英国除英伦、苏格兰、爱尔兰之外，其余各地之人，皆非英之臣民，而台湾人亦决不能谓之日本臣民也。若以其人异齐氓而指为非臣民之据也，吾不知所谓齐氓者以何为标准，推其意殆必以种族也。然则在美国之黑人，不能谓之美国人民；美国无臣民之称，故行文易此字。在日本之虾夷，不能谓之日本臣民也。此其语语悖谬于法理，不待智者而辨矣。故满洲之本为中国臣民，虽百口不能动此铁案也。请赐答，勿略过。

（原文）是故满洲之称臣于中国，乃以殊方异类之资格，而非以中国臣民之资格，此最易辨者。前赵刘元海之祖，自汉末已居河内，元海在晋，仕至并州刺史。安禄山生于营州柳城，史思明生于宁夷州，皆为唐地。禄山仕至尚书左仆射，思明仕至河北节度使，皆封郡王，非龙虎将军拥虚号者可比；且杂居内地，又非远在塞外别为部落者可比。然以民族主义衡之，则皆为逆胡，何则？为其以异族盗中国也。如论者言，则元海之于晋，可比于三国鼎立，而安、史亦不失为隗嚣、公孙述也，岂不谬哉？夫元海、安、史，犹不得不谓为丑虏，况满洲耶？夫中国自明以前，包孕异类，亦至繁矣。然必同化者，乃真为中国人，满洲语言文字风俗，皆不同中国，不得谓为中国人也。

驳曰：此段之心劳日拙，真乃可怜，其意欲以满洲前此之未同化，而指为非中国人，乃曰"必同化者乃真为中国人"。若如彼言，则彼所引例之刘元海，受业大师，兼通五经，善能文章，常耻随陆无武、绛灌少文，就彼之定义以衡之，正乃彼所谓真为中国人者也，而复以虏呼之，何也？此语请赐答，勿躲避不言。彼谓以民族主义衡之则皆为逆胡，诚哉然也。然民族主义所谓臣民，非必国家主义所谓臣民，论者之说，以施诸图腾社会、宗法社会可也。若我中国，则二千年来，已进化而入于国家社会之域，而论者欲退而图腾之，不亦惑乎？若以国家主义言，则元海之于晋，诚可比于三国鼎立，而安、史诚隗嚣、公孙述之类，吾言之何惮也。且即如论者之说，必同化者乃真为中国人，安、史暂勿论，若元海则按诸论理学，而可决论者之已认为真中国人矣。以中国人称乱于中国，与孙权、刘备何异？而谓其不能比于三国鼎立，吾又不知其所据者为何法理也。而况乎谓必同化者乃为中国人，其论抑大谬。虾夷未尝同化于日本，得不谓为日本人耶？是否，请赐答。要之，自国家观念发达以来，由血统的政治变为领土的政治，凡领土内之人民，苟非带有他国之国籍、自他国而来旅居者，则自其出生伊始，直为其国之臣民。此种观念，在欧洲发达甚近，而在我国则发达已甚古。论者徒以欲难吾所持满洲人本中国臣民之说，乃尽弃其所学而不辞，呼！吾甚怜之。

（原文）例如印度、非洲人，不得为英国人，若以印度、非洲人主英国，不得为以英国人治英国人。不特此也，即使风俗略有相似，犹不得谓为同国，例如佛朗哥之主，皆曾为罗马皇帝，不得谓以罗马人治罗马人也。况满洲与中国，风俗亦不相同耶。彼又谓今西南土司之人民，不能不认为中国之人民，则明时建州卫之人民，亦不能不认为中国之人民。夫建州诸胡之在明，比于苗、瑶，是则然矣。然苗、瑶之于我，使其耦俱无猜，则固可以相安。苟其为患于中国，则亦仇雠而已，谁云苗、瑶可以主中国耶？

驳曰：论者亦认满洲之在明，与今之苗、瑶正同此例耶？然则苗、瑶果然为中国臣民否？请赐确答。苗、瑶诚为中国臣民，则满洲人之亦为中国臣民，可无疑义矣。彼谓谁云苗、瑶可以主中国。夫苗、瑶可以主中国与否，此政治上之问题也。苗、瑶主中国则中国可谓之亡国与否，此法理上之问题也。就政治上论，岂惟苗、瑶不可以主中国，即中国人亦有不可以主中国者矣。下而秦始、隋炀，上而汉高、明太，吾皆认其不可以主中国者也，而何有于苗、瑶？就法理上论，则苗、瑶人本中国人之一分子，虽以苗、瑶人主中国，而决不得谓中国因此而亡，此事理之至易见者也。请据法理以赐覆答。论者谓印度、非洲人不得为英国人，此等怪论，非渊学卓识如足下者，无以诒我也。今之普通地理书，皆称英国人民有三百四十五兆二十六万二千九百六十人，五尺童子能知之，不知除出印度、非洲人外，安从得此数。一言以为不智，吾不得不以此语还赠论者矣。若问以印度、非洲人主英国，得为以英国人治英国人否，此就君主主体说言之，可以成问题。就国家主体说言之，则不能成问题。何则？以国家主体说论，则治英国人者乃英国，而非英国内之某人也，故以英国人为英国君主，固可谓之以英国治英国人；即以印度、非洲之英国臣民为英国君主，亦可谓之以英国治英国人；甚乃以法国、德国人为英国君主，仍可谓之以英国治英国人。岂必征诸远，彼丹麦人之主那威，则最近之事实耳。其于以那威国治那威人无伤也，如论者言，得无谓为以丹麦人治那威人耶？是否，请赐确答。论者常诮我为持君主主体说，吾固非持君主主体说者，然如论者言，不知国家主体说中之某大师，教足下以发此奇论也。夫印度、非洲人为英国君主，固必无之事，然固尝有以犹太人为英国大宰相者矣，彼与格兰斯顿齐名之的士黎里是也。夫君主与宰相，同为国家之一机关，而行国家之统治权者也，如论者言，则的士黎里可谓之以犹太人治英国人矣。夫英国之大宰相，其权且过于美国之大统领，不过英国历史上之结果，留此君主之一席耳。使英国而为民主国，则当的士黎里与格兰斯顿竞争选举时，由论者之说，惟格兰斯顿当选时代，乃为以英国人治英国人；若的士黎里当选时代，便为以犹太人治英国人也。此又可求例于美国。美国黑人中有一政治家袭其国父之名而自名华盛顿者，现列为议员，大统领卢斯福特优礼之，浸假此黑人势力增长，其政治才为多数国民所公认，及选举大统领时而竟当选焉，则论者其将奔走相告，谓以非洲人治美国人矣。夫君主与大统领，同为国家之元首，同为国家之一机关，其性质非有异也。异否，请确答。若异，则足下之说尚有商量；若不异，则请全体取消之。故就政治上论，印度、非洲人为英国之元首，其于英国为利为害，此属于别问题。若就法理上论，则虽以印度、非洲人为英国之元首，其于英国国家之存在，无丝豪之影响，此稍治国家学者所能知也。今也因中国臣民一分子之爱新觉罗氏为中国君主，而指中国为已亡，是何异因的士黎里为英国宰相，而指英国为已亡也。惧矣。要之论者之脑中，全为数千年来君主即国家之谬论所充塞，骤闻一二学理，而耳食不化，旧思想摆脱不下，又重蔽之以感情，故陷于巨谬而不自知，如本号之论文，可谓无一语能自完其说。同一叶中，矛盾往往而见，若其全篇之矛盾更无论，其与前数号之矛盾更无论也。

（原文）彼又谓满洲之始建国，乃内乱进行之象。夫满洲既非中国臣民，则其建国不得拟以内乱明甚。（中略）何得与汉高、明太之始建国相比？

驳曰：使满洲诚非中国臣民，自不能拟以内乱，然满洲为中国臣民，既铁案如山，不能摇动，则当其割据中国土地之一部分以别建国时，与刘氏之汉、朱氏之吴无所择，其事甚明。

其第五段，摭吾所引美浓部博士之一语，指为误译，指为点窜。于荦荦大端角人不胜，而捃摭一二字句以相抵，此诚论者之惯技也。论者谓美浓部之说为举例，诚哉其言。又云："非谓舍此而外，别无国家之消灭。"其说亦甚当。虽然，吾岂谓舍此而外别无国家之消灭乎？吾尝谓印度虽统一而不得不谓为亡国，见本报第十二号第五、六叶。论者宁未见之耶？论者屡称："一方之国家失其国家权力，他之国家权力代之而为行使其权力者，谓之亡国。"若自矜其新发明者，吾之论印度亡国，不既以此义为论据乎？是否，请确答。论者谓我点窜东文以欺人，毋亦论者删隐我文以欺人耳。且使吾实为误译实为点窜美浓部之说，全如论者所言，则固不足据之以难吾所持中国不亡之大义，何也？满洲本为中国之臣民，非以他之国家权力代我而为行使也。

其第六段复分七小段以驳我说，今逐一解答之。

（原文）（一）所谓亡国者，此国已亡之谓，非谓必尚有他国存在，然后此国乃可谓亡也。印度既为英所灭，则印度即为亡国，使他日英国复为他国所灭，其时印度仍然亡国也。

答曰：是也。印度以有英国之国家权力代之而为行使其权力，故谓之亡国。设他日英国为他国所灭，而复有他国之国家权力代印度以行使权力，则印度仍谓之亡国。然今日之中国，非有他之国家以代为权力行使也，故不得以现在之印度论，亦不得以将来之印度论。

（原文）（二）国家为他之权力所侵入，而全失其固有之权力，则可谓之亡国。是故虽使未成国家之游牧民族侵入甲国，夺其主权，则甲国亦谓之亡国。何也？虽其侵入之权力，非他国家之权力，然已失甲国家之权力故也。是故不能谓必有征服之国家在，然后被征服之国乃为亡国。

答曰：此说之当否，当以甲国家固有之权力丧失与否为断。盎格鲁撒逊人之始入英国，在纪元后三百余年，其确成国家、称为英伦，在八百二十八年。及一千六十六年，诺曼人侵入，威廉即英王位，号为威廉第一，其血统直传至今日，今之爱华德第七，犹诺曼人之胄也。诺曼人者，译言北方人，盖北方一族之海贼，自八百三十五年以来，屡侵英国，前后亘二百余年而卒为英王者也。然史家未闻有以诺那曼人威廉第一之即英王位，而谓英国为亡于是时者。且今世各国所艳称所效法之《大宪章》，即威廉子孙所颁定。英人但以求得《大宪章》为急，不闻其以争诺曼人之王位为急也。以诺曼人为英国君主，不得谓英国已亡，则以满洲人为中国君主，不得谓中国已亡。事同一律，其理甚明。是否，请赐答。夫诺曼人本非英国臣民，而犹若是，况满洲人本为中国臣民者耶！

（原文）（三）征服本有二种：一曰吞并，二曰侵入，而为以一国蹈一国则同。今论者只认吞并为亡国，而不认侵入。然则设使朝鲜骤强，侵入中国，遣其国民，驻防各省，定都顺天，而以其本国为留都，论者亦将认为非亡国。

答曰：不然。朝鲜国家也，而满洲非国家。朝鲜建国已千余年，虽中间屡为中国所征服，称臣于中国，然其国家自在，满洲只能与诺曼人为例，不能与朝鲜国为例。

（原文）（四）满洲在塞外已建国号曰清，则清国者即满洲国之别名。（中略）今者以清国治中国，何云以中国治中国？

答曰：不然。明国即吴国之别名，不能谓以明国治中国，不能谓以吴国灭中国。

（原文）（五）今日之满洲，谬以清国为中国，而非于中国之外别立清国。此犹契丹为辽，女真为金，蒙古为元，皆以其名施诸中国，更不别立辽、金、元于其本部也，然辽、金、元终不得混于中国。

答曰：以诺曼人王英之例例之，则辽、金、元皆非能灭我中国者，吾故曰：中国自有史以来，皆有易姓而无亡国。见第十二号第三叶。

（原文）（六）如论者言，是检其旧国之名而别建他号以笼罩中国者，即可以认为中国。然则无论何国侵入，皆得行此伎俩，而吾辈亦皆可谓之以中国治中国。

答曰：不然。彼以国而来侵入，是有他之国家权力行使于被征服之国家之上也。满洲人之王中国则不尔尔。

（原文）（七）如论者言，是无国之人入主中国，即可云以中国治中国。然则晋世五胡，殆皆无故国者也。又使以犹太人入主中国，建国号曰某，亦可云以中国治中国乎？

答曰：晋世五胡，大半皆中国之臣民，其乱象只与五季时代之十镇等，安得云中国已亡？若以无国之人入主中国，就君主主体说言之，不能谓以中国人治中国人；就国家主体说言之，固仍得谓以中国治中国人。夫以有国之丹麦人入主那威，仍不失为以那威国治那威人，其故可思矣。若夫以犹太人入主中国，此固事实上必无之事。盖一甲国人入主乙国，必有其历史上之关系，如诺曼人主英，有婚姻上之关系；满洲人主中国，有臣民资格之关系也。若犹太之一人而本为中国臣民者，则亦与现在之满洲人等耳。其可以主中国与否，则政治上之问题；不能因此而谓中国已亡，则法理上之问题也。

吾之此论出，吾知普通之排满家读之，必将惊诧骇汗，舌挢而不能下，目张而不能翕，髀戟而不能垂。惟彼报记者，骇诧当不至若是之甚，但烦乱暴怒而已。何也？彼盖曾耳食一二师说，而略解国家之性质者也。而叵耐所受学理，皆不适于解决此问题，末由以自张其军，是学理之负论者，非论者之负学理也。要之，欲证言中国之不亡，必以国家非君主为前提；欲证言中国之已亡，必当以君主即国家为前提。论者前因吾引波伦哈克学说，则以君主主体说诮而自命为持国家主体说者。今按诸此文，乃无一语而非君主主体说。所谓不自见其睫者非耶？即以君主主体说衡之，其持论亦不完。爱新觉罗氏以固有中国臣民一分子而篡中国之旧王位，若持君主主体说，仍不失为以中国人治中国人，因此而谓中国已亡，则直是种族主体说而已。种族主体说者何谓？以种族为统治权之主体也。质而言之，则国家即种族，种族即国家也。此以解释图腾社会、宗法社会时代之国家，庶几近之；而欲以施诸今日，是何异认僵石为鸿宝也哉！吾之此论，非徒为彼报记者下箴砭，抑亦使一般国民因此问题以研究国家之果为何物，确知国家之性质，然后国家观念乃得明，然后对于国家之义务乃得尽。予岂好辩哉！予不得已也！

由此言之，我国民之对于满洲王统，只当如英国民之对于诺曼王统，惟并力以争君主之权限，而不必分力以争君位之谁属，而种族革命论，实乃节外生枝，而徒阻政治革命之进行，虽有苏、张之舌，无以易吾言也。

呜呼！以数千年有神圣历史之中国，乃无端造作妖言，指为已亡，不祥莫大焉。草此论已，乃重为祝曰：宵寐匪祯，札闼鸿庥，袚除不祥，中国万岁！

（附言）彼报于论文之末附数语，要吾反驳，若甚自鸣得意者然。夫吾则岂有所惮而不敢反驳者。彼报历号之谵语，何尝有一焉能难倒吾说者，徒以彼展转狡遁，于吾所持根本大义，无一能答，而徒支离于琐碎末节，瘈狗狂噑，而群蛙随之争鸣，故不屑与校耳。今之此论，于重要之点，皆为注出。论者若能逐一再反驳之，则吾愿闻。若躲躲闪闪，于此诸点不反驳，而更挑剔舞文于一二字句之间，则吾又安从再与若语也。

再驳某报之土地国有论 [*]
（1906 年 11 月 1、16、30 日）

本报第十四号曾关于社会革命之可否，著论以难某报，既已令彼所主张者无复立足之余地。乃彼不自省改，复于其第十二号强词致辩，而益复支离谬妄，无一语可以自完。虽其论无复价值，然本报既认扫荡魔说为一种之义务，故不惜再纠正之。乃就荦荦大端，区为三节：一曰就财政上正土地国有论之误谬，二曰就经济上正土地国有论之误谬，三曰就社会问题上正土地国有论之误谬。其余琐碎末节，则以附论缀于末焉。社会革命论在今日本不成问题，社会革命论中之简单偏狭的土地国有论即在将来亦不成问题，以此恩读者之脑力，本甚无谓也。然利用此机会，时征引财政上、经济上、社会问题上之普通学说，以与吾国今日现象相印证，则亦不无小补。故不惜冒浪费笔墨之诮而长言之，非徒为彼报发也。本论宜以一次登完，但篇幅太长，为报中叶数所限，故仅登其四之一，余则俟诸次号。著者识

一、就财政上正土地国有论之误谬

本报第十四号论文尝云："以土地国有为行单税之手段，而谓为财政上一良法也，是则成问题。而能行与否，应行与否，又当别论。"第三十五叶。盖吾前号论文，其所重者在与彼报争社会问题之解决，故关于社会问题以外之事项，未遑多及，而初非认此制度为财政上适宜之制

* 录自《新民丛报》第九十、九十一、九十二号，光绪三十二年九月十五日、十月一日、十月十五日（1906 年 11 月 1、16、30 日）出版，署名"饮冰"。文末注明未完，但未见续录。收入《饮冰室合集·文集》之十八，但全文末刊载完。

度也。今彼报第十二号论文，宝此燕石，谓土地单税制为中国将来整理财政之不二法门。其误谬有不可纪极者。故先就此点，辞而辟之，虽非本论之主眼，抑亦土地国有论不能成立之一大左证也。

今世学者之言租税，则单税与复税之孰利，实为其一问题。单税者，惟课一种之租税，而其他尽皆蠲除也。复税者，则课多种项目之租税以相挹注也。单税制度，今各国惟地方自治团体多行之，瑞士联邦中一二小州亦或行之，自余各国，殆无不行复税制者。此其中盖有绝大之理由焉，诸家财政学书多能言之，兹不详述。而单税论中，大约复可分四种：一曰消费单税论者，二曰财产单税论者，三曰所得单税论者，四曰土地单税论者。此四种者，有其共通之弊害，又有其各自特别之弊害。共通之弊害，则四种莫或能免之。各自特别之弊害，则所得单税论比较的少，而其他三种皆甚多。土地单税论，又其比较的更多者也。今彼报第十号载孙文演说语，谓："欧美、日本虽说富强，究竟人民负担租税，未免太重。中国行了社会革命之后，私人永远不用纳税，但收地租一项，已成地球上最富的国。"云云。是其主张土地单税而排斥复税制度之论据也。此其语于财政上原则一无所知，且与事实大相刺谬，在不学无术大言欺人之孙文，固不足责。独怪彼报记者，固尝饫闻学校之讲义，且知涉猎外籍，岂其于此极普通之学说，无所闻知。且生长宗邦，父兄习于吏事，岂其于眼前之事实，熟视无睹。而猥以争意气之故，不惜枉师说构虚词以文前过也。今得一一是正之。

凡一国之财政，当以所入能支所出为原则。盖国家为自维持自发达起见，而需用种种经费，国家活动之范围愈广，则其所需经费愈多。国家而不欲自达其目的则已，苟欲之，则凡所需者，责负担于其分子，盖非得已。故吾中国古义，言量入以为出。今各文明国普通制度，皆量出以为入。盖其根本观念有差异，则其制度不得不缘而差异，而孰得孰失，则稍尝学问者皆能辨之矣。今世界中无论何国，其经费皆有逐年增加之势，愈文明者则其增加之率愈骤。今后我中国而不欲自伍于大国则已，苟欲自伍于大国，则试取现今各大国岁费之中率，以吾之幅员、民数比例而增之，其额之庞大，当有使腐儒舌挢而不能下者。而惟一之土地单税，果能充此庞大之国费而无不足乎？此一疑问也。

彼报袭亨利佐治一派之说，谓土地国有后，举畴昔田主所收之租，悉归之国家，遂得莫大之收入，足以支持一切国费而有余。然麦洛克氏尝就统计上以证此说之不当，其言曰："以英国论之，英伦及威尔士之借地料即田主所收之租，亦即地代。凡三千三百万磅，苏格兰及爱尔兰之借地料凡千六百万磅，合计全额不过四千九百万磅。而英国政府之经费，每年六千八百万磅有奇。然则虽没收全国地主所收借地料之全额，而国库尚生一千九百万磅之不足也。"由此言之，则仅恃土地单税不能完满以达国家岁费之目的，于英有然。其他各国，亦当例是，而我中国亦当例是矣。若曰我中国土地面积之广，远非英国之比，故土地单税收入之富，亦非英国所得望。曾亦思国费之总额，每比例于土地面积之广与人民之众而加增，而我国家为自维持自发达起见，其正当之岁费，亦应视英国几何倍也。据日本小林丑次郎之说，分国家经费为宪法费、国防费、司法费、内务费、外务费、文教费、经济行政费、官工行政费、财务费之九种，内中惟宪法费、外务费，不以国土之大小为比例，无论何国，其额大率不甚相远。其官工行政费，则以国家自营事业之多寡为率，非可一概论。顾使国营事业之范围相同，则国境愈辽阔者，此类之行政费愈大，固已不能以小国比大国矣。如甲、乙两国，同营邮便电信事业，其事业完备之程度略相等，而甲国之面积为一万方里，乙国面积为十万方里，则乙国之邮便电信行政费，必十倍于甲国矣。其他类推。但此项经费，本属私人经济的性质，以"其事业自身收支相偿且有余利"为原则。大国之视小国，其所费虽加多，其所入亦加多，故不必于国费项下断断比较，然则此项亦可与宪法费、外务费同置勿论。其国防费虽非可以同量之比例进算，然大国之当增于小国，亦至浅之理也。如甲国一万方里，需国防费一千万者，非谓乙国十万方里，即须比例其量以增至一万万。但乙国国防费，总须二三倍或四五倍于甲国，此不可争之事实也。自余司法费、内务费、文教费、经济行政费、财务费，则无一不比例于国土之大小、人民之众寡而累进。如乙国面积、民数十倍于甲国，则此等国费，自然六十倍于甲国。然则我国面积，虽远过于英本国，而我国为自维持自发达起见，其所需正当之岁入，亦当远过于英国。英国仅恃土地单税不能支国费，而谓我能之耶？此彼报所持主义不能成立者，一也。

英国近二三百年来，国民经济称最发达，其地力之尽，远非我所能及，故其地代之价格，宜亦远非我所能及。谓英国有若干之面积，能得若干之地代，我国以同一之面积，即亦能得同一之地代者，虽五尺童子，犹知其非矣。以吾所闻，英国最高之地代与吾国最高之地代相较，英国最低之地代与吾国最低之地代相较，平均统算，大率我以十而仅能当其一耳。以我本部面积与英本部面积比，我约十一倍于彼，而彼地代价格，约十倍于我。两者相消，其地代总额，应略相等，在英不满五千万磅，在我充其量亦不过五六千万磅止矣。就令以此数之全额尽充正当之行政费，而犹虞其不足，况乎其万万不能也。说详下。即曰文明进步后，地代价格可以渐涨，然其涨率万不能甚速。说详下。而当未涨以前，抑何以支，恐财政基础先已紊乱不可收拾矣。此彼报所持主义不能成立者，二也。

彼报之言曰："今日之中国所课于民之地税，为其租之二十分之一而已。其取诸民而达诸中央政府，不知经几度之吞蚀偷减。而中央政府每岁收入，犹有四千万之总额。英人赫德有言，中国倘能经理有方，则不必加额为赋，而岁可得四万万。然则中国地租之总额为八十万万也，经国家核定其价额之后，以新中国文明发达之趋势，则不待十年，而全国之土地其地代进率必不止一倍，而此一倍八十万万之加增，实为国有。"嘻！此真梦呓之言。其空中楼阁的理想，诚足以自慰，而无奈与事实全不相应也。我国租税中饱虽多，然仅以田赋一项论，而谓如赫德所言，毫厘不加征，而收额可十倍于今日。此夸论也。我国财政上舞文中饱之弊，以厘金为最甚，而田赋反稍逊。厘金由局吏包征包解，殆近于日本所谓请负征收法者。局吏但比较前任所征能如其额，斯足以应考成矣。其因通过货物增多而厘金增收者，可以尽入私囊，又得任意抑留讹诈，收贿漏放。故厘金一项，政府所收者与人民所出者，其额相去悬绝，此不可掩之事实也。若田赋则异是，政府泐定岁供之数，而公布之于民，人民以其为直接税之故，颇感苦痛，注意不怠。政府当前此厘金、关税未兴以前，以此为唯一财源，注意亦特甚，故官吏之舞文中饱也颇不易。现在秤余、火耗等陋规，殆可谓公然的秘密，政府默认之以为官吏津贴，其数亦大略有一定，不能任意再加婪索。现在州县，不过或遇蠲免恩诏之时，搁迟不发，先征之而以后任为壑，或制钱、洋银与纹银兑换之数，以无法定比价之故，抑扬取赢。所能作弊者，只此而已。要而论之，则今日官吏最便中饱者，不在田赋而在田赋以外之杂征，谓人民所出田赋之额与政府所收田赋之额相去悬绝者，实不知情实之言也。查田赋征收之惯例，其秤余、火耗、杂派等项目，大率当法定正供之半额，最甚者当三之二，而罕有径与原额埒者。如照《赋役全书》例征一两者，大率滥征至一两五钱或一两六七钱，其竟加至二两者尚希。现在中央政府所收田赋总额，据赫德所调查，则其纳银者二千六百五十万两，纳谷者三百十万两，合计为二千九百六十万两；据上海英领事夏美奴所调查，则其纳银者二千五百○八万八千两，纳谷者六百五十六万二千两，合计为三千一百六十五万两。我国无确实之统计，二说未知孰信。要之，其总额三千万两内外近是，然则秤余、火耗、杂派等项，就令与法定原额相埒，亦不过六千万已耳，而四万万之说从何而来？即曰各省中有匿税不纳升科不实者及新涨新垦之田未著赋籍者，从而清丈之，所得当不少，充其量则倍今之额，亦一万二千万已耳，而四万万之说从何而来？故吾以为此实赫德武断之言也。而彼报据之以起算，不智甚矣。赫德所调查，仅二千九百余万，而彼报硬改为四千万，欲曲折牵附以合其八十万万之数，亦太可怜。且彼报谓今日中国所课地税，为其租二十分之一，此亦不然。他省吾不深悉，以吾粤之赁地而耕者，上地每亩不过岁租四两，下地不及一两，此即经济学上所谓地代也。而据《赋役全书》所规定，则广东田赋最下地每亩或征银二分四毫、米三升七合，最上地每亩征银二钱一分二厘二毫零、米五升三合。又自雍正元年定丁随地摊之制，广东每地赋银一两，带征丁银一钱三分六厘有奇。然则广东之最上田，其赋银、丁银两项合算，盖每亩征二钱五分内外，加以米五升三合，折算今时价，斗米值二钱四分，应为一钱三分有奇。三项合计，亦约及四钱内外，其地代为四两，而国家所征为四钱内外，则是课其十分之一也。最下地之地代，不及一两，而其赋银、丁银、米银三项合计，所供者约银七八分，则亦课其十分之一也。然此则法定正供惟然耳，益以秤余、火耗等陋规，尚不止此数。若中饱者而当正供之半额也，则所征约为六钱，取地代七分五之一矣。若中饱者而与正供相埒也，则所征约为八钱，取地代五分之一矣。此以吾粤论也，若夫江苏之苏州、松江，浙江之湖州、嘉兴，沿明初以来之重赋，视他省他府多征数倍，即正供之额，已等于其地代。雍正间虽将嘉、湖二府减其额征十之一，然其重犹远过他地，近李文忠犹抗疏以为言，从可知矣。雍正五年上谕云："查苏、松、嘉、湖赋税加重之由，盖始于明初。洪武时，四府之人为张士诚固守，故平定之后，籍诸富民之田以为官田，按私租为税额，此洪武之苛政也。"云云。按：据此则此四府者，在明初时已实行土地国有主义，其国家所课于民之税，即当时其地代之总额也。今虽经数百年，地代日有增加，然大率犹取其地代十之六七耳。然彼四府者犹属例外，姑勿援引。要之，据《赋役全书》及《大清会典》所规定，则除秤余、火耗等陋规不计外，专以法定正供论，大率国家所课于民者，当其租十分之一，此中率也。今者田赋共三千万两，则全国地代之总额，应为三万万两耳，而彼报八十万万之说从何而来？就令核实清丈，厘剔陋规，缘此可加增一倍，则亦六万万两耳，而八十万万之说从何而来？且吾读彼文而犹有大不解者，彼谓现在课于民者为其租二十分之一，而总额有四千万，然则以二十乘四千万，亦不过八万万耳，而安得有八十万万之说？及细玩其语意，乃知其以赫德之说为金科玉律，而因以二十乘四万万，乃得此数也。嘻！异矣。夫使如赫德所言，照现在赋额，不加征一钱，而实数可十倍于今日，则据《赋役全书》所载，其至重之赋，有每亩征至六钱者，而政府所得，不过人民所出之十分一。然则人民所出，不已六两耶？即此可见赫德之言之奇谬。吾粤田赋法定正供，最高者每亩二钱有奇，此政府责成于官吏所取之实数也。苟不加一文而可增十倍，则必官吏所取于民者为二两有奇然后可。试问吾粤人，曾闻有完每亩二两有奇之田赋者否耶？以每亩六两之税，而谓仅为其租二十分之一，然则其租之总额不应为一百二十两耶？即如吾粤，上田正供、地丁、银米合计，每亩四钱，如彼所算，政府收入四钱者，人民所出当为四两，四两犹不过其租二十分之一，则其租应为岁八十两。而吾粤最良田，每亩岁可产米八石，每石以现在时价，可值银二两四钱，则每亩岁获可十九两有奇，而资本、劳力皆出于其中。夫以生产额总值不满二十两之地，而谓其地代有八十两，非病狂安得有此言也。彼报最好为强辩者。虽然，谚曰：说谎怕算帐。今吾所列举之数目字，请为我解答之。不然，勿复以单税论哓哓向人可矣。呜呼！天下有驰骛于空想而不顾事实者，其往往陷于重纰貤缪，皆此类矣。夫以英国之富，而其现今地代总额，犹不过四千九百万磅，以现在金银比价计之，每磅合我库平银六两①六钱六分有奇，然则英国全国之地代总额，犹不过合库平银三万五千万内外。我国本部面积十倍有奇于英国，故就令我国地代价格所值与英国同率，其总额亦不过三十五六万万，而断不能至四十万万。今彼报谓有八十万万，然则我国地代价格不已两倍余于英国耶！彼报敢作此言以欺人，真可谓一身都是胆也。若曰此土地国有制度施行于全国，故不能徒以本部十八行省起算，曾亦思十八行省以外，其地多未垦辟而尽可容人自由耕作耶！凡可以自由耕作之地，则其地代等于零，而即为无地代，此稍治经济学者所能知也。今以奉天之密迩，而自由地犹居全省面积之泰半，则吉林、黑龙江、新疆可知，内外蒙古、青海、西藏更可知。然则于十八行省以外征地代，即有之，亦其细已甚矣。故吾所测算，谓国家现在所征田赋，为地代价格十分之一，现在田赋总额三千万，其地代总额三万万，约当英国地代价格十分之一，此数当不甚远。即曰所征者有不实不尽，更益以十八行省以外之地代，充其量能将此数加一倍，则亦六万万极矣。即彼所持土地国有论实行后，将此数全归政府，则其所

---

① 《饮冰室合集》缺"六两"二字。

入亦不过与现时日本之豫算案相等，其不足以供此庞然大国自维持自发达之费明矣。此彼报所持主义不能成立者，三也。

今世各国通例，于国家财政之外，更有地方财政，吾不知彼报所持土地单税论，将并地方税包在其中耶，抑仅国税也。若此外别征地方税，则与彼所谓"私人永远不用纳税，但收地租一项"之说相矛盾，而地方税与国税，且甚难免重复之病。若不别征地方税，而即以此土地单税一项并支两者，则仅国费尚苦不足，安有余力以及地方，势必自治团体之行政，百废不举。且地方财政，既不能独立，而一切仰拨给于中央，则中央有莫大权力，可以左右地方之生死，必将复陷于专制，而政体根本生摇动焉。此彼报所持主义不能成立者，四也。

以上所论，谓土地单税，决不能支持国家经费也。即让一步，谓可以支之而有余裕矣，此吾如彼报之意而为假定词耳，实则单税不足支国费之说，已颠扑不破。彼报勿又作无聊之言，谓让一步则为进退失据也。而土地单税，果足称为善良之税制乎？此又一疑问也。凡健全之财政制度，其所必不可缺之条件，曰收支适合，使岁入无过剩之弊，亦无不足之忧。此各国大财政家所绞脑汁以求得当者也，故其租税必选择有弹力性之财源以征之，盖政府收入，其在平时，不欲其有急遽之增减也。故（第一）常设数种之租税，甲租税或缘事故而减少，则乙租税之过剩得以补之。复次，政府收入，其在变时，欲其容易增减。如或有战事时之类。故（第二）其租税必须随税率之增加，而收入可以增加。一国财政，必具备此二条件，然后收支之适合，乃可得期。而凡单税制度，无论何种，其弹力性皆不免微弱。土地单税，则其尤甚者也。如彼报言，尽收土地为国有，而赁之于小作人，小作人者，谓赁土地以营业之人，日本名词也。收其地代以为唯一之财源，贷地之国家与贷地之小作人，立于平等契约之地位。其权利、义务，属于私法的，而非属于公法的。租率之高下，全非能由于国家之强制，而必待双方之合意。若是者，其于租税之精神，已相悖矣。国家之收入，纯为经济上自由竞争供求相剂之原则所束缚，遇一国经济界富于活气之时，人民争相租地，求过于供而地代昂，反之则供过于求而地代落，昂落之间，全非政府所得主张，岁入毫无一定，驯致不能为豫算，而财政之基础将溃。此彼报所持主义不能成立者，五也。

复次，国家或遇战事，或有所大兴作，其不时之需，往往甚巨，而此土地单税唯一之财源，政府不能以权力增其税率。若强增之，则民之已贷地者，得立废契约，其欲贷地者裹足不前，国家不惟不能多得收入，且缘此而益减少，而全体之财政且崩坏。此彼报所持主义不能成立者，六也。

彼若欲弥缝土地单税不敷国用之说，必将曰：吾之理想的国家，以地主而兼大资本家之资格者也。故国家所营各种事业，如铁路、矿务等类，可以得莫大之岁入而补地税之不足。夫国家之私人经济的收入，在今日各文明国日见其增加，此诚不可争之事实，即吾亦极表同情于此政策者也。本报第十四号夫既言之矣。虽然，天下事利与弊恒相缘，同一制度也，甲国行之，则利余于弊，乙国行之，或弊余于利，则恒因其社会之程度位置适不适以为差。德国财政学大家华克拿，实国家社会主义派之泰斗，主张一部分之事业当归国家经营者也，然犹言今日之国家，其财政当以租税为主，余者为辅。其理由：则（一）就国家之本质及职分论之，国家为强制共同经济主义之代表，而与代表私经济主义之私人相对待，然后人类之生存发达乃可期，决不可以国家而侵私人活动范围之全部。国家以欲得收入之故而营私经济的事业，惟于例外之场合可许之耳。非有特别之理由，不可妄许。（二）就政治上论之，私经济的收入多，则政府之权力增加，或将不利于国民全体。且国民据租税协赞权以监督财政之运用，于财政上所益甚大，私经济收入多，则租税协赞权减杀，而与立宪之精神相反矣。（三）国家经营私经济的事业，其手段往往比于私人自营者较为拙劣。果尔，则自经济上论之，其为不利，固不待言。（四）自财政上论之，则国家经费，其每年之增加，规则必须略正，私经济的收入常不免变动，故于财政上收支适当之原则，甚难印合。又国家以租税支办国费，则豫算表制定经费细目，必悉心以研究其利害得失。若以私经济支办之，则不感经费负担之苦痛，漫然行事，弊且日滋。此华氏比较租税与私经济的收入利害之点，其言可谓博深切明。故吾党所主张者，认私经济的收入，可以为财政上一大源泉。且就经济政策上，能多所调和，此必当采用者也。虽然，采用之际当附条件焉。以华氏所举第三理由之故，故谓政府惟宜立百年大计，渐向于此目的以进行，而行之无取过骤。如日本铁路，先委诸私营，逮时会已至，乃收诸国有。盖一则待国中谙练技术之人渐多，政府得选拔之使当经营之任，而比较的少失败之忧。二则待国中教育渐高，人民公德心渐发达，则其为官吏以代国家执行此等营利事务者，舞弊不至太甚。三则待各种法律大备，且官吏与人民咸习于法律之运用，则虽有欲舞弊者，而制裁消遏之也较易。若如彼报所主张，谓新政府初立，即收土地为国有，同时而国家即以大地主、大资本家之资格，举一国之最大生产事业而专办之。吾以为办理必不能善，而良果遂不可期。此不敢赞成者一也。又以华氏所举第一、第二、第四理由之故，故谓国家只宜择数种荦荦大端之独占事业办之，勉求勿侵私人经济正当之范围，故一面虽可以政府为一种之企业家，一面仍希望私人中有多数之大企业家出，相协以谋国民生产之发达，且使政治上权力不缘此以畸重于政府。若如彼报所主张，谓惟以国家为大资本家，而不希望国中大资本家之出现，吾以为于经济上、政治上皆生危险，利不足以偿其弊。此不敢赞成者二也。夫今日无论何国，皆不能以私经济的收入，占财政之主位，况中国现在程度之幼稚，远不逮彼者耶！土地单税，既不足以充国费，而私经济的收入，其不可专恃也则又若是，不知何以处之？况夫国家欲经营此等事业，必须先投莫大之资本，以彼报画饼充饥之豫算，谓我国可坐岁收八十万万之地代，越十年而且倍之者，则此资本诚不忧其无所出，然征以事实，则其豫算之谬既若彼矣。土地单税，以支国家经常费而犹不足，则又安从而得此举办私经济事业之资本也。此彼报所持主义不能成立者，七也。此其关于经济上不良之影响，次节别详论之。

彼报之土地国有论，既主定价买收之说，则买收时不可不给以代价明矣。吾试与彼核算其共和民国政府所应支给之土地代价共需几何，据彼所核算，则全国地代总额为八十万万。夫地代非地价也，由彼所言，谓普通地代之价格为六元者，则其所有之对价，可值百元。彼报十二号六十九叶。然则地代总额八十万万之土地，其所有地价总额应为一千三百万万元有奇。八〇〇〇〇〇〇〇之地代，其对价之总额应为一三〇〇〇〇〇〇〇〇〇〇。共和政府无点金术，不知何以给之？即曰如日本收铁道为国有之例，不必支给现金，而可付以国债证票。然考现今各国国债最多者，莫如法国，犹不过百二十万万元有奇，其次英国七十万万元有奇，俄国六十万万元有奇耳。以新造之政府，第一著手，而即负担十倍于法国总额一千三百万万余元之国债，天下有如是之财政计画耶？彼报于计算收入时，虚报之数惟恐其少者，今吾与之计算支出，应又惟恐其多矣。说部言有赃吏死者，冥官积其生前宦囊所得之总额，镕之以火，迫使吞之。其时患此物之少，死后患此物之多。彼报虚构数目以欺读者，其自作孽而见窘，得毋类是！即以吾所悬揣，略算拟吾国地代总额为六万万者，则其对价总值，亦应为一百万万，以国债支拂之，则国债之数亦几及法国，而过于英国矣。如此之财政案，能成立否耶？且凡募借国债者，当其募借之始，不可不豫计及所以偿还之途及其每年给付利息之财源，现今普通之国债最廉者，亦须给利五分，则每百元者岁给利五元，而地价值百元者，其地代不过岁六元。国家拥此百元之所有权，而所收入六元之利益，以六分之五付诸债权者，而仅自有其六分之一。然则果使有八十万万之岁入者，则每岁不可不以六十五万万余为国债利息。即吾所计算谓地代总额为六万万者，则每岁不可不以五万万为国债利息，天下又有如是之财政耶？然则为彼共和政府计，惟有希望买收时值六元地代之地，涨价至值十一元，即全国地价，平均略增至倍，然后足以敷债息之用，而其余额乃为政府之纯收入耳。而若何偿还之法，则尚未计及也。政府既除地代以外，无复他种之收入，欲还此债，非待至地价涨增五六倍时，势不可望。而地代之性质，其涨价比较的不能甚速者也。其在三数大都会，为一国经济交通之焦点者，或不数年而十倍百倍于其前，是诚有之，然其所涨之面积恒甚狭耳。自余耕牧之地，每历十年数十年而价无变者，数见不鲜也。不宁惟是，亦有以文明发达之结果，而一部分之地代，缘之而低落者。菲立坡维治之说。大抵缘交通发达之结果，而地价骤涨者，其面积不过居全国面积万分之一耳。其余虽有涨者，而其涨率必甚缓，以吾国国土之辽廓，其交通线普及之程度，虽急起直追，而二三十年内，终难遽望其与欧洲诸国普及之程度同比例，则其涨率之缓，益可概见。以吾计之，则截长补短，而欲全国之地价，平均涨至一倍，非二十年以外之力，不能为功，然此犹必政府有术焉以助长国民经济之发达，乃始得此结果耳。而彼报所持主义，以吾观之，则不惟不能助长，而反使国民经济日趋萎弱者也。吾恐其实行土地国有后，地代不惟不能涨而反落也。说详次节。如此则国家不惟不能偿还国债，且无从给付岁息，于是政府之信用坠地，而国可以亡。今让一步，如彼报言，谓十年之内，可进至一倍。彼报十二号三十一叶。而此十年间，国库已须常以所入六分之一或四五分之一给付债息，则亦安成其为巩固之财政耶？彼徒见夫他国铁道国有之政策，可以进行而无障碍也，因误以为施诸土地国有，亦应如是。殊不知现今各国铁道事业，大率有资本百元者，最少可岁获十元之利，其尤胜者可岁获二三四十元之利，政府以每百元给利五元之公债购买之，此后每岁由此铁道所入之利益，除以之给债息外，最少尚有五元之赢余，多者有数十元之赢余，此赢余贮之数年，即可以清偿此项国债之元本。此后铁道所得，即为国家之纯收入，于是或减收脚价以便民，或轻豁其他之租税以弛民之负担，此法之所以为善也。若土地者，其地代不过为其地价百分之六，政府以利率百分五之公债购买之，望梅止渴以待其涨价，而涨价例不能速，则政府惟有窘于公债不能自拔，卒至破产而后已耳。由此言之，则不必问其地代总额有若干，而政府缘买收土地之故，而势必至于破产。地代仅六万万，固破产也；地代有八十万万，亦破产也；地代有八百万万，亦破产也。何也？一比例于其负担国债①之轻重，而破产遂卒不可避也。此彼报所持主义不能成立者，八也。

呜呼！吾以上所论者，皆易明之理，必至之符。土地单税论无一毫之价值，真如示诸掌矣。彼报记者之顽梦，醒耶？未耶？

夫土地单税之所入，无论如何而必不足以给偿公债之本息，既若是章章矣。而政府犹侈然以大资本家自命，欲经营全国之大生产事业，则其经营之资本，复何所出？就彼报所言，则谓国家拥八十万万之岁入，无虞不足也。又谓在地价未涨以前，有是可亿收之巨额，新政府即有莫大之信用，而可以借入若干亿之外债也。又谓有此岁收之巨额，不患其偿还之无著也。推其意，一若新政府可以不费一钱之代价，而坐收此八十万万之岁入者，然吾昔谓公等之土地国有政策为掠夺政策，公等不服，今请第三者平心察之，彼新政府舍掠夺之外，苟非先辇出一千三百余万万以偿于民，当从何处得享此岁入八十万万之权利耶？如其不能，则必岁岁支出六十五万万余之债息，而犹常负一千三百余万万之重担压于其项背者也。岁岁支出六十五万万余之债息，而犹常负一千三百余万万之重担压于其项背，似此政府，而犹云有莫大之信用，吾不知必如何而始为无信用焉矣。以此资格而借外债，吾恐外人宁沉其资于太平洋，而不愿得此债务者也。就令外人能我信，而以此百倍于法国之内债，复益以若干亿之外债，岁入总额，既以其六分之五给内债之岁息，又以其所余之一分给外债之岁息，则彼共和政府，上自大统领、国会议员，下至未入流之小吏，除枵腹从公外，更无他术，而一切行政费更奚遑问矣。然又非徒若是而遂可即安也，彼一千三百余万万之内债，使野蛮之政府，或可以悍然不还，而彼若干亿之外债，则无论政府若何野蛮，而非许其自由抵赖也。则惟有驱此四万万国民，纳诸奴阓，任各国之债权者呼价而竞卖之，或可以偿凤逋已耳。夫彼所推算全国地代总额既太荒谬，姑措勿论。若从吾所推算，则地代总额为六万万，其对价应为一百万万，彼之土地国有政策实行时，政府应负债一百万万，而后此岁入有

六万万，而岁岁须给付五万万之债息。除外实余一万万比诸现在政府之岁入，不逮者且三千万矣。即不必复借外债，而现政府所负之外债，逮彼革命功成、新政府建设后，势固不得不承认之而继续其负担，而此项本息，实为每岁二千四百余万。如此，则彼新政府之实收入，不过岁七千余万，视现政府之岁入，仅得其半额矣。而犹曰财政巩固，政府信用，将谁欺？欺天乎？吾以为我国将来之财政，当需几何，大约宜以今日各文明大国为比例，而犹增之。计英国现今岁入十一万万余，法国十四万万余，德国十二万万余，俄国二十四万万余，岁出略相当，而国债费尚在外。我国以幅员之广，人民之众，所需行政费之多，则其岁出入必须过于英、法、德而勿劣于俄。质而言之，则每岁必能提出二十万万以上之算豫案，然后可以供国家自维持自发达之用，政府能觅得此适当确实之财源者，则可谓为健全之财政案，而不然者，皆其不健全者也。今彼之土地单税案，除整理公债外，实可以供国家经费者，不满七千万，不及其三十分之一，而犹曰财政巩固，政府信用，将谁欺，欺天乎？呜呼！吾初不信圆颅方趾之人类，其发言之横谬，有至于此极者，而今乃始于彼报记者见之！自今以往，吾真不敢轻量天下士矣。此彼报所持主义不能成立者，九也。

　　彼报又有言："土地国有者，法定而归诸国有也。""法定"二字，吾又不解其所谓。吾于彼报之语，多不解者。彼笑我为脑筋缪乱否塞，不知果我之脑筋缪乱否塞耶，抑亦唐人所谓卿自难出，非关小生也？夫政府既出代价以收买之，则所有权纯移于国家之手，国家自由处分之已耳，何取法定？据彼报第十二号第三十一叶所言，谓："经国家定地价之后，则地主止能收前此原有之租额，而因于文明进步所增加之租额，则归国家。"此似解释其所谓法定之意义也。信如此言，则所有权仍属私人，仍有收租之地主，何云国有？而其下文第七十四、七十五叶，述国家种种自由处分土地之政策，国家既非全有所有权，则安所得而自由处分之？故彼报既屡言国家为大地主，而又言法定租额，此两者性质，绝不相容，是其大矛盾之点。令吾虽欲驳论而不知当驳其矛欤？当驳其盾欤？故曰不解也。今姑且又就其法定租额之说而诘之，如彼所言，则国家惟定地价，而不必继受私人之所有权，私人仍许世袭其固有之土地以收租，惟所收租额，有逾于法定价格之外者，则以归国家。似此则国家无须付此买地之代价，无须负此莫大之国债，策似得矣。然还问国家岁入之额则何如？夫既于地租之外，丝豪不复有所征矣，而所谓地租者，乃又其法定价格外之赢也，非地代价格涨至法定时之价格以上，势不能有所赢。然则使地代永不涨价，将政府无复一钱之收入。夫地代之涨价，万不能速，既如前述矣，则政府必有数年间为无一钱收入之时，幸而得数十万百万，则如天之福矣。然无论如何，当其初行此制度之第一年，政府必不名一钱，何也？第一年地主所收之租额，必即为国家法定价格之原额故也。而试问亘一年间不名一钱之政府，果尚能继续存在否也。且吾以为若用彼法定价格之说，则政府将永远不名一钱。非独一年而已。何以言之？盖政府所取于地主者，为其法定租额之赢，而地主所收之租，果有赢于法定租额之外与否，则亦凭地主之自刻而已。以今日各文明国法律之精密，而于所得税、营业税等之以多报少，犹苦于无术以为坊，况乃彼共和政府之草创耶？欲派员一一而稽核之，其手续之烦费骚扰，甚且或讹诈激变，固无论矣。而虽有干员，决无从稽核以得其真相，充其量，不过凭小作人之租券以为据耳。而地主与小作人，固可以串同作弊，使无痕迹之可寻，此等伎俩，固吾中国人所优为也。如其地法定地代价格本为六元者，及夫因交通发达之结果而涨至七元时，此一元例应为政府所得，然地主可以一二角赂彼小作者，因仅多征其八九角，而仍书六元之租券予之，是政府终不能有所得也。以后无论价涨至若何，而皆可用此法以欺政府，政府虽明知之而终无如何，是故政府永不能享文明进步、地价腾涨之利益，而惟不名一钱以终古也。夫由公债买收之说，则财政案之不能成立也既若彼；由法定租额之说，则财政案之不能成立也又若此。然则彼之土地单税论，果四冲八撞，无一得当也。此彼报所持主义不能成立者，十也。

今且暂置此收入足不足之问题，再从财政之他方面观察之，则凡租税制度，必以公平而普及为原则，此稍治财政学者所能知也。使全国中一切人民，无论居何阶级、执何职业者，皆自然负担租税之义务而无所逃。且自然比例于其负担之能力以为负担，如此者谓之良税，不如此者谓之恶税。而土地单税之结果则极不公平极不普及，而与此原则正反对者也。昔十七、八世纪之交，英国重农派学者即尝倡土地单税论，而法国福禄特尔曾设譬以笑之，其言曰："有岁入仅四十金之农夫，法当纳国税二十，憔悴枯槁，裹裒路歧，遇一故人，有四十万金之岁入者，穷豪极侈，其妻妾所费，每岁八万；仆从之俸给，犹二倍于农夫之收入；轻裘肥马，凌厉通衢。农夫见而问之，曰：君果以岁入之半额二十万纳于国库耶？其友曰：君毋相戏，余固无尺寸之土，余之财产，虽本产自土地，然以他人既纳租税之故，若官吏犹强余纳税，岂非课二重税乎？是固不可。若君既拥土地以得四十金之岁入，其勿卸纳税之义务，当为国家有所尽力。倘濒饥饿，偶来与吾婢仆共食，吾固不辞。"此虽虐谑之言，然讽刺土地单税论之不公平，可谓无余蕴矣。今彼报所持者为土地国有之单税论，与重农学派之所论微异。虽然，福禄特尔之所讽刺，即土地国有之单税论者，亦未或能免也。何以言之？夫人类固不能离土地而生活，然有直接利用土地以为生活者，亦有间接利用土地以为生活者，而间接利用者所得之利益，往往视直接利用者为丰，此事实之数见不鲜者也。今如彼报所拟之新共和国豫算案，欲绞出八十万万之土地，税以入国库，则必取现在田赋率十倍之，复取其十倍者而二十倍之，则今日每亩赋一钱之地，新政府必赋二十两，今日每亩赋六钱之地，新政府必赋百二十两，此所赋者，谁负担之？则农民负担其十之八九，而农民以外之负担者，不得一二也。然此实笑柄，吾且勿复恶作剧以重窘彼记者。则试为之代取消其豫算案，不问国库所入多寡，惟以任意契约行为，听民租地，则夫彼农民者，非直接利用土地以从事生产，不足为仰事俯畜之资，则有八口之家，得百金之岁入，而堇足以御饥寒者，于是向政府赁地而耕，以现在时价，约有米四十石，乃能易百金。最良之田，亩产八石，故所赁者不能少于五亩，而最良之田，每亩地代，其时价假定为四两。此以视彼共和民国豫算案，不过二十分之一耳。若照此时价，则共和民国所收全国地代总额，应为四万万两。则岁须纳二十两于政府矣。等是而进之，耕十亩者所纳为四十，耕五十亩者所纳为二百，其率恒五分之一。反之而如医生辩护士辈，终身不亲陇亩，而岁入可至数万或十数万。又如转运商，或为取引投机事业者，岁或致数十万数百万，问其所负担纳税之义务则如何。使其赁屋而居，则国家所征之地代，目有屋主代完，直可终身不纳一钱之国税。虽曰屋主所纳之地代，还转嫁于赁屋之人，然其数几何。其或赁地以自筑室，则得五亩地于村落，夫已足林园之娱，亦不过岁纳二十两耳。其都会繁盛之区，地代价格，或十倍焉，或百倍焉，然医生辩护士等之公事房，需地不满半亩，十倍之则亦二十金耳，百倍之则亦二百金耳，其余商店等亦复例是。若是乎则国家所取于农者，恒为其收入五分之一，而所取于农以外之人者，有时乃为百分之一、千分之一、万分之一也。天下之不平，宁有过是！夫就社会政策上以论租税，则所得税最为公平，消费税最为普及，而营业税亦最便于转嫁。但使一国中有诸种税并行，则全国人民往往于不知不识之间，而固已各如其分量，以尽纳税之义务。彼富豪者流，不徒其地税、家屋税、所得税、财产税等，直接有所贡献于国家也。彼日用饮食间，固息息未尝与国库断绝关系焉。即如吾侪，旅居日本曾未尝一度见税吏之叩吾门，然吾侪固非徒吸日本社会之空气而无报酬，抑章章矣。质而言之，则吾侪亦对于日本政府而尽纳税义务之一人也，此复税制之所以为善也。若土地单税制行，则土地之外，无复有税，除直接利用土地者外，无复负纳税之义务，则其结果必至如吾所云富豪阶级绝不纳税，即纳矣亦不过百千万分之一，而惟此哀哀之小农，常戴五分一之重税于其头上。诗云：哿矣！富人哀此茕独。农民何辜，乃授命于此恶政府也。夫如是则岂惟财政，即全国经济界亦将酿大混乱，而国可以底于亡矣。此彼报所持主义不能成立者，十一也。

语至此，则彼报之土地单税论，更无复半钱之价值矣。若彼犹不肯自忏悔而欲强为说辞也，则惟有曰："土地所生产之物，凡以供社会一般人之求，国家所取于彼之租税，彼得而转嫁于消费之人，一国中无论何人，不能不仰土地所产物以为养，则是亦间接纳税也。"此即重农学派土地单税转嫁论之说也。此说在现今经济学上、财政学上已无复价值，不多辨。然信如是言，则一国负担，既全落于农民之头上，国家之经费愈膨胀，则所责于其负担者愈多，农民欲转嫁其负担，则不得不昂其农产物之价值以求偿，而彼一般消费者，固可以别仰供给于国外之农产物，而国家莫之能禁也。岂惟农产，其他亦有然，则外国品滔滔注入，以与内国品竞争，我农民将贬其价以与人竞耶？无奈负此庞然大国之国费于其肩背，生产费缘此大增，贬价则将不偿其生产费，是无异自杀也。不贬价则在市场上无复过问，是亦无异自杀也。于彼时也，则惟有废田不耕，相率向政府解除租地契约，政府所有之土地一旦供过于求，而地代价格，因以骤落，而财政之扰乱，愈不可思议矣。夫国家取诸民，而不惟公平之为务，乃专责负担于其中之一阶级，则其展转所生之结果，非致国家破产而不止。此彼报所持主义不能成立者，十二也。

或曰：土地单税，可以奖厉土地之利用，促进农业之发达。盖其所负担者既重，自不能不设法求生产额之增加，乃足为偿也。彼报第十二号谓："土地国有后，必求地力之尽，则以小农分耕所获者为标准，而收其半或三分之一以为租。"第七十六叶。或即此意耶？此则须摩拉尝驳之矣，谓果如论者言，利用地租可以促进农业之发达，则其结论必将曰，租税重则经济之进步愈速。天下宁有此奇论耶？此彼报所持主义不能成立者，十三也。此俟次节更详论之。

且土地单税论，其恶影响不徒及于财政云尔！租税之为物，其最大之目的固在充国家之收入，然有时亦利用之以达其他之目的焉。盖时而课重税于外国输入品以保护内国产业，即经济学者所名为保护政策者，其作用全在租税，而行土地单税制，则此作用绝对的不能发生也。夫保护贸易政策之利害得失，且勿深论，次节论之。而今世各大国，除英以外，罔不行之焉。决非无故，而此政策则与单税论不能两立者也。而中国将来不能绝对的采自由贸易政策，又至易见也。故土地单税论与中国将来之国际贸易政策，不能相容也。又各国常有以政治上或社会上之目的，而课严重之消费税，如阿片税、玛非税、酒税、其他有害品之税等，皆有其必要之理由，而采用单税制，则一切不能实行。消费单税制，对于此问题可以无障碍，所得单税制、土地单税制，其受病皆同。其于国家施政抑大不便。此彼报所持主义不能成立者，十四也。

复次，租税之与政治，更有其密切之一关系焉。即人民以负担租税之故，常感苦痛，因此联想及己身与国家之关系，而责任观念、权利观念并随之而生。试观英国宪法史上之大部分，殆皆反抗恶税之陈迹也；美国之独立，亦为租税问题也；法国之革命，亦因财政紊乱也。彼文明国所以有今日，大率以此为之媒。倘国民对于国事之利害，日趋淡薄，此必非国家之福明矣。财政学家有比较直接、间接税之得失者，谓间接税使一般人民对于租税之注意较薄，因漠然于政府之行动。现美国中央政府，往往有滥费之弊者，其原因虽多端，亦由其岁入纯为间接税，人民不直感负担之苦痛，缘此而对于经费之支出不郑重注意也。此与华克拿氏论私经济的收入之弊，同一理由。夫直接、间接税之比较，犹且若是，况如土地单税论者，国中一部分人，全免于租税之负担，其与国家，渺然若不相涉，而彼直接负担此土地税之一部分人，亦不过以双方合意契约的行为以对于国家，而公法上权利、义务之观念，全霾没而无由发生。然则此制度足以令政治趋于腐败，又必至之符矣。此彼报所持主义不能成立者，十五也。

以上就财政政治一方面观察之，土地国有论，既种种谬于学理反于事实，而毒害于国家矣，今请以次观察他方面。

以上所指者，不过彼报所持主义谬点之一斑耳，而其不值识者一笑也，则既若此。是知凡论一事，万不能凭架空之理想以下判断，而必当按切事实，平心以施研究。自发论者当有然，听他人之言论者亦当有然。彼报之大患，则在万事纯任主观的理想，而蔑视客观的事实也。彼前后十余号之议论，莫不皆然，此特其一端耳。而他人之惑于其邪说者，受痛亦正坐是也。吾奉劝彼报记者，平心以读吾此文，苟自知其土地国有论之决不能成立，则迅速取消之。所谓君子之过，如日月之食，岂不亦光明磊落耶！若犹徇意气，而必欲为困兽之斗，则请再埋头旬日，獭祭群籍以求援，本报固泚笔以俟耳。而本报次号所指驳，又将予该报以更窘之问题，使贵记者疲于奔命，此则本报之罪也。

二、就经济上正土地国有论之误谬

言经济学，必当以国民经济为鹄固已。虽然，国民之富，亦私人之富之集积也，不根本于国民经济的观念以言私人经济，其偏狭谬误，自不待言。然在现今经济制度之下，而离私人经济以言国民经济，亦无有是处。今本论于此两方面，无所偏畸，以公平之眼光观察彼报所持土地国有论其利害如何，得一一疏通证明之。

土地国有论最有力之学说，莫如亨利佐治，其言曰："土地者，造化主之生产物也，非由人力，故无论何人，不得独占其利益。盖土地价格所以逐渐腾贵者，非个人之劳力能使然，皆社会进步之赐也。故缘价腾所得之利益，自当属于社会。土地私有制度，实流毒社会之源泉也。然则征社会所当得之利益还诸社会，实政府之义务，人民虽有各自享其勤劳所得结果之权利，若夫土地之纯收入，即经济学上所谓地代者，不可不属诸国家。"亨利此论，即彼报所宗仰唯一之论据也。虽然，近世学者，已将此说难破而无余蕴，今请述之。（第一）谓土地本当属于社会者，根据自然法以立言，而谓土地私有制度，背反于自然法也，此实蔑视历史之妄言也。夫所谓自然法者，不过历史之一产物耳。十八世纪之思想家，盛称自然法之存在，及近世社会学上历史的研究大行，自然法之存在久被否认。所谓规律，所谓公正，不过社会变迁直接之结果，而非如自然法家所云：别有规律公正其物者万古不易也。即如土地私有制度，实亦历史之产物，其在太古，土地虽属人类公有，及经经济上、社会上几许变迁，为增进社会一般幸福起见，驯致认私有制度之必要。故否认自然法之存在，实今日思想家之公言。而土地自共有制度递嬗而为私有制度，实有历史上之理由，而非可蔑弃者也。（第二）谓土地为造化主之生产物，其价格腾贵，食社会之赐，非个人所宜独占，此其说若稍近理。虽然，若以此种论法为根据，充类至尽，则社会之富，何一非造化主之生产物？何一非食社会之赐者？宁独土地，如彼职工之制造器具，其木材则造化主之生产物也，其所用之斧凿，则冶人供之；其所栖之室庐，则左官建之；其所被之衣服，则自纺绩所经织房、染房、裁缝店成之；其维持生命之食物，则农夫给之。如论者言，则职工所制之器，非职工能自制之，而社会实制之也。不宁惟是，彼职工所以能保其生命财产，得安居以乐其业者，亦恃有社会耳。准是以谈，谓土地之地代，以食社会之赐故，而当然属于国家之所有，则彼职工之庸钱，亦不可不属于国家之所有。质而言之，则社会中无复一物可以私有而已。夫土地国有论者之孟浪杜撰，斯可觇矣。以上译日本田中穗积氏著《高等租税原论》第六章之一段，田中氏所言，亦本于欧洲学者之说也。要而论之，土地所有权者，所有权之一种也，其性质与他之所有权无甚差异，皆以先占、劳力、节约之三者得之。而在现今之社会组织，当认为适于正义之权利者也。故若取一切之所有权而悉否认之，则土地之不许私有，自无待言。若既承认他之所有权，而独于土地否认焉，则无论若何迂回其说，而根本观念总不免于冲突也。夫根据自然法以立论，则所有之权应存在与否，两方论者，皆各有其主张之理由。若将自然法之一种架空理想除去，而就历史上观察人类之普通性质，以研究现今经济社会进化之动机，则私有制度，即以法律承认私人所有权之制度。虽谓为现社会一切文明之源泉可也。盖经济之最大动机，实起于人类之利己心。斯密亚丹派，以此为唯一之动机，近世学者多补正之。如华克拿则分动机为五种，前四种属于利己心，其第五种属于利他心。此利他心，固不失为经济之一动机，然往往隐而不发。且在现今社会组织之下，前四种常独占优胜之力，就中其第一种为尤甚，即经济上求利益而恶不利益之念是也。华氏尝据此以批评社会主义派之说，谓必须第五动机独占优胜，能压倒第一动机，然后社会主义之理想可以实行。若果能如此，则经济纯化而与伦理同物，诚为佳事。但徒恃制度组织之改革，不足以致之，必须先造成适应于此新制度之人，而欲改变人类之性质，决非一朝一夕之效。故社会主义派之理想，必非现在所能见诸实事也。此其言最为博深切明。盖社会上无论何种制度，皆不外其社会分子的心理之反射，而所有权之为物，即由现今全世界人类心理所构成，而关于经济生活一切之总前提也。人类以有欲望之故，而种种之经济行为生焉，而所谓经济上之欲望，则使财物归于自己支配之欲望是也。此日本河上肇氏所下定义，视前辈诸家之说稍精密，今采之。惟归于自己之支配，得自由消费之，使用之，移转之，然后对于种种经济行为，得以安固而无危险，非惟我据此权与人交涉而于我有利也，即他人因我据此权以与我交涉亦于彼有利。故今日一切经济行为，殆无不以所有权为基础而活动于其上，人人以欲获得所有权或扩张所有权，故循经济法则以行。以比较的最小之劳费，得比较的最大之利益，此经济法则也。而不识不知之间，国民全体之富，固已增殖，此利己心之作用，而私人经济所以息息影响于国民经济也。若将所有权之一观念除去，使人人为正义而劳动，或仅为满足直接消费之欲望而劳动，直接消费之欲望者，如饥欲食、寒欲衣是也；经济上之欲望，则在求得一种稳固之权利，可以为得食得衣之手段者也。则以今日人类之性质，能无消减其勤勉赴功之心，而致国民经济全体酿成大不利之结果乎？此最宜注意之一大问题也。伊里氏论所有权果足为正当之权利与否，颇有微词，谓："所有权大率起于掠夺，掠夺者，罪恶也。罪恶则始终为罪恶，若谓罪恶得变为权利，无有是处。虽然，过去之罪恶，则将已葬送矣，居今日而欲判断所有权之当否，亦惟察其果足以进现在未来之公益与否而已。如彼诺曼人侵入法国北部，搅乱当时社会之秩序，诚一种罪恶也。然以同一理由，故吾辈今日，不可不认其占领为权利而尊重之。盖自彼征服后，历数世纪，民已安之，今托名于惩罚过去之罪恶，报虐以威，复使人民陷于涂炭，是又一种之罪恶也。故以纠过去之故，而破社会之秩序，是欲收覆水而已。使所有权制度，而确有害于现在社会进步，则一刀两段以划除之，固不可辞。虽然，方今此权之存在，确为鼓舞企业之最大诱因，此事实之不可争者也。吾非谓此为唯一之诱因，他日或有更胜之之动机发生焉，亦未可知。而在今日则此为生产之最大诱因，洞若观火矣，今忽然杜绝此大动机大诱因，其影响于社会者当如何？牵一发而动全身，苟关于此制度有一点一画之变更，其关系皆非细也。"案：伊氏谓所有权纯起于掠夺之说，吾不能表同情。盖以现今论，则此权或以勤劳所易得，或由承袭而来，其正当固不待论，即以最初获得者言之，亦多有由于先占，而非必尽由于掠夺也。若其论此制度在今日不可破坏之理由，则可谓持平之论矣。彼圆满之社会主义，其所恃为经济的动机者，纯与现社会之经济动机为异物，则其不置重于所有权，且务破坏之，亦固其所。其说之能应于现社会心理与否，此自为别问题。要之，就彼所主张者论之，可谓始终一贯盛水不漏者也。若如某报所主张，既承认现今之经济组织，菲立坡维治分经济组织为二：一曰交易的经济组织，二曰无交易的经济组织。现今经济社会，则属于前者也；社会革命派所梦想之经济社会，则属于后者也。今彼报既承认交易的经济组织，故吾得断言其为承认现今经济组织。则为现今经济组织基础之所有权制度，不得不承认之，不承认则一切经济行为将不得施也。乃既承认所有权矣，而顾于所有权中之一种所谓土地所有权者，独否认焉。问其理由，则曰此乃自然产物，非所有者能以自力增其价值，故不当许私有。则如吾前所述，谓充类至尽，凡一切物皆不当私有，宁独土地？夫当私有与不当私有，此自然法上之问题；而许私有与不许私有，其于现今经济组织孰利，此事实上之问题也。彼报佹虚理而忘事实，既不能取现在经济组织，翻根柢而一新之，而乃取现今经济组织之基础，破坏其重要之一角，牵一发以动全身，则其紊乱社会秩序之影响，必有不可思议者。盖在现今交易的经济组织之下，人人皆以欲得财产所有权为目的，既共向此目的以进行，则汲汲自殖其富量，而国民富量即随之增进焉。而财产所有权中，则不动产较诸动产尤确实而易保守，不动产即田地、家屋等，动产则器具及股份票等也。而土地又不动产中之最主要者也。今一旦剥夺个人之土地所有权，是即将其财产所有权最重要之部分而剥夺之，而个人勤勉殖富之动机，将减去泰半。故在圆满之社会主义，绝对不承认财产私有权，而求经济动机于他方面者，固可行。若犹利用此动机为国民经济发达之媒，而偏采此沮遏此动机之制度，则所谓两败俱伤者也。此其所持主义不能成立者，十六也。

持土地国有论者，尚有其一理由焉，曰："以其为独占的货物故。其言曰：土地价值，随人口之增加而增加，地主不劳而获之。不宁惟是，人口增加之结果，地主以外之各阶级（即资本家及劳动者），其所得以竞争而愈微，甚或无复利益，而地主反之，以鹬蚌相持为奇货，安坐而享渔人之利。是社会中一阶级之人，无故而特沾殊惠，不平莫大焉。故将此等独占的货物，归诸公有，均利于一般之人，实天经地义也。"此亦彼报所祖述之论也。虽然，菲立坡维治尝驳之矣，曰："社会主义者谓土地不当私有，彼盖以土地与他之生产资料等，谓地主榨取劳动者所劳动之结果也。然事实乃与之相反，盖土地之大部分，现今实属于其所有者之自经营，案：此谓田主自为农夫者居多数也。故以土地榨取劳动结果之事，实乃甚稀。且土地所有权之集中，亦不如商工业上资本集中之显著。不宁惟是，就一般农民之心理论之，不徒不希望土地私有制之废止，宁望其保存而确立者为多。又农业上用地，现今全地球各处，多容竞争之余地，故论者所谓独占的性质，在农业上用地殊不甚见之。"

菲氏据此诸理由，以证明土地国有制之不可行，可谓笃论。今请就其说而引申发明之，大抵土地当分邑地、野地之二大别。邑地者，都会之地，工商所辐辏也；野地者，郊鄙之地，农业所利用也。然无论何国，邑地不过居野地千分之一，故论土地者当以野地为主，不当以邑地为主。而论者所言，则皆适用于邑地，而不适用于野地。故按诸一般事实，往往而谬也。今试取野地之性质而解剖之：（第一）其性质非纯粹为独占的。凡独占事业，必其事业本质，天然无容竞争之余地者也。伊里举其特质有三：第一例，其事业占有必要特殊之地点线或路者，如纽约市之空中铁路，其地段据全市交通连输之中心点，若他会社别营一空中铁路，到底不能与之竞争，于此而欲强与竞争，必为所压倒而致毙，故结果必为独占也。就此点以观农业上用地，则其地味特别丰腴者，或其位置濒大河流及铁路线得特别交通转输之利者，诚可谓占天然之优胜，然欲恃此以压倒其他之土地而吸收其利，则固不能，何则？此占天然优胜之地，其农产物以生产费、运输费较廉之故，固可以廉价提供于市场，而非劣等地之所能望。如劣等地每米一石，必须售价二两乃能敷其生产费、运输费者，而优等地或以同一之资本劳力，在劣等地仅能产一石者，在彼能产一石五斗，则以生产费减少而价可廉。又或在劣等地费银三钱乃能将其物运致诸市场者，在优等地仅费一钱而可运致诸市场，则以运输费减少而价可廉。然合全国或全世界以观之，农产物之需要，必非仅优等地所产者能满足之，故劣等地所产者，虽所提供之价较昂，而不忧无购买者。优等地之地主，欲以贬价之故，倒毙劣等地之地主，以垄断其利，势固不能，徒自丧其地代耳。优等与劣等地相较，以其生产或运输费较廉之故，而所得之利益即为地代。夫工业上之有独占性质者，则其拥据优势之会社，能以己力扑灭与己竞争之会社，而使之不能自存，及他会社既倒毙之后，则己可任意复昂其价，而一般之消费者，莫可如何，惟俯首以听其坐吸膏髓而已，此所以为独占也。若土地则占优势之地主，不能以己力扑灭劣势之地主，而以己意昂其农产物之价以享独占之利，此势所限也。此其独占之性质不完全者一也。伊里所举第二例，谓独占事业者，当其所供给之货物及任务有增加之必要时，则投少额之资本，可收多大之结果。如邮便、电信事业，若发邮、发电者加多时，则添电杆、添邮局、添局丁，所费有限，使发邮、发电之数倍于前时，则邮电局所收入亦倍于前时，然对之而所增投之资本，不过前时十分之一而足矣。其他如铁路、电车、自来水、煤气灯等事业，莫不有然。故常比例于社会之进步，而获不赀之利，此所以为独占也。就此点以观土地，其在邑地或径不须增毫厘之资本劳力，而缘社会进步之结果，地代什伯于其前，此其独占之性质，似比工业上之独占者为尤甚。然在野地则反是，彼拥据土地所有权者，苟欲增加其生产之供给以多有所易，非惟不能以少额资本收多大结果而已，且为报酬递减之法则所支配。此法则为理嘉图所发明，彼报所译下之注解云："土地之生产力，不应于所投之劳动资本而增加者，曰报酬递减法则。如十人耕之，而得生产百石；二十人耕之，不能增为二百石，则为劳动之报酬递减。今年所施肥料，增于去年二倍，而所收获，不见二倍于去年。则为资本之报酬递减。"此译语颇简明，今采之。虽资本、劳力增于前，而比例所得乃减于旧，此其性质与铁路、自来水、煤电灯、邮便、电信等正相反。即曰农产物之价，往往岁昂，缘此而可获利，然物价趋昂，实生产费增加之结果，控除其生产费，则不见其利润之岁进也。故夫拥据土地所有权者，必非其常能得过当之利润，与自然独占之工业同科也。此其独占之性质不完全者二也。伊里所举第三例，谓独占事业者，其所供给之货物及任务，与其设备之所在分离，则失其效用。如美国之电报价贵，德国之电报价贱，然在美国势不能不用美国之电报。日本之电灯价贵，美国之电灯价贱，然在日本势不能不用日本之电灯。是其例也。此在邑地，固为此例所支配，其在野地则不然。甲地地主，若索过昂之地代，则可以转而耕乙地，而地代之为物，既为自然法则所限，则甲地主虽欲昂于其过当之限，不可得也。此其独占之性质不完全者三也。准是以谈，则谓土地以含独占的性质，故应为国有。持此以衡邑地，诚哉其然；持此以衡野地，未可云当。然一国中野地多而邑地少，以少概多，其失之不亦远耶？此彼报所持主义不能成立者，十七也。

（第二）菲氏谓土地所有权之集中，不如商工业资本集中之显著，此证诸今日各国现象而可见者。现今地球各国，土地权集中最甚者莫如爱尔兰，次则英伦苏格兰之一部、普国之东部、奥国之上部等，次则俄国、美国，自余其他各国，皆比较的小地主多而大地主少。熟察彼土地所有权所以集中之故，即大地主多之故。或由前此有贵族世袭财产，此权自封建制度时代传袭而来，又行一子相续法，欧洲旧制：贵族之世袭土地，多仅传诸一子，不及其他。又，子孙之袭产者，多仅有用益权，而无处分全权，即每年许收其土地之所入，而不许将土地卖却及抵当也。且不许土地分割之自由。欧洲旧制：土地之许买卖者甚少，即有许买卖者，亦只能将全份买卖，不许割裂。自拿破仑制定法国民法后，虽一切许其自由，然英、奥、德诸国，仍多沿旧制，即法律上不禁者，而习惯上仍因而勿改。近学者且颇有辨护此制度惯习之善者。以上两端，菲氏所著经济政策举例甚详。缘兹凭借，故兼并易以行，或由国境内自由地甚多，即前此无主之地。听民自名，而政府所以限制之法律未善，故投机者流常获奇遇，而大地主亦因以起。由前之说，则于欧洲中一部分之国见之；由后之说，则于美国见之。若夫欧洲中他部分之国，如法国，如德国之大部分，如荷兰，如比利时，则大率小地主多而大地主少。虽在今日生产方法革新以后，而兼并至盛行，其故全由农业上用地，其地代涨进之率，万难太骤，且为报酬递减之法则所限，非可以人力强易之。然则苟非前此本有广土者，或得自由占领广土者，乃投资以买收土地，而欲博将来之奇利，则毋宁投之于工商业之为得计也。由此言之，则土地所有权集中之国，大率有其历史上特别之理由，苟无此理由者，则此现象之发生盖不易，此证之诸国而可知者也。其在我国，则汉、魏时患土地兼并最甚，而其后则递减，逮今日而几无复此患，其故何由？盖在古代自由地甚多，古代人口之少，视今日相去悬绝，参观本报鄙著《中国历史上人口之统计》。强有力者得恣意占领，每当鼎革之后尤甚。而法律又疏阔，尚沿封建制度之旧观念，各阶级之负担不平等，诸王列侯公主中贵等全不负纳税之义务，惟重重胶削于小民，又虽侵渔搀夺，而法律莫之能禁，故小地主之所有权，极不确实，容易丧失。且有自愿放弃之免为累者，如明代犹有投大户之俗，可见也。投大户，亦名靠户，盖小民不堪征徭及豪强鱼肉之苦，乃自投靠一豪族，无报偿而为之佣奴。往往有中人之家，拥有田土者，则并其田土带往投靠，而自为之隶农。然此所有权虽一度集中，而缘买卖及相续之故，旋即均散。盖豪家衰败之后，田地悉易新主，而新主非必能以一人之力独承受之也，故往往散而为数十人数百人之所有。此集中所以不能久者一也。又一人而有数子，一子而有数孙，及其行遗产相续时，则以次递为割裂，不数十年，而畴昔一大地主者，析为数十小地主矣。此集中所以不能久者二也。法国所以独多小地主者，由斯道也，而我国则情形正与彼同。法国此现象，全食《拿破仑法典》之赐，盖《拿破仑法典》有两种重要之精神与此现象有关系者：一曰许土地分割买卖之自由；二曰废世袭身分之制度。前此财产与身分相连属，一并世袭，今则无身分之可言，而财产亦行平均相续故也。我中国法典虽不完，然其惯习则全由此精神衍出也。故自今以往，我国农业上用地决不虑其集中过甚，而以怵豪强兼并之故，乃倡土地国有论者，实杞人忧天也。此彼报所持主义不能成立者，十八也。

（第三）菲氏谓现今土地之大部分，实属于其所有者之自经营，此征诸中国而尤信者也。盖农用地之为物，既非能以仅少的劳费，得过当之利益，故除固有世袭或自由占领者之外，比较的不易兼并，既如前述矣。故普通小农，大率以勤俭贮蓄之结果，获得土地所有权，即复以勤俭贮蓄而保持之扩充之。质而言之，则虽小农之本无田者，往往勤劳数年，即能进为田主。既进为田主之后，而仍自耕其田者，盖大多数也；而后此地代之岁进，实为其前此及现在之勤劳所应享之报酬，国家一旦剥夺其所有权，是无异绐其臂以夺其勤劳之结果也。夫吾有田而吾自耕之，则无须纳地代，而其田所生产之全额，悉属诸我焉，他人何以必须纳地代而我独否？盖此地代即我或我祖父勤劳之结果，保留迄今日而食其赐者也。以自己勤劳之结果而得土地所有权者，其权之为正当，固不待言。若以祖父勤劳之结果而得之者，在社会主义家言，则认为非正当。虽然，积财产以贻子孙，实现今经济组织一重要之动机，苟非全破坏此组织，则此权利固不可不承认也。今国家忽剥夺此权，我畴昔能自享我田所生产之全额者，今忽与彼赁田而耕者等，须割其所入一部分以与国家，则国家非掠夺我勤劳之结果而何也？其理由下文更详说之。夫使专就赁地而耕者之一方面观之，则均之纳地代也，纳诸私人之地主与纳诸国家，其所感苦痛之程度，盖无所择。则土地国有制，固未始不可行，然就地主自耕其地者之一方面观之，则是明明以分内应享之利益之一部分，被朘削于政府也。夫自耕其地之小地主，实一国之石民也，欲得健全之政治，不可不尽力以保护此辈，此各国大概同认之政策也。今以剥夺其土地所有权之故，其结果将使此辈失其独立之地位，其理由亦下文更详说之。则不惟经济上蒙莫大之损害，即政治上之危险，且随之矣。此彼报所持主义不能成立者，十九也。

吾谓土地国有制为国家掠夺人民勤劳之结果，彼将不服，其意曰：政府非无偿于民而竟夺取此权也，必给之以代价，其代价或以现金，或以公债，要之皆有偿也。如日本去年实行之铁道国有案，以五厘利之公债收买人民之私有权，彼铁道股份，亦其股东勤劳之结果也。收买铁道，不为掠夺，收买土地，亦安得为掠夺乎？应之曰：此两者之性质，盖厘然不同。铁道以其为独占事业，故常能增仅少之资本而获极大之利益，土地则反是。此就农业用土地论，细读前文自明。故铁道股东者，其已饱吸过当之利益者也，政府将其将来所续得之适当利益，提归公众亦不为过。然去年日本政府提出此案于议会时，其反对党犹以政府为侵夺人民之既得权，恣其攻击。而农业用之土地，其地代非过当之利益也，而政府括取之，斯为厉民也。且日本之铁道国有案，其政府之所以偿股东者盖甚厚。日本铁道一公司之名也。资本金五千余万元，其买收金一万三千余万元。山阳铁道资本金三千二百余万元，其买收金七千四百余万元。北海道炭矿铁道资本金一千二百余万元，其买收金二千九百余万元。其余各线，大率例是。彼股东既已饱吸前此之利益矣，而现在政府所以偿彼者，复在其资本原额一倍以上，可挟之以营他业，故民不以为病也。彼报所持土地国有论，能如此乎？彼报第十号云："地主有地价值一千元，可定价为一千，或多至二千。"其第十二号云："普通地代之价格为六元，则其地价为百元。"又曰："中国现时地代总额有八十万万。"合彼报此三条以会通之，则全国值八十万万之地，其原地价应值一千三百万万余，而国家以买收此土地之故，应负担公债之额，亦如此数。夫既言之矣，然以日本铁道国有法例之，仅以原价偿地主，未足云平也。收民产以为国产，其迹近于与民争利，故若求公平，则不徒仅偿其原本而已足，又当略偿其将来之利。盖民之节约其勤劳之结果以置产业也，凡以求易将来之利益也。今一旦收其产以为国产，而仅曰吾偿汝现在所值无缺失而已，而将来之利则全归诸我，是对于现在而虽不可云攘夺，而对于将来实为攘夺也。何则？彼民之有百金者，苟以之购一公司之股份票，现在每年可得六元之利润，然彼非以此自足也，望其涨至八元焉十元焉。其购地之心理亦犹是也，以现在百金购入之地，得六元之地代，亦望其将来涨至八元焉十元焉。今政府忽焉还彼百金而遂尽攘其将来之希望，则民之以百金购股份票者何其幸？而以百金购地者何不幸也？故曰不平也。然则价值一千之地，定价一千以买之，既为厉民，必如彼所云，或多至二千者，庶乎可矣。然此地代总额值八十万万之土地，其原价既为一千三百万万有奇，倍价以购之，则当为二千六百万万有奇，使政府能挚出此二千六百万万余之现金以偿地主，使得用之以营他业，固于民无所甚损。然此着之不能办到，无待著龟矣，则惟给与一纸之公债证书而已。使政府财政之信用而巩固，则拥有公债者亦与拥有现金者等，固可用之以营他业。然其病国民经济，固已不少矣。次段更详之。乃今就彼所豫算者而统计之，则国家负二千六百余万万之公债，以五厘利息起算，则每年应派息一百三十万万余。而政府土地单税所入，不过八十万万，尚有五十万万之债息不能派出，即使地代涨至一倍，而除派债息之外，所余者亦不过岁入全额六分之一。夫国债者非徒派息而已足也，又必须豫为清偿元本之计画焉。如彼报之计划，则非俟全国地代平均涨至三四倍，而此项国债之清还，永无其期，然此画饼充饥之理想，不足以起国民之信也明矣。然则此项公债证书，必无复一钱之价值，等于箧底之故纸而已。彼大地主之损失姑勿论，而小地主之自耕其田者，畴昔不须纳地代，故足以自给。今则与无田者等，同须纳地代于政府，问其所以异于彼辈者，则多藏此一片故纸于箧底而已。而前此勤俭贮蓄所得之结果，遂付诸东流。此等政策，欲不名为掠夺政策安可得也？此等政府，欲不名为盗贼政府安可得也？夫如是，故其结果能使全国小地主顿失其独立之地位，降而为计日受庸之劳动者，而国本以危。此彼报所持主义不能成立者，二十也。

吾以为言土地者，首当明邑地与野地之区别，铁路线旁之土地，虽属野地者，亦与邑地性质略同，故可归并邑地一类论之。又当明自由地与有主地之区别，盖其性质极不同，非可一概论也。既明此区别之后，则不必其绝对的反对土地国有也。自由地例应归国有，而国家当永远保持之与否，别为一问题。邑地可以不许私有，而应为国有或应为市有，别为一问题。若夫普通有主之野地，则人民既得之所有权，国家非惟不可侵之，且当全力保护之，此不易之大经也。今请详说其理由：（第一）所谓自由地例应归国有者何也？以我国论，内外蒙古、新疆、青海、西藏诸地，土广人稀，其未经垦辟者十而八九，且其住民尚未尽脱游牧之俗，土地所有权之观念甚薄，故自由地实什八九也。东三省稍密迄内地，移住者渐众，然自由地亦尚什之六七。此诸部之面积，约当本部一倍有余，计所得自由地之面积，最少亦应与现在本部有主地之面积相等。将来新政府成立，必当采内国殖民政策，奖厉本部人移住以实之，此稍有识者所能见及也。然当实行此政策以前，必当先清丈此等自由地，悉取而归诸国有，毋使桀黠者得窃殊惠以行兼并，此政府所当有事也。又不惟属地而已，即本部中其未经垦辟之土，亦所在而有。森林地其大宗也，此外如濒海濒江岁岁淤增之地，或湖底干涸露出之地，与夫人民瞒税不纳之地，亦往往不乏，凡此皆可归诸国有，其事至顺，而其理亦至完者也。然国家既收此自由地之所有权后，其应永远保持之与否，则别为一问题。盖国家所以处置国有土地之政策，不外三种：一曰国家自经营之者，二曰贳之于民而取其地代者，三曰售之于民者。国家自经营之，则是国家以大地主而兼为大农也。以近世财政学家所言，谓国家自进而为营利事业，往往拙于私人，致招不经济之结果，而农业为尤甚，且以官吏的性质而执行事务，手续极烦杂，致生种种障碍，故各国皆不采之，除留出一小部分以为模范农场外，模范农场者，国家特设此农场，以为改良农业之模范，使国民有所观感也。其余皆不自营。而我国将来拥此广大无垠之国有地，其不能尽取而自营之，此五尺童子所能知矣。故此策可不必论。若贳之于民而取其地代，此即土地国有论实行后所采之政策也。此策有利亦有弊，而弊常余于利，俟下段乃论之。除此两者外，则惟有售之于民之第三策而已。考普国近有所谓地代农场制度者，设于西普鲁士及坡善之两州，专为奖厉内国殖民之用，盖兼采以上三策，而最终之目的，则仍以售地于民为主。其制度，则国家将国有地及从大农手购入之地，设置农场，而募东部之贫民移住，岁征其地代，又特设一银行以便移住民之欲购地者，每岁额供若干，供若干年，则全地可以为其所有。盖国家设农场，而以官吏监督指挥之，此近于采第一策也；岁征移住民之地代，此近于采第二策也；欲购地者则与以购入之利便，此则采第三策也。要之，其最终之目的，仍归宿于第三策，而第一策、第二策不过其手段耳，此实最良之制。将来我国对于满洲、内外蒙古、新疆、青海、西藏诸地，皆宜采用之。此事所关极重大，吾将别著论之。然既行此策，则是国有土地，亦不终于国有也。若夫本部新垦及淤增之自由地收为国有者，则除留出一部分为模范农场外，其余当相机售之于民，以之充国家临时经费或偿还国债元本之用，最为得策，此财政学家所同认矣。惟森林之业，以国家经营为宜，故国有森林地，宜保持之勿售于民，此亦财政学家之公言也。故吾对于将来中国处置土地之政策，非惟本属私有者不宜收归国有而已，即本属国有者亦当渐散而归诸私有。除模范农场及森林地之外，国家皆不必永保持其所有权以为贵也。若用吾策，则就经济的方面观之，移本部贫民徙殖于属境之自由地，本部劳动者无供过于求之患，可以大减竞争之剧烈，而本部之经济大纾。前此属境，遗利于地，今徙民以实之，又与之以获得土地所有权之方便，则民有所歆而纷纷移住，且勤勉趋功以思有所易，将来此等地方独立之小地主日多，地力愈尽，而属境之经济亦大纾。两途骈进，而国富增殖之速，当有不可思议者。就财政的方面观之，国家所收者本自住地，无须出代价以购诸民，重劳国库之负担，而设种种便利与民以取得土地所有权之机会，民之趋之者必日多，而年年售出之地价，可以为国库大宗之收入，此诚一举而数善备者也。以较诸彼报所持主义，国家强夺人民勤劳之结果，致经济界大生骚动，而政府且窘于公债，永不能望财政之巩固者，其一得一失之间，岂可以道里计哉！此彼报所持主义不能成立者，二十一也。

（第二）若论邑地与野地之区别，则邑地诚带独占的性质，与伊里所举三例，殆皆相合，与野地划然若为二物，故须摩拉氏亦德国现今经济学大家。颇主张此等土地宜归公有。吾虽未敢绝对的表同情，然比较的视普通之土地国有论，则较为有理由者也。盖此等地主，往往得意外过当之利，偏享社会之殊惠者太甚，他人末由与之竞争，与铁路、邮电、自来水等之性质正同。此就经济上观察，其可以收为国有之理由一也。又此等土地所占面积不多，购买之尚易为力，而将来地代之涨进，可以一日千里，非如农业用地涨率之迟缓，即募公债以购之，而不致贻国库以负担之累。此就财政上观察，其可以收为国有之理由二也。故此策虽非绝对的不可不行，抑亦非绝对的不可行也。苟欲行此策，则铁路线旁之土地，其性质亦略同一。然既用铁路国有主义，则其线旁附属之土地，必随其路而同归国有，无俟别伦。至都市工商辐辏之地，其应归国有，抑应归市有，则尚属一争点。就一方面观之，都市之发达，实由全国交通发达之结果，非该市独力所能致，则举其土地上过当之利益归诸国有宜也。就他方面论之，则都市所生之地代，由其市民自担任之，故市民亦宜得报酬，则举其地土上过当之利益归诸市有亦宜也。澳洲之雪梨市，曾两度提出全市土地市有案，虽未见实行，此亦其动机也。吾以为中国将来不采用此政策则已，若采用之，则与其国有，毋宁市有。盖使市之法人团体能有此土地权，则有所凭借，以大改良其市政，设备种种机关，以促其市之发达。而此等经营，委诸中央政府，不如本市自任之之尤亲切而有效也。市既得此莫大之收入，且比例于其市发达之程度，而岁入日进，则虽借市债以购之而不为累。此与农业地之性质绝异，非吾与前言矛盾也，宜细察。将来地代愈涨之后，则本市自营之电车、电灯、自来水等事业，可以收极廉之费以便民，而市之发达愈甚，故吾于此政策亦颇赞之。若如彼报所持论，取一国中无论邑地、野地悉归国有焉，彼野地既非具完全独占之性质，无必须收归公有之理由，而其地代非能骤进，国有之反贻国库以莫大之负担，而为财政之累，故无一而可也。此彼报所持主义不能成立者，二十二也。

以上皆言国家买收私人土地之说万不可行也，试更就买收后所以经营此土地之法论之。据华克拿所言，则各国所以处置国有土地者，不外三法：一曰自作法，二曰年期小作法，三曰世袭小作法。小作者，谓赁地而耕也，日本名词。自作法之万不可行，既如前述。世袭小作法，又不过所有权之变形，谅亦非彼报之所取。彼报有云："虽永小作人，亦附以三十年或四十年之期间，则其时可得制限也。"然则彼报所取者为年期小作法，今即就此法之利害论之：（第一）若用此法，则政府于买收后三四十年间，地代之增率无可望，缘是而国库岁入之增率亦无可望。何以言之？政府之既得此地而召民承租也，必不能以法律强定其租率，即强定亦〈无〉多效力。惟基于双方合意之契约行为，以规定小作人之权利义务云尔。此即土地国有与铁路国有性质绝异之点。铁道国有，则政府可任意增收其车脚（其利害又属于别问题），以其为一方强制的行为也。土地国有，则政府不能任意增收其地代，以其为双方合意之行为也。要之，彼为完全独占性质，此非完全独占性质，故行为自缘之而异也。然则当买收时价值百元之地，其普通地代为六元者，政府亦只能岁征六元于小作人耳，若增征将无应者。即政府能有术以使民不得不应，而其害且滋甚，次段更言其理由。而人民既取得小作权后，则于其契约期间内，政府更不能任意而半途增征，此又至易见之理也。考日本民法第二百七十四条云："永小作人虽因于不可抗力而其收益有损失之时，不得请求小作料之免除及减额。"小作人既负此义务，则地主不能因其收益有增加而请求小作料之增额，言下自明。又第二百七十六条云："永小作人若二年以上不纳小作料，或受破产之宣告时，地主得请求永小作权之消灭。"地主惟当此两种之场合，得请求小作权之消灭，然则因半途欲增征小作料而小作人不应之者，地主不能设口实以请来求永小作权之消灭，言下自明。政府以百元买入之土地，而亘三四十年间，由此土地所得之收入，岁不过六元，而此百元之债息，已岁费其五元，则不及数年，而政府固已破产矣，宁能待小作之期满耶？此就政府按照时价以原价买入土地论之耳，实则以原价买入，不免厉民，前既言之。若如孙文演说，谓或倍价以买入，则普通地代六元之地，其原价应为百元者，政府以二百元买入之，每年债息应派十元，而所收地代，亦不过六元耳。何也？彼永小作人只问此地时价所值若何，不问地主买入时所费若何。此彼报所持主义不能成立者，二十三也。

彼若欲自解于此说，则将曰：凡契约行为，由双方当事者之协定耳。然则政府与小作人定契约时，加入一条，谓"将来若因文明发达之结果，而土地之价值增进时，则政府可以酌增小作料"云云，亦安见其不可。应之曰：此固可也，然能强制小作人以必承诺乎？苟其承诺，则彼亦将要求加入一条，谓遇天灾地变收益有损失时，可以要求政府以小作料之免除或减额，政府能不应之乎？不应则诚无以异于掠夺，应之则政府将并此蝇头之岁入而亦不能稳固也。然则当互结契约时，略豫定以若干年增征租率，则又何如？如小作期间凡三十年，政府略悬想每经十年，则地代必涨价若干，因与结契约分为三期：第一期十年间，征六元之地代者；第二期之十年，增为八元；第三期之十年，增为十元。如此则小作人必不安心。盖将来人事之变迁，决非现在所能逆睹，若政府必欲结此等契约，则人民将无复希望得长期之小作权者，宁希望得短期之小作权已耳。故政府若欲所收地代之岁增，除非采用短期小作法，愈短愈妙。年年而易之，则竞争烈而价或得昂，乃若如彼报所主张定三四十年为期限者，吾以为所生结果惟一焉，曰政府破产而已。此彼报所持主义不能成立者，二十四也。

然则径用短期小作法则又何如？就财政一方面观之，其一时之现象，或可较优，而手续之烦扰，已不堪其敝；若就国民经济一方面观之，其害更有不可胜穷者。华克拿论年期小作法之缺点曰："小作人以所用者非自己之土地故，则于小作期内往往枯竭地力，无所爱惜，借衣者披之，借马者驰之，人之情也。此其害一也。又土壤必借改良，然后生产可以岁进，小之如薙草施粪，大之如浚渠筑壕，皆其用也，然贷地而耕者，于收效稍远之改良事业，率莫肯从事。此其害二也。欲免第二害，则视其小作契约之内容如何，欲求国家与小作人利害一致，尚非甚难；欲免第一害，则苦于无良策，盖政府若结细密之契约，严行监督，固未尝不可以防弊，然缘此而妨害小作人之事业甚多，他弊即缘之而生也。"华氏此论，可谓简明。此二害者，在年期小作法皆通患之，而期愈短则弊愈甚，故华氏谓期限不可短于十二年以下，良有由也。然当期限将满之时，此等弊害犹终不可免，况乃授受频数，视耕地如传舍者哉！夫农夫之忍于枯竭地力与怠于改良土壤，皆生产力减耗之原因也。一部分之生产力减耗，国犹将受其病，矧于全国生产力减耗者耶？土地私有制所以为现今经济组织一最重要之动机者，此亦其一端也。而彼报蔑视此动机，不复顾其影响于国民经济者如何。此彼报所持主义不能成立者，二十五也。

复次，国家之征地代于小作人，其价格当用何方法以决定之乎？华克拿所举，则有三法：一曰，精细调查各地之收益，据之以为基础，而悬一地代定价以召租者；二曰，就所调查者立一地代之最低率，小作人能出租在此率以上者则许其租耕者；三曰，政府不必调查定价，任民竞租，出租最多则许其租耕者。以华氏所批评，谓若用第一、第二法，其调查计算甚难，往往生谬误。且当农业进步迟缓时代，亘数年或数十年间，其收益之率相差不甚者，则此法或尚可用，在今日则为万难。而谓其第三法，与今日经济上普通之竞争主义相合，按：此第三法，即本报第十四号所谓竞卖法也。比较的尚为适当。然徒奖厉地代之涨进，不免有枯竭地力之患，此其所短也。今彼报持土地国有论，关于此点之决定，不知其采第一、第二法耶？抑采第三法耶？彼报第十二号有言："（前略）美洲大农之所获，不过欧洲小农四分之一，国有土地之后，必求地力之尽，则如小农可获四分者以为标准，而收其半或三分之一以为租。"原文意不甚可解，姑仍之。就此观之，则似是采用第一法也。欧洲小农制之土地生产力，果能优于美洲大农制否？即曰优之，而其悬隔果为四与一之比例与否，则现代学者，尚无定论，姑置之。推彼报之意，不过欲调查各地之生产额，充其量每岁可得几何，而据其最高额以为标准云尔。如此则必亩亩而算之，又岁岁而算之，其手续之烦扰勿论矣，其调算之难得正确勿论矣，即曰不厌烦扰，即曰可得正确，然假有一地于此，去年每亩产米二石而纳地代二金于国家者，今年调查之结果，知其每亩能产米三石，国家其即将比例而增征之，使其纳每亩三金之地代乎？吾恐遍查各国之永小作契约，无此奇例也。故若国家与小作人结不定期之契约，无论何时，国家可以任意收还其地，转租别人，则此法或可行。然果如是，则试想土地生产力之减耗，其恶果将安所届极也。至彼所云："以农夫所获为标准，而收其半或收其三分之一以为租。"真可谓奇悍之谈。夫"所获"云者，总收入之谓也，每一事业之总收入，则凡参加于其事业者，皆应享分配之利焉。语其类别，则（一）企业者，其所得为利润；（二）地主，其所得为地代；（三）资本家，其所得为利子；（四）劳动者，其所得为庸钱也。一事业之总收入，分配于此四项，其某项应得若干，甚难决定，而要之仅地代一项，断不能占其半或三之一，则吾所敢昌言也。如吾前节所述，吾粤最良之地，每亩岁可产米八石，每石值银二两四钱，则一亩之总收入为十九两二钱，而此等地之地代，约岁值四两，其国家所征地税，地主负担。不过总收入五分之一耳。此何以故？盖此一亩地所以能产此十九两二钱之货物者，非徒赖土地自然之力，而尚有种种要素以参加之也。计最勤之农，以一人之力，岁可耕十五亩，若所耕者为此等最良田，则其总收入岁可得二百八十八两。然以吾粤普通农工计之，受佣于人而为之代耕者，每日可得庸银二钱五分，其一钱为庸银，其一钱五分为每日三餐之食费。其一岁之总额，应为九十两。使彼农夫受佣于人，固可以稳得此九十两，农业上之劳动，随季节而异其需要，一岁中往往有不得佣钱之时，故谓其必能岁得九十两，似稍过，然其数不甚相远也。今以赁田自耕之故而失之，则不可不取偿于此十五亩中明矣，此即劳动应享之分配也。又治田者其牛、种、肥料之费，每亩可需二两；其农器缺损之费，每亩亦三四钱。耕十五亩者，都凡需三十五两以外。以普通利率计之，三十两之利子，最少应为二两内外五钱，使农夫不治田而以所贮蓄之三十五两赁诸人，岁可以坐得二两内外之利。今以自耕故，则此三十五两及其所附属二两之利子，又不可不取偿于此十五亩中明矣，此即资本应享之分配也。二百八十八两，除去一百二十七八两为必要之生产费，其余一百五十两内外，则地主所得之地代与企业家所得之利润，皆当于兹出焉。今其地代为亩四两，则十五亩之总额为六十两，尚余九十两成为利润，似属太丰。虽然，企业家为社会生产之主动，例应获报偿，不俟言矣。此义菲立坡维治最能发明之。然其所得者又常不确实，故带保险的性质，时而所得极优，时而损失无算，又自然之数也。如吾所计算，其十五亩之总收入，能值二百八十八两者，则此企业之农夫，诚有百金之利润矣。然必亩能产米八石始然耳，万一遇旱煤水溢，而所收者仅七石焉、六石焉、五石焉，则总收入随而大减矣。又必米每石能值二两四钱始然耳，万一际收获时而米价骤落，或仅值二两焉，甚或值二两以下焉，则总收入又随而大减矣。故此企业之农夫，有时可以得百金之利润，有时或不得一文之利润，且并其资本、劳力而丧之，而地主之地代，无论遇何变故，而不虞丧失者也。故农业上地代之分配，只能占总收入五分之一，若加多焉，则企业家危险之程度太大，而人将视为畏途，莫肯从事也。企业者、资本家、地主、劳动者之四项，有以一人之身而兼之者，有四项分属于四种人者，有一人兼其二三项而其余求诸外者，一切事业皆有然，农业亦犹是也。如农夫自有田而自出资本自出劳力以躬耕之，所收获者自售之于市场以取利，此则一人而兼四项者也。或自本无田，自无资本，又不能自耕，惟觉农业之可以获利，乃纳地代于地主而借用其田，纳利子于资本家而借用其资，给庸钱于劳动者而雇用其力，及计总收获，则除所偿地代、利子、庸钱之外而尚有余，乃为利润，而自取之，此则四项分属四人者也。又或自有田，自有资本，而须雇人代耕，则地代、利子、利润合归一人，而庸钱属诸别人。又或自有田能自耕而须假资于人以为耕本，则地代、庸钱、利润合归一人，而利子属诸别人。又或自有耕本且能自耕而无田，须租他人之田，则利子、庸钱、利润合归一人，而地代属诸别人。又或能自耕，而无田且无耕本，乃租田假资以营业，则庸钱、利润合归一人，而地代。利子分属别人。要之无论如何，皆以同一之形式分配之耳，其最不确实而难以豫算决者，则企业所得利润之部分也。今如彼报之政策，谓收其半或其三之一以为租焉，租之所值，本不及此数而强征之，是以地主而朘企业家、资本家、劳动者之所得以自肥也。彼畴昔自有田而自耕之者，忽被国家掠夺岁入之半或三之一，其苦痛自无待言，即畴昔本无田而赁地以耕者，同一地也，前此仅须纳四两之地代于地主，今以土地国有故，忽须纳十两或七两之地代于国家，其谁能堪也，非盗贼政府而安得有此？夫诚如是也，则全国农业之衰颓，可立而待也；而其他一切经济界之受牵动而并衰颓，可立而待也。然则政府虽欲长为盗贼，又岂可得耶？此彼报所持主义不能成立者，二十六也。所谓吾粤最良之土地，能每亩产米八石者，此实例外之现象耳。盖吾粤农业，常有轮栽之惯习，以十年蓺五谷，以十年植果蓏，当其由植果复变为蓺谷之第一、二、三年，所获特丰，故有产米至八石者。然欲耕此类田，除每年四两之租外，其第一年尚有所谓"批头"者，数率在十两以外，以一次前纳为原则，故企此种业之农夫，其冒险之程度，比诸耕普通田者亦较大也。若普通田，则每年能产米五石者为其中率，而普通农夫，又大率一人能耕十亩。（前云十五亩者，谓极勤而健之农夫，亦其例外也。）以现在米价，其总收入可得百二十两，除所用资本二十两余，复除地代居总收入五分，为二十余两。实余七八十两，仅足以偿其劳力而已，而企业之利润，殆可谓绝无矣。今国家若征其总收入之半，则所余者仅为六十两，除资本二十两外，实余四十两；即征其三之一，而所余者仅为八十两，除资本外实余六十两。然则谓非国家绞取劳动者之结果而何也？夫土地国有后，国家不过获得地主之资格耳，其所取者，充其量亦只能取前此地主所取之一部分而止，今以何理由而得取诸其部分以外耶？且彼所以主张土地国有者，岂不以嫉地主之绞取劳动结果也？今乃如水益深，如火益热，在前此地主，遭彼盗贼政府之荼毒，固无论矣。而一般劳动者，亦只受其害而不一睹其利，然则此扰扰纷更，果何为哉？

彼报谓土地国有，可以奖厉小农，谓小农对于土地之生产力，优于大农，而为社会资本计，以奖励小农压抑大农为利。彼报第十二号云：据新农学家言，农业异于他事，比较以分耕为利，盖农事之大部分，必须人工，而机器之用反绌。取美国用机器之大农与欧洲小农所耕之地每亩而衡之，则美农之所获，不过欧农四分之一。彼美洲之大农所以乐用机器者，则以一时得耕多地为利也，就其私人资本计之则便，而就社会资本计之，实非利也。国有土地之后，必求地力之尽，则如小农分耕之可获四分者以为标准，而收其半或三分之一以为租。而大农之用机器合耕者，乃每亩而得一分，非其私人所有土地，而须纳之以为租，则不惟无利而且有损云云。欲证彼说之当否，则（一）当问土地国有制果能奖厉小农乎？（二）当问小农生产力果优于大农乎？（三）当问大农果否不能增社会资本，而大农永远不发生果否为社会之利乎？其第一问题，则如彼之政策，所谓收其所获之半或三分一以为租者，则虽在赁地而耕之小农犹蒙损害，而自耕其地之小农，损害更甚，前既言之矣。即不行此苛法，而听民自承租，与国家为双方合意契约，则赁地以耕之小农纵不甚病，而自耕其地之小农缘此所损犹不少，致危及其独立之地位，伤国家之元气，又如前述矣。其第二问题，则现今学者尚聚讼无定论，欲究其利害，当先明大农、小农之性质。菲立坡维治曰：所谓大农、小农者，不当以其耕地面积之广狭定之，宁自经济的观察点类别批评之。按：谓当就经营之方法以分类也。故彼所区别者：（一）大农，谓有一教育经验兼备之农业家，立于其上以当监督指挥之任，而使役多数劳动者以营业农也；（二）中农，谓不必有专任监督之人，而营业者一面自经营监督，又躬与其所使役之劳动者同从事耕作也；（三）小农，营业者自与家族从事耕作，而不雇用他人者也。至其关系于国民经济上之利害比较，菲氏言之极详，今节译一二。日本气贺勘重译菲立坡维治《经济政策》第八十二至八十六页叶。

大农之所利者，在其耕牧方法之改良进步，常敏于中、小农，而能为农事改良之先驱也。盖大农场之经理人，其智识率较中、小农为优，资本亦裕，得适用新发明之技术，且其察应市场形势较中、小农为能忆中。又大农场之生产组织比中、小农场较为便宜，如劳动者之配置，建筑物、器械、役畜及其他固定资本之利用，惟大农场乃可望完全，然则投充分之费用，施充分之肥料，行完全之择种，确能得品质善良之多大收获者，惟大农具此资格耳。据彪亨巴尔加所言，则小农场所收获，平均一町步得十五乃至二十端拏者；大农场所收获，平均可得五十乃至八十端拏，此其利也。若就其不利之点言之，则以雇用多数之劳动者故，其监督需多大之费用，然其劳动之效力常劣，欠精巧绵密，地主之注意亦难普行于全般土地，此其所短也。大农所短在是，则中、小农所长即在是。然以中、小农所长者以与大农所长者对抗，其真能制优胜者，惟牧畜业及其他二三之事业耳。外此，则其实力终不及大农。若园艺等业，大农常优于小农，往事历历矣。

大农与小农，若一般的在同等条件之下以热心经营，则大农之常占优胜，既若是矣。虽然，就实际上观之，则为大农者，非必其有充分之资本，有充分之智识及技能，又非必有才能资力兼备之小作人，坐是之故，其能收前述利益之结果者颇少。不宁惟是，大农场之地主屡将其所有地之一大部分供庭园猎场等之用，徒消费而不能生产，致全国农业生产额为之减耗，其结果，往往有许多大农场主，其收获非惟不能如其技术上所应产之额而已，或反劣于小农场所收获，比比然也。（中略）

由是观之，大农与中、小农，各有其长短得失，而不容偏有所去取明矣。以今日之社会，教育未能完全普及，人民之智识能力差别而致不齐，是宜以土地之一部分委诸大农之手，以为改良农事之先驱，而多数之中、小农，交错于其间，各维持其特长，菲氏论中、小农为经济上之利益者有六，为社会上、政治上之利益者有四，文繁不复遍引。则为国民经济大局计，最有裨矣。

菲氏者，现世经济学者中最以持论公平著者也，而其言如是，然则为尽地力起见，小农必非优于大农明矣。盖就理论推之，大农实当优于小农，然大农有大农应具之资格条件，而此资格条件具之颇不易，苟其不具，则反劣于小农者有之。大农之缺点，此其一也。又其土地之一部分，往往用之于消费而不用之于生产，致生产额平均减少。如大农每亩可产六石，小农每亩仅产四石，是大农本优于小农也。然大农或以奢侈之故，其耕百亩者或以四十亩为庭园猎场等，而仅余六十亩为耕地，则百亩总收获，不过三百六十石，而小农百亩之总收获有四百石，故反优胜也。大农之缺点，此其二也。虽然，非大农本来之性质劣于小农也，其优劣亦存乎其人已耳，使大农而果有适当之人才、适当之资本，而复无滥用土地于消费的之弊，则其优于小农，固可决言也。如彼报言，乃谓大农本来之性质，例应劣于小农，此吾所不解也。彼谓美洲大农所获，不过欧洲小农四分之一，此不知其所本者为谁氏之调查。然据菲氏所引彪亨巴尔加说，则小农所获，不过大农四分之一，与彼说恰为两极端反对。菲氏、彪氏虽妄诞，亦何至悬绝若是之甚耶？是彼所谓小农生产力，必优于大农者，其非笃论明矣。由此以进于第三问题，谓大农毫不为社会之利，而绝对的当排斥者，其为武断，盖无待言。以大农直接之结果论，诚得其人以理之，则收获可以加丰，收获加丰，则私人资本增殖固已，而社会资本亦随而增殖，又必至之符也。以其间接之结果论，则以有大农之故，能为种种设备，以从事于农业改良，而小农得资为模范，令全国农业随而进步，其造福于社会更不可量。故善谋国者，一面当保护小农，全其独立；一面仍当奖厉大农，助其进步，而此两种政策，实可以并行不悖，绝非矛盾。其条理甚长，非片纸所能尽，彼报若有疑，吾当为解之。苟毗倚于一方，皆非计也。如彼报所持论，欲以重课地税之一政策，沮抑农业上之大企业，使永不发生。如是，则关于农业上种种之进步的器械与夫集约经营之新方法，将永不得适用于我国，而惟抱持此千年陈腐之旧农术以自安。农民之性质，恒毗于保守，此万国所同也，非外界受大刺激，决难望其舍旧图新以谋进步。所谓刺激者何？或见他人用新法，卓著成效，获大利以去，因歆羡而思模仿也；或他人以用新法故，能产多量价廉质美之品，而己之所产品，生产费既多于人，品质复不及之，缘此而在市场上不能与彼竞争，乃感苦痛而思改良也。若是者皆非有大农介于其间不可，若举国永无大农，则举国农业，可以永绝革新进步之望也。自国民经济上观之，利果足以偿其敝乎？必不然矣。准此以谈，则就令彼重课地税之政策果足以保护小农，而就保护小农之方面言之，虽见其利者，就沮抑大农方面言之，犹不胜其敝，而况乎彼之政策，实并小农而困之也。此彼所持主义不能成立者，二十七也。彼报有云："梁氏以重农为病可谓大奇。"云云。吾谓此语真乃大奇，彼又岂能得吾以重农为病之证据耶？若彼自命重农，而所以对待农民之政策如是，则吾诚不能得其故矣。

吾尝为彼辈理想的革命政府之前途计，其危险之现象，盖不可悉数，而财政问题即其一也。而财政问题，又与国民经济问题有直接之关系，其结果非徒影响于一政府之兴仆，而实影响于全国民之荣悴，故辨之不可不审也。使革命而获成功也，则试悬揣革命后新共和政府所应负担者如何。现政府所有十二万万余元之公债，不能不继受其义务固已，而因革命所生之负担，有比例于他国而略可推算者。美国当南北战争以前，仅有公债六千万打拉，一打拉约当龙圆二元。以争战之故，骤增至二十八万万四千六百万打拉，当我五十五万万余元。日本以西南战役故，募公债千五百万元，另发行新纸币二千七百万元。法国当大革命前，财政之混乱已极，然公债类之负担，犹不过六万万元，及革命后，自一七九二年十月至一七九六年二月间，其滥发纸币之总额，至一百八十二万万三千二百五十六万四千二百元，内乱之结果，其贻累于国库之负担者如此。彼法国革命时代之政府，殆如中风狂走，其举动太逸于常轨，姑勿以为例。日本西南之役，其乱地之面积甚狭，其乱之时日亦甚短，非中国革命所可拟。若中国遍地革命军起，自始局以迄终局，其时日最速当不能短于美国南北之役，及其终局后，则无论其胜利属于旧政府，属于革命军。要之两方之战费，皆须由胜利者担负之，此自然之理也。而革命军成功后，所担负者为尤重。盖革命军既以文明自居，则当其用兵时所征发于人民之粮食、器物及劳力，与夫将校士卒之俸给，皆不可不给以债券，而新政府成立后，皆当履行偿还之义务。然仅此犹决不足以给军实，势且不免募外债以充之，而此项之内债、外债，其性质之危险皆特甚，非以极重之利息，不能得之。以吾所知者，该党首领某氏，在海外遍发所谓军用债券者，汉文、英文并用，到处发卖，其例则现在一元之债券，至革命成功新政府成立时，给以十元云云。此等举动，不过为嗷饭行骗计，原不值一笑。然试为假定之说以论之，倘其革命军竟能成功，则此等债券曾卖出百万者，将来国民须为之负担千万；卖出千万者，将来国民须为之负担万万矣。要而言之，革命军非以莫大之代价，不能得战费，此至易见者。而其所出代价，即将来财政上贻莫大之累，又国民不可不熟计也。此就革命军方面言之也。其在旧政府方面，势亦必竭全力以抵抗，其抵抗所需之军资，若以租税充之，则固不必贻负担于新政府。然现政府之不能以租税支此意外之巨费，夫既洞若观火，则亦必以外债充之。战乱亘二三年，则其数及于十万万以上，亦意中事，而新政府固又不可不继受其负担之义务。两方面合计，大约革命政府所负担之总额，不能下于三十万万，而旧债十二万万余尚不计，此新债若为五分利者，则每岁应由国库支出债息一万五千万，其利率若加高，则且以次递增，此等公债断不能以五分利得之，实不俟问。益以现在旧债本息带偿之额每岁二千四百余万两，则每岁仅国债费一项之支出殆将二万万元。而新政府所应图内治之改良、国防之巩固者，其岁费尚当以数万万计，而又当大难初平、创痍未复，举国经济界恐慌憔悴之余，虽有极良之财政案，犹恐顾此失彼而无以善其后也。乃无端又提出此土地国有案，骤增一千三百余万万乃至二千六百余万万之公债，劳国民以负担，其财政之棼如乱丝，固不待问矣。若其所及于经济之影响，则更有不忍言者，试条举之：（第一）此类公债者，财政学上所谓一种间接强逼公债也，现在各国普通之公债，皆为任意公债。其与直接强迫异者，彼则勒令人民献出现金若干于政府，而政府给与一债券；此则政府强取人民价值若干之财产，其代价不偿以现金，而给与一债券耳。财政学者谓此种公债实与强征重税无以异。所异者不过国家负偿还之义务，且每年须给债息耳。减杀一国之资本，妨害产业之发达，莫此为甚，今世各文明国，已无复行之者，诚以利不胜其敝也。今革命政府当其用兵时所发巨额之军用债票，既属于此类公债之性质，病民固已甚矣，乃无端复益以一千余万万乃至二千余万万之土地公债，而亦以强迫行之，民将何以堪也？此其反于公债原则者一也。（第二）即在任意公债而国家所能负担之额，犹必须比例于人民之"应募力"以为标准，苟溢出应募力以上，则经济界未有不受其病者也。何谓应募力？谓国民所能应于募集之力也。此力以何而得见之？盖人民一岁所收入，除偿其生产费外而犹有赢余者，则为其"所得"，"所得"之中除其日用直接必要之消费外而犹有赢余者，则为"资本"。公债之应募力，即自此资本之一部分而生者也。然非能尽举其资本而悉应募于公债也。人民资本之什八九，大率皆以自营生产事业之故而投下之，如是者谓之固定资本，不能骤移以为他用。若骤移之，则产业界必生扰乱也。其余未投诸生产事业者什之一二，或藏诸箧底焉，或贮之银行及保险公司焉，如是者谓之流动资本，亦谓之游资。公债之应募力，即自此游资之一部分而生者也。国家以比较低廉之利率，吸此等游资以归国库，而以之直接营有利事业，或间接以增进国利民福，则一面既奖厉人民之贮蓄心，一面复活用一国之资本以增富力，公债所以能助长国民经济之发达者，盖以此也。然使所募者而超出于国民应募力以上，则其致国民经济之疲弊，亦与之成反比例。夫一国之游资，固非常委之于无用也，或将以为固定资本之后援焉，如既开办之生产事业可以获利者，时增资以图扩张是也；或将变为别种之固定资本焉，如未开办之生产事业，见其可以获利者，则新投资以营之是也。若政府所募公债太多，将一国之游资而尽吸集于中央，则人民无复余裕以应各种生产事业增资或新投资之用，则全国利子必骤涨，生产费增加，营业之利益减少，一国之游资，若散在民间者多，则供过于求，企业者欲得资本也易，可以低利而得之，故生产费少而营业利多。若一国之游资，求过于供，则其现象反是。而公债过度则最能使一国游资求过于供者也。而产业将停滞而不进矣。然则就令公债所吸者，仅在游览，而吸之太过，其弊犹如此。使由是而进焉，吸尽游资犹以为未足，则必侵入于固定资本之范围，人民不得不提出其所已用于生产事业之资本之一部分以充公债，而一国产业将纷纷倒闭减退矣。使由是而更进焉，人民减衣缩食，将其日用必要之消费割出一部分以充公债，则全国消费力缘兹减杀。消费力减杀，则企业家蒙其损害。企业家蒙损害，则劳动之需要减少，而劳动者之损害随之；企业家蒙损害，则资本不能还元，而资本家之损害随之；企业家蒙损害，则土地利用之价值减杀，而土地所有者之损害亦随之。故能使一国中无论何种人其所得皆劣于前。一国中无论何种人其所得皆劣于前，则消费力愈以微，如是相为循环，果复生因，因复生果，则一国之国民经济，将奄奄无复生气。一国人富于消费力，则所购买之物品多，企业家之所生产者，不忧无销场，则企业能得利润。企业家既能得利润，则益扩张其业，而他人亦竞于企业，如是则所需劳力日以多，劳动者不惟不忧失业而已。且以求过于供，而庸钱日增。又企业者必需资本，企业多则一国资本不忧其委弃于不用，而企业所得，先割其一部分之供利子，故资本家食其利。又企业必不能离土地，企业多则土地利用之途愈广，地代增进，而地主食其利。故既已企业家、劳动者、资本家、地主咸食其利矣，则人人有余裕，而一国之消费力，又益以增进，不待言也。如是相引以至无穷，则国民经济日以膨胀。若消费力减杀者，则反是。消费之关系于经济，其重大有如此者。而一国公债额过巨，则最能减杀国民之消费力者也。若其公债用诸生产事业，则其弊犹不至太甚；若用诸不生产事业，则益不堪言状矣。今以甫经乱后新造之政府，而有千余万万乃至二千余万万之公债，是其超过于国民应募力者，不知几十百倍，其必陷国民经济于九渊而无从拔救，断断然也。此其反于公债原则者二也。（第三）或疑此项土地公债，非如普通公债之悬价格以募于民者，人民未尝临时举其所蓄者以直献于政府也，则其所生结果，或应与普通公债有别。虽然，苟稍知经济学之原理者，则必能知此疑问之无容发也。何也？两者之性质，毫无以异也。盖国民所有资产，非必其堆积货币或现物之谓也，有其物权或债权已耳。而其以资产而投诸事业，或应募公债，皆不过权利之一时移转也，而彼土地国有案之强迫公债，则正强迫人民以物权之移转，而国家还附以债权也，故其性质与普通募集之公债无以异也。试详晰之，畴昔人民之拥此土地所有权者，其将以地主兼为企业家，即自利用所有之土地以从事生产耶，则土地即为其固定资本之一部分，盖不必另纳地代于他人以借地故也。土地国有后不然，畴昔吾有二十金之资本而可以耕十亩之地者，今以须纳地代故，非有四十金资本不能耕十亩，假定地代中价每亩二两起算。是国家明吸取我资本之一半也。我欲凑足此一半之资本，则不得不转贷之于人，而以国家起过额之公债尽将流资吸集故，金利必缘而大腾，我有此二十金之债权于国家者，国家收我值二十金之地代而以债券界我，故我有二十金之债权于国家。仅得利五厘，而我负此二十金之债务于他人者，须出利七八厘乃至一分以上，是国家明夺我企业之能力也。于是畴昔能耕十亩者，不得不减而耕八亩，所入愈少，而消费能力与资本之演进者皆愈微。一人如是，十人如是，一国如是，而产业之衰退立见矣。又使畴昔之拥土地所有权者，其将不自为企业家，而惟以所收地代储之为资本，而更贳之于人以求利耶，则其地代受自个人与受自国家无所择，虽土地国有后，其影响于此辈者似尚不甚大。虽然，畴昔吾有值十万元之土地，每岁能获六千元之地代者，今以易得此五厘利之十万元债券，岁仅获五千元之利息，是国家明掠取我一千元也。我前此每岁有六千元之游资，以供社会生产力之后援，今则虽以国家所给我之岁息还用之以为游资，而其数已减少一千元矣。一人如是，十人如是，一国如是，则国债常吸取全国游资六分之一，至易见也。又使畴昔人民之拥土地所有权者，以每岁地代所入，仅足支其日用必要之消费，而无复余裕蓄之以为资本耶，则吾前此有值价二千元之地，岁得地代百二十元而仅足以自给者，今以易取五厘利之二千元债券，故岁仅获百元之利息，而此二十元之不足额，无他途以补之也，则惟有节衣缩食，并必要之消费而亦不消费已耳，则是国家明剥夺我消费力六分之一也。一人如是，十人如是，一国如是，而全国之消费力，因以大杀。不宁惟是，以国债吸集资本太甚，故金利昂贵；以金利昂贵，故生产费加增；以生产费加增，故物价涨腾。畴昔我以百二十金之岁入，消费贱价之物，而仅足自给者，今以百金之岁入，而消费昂价之物，二灾骈挟，几何其不转于沟壑也。准是以谈，则土地国有政策，其足以病全国之经济，至易见矣。政府如欲免以上诸弊，则惟有当买收时，厚其所偿，庶乎可矣。其法有三：一曰逾格偿值，如其地价本值百元者，以百四五十元之代价收之是也。如孙文演说所云：或定价倍原价。二曰用呼价募集公债法，券面百元之公债，以八十余元纳政府，即可购得之，此各国所常行之例。若用诸买收土地时，则值八十余元之地，即给与百元之公债是也。三曰给以重息，如价值百元之土地，其地代为六元者，则国家买收土地之公债，其利息为六厘以上，或七八厘。务使人民之持此债券者，其岁入足偿前此之地代而有余是也。此三法若行其一，则皆可以略救前举诸弊。虽然，如此则国库之负累益重，果有以善其后乎？如彼所豫算，则国家须以千三百余万万之五厘公债，乃能购入全国之土地，而所收地代不过得八十万万耳，而已须以六十五万万为偿债息之用，若逾格偿值，不必其原值一百者偿以二百也，即使略加三之一，夫既须以二千万万之公债购地，而所岁收地代，仍不过八十万万耳，而债息则已岁需一百万万，于何取之？其他呼价募集公债法与夫重息公债法，皆可以此比例而推算。一言蔽之，则曰尽国库岁入之全额，而不能敷国债费而已。是此政策之不能实行，不俟论也。况就令能实行，亦不过前此地主之一阶级，不受其病云尔。而财政学家所谓频起巨债，则尽吸资本于中央，致全国金利涨腾，企业家蒙损害，而种种阶级随之而蒙损害者，其弊抑未尝因此而能免也。一言蔽之，则凡国民不能堪此过大之公债负担，而国家强使负担之者，其结果必至召经济之衰亡。此非吾之私言，实万国学者之公论也。然则就令财政方面，政府能有术以善后，履行债务而勿渝，每岁能照章派息，不贻累于持债券之人，而全国经济界尚因此而生骚乱，况乎彼之财政基础，杌隉而不能一日安，又众所共睹也。此其反于公债原则者三也。又彼报所持主义不能成立者，二十八也。

夫国家之所入，实不外取之于民耳，未有全国经济界衰退，而国家之财政独能膨胀巩固者，此无论采用何种财政制度，而皆不能逃此公例者也。如彼报所持之土地单税论，欲国家岁入之增进，其道何由？亦曰希望全国之地代涨价而已。然全国地代何以能涨价？亦曰企业者众而已。企业者众，则土地之利用愈广，求过于供，而地代乃不得不腾，反是则供过于求，而地代亦不得不落。然则企业者何以能加众？曰企业者易得利润，则群率而趋之，斯加众矣。企业者何以易得利润？曰生产费廉，其一也；国民消费力大，其二也。国民消费力何以能大？则各种阶级之人，其所得皆岁进是已。生产费何以能廉？其条件颇繁，然资本供给之源厚，利率不昂，实其重要之一原因也。今既以买收土地之故，负此空前绝后之巨额公债，吸取全国之流动资本，抑退全国人之消费力，则全国企业之衰颓，实属避无可避之现象。彼法国以负担国债太重之故，全国产业不能发达，著著落他国后，其已事矣，法国以居欧洲中央且奢丽冠全球故，每岁游客所费于巴黎之金钱，在十万万佛郎以外，有此大消费力为之后援，故产业不至十分萎靡。然以比诸英、德诸国，则其进率相去天渊矣。而况乎所负担更什伯于法国者耶？全国企业之动机既已衰颓，则地代有日退而无日进，国家虽拥有土地，而所入恒不足以敷国债费之用，其他尚勿论。于此而停止债息不付或减少其息率耶？无论政府之信用，缘此坠地也，而其贻恐慌于经济界者当若何？于此而于土地单税之外，别征他种租税以补其不足耶？微论其与政府最初之主义相反，且课两重租税，戾于财政上之原则也，而人民累负担以负担，全国生产力、消费力益以减退，元气伤尽，更断绝回复之望已耳。然则彼之土地国有案，无论从何方面观之，皆不外国家自杀的政略。此彼报所持主义不能成立者，二十九也。

彼将强为说辞曰：吾所恃者外债也，有外债以为挹注，则全国金融大添活气，政府既利用之以兴种种官业，直接、间接助国民经济之发达，而民间既得此资本之流通，企业动机必无衰退，经济现象必加良好，然则前述诸弊皆可无虑也。应之曰：是或然也。虽然，凡甲国人之应募乙国国债也，有其绝相反对之两动机焉：一曰乙国财政之基础甚巩固，其政府为外国人所信用，甲国以资本过剩之故，在本国不能求赢，乃以低廉之利率，贷付于乙国，此外债普通之良现象也，在欧美、日本诸国，资本融通之常态属焉。二曰乙国财政紊乱，政府既不见信于其国民，欲更求一钱之内债而不可得，乃转丐之于外，外国人之富而冒险者，倚本国政府强有力之后援，乘人之危，而索重利以贷付之，此外债特别之恶现象也，前此英、法诸国所以待埃及、土耳其者属焉。将来革命政府于土地国有案成立后而借外债，则于彼两现象中果占何等乎？此不可不也。政府既负千万万以上之巨债，罄其所岁入，犹不足以偿息，而其岁入之加增，又无可望，于此犹肯借债于我者，必其怀抱不测之野心，欲饵我而监我脑也，如是则审债即为亡国之媒。夫我固非绝对排斥外债者，而外债之为利为害，必以政府财政基础稳固与否为前提。彼自谓其财政基础极稳固，故以外债为有利；我谓其财政基础极不稳固，故谓外债为有害。而此两反对前提，孰为正确？则前文既已历历证明矣。此彼报所持主义不能成立者，三十也。

彼报之言又曰："用吾人之政策，则不必奖厉资本家，尤不必望国中绝大之资本家出现，惟以国家为大地主，即以国家为大资本家，其足以造福种种于全体国民者不待言，而于国中有经营大事业之能力，亦其一也。"彼报十二号三十一叶。又曰:"社会的国家,未尝不从事于生产以增殖其资本也。"同五十一叶。彼所谓经营事业,所谓从事生产,即经济学上"企业"之义也;其谓以国家为大资本家,即以国家为大企业家之义也;其谓不望国中绝大之资本家出现,即不望国中绝大企业家出现之义也。此语当非诬彼报。盖企业必须资本,资本之大部分既归国家,人民无大资本,自不能为大企业,而企业能增生产力,生产力还生资本,民间既有大企业家,则其结果自必有大资本家,欲使民间大资本家永不出现,则其前提必为民间无大企业家明也。欲评此政策之当否,则当先明企业之性质,次考企业家对于国民经济之职务,次乃论此职务以私人当之与以公共团体当之,两者孰宜。"企业"者何也?"企业家"自以其成算冒危险而结合诸种生产力,以赢得利润为目的,以主导经济行为之经济的组织也。此松崎博士所下定义,盖合罗查士、菲利坡维治、须摩拉诸说而斟酌之者也。须摩拉论国民经济机关有三:一曰国家及自治团体,二曰家族,三曰企业。而企业者实最圆满最持续,而对于国民经济之统一体负绝大之职务者也。盖国民经济云者,通全国民之经济的行动,俨然成一有机体,而就其全体观之,常期能最少之劳费获最大之利益者也。而企业云者,则常直接、间接向于此目的以进行者也。何以言之?生产三要素:曰自然,曰资本,曰劳力。三者本分离,不相属,有企业家然后结合之,罗集资本,驱役劳力,以利用自然而从事生产,企业家之职也。而企业家既以赢得利润为目的,故必求所生产者恒适于消费。某种之货物,生产少而不给于消费,则迅速补足之,盖如是而所得利润可以丰也。某种之货物,生产多而有余于消费,则节制之,而移其生产力以生产他种,盖非如是则其所得利润将微甚,乃或至无利润也。但货物之种类亦繁矣,曷从而知其孰为有余,孰为不足?则以企业家常冒危险以从事于投机的试验,积经验而略能得其确实之程度故也。夫企业家之本意,亦以自求利耳。然一见夫生产不给于消费,而即迅速补足之以求利,则能养国民之欲,给国民之求,而国民之本福增焉矣。一见夫生产有余于消费,而即移其生产力生产他种以求利,则全国生产力不至耗縻于无用,而国民之幸福又增焉矣。此企业家所以司生产之枢机而为其最高职务者一也。企业家既结合自然、资本、劳力之三生产要素,而冒险以求利润,故地代、利子、庸钱三者,皆经企业家之手以给付三阶级之人,于给三者之外,而犹有赢余,然后企业家得之,其有损失,则亦企业家任之。彼三阶级之所得,常立于安全之地位;企业家之所得,常立于危险之地位。此企业家所以

司分配枢机而为其最高职务者二也。由是言之，则企业家果为国民经济
之中坚，而企业之荣悴与国民经济全体之荣悴，诚有桴鼓相应而丝毫无
忒者，盖甚明也。企业之职务，关系重大既已若此，而此职务或以私人
当之，或以公共团体当之，两者孰利？此不可不深察也。若能导经济动
机，使纯出于道德，尽人皆以公益为务，而一毫私利之念不杂其间，则
以国家当企业之职务，举生产、分配之枢机而悉集诸中央，宁非甚善？
而无如现在人类之程度，万不足以语此，虽欧美号称最文明之国，犹且
不能，而中国更无论也。美国芝加高大学教授马耶氏，于去年新著一书
论"公企业"之得失，其评英国市街铁道市有市营之成绩，市街铁道者，
市内之电车铁道也，英国前此由私人经营，自千八百七十年后，归诸市有，由市自
经营之。谓其弊有六：（一）自公有主义即市有主义。实行，而技术上之
发明改良大生阻害。谓英国前此发明家最多，即电车一项，亦英国所自创，爱
尔兰之某市首先行之。然自一八七〇年以后，阒然无闻。盖技术之发明改良，纯由
企业家之刺戟而来，私人企业既减杀，故新发明亦随市希少云。（二）自公有主
义实行，其结果阻市街道里数之延长，妨市民之郊外移住。原文举英、美
两国都市人口之数与所有市街铁道哩数之比例，两两相较。美国延长线之速率，远
过于英国，且美国赁率，采五仙均初主义，不问远近，皆仅收车脚五仙，故劳动者
得移住于郊外，而都市集中之压制力①，可以少杀。英国当一②行市有主义之时，
政府向国会委员会宣言，本以方便劳动者使得郊外生活为目的，乃今者之结果，全
与相反，哩数既不延长，而赁率复大率比例距离以为增减成③，故市民须纳七仙、
八仙之赁率始得乘车，贫民之负担益重，都市之压制逾甚云。（三）公有主义之
结果，致运输不能统一。伦敦一市，而市街铁道线路之系统，区为三部，不相
连属云。（四）自公有主义实行，致都市吏员之数，日以加增，而都市及
一国之政治势力失均。谓自市街铁道归于市有，市公吏之员数日以增加，于市
政部内别作成一种之势力圈，虽有利于市之事，苟稍有损于自己私人之利益者，则
群起而反对之。以格拉斯高一市论之，其市街铁道局之公吏，凡四千人以上，自余
水道局、煤气灯局等称道，市之企业愈益膨胀，则彼等政治之势力愈益增加，常先
一人之私利，而后前市之公益。不宁惟是，其影响且往往及于一国之政治。如一八
九六年所发布之轻便铁道条例，本以五年为满期，至一九〇一年末日，例应废止，
此条例缺点甚多，当时商务大臣巴科既熟知之，徒惮于市有主义党之反抗，不敢断
行，遂及延期。此其左右一国政治之明效也云云。（五）市有市营，比诸私人

① 原作"压力制"，据《饮冰室合集》改。
② "一"，《饮冰室合集》作"初"。
③ 《饮冰室合集》无"成"。

企业家之经营，其滥费殊多。原文所引例不具述。（六）既以市有市营之故，阻害斯业之发达，缘此而市民应享之职业转为所夺。美国市街铁道，以私人自营之故，故延长线日见增加；英国则以市营之故，久停滞不进，计市街铁道每平均一英里，需使用执事人六人半。今以两国都市人数及其铁道线里数比较，则美国每都市多使用七万一千五百人，英国以市营之故而使此七万余人不得职业，其于劳动实为大不利云。又去年五月纽约发行之《经济杂志》，载有巴突博士《论英国公企业》一篇，其所调查者，特详于电灯、煤气灯各事业，英国此等事业，大率皆由市营。其所指陈利弊，亦略与耶氏说同，谓由市营所生之恶结果亦有六：（一）阻害该产业之发达。英国电气事业，其发达之速率，与他种事业不能相应，美国人口不过一倍余于英国，而电灯、电车等类，凡属应用电力之事业，无不三倍以上于英国，故知公企业不惟不能助长其发达，而反摧抑之也。（二）缘此而用电机之制造工业，亦随而不能盛。与德、美两国比较，英国瞠乎其后，近年德、美工业渐有压倒英国工业之势，原因亦颇由此。（三）煤灯、电灯等之供给，仅及于都会之一部，其分配失当。仅富者得使用之，贫者无力使用，不如美国之普及。（四）此等市营企业，收支多不能相偿。原文引一九〇四年十二月三十一日英国公私业电灯成绩比较表。（五）市营企业之使用人增多，其影响及于市政。与耶氏说略同。（六）缘此而市债之增加，市税之增征，在所不免。格拉高斯市人口，过去十一年间，不过增加一割六分，而市租增征十一割二分，市债增加十一割九分，皆市企业所赐之恶果也。该市之市企业号称最多者也。就耶、巴两氏之说合观之，虽在文明胎祖之英国，而以公共团体代私人企业，其利之不胜其弊也犹且若此，此无他，经济动机实以营利之念为之原，私人之企业家为此营利之一念所驱，故能累发明以发明，重改良以改良，冒险前进，有加无已。若夫公共团体之企业，则公吏之执行庶务者，虽缘该事业发达之故而获大利，其利不归于己，反之若缘冒险而致失败，则受行政上之责任，而己之地位将危。故为公吏者，常横一不求有功但求无过之心，其精神恒倾于保守而乏进取。倾于保守而乏进取者，必非能完企业之职务，而不为国民经济全体之福明矣。公企业之所以常劣于私企业者，其最大之原因，盖在于是。故公企业之性质，不宜于开创而宜于守成。去年英国市政调查委员佐治氏之报告，曾力持此说。现在英国诸市之公企业，其有一二能著成效者，则皆由买收私人之旧业，拱手而受其成者也。如利智市及利物浦市之电灯是。德国之公企业，成绩号称最良，亦遵斯道也。日本政府，虽自始即以铁道国有为方针，去年首相西园寺在议会演说，曾为此言。而初时必委诸私营，逮其事业之发达，已进于水平线以上，然后乃举而收之，则亦以是也。夫以铁道、电车、电灯、煤灯、自来水等之独占事业，其性质本宜于官办而不宜于私办者，而官办之不宜过骤也犹且若是，而官办之流弊百出也犹且若是，乃若如彼报所主张，自共和新政府成立伊始，即以国家为大地主兼为大资本家，蚕食私人企业之范围，而不复望民间有大资本家出现，则人民之当尽企业职务者，既被束缚于国家而不得尽，而国家之公吏又势不能完企业家所必应尽之职务，是无异取全国之企业机关而窒塞之也。取全国企业机关而窒塞之，而谓国民经济犹能发达，吾未之前闻也。此彼报所持主义不能成立者，三十一也。

此以言其影响于经济上之恶结果也。若自政治上论之，则以英国政体之良，然以公企业膨胀之故，犹助长公吏之专横，驯致政界之腐败，况中国现在人民教育程度远不逮英，而新政府草创之际，无论如何而法律未能遽臻完密，一旦举全国重要之生产事业，悉委诸官吏之手，则官吏之权力必更畸重，人民无施监督之途，而所谓民主专制之恶现象，遂终不可得避，则其危及政体之基础，当更有不可思议者矣。此彼报所持主义不能成立者，三十二也。

且彼报所谓国家以大资本家之资格而经营者，亦限于者独占事业而已，而独占事业不过占生产事业之一小部分耳。若其他不带独占性质之事业，在彼报所主张，固未尝不许私人之经营也。然既许私人以经营，则经营之自不得不需资本。若如彼报言，谓不必望民间有大资本，岂谓惟独占事业需大资本，而非独占事业则不需大资本耶？若斯坦达之煤油，若卡匿奇之钢铁，经济学者皆不以列诸独占事业之中，而其所需资本额之大，以视铁路、电车、电灯等独占事业，宁多让也。若惟许国家有大资本，而不许民间有大资本，则是此等大事业终不能兴办也，而于国民经济全体果为利为害也夫？惟有大资本然后能为大企业，亦惟有大企业斯能生大资本，两者又相为循环焉。使国家而不许人民从事于大企业，则亦已耳，夫既许之，则民间之绝大资本家固不得不生。今彼报不望国中绝大之资本家出现，得毋欲诅私人之企业家皆以失败终耶！而于国民经济全体，又果为利为害也夫？循彼报之政策，其结果势必尽吸一国之游资于中央，而无复余裕以供给私人大企业之需要，则一国中无复大资本家出现，诚哉然矣。但不识彼时国民经济之状况，其萎敝当何若耳？此彼报所持主义不能成立者，三十三也。[1]

———————————
[1] 《饮冰室合集》载文至此。

三、就社会问题上正土地国有论之误谬

社会问题之真意，要以分配趋均为期。凡以使全国中各社会阶级，不问贫富。皆调和秩序以发达而已。申言之，则救资本兼并之敝，对于大资本家而保护小资本家，此其一也。又调和资本家与劳动者之利害冲突，对于资本家而保护劳动者，此其二也。社会问题，不当专以现在贫者一阶级之利益为标准，盖社会者，全社会人之社会，固非富者阶级所得专，亦非贫者阶级所得专也。但在欧美，其富者阶级之受特别保护既已久，故言社会问题者，不得不益注重于贫者一面耳。然则国家所采政策，其能达此目的者，即其能解决社会问题者也。其不能达此目的者，即其不能解决此问题者也。吾以为如欧美学者所倡道之社会主义，举生产机关悉为国有者，最足以达此目的。然其事非可实行，即行矣，而于国民经济亦非有利。其次则社会改良主义派所发明种种政策，苟能采用之，则不必收土地为国有，而亦可以达此目的。若如彼报所持之简单的土地国有论，则始终不能达此目的者也。请言其理。

彼之所以狠狠然主张土地国有者，岂非以恶豪强之兼并耶？岂非以兼并土地之结果，而生贫富阶级之悬绝耶？夫兼并土地，诚为贫富阶级悬绝之一因，然不能谓舍此无其他之原因也。故吾前者谓资本家不必皆自有土地，往往纳地代于地主，借其地以营业，而未尝不可以致大富，此诚社会上数见不鲜之现象也。乃彼报所以相答之言则曰："乃若借地于人而独能获大利者，则亦有之。英伦之西看温加顿有卖花者，租地以为贸易，人以为此微业也，而不知其赢甚多，乃身与妻子，为敝服以欺其地主，使不为加租之议。及地主廉得其情，而卖花者已富。此所谓漏网之鱼也。"云云。此等轻薄尖刻之口吻，诚彼报最得意之长技哉，而曾不顾明眼人之方捧腹于其旁也。夫经济上之货物，虽离土地而不能产出，然人之为经济行为也，则有直接利用土地者，有间接利用土地者。而间接利用者，其所得往往较直接者为尤裕，此经济社会普通之现象，初不必治此学者然后能知也。此就私人之富以言，而社会主义，即以救私人之过富过贫为目的者也。太史公亦有言，用贫求富，农不如工，工不如商。夫农则直接利用土地者也，工则强半间接利用土地者也，商则重间接以间接者也。故土地制度之变革，惟农业家最蒙其影响，工业家所感痛痒，既已不甚大，若商业家则几于无矣。夫冒卖发行之商业，一岁为数

百万数千万之出入者，寻常事耳，而善持筹者，常能得什一以上之利润，然其直接取资于土地者，不过得半亩之廛于闹市而已，更进则一二亩之仓库而已。又质押业、银行业、保险业取引所业，卖买股份票者，谓之取引所业。其获利愈丰而且较确实，社会上所谓富之一阶级，半胎孕于是，问其直接利用土地者，则亦舍其营业上必要之房屋无他也。在现今私有财产制度之下，其营此业而既致富者，往往购地以自建廛店固也。然当其初营业之始，则赁屋从事者十而八九，银行、保险业等，大率最初即购地自建屋，则其营业上性质使然，彼以是自增殖其信用力故耳。而不害其可以致富，此其租地之性质，与英伦之卖花者抑何所择。论者得毋曰此亦漏网之鱼也，即土地国有后，彼不过须多纳此半亩乃至数亩之地代于政府，在其支出总帐中，不过占比例百之二三，而谓恃此以遏资本集中兼并致富之势，能焉否也？况经济社会发达后，则各项有价证券，凡国债票、公司股份票及各公司之社债票等，总名有价证券。成为一种动产，流通买卖，于是以投机而获大利者所在多有。其善居奇者，不旬日而致巨万，比比然矣。日本大隈伯，即以此术致富。而业此者则并闹市中半亩之廛而可以不要者也。如此则除住家所需地外，更无取纳一铢之地代于政府，而傺然以素封闻国中矣。试问土地国有政策能损其豪末否也？至于工业，则其与土地之关系较为切密。盖所需之原料，皆直接资土地之力而产出者也。然谓工业家必须有面积广漠之土地，然后其业乃克昌，则又不然。彼报第十二号第六、五叶云："今姑即美国论之，则最大资本及为最剧烈竞争者，若航业大王，其船厂、船澳、码头之地，问为其所有者耶，抑借诸人者耶？若煤油大王，其矿山及所恃以运输之铁道，问为其所有者耶，抑借诸人者耶？其他若牛肉托辣斯牧牛之地，烟草托辣斯种烟之地，面粉托辣斯种麦之地，亦问为其所有耶，抑借诸人者耶？"其言若甚辩，然实无丝毫之价值，下方辨之。凡世界愈文明，则分业愈显著，故为制造业者，以不必从事于原料之生产为原则，其兼营之者，则例外耳。如论者言，则英国之织布公司，不可不有广大之种棉地，而其棉花胡乃来自美国及印度；其织绒公司，必不可不有广大之牧羊场，而其羊毛胡乃来自澳洲；日本之精糖会社，不可不有广大之蔗圃，而其糖料胡乃来自台湾及爪哇？更推类言之，则制针公司，不可不自买矿山以求得铁；制靴公司，不可不自辟牛场以求得皮；建造公司，不可不自养森林以求得木。而凡公司之不有此等土地权者，其业岂不终无以自振耶？殊不思此复杂之经济社会中，实多有其供给原料之涂，恣企业家之所择，其在数十年前之美国，地沃而价廉，企业家见夫自购其地以生产原料而生产费可以较廉也，则兼营之可也。其在他国，或见为不利也，则不兼营之亦可也。要其目的，在能以最廉之价得原料而已。于此而谓必以制造公司自有土地以生产原料者，乃能得最廉价之原料乎？此大不可。使以高价买入土地，而此种固定资本，须求偌大之利子以弥之，则自产原料之价不能廉矣。又使须以高价雇劳动者以从事耕牧，又须置若干之监督管理人，致生产费加多，甚则以管理失当之故，而生产额反逊于小农，则自产原料之价又不能廉矣。反之，而他之企业家，不兼营原料之生产者，或以资本之厚，能一时购入多量；或以见机之敏，人我弃取之间，悉中机宜；或以特别之关系，而得某地方中此种原料之独占。则其得之之价，自能以较廉于人。如是则虽无尺寸之原料生产地，顾能与拥有多地者竞而倒而毙之，固坦坦不足为怪也。且业竞之胜败，固不能仅以得原料之手段为标准，以良手段得原料，不过节缩生产费之一端耳。节缩生产费，又不过企业原则之一端耳。乃如论者之说，一若彼大公司所以能制胜者，全恃其有得原料之良手段，而其手段之所以良者，又不外自有业场而自供给之也。呜呼！其偾甚矣。彼惟误认此前提，故生出至奇极缪之断案，谓但使收原料业场于国家，毋令大企业家得垄断，而豪强兼并、资本集中之祸自可以熄。信如彼言，则英国之为织布、织绒业者，何以能雄于其国且雄于世界也。日本当数年前，烟草未归专卖，时则有村井兄弟商会及岩谷商会两家为剧烈之竞争，日张广告，其文曰："勿惊，税金五十万圆，职工三百万人。"而岩谷氏且缘业此之故，而得所谓实业男爵者，且被选为众议院议员，其势力可谓极伟大矣。村井氏之势力亦略称是。然问其烟草之原料，则皆自外国来，岩谷、村井未尝有一町一反之种烟地在日本境内也。然则就令日本当时果行土地国有制，于岩谷、村井之富何损一毫，所差者，则其制烟之工厂。若在土地私有制下，则能购地以自建筑之；若在土地国有制下，则须借地于国家而建筑之耳。借地以建此工厂，其所应纳之地代能几何，岁十万耶？岁二十万耶？极矣。而以行土地单税之故，杂税一切不征，则彼前此应纳税五十万者，今所纳者不过十万乃至二十万，是彼反缘此而每岁可多得三四十万之利。然则土地国有制，徒以助富者而长其焰耳，其与社会主义之精神，抑立于正反对之地位也。故知凡从事于制造的工业者，皆不过间接利用土地。土地制度之变革，其影响于彼辈者甚微弱。何则？土地不过以供给其所需之原料而已，彼即不自有土地，曾不患原料之不能供给，而况乎今后之经济界，实混全世界为一大市场，彼大企业家拥此大资本，自能使国外最廉价之原料滚滚以入应其求，而谓仅恃国内之土地国有制，遂能抑彼专横，使毋与贫之一阶级相悬绝，不亦谬乎。准此以谈，则土地国有制之影响于制造工业家者，实不过在工厂所需区区之地能私有之与否而已。而谓必私有此百数十亩工厂之土地，然后能以致富，苟借地以建筑工厂，遂无复吸收过当利润之途，则以鄙人之庸愚，诚不解其理由之何在也。夫租地以建工厂，与英伦之租地卖花者又何所择？如论者说，得毋又为漏网之鱼也。又彼报所论航业，其误谬亦与论制造工业相等。彼谓以航业致富者，全恃有船厂、船澳、码头，此未解航业之性质者也。航业公司能自有码头，则其利便较大，而所获亦较丰，此诚不可争之事实。然此如业银行者之兼业仓库，亦如制造会社之自产原料，皆其附随之业务，而非其必要之业务。故各国制度常有以码头专归国有或市有者，如日本大坂筑港事业是也。又或另组织一公司以经营之，而不属于一航业公司者。如日本之神户栈桥会社是也。而航业家初未尝因此之故，而损其本业应有之利也；亦未尝因此之故，而竞争不能剧行也。若夫船厂、船澳，则为造船业所必不可少之物，而非航业所必不可少之物。论者混为一谈，毋乃过举。以吾观之，则土地国有与否，其影响于航业者，视他业为更少。所争者，亦不过其营业上必需建筑物之所在地能私有与否焉耳。而谓此区区之地为私有为借用，遂能生偌大影响于其营业，又吾之所苦不能解也，故吾谓斯亦卖花之类也。彼所谓美国之航业大王者，吾不知其谁指。美国诸业皆趋于合同，惟航业则今尚呈割据之姿，无所谓大王也，得毋指摩根所经营之大西洋航业托辣斯耶？摩根固无航业大王之名，而此托辣斯恰无一船厂、船澳也。若夫造船业，则其船厂、船澳，诚与土地有不可离之关系，其蒙土地国有之影响者似甚大，乃细按诸事实，殊又不然。盖船厂、船澳所在地，应有其特别之位置，其地必非在闹市与孔道，未必因交通发达之结果而地价生激变之涨落。其地惟造船为最适，而他业反不适，则非业此者无或欲得之。而一国之造船业，大率仰政府之补助奖厉，相与竞争者甚少，故欲得其地之人随而少，而地价更无激涨之由。且就一方面观之，造船公司无此地则不能存立，固已就他方面观之，则造船公司以有此地之故，不过减其流动资本之额而增其固定资本之额。若能以略有一定之地代，分月纳于地主而借用之，于业此者不可谓不利。何则？苟除建筑物之外，专就其土地之自身而论之，未必能移时而骤增其值，又其土地自身直接之生产物，不能逐年增多，故此等地反不必以所有之为利也。然在私有制度之下，苟不购入之而常借用之，则恐随事业之扩张，而地主日居奇以昂其租，故其所有权殆不能不归于企业者之手耳。然谓彼企业者惟以赖有此土地之故而始获利，以之与铁路线旁之土地同一视，实非正论也。彼公司既投资本之一部分以购此地，缘是而资本变为固定，此资本固有其应生之利子，而就簿记学上论之，此利子即无异其所纳之地代也。虽在土地国有之后，而政府之对于此等事业，亦只当有奖厉补助，而更无限制压抑，然则政府所征其地代，宜以其购入资本之利子为标准，而不容有所逾。例如其地以十万金购入，此十万金若为流动资本而以贷诸人，则岁可得利子七千。今以用之购地故，而岁失此七千，则此七千即其地每年之地代也。则土地国有后政府所征其地代，亦不可逾七千，以此种事业宜奖厉故也。然则公司虽岁须多纳七千于政府，而彼十万之流动资本，仍可得七千之利子，则其借贷对照表，岂不适相消而无所余乎？果尔，则土地国有与否，能影响于其企业利润之增减者，可谓绝无。若谓虑业此者之过富，以酿成社会之不均，而假土地国有制以裁抑之，则政府引高地代之率，诚在在足以制其死命，但恐非政策上所宜尔耳。至于矿业之性质，则与土地所有权更无关系。盖在今日，无论何国，其土地所有权皆有限制，而矿山则大率皆国有故也。日本民法第二百七条云："土地之所有权，于法令之制限内，及于其土地之上下。"矿业法第三条云："未采掘之矿业，为国之所有。"矿业法所云云，即民法上所谓"法令之制限"之一种也。盖土地所有权，以能及于其土地之上下为原则，若以他种法令示限制者，则为其例外。有矿业法之规定，故所有权及于土地之下者不能完全，其下之矿产归国有而非私人所有权所能据也。自余他国之法制，亦大率类是。然则虽在土地私有制度之下，而此制度之适用，曾不能及于矿山。矿山者，无论何时，其性质皆为国有，而人民之有矿业权者，就法理上论之，实不过借国家之土地以营业也。日本矿业法，于矿业税、矿产税之外，尚有矿区税。如论者说，惟私有土地乃能行兼并，而借用土地则不能。然则矿业宜为最均平之分配焉矣，而何以各国第一等之富豪强半起自矿业，而贫民之受压制而呻吟者，亦莫矿工若也。故夫以矿业一端论，除非悉举以归诸国营，而绝对不许私人之自营，则矿工之被压制，或可以免。矿业应为国家专业与否，华克拿财政学所论最平允。若犹许私人自营耶，则在土地国有制度之下，与在土地私有制度之下，其对于分配上所生结果，两者丝毫无以异。何也？未禀请采掘以前，矿山属诸国有，两者同也；既禀请采掘以后，则能行矿业权于国有矿山之上，亦两者同也。乃如论者言，谓现今矿业家所以能专横，全由土地私有使然。一改为国有，而遂能为根本之救治，吾真百思而不得其解也。以上所论，凡以证明一切工商业，除铁路外。皆可租地以从事，而其竞争之剧兼并之烈，与在土地私有制之下，毫无所异。而谓持简单偏狭的土地国有政策，遂足以挽此狂澜，实梦呓之言也。此彼报所持主义不能成立者，三十四也。

且如彼言，谓牛肉托辣斯以有牧牛之地故能专横，烟草托辣斯以有种烟之地故能专横，面粉托辣斯以有种麦之地故能专横，寻其理由，毋过曰：彼坐此乃能得价廉之原料而已。夫原料之能价廉与否，初不关于需要原料者能自生产之与否，既如前述，今即如论者之意，谓自有土地以从事生产，为企业家得价廉原料之不二法门。然则土地国有后，企业家失此资格，而因以不能专横，其一切原料，不得不仰给于直接利用土地之小农，小农得自主以昂其价，于是乎企业家所得之利润，因之而较薄，而此企业家所损之利润，则还入于小农之手以报酬其劳动也。是一转移间，而分配已均于无形，彼论者所希望之目的，宁非在是耶？殊不思经济者无国界者也，于制造品之需要供给也有然，于原料品之需要供给也亦有然，彼企业家不能得价廉之原料于国内者，则将转而求之于国外而已。于斯时也，国内之原料生产家（即小农）将贬其价以与外国原料竞耶，则企业家虽无土地，而固可以得廉价之原料于国内。以论者之眼观之，仍不外夺劳动者之所得以益其利润，与均富量于多数之本旨无与也。若仍如论者之目的，昂其价以期厚劳动之报酬耶。则其原料在市场上将无复过问，而多数之小农，且冻馁以死矣。夫如彼所持之土地国有论与土地单税论相缘，一国之负担，全责诸直接利用土地之农民，则一切原料，其生产费皆甚巨，而万不能与他国所产者争衡，则企业家不能得价廉之原料于本国，殆不俟问，而本国价贵之原料，既不能求市场于国内，更遑问求市场于国外。然则土地国有制，一方面对于富者未尝能节其丝毫之专横，一方面对于贫者，反使之蒙邱山之损害。此彼报所持主义不能成立者，三十五也。

且彼所以斤斤焉言社会革命者，不过欲均少数人之富于多数人而已。诚如是也，则必其富量，既出于少数者之手，缘是而即入于多数者之手，然后其目的乃为克达。若虽出于少数者之手，而终不能入于多数者之手，则为是扰扰何为也。如彼言，谓牛肉托辣斯以有牧牛之地故能专横，烟草托辣斯以有种烟之地故能专横，面粉托辣斯以有种麦之地故能专横，其理由既不外曰：彼坐此乃能得价廉之原料也。即坐此得价廉之原料，于社会抑何损害，而彼报必深恶痛绝之者，岂不以其绞取劳动之结果，而使贫者益以贫也。其意盖曰："使劳动者自有土地而自耕牧之，则其地之所生产者，可悉为其所得。今因为佣于人而代之耕牧，所得者仅区区之庸钱，而庸钱以外之物值，即归于地主而兼为企业家者之手。故彼之以一身而兼地主、企业家之两资格者，实无异榨取劳动之结果以厚其利润也。而土地国有，则使劳动者能享受其全额，故劳动者受其赐也。"今欲判此论之当否，则当查企业家所减损之利润是否即为劳动者所收得而已。例如有一面粉公司于此，自有土地而雇人为之种麦，其每亩所产麦，岁可值二十元，而其雇人所费庸钱岁不过十三四元，则此六七元似为绞取劳动之结果矣。然按诸实际，则殊不然。假使土地国有制行，小农直接受地于国家以耕，则此二十元者果能全为耕者之所得乎？政府所征地代约去其三元矣，肥料之所投、农器之所损约去其一元有奇矣，由生产地运致之于市场以求售，转运之费、囤积之费约去其半元乃至一元矣，如此则此劳动者所得，亦不过十五元内外，视前此所获庸钱，不过增一元有奇耳。万一遇天灾地变，或市价暴落，而所产不能值二十元，则此所增一元有奇竟不可得，甚且所得不能如前此所受庸钱之数，未可知也。是知企业家所割取之六七元，实依三种性质以受分配：其一则土地之报酬，即地代是也。其二则资本之报酬，即肥料、农器等所需是也。其三则企业之报酬，即对于天变地灾或市价涨落所生意外之结果而为保险是也。企业家心力勤劳之报酬，亦含此项内。除此三者以外，夫然后乃为劳动之报酬，借令土地国有后，劳动者租地以自耕，而其总收入果能免前三项之分配乎？如其不能，则劳动者之实收入，其又安能有以逾于前也。所异者，则地代一项之分配，前此则地主享之，而土地国有后，则国家享之耳。然自劳动者一方面观之，实无丝毫增加之利益，然则土地国有与均富于多数之旨果何与也？此彼报所持主义不能成立者，三十六也。

抑彼报对于此非难，亦尝为强辩矣。其言曰："夫国家者何？国民之团体人格也。少数地主之利益而移诸国家，犹曰于均利益于多数之旨无关，其性质与在少数地主之手无异，是惟以谓诸专制之国，其所谓国有制度，但以政府专其利者则可耳，非所论于将来之中华立宪民国也。"推其意，不过谓政府所收之地代，还以用诸种种公益事业云尔。夫在今世立宪国，其政府所收入，则何一而非用诸公益事业者，苟不尔，则其政府将不能以一朝居矣。虽然，就财政政策上论之，非惟其支出之当否于公益有影响也，即收入之当否亦于公益有影响。在今世各国普通财政制度之下，诸种租税同时并行，使国中各阶级之人民各应于其能力以负担租税，愈富者则负担愈多，贫者则负担递减以至于无，然后总其所收入者，以施设各种公益事业，使国中无贫无富，悉食其利，此则于均利益于多数人之旨，洵有合矣。乃今如彼报所持之土地单税论，除土地外一切租税皆豁免，则以无营业税故，无论为若何之大买卖大制造者，可以不纳一文于政府；以无所得税故，岁入数万乃至数十万者，可以不纳一文于政府；以无相续税故，安坐而受人千百万之遗赠者，可以不纳一文于政府；以无各种消费税故，彼富豪之车服狗马穷奢极侈者，可以不纳一文于政府；而惟彼锄禾当午汗滴田土之农夫，常须纳其所人五分之一。更举例以言之，则如前此日本之岩谷商会，贩烟草于美国以营业者，本须岁纳税金五十万元，及土地国有后，则一切豁免，而惟彼耕数亩烟地之农夫，以必须向政府租地故，每岁不得不纳十数元或数十元之地代，就令国家以所收地代还用诸公益事业，然此公益事业之利益，则岩谷氏与种烟之农夫同享受之者也。而岩谷氏所享受之分量，其优于种烟之小农者又不知其几千万倍也。乃岩谷氏对于国家，不负一文之纳税义务，而享千万倍于人之权利；种烟小农对于国家负偌大义务，而所享权利，乃仅他人千万分之一。若是，则土地国有政策，果不能得损富益贫之结果，而惟反得损贫益富之结果也。岂惟不能均利益于多数，实徒以毗利益于少数而已。此彼报所持主义不能成立者，三十七也。

彼报谓："泰西贫民所以重困者，并非土地不足，只缘土地为少数人所垄断，致贫民无田可耕，靠做工以糊口。"撮举原文大意。又曰："劳动者有田可耕，于工业之供给，无过多之虑，则资本家益不能制劳动者之命。"又曰："小民之恒性，视自耕为乐，而工役为苦，故庸银亦不得视耕者所获为绌，其他劳动者之利益皆准于是。"综此三段，盖谓土地国有，能得庸银增加之结果也。问土地国有曷为而能得庸银增加之结果？则曰：企业家苟欲克减庸银之率，则劳动者可相率罢工归农，则企业家不惟不能胁制劳动者，而劳动者反能胁制企业家也。其所据之理由，不外是矣。嘻！为此言者，其于经济上普通之学理，直丝毫无所知焉耳。今请一一驳之。

世运日进，则人满之忧日剧，对于土地而常感不足，此实所谓天地犹憾者。自玛尔梭士人口论出世以来，各国政治家汲汲忧之而思所以救之。本报第十四号夫既详述矣，而彼报引亨利佐治所作图，谓由自身下推于子孙，与上溯于父祖，其数相等，据之以驳玛尔梭士。夫亨氏对于玛氏之挑战，吾辈固可以守中立，不必有所左右袒。即玛氏所谓人口二十年而增一倍之说，吾亦认其为过当之谈。然如彼报所主张，则人口新陈交嬗，后者适足补前者之缺而已。似此则世界人口，宜永古为一定之数，绝无增减。夫然后与彼所列之图相应，此则不必求诸幽邃之原理，但据显浅之事实而可以证其谬。试举数大国百年间人口增加之统计以明之：

	千八百年之人口	千九百年之人口
俄国	三八八〇〇〇〇〇	一一二四三〇〇〇〇
美国	五三〇六〇〇〇	七六四五〇〇〇〇
德国	二一〇〇〇〇〇〇	五六三七〇〇〇〇
奥匈	二三一〇〇〇〇〇	四五四〇〇〇〇〇
日本	二五五〇〇〇〇〇	四四八〇〇〇〇〇
英国	一六二〇〇〇〇〇	四一四八四〇〇〇
法国	二六九〇〇〇〇〇	三八九六〇〇〇〇

据右表所示，除法国外，其余六国百年间人口之增加皆一倍或二三倍。又据最近十年间之统计，则英国每人口一千，十年间凡增加九十八人有奇，丹麦增加百二十六人有奇，那威增加百二十人有奇，俄国增加百三十六人有奇，德国增加百三十九人有奇，法国增加十二人有奇，美国增加二百六人有奇。除美国之锐增与法国之锐减，皆有其特别之原因外，大率人口每十年而增十之一有奇，此中率也。人口岁岁加增，既已若是，而土地则自洪荒开辟以来，其分量一成而不可变者也。然则一国之土地，在今日供一国人之耕而见为有余者越数十年而将不见其有余，在今日见为仅足者越数十年而将见为不足，此至浅之理也。欲救此弊，惟有广开间接利用土地之途，务变形以增殖富量，其不能仅恃直接利用土地之业明矣。今彼报所持土地国有论，谓经此一次社会革命后，可以永无第二次之革命，问其理由，不过曰贫民自此有田可耕，而富者不能制其死命也。曾亦思中国现在有四万万人者，越十年当为四万四千余万，越二十年当为五千万，越六七十年当倍今日之数为八万万。国家拥此面积一定之土地，即不必计口以授，惟听民之租耕，然在今日见为仅足者，在七八十年后而犹能足乎？七八十年后而犹能足者，百五六十年后而犹能足乎？即曰土壤改良之结果，收获可以增加，然为报酬递减之法则所限，其增加之率固有极点，然则土地国有后，越数十年百年，而第二次之革命遂不可逃避矣。何也？据彼报所论，以贫民无田可耕，为召革命惟一之原因，而土地国有后，使贫民有田可耕，即为免第二次革命唯一之救治法。若乃虽土地国有，而贫民仍复无田可耕，则第二次革命，夫安得不发生也。故在今日，苟资

本家克减劳动者之庸银，则劳动者可以罢工归农，不为所挟制，若在数十年百年后，全国土地之永小作权已在半数人之手，其余半数人不能取得此权者，则糊口于工厂，工厂虽克减其庸银，彼将何以抵抗，舍之而去耶？则更无地可租，有冻馁以死耳。如是则其死命被制于工厂，视生息于土地私有制下者，曾有以异焉否也？此彼报所持主义不能成立者，三十八也。

且如彼报之说，谓必贫民有田可耕，乃可以不受资本家之胁制，则吾恐第二次革命，不必更俟诸数十年百年以后，即彼土地国有制施行之始，而国中已有一大部分之人，不能食其赐也。盖以中国现在人口之总额，配分之于全国土地之面积，则耕地或尚不虞其不足，然各地人口疏密之比例相去悬绝，而人民以有家室等种种牵累故，迁徙匪易，故甲省耕地犹甚有余者，乙省耕地已甚形不足，此事实之较然可见者矣。即如吾粤，据日本统计年鉴所调查，谓每英方里人口平均三百十九人，然此合琼州计之也。若专计腹地，则当每英方里平均四百人以上，就中南海、番禺、顺德、香山、新会诸县，平均应在七八百人以上。缘耕地不足之故，人民航海觅食于南洋、日本、美洲、澳洲、非洲者二三百万，就工于香港者亦数十万，糊口于邻近诸省者亦数十万，其在省城及各市镇为小手艺及贱工以谋生者且百余万，而乞丐、盗贼亦不下数十万。吾粤之土地，固非如英伦苏格兰为少数大地主所垄断也，更未尝或废耕以为猎场也。其小农自有地而自耕之者，实居大多数，即其不自有地者，欲贷地以耕，固非有甚苛之条件。盖全省本无大农，而分耕之惯习，自古未变也。然而诸大县中，常有半数人患无田可耕者，何也？实土地不足使然也。今即行土地国有制，尽收所有权归诸国家，而听欲耕者之来租，则能得耕地者，亦不过半数人已耳。其余半数，不能得如故也。现在之形势，既已若是，越数十年后，土地面积如故，而人口倍于今日，则今之有五百万人不得耕地者，彼时且有千万人；今之有千万人不得耕地者，彼时且有二千万人矣。而谓土地国有制即能对于此病为根本之疗治，何其傎也？于此时也，苟有大工厂兴，则人之趋之者，将如水就下，而民困可以大苏，然庸银之高下，初不缘土地之私有国有而生影响也。何则？此面积有限之土地，无论为私有为国有，而其不足于耕也同。在此前提之下，虽日取土地制度而一变之，终不能增其量以给人求，故欲求庸银之有增无减，宜别有道焉以善导之，否则不揣其本而齐其末，终无当也。此彼报所持主义不能成立者，三十九也。

附

驳某报之中国已亡论[*]

顷因与某报辨论社会革命之一问题，故于种族革命之问题，反不遑旁及，抑亦以近日学界新出现之《中国新报》，于此问题已发挥尽致，语语皆足助我张目，而摧陷彼报之论据，使不复能成立，更无俟我之词费也。虽然，尚有彼报之谬说为《中国新报》所未及驳斥者，故不可不更缀数言。

吾党认中国自有史以来未尝亡国，谓爱新觉罗氏之代朱氏，乃易姓而非亡国，其所根据之理论不一，而满洲人在明时实为中国臣民，则亦其一有力之论据也。彼报知此论据之不可破，乃纡回其说，谓满洲人未尝取得中国国籍，因以断满洲人非中国之臣民，其言曰：

> 辨满洲人为于中国有永续的服从之关系与否，无他，亦问其取得中国国籍与否而已。而解答此问题，一不可不据诸历史。（中略）则首当考者为明代中国国籍之编制，次当考者为满洲人于建州编籍之有无。按《明史·食货志》，太祖籍天下户口，置户帖户籍，具书名岁居地，籍上户部帖给之民。（中略）洪武十四年，治天下，编赋役黄册。（中略）册凡四：一上户部，其三则布政司、府、县各存一焉云云。此明代国籍之编制也。而满洲人之于明代，未尝编入国籍，此证之《明史》，可无疑义。盖编籍时有帖给民，满洲人始终未尝得此，史籍可按也。且满洲人与我国语言文字皆不相同，既不识汉字，安得有给帖之事。此其证一。户口册籍，一上户部，而布政司、府、县各存其一。建州之地，无布政司、府、县，又安得有编籍之事。此其证二。《明史·地理志》，凡州、府皆言编户若干，惟卫不言户口。此其证三。（下略）

嘻！此即彼报记者所考定明代编制国籍之法耶？此即彼报认满洲人为非中国臣民之根据耶？其暗于掌故，抑亦甚矣。彼所述明代料民之政，非如近世各国之编国籍也。其目的专以课赋役而已，故谓之赋役黄册。盖明代租税，丁、粮并重，故编此黄册，以防逃匿，其在不抽丁税

---

* 录自《新民丛报》第九十一号，光绪三十二年十月一日（1906 年 11 月 16 日）出版。

之地，则不编也。明代行政机关，有与今绝异之点，盖军政与民政，参错于境内。其民政，则置十三布政使司，分领天下府、州、县及羁縻诸司，而上隶于户部；其军政，则置十五都指挥使司，分领卫、所番、汉诸军，而边境海疆，复增置行都指挥使司，而上隶于京师之五军都督府，以属于兵部。两者厘然各不相蒙。其十三布政使司所分辖者，则为府百有四十，州百九十有三，县千一百三十有八，又羁縻府十有九，羁縻州四十有七，羁縻县六。其十五都指挥使司及五行都指挥使司所分辖者，则为卫四百九十有三，所二千五百九十有三，守御千户所三百十有五。又土官宣慰司十有一，宣抚司二十有二，招讨司一，长官司百六十有九，蛮夷长官司五。此见于《明史·地理志》者也。其布政使司所属民籍，则以一百十户为一里，推丁、粮多者十户为长，余百户为十甲，甲凡十人，此见于《明史·食货志》者也。其都指挥使司所属兵籍，则五千六百人为卫，千一百二十人为千户所，百十有二人为百户所，此见于《明史·兵志》者也。由此观之，则户籍四册所以分藏于户部、布政司及府、县之故从可见，而《明史·地理志》凡州、府皆言编户，惟卫不言户口之故，亦从可见矣。盖府、县、布政司、户部，皆收租税者也，故藏户籍以便按图索骥之用。卫、所则军籍也，别有都督府及兵部司之，故不著云尔。论者于明代官制一无所知，强指赋役册为国籍名簿，因《地理志》于卫、所不言户口，遂谓凡属于卫之人民，皆未取得国籍。岂知明代之卫，将及五百，腹地各行省无处无之，以明太祖发祥之地，而有凤阳卫、滁州卫、泗州卫、邳州卫、皇陵卫等。若谓凡卫属皆未取得国籍，岂凤、滁、邳、泗诸卫之人民，亦皆未尝取得中国国籍耶？即吾粤亦有广州前、后、左、右卫及南海卫等，彼报记者之远祖，其属于广东布政使司治下之民籍耶，抑属于广州卫等之兵籍耶？盖不可考。万一属于兵籍，岂彼报记者之祖，亦未尝取得中国国籍耶？此其谬盖不待辨矣。夫中都留守司所属凤阳卫、滁州卫等之人民，广东都指挥使司所属广州卫、南海卫等之人民，不问其曾入布政使司之编籍与否，而不得不谓为中国臣民。然则辽东都指挥使司所属建州卫之人民，亦不问其曾入布政使司之编籍与否，而不得不谓为中国臣民。事同一律，有何疑难？而彼报徒据一"卫"字以为满洲人未尝取得中国国籍之铁券，吾不得不惊其武断也！

彼报又混羁縻州与卫为一谈，更可发大噱。其言曰："羁縻州非领地也，以其无户籍故。"及问其何以知羁縻州之无户籍，则曰："《明史·地理志》凡州、府皆言编户若干口若干，惟卫不言户口。"又妄以己意释其理由曰："户口不上于户部者无利其人民之心，未尝以其土地之住民为中国之人民，此羁縻州之情状也。"是彼认"卫"为即羁縻州，而羁縻州之人民所以不为中国臣民者，乃以卫之不编户口推得之也。此其重纰貤缪，直不可思议。夫卫之不编户籍，其理由既详前论，然羁縻州与卫划然为二物，则又非可以同类而并论之者也。盖卫隶于都指挥使司，而羁縻州隶于布政使司。明代布政使司所属羁縻州四十有七，此明见于《地理志》者。羁縻州之编户籍与否，史无明文，然府、州、县既皆编籍，则《地理志》所称其布政使司所属户若干口若干者，或并其所属之羁縻府、州、县而合计之，亦未可知也。若夫都指挥使司所属之卫、所，则亦有普通卫、所与羁縻卫、所之分，然皆不编户籍。其所以不编户籍者，则以不课其丁粮之故，而非以不认其住民为中国臣民之故。立法本意，较然可见。故府、州、县与卫、所相对待者也，普通府、州、县与普通卫、所相对待者也，羁縻府、州、县与羁縻卫、所相对待者也。彼报记者于此制度毫无所知，而妄以羁縻州与卫同视，不亦陋乎！建州卫之在明，其为普通之卫，抑为羁縻之卫，虽未能确指。据湘潭杨氏所考证，则建州卫确为普通卫而非羁縻卫，见《中国新报》第二号第三十二叶以下。然如彼报所说，徒以其为卫之故，徒以其不编户籍之故，而指其地之住民为非中国臣民，此实不通之论也。

大抵国籍法之为物，自国家观念成立后而始发生，中国前此自以其国为天下，故国家观念不甚分明，随而国籍之为物，亦非所重视。今彼报必牵合附会以言明代国籍编制之法，实心劳日拙已耳。具体的之国籍，既非可得实指矣。若夫抽象的之国籍，则率数千年来相传践土食毛之义，凡生于王土者即为王臣，建州卫既为中国主权所及之领土，则建州卫之住民，即当然为中国之臣民，虽有苏、张之舌而不能难也。以中国臣民而篡中国前代君主之位，此历史上所数见不鲜者，而亡国问题安自发生耶？

彼报之所以答我难者，其最重要之点，即在"满洲人未尝取得中国国籍"之一语。然其不应于事实既已若是，故略一纠之。若夫此问题之根本的论据，则具详本报前号及《中国新报》第二号第二十七叶以下、第三号第七十九叶以下。读者一参观之，则知某报所说无一而非谵语矣。

《社会主义论》序 [*]
(1907 年 2 月)

凡员颅方趾以生于今日者，皆以国家一分子之资格，而兼有世界人类一分子之资格者也。惟其有国家一分子之资格，故不可不研求国家之性质与夫本国之情状，而思对于国家以有所自尽。惟其有世界人类一分子之资格，故不可不研求世界之大问题及其大势之所趋向，而思所以应之。抑世界之大问题及其大势所趋向，又不徒影响于世界上之个人也，而实大影响于世界上之各国。故以国家一分子之资格，愈不可以不知世界。

今我国人于世界的智识之缺乏，即我国不能竞胜于世界之一大原因也。世界之问题亦多矣，而最大者宜莫如经济问题。经济问题之内容亦多矣，而今日世界各国之最苦于解决者，尤莫如其中之分配问题。坐是之故，而有所谓社会主义者兴。社会主义，虽不敢谓为世界唯一之大问题，要之为世界数大问题中之一而占极重要之位置者也。此问题之发生，与国富之膨胀为正比例。我国今当产业萎靡时代，尚未有容此问题发生之余地。虽然，为国民者，不能以今日国家之现状自安明也。但使我国家既进步而得驰骋于世界竞争之林，则夫今日世界各国之大问题，自无一不相随以移植于我国，又势所必至也。然则社会主义一问题，无论以世界人类分子之资格，或以中国国民分子之资格，而皆不容以对岸火灾视之，抑章章矣。

但其为物也，条理复杂，含义奥衍，非稍通经济原理者，莫能深知

　　* 录自《新民丛报》第八十九号，光绪三十二年九月一日（1906 年 10 月 18 日）出版。末署"丁未正月，饮冰识"，则应撰于 1907 年年初，查《新民丛报》第八十九号，实出版于光绪三十三年一月，故系于此。《社会主义论》为吴仲遥作。收入《饮冰室合集·文集》之二十。

其意。又其立论基础，在于事实，而此事实为欧美各国之现象，我国不甚经见，国人索解愈难，故各国言此之书，虽充栋汗牛，而我国人若无闻见。近则一二野心家，思假为煽动之具，即亦往往齿及。然未经研究，于其性质全不明了，益以生国人之迷惑。余既尝著论斥妄显真，且斟酌吾国现在及将来所宜采择之方针，以为国人告，具见前报。虽然，此乃我国适用社会主义之研究，而非社会主义其物之研究也。未知社会主义为何物，而欲论我国宜如何以适用之，其以喻天下亦艰矣。吴君仲遥鉴此缺点，乃广搜群籍，覃精匝月，成此论以见视，匪直名家学说采择毕包，且往往能以研究所心得者，推补而批判之。东籍中关于此主义之著述，犹罕其比。信哉，其为世界智识之馈贫粮哉！仲遥为亡友铁樵之弟，学能世其家，即此鳞爪，可概厥余。丁未正月，饮冰识。

政闻社宣言书*
（1907 年 10 月 7 日）

今日之中国，殆哉岌岌乎！政府梦瞢于上，列强束胁于外，国民怨
蠚于下，如半空之木，复被之霜雪；如久病之夫，益中以沴疠。举国相
视，咸傁然若不可终日。志行薄弱者，袖手待尽；脑识单简者，铤而走
险。自余一二热诚沉毅之士，亦彷徨歧路，莫审所适，问中国当由何道
而可以必免于亡，遍国中几罔知所以为对也。夫此问题亦何难解决之，
与有今日之恶果，皆政府艺之，改造政府，则恶根拔而恶果遂取，次以
消除矣。虽然，于此而第二之问题生焉，则政府当由何道而能改造是
也？曰：斯则在国民也已矣。夫既曰改造政府，则现政府之不能自改造
也甚明。何也？方将以现政府为被改造之客体，则不能同时认之为能改
造之主体，使彼而可以为能改造之主体，则亦无复改造之必要焉矣。然
则孰能改造之？曰：惟立于现政府之外者能改造之。立于现政府之外者
为谁？其一，曰君主；其他，曰国民。而当其着手于改造事业，此两方
面孰为有力，此不可不深察也。

今之谭政治者，类无不知改造政府之为急，然叩其改造下手之次
第，则率皆欲假途于君主，而不知任责于国民，于是乎有一派之心理
焉，希望君主幡然改图，与民更始，以大英断取现政府而改造之者，或
希望一二有力之大吏，启沃君主，取现政府而改造之者，此二说者，虽
有直接间接之异，而其究竟责望于君主则同。吾以为持此心理者，其于
改造政府之精神抑先已大剌缪也。何也？改造政府者，亦曰改无责任之
政府为有责任之政府云尔。所谓有责任之政府者，非以其对君主负责任

---

　　* 录自《政论》第一号，光绪三十三年九月一日（1907 年 10 月 7 日）出版，署名"宪
民"。收入《饮冰室合集·文集》之二十。

言之，乃以其对国民负责任言之。苟以对君主负责任而即为有责任，则我中国自有史以来以迄今日，其政府固无时不对君主而负责任，而安用复改造为？夫谓为君主者必愿得恶政府，而不愿得良政府，天下决无是人情，然则今之君主其热望得良政府之心，应亦与吾侪不甚相远，然而不能得者，则以无论何国之政府，非日有人焉监督于其旁者，则不能以进于良，而对君主负责任之政府，其监督之者，惟有一君主，君主之监督万不能周，则政府惟有日逃责任以自固，非惟逃之而已。又且卸责任于君主，使君主代己受过而因以自谢于国民，政府腐败之总根原实起于是，故立宪政治必以君主无责任为原则，君主纯超然于政府之外，然后政府乃无复可逃责任之余地。

今方将改造政府，而还以此事责诸君主，是先与此原则相冲突，而结果必无可望，然则此种心理之不能实现也明甚。同时复有一派反对之心理焉，谓现在政府之腐败，实由现在之君主卵翼之，欲改造政府，必以颠覆君统为之前驱。而此派中复分两小派，其一则绝对的不承认有君主，谓必为共和国体，然后良政府可以发生。其他则以种族问题搀入其间，谓在现君主统治之下，决无术以得良政府，此说与希望君主之改造政府者，虽若为正反对，要之，认政府之能改造与否，枢机全系于君主，则其谬见亦正与彼同。夫绝对不认君主，谓必为共和国体，然后良政府可以发生者，以英、德、日本之现状反诘之，则其说且立破，故不必复深辩。至搀入种族问题而谓在现君主统治之下，必无术以得良政府者，则不可无一言以解之。

夫为君主者，必无欲得恶政府而不愿得良政府之理，此为人之恒情，吾固言之矣，此恒情不以同族异族之故而生差别也。今之君主谓其欲保持皇位于永久，吾固信之，谓其必坐视人民之涂炭以为快，虽重有憾者，固不能以此相诬也。夫正以欲保持皇位之故而得良政府，即为保持皇位之不二法门，吾是以益信其急欲得良政府之心不让于吾辈也，而惜也，彼方苦于不识所以得良政府之途。夫政府之能良者，必其为国民的政府者也，质言之，则于政治上减杀君权之一部分而以公诸民也。于政治上减杀君权之一部分而以公诸民，为君主计，实有百利而无一害，此征诸欧美、日本历史确然可为保证者矣。然人情狃于所习而骇于所未经，故久惯专制之君主，骤闻此义，辄皇然谓将大不利于己，沉吟焉而忍不能与，必待人民汹汹要挟不应之则皇位且不能保，夫然后乃肯降心相就，降心相就以后，见夫缘是所得之幸福，乃反逾于其前，还想前此之出全力以相抵抗，度未有不哑然失笑，盖先见之难彻而当局之易迷，大抵如是也。故遍征各国历史，未闻无国民的运动，而国民的政府能成立者，亦未闻有国民的运动，而国民的政府终不能成立者，斯其枢机全不在君主而在国民。其始也，必有迷见，其究也，此迷见终不能久持，此盖凡过渡时代之君主所同，然亦不以同族异族之故而生差别也。

而彼持此派心理者，徒着眼于种族问题，而置政治问题为后图，种瓜得瓜，种豆得豆，毋惑夫汹汹数载，而政治现象迄无寸进也。由后之说，则君主苟非当国民运动极盛之际，断未有肯毅然改造政府者，夫故不必以此业责望于君主；由前之说，则虽君主毅然欲改造政府，然必有待于国民，然后改造之实乃可期，夫故不能以此业责望于君主。夫既已知舍改造政府外，别无救国之途矣，又知政府之万不能自改造矣，又知改造之业非可以责望于君主矣，然则负荷此艰巨者非国民而谁？吾党同人既为国民一分子，责任所在，不敢不勉，而更愿凡为国民之一分子者，咸认此责任而共勉焉，此政闻社之所由发生也。

西哲有言："国民恒立于其所欲立之地位。"斯言谅哉！凡腐败不进步之政治，所以能久存于国中者，必其国民甘于腐败不进步之政治，而以自即安者也。人莫不知立宪之国，其政府皆从民意以为政，吾以为虽专制之国，其政府亦从民意以为政也。闻者其将疑吾言焉，曰："天下宁有乐专制之国民？"夫以常理论，则天下决无乐专制之国民，此固吾之所能信也。虽然，既已不乐之，则当以种种方式表示其不乐之意思，苟无意思之表示，则在法谓之"默认"矣。凡专制政治之所以得行，必其借国民"默认"之力以为后援者也，苟其国民对于专制政治有一部分焉为反对之意思表示者，则专制之基必动摇；有大多数焉为反对之意思表示者，则专制之迹必永绝。此征诸欧美、日本历史，历历而不爽者也。

前此，我中国国民于专制政体之外曾不知复有他种政体，则其反对之之意思无自而生，不足为异也。比年以来，立宪之论洋洋盈耳矣，"预备立宪"之一名词且见诸诏书矣。稍有世界智识者，宜无不知专制政体不适于今日家之生存，顾在君主方面犹且有欲立宪之意思表示，虽其诚伪未敢言，然固已现于正式公文矣。还观夫国民方面，其反对专制的之意思表示，则阒乎未之或闻，是何异默认专制政体为犹适用于今日之中国也。国民既默认之，则政府借此默认之后援以维持之亦何足怪。以吾平心论之，谓国民绝无反对专制之意思者，诬国民也；谓其虽有此意思而绝不欲表示、绝不敢表示者，亦诬国民也。一部分之国民盖诚有此意思矣，且诚欲表示之矣，而苦于无可以正式表示之途，或私忧窃叹，对于二三同志互吐其胸臆，或于报纸上以个人之资格发为言论，谓其非一种之意思表示焉不得也，然表示之也，以个人不能代舆论而认其价值，表示之也以空论，未尝示决心以期其实行，此种方式之表示，虽谓其未尝表示焉可也。然则正式之表示当若何？曰：必当有团体焉，以为表示之机关。夫团体之为物，恒以其团体员合成之意思为意思，此通义也，故其团体员苟占国民之一小部分者，则其团体所表示之意思即为此一小部分国民所表示之意思；其团体员苟占国民之大多数者，则其团体所表示之意思即为大多数国民所表示之意思。夫如是，则所谓国民意思者乃有具体的之可寻而现于实矣。国民意思既现于实，则必非漫然表示之而已，必且求其贯彻焉，国民诚能表示其反对专制之意思，而且必欲贯彻之，则专制政府前此所恃默认之后援既已失据于此，而犹欲宝其敝帚以抗此新潮，其道无由，所谓国民恒立于其所欲立之地位者，此之谓也。吾党同人诚有反对专制政体之意思，而必欲为正式的表示，而又信我国民中其同有此意思、同欲为正式的表示者，大不乏人。彼此皆徒以无表示之机关而形迹几等于默认，夫本反对而成为默认，本欲为立宪政治之忠仆而反变为专制政治之后援，是自污也。夫自污则安可忍也？此又政闻社之所由发生也。

夫所谓改造政府，所谓反对专制，申言之，则不外求立宪政治之成立而已。立宪政治非他，即国民政治之谓也。欲国民政治之现于实，且常保持之而勿失坠，善运用之而日向荣，则其原动力不可不还求诸国民之自身。其第一著当使国民勿漠视政治而常引为己任；其第二著当使国民对于政治之适否而有判断之常识；其第三著当使国民具足政治上之能力，常能自起而当其冲。夫国民必备此三种资格，然后立宪政治乃能化成，又必先建设立宪政治，然后国民此三种资格乃能进步。谓国民程度不足，坐待其足，然后立宪者，妄也；但高谈立宪而于国民程度不一厝意者，亦妄也。故各国无论在预备立宪时，在实行立宪后，莫不汲汲焉务所以进其国民程度而助长之者，然此事业谁任之？则惟政治团体用力常最勤而收效常最捷也。政治团体非得国民多数之赞同，则不能有力，而国民苟漠视政治，如秦越人之相视肥瘠，一委诸政府而莫或过问，则加入政治团体者自寡，团体势力永不发达，而其对于国家之天职将无术以克践。故为政治团体者，必常举人民对国家之权利义务，政治与人民之关系，不惮哓音瘏口，为国民告，务唤起一般国民政治上之热心，而增长其政治上之兴味。夫如是，则吾前所举第一著之目的于兹达矣。复次，政治团体之起，必有其所自信之主义，谓此主义确有裨于国利民福，而欲实行之也，而凡反对此主义之政治则排斥之也。故凡为政治团体者，既有政友，同时亦必有政敌，友也敌也，皆非徇个人之感情而惟以主义相竞胜。其竞胜也，又非以武力而惟求同情，虽有良主义于此，必多数国民能知其良，则表同情者乃多，苟多数国民不能知其良，则表同情者必寡。故为政治团体者，常务设种种方法增进一般国民政治上之智识，而赋与以正当之判断力。夫如是，则吾前所举第二著之目的于兹达矣。复次，政治团体所抱持之主义必非徒空言而已，必将求其实行。其实行也，或直接而自起以当政局，或间接而与当局者提携，顾无论如何而行之也，必赖人才，苟国民无多数之政才以供此需要，则其事业或将蹶于半途而反使人致疑于其主义。故为政治团体者，常从种种方面以训练国民，务养成其政治上之能力，毋使贻反对者以口实。夫如是，则吾所举第三著之目的于兹达矣。

准此以谈，则政治团体诚增进国民程度惟一之导师哉！我中国国民久栖息于专制政治之下，倚赖政府几成为第二之天性，故视政治之良否以为非我所宜过问，其政治上之学识以孤陋寡闻而鲜能理解，其政治上之天才以久置不用而失其本能。故政府方言预备立宪，而多数之国民或反不知立宪为何物，政府玩愒濡滞既已万不能应世界之变，保国家之荣，而国民之玩愒濡滞视政府犹若有加焉，丁此之时苟非相与鞭策焉、提挈焉，急起直追、月将日就，则内之何以能对于政府而申民义，外之何以能对于世界而张国权也？则政治团体之责也，此又政闻社之所由发生也。

政闻社既以上述种种理由应于今日时势之要求而不得不发生，若夫政闻社所持之主义欲以求同情于天下者，则有四纲焉：

一曰实行国会制度，建设责任政府。

吾固言之矣，凡政府之能良者，必其为国民的政府者也。曷为谓之国民的政府？即对于国民而负责任之政府是也。国民则夥矣，政府安能一一对之而负责任？曰对于国民所选举之国会而负责任，是即对于国民而负责任也。故无国会之国，则责任政府终古不成立，责任政府不成立，则政体终古不脱于专制。今者朝廷鉴宇内之势，知立宪之万不容已，亦既涣汗大号，表示其意思以告吾民。然横览天下，从未闻有无国会之立宪国，故吾党所主张惟在速开国会，以证明立宪之诏非为具文。吾党主张立宪政体，同时主张君主国体，然察现今中央政治机关之组织，与世界一般立宪君主国所采用之原则正相反背，彼则君主无责任而政府大臣代负其责任，此则政府大臣无责任而君主代负其责任。君主代政府负责任之结果，一方面使政府有所诿卸而政治末从改良，一方面使君主丛怨于人民而国本将生摇动。故必崇君主于政府以外，然后明定政府之责任使对于国会，而功过皆自受之，此根本主义也。

二曰厘订法律，巩固司法权之独立。

国家之目的，一方面谋国家自身之发达，一方面谋国中人民之安宁幸福。而人民之安宁幸福，又为国家发达之源泉，故首最当注意焉。人民公权私权有一见摧抑，则民日以瘁而国亦随之。然欲保人民权利罔俾侵犯，则其一须有完备之法律规定焉以为保障，其二须有独立之裁判官厅得守法而无所瞻徇。今中国法律大率沿千年之旧，与现在社会情态强半不相应，又规定简略，惟恃判例以为补助，夥如牛毛，棼如乱丝，吏民莫知所适从。重以行政、司法两权，以一机关行之。从事折狱者往往为他力所左右，为安固其地位起见而执法力乃不克强。坐是之故，人民生命财产常厝于不安之地，举国偟然若不可终日，社会上种种现象缘此而沮其发荣滋长之机，其影响所及更使外人不措信我国家，设领事裁判权于我领土，而内治之困难益加甚焉。故吾党以厘订法律，巩固司法权之独立，为次于国会制度最要之政纲也。

三曰确立地方自治，正中央地方之权限。

地方团体自治者，国家一种之政治机关也，就一方面观之，省中央政府之干涉及其负担，使就近而自为谋，其谋也必视中央代谋者为易周，此其利益之及于地方团体自身者也；就他方面观之，使人民在小团体中为政治之练习，能唤起其对于政治之兴味，而养成其行于政治上之良习惯，此其利益之及于国家者盖益深且大。世界诸立宪国，恒以地方自治为基础，即前此久经专制之俄罗斯，其自治制亦早已颁布，诚有由也。我国幅员辽廓，在世界诸立宪国中未见其比，而国家之基础又非以联邦而成，在低级之地方团体，其施政之范围虽与他国之地方团体不相远，在高级之地方团体，其施政之范围殆埒他国之国家。故我国今日颁完备适当之地方自治制度，且正中央与地方之权限实为最困难而最切要之问题。今地方自治之一语，举国中几于耳熟能详，而政府泄泄沓沓，无何种之设施，国民亦袖手坐待，而罔或自起而谋之，此吾党所以不能不自有所主张而期其贯彻也。

四曰慎重外交，保持对等权利。

外交者，一部之行政也，其枢机全绾于中央政府，但使责任政府成立，则外交之进步自有可期。准此以谈，似与前三纲有主从轻重之别，不必相提并论，顾吾党所以特郑重而揭橥之者，则以今日之中国为外界势力所压迫，几不能以图存，苟外交上复重以失败，恐更无复容我行前此三纲之余地。故吾党所主张者，国会既开之后，政府关于外交政策必谘民意然后行，即在国会未开以前，凡关于铁路、矿务、外债与夫与他国结秘密条约、普通条约等事件，国民常当不怠于监督，常以政治团体之资格表示其不肯放任政府之意思，庶政府有所羁束，毋俾国权尽坠，无可回复，此亦吾党所欲与国民共荷之天职也。

以上所举，虽寥寥四纲，窃谓中国前途之安危存亡盖系于是矣。若夫对于军事上、对于财政上、对于教育上、对于国民经济上，吾党盖亦皆薄有所主张焉。然此皆国会开设后责任政府成立后之问题，在现政府之下，一切无所着手，言之犹空言也，故急其所急，外此暂勿及也。

问者曰：政闻社其即今世立宪国之所谓政党乎？曰：是固所愿望，而今则未敢云也。凡一政党之立，必举国中贤才之同主义者，尽网罗而结合之，夫然后能行政党之实，而可以不辱政党之名。今政闻社以区区不数之人，经始以相结集，国中先达之彦、后起之秀，其怀抱政治的热心，而富于政治上之智识与能力者，尚多未与闻，何足以称政党？特以政治团体之为物既为应于今日中国时势之必要，而不得不发生。早发生一日，则国家早受一日之利，若必俟国中贤才悉集于一堂，然后共谋之，恐更阅数年而发生未有其期。况以中国之大、贤才之众，彼此怀抱同一之主义而未或相知者，比比皆是，莫为之先，恐终无能集于一堂之日也。本社同人，诚自审无似，顾以国民一分子之资格，对于国家应尽之天职，不敢有所放弃。且既平昔共怀反对专制政治之意思，苟非举此意思而表示之，将自侪于默认之列，而反为专制游魂之后援，抑以预备立宪之一名词，既出于主权者之口，而国民程度说尚为无责任之政府所借口。思假此以沮其进行，则与国民相提挈以一雪此言，其事更刻不容缓。以此诸理由，故虽以区区少数奋起而相结集，不敢辞也。日本改进党之将兴也，于其先有"东洋议政会"焉，有"嘤鸣社"焉，以为之驱除，世之爱国君子，其有认政闻社所持之主义为不谬于国利民福，认政闻社所执之方法为足以使其主义见诸实行，惠然不弃，加入政闻社而指挥训练之，使其于最近之将来而有可以进而伍于政党之资格，则政闻社之光荣何以加之。又或与政闻社先后发生之政治团体，苟认政闻社所持之主义与其主义无甚刺谬，认政闻社所执之方法与其方法无甚异同，惠然不弃，与政闻社相提携，以向于共同之敌，能于最近之将来，共糅合以混成政党之资格，则政闻社之光荣又何以加之！夫使政闻社在将来中国政党史上，得与日本之"东洋议政会"、"嘤鸣社"有同一之位置、同一之价值，则岂特政闻社之荣，抑亦中国之福也。此则本社同人所为沥心血而欲乞赉此荣于我同胞者也。

问者曰：政闻社虽未足称政党，而固俨然为一政治团体，则亦政党之椎轮也。中国旧史之谬见，以结党为大戒，时主且悬为厉禁焉，以政闻社置诸国中，其安从生存？政府摧萌拉蘖，一举手之劳耳。且国中贤才，虽与政闻社有同一之政见者，其毋亦有所惮而不敢公然表同情也。应之曰：不然。政闻社所执之方法，常以秩序的行动为正当之要求，其对于皇室，绝无干犯尊严之心；其对于国家，绝无扰紊治安之举。此今世立宪国国民所常履之迹，匪有异也。今立宪之明诏既屡降，而集会结社之自由则各国所咸认为国民公权，而规定之于宪法中者也，岂其倏忽反汗，对于政治团体而能仇之？若政府官吏不奉诏，悍然敢为此种反背立宪之行为，则非惟对于国民而不负责任，抑先已对于君主而不负责任，若兹之政府更岂能一日容其存在以殃国家？是则政闻社之发生愈不容已，而吾党虽洞胸绝胫而不敢息肩者也。取鉴岂在远，彼日本自由、进步两党与藩阀政府相持之历史，盖示我以周行矣，彼其最后之胜利毕竟谁属也？若夫世之所谓贤才者而犹有怵于此乎？则毋亦以消极的表示其默认专制政体之意思，而甘为之后援耳！信如是也，则政府永不能改造，专制永不能废止，立宪永不能实行，而中国真从兹已矣。呜呼！国民恒立于其所欲立之地位，我国民可无深念耶！可无深念耶！

政治与人民[*]
（1907 年 10 月 7 日）

　　国家之有政治，其目的安在？曰：一以谋国家自身之发达，一以谋
组成国家之分子即人民。之发达。斯二义尽之矣。虽然，斯二义者，形
式虽异而精神则同。盖人民若瘁，则国家决无自而荣，故为人民谋利益
之政治，同时即谓之为国家谋利益焉可也。若夫有时为国家生存发达之
必要，不惜牺牲人民利益以殉之，就外观论，似国家与人民利益相冲
突，庸讵知非惟民瘁而国不能荣？抑国不荣则民亦必旋瘁？牺牲人民一
部之利益者，凡以为其全体之利益也；牺牲人民现在之利益者，凡以为
其将来之利益也。故国家之利益，虽时若与人民一部及现在之利益相冲
突，然恒必与人民全体及永久之利益相一致。信如是也，则虽谓国家利
益与人民利益常相一致焉可也。然则凡一切政治莫不与人民有不可离之
关系，其以谋人民发达之故而行焉者，其直接关系于人民者也；其以谋
国家发达之故而行焉者，其间接关系于人民者也。政治之于人民，其关
系既若是深厚，则人民之对于政治宜如何者盖可思矣。

　　日本进步党前总理大隈氏尝有言："政治者，余之生命也！"一时传
为名言。吾以为政治也者，宁独政治家之生命而已？实一切人民之共同
生命也。凡人饥而求食，渴而求饮，寒而求衣，劳而求息，初无待父、

　　* 录自《政论》第一号，光绪三十三年九月初一日（1907 年 10 月 7 日）出版，署名"宪
民"。收入《饮冰室合集·文集》之二十。本文后曾刊载于《国风报》第一年第二十一期，宣
统二年八月初一日（1910 年 9 月 4 日）出版，署名"沧江"。此文载于《国风报》时，删去最
后三大段，即："然则人民之于国会……而至今国民莫或起而求焉，独何也？""我国民其或将
曰……斯则我之所以音哓哓也。""呜呼！……吾尤庶几我国民之及今一瘳也。"而代之以：
"呜呼！今国会第三次请愿已为国中一部分志士所提倡矣，我国民其奋起为之后援耶？抑默认
此恶政治而自即安耶？愿我民自审处之。"并有："（附言）本文曾登某报，因某报出版未久旋
即停印，海内见者甚少，同人怂恿谓宜再录以警告国民，故略为点窜录之。著者识。"

诏兄、勉师、督友劝，而自能勤求焉，且求而期必得焉，何也？彼食也、饮也、衣也、息也，其生命也，独至于良政治而不知求，即求矣而不期于必得，则未知政治为一切生命之总源泉，而良与不良之间，即吾侪生死所由系也。嘻！甚矣，其蔽也！

常人之情，见近而不见远，知末而不知本。当其饥也，知食为生命，曾亦思非耕胡以得食？是知生命所系，在耕而不在食。当其寒也，知衣为生命，曾亦思非织胡以得衣？是知生命所系，在织而不在衣。然恋恋念衣食，尽人不学而能；孳孳务耕织，则有待于诏之者矣。则直接、间接之差别而理解之有难易也。政治为人民生命，其理由本非甚邃，徒以重重关系，间接稍多，中人以下，骤涉焉而不见其樊，则其漠然视之，亦固其所，今请举最浅之例证以说明之。

饥而不得食，则无生命，此尽人所能知也。然还问何道以得食？曰有粟则得食。何道以得粟？曰有金则得粟。何道以得金？曰有业则得金。何道以得业？曰有良政治则得业。请言其理：夫业之种类不一，而农、工、商其最大也。人民之欲得田而耕者亦夥矣，而能得者十无一焉，谓田之不足于耕，似也。然还观地球各国，其每方里平均人口密于吾国二三倍者盖有之焉，胡不闻其以田不足于耕为病？彼其政府汲汲讲求农政，改良土壤，同一面积能使所产倍蓰于昔时，故虽地不加广而其获实与加广无异。我则数千年来术不加精，土不加饶，欲研究其技术而政府无学校以教我，或借经验小有所得而独力不能举，而政府莫为我助，因循废弛以至今日。他国同一面积之地，能食十人者，我则食一二人犹不足，故益以人浮于地为患，则政治之不良使然也。

旱干水潦，天然之灾非有私于一国也，然所贵乎人类者，人类所贵乎有政治者，以其能战天然之力而胜之也。欧美各国百年以前以天灾而召大饥馑者史不绝书，今虽未敢云尽绝，然其数视昔，则为一与百之比例耳，岂天薄于其昔而厚于其今？曰：有人事以战胜之。其所以能战胜之者，非恃个人之力而恃政治之力，为大计画，兴大工事，非国家及国家所属之地方团体莫能任也。我则政府置若罔闻，一任天行之暴而莫或代人民以谋抵抗，一国之大，一年之久，告灾数四，灾区动辄亘数千里，虽有广土，徒拥虚名，则政治之不良使然也。其在他国，以境内人口有疏密，耕地有广狭，故其政府常为内地移民之业，损有余补不足，而能剂其平。我有满洲、蒙古、新疆、西藏数万里耕牧之地，荒而不治，而本部之民争呴沫于丈寻之潢，欲往从之，则无机关以向导我于现在，无法律以保护我于方来，坐是株守一隅，束手待毙，则政治之不良使然也。他国地既不足于耕，则谋所以殖之于外，政府则为之启土宇，设种种方便，以先之于其所往。我则非徒无此而已，祖宗传来之土地变为他国殖民之区，而政府曾不思所以抵抗，即我民为饥所驱糊其口于海外者，所至见迫害而政府熟视无睹，以致进退皆无所可而冻馁相属于路，则政治之不良使然也。地上之产能养人者为农业，地中之产能养人者为矿业，我国矿产之富甲于大地，而人民欲从事者，政府随在加以压抑，其间有以私人资格不能从事，必赖政府之提倡保护者，曾未闻其一我应，不宁惟是，举其最饶者次第窃售于外人，以故数千年久扃之宝藏，被肺箧以归于乌有，则政治之不良使然也。直接利用土地以生产者，曰农与矿；间接利用土地以生产者，曰工。地既不足于耕，则当以工业为之尾闾，处今日之势，非增兴各种新工业，不足以拯民于水深火热之余，而以比年现状观之，非惟新工业未尝一开其途，即旧工业即次第尽堇其户。畴昔民之恃十指而能赡其孥者，今且不给于自养，何以故？外国工业品紾其臂而夺之食故。故欲图抵抗，决非私人之经画所能为力，而国家又旁观焉而不为之援手，则政治之不良使然也。商业亦然，大利悉胦于外商，我则幸而仅得馁其余，外人以国家之力，挟其日日新发明之商业政策以相临，设种种商业机关于我国中以鹽吾脑，我以私人之力，万无术足以相御，而政府曾不思所以为之计，反以无数虎狼择肥以噬吾业，日被破坏，无所控愬，则政治之不良使然也。此特举其一二言之也，若欲悉数之，则更数仆而不能尽。要之，吾民以不得良政治故，而因以不得业；以不得业故，而因以不得食；以不得食故，而因以不得生命。此其事理至显浅，虽中智以下，苟一覆勘焉而当能索解者也。

本为良民，因争夺而相杀，则性命失焉。曷为而争夺？大抵以不足于食也。不足于食，其原因既在政府，则政府之杀之者，此其一矣。然使有良法制以维持社会之秩序，则犹能治之于标，而使争夺之不时起，并此而无焉，则政府之杀之者，此其二矣。皆政治不良使然也。盗贼横行于途，见盗者丧其积蓄而因以失生命，为盗者触法网而亦因以失生命。曷为而有盗贼？以不足于食也。不足于食，其原因既在政府，政府之杀之者，此其一矣。复以行政机关不备，使盗贼孳乳浸多而无以遏其流，则政府之杀之者，此其二矣。皆政治不良使然也。内乱一度起，则人民之失其生命者动以数万计，内乱何以起？大抵以不足于食也，进焉者，则为政治上之不平也。不足于食，其原因既在政府，则此万数人之杀于政府者，此其一矣。政治上之不平皆政府酿之，则此万数人之杀于政府者，此其二矣。而复以军备废弛讳疾忌医，常常予内乱以可以窃发之途，则此万数人之杀于政府者，此其三矣。皆政治不良使然也。我殷斯勤斯以求得食，有绅吾臂以夺之者，而吾莫敢谁何，则将失其生命。夫盗贼则其一端也，而有祸烈于盗贼者，则地方之豪右常能以势力相压，而使我无可控愬。夫在法治国则无贵无贱，同生息于平等法律之下，彼恶得尔？今所以使我无所控愬者，政府无可以为控愬之后援也，则政府之杀之者，此其一矣。不宁惟是，豪右之夺我食，祸既烈于盗贼，官吏之夺我食，祸又烈于豪右，吾所恃以避祸者，乃即为主祸之人，更何冀焉？则政府之杀之者，此其二矣。皆政治不良使然也。此亦举其一二端言之也，若欲悉数之，则更数仆而不能尽，准此以谈，则不良之政非惟不能间接而保我生命，抑且常直接以夺我生命，此其事理至显浅，虽中智以下，苟覆勘焉而当能索解者也。

更推而论之，疠疫时行，则同时而丧失生命者，或以数万计，然在今世文明之国，疠疫何以不能蔓延？彼其独猖披于我国中者，以卫生机关之缺乏耳，则亦政治不良使然也。行路艰难，却曲风波，在在可以损生命，使交通机关整备而安有此？则亦政治不良使然也。犯罪而丽于刑，又丧失生命之一道也，使教育普及，自其幼时能使之去莠而即良，则犯罪者何至不绝于路？今图圄之数将埒于廛肆，皆政治不良使然也，无故株累，狱以疑成，此生命之丧于最惨酷者也。使确有法律为权利之保障，而裁判悉根于正义，天下曷从而有冤狱？今若此，则政治不良使然也。无学问、无常识、无技能，则无所得职业，即偶得之，恒失败以终，无所得职业及失败于职业，皆足以丧生命。然学问、智识、技能，必有所受，无授之者，则终不能以发达。故近今各文明国咸以教育为国家事业，今我民学问、智识、技能，无一不在人下，以致被淘汰于物竞之界，非我民自欲之，而政治不良使然也。此亦仅举一二耳，若悉数之，又更数仆而不能尽。要之，无论从何种方面观之，而凡人民之生死荣瘁，盖无一不系命于政治，此其事理至显浅，虽中智以下，苟覆勘焉而当能索解者也。

综以上所述而略说明其理由，则人民生命之安全，恒恃社会秩序以为之保障，而社会秩序必借法律之制裁而始成，其能为法律之制裁者，即国家也，而善其制裁者，则政治也。人民苟离国家政治以外，而欲各自以独力生出制裁秩序，以保障其生命，其道无由，此人民生命所以不能不全系于政治焉者一也。人类以共同生活为天性，苟非如鲁敏逊之漂流孤岛，则其资生不得不仰给于身外，缘是种种共同之机关，不得不兴。所谓共同机关者，谓夫以一人之独力万不能举者也，或虽勉举之，而以极大之劳费不能得相当之结果者也。此其数不能枚举，世运愈进，则公业之范围愈恢，而私业之范围愈杀。凡此之类，必假手于国家以政治行之，而不然者，虽以释迦、孔子之仁圣，末由别辟一途以保生命之持续，此人民生命所以不能不全系于政治焉者二也。夫政治之关系于人民者，既如此其亲切而重大也，而今日我国之政治则何如？其影响人民者则何如？举国四万万众，强半无所得业，乞丐相属，每值冬春之交，其饿殍转于沟壑者恒百万计，孰死之？不良之政治死之。其稍强悍者，谓等是死也，毋宁铤而求生于须臾，乃聚萑苻以为盗，良民之蒙其害者，既岁以万计，而政府则取而草薙禽狝焉，岁亦数万，孰死之？不良之政治死之。为盗不已，积而倡乱，乱之所经，其所卤掠，与夫政府之所锄刈，赤地动数州县，死者自数万以至数十万，而告乱之区，岁恒数见，孰死之？不良之政治死之。水旱偏灾一起，数千里为墟焉，以最近一年计之，而江淮之间死者若干万，赣粤之间死者若干万，滇蜀之间死者若干万，孰死之？不良之政治死之。疠疫一袭，人不自保，比年以来，滇、黔、桂、粤靡岁不见，计其总数，岁平均亦数十万，孰死之？不良之政治死之。略举其概，夫既若是，自余以展转间按①蒙不良政治之影响而冥冥以死者，岁尚不知其几何万也！由此言之，彼不良之政治，岁恒杀千万人以上，我国民虽富于生殖力，其何堪此操刀以夷刈之者日临于其上也！呜呼！使我国民饥而不知求食，寒而不知求衣也，则吾亦何言？夫于衣食则既知求矣，则何不思政治之于国民，乃其衣食也，乃独于良政治而不知求，此吾所不能解也！

以上所言，犹就政治之直接关系于人民的方面言也，抑吾固尝言之矣。政治之目的，一以谋人民之发达，一以谋国家自身之发达，而其所以谋国家自身之发达者，亦其间接而关系于人民者也。故人民非徒为其一己之生命起见，不可不求得良政治，抑且为其所属国家之生命起见，不可不求得良政治，盖国家之生命苟不保，则一己之生命决无所附丽也。而不良之政治，实为斨丧国家生命之斧斤，旦旦而伐之者也。其在

① "按"，疑"接"之误。

畴昔，举宇内未尝见有构造十分完全之国家，无论何国，其政治大抵皆不能甚良，故彼此相遇，而优劣胜败之数，无甚决定之可言。重以我国，拥此庞然之广土众民，而超然立于国际竞争圈外，故无论政治若何腐败，亦仅能影响于一朝一姓之生命，而不至影响于国家之生命。今也不然，构造已完之国家六七，相率而膨胀于外，其构造未完之国家，遇之则死，当之则坏，往而不返者，既已项背相接，今乃睽睽万目，咸集吾旁，卧榻之侧鼾睡者狼籍焉。合多数之孟贲、乌获以搏一病瘵之夫，其在理势决无所幸，而吾人既托命于此国家，失之则未从再造，堂倾大厦，燕雀与王谢同沦，水浅蓬莱，鱼鳖偕蚊①龙并尽。言念及此，何以为怀，而揆厥所由，则皆此不良之政治陷我国家于九渊而不克自拔。故夫国家之生命与吾侪之生命，实相依而不可离，而恶政府之生命与国家之生命，实相克而不并立。国家者，吾之父母也，而恶政府者，吾之仇雠也，日见吾仇雠戕贼吾父母而无所动于中焉，其可谓无人心也。

我国民毋亦以为此不良之政治虽岁杀千万，而所杀者或幸不及我，而因以即安焉。虽然，贾生不云乎，抱火厝之积薪之下而寝其上，火未及燃，因谓之安，此中智以上知其不可者也。夫彼之被杀以去者可无论矣，而今之未见杀者亦直需时耳！以此大势推之，苟良政治不发生，则不二十年，全国且为灰烬，覆巢之下安有完卵，我国民知哀人而不知自哀，岂得云智也？呜呼！吾又有以揣吾国民之心理矣。其不知良政治之当求者尚属少数，其不信良政治之可以求而得之者乃属多数，夫是以忍气吞声不求焉以迄于今日也。嘻！又甚矣其蔽也！夫饥而求食，寒而求衣，亦谁敢谓凡有求焉而必有得焉，而从未闻有疑于得不得之数而辍其求者，谓其求之之理由，实有所不容己也。我国民而能信政治之切于己肤，与衣食毫厘无择乎？则求其良乃实不容己，而岂以得不得之问题容疑点也？而况乎政治之为物则又与他异，国民不求其良焉，则无道以即于良；国民诚求其良焉，则亦无道以即于不良。闻者而犹疑吾言乎？请更述其理。

夫政治之为物，不能自现，而行之也必以人。人类之普通性，趋于下流其道易，勉而向上其道难，一私人之德业，苟无父兄师友之督责，而能缉熙于光明者盖寡焉。况乃今之持政权者，沿历史上久习之积威，假法制上无上之权力，傥然自恣而无人綦乎其旁。其良也，而势力不缘

---

① "蚊"，应作"蛟"。

以加崇；其不良也，而地位不缘以丧失，则不良焉者项背相望，而良焉者累千载不一遇，固其所也。故欲求政治之能良，莫急于有监督机关，以与执行机关相对立。执行机关者何？政府是也。监督机关者何？国会是也。故国会者，良政治之源泉也，今世立宪国惟知此义也，故一切政治非得国会多数之赞许者不能施行，坐是而执政之人非得国会多数之后援者，不能安于其位。夫国会者，以人民之选举而成立者也，其性质既已为代表国民之意思而申其利益矣。重以国会既立，则政党不得不随而发生，政党之性质，则标持一主义以求其实行，而对于与此主义相反之政治，则认为政敌而加以排斥者也。而凡一政党所标持之主义，则又未有不以国利民福为前提者也。何也？政党之所以成立而有势力，其道不外得国民多数之同情，然苟所标持之主义不为国利民福，则国民之同情决无自而得，然则其国中苟无足以称为政党者，斯无论矣，既有足以称为政党者，则遵其所标持之主义以行政治，必能近于良政治，此国会政治之所以可贵也。夫国中而有政党，则必非惟一也，而常在两以上，各党所标持之主义，势不能无异同，既有异同矣，以常理论之，则其一为是者，其他当为非，而吾乃谓凡遵政党所标持之主义以行，必能近于良政治，则又何也？盖所谓国利民福者，多角多面，各就其人之观察而各得其一端，或有以其直接之利为利者，或有以其间接之利为利者，或有以其现在之利为利者，或有以其将来之利为利者，此政党之主义所以虽常若有冲突，然其必以国利民福为前提，则无以易。既采用以国利民福为前提之主义以行政治，则其必为良政治而非恶政治，可断言也。于此而其政府为政党之政府耶？则一党在朝，而他党之在野者常监督之，苟其所标持之主义而不实行，或实行矣而于国利民福之程度不见增进，则在野党必向于国民而讦之，国民多数之同情既去，而其党遂不复能以立于朝，夫如是，则彼虽欲不兢兢于国利民福焉，安可得也。其政府而为不党之政府耶？则凡诸政党皆共监督之，苟其所行政治而与各党所持主义咸相反背，各党咸认其不为国利民福，则必合力以共讦之于国民，而无论何时，无论何事，决不能得国会之赞许，其何道以一朝居？夫如是，则彼虽欲不兢兢于国利民福焉，又安可得也。由此言之，则凡无国会之国，其政治决无术以进于良；凡有国会之国，其政治亦决无术以堕于不良，何以故？以政治之良否，恒监督之者之有无故，而监督政治之实，非国会莫能举故。然则人民而欲求得良政治也，亦曰求得国会焉而已矣。

然则人民之于国会，果可以求而得之耶？曰：吾征诸事实，推诸理势，而有以信其必能也。近百余年间，世界之历史就其内治方面言之，则亦人民求得国会之历史而已，除英国渐次发达可勿论外，则美利坚也，法兰西也，西班牙也，葡萄牙也，瑞士也，瑞典、那威也，荷兰也，比利时也，奥大利、匈牙利也，意大利也，德意志诸国及其联邦也，希腊也，巴尔干半岛诸国也，日本也，乃至最近之俄罗斯也，凡此诸国其远者自百年前，其近者在三四十年前，其最近者在数年前，举未尝有国会，其政治之不良，举无以异于吾国之今日，其人民在前此亦未或知求焉，及其既知求，而得之亦皆非易易焉。虽然，得之不易，固也，而终不能得焉者，则未之前闻也。是何以故？国也者，积民而成；法制也者，借人民合成意力而建。故一国之政治苟非得国民之认许，而决不能以施行，其良政治者，固其得国民之认许者也，即其行不良政治者，亦其得国民之认许者也。论者徒知立宪国家为从民意以建立，而不知专制国家亦从民意以建立，此所谓知二五而不知一十也。专制国家之所以得存在，皆由人民未厌专制政治，常消极默认以为之后援，苟其厌之，一变其消极默认之态度为积极的反抗，一变其后援之势力而为前敌，则此雷霆万钧之力，无论若何骄悍险诈之政府而卒莫能御。故通观各国前事，当人民之求国会以改良其政治也，其前此专政治上之权者，未尝不出死力以思压其流，而最后之胜利终不属彼而属我者，则以彼前此之势力本非彼所能自有，而实由我畀之。曷云由我畀之？以我默认焉而其势力始存，故曰我畀之也。畀焉在我，不畀焉亦还在我，一旦不畀，彼何道以图存也？是故当知各国之颁宪法、开国会也，非其主权者之能颁、能开焉，而其主权者之不能不颁、不能不开焉。其能不颁焉、能不开焉者，必其人民欲之之心未诚，而犹常有大多数人以默认后援之势力畀诸旧政府者也。由前之说，则有国会而政治不能以不良；由后之说，则人民之于国会苟诚求焉而罔或不得。然则良政治之为物，果孟子所谓"求则得之，舍则失之"，求而有益于得者也，而至今国民莫或起而求焉，独何也？

我国民其或将曰：今者预备立宪之上谕亦既屡颁矣，所谓责任政府者、所谓监督机关者，其将次第以予我，宁待于求。夫求固可以得，而不求亦可以得，则骚然多此一求何为也！噫！吾窃谓为此言者其不智抑已甚矣！无论政府之言预备立宪，未必出于诚，而实行未知在何日也，即使其出于诚矣，旦暮而实行之矣。然立宪之动机起自政府，而不起自人民，则其结果必无可观者，此不可不熟察也。闻者其或以吾言为太矫激焉，曰：吾子所欲者，在宪法耳，在国会耳，政府诚能蠲其大惠，畀我不少吝，斯亦足矣！而必欲以成就此业之名誉，不属诸政府而必属诸国民，其得毋犹有左右袒之见存也。应之曰：不然。昔人常以宪政之发生取喻于动物之妊育，谓其得之愈艰辛，则其将护之也弥至，彼飞鸟之遗其雏恒若易易，而人类之爱其子往往逾于己躬，盖获之有难易，故视之有轻重也。人民之不费要求而能得宪政者，犹浪子之不事生产而得博进，意外之博进无终岁而不销耗，傥来之宪政无逾纪而不失坠，此其言可谓善喻也，然其所以然之故，则犹未尽也。凡人不能自立而恃他人扶而立者，其究也，仆而已矣；凡人不能自进而恃他人挽而进之者，其究也，止而已矣。

吾先哲不云乎？曰：自求多福。又曰：自作孽不可逭。个人如是，国民亦然，其得幸福也必出于自求，其免祸害也必出于自逭。以西哲之言言之，则曰：国民恒立于其所欲立之地位。其必欲立于高尚之地位者，虽有他力焉抑而下之所不能也；其犹欲立于污下之地位者，虽有他力焉引而上之，亦所不能也。谓余不信，请征实例。美人之放免黑奴，其义声可谓贯彻天壤者也，然放免之动机，乃不在黑人而在白人，则试问放免以后，黑人之幸福能逾于前者几何，盖黑人直至今日，犹欲立于其五十年前所立之地位，故虽以白人之义侠，欲进其地位，而卒爱莫能助也。彼国民并未尝有渴欲得宪政之心，而君主蠲大惠以予之者，其结果亦若是则已耳。

夫立宪政治之所以良于专制者，不过曰国民对于政府而常施监督，斯政府对于国民而常负责任云尔，然必国民能确认政治为于己身有极重极切之关系，然后其监督政府也能不怠，而政府乃不敢反于民之所欲以自恣，斯良政治于以发生，而不然者，其视政治也，依然如秦人视越人之肥瘠，虽予之以监督机关，亦将虚设而不勤其用，则政府之傈然自恣，仍可以无异于曩时，而政治现象安得而有进也？夫使国民而诚能确认政治为于己身有极重极切之关系也，则宜注全力合群策以要求宪法、要求国会，如饥渴之于饮食，虽一刻不肯稍缓，虽丝毫不肯放过也，若夫人民始终未尝要求宪法、要求国会也，必其视政治漠然如秦人视越人之肥瘠者也，虽君主予之以宪法，予之以国会，而其漠然如故也。前项之国民，则其必能举监督政府之实以产出良政治者也；后项之国民，则其必不能举监督政府之实以产出良政治者也。既不能举监督政府之实以产出良政治，则虽蒙虎皮于羊质，假立宪国民之名以自豪，而于实际究何补也！夫宪政之能得结果与否，则于国民能举监督政府之实与否焉决之；国民能举监督政府之实与否，则于其热心于政治与否焉决之；国民热心于政治与否，则于其能排万难、冒万险以要求宪法、要求国会与否焉决之。然则，吾所谓立宪之动机起自政府，不起自国民，而结果即无可观者，其事至易见，而其理不可易，吾岂有所憾、有所妒于现政府乎哉？夫吾固非谓现政府之动机可以已，抑吾又确见夫国民之动机之尤不可以已也，斯则我之所以音哓哓也。

呜呼！我国民其安于此政治现象以终古耶？其甘心默认此恶政治而以消极的为之后援耶？其忍见同胞之日日被杀于恶政治而藐躬亦危若朝露耶？其忍坐视此种恶政治数年以后断送国家于灰烬耶？其忍见吾仇雠日戕贼吾父母而不思一为援手耶？其将希觊来之良政治等于博进耶？黄帝子孙神明之胄，而乃如黑奴之俟人扶掖而不能自动耶？呜呼！我国民其犹蘧蘧然梦耶？其闻吾言而若不闻耶？其将掩耳而却走耶？吾力竭而声嘶！吾泪尽而血继！吾庶几我国民之终一寤也，吾尤庶几我国民之及今一寤也。

世界大势及中国前途[*]
（1907 年 10 月 7 日）

一、国际竞争之原则

国家主义之发达，不过二三百年以来耳，其成熟，不过近四五十年以来耳，前此亦有所谓国家者，然其规制、其理想与今世之国家则有异。以严格论之，前此之国家未得谓之国家，不过一种社会为国家发达经过之段阶耳。前此之国家，为一人君主，或若干人贵族或公民。之所有物；今世之国家，则为独立之一人格。简言之，则前此之国家，其性质为物的；如民法上所谓物。今世之国家，其性质为人的也。如民法上所谓人。惟其为物的也，故前此之国家，每依于其支配之人而动，其国与国之交涉，或盟好或战争，大率出于君主或右族一二人之私意，无一定之轨辙可循，故吾所谓国际竞争之原则者，靡得而见焉。惟其为人的也，故今世之国家常自动，其国与国之交涉，或侵略或平和，皆基于国家自身自然发达之结果，有其不得已之理由，试原始要终，以求其国际竞争之原则，虽发见者不能如物质的科学之精确，然其概固可得而言也。

国家者，人类最高之社会也，当其未成国家以前，实经过种种形之社会进化而来，进而至于国家极矣。然世界上诸国并立，其发达有先后迟速之不齐，此不齐，或由天然或由人事。于是有已成熟之国焉，有未成熟而方在进化半途中之国焉。何谓已成熟之国？内部之组织已完，必要之机关咸备，政治修明，民力充实，如人之已达成年，肤革盈实，官能

* 录自《政论》第一号，光绪三十三年九月初一日（1907 年 10 月 7 日）出版，署名"宪民"。文末注"未完"，亦未见续载。收入《饮冰室合集·文集》之二十。

效灵，意思行为皆无恃于外而能自立者也。未成熟之国，则内部之组织未完，各部之机关未备，或虽备矣而未能尽其用，如彼孩童然，对内对外而种种未能自立者也。现今世界诸国，则此两种类可以尽之，不属于甲必属于乙。或谓于此两种之外别有所谓衰老国者，吾以为不然。凡人必经过壮年乃能达于老境，国亦当然。国若何而始为壮？即吾所谓组织已完、机关咸备者是也。试问今世通称老大帝国、老大王国者，曾经过此时代否也？故虽建国历数千岁，亦只能与未成年之儿童同视而已，此等国家苟无外力摧折之，则永劫之后亦当有终达于成熟之一日。但时不待人，未到其期而遇狂风横雨、中道夭折者比比然耳！吾今为行文之便，命前者曰优国，命后者曰劣国。

哀哉！物竞之祸也。凡生物莫不有然，而行于人类者为尤剧；凡社会莫不有然，而行于国家者为尤剧。一国家既成熟之后，内部借善良法规之维系，秩序严整，既无争夺相杀之祸，加以种种行政机关发达，能为民捍天然之患，水旱疾疫，无自相撄，休养生息，而人口日滋。又教育整备而民之智力日以富焉，机械利用而民之资力日以溢焉，智力与资力愈进，则其欲望之程度愈高，欲望者，经济上之名词也。荀子曰：人生而有欲，欲而不得则不得无求，即此物也。而餍之也愈难，以日滋之人口挟日进之欲望，而所以营养之之土地不增于昔，则国家之基本将摇动而破坏也。故已成熟之国家，不得不求尾闾于外，非诚好之，势使然也，国际竞争之动机实起于是。

夫所谓求尾闾于外者，其目的安在？亦曰：欲举他国民所资以营养者，夺之以自营养而已。然因于时、因于地而所之手段往往而异。潴其地，系累其人民以为奴，使从事力作以滋益我生产，此一种也；厚征其税敛，吸其脂膏以辇致诸本国，此又一种也；徙民以实其地，使其民不堪竞争而即于澌灭，此又一种也；投资本于其地，利用其土地劳力，而尽吸其赢，此又一种也。此四手段者，其宽酷缓急虽不同，而受之之国皆可以殄绝其发达成熟之机，而致夭折于中道。泰始以来，国于地球者以千数，而今不盈百焉，皆此之由也。

凡势力能进行外者，必为优国即已成熟之国。无论矣，然进行则必有所遇，缘所遇之异，而国际上种种形式随之而异。夫进行之初步而相遇者，必其邻也，使其邻而亦为优国，两优相竞，徒以自敝，乃不得不敛其锋，而转于他方，互相尊重，而国际上之和平生焉，如第一图。

使其邻而为劣国，即未成熟之国。则或蹂躏之或吸收之，而此劣国遂失其生命，以成为优国之一部，如第二图。

夫有数优国并立于世界，各以争自存故，而向于外以进行，则其相遇必不止一度也，将无往而不相遇，何也？彼优国既吞并一劣国以为其一部，则其国之范围加大，而其邻之范围亦加大，前此彼劣国之邻，今则其邻也，其进行之线路亘于各方面，则其邻之加增亦亘于各方面，我既如是，人亦有然。他之优国亦以兼并劣国之故，其邻之范围日以加增，虽前此不与我邻者，今乃亘于各方面而与我邻，于是国际之关系愈复杂，而其形式亦益变诡而难穷。当两优国之易地而相遇也，使其相遇之地而忽别有一优国介于其间，则两造竞争之机为此第三国所钝，亦不得不敛其锋而转于他方，如第三图。十八世纪英、法各殖民于美洲几相冲突，自美国建国而锋顿敛，是其例也，外此不多见。

以一劣国而介于两优国或三四优国之间，诸优国咸欲得之而莫肯相让，不相让所谓则两优冲突以致俱伤也。于是乎以永世协商之结果，置之于竞争圈以外，则中立国者生焉，如第四图。

复次，或以一劣国介两优国或三四优国间，各欲全得之，而各不许全得之，于是乎以协商之结果，各取其一部分，则有所谓瓜分之局者，如第五图。

一劣国在一优国肘腋之下，此优国之力未能遽然并吞之，而又惧他优国之将生觊觎也，于是以保全其领土宣言于众，慨然引为己任，实则其怀中肉也，如第六图。例如美国之门罗主义，又如日本前此之于朝鲜。

两优国于此方面共争一劣国，同时于他方面又共争一劣国，各不相下，于是乎以协商之结果，使甲国伸于此方面而诎于他方面，使乙国伸于他方面而诎于此方面，坐是而两劣国同时失其生命，各成为甲、乙两国之一部，如第七图。

一庞大之劣国，为诸优国竞争之烧点，以其庞大且为烧点故，非一国所得专，乃乘其内乱，而以协商之结果裂置为数劣国，而分置之于诸优国肘腋之下以待将来，如第八图。

复次，一庞大之劣国，以前项同一之理由，非一国所得专，诸优国惟恐有专之者也，故于欲瓜分而未能瓜分之时，各树势力于一隅，于己势力所及之地，排他人势力之侵入，虚画一线，名之曰势力范围，以待将来，如第九图。

或以瓜分之不能普及也，且冲突之不能免也，又或于一二国固有之利益有所损伤也，于是乎以协商之结果，举以为公众之尾闾地，而不愿有所私，群聚而嗫其血，齿牙俊利者先满腹焉，如第十图。

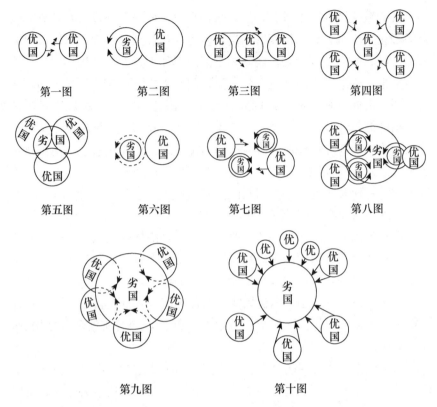

第一图　　　　　第二图　　　　　第三图　　　　　第四图

第五图　　　　　第六图　　　　　第七图　　　　　第八图

第九图　　　　　　　　第十图

　　以上十例，国际竞争之形相大略具矣。由此观之，现存于世界之数十国，可中分为二种：其一曰能竞争之国，亦名曰竞争之主体，即已成熟之优国是也；其他曰所竞争之国，亦名曰竞争之客体，亦名曰竞争之目的物，即未成熟之劣国是也。横览宇内，优国不过六七，而劣国殆十倍之，以群劣伍群优之间，在法宜无复可以生存，而彼自邻以下，犹得岿然以至于今者，庸讵知彼非能以竞争主体之资格而生存，乃实以竞争客体之资格而生存也。夫国而至于仅借竞争客体之资格以生存，则其生存也，非能恃自力，而纯恃他力，他国欲生之则生之，其欲死之则死之，命在何时，非彼国自身之所能决也。以故诸优国经一度之战争，而劣国之命运一变焉。诸优国经一度之协商，而劣国之命运一变焉。夫战争者，竞争力之积极的表现也，而协商者，竞争力之消极的表现也，其表现之形式虽不同，而其结果必为竞争主体国之利，而断不为竞争客体国之利，岂待问也？呜呼！以此思险，险可知矣！以此思痛，痛可知矣！

　　虽然，等是劣国也，而其地位亦自有差别，第二图、第四图、第五图、第七图、第八图之劣国，其命运已定者也。第六图、第九图、第十图之劣国，其命运未定者也。何也？前此之劣国，或其生命已丧失焉，或虽未丧失而无成熟之望焉，或虽能成熟而不能参加于竞争主体之列焉。后此之劣国，虽其进化成熟之机见摧锄、见桎梏者已不鲜，而尚有可容豹变之余地，则以十年前为列强所竞争之国，十年后忽跃而为能与列强竞争之国，在近世历史中亦非无一二前事之师也。世之君子，其能深察此中消息乎？则我中国在世界之位置其可以想见矣，此吾所以有《世界大势及中国前途》之作也。

改革之动机安在？*
（1907 年 10 月 7 日）

（一）

"改革之机将动！改革之机将动!!"此语也，吾习闻之有年，而近数月来尤聒，破除满汉之明诏降矣，立宪会议开矣，建设责任内阁之议且见于奏报矣。嘻！改革之机毋乃真动？

此机之动，不自今日，辛丑和议成时，曾一见之，而今竟何如？五大臣归国后，曾再见之，而今竟何如？

凡物之动，有自动，有被动，毫无因缘而能自动，其事固甚希，若本无自动之诚意与能力，而惟恃他力为被动，则其势亦断不可以久，何以故？所被之他力一过，而永静性复现故。

辛丑之动，八国联军之他力使然也；去岁之动，日俄战争之他力使然也；今兹之动，则革命党暗杀之他力使然也。

使八国联军、日俄战争、革命党暗杀等事实，刹那刹那，相续不断，则改革之进行，当无已时，夫此则非国家之福明矣。虽然，不如是者，则改革之机果动与否，吾未能信之。

（二）

前两次之动机，怵于外患；今兹之动机，怵于内忧。

---

* 录自《政论》第一号，光绪三十三年九月初一日（1907 年 10 月 7 日）出版，署名"一民"。《饮冰室合集》未收入。

怵于外患，乃思以改革敷衍外国；怵于内忧，乃思以改革敷衍国民。

元首之汲汲敷衍也，在前此则惧为被黜之朝鲜太皇帝，在今兹则惧为被轰之亚历山大第二也；延臣之汲汲敷衍也，在前此则惧廷雍、毓贤之见邀，在今兹则惧恩铭之求代也。要之，皆以私人利害为前提，而于国家问题丝毫无与也。

以改革敷衍外国，愚而已矣；以改革敷衍国民，其心术及不复可问。何以故？待国民而用外交手段，是不啻以敌意遇国民故。

敌民者，民恒敌之，桴鼓之应，其安能逃？以畏革命党故而敷衍国民，乌知夫敷衍手段即为革命党之媒也。谓余不信，俄罗斯其前车矣。

当道诸公，其犹有一二贤者乎？开诚心布公道，以改革之业与国民共之，将对付革命党之一问题，廓清辞辟，勿稍留芥蒂于胸中，以与改革事业相离，则改革之机其真动矣。改革之机真动，革命党其何由生存？

《国风报》叙例[*]
(1910 年 2 月 20 日)

天相中国，诞膺我德宗景皇帝，滂沛德音，布立宪之政，以垂诸无穷，而施诸罔极。今上皇帝善继善述，申明成典而光大之，将以开百王未有之治，而餍率土具瞻之望。圣神文武，重熙累洽，自古圣贤之君，其体国子民之业，布在方策，若夫公天下之盛心，与夫措施规模之宏远，则未闻有圣圣相继如今日者也。盖闻诸《书》曰：众非元后何戴，后非众罔与守邦。伏惟我德宗景皇帝、我今上皇帝所以覆帱吾民而勤育之者，既已仁至义尽而无以复加，自今以往其果能厝国家于长治久安，以远慰在天之灵，而近纾宵旰之忧与否，则举国百僚士庶之责也。

夫立宪国之君主，其神圣不可冒犯之实，远过于专制国，故决无或负政治上之责任，而一切用人行政，当由政府大臣任其劳，其有阙失，亦惟政府大臣尸其咎。苟为政府大臣者，唯阿旅进退不事事，而仍以衡石量书之役，重劳君上，或举措乖方，贻误国家，则托于奉令承教出纳王命，不自引责，而使君上代吾受过以为民怨府，此皆所以贼害皇室，而与立宪主义最相反背者也。坐是之故，今后之为政府大臣者，苟非精白乃心，有富贵不淫、威武不屈之节操，常恻然以忧天下为心，而舍私利以徇国家之急者，则不容滥竽于其位固不俟论。然又非仅能是而已足也，必其识足以通古今之变，洞庶民之隐，知四国之为，然后能审时度势以定一国政治之鹄，而无或举标而遗本，图小而失大，见近而忘远，然后能使一方之福与全国之休常相调合，使百年之计与救时之策各适其宜，此以言乎施政之本原也。若夫如何而能网罗俊杰使之在位，如何而

* 录自《国风报》第一年第一期，宣统二年正月十一日（1910 年 2 月 20 日）出版，署名"沧江"。收入《饮冰室合集·文集》之二十五上。

能董率百僚使咸率职；内而政府全部，如何而能统一之，使权限各伸而步趋罔歧；外而国民议会，如何而能应对之，使嘉谟毕采而横议不行；下而大小僚属，如何而能导督之，使治具日张而官邪无作。恒视此十数大臣之器量才略，而一国之荣悴兴替托命焉。其他一切官吏，其最急者，当务德性纯白、忠于厥职，亦固无论，而又须于今世所谓普通常识为士大夫所不可阙者，皆能知其崖略，而于其所司之本职，尤须能深明国家所以建置委任之意，于其中条理纤悉周备靡不察究，而广之以阅历，厉之以精进，然后举国有方新之气，而庶绩奏咸熙之实。若是乎，立宪国之政府大臣及一切官吏，其责任如此其洪大，其资格如此其严重也。若夫吾侪小民，其在畴昔，则出粟、米、麻、丝，作器皿、通货财以事其上已尔，谨身节用媚兹一人以俟驱策已尔，寒则待上之为我衣，饥则待上之为我食，患难则待上之为我捍，邪僻则待上之为我坊，故礼乐沿革、刑政宽猛，壹皆委诸肉食之谋，而无取为出位之议也。至于立宪国民则不然，国家画出行政权之一部分责诸地方自治，而使之助官治所不及。吾既为城、镇、乡一公民，则城、镇、乡政之得失，吾与有责焉；既为府、州、县一公民，则府、州、县政之得失，吾与有责焉；既为省之一公民，则省政之得失，吾与有责焉。不宁惟是，数月以后，朝廷将使吾民举其贤者以入于资政院，数年以后且使之为独立之一下议院，而举凡一国之大政，皆将于此取进止焉。使国民而能守政治上之庸德，具政治上之常识，则其行此参政权也，必能匡政府之不逮，而进国家于安荣；其行此自治权也，亦必能造一方之福利，而置群庶于衽席。而不然者，或聚武断乡曲之辈而为污吏傅之翼，或群放恣横议之徒而为乱民赍之粮，两者之性质虽绝相反，要其不为国家之福而为国家之祸则一也。若是乎，立宪国之国民，其责任又如此其洪大，其资格又如此其严重也。然则自今以往，我政府大臣、一切官吏及我国民，欲求所以践此责任而备此资格，其道何由？曰：是贵有健全之舆论也已矣。

　　夫立宪政治者，质言之则舆论政治而已。先帝知其然也，故大诰曰："大权统于朝廷，庶政公诸舆论。"盖地方自治诸机关以及谘议局、资政院，乃至将来完全独立之国会，凡其所讨论设施，无一非舆论之返照，此事理之至易睹者，无待赘论，即政府大臣以至一切官吏，现已奉职于今日预备立宪政体之下，则无论若何强干，若何腐败，终不能显违祖训，而故与舆论相抗，此又事势所必至者也。夫舆论之足以为重于天下，固若是矣，然又非以其名为舆论而遂足贵也。盖以瞽相瞽，无补于

颠仆；以狂监狂，只益其号咷。俗论妄论之误人国，中外古今数见不鲜
矣。故非舆论之可贵，而其健全之为可贵。健全之舆论，无论何种政
体，皆所不可缺，而立宪政体相需尤殷者，则以专制时代之舆论不过立
于辅助之地位，虽稍庞杂而不为害；立宪时代之舆论常立于主动之地
位，一有不当，而影响直波及于国家耳。然则健全之舆论，果以何因缘
而始能发生乎？窃尝论之，盖有五本：一曰常识。常识者，谓普通学
识，人人所必当知者也，夫非谓一物不知而引以为耻也，又非谓穷学理
之邃奥析同异于豪芒也，然而自然界、社会界之重要现象，其原理原则
已经前人发挥尽致，为各国中流社会以上之人所尽能道者，皆须略知
之；又本国及世界历史上之重大事实，与夫目前陆续发生之大问题，其
因果相属之大概，皆须略知之。然后其持论乃有所凭借，自为不可胜以
待敌之可胜，而不然者，则其质至脆而易破，苟利害之数本已较然甚
明，无复辨难之余地，而欲陈无根之义以自张其军，则人或折以共信之
学理，或驳以反对之事例，斯顷刻成齑粉矣，此坐常识之不足也。二曰
真诚。《传》曰：至诚而不动者未之有也，不诚未有能动者也。夫舆论
者非能以一二人而成立者也，必赖多人，而多人又非威劫势胁以结集者
也，而各凭其良知之所信者而发表之，必多数人诚见其如是，诚欲其如
是，然后舆论乃生，故虚伪之舆论未有能存在者也。今世诸立宪国，其
国中之舆论大率有数派，常相水火，然倡之者罔不以诚，诚者何？曰：
以国家利害为鹄，而不以私人利害为鹄是已。盖国家之利，本有多端，
而利又恒必与害相缘，故见智见仁、权轻权重，感觉差别异论遂生，而
莫不持之有故、言之成理。若夫怀挟私计，而欲构煽舆论，利用之以供
少数人之刍狗，则未有能久者也。三曰直道。国之所贵乎有舆论者，谓
其能为国家求多福而捍御其患也。是故有不利于国民者，则去之当如鹰
鹯之逐鸟雀也，然凡能为不利于国民者，则必一国中强有力之分子也，
故必有柔亦不茹、刚亦不吐、不侮鳏寡、不畏强御之精神，然后舆论得
以发生。若平居虽有所主张，一遇威怵则噤如寒蝉，是腹诽也，非舆论
也；甚或依草附木，变其所主张者以迎合之，是妖言也，非舆论也。四
曰公心。凡人类之智德非能完全者也，虽甚美，其中必有恶者存，虽甚
恶，其中必有美者存，故必无辟于其所好恶，然后天下之真是非乃可
见，若怀挟党派思想，而于党以外之言论举动，一切深文以排挤之，或
自命为袒护国民，而于政府之所设施不问是非曲直，不顾前因后果而壹
惟反对之为务，此皆非以沽名，即以快意，而于舆论之性质，举无当

也。五曰节制。近儒之研究群众心理学者，谓其所积之分量愈大，则其热狂之度愈增，百犬吠声，聚蚊成雷，其涌起也若潮，甚飙散也若雾，而当其热度最高之际，则其所演之幻象噩梦往往出于提倡者意计之外，甚或与之相反，此舆论之病征也。而所以致病之由，则实由提倡者职其咎，盖不导之以真理，而惟务拨之以感情，迎合佻浅之性，故作偏至之论，作始虽简，将毕乃巨，其发之而不能收，固其所也，故节制尚焉。以上五者，实为健全舆论所不可缺之要素，故命之曰"本"，而前三者则其成全之要素，后二者则其保健之要素也，夫健全舆论云者，多数人之意思结合，而有统一性、继续性者也；非多数意思结合，不足以名舆论；非统一、继续，不足以名健全。苟缺前三者，则无所恃以为结合意思之具，即稍有所结合，而断不能统一，不能有力，其究也等于无有，如是，则舆论永不能发生。舆论永不能发生，则宪政将何赖矣？苟缺后二者，则舆论未始不可以发生也，非惟可以发生，或且一时极盛大焉，然用褊心与恃客气为道，皆不可以持久，故其性质不能继续，不转瞬而灰飞烟灭，而当其盛大之时，则往往破坏秩序，横生枝节，以贻目前或他日之忧，如是，则舆论不为国家之福而反为病。舆论不为国家之福而反为病，则宪政益将何赖矣？然则今日欲求宪政之有成，亦曰务造成健全之舆论而已矣；欲造成健全之舆论，亦曰使舆论之性质具此五者而已矣；欲使舆论之性质具此五者，亦曰造舆论之人先以此五者自勉而更以之勉国人而已矣。

夫舆论之所自出，虽不一途，而报馆则其造之之机关之最有力者也。吾于是谓欲尽报馆之天职者，当具八德：一曰忠告。忠告云者，兼对于政府、对于国民言之，无论政府或国民，苟其举动有不轨于正道、不适于时势者，皆当竭吾才以规正之，而不可有所瞻徇容默，不可有所袒庇假借，而又非嬉笑怒骂之谓也。嬉笑怒骂之言徒使人怨毒，而不能使人劝、使人惩，且夫天下虽至正之理、至重之事，而一以诙谐出之，则闻者亦仅资以为谈柄，而吾言之功用，损其什八九矣，所谓不诚未有能动者也，以勤恳恻怛之意将之，法语巽言，间迭并用，非极聋聩，固当一寤，如终不寤，非吾罪矣。二曰向导。向导亦兼政府、国民言之，今兹之改革政体，实迫于世界大势，有不得已者存，政府、国民虽涂饰敷衍者居大多数，然谓其绝无一毫向上欲善之心，亦太刻论也。顾虽曰有之，而不识何涂之从，掖而进之，先觉之责也。斯所谓向导也，虽然为向导者必先自识涂至熟，择涂至精，然后有以导人，否则若农父告项王以左，左乃陷大泽矣。又必审所导之人现时筋力之所能逮，循渐以进，使积跬步以至千里，否则若屈子梦登天，魂中道而无杭矣。故向导之职为报馆诸职之干，而举之也亦最难。三曰浸润。浸润与煽动相反对，此二者皆为鼓吹舆论最有力之具。煽动之收效速，浸润之收效缓。顾收效速者，如华严楼台，弹指旋灭；收效缓者，如积壤泰华，阅世愈坚。且煽动所得为横溢之势力，故其弊之蔓延变幻，每为煽动之人所不及防；浸润所得为深造之势力，故其效之锡类溥施，亦每为浸润之人始愿不及。此两者之短长也。四曰强聒。所贵乎立言者，贵其能匡俗于久敝，而虑事于未然也。夫久敝之俗，则民庶所习而安之者也；未然之事，则庸愚所惊而疑之者也。惩其所习安，而劝其所惊疑，其自始格格不相入宜也。是故立言之君子，不能以一言而遂足也，不能以人之不吾信而废然返也，反覆以谏。若孝子之事父母，再三以渎；若良师之诱童蒙，久之而熟于其耳，又久之而餍于其心矣。黾勉同心，不宜有怒，《风》人之旨也；宁适不来，靡我不顾，《小雅》之意也。五曰见大。社会之事至赜也，其应于时势之迁移，而当有事于因革损益者，不可胜举也。今之政俗，其殃国病民者，比比然也。豺狼当道而问狐狸，放饭流歠而责无齿，决蒉克济矣，故君子务其大者、远者，必纲举而目始张，非谓目之可以已，而先后主从则有别矣。六曰主一。锲而舍之，朽木不折，狐埋狐掘，效适相消，今之作者其知悔矣，故必择术至慎，持义至坚，一以贯之，彻于终始。凡所论述，百变而不离其宗，然后入人者深，而相孚者笃也。若乃阛阓杂报，专务射利，并无宗旨，或敷衍陈言，读至终篇不知所指，或前后数日持论矛盾，迷于适从，此则等诸自郐可无讥焉。七曰旁通。吾言舆论之本，首举常识。夫常识者，非独吾有之而可以自足也，舆论之成，全恃多数人良知之判断，常识缺乏，则判断力何自生焉？必集种种资料以馈之粮，使人人得所凭借以广其益而眇其思，则进可以获攻错，而退可以助张目矣，而所馈之粮，能否乐饥，是又在别择之识，非刻舟所能语也。八曰下逮。下逮云者，非必求牧竖传诵，而灶婢能解也。吾国文字奥衍，教育未普，欲收兹效，谈何易焉。若惟此之务，必将流于猥亵，劝百讽一而已。虽然，即以士大夫论，其普通智识程度亦有限界，善牗民者，其所称道之学识，不可不加时流一等，而又不可太与之相远，如相譬然，常先彼一跬步间斯可矣，吾超距而前，则彼将仆于后矣，恒谨于此，斯曰下逮。若夫侈谈学理，广列异闻，自炫其博，而不顾读者之惟恐卧，此则操术最拙者也。吾窃尝怀此理想，谓国中苟有多数报馆能谨彼五本而修此八德者，则必能造成一国健全之舆论，使上而政府大臣及一切官吏，下而有参政权之国民，皆得所相助，得所指导，而立宪政体乃有所托命，而我德宗景皇帝凭几末命所以属望于我国民者为不虚，而国家乃可以措诸长治久安，而外之有所恃以与各国争齐盟。吾念此久矣，国中先进诸报馆，其果已悉与此理想相应与否，吾所不敢知。然而声期相应，德欲有邻，驽骀十驾，不敢不勉，爰与同志，共宏斯愿，自抒劳者之歌，冀备辂轩之采，十日一度，名曰《国风》，所含门类，具于左方：

自我天覆，油油斯云，大哉王言，其出如纶，录"谕旨"第一；

三年蓄艾，一秋餐菊，杜牧罪言，贾生痛哭，录"论说"第二；

见兔顾犬，知人论世，言者无罪，闻者足戒，录"时评"第三；

他山攻错，群言折衷，取彼楚梼，振我宋聋，录"著译"第四；

料民问俗，纤悉周备，网罗日知，以供岁比，录"调查"第五；

谋及庶人，周知四国，十口相传，一树百获，录"记事"第六；

李悝六篇，萧何九章，式我王度，示我周行，录"法令"第七；

山公启事，子骏移书，征诸文献，以广外储，录"文牍"第八；

如是我闻，其曰可读，《梦溪笔谈》、亭林《日录》，录"谈丛"第九；

梁苑群英，建安七子，其风斯好，其文则史，录"文苑"第十；

小道可观，缀而不忘，九流余裔，班志所详，录"小说"第十一；

大叩大鸣，小叩小鸣，既竭吾才，求其友声，录"答问"第十二；

东方画像，摩诘声诗，溯洄可从，卧游在兹，插录"图画"第十三；

文约义丰，语长心重，宿儒咋舌，老妪解诵，附录"政学浅说"第十四。

都凡十四门，每十日一卷，卷八万言，年为三十五卷，三百余万言。

释例二十三凡。

凡十日内"谕旨"全录，尊王也，若篇幅不给，则以晚出者移于次卷。

凡"论说"，本报之精神寓焉，其对象则兼政治上与社会上，政治上者纳诲当道也，社会上者风厉国民也。其选题则兼抽象的与具体的，抽象的者泛论原理原则也，具体的者应用之于时事问题也。凡政治上所怀之意见无不吐，而于财政及官方特先详焉，救时也。凡社会上所睹之利病无不陈，而于道德、风习三致意焉，端本也。

凡“论说”之文，短则不达，长则取厌，故最长者不过登三次而毕，其有未尽，则更端论之。

凡“论说”所论，则事之应举措者也；凡“时评”所评，则事之已举措者也。

凡“时评”，就国中所已举措之事而论其得失，而旨于规正者什八九，盖其举措已当，无俟规正者，则亦无俟谀颂也。惟舆论有抨击政府而失辞者，时亦为政府讼直。

凡“时评”，于外国大事，时复论列，《传》曰：国之强也，邻国有焉；国之亡也，邻国有焉。吾国人忽诸，是乃所以不竞也，惟评外事，则不及语其得失，惟推论其影响所及者。

凡“时评”，不攻击个人，非避怨敌，以得失之大原，不在是也。

凡“论说”及“时评”，皆不徇党见，不衍陈言，不炫学理，不作诐语，谨“五本”，务“八德”也。

凡“著译”，皆取材于东西各国新出报章之“论说”，其专书亦间采焉，皆当世之务而作者之林也。

凡时贤伟论，与本报宗旨可以相发明者，则归诸“著译”。

凡“调查”，亦兼政治上、社会上两方面，其资料或由自蒐搜集，或取材于外报。

凡“记事”，分本国、世界两科，本国记事之目，曰“宫廷恭纪”，曰“用人行政”，曰“立法司法”，曰“国际交涉”，曰“财政生计”，曰“海陆军事”，曰“运输交通”，曰“金融货币”，曰“农工商矿”，曰“教育警察”，曰“地方政务”，曰“边防藩属”，凡十目，其世界记事则以国别。

凡遇有重大事件发生，为国人所宜特留意者，则为“特别记事”，无之则阙，事过则止。凡“特别记事”，每追叙原因，推论结果，与“时评”相辅。凡“特别记事”，置于普通记事之前。

凡“记事”，皆为秩序的、系统的，以作史之精神行之。

凡“法令”，已奏准公布者录之。

凡“文牍”，有用者录之，“时评”所纠者，录其原文。

凡“谈丛”，无体例，无系统，自理想、考据、掌故、文艺，乃至中外异闻轶事，随笔所之，智识之渊、趣味之薮也。

凡"小说"，聊备一格，无以自表异于群报，如其改善，愿以异日。

凡"答问"，对于本报所持之义、所谭之学有疑难者，移书相质，则答之，其太洪大之问题、太琐末之事项，则不答也。

凡"图画"，或名人画像，或历史遗迹，或胜地风景，采择插入。

凡"附录浅说专书"，实本报同人呕心血之作，专务输灌常识于多数国民，其体裁则以至浅之笔，阐至邃之理，以至约之文，含至富之义，其种类，则首宪政及国民生计，以次及财政、地方自治、教育、法学，乃至自然科学等。

凡全卷各门类所论述，恒互相发明。

凡每卷皆备十四门，但材料或有余于篇幅，则"调查"、"法令"、"文苑"、"答问"、"画图"间阙焉。

说国风 *
(1910 年 2 月 20 日)

(上)

昔先王陈《诗》以观民风，吴季札观《乐》，一则曰："美哉渊乎！忧而不困，其《卫风》乎？"再则曰："美哉，泱泱乎！大风也哉。"盖既积民以成国，则国内之民之品性、趋向、好尚、习惯必画然有以异于他国，若此者谓之"国风"，国风之善恶则国命之兴替所攸系也。故季札观《风》，以推知各国存亡之数短长之运，未或有忒，而中外古今之言治本者，亦罔不致谨于是。

夫古代则邈矣，第弗深考，若并世荦荦数名国，盖莫不各有其国风以矫然自异，而其国之所以能独秀于世界者，恒必由此。英人尊阅历、重实行，虽屡挫折，靡或退转，而惟期成于厥终。其治事也，以为事前而计虑之，毋宁事后而审察之。彼非先定一原理原则，乃始应用于实际，盖行诸实际而有成之后，乃推求其所以获成之原则，而应用于第二次者也。故其遇事也，恒冒险以进取，而无或长虑却顾于事前，以沮其迈往之气，而既已为之，则虽累失败而决不肯废于中道，惟案其失败之所由，徐徐改作以底厥成而已。故其保守之性与其进取之性相引而俱强，他国虽有良法美意，苟非经英人实行而有效者，则不屑学也；其所实行而素习，虽他国人群起而非笑之，不屑顾也。其国内个人之相视也亦然，人人各自磨炼于阅历而务实行，故不倚赖他人，不为他人所阻

---

* 录自《国风报》第一年第一期，宣统二年正月十一日（1910 年 2 月 20 日）出版，署名"沧江"。收入《饮冰室合集·文集》之二十五下。

挠。惟其如是，故亦不阻挠他人，亦不恃人之倚赖我以自为重；惟其如是，故并政府亦非所倚赖，并政府亦不得妄干涉个人，而人人皆有轩轩独立求其在我之概；惟其如是，故其政治上之意见不轻相让，而亦不屑诡道以相争，常有两大政党堂堂正正互相督责、互相补助，以图国家之进步。此英国国风之大凡也。

德人反是，德人盖全世界最好学之国民也。其性迟重而矜慎，将有所兴作，则必先求其原则，审之至当，乃始从事，故常于事前豫卜事后之成绩，常以先见防弊于未然。其秩序常整齐严肃，而决不许有一度之失败以耗费其精力。往往有期成于数十年后之事业，而数十年前，举国已讲求而播植之。惟其然也，故凡百皆仰先觉者之向导，皆赖政府之指挥，其人民不肯妄作聪明，以致甚嚣尘上，而亦以学术、政治皆务核名实，故一切矫诬浮夸之言行，不能见容于社会。惟其然也，故有不学，学则必能；有不谋，谋则必周；有不战，战则必克。彼义务教育之制，全国皆兵之制，皆自十九世纪之初，率先他国以行之，而收其成于六七十年以后。以五旬之力而夺奥国之霸业，以七月之力而使法国为城下盟，皆谋定后动，而决胜远在事前。其他举措，无大无小，无公无私，莫不有然。此德国国风之大凡也。

若夫法人，则又与彼二者异。法人凡事先求原理原则，而常赖国家之指挥向导，颇与德人相类，顾无德人服从秩序、沉毅负重之美；其喜事而敢于进取，视英为近，顾无英人百折不回之概。故其奋发也易，其沮丧也亦易。虽然，法人有一特性为全世界人所莫能逮者，则其感觉之敏与愿力之宏也。法人之思想透明洞达，而气魄复能吞吐一世，无论何种理论，一入法人之意识，则不旋踵而煽播遍于全欧。中世十字军之举，屡倡不成，及法人被选为教皇，遂能使十数国之君主人民，咸集其麾下，七兴大军，以开欧洲一新局面。法国大革命所倡"三权鼎立"说、人民主权说、自由平等博爱主义等，英国则于十七世纪已疾呼之而实行之矣。顾英人仅认为本身固有之权利，而法人则指为人类自然之权利，故英国之革命，虽亦尝放弑厥主，其迹大类法国，而他国未尝一受其影响，法人衍之，则全欧风靡，更展转簸荡以及于全世界。盖应用原理以现于事实，法人所最擅长也，而其病也在浮躁而骛于感情，故基础不坚而难以持久。此法国国风之大凡也。

俄与美建国日浅，日本虽古国，然晚近仅乃统一，故之三国者，其国风皆未甚成熟。虽然，於菟生七日，而已有食牛之气，其得力所在，固可察见也。美人本英所自出，其性之受于英者最多，然英人尊阶级、务形式，美人则重平等、乐简易，此其所以异也。美人盖全世界中最务实之国民也，故其学问之发明，虽视欧洲诸国瞠乎其后，及其应用科学于实际，则举诸国未有能及之者。俄国于全欧最为晚达，殆如豫章之木，生七年然后可识，若其坚忍强固，不汲汲于近功小利，取势常甚远，而得寸得尺以期大成，则诸国所不逮也。日本人最长于模仿性，常以不若人为耻，人之有善，则急起直追之若不及，而凡有所效，必实事求是，以得其真似，锐于进取而勇于舍短。此美、俄、日三国国风之大凡也。

之六强国者，虽其国风互有长短得失，然皆能善用其长，而有以自得，又有六国所同具之美风二焉：曰重名，曰爱国。彼其人非不好利，然好利不如其好名，苟于其名誉有所点污，往往不惜牺牲身命以恢复之，若徇财而瘝名，则社会所不齿也。其人非不爱身，然爱身不如其爱国，国家有难，争匍匐以救之；居恒党争虽烈，一旦有事，常能蠲弃小忿，协同一致，以外御其侮。此则六国者之所同也。

彼其国惟有此美风，故能整饬其制度，滋长其学艺，浚发其富源，强劲其军旅；内之人人各遂其生，而外之则举其国以左右世界。世界列国虽百数，而为重者不过六七，盖有由也。若夫西班牙、葡萄牙之国风，好虚荣而勇私斗，故虽尝雄霸宇内，及一蹶而不能复振，其殖民之建国于美洲者，虽号称共和立宪，而日寻干戈，民不聊生。土耳其之国风，迷信而过于服从，蛮勇而疏于实务，故日蹙百里，不自振拔。犹太之国风，嗜利无耻，故国亡而永不克复，其民漂流四海，无寸土以托足。高丽之国风，惰而不事事，好小利而喜倾轧，常倚赖他国以求庇我，故数千年不克自立，而长为人役。由此观之，则国家之盛衰兴亡，孰有不从其风者耶？

我国积数千年之历史以有今日，而结集此最多数之国民以享有此最形胜之国土，则我先王先民之遗风，其所以诒谋我者，当必有在。而今也我国国风，其有足以夸耀于天下者否耶？以视英、德、法、美、俄、日则何如？以视西、葡、土、犹太、高丽则又何如？嗟乎！国于天地，必有与立。我国人安可不瞿焉以惊蹶焉以兴也。

（中）

国之有风也，将一成而不变耶？抑因时而屡易耶？曰：天下变动不居之物莫如风。夫既谓之"风"矣，则安有一成而不变者，吾征诸史迹而有以明其然也。

当十五、六世纪，荷兰、葡萄牙人竞出航海，其时英人犹蛰伏孤岛，未尝有一毫海事思想。不宁惟是，其贱视商业也，与我国古代无异。盖自额里查白女皇即世之后，英人始渐狎海而重商，今则以海与商为其天性矣。日本当庆应之季，举国以闭关攘夷为言，仅阅数稔，迨明治十年前后，则国人之慕西风，若群蚁之趋膻也。此其最切近而彰明较著者也。

更征诸远，则古代希腊人当与波斯战争时，举国一致，同仇敌忾，一若宁聚族而歼，而决不肯臣虏于人者，乃不及二百年，而内阋无虚日，罗马军至，百城迎降，望风而靡。罗马当共和初政，其人以尚勤俭、尊武侠、爱自由闻天下，及其末叶，乃相率俯首帖耳于一二悍将骄主之下为之奴隶，迨帝政既衰，益复骄奢淫佚、文弱柔脆以即于亡。前后仅数百年间，而其品性习尚，一二皆适得其反。又如蒙古人，当宋、元、明之世，骁勇撼大地，所至使欧人股栗，至举其名以止儿啼，曾几何时，其屈如蝼，其驯如羊，今者举世界不武之民，则蒙古其一也。此不过举一二以为例耳，若其他历史上之陈迹，类此者殆更仆难尽。即以我国言之，昔顾亭林《日知录》著《世风》一篇，叙历朝风俗变迁升降之迹，而叹息于春秋之美风至战国而扫地以尽，后汉之美风至三国、六朝而扫地以尽，言之有余慨焉。今之距亭林又三百余年矣，变迁之剧，使人暗惊。有明之士大夫，尚气谊，重名节，其内行常好矫矫自异，而视国事如其家事，有以为不可者，则相率而争之，虽廷杖瘐死不悔，而继起者且相属。及其亡也，而洛邑顽民、东海大老犹遍山泽，自东汉以降，士风之美未有若明代者也。雍、乾而后，此风浸以陵夷衰微矣。昔人谓明人好名，本朝人好利，盖俗之趋偷，其所由来者渐也，悬崖转石之势，至今日而愈速愈剧，其堕落乃不知所届。

自予之始与国中士大夫接也，不过二十年耳，而前后所睹闻已如隔世。前此学子虽什九溺于帖括，而京朝岩穴，所至犹往往有笃学老儒，终岁矻矻，以读书著书为事，寻常学子释褐以后，未尝废学，相见辄复论文谭艺，其所学致用与否勿具论，而要之不失士大夫之面目也。今也不然，举国不悦学，三《传》束阁，《论语》当薪矣。然彼方且曰："此旧学，吾所不屑也。"及叩其所谓新学者，又不过以求一卒业文凭、试业得第为无上之希望。其内地中小学堂以下不必论，即其曾受学位于外国大学者，一得官后，则弃所学若敝屣矣。彼盖以学问为手段，非以学问为目的也。故以新学自炫者，遍国中而忠于学问者无一人，"学绝道丧"一语，今日当之矣。然彼方且曰："吾将为政治家举所学以措诸用，而岂屑埋头伏案作一学者也。"姑无论一国中虽有政治家而亦不可无学者也，又无论政治家不可以废学也，即如彼言，政治家遍朝列矣，顾未闻为国家立一救时之策，树一宏远之规，其敷衍因循，视畴昔所谓老朽更有甚焉；而其撌拾涂附多立名目以病民而肥己者，又往往出新学家之手也。然则所谓守旧者又如何？前此嫉新说若仇，甚或火其书，戮其人。虽然，不过暗于时势耳，然其心口如一，犹不失为光明磊落丈夫之行也，今则心之所是非者犹昔，而口则朝新政而夕立宪也。前此京朝士夫，朴素如老儒，入署大率步行，宴客不过数簋，岁得俸廉数百金即足以自给，其名士往往敝衣破帽，萧然自得，而举国且仰其风采。今也全国国民富力，视前此有日蹙而无日舒，而中流社会之人，日相炫以豪华，虽以区区一曹郎，而一室之陈设耗中人十户之赋，一席之饮宴，值《会典》半年之俸，而其尤宦达者更无论也。前此偶有游戏，讳莫如深，今则樗蒲之博，以为常课，狭邪之游，明张旗鼓，职务废于丛脞，神志昏于醉饱，而举国未或以为非也。前此贿赂苞苴，行诸暮夜，馈者受者咸有戒心，今则攫金于市，载宝于朝，按图索骥，选树论价，恬然不以为耻，而且以此夸耀于其侪辈也。此不过略举其一二，若悉数者，则累数十纸而不能尽。绳之以仲尼、墨翟之教，则曰："是我之所不屑为。"语之以英、美、德、日之治，则曰"是我之所已几及舍一身以外，不复知有职务，不复知有社会，不复知有国家，不复知有世界"。即以一身论，舍禽息兽欲外，不复知有美感，不复知有学艺，不复知有人道，不复知有将来。滔滔者天下皆是，以雷霆万钧之力销铄一世，夫岂无节士，入此漩渊而淘卷以去耳。

孟子曰：上无道揆，下无法守，朝不信道，工不信度，君子犯义，小人犯刑，国之所存者幸也。又曰：上无礼，下无学，贼民兴，丧无日矣！国风败坏，一至此极，就使车书一尊，四郊不垒，辛有犹将睹野祭而识为戎，范燮犹将命祝宗以祈速死，又况社鬼日谋于其内，而飞虎日耽于其外者哉！《记》曰：国之将亡，本必先颠。又曰：国家将亡，必有妖孽。呜呼！痛哉！吾壹不解今世之士大夫，曷为忍而自颠其本而盈天下之妖孽，壹何其多也！夫人人亦知国家之必且无幸矣，而十年以前，呼号匍匐以思救之者，尚有其人，今则视为固然，而漠乎不复以动于其中也。如处堂燕雀，明见火燎之及栋，而犹争稻梁；如在釜游鱼，亦识沸羹之剥肤，而姑戏莲藻。人人怀且以喜乐且以永日之心，人人作我躬不阅遑恤我后之想。物理学所谓"惰力"，兵法所谓"暮气"，医家所谓"鬼脉"，而今日中国之国风，实兼备之。呜呼！二十年前之人心世道，有心人所私忧窃叹谓为浇季者，岂意每下愈况以至今日，反望之若祥麟威凤而不可复得见耶！循此不变，则希腊、罗马末叶之否运，终无所逃，而我国真千古长夜矣！悠悠万事，惟此为大，我国人其念之哉！

（下）

《易》曰：风以动之。又曰：挠万物者莫疾乎风。《论语》曰：君子之德风，小人之德草，草上之风必偃。《诗·序》曰：《关雎》，风之始也，所以风天下也。吾尝参合此诸义而有以知风之体与其用也，夫风之初起于蘋末，则调调刁刁而已，其稍进也，则侵淫而盛于土囊之口，及其卒也，乃飘忽溯滂，激扬熛怒，蹶石伐木，捎杀林莽。夫国之有风，民之有风，世之有风，亦若是则已耳。其作始甚简，其将毕乃巨。其始也，起于一二人心术之微，及其既成，则合千万人而莫之能御。故自其成者言之，则曰"风俗"，曰"风气"；自其成之者言之，则曰"风化"，曰"风教"。

教化者，气习俗之所由生也，此又考诸史而可征也。昔汉之风尝大坏矣，王莽盗国，而献符命者遍天下，其寡廉鲜耻，三代以来，未尝有也。光武起而矫之，尊经术，礼独行，海内承风，争自濯磨，人崇廉让，家重名节，故东汉风俗之美，冠绝今古。中叶以降，虽僻主相寻，而大统无恙，范蔚宗论之曰："往车虽折，而来轸方遒，所以倾而未颠，决而未溃，岂非仁人君子心力之为乎？"诚知言也。及三国鼎峙，以狙诈相尚，而魏武复以骁雄之姿束缚驰骤天下士，乃至下诏求负污辱之名、见笑之行、不仁不孝，而有治国用兵之术者，天下靡然趋之。东京懿媺扫地以尽。典午承流，益荡闲检，卒至举国心死，以酿五胡之乱，故于令升论之曰："礼法刑政，于此大坏，如室斯构而去其凿契，如水斯积而决其堤防，如火斯畜而离其薪燎也。"夫以哀、平之世可以一变为东京，以东京之世可以一变为魏、晋，则知乎枢机之发，转圜之速，因果相系之符，盖有必至者矣，然又非必帝者之力然后能使然也。吾闻诸曾文正公之言矣，曰："先王之治天下，使贤者皆当路在势，其风民也皆以义，故道一而俗同。世教既衰，所谓一二人者不尽在位，彼其心之所向，势不能不腾为口说而播为声气。而众人者，势不能不听命而蒸为习尚，于是乎徒党蔚起，而一时之人才出焉。"

吾又征诸史而有以明其然也。昔五季之俗至败坏也，而宋振之；元之俗至败坏也，而明振之。宋、明之君，未闻有能师光武者也，而其所以振之者，则文正所谓"不在位之一二人者播为声气，而众人蒸为习尚"也。夫众人之往往听命于一二人，盖有之矣，而文正独谓其势不能不听者何也？夫君子道长，则小人必不见容而无以自存，虽欲不勉为君子焉而不可得也；小人道长，则君子亦必不见容而无以自存，虽欲不比诸小人而不可得也。此如冠带之国，有不衣裤而处者，人必望而却走，被黻冕以入裸国，其相惊以异物，亦犹是也，是乃所谓势也。而势之消长，其机则在乎此一二人者心力之强弱，此一二人者如在高位，则其势最顺，而其效最捷；此一二人者而不在高位，则其收效虽艰，而其势亦未始不可以成。我朝圣祖仁皇帝，身教言教，圣于光武，故康熙士习，媲迹东都，而雍、乾以还，其在下者未尝有豪桀卓荦之士，能以道义风厉一世，故流风余韵，浸以陵夷。至道、咸间而甚敝，曾、罗诸贤，几振之矣，而适丁大难，精力耗于戎马，其先所以切劘而相应求者，率皆早岁凋落，而军旅之事，往往不能不使贪使诈，而跅弛之士，或反因此以得志于时，故中兴以后之国风，非惟不进于前，而反若退焉。又继之以海疆不靖，举国抢攘，泰西政学浸润输将，而祖述之者，大率一知半解，莫能究其本源，徒以其所表见于外者，多与我不类，则尽鄙弃吾之所固有，以为不足齿录，而数千年来所赖以立国之道，遂不复能维系人心，举国伥伥然以彷徨于歧路间，其险象固已不可思议矣。

而最近十年来一二赫赫具瞻、炙手可热之当道，虽其才略足以经纶天下与否，吾不敢言，要其以先王之道为不必学，以名节之防为不必谨，则固其所未尝自讳也。其所以风厉天下者，信有如魏武所谓"负污辱之名、见笑之行、不仁不孝而未或以为病"也。所异者，则魏武必以有治国用兵之术始为及格，今则并此资格而豁去之耳。夫以醇朴久漓之民，丁青黄不接之会，而复有居高明强有力者以身作则而纳之于邪，则其祸之烈于洪水猛兽，又岂足怪哉！今也成王典学，周公负扆，天地清明之象已渐见端矣，所问者，在下之君子能正其心之所向以播为声气与否而已。古人有言："物极必反"，吾国历史往往待蜩唐沸羹、千钧一发之际，然后非常之业乃出其间，而新气运于以开焉。信如是也，则吾其或免于为希腊、罗马末流之续也。抑《诗序》又曰：上以风化下，下以风刺上，主文而谲谏，言之者无罪，闻之者足以戒，故曰风。是以自二《南》以迄《曹》、《桧》，皆以风名，而先王常使太史乘辒轩以采之，而资以为美教化、移风俗之具焉。本报同人，学谫能薄，岂敢比于曾文正所谓"腾为口说而播为声气"者，顾窃自附于风人之旨，矢志必洁，而称物惟芳，托体虽卑，而择言近雅，此则本报命名之意也。

论各国干涉中国财政之动机[*]
（1910 年 2 月 20 日）

　　中国将来之险象不一，其最剧而不可治者，则各国之缩握我财政而限制我军备也，国中稍有识者，忧之久矣。嗟乎，痛哉！不幸而其第一事乃骎骎乎将现于实也。

　　据各报所称述，则我国驻劄某国使臣某君，曾以电达政府，谓各国将于下次海牙平和会议商拟会派员监督财政。此事之信否，吾不能言，即信矣，而果能决议以见诸实行与否，亦所不敢言。要之，吾国于此二三年内苟不能将行政机关与财政基础，从根本处改革而建树之，则此不祥之妖梦，行将急践，而决不能待至实施宪法召集国会之时，此吾所敢言也。

　　或有疑吾为杞人之忧者，虽然，苟求其故，则当有以明其不然也。今日全世界之大问题维何？亦曰经济问题而已，各国对内对外之政策，日新月异，法令如毛，载书充栋，要其归宿，则皆以图己国国民经济之发荣也。虽然，经济者无国界者也，当今日交通至便之世，一国经济若有剧变，其影响不旋踵而波及于他国，故无论何国，苟其经济界含有机陧不安之种子，则非独其国之私忧，实世界之公患也。而我国今日又各国经济竞争之集点，而与全世界之经济关系最深切者也，然则中国之经济界，苟含有机陧不安之种子，必尤为各国之所不能坐视，此事理之至易睹者。

　　夫一国之政治，固无一不与其国民经济有连，而因缘最深者莫如财政。财政紊乱，则其经济界日即凋敝，且恐慌之现象，必相续而起，恐

　　* 录自《国风报》第一年第一期，宣统二年正月十一日（1910 年 2 月 20 日）出版，署名"沧江"。收入《饮冰室合集·文集》之二十。

慌者，经济学上之一名词，其大意，则一人破产而牵累及于全市、全国、全世界也。此事势之无可逃避者也。夫他人诚非有爱于我而祝其经济之日荣也。虽然，十年以来，各国之投资营业于吾境内者，已不啻几亿万。我国经济之实力，彼实占其中坚，彼虽有种种特权，避吾政治上之干涉，然吾国财政紊乱所生之结果，彼等断不能不蒙其影响，抑甚明矣。借曰直接无所蒙，而其间接所蒙者，殆不可纪极。何以言之？盖今者各国，无不以吾国为其货物之尾闾，使吾国国民生计凋敝，则其购买力必岁减，各国过羡之生产，无与消受者，而无论何种之制造公司，皆受其敝矣。我国中诸大市镇，其金融机关即银行。率皆外人握之，恐慌一起，则此等机关首当其冲，而牵一发则动全身，将全世界之金融机关，悉为所撼摇，夫至全世界之金融机关为所撼摇，则影响之相引于无穷者，岂复可思议哉？是故各国诚非有所爱于我，而我国经济界既含有杌陧不安之种子，则各国必思排除之而后即安，此情理之常，毫无足怪者；各国又诚非有所憾于我，而我国之财政既足以陷全国经济界于杌陧之域，则各国必思夺吾魁柄而代斡转之，又情理之常，毫无足怪者。

然则前此曷为而久不行此？曰：一国独行之，必他国之所不许也；诸国共行之，则某国某国当列于此团体之中，而某国某国当摈于此团体之外者，此一疑难也。列于团体中之诸国，当以何国权利较重，而何国权利较轻者，此又一疑难也。一国政治，无巨无细，而无不与财政有连。若所绾者仅在度支部之会计，则财政终无整理之时；若举其有连者而悉及之，则发难未免太巨，此亦一疑难也。夫欲紾一国之臂而夺其太阿，谋之固不可以不慎，况益以联鸡之势，各相猜而莫敢执其咎，此所以盘马弯弓而久不发也。抑又见乎吾国频年以来，日以改革、立宪诸名义号于天下，亦庶几其果出于至诚，则必将有道焉。拔吾国经济界于杌陧之域而厝诸磐石，与万国交享其相当应得之利者，则亦何必市怨犯怒而为此扰扰也。是故各国之久不行此者，非有爱于我有惮于我，彼盖有所谋、有所待也。虽然，改革、立宪诸美名，非可以久假不归者。苟无其实而袭其名，掇拾敷衍，以涂民耳目于一时，吾民虽或易欺，抑安足以逃眈眈者之炯鉴耶？况乎托百度更始之名，愈以增司农仰屋之叹；当嗷鸿遍野之会，乃更为矢鱼竭泽之谋。自今以往，财政之有日紊而无日整，抑可见矣。则其直接以贻害于本国之经济界者何可胜道？则其间接以贻害于全世界之经济界者又何可胜道？势必至使各国虽欲坐视而终不能以坐视。乃胥谋捐弃其猜忤，开前古未有之例，萃十数国之代表，而公置一合议机关于我京师，以代行我冢宰制国用之权，而凡一切政务之待帑而行者受悉成焉。则我四百兆神明之胄，乃终为天下之僇民矣。呜呼！吾岂好为不祥之言哉！宣统元年十月二十九日记。

此稿方成，而连日读外国报章，有美国大统领所下国会教令宣言，各债权国当助中国改良政治之一事。又有英国《泰晤士报》著极长之论说，论中国国债担保物不可恃之一事。未几，又遂有美国通告列国欲代我赎回满洲铁路而置诸各国共同监督之下之一事。警报频仍，刿心怵目。呜呼！事变之来，急转直下。其相煎迫者未知所纪极，而其势且将予我以不及防，我政府、我国民其尚能饮食衎衎、以遨以嬉而不亟思所以自处耶？至此诸事之始末及吾国所以待之者，吾将更详述而贡所怀。宣统元年十二月初六日补记。

中国国会制度私议 *
(1910 年 4 月 30 日至 9 月 4 日)

此文为余两年前所著，曾一登于某报。某报以事中辍，故所登者不及什一，遽戛然而止。去年东京学界创设谘议局事务调查会，发行一机关报，曰《宪政新志》，因举全稿赠之，乃得以所怀抱就正于国民，此著者无上之荣幸也。惟一年以来，时事变迁，余之所见，与昔日亦不能不小有异同，因取原稿略为订正，再附本报读者，取《宪政新志》所录者参校之，当益见其用意所存。惟全文十余万言，须连载十余号始毕，或致读者生厌，则余知罪矣。

宣统二年二月　著者识

悬 谈

天下无无国会之立宪国，语专制政体与立宪政体之区别，其唯一之表识，则国会之有无是已。我德宗景皇帝，外鉴世变，内察舆情，既已涣汗大号，定中国为立宪政体，而期以九年之后召集国会。大业未就，鼎湖遗痛，举国臣民，思所以奉戴末命，而惩于执政者之慢而不及事也，相率伏阙，吁请提前召集。虽承温诏，勉以少安无躁，然自是国人益知国会为立宪国民所一日不可缺，等于日用饮食，今而后乃得当以报先帝矣。夫无国会固不成其为立宪，然非谓宪法未布以前，即不能召集国会。今欧美诸立宪国，彼英国为不文宪法，其国会发达于数百年以

---

* 录自《国风报》第一年第八期至第十五期、第十九期至第二十一期，宣统二年三月二十一日至八月初一日（1910 年 4 月 30 日至 9 月 4 日）出版，署名"沧江"。本文结束时，《国风报》谓"本章未完"，但未见续载。收入《饮冰室合集·文集》之二十四。《饮冰室合集》收录此文时，开端引文及第三章第二节第二款第二项"参与立法权之效力"以下无。

前，固不俟论。自余各国，亦大率先有国会而后有宪法，其宪法什九为国会所参与制定，其宪法与国会并时成立者，惟一日本耳。我国立宪，当尽采世界之所长，岂必专师日本？然则我今上皇帝，或俯鉴国民之诚求，而于此一二稔中，遽责以此大任，亦意中事耳。就令期以晚成，不变前议，而宣统八年之距今日，为时几何？然则我国民今日汲汲为国会之预备，已有日不暇给之势，研究国会，实国民今日惟一之义务也矣。

抑闻之政治者，人类之产物也，而一国之政治者，又一国国民之产物也。凡人类有普通性，故政治大体之良恶，其标准固不甚相远。凡一国国民有特别性，故政治细目之适否，其裁择必因乎所宜。夫国会之万不可以不立，此大体良恶之问题也，各国之所同也。国会组织之方法当若何？权限之范围当若何？此细目适否之问题也，一国之所独也。今世国家之能立于大地者，殆莫不有国会，但其国会之内容，无一国焉能与他国悉从同者，岂非以历史惯习之互殊，现存事实之各别，其势固有不容尽相师者耶？然则居今日而倡国会论，有必当注意者二事焉：一曰各国国会共同之要素，宜如何吸收之。二曰我国国会应有之特色，宜如何发挥之也。此《中国国会制度私议》之所由作也。

第一章　国会之性质

第一节　法律上之性质

国会者，国家之机关也，欲知国会之为何物，必当先知国家机关之为何物，欲知国家机关之为何物，又必当先知国家之为何物。

国家者何乎？自古迄今，学者纷纷论争，为说可汗万牛，今不具征辨。据今世多数学者所信之说，则国家者，一人格而为统治权之主体者也。必根本此义，然后机关之说乃得明。盖国家者，法理上视为一人，虽然，乃法人而非自然人也。凡人类皆自有其意思焉，自有其行为焉，自然人有然，法人亦有然。顾自然人之意思行为，自发表而自执行之，其事至易见；法人之意思行为，因其无生理上之性质也，故不能自发表、自执行，而势不得不假诸机关。欲明此理，莫如征诸商事上之公司。公司者，法人而为权利义务之主体也，但公司不能自管理、自经营，而必赖诸人，其人或为司理，或为董事，或为监查，要之，皆公司之机关也，此等人所管理经营者，非为自己而管理经营，实为公司而管理经营，此机关之说也。惟国亦然，有元首，有国会，有各种各级之行政官，有司法官。国家有具足之统治权，而分掌诸此等人，此等人之行动，非为自己而行动，寔为国家而行动，此国家机关之说也。

人身有各种机关，交相为用而不相侵轶，脑司思，血轮司荣卫，四支司动作，耳目司视听，有不备谓之不成人。惟国亦然，其机关必非单一也，而甚复杂。国会既为国家机关之一，欲知其性质，必当先知其属于何种类之机关；欲知国会属于何种类之机关，必当先知国家机关之种类。

国家机关之分类有二法：一曰就其机关之所由发生以分类者，二曰就其机关之所有权限以分类者。

就其所由发生以分类，则国家之机关可分为二类：一曰直接机关，亦称独立机关；二曰间接机关，亦称委任机关。直接机关者，以特定之人，遇法律事实之发生，从于法律所规定，而自然得就国家机关之地位者也。间接机关反是，必缘特别之委任行为，受他机关之委任，而后得就国家机关之地位者也。此其例取证于私法上最为易明，如为人后者得继袭其所后者之遗产，此所谓法律所规定也；所后者一旦死亡，此所谓法律事实之发生也。两者相合，而世袭遗产之权利，遂以成立焉。所后者虽无法律行为，如遗嘱。而于此权利无损也，国家之直接机关，有类于是。如前皇大行之事实发生，则宪法或皇室典范所指定当纽之人，自应继体，其所以得就此地位者，宪法命之，而非别有他机关以命之也。故君主国之君主，国家之直接机关也。又如国会之议员与夫共和国之大统领，因有选举中程之事实发生，自然为大统领为议员，其所以得就此地位者，亦宪法命之，而非别有他机关以命之也。故共和国之大统领，国家之直接机关也，而凡立宪国之国会，亦国家之直接机关也。若夫间接机关，则与此异，必经他机关之法律上委任行为而始成立。如一切官吏之必经君主或长官之委任是也。专制国之直接机关惟一，曰元首；立宪国之直接机关必二，曰元首与国会。故其机关之权由间接委任而来者，必非国会，惟直接独立者乃为国会，此万国国会共通之性质也。就其所有权限以分类，则国家之机关，可分为四类：一曰大权机关，二曰立法机关，三曰行政机关，四曰司法机关。三权分立之说，倡自孟德斯鸠，论治者以为立宪政体最重要之精神。三权者何？立法权、行政权、司法权是也。虽然，国家不可以无统一，极端之三权分立，不足以见诸事实，故后之学者，益以大权而为四焉。就普通之观念，则大权机关，掌诸元首；立法权机关，掌诸国会；行政权机关，掌诸政府及其属吏；

司法权机关，掌诸裁判所。信如是也，则国会之性质，可以一言而解，无待词费。虽然，谓国权之分科，宜有此四者，诚无间言，谓此四权必分属于四机关，而丝毫不相杂厕，则事实上万不可行，而各国亦无此成例。以国会论，其重要之职权，在于立法固也，然指国会为立法机关，则无论按诸何国国会，皆有名实不相应之点。盖立法权由君主、政府、国会三机关共同行之之国，什而八九，则不能指为国会所独有，而近世各国国会之权能，除参与立法事业以外，尚更仆难数。彼强指预算为法律者，为无理之牵附，无论矣。其他依于批评、质问、议决、协赞、上奏、弹劾、事后承诺等种种方法，对于一切之政治，无洪无纤，而皆得行其权，则国会之性质，跨通于政治之各方面，而不徒限于立法明矣。不宁惟是，彼国会者，于政治的权能之外，往往明侵入于彼三权之范围，此则随各国宪法所规定而互有异同者，今概述之。

一曰：国会时而为单独之大权机关，或与他机关共同而组成大权机关也。大权机关之作用不一，而其最重要者则改正宪法权也。盖宪法位于一切法律之上，为国家之根本法，其有改正，则国家之组织，可缘此而大变更。故此权实国家之最高权，而持此权者，即于国家上得行其莫御之势力者也。就各国法制考之，则德国之国会，为单独之大权机关者也；英、美、法、日诸国之国会，皆与机关共同而组成大权机关者也。考德国宪法，皇帝对于法令不能行"不裁可权"。不裁可权者，谓凡法律必经元首之裁可，乃为有效，故元首对于国会决议之法案，苟不同意者，则可以不裁可而使之无效也。凡通过两院之法案，不必经皇帝裁可，而直成法律，而改正宪法，一依寻常立法之通例，故皇帝不能以不裁可妨害之。以法理论，国会实一国最高机关，皇帝不过其从属，国会虽变更宪法，使皇帝失其地位可也，故曰单独之大权机关也。但皇帝以普鲁士王兼之，其权力非常伟大，故此事实无从发生，然此乃政治上之问题，非法理上之问题也。英国改正宪法，亦一依寻常立法之成例，而英国寻常之立法，君主及两院皆有发案权，而君主复有不裁可权，故就法理上论之，英国实以国会与君主共同组织大权机关者也。亦就法理上言耳，若就政治上言，则英国国王不行此不裁可权已二百余年，故英国国会事实上实为单独之大权机关也。其他欧洲诸立宪君主国亦大略相同。其改正宪法之手续，虽非皆与寻常立法之手续同，但君主与国会皆有发案权，而国会之议决权与君主之裁可权相辅而完成之，则其以国会与君主共行此权明矣。美国改正宪法之手续最为复杂，盖得国会两院议员三分之二以上同意，可以发议；得各州立法部三分之二以上同意，可以召集人民会议；至其议决之法，则或经各州立法部四分之三以上承认，或经人民会议四分之三以上承认，两法任国会择其一。由此言之，则美国国会虽不能以独力改正宪法，而提倡改正参与改正，最有力焉，故曰与他机关共同而组成大权机关也。法国宪法之改正，或由两院发议，或由大统领要求而经各院过半数之议决，则可以此起案，至其决议，则将两院议员集为一团，变其名曰"国民议会"，以其议会过半数之议决，则为有效，故法国国会亦与他机关共同而组成大权机关者也。但法国大统领，无绝对的不裁可权，则国会之权，为尤重矣。日本之改正宪法，惟天皇有发案权，而国会无之，其权视他国稍为薄弱。然改正案非经国会之议决不能有效，则此权非天皇所独占亦甚明，故日本之国会，亦与君主共同组织大权机关者也。此其大略也，若其详更于别章续论之。

二曰：国会时而兼为司法机关也。英国之贵族院，其得行司法权者有三：一曰审判贵族所犯特种之罪，为刑事裁判所；二曰审判庶民院议决起诉之弹劾事件，为弹劾裁判所；三曰审判特种之控诉事件，为最高控诉裁判所。美国元老院执行司法权者有一：曰审判代议院提出之弹劾事件。俄国参议院其执行司法权者有四：一曰决定各联邦对于帝国是否履行宪法上之义务；二曰各联邦内所起诉讼，其性质非民事事件，为管辖裁判所所不能裁判者，则裁判之；三曰调停各联邦内所起宪法上之争议；四曰各联邦政府有拒绝人民之裁判者，为受理之。法国元老院得行司法权者有二：一曰审判大统领及国务大臣之犯罪，二曰审判妨害国家安宁之罪。意大利之元老院得行司法权者有二：曰审判叛逆罪，为高等法院；二曰下院弹劾国务大臣时，为弹劾裁判所。此其大略也。

三曰：国会时而兼为行政机关也。德国联邦参议院，其权力本在君主之上，故各国君主所有行政之大权，多集于其手，语其大者，则一曰皇帝缔结条约，必须经参议院之承诺；二曰参议院得发布行政命令；三曰参议院得皇帝之同意，可以解散下院。其他如美国之元老院，其得参与行政权者亦有二：一曰大统领缔结条约，必经其承诺；二曰大统领任用官吏，有一部分必经其承认。此外各国国会之兼行政权者，尚往往而有，于他①章更别论之。

准此以谈，则国会权限之所及，如此其广漠而复杂，且各国宪法所赋与于彼者，其广狭又万有不齐，然则就所有权限以类别国家机关，而

---

① "他"，原作"第"，据《饮冰室合集》改。

欲确指国会之属于何类，盖亦难矣。虽然，若弃小异，取大同，略形式，称精神，抽象的以求各国国会普通之地位性质，则亦有焉。曰国会者，为制限机关，以与主动机关相对峙是已。凡立宪之国家，必有两直接独立之机关相对峙，而此两机关者，其中必有一焉能以自力发动国权，对于人民而使生拘束力，若此者谓之主动机关；又必有一焉不能以自己之意思，直接以生拘束国民之力，顾能以其力制限主动机关之发动国权，非得其同意，则不能有效。若此者谓之制限机关，其在前者，则元首也；其在后者，则国会也。故苟无制限主动机关之权者，必非国会，惟有此权者，乃为国会，此又万国国会共通之性质也。

第二节　政治上之性质

前节从法理上以论国会之性质，既已略明厥概矣，然欲使其性质益加明了，则更非从政治上观察之不可。

竞争者，进化之母，此群学家之名言，而实天地间不刊之公理也。人类始于竞争，中于竞争，终于竞争，竞争绝，则人类亦几乎息矣。社会滥觞于图腾，合无量数之图腾，经若干之岁月，而成为种落；合无量数之种落，经若干之岁月，而成为国家，国家者，实政治势力竞争之成果也。及其既成国家之后，而势力之竞争，并非缘此而减杀也，非惟不减杀，抑加激烈焉。试观中外古今万国数千年之历史，舍政权竞争外，复有何事实？而其血污狼藉也，则既若是矣。夫竞争者，于事实上诚不可免，于理论上亦诚不可无，然使其程度过于剧烈，且无终局决胜之途，则国民能力，将尽消磨，而国将不可以立，于是乎识者，乃汲汲谋所以止争、节争之法门，中外古今雄主英相所画之政策，达人哲士所著之政治学书，一言蔽之，亦曰谋所以止争或节争而已。于是乎有欲举全国之势力集于一点，而此外之势力，则务所以摧锄之，抑压之，使其不堪竞争而日即于消灭，此专制论之所由起也。夫专制论之在政治界，固不能谓其无一节之理由，亦不能谓其无丝毫之功德，各国经过之历史，盖未有不尝食其赐者矣。虽然，社会日进化，政治现象日趋复杂，国中各方面之势力，日日句出萌达，发荣滋长，终非以人力所得强制，制之愈甚，蓄之愈久，则其激而横决也亦愈烈，不旋踵间而势力遂溃出此一点之外，于彼于此，过颡在山，迨夫几经惨憺，收拾之以移于他之一点，而其不旋踵而溃，亦犹是也。则息争之策，乃适为奖争之媒，于是乎专制之道乃穷，后起之哲，积前古无量经验，知夫争之必末由息也。而惟谋所以节之，一方面使其人人可以竞争，时时可以竞争，在在可以竞争，毋令其怨毒久蕴，一发而失其常态；一方面而为之画一范围焉，使其竞争行于此范围之中，而毋或侵轶，以奖励竞争之形式，行调和竞争之精神。此立宪论之所由起，而有神其用之一物焉，则国会也。

国会之为用，凡以网罗国中各方面政治上之势力，而治诸一炉，而其用之尤神者，则民选制度也。国会非以杜绝竞争，而以奖励竞争。国会者，诸种政治势力交战之舞台也，而宪法则其交战条规也。其最显著者，为君主与人民之争，两造各有其强有力之武器，互相制限而不得以独恣；其次显著者，为人民与人民之争，各阶级、各地域、各党派，各有其所认为利害者，莫肯相下，而其胜负消长，壹于选举场中决之。故国会者，自选举召集开议以迄闭会解散，刹那刹那，皆可谓在内乱交战之中。但昔之战也，炮火相见；今之战也，兵不血刃。昔之战也，阴诈相尚；今之战也，鼓乃成列。此无他焉，昔也无所谓国际法上之交战条规者存，而今乃有之也。

我先圣之教曰“平天下”，又曰“天下国家可均”，又曰“不患寡而患不均，不患贫而患不安”。平均者，实图安之不二法门，而前此无量数国家之所以常濒于危，皆国中含有不平不均之种子，阶之厉也。然则欲平均，其道何由？亦曰委诸自由竞争而已。夫势力以竞争而相增长，亦以竞争而相减杀，此物理学之公例也，如甲之势力，本优于乙，乙惧劣败也，必伸张其势力，务与甲平；迨乙既与甲平，甲又惧劣败也，必更伸张焉使进一级；甲进一级，而乙之追逐而进者亦犹前此。如是展转相引，而所进之级数，遂罔知底极，此相增长之说也。竞争之始，常欲尽敌而返，人之情也，虽然，此惟敌之可侮者为然耳。若我之力，自谓可以尽敌；敌之力，亦自谓可以尽我。则我终无术以尽敌，敌亦终无术以尽我，则势必各钝其锋，而以交让终焉，此相减杀之说也。故夫有国会之国，其国会之势力加大者，其君主与政府之势力亦比例而加大，国会中各党派，甲派之势力进于前者，乙派之势力亦恒比例而进于前，此相增长之明效也。君主以国会势力之大，而不敢蔑视国会；国会以君主势力之大，而不敢凌轹君主；其甲党之视乙党，乙党之视甲党亦然。此相减杀之明效也。势力相增长，则全国各方面皆生气勃勃，精力弥满，以之竞于外，而莫能御矣；势力相减杀，则无复相搏噬，而常保衡平，措国家于万年不拔之基矣，此国会之为用也。

故就政治上以论国会，则国会者，代表全国人民各方面之势力者也。惟其代表人民之势力也，故不可不以人民选举为原则；惟其代表全国各方面之势力也，故国中若有他种特别势力，亦不可以不网罗之。其网罗之也，或用特别之选举法，或用选举以外之他法，则因其所宜，此皆例外也。各国国会之组织，其内容虽各各不同，至其为代表全国人民各方面之政治的势力，则无不同也。

既明国会之性质，则可与语中国之国会制度矣。

第二章　国会之组织

第一节　二院制

第一款　二院制与一院制得失比较

今世各国国会，大率以二院组织而成，或称为上院、下院，或称为第一院、第二院，或称为贵族院、平民院，或称为元老院、代议院，或称为参议院、代议院，或称为贵族院、众议院。其用一院制之国，惟德国二十五联邦中之十九小邦，与希腊、门的内哥及中美洲之三小国耳。自余各国，殆无不采二院制者，其故何由？试略论之。

国会制度滥觞于英，各国踵而效之，不过近今百余年间耳，故欲知国会之沿革，不可不求诸英史，而英国国会，则初本一院，后乃析为二院者也。当一二一五年《大宪章》之发布，本由贵族、僧侣出死力以得之，自此以贵族、僧侣之两分子，组织为一团体，以参与国政，实为国会之嚆矢。其后以亨利三世之专制，酿成内乱。一二六四年，革命军起，一战而胜，翌年革命军首领孟德弗召集国会于伦敦，命每县、每市各选出代表二人，实为平民参与国政之始，自此而国会由贵族的性质，一变而为贵族、僧侣、平民之混合团体。其后平民之势力日增，至一三三三年，遂乃异军特起，别建一平民院以与贵族院相对峙，而贵族院遂还一二六四年以前之旧观，此盖附庸蔚为大国几经变迁而成者也。尔来数百年间，政治现象虽百变，而二院制确乎不拔。至最近百年来，遂为欧美各国相率仿效，浸淫以遍于世界，此决非政治社会上毫无根据之偶然现象，而实为达国家之目的计，有不容已之理由存焉，不可不察也。

国家之为人格，前既言之矣。既为人格，则必自有其意志焉，自有其行为焉。虽然，国家者，非如自然人有生理上独立之形体也，故其意思行为，不得不借机关以表见，而承乏此机关者，必自然人也。国家行为之机关，当若何组织，今且勿论，独至其意思机关，则机关之尤重要者也。当由何道以组织使完全，实天下古今最难解决之问题也。于是有欲以单独一人为国家意思机关者，此独裁政体之所由立也，此在国家幼稚时代，或可采用，及其进化达于若干程度之后，而欲恃不完全之人类，人类者，不完全之上等动物也，此西哲亚里士多德名言。以独力而作成真正之国家意思，在理在势，皆所不能，此可积无数之经验以证明之者也。一人既不可，其第二法则惟用多人，用多人则何种人当之乎？此又一难问题也。于是有欲以特别优秀之阶级当之者，则贵族政体之所由立也。然少数贵族，其不能作成真正之国家意思，亦与君主独裁相去不远，其遗蜕不能久存于今之社会，又章章也。然则欲建设理想的善良政治，势不可不以国民全体之意思为国家意思，而合国民全体以聚议于一堂，在今日之国家，势所不逮，故不得不以代议制度而自即安。代议制度，果足以成真正之国家意思，为绝对的善良之制度乎？是非所敢言，然以不完全之人类，安从得完全之政治？故谓代议制度，为现在所有最良之制度，决非过言。

代议制度之精神，其一则在以国民全体之意思，为国家意思也；其二则在使之能以适当之方法，发表其意思也。为达第一目的，则不可不使社会各方面皆有代表人；为达第二目的，尤不可不设置适当之机关，以调和代表人之意思。而二院制者，实应于此二目的之必要而起者也。无论何国，其国内必包含种种分子，其分子皆各有其特殊之利益。既有特殊之利益，则此之所利，或即彼之所害，而利益之冲突生，苟无以调和之，则所谓真正国家之意思者，终不可得见。虽然，为调和此等利益起见，而欲设许多之独立机关，使各自代表其利益，非惟事实上万不能致，抑许多独立机关，杂然并陈，非惟不能谋调和也，而愈以奖冲突，故于一方面，使之各代表其利益，同时于他方面，为设一范围，以范围内之压制为调和，此二院之所由建也。默察今世各国情实，大抵于其国中有互相矛盾之二大主义存焉，其在历史上本有贵族之国，其最相冲突者，则贵族主义与平民主义也；在联邦制度之国，其最相冲突者，则联邦主义与国民主义也。如英、如日属于前者，如美、如德属于后者，而二院制即以代表此二大主义而成立者也。英、日之上院，代表贵族主义，其下院则代表平民主义也，德、美之上院代表联邦主义，其下院则代表国民主义也。此二院制第一之理由也。

然则其国苟无此等特别理由者，遂无取于二院乎？曰是又不然。二院制之利，尚有其通于各国者四焉，请一一举之。一曰可以免国会之专横也。吾党固绝对的主张国会，而又绝对的不主张专制，君主专制固专制，而国会专制亦专制也。以一院而成之国会，最易为党派所支配，苟政党之道德不完全，则易成为国会专制，而其弊不可胜言，有两院则彼此互相监督，而其弊可以减杀也。二曰可以防轻躁之行动也。以今日人类之德智，其程度犹远未完全，仅以一个之立法体为国家意思机关，则或认不确之证据以为事实，或蔽于感情而持偏见，往往难免。若有二院，虽非谓能尽矫正此弊，而所裨固已多多矣。盖常能以甲院之异同，而促乙院之反省，彼此互竞，而事理可趋于正确，意见可趋于公平也。三曰可以调和国会与他机关之牴触也。国家分设诸机关，原出于不得已，而诸机关之互相联络，各保平衡，实为维持国家秩序之第一义，而监督机关之国会与执行机关之政府，常相冲突，又事理所必至也。其冲突若过甚，则为两虎相斗，必有一毙。或国会强政府为其奴隶，充其量可以流于无政府；或政府强国会为其奴隶，充其量可以返于专制。此皆历史上数见不鲜之前车也。二院制虽亦非能尽免此弊，然以校一院则固减杀矣。四曰可使优等之少数者，得机会以发挥其能力于政治上也。凡一院制之国会，势不得不以民选之唯一方法组织而成，而仅恃民选之一方法，则有时或因选举人耳目之遗漏，或优秀之人物不愿竞争选举，或以不投身政党故，而选举不能制胜，以及其他种种理由，致优等之少数者，不得立于政界，故必更有一院焉。其议员资格不必纯由民选以发生，然后能网罗全国之势力，以集于国会也。合此数端视之，则二院制确有其政治上之理由，而不得以偶然现象目之也甚明。

至二院制之害，则为议事迟缓也，国费增加也，有少数压多数之虞也，缺统一也，此十九世纪前半纪法国人力主一院制时学者所借以为口实也。然两害相权取其轻，两利相权取其重，近世学者，辩之甚明，今不必枚举之。

第二款　中国当采二院制之理由

二院制殆成各国国会普通原则，既已若是，而论者对于中国将来之国会，犹有主张一院制者，吾盖习闻之，即日本之博士有贺长雄氏，亦其一人也，问其理由，不过曰："中国之国体，既非如英、日之有贵族，亦非如德、美之为联邦，既无分立二院之必要，且除人民平等选举以外，亦更无他种要素以别成一院也。"吾以为此似是而非之言也，无论二院之利，有通于万国者，如前所述，即专就我国论，亦不能谓无特别必要之理由也。请以次举之。

我国贵族制度，自秦以来，几度淘汰，至本朝而殆尽，故以贵族为组织上院之要素，吾党所最反对也。别详本章第二节第二款。虽然，吾国固君主国也，既为君主国，自不能绝对的无所谓特别阶级者存，而国会者，以代表全国各方面之势力为目的者也。既有此特别阶级，虽其势力范围不大，固不可不谋所以代表之。且中国国会者，非本部二十行省之国会，而全帝国之国会也。本部之外，尚有两大区域焉，其面积埒于本部者，曰蒙古，曰西藏。本部阶级制度，虽消灭殆尽，而彼两部乃适得其反，舍特别阶级外，更无势力之可言。使国会议员，纯由人民平等选举之一方法以发生，则此两部者，将永见屏于国会之外，非所以保国家之统一也。此我国国会应采二院制之理由一也。

我国虽非联邦制，然以幅员太大，国情之复杂特甚，即以本部及满洲二十二行省论，其气候兼寒、温、热三带，其地势兼山谷、平原、海滨三种，各省利害，绝非同一，且其冲突之点甚多，非有以代表而调和之，不足以副国家意思机关之实。在人民选举之下院，其员额比例于人口，大省之人口数十倍于小省而未已，则各省所出议员之数，势不得不相悬绝。虽以法理论，国会当代表全国，而非代表地方，然丰于所昵而俭于所疏，人之常情，为议员者，亦安能免？如是则保无以大省之利益，牺牲小省之利益，而国家均衡，或自此破焉。故于比例人口以行选举之一院外，尤必须有平均代表各省之一机关，然后两者相剂，而适得其平。此我国国会应采二院制之理由二也。

此二理由乃其最大者，尚有若干之小理由，更于次节分论之。若夫二院通于万国之四利，则亦为我之所同，虽无他特别之理由，犹当采之，况其有乎！故我国将来国会，应如各国普通之例，分设两院，无可疑也。至其名称，则英国、日本，以贵族为要素，故称贵族院，其非吾之所应采，固无待言；若参议院、元老院等称，亦觉未适；直名为上议院、下议院，又嫌有轩轾于其间；若称第一院、第二院，则孰应为第一而孰应为第二者。无已，则称为国会左院、国会右院，似尚比较的平稳也，以后即用此名而分论之。

第二节　左院之组织（旧称上院）

第一款　各国左院之组织比较

各国左院之组织，最为复杂，且缘各国历史上之差别而大有异同，今举英、法、德、普、意、美、日七国之制而比较之。

第一项　英吉利王国贵族院之组织

英国之贵族院，以左方之议员组织而成：

（一）合并王国之世袭贵族：

　　（甲）公爵议员　二十五人；

　　（乙）侯爵议员　二十二人；

　　（丙）伯爵议员　百二十三人；

　　（丁）子爵议员　二十七人；

　　（戊）男爵议员　三百八人。

（二）爱尔兰选出之贵族　二十八人。

（三）苏格兰选出之贵族　十六人。

（四）僧侣贵族：

　　（甲）大僧正　二人；

　　（乙）僧正　二十四人。

（五）法务贵族　四人。

合计，五百七十九人。

世袭贵族，缘其身分而有例得为议员之资格，以其职为世袭故，凡男子之为人后者，于其所后者死亡之时，即为议员。若未成年者，则逮其成年时即为议员。

锡封贵族为国王特权，然实际由大宰相奏请行之。其列于贵族者，以有勋劳于国家为主，然时有出于政略上之理由者。又向例，凡平民议院长满任，则列为贵族。

爱尔兰议员，由爱尔兰贵族团体选举，终身在其任，有死亡则补选。苏格兰议员，由苏格兰贵族团体选举，每会期选之，会期满则资格消灭。

僧侣贵族中，惟康特比里及约克之二大僧正，伦敦、达哈谟、温治士达之三僧正，一就职后，照例即为议员，其余二十一名之僧正，须经上司之任命，乃得为议员。

法务贵族议员，由国王任命，终身在其任。

第二项　法兰西共和国元老院之组织

法国元老院之组织，自第三共和政治以来，已三变其制，据现行法律，则由各县或殖民地选出，其数比例于人口，计选出十人之县凡一，选出八人之县凡一，选出五人之县凡十，选出四人之县凡十有二，选出三人之县凡五十有三，选出二人之县凡十，选出一人之县及殖民地凡八，都为三百十二人。

选举会之组织：选举会于各县或各殖民地之首都开之，以左方之议员组织而成：

（一）其县选出之代议院议员；

（二）其县之县会议员；

（三）其县之郡会议员；

（四）其县各乡、市会所选出之代表人。此项代表人之数，比例于其市、乡会议员之数。如其市、乡会有议员十人者，则出代表一人；有议员二十人者，则出代表二人。其详细见现行《元老院选举法》第六条。

法国自代议院议员以迄市、乡会议员，皆由人民普通选举，今元老院议员，由此等议员选举，则元老院议员，实普通选举之间接选举也。

被选资格：须为法国臣民、满四十岁以上、享有公私权者，惟前代君主之遗裔、现役军人及受禄官吏，不得被选。（但现役军人中，除海、陆军将官、参谋官、预备参谋官不在此数。受禄官吏中，除国务大臣、各省次官、全权大使及公使、警察总监、大审院长、会计检查院长、巴黎控诉院长、大审院检事长、会计检查院检查官长、巴黎控诉院检事长、大僧正、僧正等，不在此数。）

议员年限：以九年为期，每三年改选其三分之一。

第三项　德意志帝国联邦参议院之组织

德国联邦参议院，以帝国内二十五邦政府所任命之议员组织而成，计普鲁士邦十七人，拜宴邦六人，索逊邦、威丁堡邦各四人，黑逊邦、巴敦邦各三人，米格堡沙仑邦、布郎沙威邦各二人，其余十七邦各一人，都凡五十八人。

德国联邦参议院，有最当注意者一事，则其所重者，非议员之数，而投票之数是也，例如普鲁士得投十七票，其余十七小邦各得投一票，但普国所派议员，不必定派十七人，虽仅派一人，亦有投十七票之权。

凡投票，每邦议员，其可否必当同一，如普鲁士议员赞成者，其十七票必举皆赞成；拜宴议员反对者，其六票必举皆反对，议员各自以其意见投票，于一邦中而有异同，宪法所禁也，此其法理无他焉。各邦之议员，皆为代表其本邦政府而来，其所发表之意思，即为本邦政府之意思，一邦之政府，不容同时而有相反之两意思也。

议员年限无一定，由各邦政府可以任意随时召还，随时改派。

第四项　普鲁士王国贵族院之组织

普国之左院，名为 Herrenhons，盖特别阶级之意，今强以贵族院

名之,其组织最为复杂。今列举之:

（一）王族议员（由敕选）。

（二）世袭贵族议员（及年者不待敕选,当然有此资格）:

（甲）前代二王室之宗子;

（乙）十八家故侯之宗子（此项故侯,昔尝在国内分土以治,其后见灭于普者）;

（丙）一八四七年列于贵族之侯、伯、子爵家之宗子;

（丁）国王特赐与此权之贵族。

（三）敕选终身议员:

（甲）内廷四大官;

（乙）由各团体荐举,而国王敕任之者,其有荐举权之团体如左:

（子）三大教会之僧侣贵族;

（丑）各州伯爵联合会;

（寅）大地主联合会（现今属此门阀者凡十一家）;

（卯）旧家富族联合会;

（辰）大学校（有此权者凡九校）;

（巳）大都市（现今有此权者凡四十三市）。

（丙）国王任意敕任者。

其员数无定员,其年龄限三十岁以上。

第五项　意大利王国元老院之组织

意大利元老院,凡王族成年者,例得为议员,其余由国王任意敕选之,但其所选者限于左方之资格:

一、大僧正及僧正;二、代议院议长;三、曾三度为代议院议员者,或六年间为代议院议员者;四、国务大臣;五、国务大臣之书记官;六、全权大使;七、曾奉职三年以上之全权公使;八、大审院长及会计检查院长;九、控诉院长;十、奉职五年以上之大审院检事总长;十一、奉职三年以上之控诉院部长;十二、奉职五年以上之大审院及会计检查院之评议官;十三、奉职五年以上之控诉院检事长;十四、陆、海军大将、中将及服役五年以上之少将;十五、在职五年以上之国务评议员;十六、曾三度任议长之县会议员;十七、奉职七年以上之县知事;十八、在职七年以上之学士、会议员及高等教育会议员;十九、有功劳于国家者;二十、接连三年以上纳直接国税三千利黎以上者。

其员额无制限,其任期终身,其年龄满四十岁以上。

第六项　北美合众国元老院之组织

美国元老院，由各州之立法部每州选出议员二名组织而成。美国之初建，其加盟之州十有三，故其议员之数二十有六，至今日其加盟之州四十有五，故其议员之数九十。

议员被选者，须具三条件：（一）年龄三十岁以上，（二）九年以上为美国臣民，（三）为所选出之州之住民。

各州不问其区域之广狭、人口之多少，其所选出之议员，不能逾二名，亦不得不及二名。如纽约州有人口七百余万，奈华达州仅有人口四万，而有选出议员之权利毫无差别。此谓之平均代表主义，与德国联邦参议院所采之不平均代表主义绝相反者也。又谓之代表地方主义，与法国元老院所采代表人民主义绝相反者也。

其投票权委诸议员之自由，各州之立法部不得以训令束缚之，故同一州所选出之议员，对于同一议案，甲赞成而乙反对，实数见不鲜之事也。此又与德国参议院制绝相反者，盖两国建国之历史及其性质，本有大相径庭者存也。

议员之年限，以六年为期，每二年改选其三分之一。故美国元老院，亦与各国左院同，其性质为永久的，为继续的，决无全部变更之事，恰如活水之湖，旋注旋泄，旋泄旋注，其内容之一部，常无变也。加之每二年新选之议员不过三分之一，比较的属于少数，易为旧议员所同化，故元老院之固定性益强。

第七项　日本帝国贵族院之组织

日本贵族院议员，以左方之五种人组织而成：

（一）皇族：凡皇族达于成年者，不待敕命，当然为议员。

（二）公、侯爵：凡有公、侯爵者满二十五岁，不待敕命，当然为议员。

（三）伯、子、男爵互选：有伯、子、男爵而满二十五岁者，由同爵中互选，其中选者，不待敕命当然为议员。属于本项之议员，其数不得过百四十三人，而在此数中，伯、子、男爵各比例于其总数而定之。

（四）有勋劳于国家及有学识者，受敕任为议员，但其年龄须满三十岁以上，其数不得过百二十五人。

（五）多额纳税者：于各府、县中纳多额之直接国税者，每十五人互选一人，其中选者受敕任为议员，但年龄须满三十岁以上。

日本贵族院议员，就其身分言之，可分三类：一曰皇族议员，第一种属焉；二曰华族议员，第二、第三种属焉；三曰敕任议员，第四、第五种属焉。

就其取得议员资格之方法言之，可分四类：一曰依于法律之结果而当然为议员者，第一、第二种属焉；二曰依于选举之结果而为议员者，第三种属焉；三曰依于敕任而为议员者，第四种属焉；四曰选举与敕任相待而始为议员者，第五种属焉。

其议员之年限，可分三类：一曰世袭者，第一、第二种属焉；二曰终身者，第四种属焉；三曰以七年为任期者，第三、第五种属焉。

第八项 比较

以上所述各国左院之组织，各具特质而无一同者，此盖由各国各异其历史，各异其国情，故由历史、国情所演之制度，自不得不异，此事势之当然，无足怪也。虽然于樊然淆乱之中，折衷之以求其共通之原理，则亦有焉。

第一，左院所代表者。国会之目的，就法理上论之，则代表全国人民之意思也；就政治上论之，则代表全国各方面之势力也。夫国家之人的要素，厥惟国民，然则国民所选举而成之机关，其于全体意思为最近，其于全国势力亦为最强，此无可置疑者也。故各国国会右院，皆用单一之原则，曰国民平等选举，其所根据之理由，即在是也。虽然，用此单一之原则，而谓必能举全国各方面之势力网罗无遗乎？则大不然。盖各国历史之发达，各殊其形，而当其前此发达进行中，则于普通势力外，必更有其特别势力一种或数种焉，久蟠踞于社会中而不可拔。此种特别势力之性质，为善为恶，且勿具论，但夫既有之，斯不可以蔑视之，苟蔑视之，则国家秩序之破坏，或即由此生焉。各国国会之右院所以代表一国中之普通势力，其左院则所以代表一国中此种之特别势力者也。

此种之特别势力，其种类国国不同，语其大者则有二：一曰特别阶级之势力，二曰地方区域之势力。

其以左院代表特别阶级之势力者，则如前所举英、普、意、日诸国是也。而其所谓特别阶级者，可分为二大别：一曰历史上传来之特别阶级，二曰天然之特别阶级。所谓历史上传来之特别阶级者，盖前代之余烬，将绝而未能遽绝者也，其在前代，固尝握全国莫大之势力，舍彼以外，几无复他势力存。及社会变迁进化，物换星移，一般人民之势力，句出萌达，彼辈乃日立于退婴之地位。虽然，取精用宏，魂魄犹强，百足之虫，死而不僵，其势力终有未能尽侮者，苟于普通机关之外，别不思所以代表之，则游魂可以为厉，而害将及于国家。此其物维何？在一般之君主国有一焉，曰贵族。而在畴昔政教不分之国，更益以一焉，曰僧侣。前举之英、普、意与夫欧洲多数国之左院，大率以代表贵族、僧侣为主要者也，而日本左院，则以代表贵族为主要者也。此种历史上传来之特别阶级，其对于国家为有害无利，固无待言，顾其存而勿废，则有不得已焉者矣。

所谓天然之特别阶级者，此吾所杜撰之名词也，此名词似甚骇人听闻。虽然，物之不齐，物之情也，一社会中必有其才能学识，崭然优出于其侪者焉，度量相越，遂与常人划然若两阶级，此阶级非有形的而无形的也，非人造的而天然的也。此阶级之势力，非常伟大，国家之生存发达，往往赖之。民选代议之制，其目的固在得此阶级之人，然此阶级之人，仅以民选而得尽网罗之乎？是又不然。其人或前此久在行政机关有勋劳、有阅历者，或为军人而尽瘁国防者，或以教育等业为其天职者，或为学者而专以发明学理为愉快者，或立身于实业界而指导国民经济者。此其人大抵不愿竞争选举，故右院中往往无其位置，然苟能集为一团，责之以参与国政之义务，则其势力之影响于国利民福者，至远且大，故各国恒于其左院，谋所以代表之。普鲁士、意大利、日本等国之敕任议员，即据此理由而设置者也，而英国国王有创设贵族之权亦为此也。

此两种特别阶级之外，尚有其他之特别阶级焉，曰富族阶级是也。富族阶级，仍可纳于前此两种之中，盖为借祖、父之业以富者焉，历史上传来阶级之类也；有自运其才能以致富者焉，天然阶级之类也。而普鲁士有大地主及旧家富族之议员，意大利有纳直接税三千利黎以上之议员，日本有多额纳税者互选之议员，凡皆所以代表此阶级也。

其以左院代表地方区域之势力者，则如前所举德、法、美诸国是也。构成国家之人的要素为人民，其物的要素则为土地，故土地之势力，其影响于国家者恒甚大。今世无论何国，其国境非自始焉而即若兹其庞大也，盖皆尝有无数之小部落焉，星罗棋布，经若干岁月，用种种并吞联合之方法，而始成今日之国家。而当其未成为今日之国家以前，心目中惟见其有一地方之利害，而此遗传性由来甚久，根柢甚深，虽至成为今日之国家以后，而澌拔终不能以尽。此种势力，亦在普通势力以外，以国民平等选举之机关，不足以代表之，而此势力之伟大，不让于特别阶级。使蔑视焉，则国家将或缘此而失其衡平。此势力最显著者，则联邦制度之国家也，以其所建联合之大国，其历史甚新，而国内之小国，其历史甚旧也。其次显著者则幅员辽廓之国家也，幅员辽廓之国家，其中央政府与地方人民之关系甚浅薄，一般人民，见不及远，故往往视地方利害较国家利害为重也。此二者本皆非国家之良现象，然既有此事实，则不可无以善应之，各国恒以左院代表此势力，其理由为此而已。

代表地方势力之法，有采平均代表主义者焉，如美国、瑞士是也；有采不平均代表主义者焉，如德意志帝国是也。平均主义，其原则也；不平均主义，其例外也。德国之采此主义，纯出于政略上之理由，盖由彼为联邦帝国，以普王兼皇帝，非借此制不能维持也，此稍治国家学者，应能知之。

其在联邦国之左院，必以地方势力为唯一之要素，固已，即在单一国之左院，亦未尝不以此势力为重也，其最著者莫如法国，盖亦以此为唯一之要素焉。然法并非如德、美，有不能不如是之理由，特以彼之国情，舍此别无可以为左院之要素者耳。故法国之左院，其形式虽为代表地方，其精神实仍代表人民，盖其右院为人民直接选举而成，其左院为人民间接选举而成也。其他如英国，有代表爱尔兰、苏格兰之议员；如普国，有四十三都市荐举之议员。皆含代表地方势力之性质者也。

今刺取若干国之制度，观其左院所代表者，为表如下：

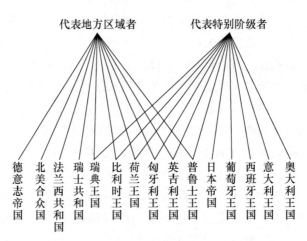

第二，选定左院议员之方法。选定左院议员之方法，有通于各国之一原则焉，曰非如右院议员之由人民直接选举是也。其有选定之权者，在英国则国王也，在法国则选举会也，在德国则各邦之元首也，在普国则国王也，在意国则国王也，在美国则各州之议会也，在日本则天皇也。以上美、法、德、意四国，选定权之所自出，参观前款所举法制，言下自明，独至英、普、日三国，其议员多有不待敕命者，乃谓其权在王及天皇，何也？盖此种议员，或自君主之血统而生，而其世袭贵族之得有身分，亦自君主予之，故其得议员之资格，实皆自君主也。由此观之，无论何国之左院议员，皆必有立乎一般人民以外之一机关以选定之，此左院之特色也。虽然，此不过形式上为然耳，若语于实际，则无论何国，皆有人民之意思，以隐于其后而为此机关之原动力，又不可不察也。如彼法国左院议员之选定权在选举会，而选举会实由人民所选之代议院议员，县会、郡会议员，及乡、市临时所出之代表人组织而成，是一般人民之间接选举也。美国左院议员之选定权在各州议会，而各州议会由一般人民选举而成也，亦间接选举也。此其至易见者。英国此权在国王，而国王之创设贵族，必待大宰相之奏请然后行，而立夫大宰相之后者，则右院也，立夫右院之后者则人民也，是人民经三重之间接，以选出左院议员也。独至德国联邦及普、意、日诸国，既非间接选举，而政党内阁之习惯又未确立，故左院议员之选定权，若与人民绝无关系，然普国之敕任议员，半须由各团体荐举，则人民参预者已多矣。即其他诸国，凡君主之行动，无一不经国务大臣之副署，而国务大臣必对于人民所选举之右院而负责任。然则谓左院议员之选定，毫不参以人民之意思，固不可也。左院虽代表特别势力，而仍略受普通势力之节制，此其所以有调和之利，而不致反扬冲突之波也。

　　第三，左院议员之任期。议员之任期，各国不同，且即在一国中，亦往往缘种类而生差别。有世袭者，如英国之贵族，意大利、普鲁士、日本之皇族，日本之公、侯爵，普鲁士之诸旧家宗子等是也。有终身者，如英国之爱尔兰贵族、僧侣贵族、法务贵族，意、普、日诸国之敕任议员等是也。有设一定之年限者，如日本之伯、子、男爵，多额纳税议员，及美、法国之议员皆是也。有不设年限者，如德国参议院议员是也。以上所列举，虽极参差，然亦有通于各国之一原则焉，曰无或同时而变更其议员之全部是也。英、德、意、日诸国不必论，即如美、法两国，其任期有一定者，然或每二年改选其三分之一，或每三年改选其三分之一，与右院之当总选举时，全行除旧布新者不同，此盖使左院有固定永久的性质，防意见变动之太急剧，为国家百年大计应如是也。

第四，左院议员之数。议员之数，亦各国不同，有取定额主义者，如德、美、法是也；有取不定额主义者，如意大利是也；有折衷两者之间，一部分定额一部分不定额，而不定额之一部分中，亦立一限制，不能超此限以外者，如英、日是也。定额主义，惟专含代表地方之性质者能行之，其有代表特别阶级之性质者殆难采用，然使于不定额中，绝无限制，常不免太为政略所利用而损其价值。如意大利尝同时新任七十余议员，史家引以为笑柄，故采折衷主义者，其有鉴于此矣。

以上述各国比较竟，请斟酌损益，按以我国情实，为中国左院组织私案。

第二款　中国国会左院组织私案

中国国会，必须采两院制，前已述其理由，今以我国国情与各国国情比较，凡为彼所独有而我所无者则弃之，凡为彼我所共有者则采之，凡为我所独有而彼所无者则创之，为中国国会左院组织私案。

第一项　中国不能以左院代表贵族之理由

国会制度，滥觞英国，英国左院，纯以代表贵族，其他欧洲诸君主国，大率效之，日本且以贵族名其院焉。我国耳食之士，横此二字于胸中，牢不可破，一若君主立宪国之左院，舍此更无成立之要素者，嘻！甚矣其陋也！各国之有贵族，实其国历史所传来熠而未尽之余烬，物理学上所谓惰力性也。无论何国，皆尝经过贵族专政时代，进而为君权统一时代，更进而为民权发达时代，此三时代者，其次第所必经者也，但其经之或迟或早，或久或暂。有久淹滞于第一时代而不能脱离，及其一旦脱离之而入于第二时代也，则以悬崖转石之势，一跃而直进于第三时代者。亦有久脱离第一时代，而淹滞于第二时代，迟之又久，乃能渐入于第三时代者。凡国家之属于前一种者，则第一时代与第三时代之距离甚近，虽当民权发达之际，而贵族之惰力犹存，欧洲诸国及日本是也。其属于后一种者，则以两时代之距离甚远，民权未发达以前，而贵族之惰力已澌灭以尽，我中国是也。此两时代距离最近之国，莫如日本。日本当明治四年废藩置县以前，犹在第一时代，然已有"万机决于公论"之诏，至明治二十三年遂开国会，其间可称为第二时代者，实此二十年之间耳。而此二十年间，已刻刻变化，民权之种子播之甚广，而溉之甚熟，盖第一时代与第三时代，可谓紧相衔接，一方面则新势力浩浩滔天，一方面则旧势力犹耽耽负嵎，故当其建设国会，既汲汲焉思所以代表新势力，尤惴惴然思所以代表旧势力，势使然也。其次则英国，英国于第一、第二两时代，皆曾经两度，然后入于第三时代，而当其第二次经过时，则第一时代与第三时代距离甚近者也。英国当撒逊时代，贵族极盛，及那曼朝统一，王权大恢，此第一次所经过也。然此现象不过百年，至一二一五年，贵族、僧侣逼王以发布《大宪章》，创设巴力门，贵族之力复大张，然未几而亨利三世复揽大权。至一二六四年，革命军起，而人民参加巴力门之例遂开，相距不过五十年间耳。盖英国国会之创建者，乃由贵族，而非平民，故其注重于代表贵族，亦固其所。其余欧洲各国，民权之发达，大率正当贵族势力最猖披之时。如彼法国，盖当路易第十四时，始入于第二时代，而第一时代之余波，犹未衰息，盖十八世纪末之大革命，与其谓之对于君主之革命，毋宁谓之对于贵族之革命也，以其为对于贵族之革命，故将阶级一扫而空，驯至为今日之制。虽然，其间犹经两拿破仑，以第二时代之政略，一再鼓铸之，而惰力乃克尽去，然固已血污狼藉数十年矣，盖固有之势力不可侮如是也。欧洲中原诸国，自神圣同盟以后，始入第二时代，而第三时代已同时进行，故第一时代之旧势力与第三时代之新势力，恒在短兵相接之中，彼政治家不能不谋所以调和之，有固然也。抑吾辈论欧洲贵族，尤有一物焉，与彼同性质，而相狼狈者，不可不察焉，则僧侣是也。欧洲各国，政教混淆，而僧侣之一特别阶级，常握无限大权于政界，故日本之旧势力仅有一，而欧洲之旧势力则有二，以对付此二旧势力故，乃纳诸左院而代表之，使鬼有所归而不为厉，此中政治家之苦心，而实特别国情迫之使然也。

吾中国历史之经过乃大异是。吾国当春秋时，贵族势力达于全盛，然已为第一时代之尾声。至战国七雄，纷设郡县，登庸寒畯，既已入于第二时代，秦壹海内而益张之，命天下之人皆为黔首，确然立四民平等之原则，此原则中于人心，日深一日。刘汉君臣，皆起微贱，益举贵族余烬而摧弃之。自兹以往，第一时代之惰力性虽未尽泯，而微微不振，死灰偶燃，旋踵即灭。汉初犹国与郡杂置，景、武以降，悉变为关内侯矣，典午复裂土以封。南北朝则五等之爵，仅遥领食邑矣。六朝门第之界限甚严。唐代兴科举，而白屋公卿视为常事矣。明代虽封亲藩，而不能有治外法权于各省督抚之下矣。洎夫本朝，益整齐而画一之，贵族根株，划除净尽。今制所谓宗室，自亲王以下至于奉恩将军，凡九等，仅拨予以庄田，以抵古之汤沐邑，其世袭也，每代降一等，至于闲散宗室而止。功臣自一等公以下至于恩骑尉，凡二十六等，二十六等之人皆予俸，无官受世职单俸，有官受双俸，其世数一等公袭二十六次，以是为差。此种世爵，除区区荣誉之称谓及薄田薄俸外，一切权利义务，无以异于齐民，且以递降世袭，故除极少数之世袭罔替者外，无能保持其地位于永久，终必至等于齐民而后已焉。彼日本板垣伯，近倡一代华族之论，举国目笑存之，而不知我固行之已久矣。准此以谈，则所谓贵族专政时代之惰力性，在我国历史上久已云过天空，至今日而无复丝毫影迹之可寻。欧洲人民流亿万人之血，以求所谓法律上之四民平等者，我则以历史上自然发达之结果，先民蓄之，吾侪获之，此真我国可以自豪于世界者也。加以我国宗教，夙尊自由，政权、教权两不相涉，欧洲各国所谓"僧侣"之一怪物，吾国人曾不解其所谓，故此种特别阶级，更无自发生。夫欧洲之贵族、僧侣，咸有广大之领土，能行统治权于其所属之领土及教会，生杀予夺，悉为所欲为，问我国之世爵，有如此者乎？欧洲之贵族、僧侣，既垄断国中土地之大部分，顾不负纳税、服役之义务，问我国之世爵，有如此者乎？一言蔽之，则彼之贵族，匪惟名而已，而且有绝大之特别势力于社会者也；我之世爵，无丝毫特别势力于社会，而惟其名者也。国会者，所以代表国中各方面之势力，而非以代表各种名称者也，在彼不幸而有此障害国家进步之一种厌物，而又无术以拂而去之，不得已乃拓阶前尺地以为位置，使与他种势力自由竞争，则优胜劣败之结果，冀其如幢幢鬼影，黯淡以没而已。我幸而此厌物之束于高阁者已二千年，明镜无翳，好相具足，自今以往，方将扫除庭院，置酒高会，乃无端欲起家中枯骨，被以衣冠，而坐诸堂皇，何其不祥也！今之言中国当设贵族院者，盖此类也。昔孔子与门人立，拱而尚右，二三子皆尚右，孔子曰："甚矣，二三子之好学也，我则有姊之丧故也。"夫欧洲、日本左院之代表贵族，则姊丧尚右也，他之不学，而惟此之学，是得为善学矣乎？

况吾国欲以左院代表贵族，非惟事理有所不可也，抑且事势有所不能。在我昔代，周爵五等，春秋三等。其在今世，普爵三等，英、法五等，多至于五而止矣。英、法、普之爵主，其地位皆自数百年前封建时代，传袭以迄于今，前此与其君主俱南面而治，有不纯臣之义。例诸我国，则汉初之韩成、魏豹、田儋也，其近世所命之新华族不过少数耳，故合全国之有爵者，其数固非甚少，抑亦非甚多。我国则异是，若限于公、侯、伯、子、男五等爵，有此权利耶？则除宗室之镇国公、辅国公，外戚之承恩公及蒙古公外，满、汉公爵举国无有。康、乾、咸、同间用兵，其得侯、伯、子、男者虽不乏，然照例递降世袭，不数十年，已降至轻车都尉以下，其有"世袭罔替"字样、能保其地位于永久者，惟曾、左、李三家之三侯一伯耳。此外尚有一二与否不甚确记，即有亦不足破吾说。为此三家而特设一贵族院以宠异之，成何体制？且自一等公以至恩骑尉，此二十六等爵者，以其最高之等与最下之等比较，虽相去悬绝，若以其相次之爵比较，则相去仅一间耳。三等男应有此权利，一等轻车都尉，以何理由而独无？一等轻车都尉有此权利，其二、三等以何理由而独无？三等轻车都尉有此权利，骑都尉、云骑尉、恩骑尉何以独无？夫以李臣典、萧孚泗一偏裨耳，徒借金陵陷陈之一役，得封子、男，以李续宾一代名将，不过轻车都尉，谓臣典、孚泗应有此权利，而续宾即不应有此权利，此何理也？是故不以世爵为组织上院之要素则已耳，否则其范围非起一等公讫恩骑尉不可，而举国中骑都尉、云骑尉、恩骑尉，车载斗量，即欲如日本伯、子、男爵之议员，以互选就职，亦何从悉调集之为一团体，以合选乎？且彼辈在社会上果有何种固有特别之势力，而必须别置代表之理由，果何在也？故中国贵族议员之设置，无论从何种方面论，皆持之不能有故、言之不能成理也。故吾党所主张者，中国国会左院以无贵族为原则，惟其间有例外二焉，下方别论之。

第二项　中国不必以左院代表富族之理由

日本左院，有多额纳税之一种议员，此非代表贵族而代表富族也，其渊源盖本于普国旧宪法之第六十五、六十六两条，一八五四年已削除。而奥大利、意大利、西班牙之左院，亦有此制，其法理论所根本，则孟德斯鸠之《法意》也。孟氏之说，近世学者已驳击不遗余力，故欧洲各国采之者已甚稀，日本学者对于此制，亦纷纷攻难，想其改正，亦在早莫耳。夫欧洲诸国，所以有此制者，以彼去封建时代未远，大地主之势力至为庞大，不可无所以代表之。盖与贵族、僧侣议员，有同一之性质，不得已也，苟无此不得已之理由，而捧心效颦，斯亦何取！此则日本当时立法家之陋，不能为讳矣。我国惯例，以众子平均袭产为原则，与欧洲各国长子单独袭产者全异，大地主之特别势力，更无自发生，故此制当决然抛弃，无可疑者。

既将此两种要素排去之，则吾国左院应采之要素，有可言焉，今列举之。

第三项　应设皇族议员之理由及其限制

问者曰："子既排斥代表贵族主义，而复主张皇族议员，夫皇族非贵族之一种耶？何其矛盾也。"应之曰："不然。彼则其原则也，而此则其例外也。"凡天下事皆起于不得已而已，得已则吾欲已，不得已则虽有圣哲，亦末如之何也。欧洲、日本一般之贵族，皆不得已者也。我国则普通之贵族，其得已者也；贵族中之皇族，其不得已者也。我国政体，固不可不为立宪，而国体又不可不为君主，此凡有识者所同认矣。既为君主国，而欲国中特别阶级，绝对的无一存者，此盖不可致之事焉。故今世各君主国，虽以臣民之公私权一切平等为原则，而必有一二例外焉，则皇族是也。本朝法制，皇族私权，殆与齐民立于同等之地位，其公权之特别者亦甚希，且祖制不许亲贵任军机大臣，将来责任内阁成立，更不容以行政之地位，亵皇族之尊严，故皇族参与政治之权，惟在国会行之耳。国会左院特设皇族议员，以示优异，盖揆情度理，而皆惬者也。

各国皇族之取得议员资格也，其方法有二：一曰达于成年，即当然为议员者，英、日、意、奥等国是也；二曰经君主敕任乃为议员者，普、班等国是也。我国自宗室觉罗皆为皇族，其数盖数十万，则第一法之不可采，固无待疑。若用第二法，则与普通之敕选议员无异，亦非所以示亲亲之意。吾以为仍当采第一法，而略加限制，其限制维何？则贝子以上是也。今亲王之世袭罔替者，除开国八亲王外，尚有成贤亲王、怡贤亲王、恭忠亲王、醇贤亲王及今之庆亲王，凡十三家，自余则依定制，皇子封亲王，亲王子降袭郡王，郡王子降袭贝勒，贝勒子降袭贝子，今若以成年之贝子以上，当然有为左院议员之权利，则有此权利者，为皇帝之子、孙、曾、玄，且必为其小宗之宗子者也。似此则斟酌于亲疏厚薄之间，而适得其平矣。若夫有特封贝子以上之爵者，则出自天家殊恩，既有此爵，即随之以得有议员身分，亦固其所。

第四项　应设代表各省议员之理由

此其理由，于本条第一节第二款，既略言之矣，抑更有当申论者。我国行政区划，辽阔无垠，以面积埒全欧之一大国，仅区为二十二行省，此由因袭元、明之陋，诚不衷于理论。虽然，其成为历史上之事实，已垂千年，迄今已有积重难返之势，欲为急剧改革，将酿无量之梦乱。且以如此大国，中央政府与初级地方自治团体之距离，势不得以不远，于此两者之间，而欲如各国通例，仅置一级之地方官厅，以仰承而俯接，其力将有所不逮。故于各国所谓最高地方官厅之上，尤必当有一官厅焉，其性质界于中央与地方之间者，是即省也。省之区域，无论或

率现制之旧，或改革而缩小之。要其性质，皆当与欧洲、日本诸国所谓
地方最高官厅者有别；其权限范围，必须加广，当为政治的，而不仅为
行政的。此吾党所主张也。惟其然也，故吾国虽非联邦国，而一切制
度，有时不可不采及联邦国所经验者，以为渊源，而中央与地方相维
系、相调和之道，尤不可不三致意，此盖根于历史上、地理上有极强之
理由，而非吾党之好持异论也，而国会左院，所以必应设代表各省议员
之理由，即在是矣。

　　各国左院代表地方之例，其方法有三：一曰平均定额代表者，如美
国是；二曰不平均定额代表者，如德国是；三曰比例人口代表者，如法
国是。德国别有其政略上之理由，与吾国无关，其不必采不俟论。法国
比例人口，与右院之选举同一渊源，不过彼直接而此间接耳。故一地
方，其在右院占多数者，其在左院亦必占多数；其在右院仅少数者，其
在左院亦仅少数。如此则于代表地方之目的，不能贯彻，故我国当仿美
国，以平均定额代表为宜。

　　其各地方平均之额，美国、瑞士，皆每州二名，澳洲联邦，则每州
六名，我国幅员埒于美国，人口且远过之，而美国本部为四十四州，并
夏威夷，为四十五。我仅二十二省，彼适当我之倍。今依美国之数，嫌其
太少，依澳洲之数，又嫌其太多，折衷之则每省四名，其可也。凡各君
主国之左院，其议员之分子虽复杂，然必有一种认为中坚者，日本之五
等爵议员，其左院之中坚也，我国则应以代表各省之议员为中坚者也，
故总数八十八名，其可也。

　　选定此项议员之权，当安属乎？德国则属各邦之行政首长，美国则
属各州之议会，法国则别为选举会以选举之。德国之制，非我所宜采，
不俟论，美国之制嫌其范围稍狭，当如法国，别组织一选举会以行之，
此选举会之组织法，当委诸各省，使斟酌本地情形以行，不必严定划一
之法，大抵以该省所选出之国会右院议员及其省会议员为主，而益以全
省大团体之议员，如全省教育总会议员、全省总商会议员等最善矣。

　　既为选举，则必有任期，任满则改选焉。法国任期九年，每三年改
选其三之一；美国任期六年，每二年改选其三之一。其所以不全部改选
者，以左院应含继续的性质，而美、法两国之左院，除此项议员外，更
无他项，若全部改选，是失其继续性也。我国不然，此项议员，不过占
左院之一部分，故可以同时全部改选，无取学步于彼，所以免烦杂也。
但其任期必当视右院议员之任期为较长，其改选不必与右院之总选举同

时，此无他焉，二院制之精神应如是也。

第五项　应设敕选议员之理由

本章本节第一款之第八项，尝言国民中有天然之特别阶级，而欲网罗此阶级之人，以入于国会，则仅恃人民选举，不足以完满达其目的。人民选举，固可以达此目的之一大部分，特未能尽耳。然则于人民选举之外，不可不别求一机关以当此任，此机关在共和国无从得之，而在君主国，可以委诸君主，君主而绝对的适于任此机关乎？虽非敢言，然比较的其适焉者也，是我国所当采也。

各国敕任议员之法，亦各不同，有君主与他机关协同行之者，如英国王敕选议员，必须经首相之奏请是也；英国法律上并无此明文，但已成惯习，英国最大之势力，则惯习也。有君主单独行之者，如日本、意大利是也；但立宪国君主，一切敕命皆须经国务大臣副署，是亦不能纯指为单独行为也。有两法兼用者，如普国此项议员之一部分，由各团体荐举其一部，由国王任意自择是也。其被选人资格，有规定之于法律者，如意大利、日本是也，其间复分二类：有用抽象的规定者，如日本但言有勋劳于国家及有学识者是也；有用具体的规定者，如意大利列举二十余种之资格是也。有不规定之于法律者，如英、普等国是也。消极的资格则各国皆有规定，不在此论。今请言我国所当采用者，其被选人资格，将如日本之抽象的规定乎？所谓勋劳、学识者，将以何为标准？究其极不过凭君主之主观的认识而已，是规定与不规定等也。将如意大利之具体的规定乎？则人物之种类千差万别，实无从枚举，意大利所举者，徒注重练达于国务之人耳，申言之，则大率久于其任之行政官、司法官及军人也，而在所列举资格以外之人，虽有贤才，亦将限于法律，而不得被选，此必非立法之本意也。故吾以为毋宁如英、普等国不规定之之为愈。至君主当单独以行此权乎？抑当与他机关协同以行此权乎？吾以为兼采普、英两国之制最善，即其中一部分由指定团体荐举，而君主任命之一部分由首相奏请，而君主任命之，如是庶几可以举野无遗贤之实矣。但以法理论，则荐举奏请之权虽在他机关，而任命与否之权仍在君主，又不待言矣。若夫何种团体应有荐举权，吾犹未能指出之，此则俟诸将来国民进步之趋势何如也。

第六项　应设代表蒙、藏议员之理由

今之策中国者，其眼光仅见有本部，而此外则视如无物，此真大惑不解也。所谓大清帝国者，除本部及满洲东三省、新疆外，尚有其三大

区域等，曰内外蒙古，曰青海，曰西藏，并此三区域，其幅员更广于本
部，此而恝焉置之，则天下孰有不可置者矣。我国古来之思想，其对于
属境，不过名义上羁縻勿绝而已，未尝有行圆满之主权以辖治之者，独
至本朝之于蒙古、西藏也不然，其在中央，置理藩院以管之，其在该
地，置将军及办事大臣、参赞大臣等以镇之，不可谓非国家观念之一进
化也。虽然，我国政治，素主放任，不主干涉，其在本部，犹且有然，
至属地而益甚，驯至此三大区域者，与中央之关系日薄一日，几于彼此
皆忘其为同一国家。夫其种族、语言、文字、习俗，既与本部满、汉之
人划若鸿沟，其能相结合为一国民之原素，本甚薄弱，所恃者惟政治上
之联锁耳，并此联锁而弛之，盖不至分裂为异国而不止也。畴昔中央之
军事行政，其力之能及于彼者尚厚，夫今则既成强弩之末矣，而外之复
有强邻耽耽环伺、威迫利诱，百出其技以动摇之，而一发苟牵，全身将
动，此三区域一旦解体，则帝国将随之而覆亡。为今日计，宜亟求使之
与本部政治上之关系日加切密，此实国家前途一大方针也。其所以实行
此方针者，条理万端，而国家之意思机关，使其得以参与焉，又其第一
义也，此吾党所以主张设代表蒙、藏议员之理由也。

　　国家之意思机关，合左、右两院组织而成，此代表蒙、藏之议员，
当属之何院乎？使其能与本部臣民一切平等，两院俱有，固甚善也，无
如其程度有所不逮也。其一则右院议员之选举，必比例于人口，我国人
民太众，大率须数十万人乃出一议员，而彼地人口稀疏，部落复杂，境
域寥廓，选举万不能行也；其二我国右院，必不能遵行普通选举，惟行
制限选举，其制限或以教育程度，或以财产，然无论用何种，而彼地之
人，皆将无一能中程者也。夫国会选举法，必当通于全国，不能随意为
一地方议设特别法明矣。如是则彼三区域者，实无可以出代表于右院之
途，此吾党所以主张在左院特置代表蒙、藏议员之理由也。夫在左院而
别置一种议员，以代表国内之特别地域，此其事非自我作古，彼英国左
院之有爱尔兰、苏格兰贵族议员，其前事之师也。

　　然则此种议员，当以何方法发生乎？申言之，则其选定权当何属
乎？曰：此又当分别论之。

　　蒙古者百数十部落，逐水草以居，而未尝有一总机关能管其中央者
也。就地理上略分之，曰内蒙古，曰外蒙古，曰青海蒙古。以其人民之
势力，全蛰伏于酋长之下也，故不能用选举；以其部落太多也，故不能
每部落出一代表人。今拟内蒙古以盟为单位，照乌达盟出三名，哲里木

盟、锡林郭勒盟、乌兰察布盟各出二名，卓索图盟、伊克昭盟各出一名，凡十一名。外蒙古以部为单位，土谢图汗部出四名，车臣汗部、三音诺颜部各出三名，札萨克图汗部出二名，凡十二名。此外则塔尔巴喀台、阿拉善额济纳各出一名。青海蒙古亦以部为单位，和硕特部出二名，绰罗斯部、辉特部、土尔扈特部、喀尔喀部各出一名，凡六①名。都凡蒙古议员三十一名，由该盟、该部、各旗之酋长互选之。

西藏者，稍具国家之形，有中央政府以统一之，非如蒙古之不相统属者也。而又黄教之根据地，宗教之势力，压倒政治之势力者也。故其选出议员之方法，亦应与蒙古不同。今拟由达赖喇嘛指定四名，由达赖、班禅指定三名，由噶伦布及诸第巴互选三名，都凡十名，皆须经驻藏大臣认可，则作为议员。必由喇嘛、班禅指定者，代表宗教势力也。喇嘛、班禅分有此权者，喇嘛所指代表前藏，班禅所指代表后藏也。第巴有此权者，代表宗教以外之势力也。第巴本须经奏准于皇帝，乃得就职，与喇嘛、班禅同，故并有此权，于法理正合也。必经驻藏大臣认可者，驻藏大臣，本代表皇帝以总揽全藏之大权，全藏一切政治，本须经过此机关，乃达于中央也。

问者曰："英国之直辖殖民地、日本之台湾，皆未尝出代表人于其国会，为其程度相去之太远也。今蒙、藏之在我国，正与彼类，而子必汲汲于其代表，何也？"应之曰："不然。英国宪法，本为大英王国之宪法，而非大英帝国之宪法。其国会亦然，故宪法不适用于殖民地，殖民地不出代表人于母国国会，理有固然也。日本之得台湾，在其施行宪法之后，故暂时未施行于彼，亦非无理由，而学者之攻难，已不少矣。我中国今日而施行宪法，其宪法为二十二行省之宪法耶？抑全帝国之宪法耶？今日而开设国会，其国会为二十二行省之国会耶？抑全帝国之国会耶？使非全帝国之宪法之国会，是将以立宪开国会而破国家之统一也。既为全帝国之宪法之国会，而宪法乃不适用于国中之一大部分，国中一大部分对于组织国会而无出代表之权，此何理也？此吾党就法理上之立脚点，而敢自信所主张之不误者也。若夫政略上之立脚点，其关系尤重大，前固言之矣。"

问者又曰："如子所论，借此以抚绥蒙、藏，诚适宜之政略矣。然中国尚有未经同化之两族焉，曰回，曰苗，仿蒙、藏之例，而使其出特别代表于国会，不亦可乎？"应之曰："此政略之可采与否，且勿论，借

---

① "六"，原作"五"，今改。

曰可采，而无知太悖于法理，何也？国家之要素，惟有国民，而无所谓
民族，蒙、藏之设特别代表，乃以代表蒙古、青海、西藏诸地方区域，
而非以代表蒙古种人、唐古忒种人也。回、苗两族，与一般国民，同占
住居于二十二行省之中，其万不能为之设特别代表，其事至明。"

　　问者又曰："蒙、藏、青海三大区域之臣民，仅有出代表于左院之
权利，而剥夺其出代表于右院之权利，宁得谓平？"应之曰："此非可以
剥夺言也，将来右院选举法颁行，其选举人、被选人之资格，必泐定
之，使蒙、藏住民而有此资格者，则其享有此权，仍与他地住民无异
也。特现今事实上，可决其绝无此种人，虽划出选举区，执行选举事
务，亦徒然耳，故不如已也。以吾党对于经营蒙、藏之方针，则一方面
奖励殖民，移本部过剩之人口以实之；一方面施适宜之教育，促其住民
以同化。此非属于本论之范围，暂勿喋喋。然使吾党之理想实行以后，
蒙、藏、青海三区域，能与本部程度相接近，则举本部一切制度而措
之，何靳之有焉？"

　　问者又曰："蒙、藏住民，能通国语、国文者盖极少数，其所选出
之议员，又未必即在此少数者之中，其列于国会，则伴食耳，而安能举
代表之实耶？"应之曰："此则事实上问题，而非立法家所问也。夫伴食
于国会者，岂必其在不通国文、国语之人。以英国为立宪祖国，其右院
六百余人中，常立于议场而振振有词者，不过十数人，此外皆伴食者
也，夫宁得因此而废之？设蒙、藏议员之本意，全在使之与中央之关系
日加密切，但使能有议员驻于京师，而常出席于国会，则虽始终不发一
议，而所裨①固已多多矣。况国文、国语可学而能，置诸庄岳，且夕间
事耳，而何足为病也？或者之说，谓蒙、藏议员，当附一能通国语之条
件，非此则不能就其地位。吾不谓然，国会之目的，在能代表各方面之
势力而已，蒙古各盟、各部所互选之人，西藏喇嘛、班禅、第巴所指定
之人，必其可以代表方面之势力者也。虽然，未必其能通国语者也，若
以国语一条件制限之，是以附属之条件牺牲本来之目的者也，是无异限
制蒙、藏人使永远不得出代表而已，斯吾党所不能附和也。"

　　更有一小节当附论者，此项议员之性质，应有一定之任期者也，今
拟皆以四年为一任期，以右院行总选举时同时改选之，若右院缘解散而
行总选举则不在此数也。各国左院议员之任期，最短者皆在六年以上，

――――――――――――

　　① "裨"，原作"稗"，今改。

此所拟者，似失于短，然交替稍频繁，则其输入文明于彼地也亦较易，此立法之意也。

第七项　左院议员之数

以上所举，左院议员之种类尽于是矣，尚有应论及者一事焉，则议员总数是也。各国左院议员总数，有取不制限主义者，若英、若普、若意是也；有取绝对制限主义者，若德、若美是也；有取相对制限主义者，若日本是也。吾以为我国宜取相对制限主义也。日本左院议员中，其总额有制限者凡两种：一曰伯、子、男爵议员，总数不得过百四十三人；二曰敕任终身议员，总数不得过百二十五人。盖此两种议员，实日本左院之中坚，故使其数略相当也。我国将来之左院议员，可区之为二部分：一曰敕任者，二曰非敕任者。非敕任者，则皇族议员，代表各省议员，蒙、藏议员之三种是也。敕任议员之总额，应不能过于彼三种议员合计之总额，此于无制限中寓制限，所谓相对制限也。

今请综举前所拟者，列为一表：

（种类）	（人数）	（任期）	（选出者）
（一）皇族议员	约四十人	世袭	法律之结果
（二）代表各省议员	八十八人	七年	各省选举会
（三）敕选议员	百五十人以内	终身	皇帝
（四）蒙古贵族议员	三十一人	四年	有权者互选
（五）西藏议员	十人	四年	喇嘛、班禅、第巴

第三节　右院之组织（旧称下院）

各国右院之设，皆平等以代表全国国民，故必以人民所选举之议员组织而成，此惟一之原则，通于万国而无或异者也。但其选举法亦有不能从同者，今请广搜诸家学说比较各国法制，而示我国所当采择焉。

第一款　选举权

第一项　普通选举与制限选举

第一目　各国制度比较

人民选举议员之权，名曰选举权，选举权之广狭，各国不同，可分为普通选举与制限选举之两种。普通选举者，谓一切人民皆有选举权也；制限选举者，谓以法律指定若干条件，必合于此条件，或不及于此条件，乃得有选举权。代议制度滥觞英国，而英国则取制限主义者也，故后进诸国，往往效颦。虽然，社会日进步变迁，所立制限，颇难恰适于时代之要求，各国大学者、大政治家，深感其弊，倡议废之，而此说日占势力，各国纷纷见诸实行，此普通选举与制限选举之利害得失问题所由日滋也。

虽然，所谓普通选举云者，乃相对的名词，而非绝对的名词也。无论何国，万不能举全国人民当呱呱堕地之始，而即皆有选举权，故如属性之制限、年龄之制限等，无国无之。然学者于此等制限，不认为制限。质而言之，则所谓制限选举者，实专指财产制限或教育程度之制限而已。故吾于前者，欲名之为普通制限选举，于后者欲名之为特别制限选举，今请举各国制限之种类表示之：

（一）普通制限：实则与无制限等也，故凡有此种制限者，学者通称为普通选举。

（甲）国籍制限：谓必为本国臣民者也，外国人不能享有公权，久成为万国之通义。然各国法制，例必首载此条，就中美国规定尤严，盖美国入籍之例甚宽，其民多由他国迁徙而来也。故美国各州法制，于此项常规定其年限。美国无合众国通行之选举法，其法皆听各一州自定之，故选举人之资格，各州不同，此项之国籍制限，或有须入籍一年以上者，或有须二年、三年乃至五年以上者不等。

（乙）属性制限：谓必须男子也，现世界中，女子有选举权者，惟美国之哥罗拉特州、埃达荷州、乌达州、约明州，及澳洲之西奥省与纽西兰，自余各国，无不设此制限。

（丙）年龄制限：此各国所同有也，但亦分两种：

（子）以私法上之成年为制限者：英、法、美诸国是也。诸国民法，皆以二十一岁为成年，私法、公权，皆自其年得行使之。

（丑）别定其制限者：德国、日本是也。德国民法，以二十一岁为成年；日本民法，以二十岁为成年。成年后得行使私权。惟选举公权，皆至二十五岁始有之。

（丁）住所制限：谓必有一定之住所也。调制选举人名簿及行选举时，种种事件皆与住所相附丽，故各国选举法，皆以住所为必要条件，亦固其所，然既有此制限，则臣民之侨寓异国者，其选举权自暂时停止，而浮浪乞丐之徒、无家可归者，亦自不得有此权，其事甚明。

以上四种制限，除第二种之属性制限，美国不著明文外，自余则万国莫不有之，然实则与无制限等，苟所制限者而仅在此，斯谓之普通选举矣。

（二）① 特别制限：特别制限者，于此四种之外，尚更有其他之制

---

① "（二）"，原作"（一）"，据《饮冰室合集》改。

限者也，复分两种：一曰消极的特别制限，二曰积极的特别制限。

（一）消极的特别制限：消极的特别制限者，以法律规定若干条件，凡不在此条件之内者，其人皆有选举权也。复分四种。

（甲）公权行使制限：谓有事故不得行使公权者也，如疯癫人及罪人之类是，今举各国之例。

英国：（一）精神错乱者；（二）犯叛逆罪者，及选举时行不法行为而受刑之宣告者。

美国：（一）精神错乱者；（二）剥夺公权者，谓曾为议员或官吏，已宣誓拥护宪法，而复有叛乱或通敌之行为者也，但以议院三分之二投票，可解除此制限。

德国：（一）被后见者；（二）为犯罪而剥夺公权或参政权者。

法国：（一）被后见者；（二）被剥夺公权及参政权者；（三）特禁止选举权之行使者；（四）犯强窃盗、诈欺、赌博、背誓、亏空官帑、浮浪、乞食等罪者。

日本：（一）禁治产及准禁治产者；（二）剥夺公权及停止公权者；（三）处禁锢以上之刑者。

（乙）财产变动制限：凡宣告破产者，皆停止选举权，万国通例也。

（丙）阶级制限：各国多指定某种阶级之人，不得有选举权，然有以其为贵族之故而被制限者，亦有以其为贱族之故而被制限者，今举各国之例。

英国：凡贵族皆不得有右院之选举权，惟爱尔兰贵族，除现任左院议员者外，不在此限。

日本：华族之户主，不有选举权。

丹麦：为人奴仆者，不有选举权。

美国：前此杂色种人及奴隶，不有选举权。一八七〇年，削除此制限。

（丁）职业制限：特种职业之人，不得行使选举权，各国多有其例，今列举之。

英国：特种之官吏，为警察官及管理选举之官吏等。

法国：服现役之陆、海军人。

美国：各州不同，有全无制限者，有制限军人者，有并制限官吏者。

日本：（一）现役中之陆、海军人；（二）官立、公立、私立学校之学生及生徒。

此外虽行普通选举不立财产制限之国，而贫民无职业，须仰他人之补助以自活者，往往夺其选举权。

以上四种，虽号为特别制限，然一般国民中，在此制限者寡，不在此制限者众，故仅有此制限，而无其他制限者，仍不失为普通选举也。

（二）积极的特别制限：积极的特别制限者，谓以法律规定若干条件，必合此条件者，乃得有选举权也。学者所称制限选举，专指此类，其最通行者，为财产制限与①教育程度制限。

（甲）财产制限：此英国历史上之遗物也，今各国尚多效之者，试举其例。

英国：英国选举权之财产制限最为复杂，今略举之。

（甲）英伦人之财产制限：

（一）有自由所有地，其每年纯价格在四十喜林以上者。（但此财产必须由相续、占有、婚姻、契约、遗言、教职或官职而取得者。）

（二）有自由所有地，其每年纯价格在五磅以上者。（凡非依前项所列诸原因以取得财产者，须适用此项。）

（三）有登记所有地或自由所有地以外之土地，其每年纯价格在五磅以上者。

（四）有左列之借地权者：

（1）借地期限六十年以上，每年纯价格五磅以上者。

（2）期限二十年以上，纯价格十磅以上者。

（乙）苏格兰之财产制限：

（一）有每年纯价格五磅以上之土地或相续财产者。

（二）有左列之借地权者：

（1）有一代借地权或五十七年以上之借地权，其价格在每年十磅以上者。

（2）有十九年以上之借地权，其价格在每年五十磅以上者。

（丙）爱尔兰之财产制限：

（一）有自由所有地，每年纯价格在五磅以上者。

（二）有某条件之借地权者。（其条件凡四类，今避繁不遍举之。）

其不有以上所列举之不动产权利，而仅占有每年价格十磅之土地或家屋者，苟能合左方所列三条件之一，即得有选举权。

---

① "与"，原作"则"，据《饮冰室合集》改。

第一，占有期间之制限：凡占有者，从调制选举人名簿之时起算，溯前十二个月间，于其县内或市内，占有此等财产者。

第二，住居之制限：其在英伦，须于调制人名簿前六个月间，其在苏格兰须于前十二个月间，在市内或距市七英里之内，占有住居者。（但英伦、苏格兰之县、爱尔兰之州及县，不设此制限。）

第三，关于纳税之制限：必须纳救贫税者。

其赁屋而居之人，所赁者为每年价格十磅以上之屋，即得有选举权。

法国：变迁最多，当国会初开时设财产制限，大革命后废之，帝政时代复置之。及路易十八世王政回复时，制限极高（百二十佛郎之直接税），虽中产之家，犹不能有选举权。第三共和以后全废之，今为普通选举。

比利时：旧制以岁纳税百法郎以下、二十法郎以上者，得有选举权。今改为等级选举制，别详次项。

普鲁士：虽行普通选举，而实兼用等级选举制，别详次项。

意大利：每年纳税十九鉝八十生丁以上者，得有选举权，但能读书写字者，免除制限。

那威：有五十士皮埃之土地所有权者，或赁借之者，皆得有选举权，但曾任官吏及公职者，得解除此制限。

索逊：纳三马克以上之国税者。

日本：纳地租十元以上，已满一年者。又纳地租以外之直接国税十元以上，或地租与其他直接国税合计十元以上，已满二年者。

俄罗斯：（1）有财产或终身年金或纳税之不动产者；（2）曾纳住所税或工业税者；（3）有营工商业之证据者；（4）独租房屋一所者。又别有劳动者团体选举权，每工场自五十人以上者，得出一代表人；千人以上者，则每千人增加一人。

以上所举财产制限之例，有以所有财产为标准者，有以岁入所得为标准者，有以所纳国税为标准者。其制限之率有高有下，如以日本人生活程度之低廉，而其率为十元，此其最高者也；若索逊者，殆可谓之无制限之制限矣；如俄罗斯，虽以纳税为标准，而不规定其税率，又更宽矣。又如英国，其条件虽极复杂，然正以复杂之故，于甲项不合格者，于乙项得合格，据其所规定，凡赁屋而居之人，皆得有权，故英民之不有权者亦仅矣。俄罗斯亦然，赁屋而居者，皆得有权，凡合于此条资格者，虽与纳税条件不相应，而其权如故矣。俄制又凡有营工商业之证据者，皆得有权，则其制限之解除者益宽，而劳动团体之别有选举权，更无论矣。又如意大利等国，其财产条件虽不轻，然但能读书写字者，即可以免除，自义务教育行，而所谓制限者，殆悉归无效矣。以上所举诸国，虽号称为行财产制限，然按诸实际，殆皆与普通选举无择，其可称为完全制限者，惟日本而已。盖财产制限之废止，实世界大势之所趋也。

（乙）教育程度制限：有专用财产制限之国，有专用教育程度制限之国，有两制限兼用之国。

意大利：能读书写字者。

葡萄牙：同。

美国中之若干州：能读宪法且解其文义者。

澳洲联邦：同。

英国：大学卒业生，不必合于财产制限之条件，亦有选举权。

比利时：有高等教育程度者，得有复杂之选举权，别详次项。

以上二种，最狭义之制限选举也，前所列四种之消极的制限，以无制限为原则，以制限为例外。此所列二种之积极的制限，以制限为原则，以免制限为例外，故惟此独专制限选举之名也。

第二目　我国不当采制限选举之理由

选举资格，既不能绝对的无制限，所当问者，其制限条件之多寡严宽而已。今请将前列十种制限，校以我国情形，而论其孰为当采者，孰为不当采者。

（一）国籍制限：当采，不待说明。

（二）属性制限：当采，男女分业，实社会成立发达之一要件，虽在人民程度极高之国，女子选举权法案，犹艰于通过，我国更无论也。

（三）年龄制限：当采，但以仿日本最宜。

（四）住所制限：当采，但有一例外焉，即侨寓他国之国民，应否尽停其选举权？此政略上之一问题也。以普通之法理论，万无设置选举权于他人国中之理；又为旧学者之所说，谓代议士为租税之代价，则侨民纳租税甚少，虽停其权亦宜。虽然，我国民在境外者六百余万，可以敌中小国一国之总民数，而所居之地，皆非我国权所及之殖民地，其公权既切不能享有，此数百万人永失其权利之一大部分，情实可怜。况彼侨民者，其财力颇不薄，若能使之与祖国关系日加切密，则于殖产兴业殊有裨益，故设法使之与母国人民有同一之选举权，实政略上所不容已也。至其方法，则今犹未思得其最良者，大约其选举人名簿，由领事调制之，其投票则或在领事馆，或用通信投票，二者必居一于是，此无他国成例可援，惟自我作古而已。

（五）公权行使制限：当采，凡民法上禁止行使私权者，则公权自亦在应禁之列也。

（六）财产变动制限：当采，破产者害及多人之权利，故其权利一部分，亦应减也。

（七）阶级制限：各国阶级制限之例，有特制限贵族，使不得有选举权者；有特制限贱族，使不得有选举权者。制限贱族者，此古代蛮俗之余烬耳，其在今日，一切法律，皆以四民平等为原则，于同一国民中，而强分某类之人，为应有参政权，某类之人应无之，其事为大谬于法理，故在现世各立宪国，此种不平之制，殆绝迹矣。我国法制，四民平等之理想发达最早，良足以自豪于世界。虽然，其余烬亦有未能尽灭者，如娼优皂隶之子孙及各地之世仆，与夫江淮间之乐户、广东之蛋户、贵州之狪家等类，咸不能有应试任官之权。凡此之类，私权虽略与齐民平等，而公权则殊不完全，虽为数甚微，究不免为文明法制之一污点，自今以往，实施宪政，必当并此区区之翳云，拂拭以尽，故制限贱族之制，其必不当采，可无疑矣。至于各国中，有制限贵者，则非以剥夺其参政权，实因其在他方面，已有此权，伸于彼者例当诎于此耳。推原国会分设二院之意，原为网罗国中各方面之势力，而剂之使底于平。其在有贵族之国，既以左院代表贵族之特别势力，则其所以厚于贵族者，亦云至矣。使其在右院更得与齐民竞争，则右院之势力复得被垄断，其一部分所享权利，太过优异，而两院之权衡，或自兹破焉。英、日等国，右院议员之选举权，独靳于贵族，盖理论上所当然也。惟中国则与彼异，举国中既无所谓贵族之一阶级存，而左院又非以代表特别阶级为其要素，除皇族及蒙古王公、西藏僧侣外，举国中无一人能缘其身分，而得有特别之参政权者，夫既不能缘身分而得此权于甲方面，自不能缘身分而失此权于乙方面，此事理之至易明者也。故此种阶级制限，吾国当决然舍去，无可疑也。

（八）职业制限：各国之设职业制限，或制限特种官吏，或制限军人。其制限特种官吏者，大率以执行选举之官吏为主，凡以防弊也。其制限军人者，则不使军人参与政治，其第一之理由，防势力之滥用；其第二之理由，则又国家机关分业之原则，应如是也。此我国所当采者也。惟日本选举法，于此两种之外，复有制限学生之例，求诸各国，未之前闻，按诸法理，亦难索解，此诚一奇异之制也。夫谓以其为学生之故，而即不应与闻政治，此其理由果何在乎？谓学生多少年不解事耶？则既有年龄制限，以为之坊矣。日本之制，满二十五岁乃有选举权，夫学生则大率皆在二十五岁以下者也，有此制限，则学生之不得选举权者，已十而八九矣。其有一二年逾二十五而犹为学生者耶？必其人之好学，逾乎寻常，而现在各大学之专攻科者也，否则亦在各大学第三、四年级者也，否则亦前此为逆境所限，幼而失学，后乃发愤而补修者也。凡此之人，皆国民中之尤优秀者也，乃徒以其为学生之故，而遂至不能享尽人所同享之公权，是何异国家特设此法制，以惩罚彼好学之民也！彼及年之学生，不欲放弃此权者，计惟有废学以就之耳，是国家奖励人民以不悦学，而于国家果何利也？故日本之有此制，实吾所百思而不能得其解者也。

吾国教育事业，方始萌芽，其普及之程度，视他国相去远甚。自今以往，为助长国家进步计，谓宜导多数成年以上之国民，使之向学，为法政简易科、师范简易科、农工商学简易科，与夫各种学业之补习科等，多多益善，其中年国民之为学生者，亦多多益善，而一国政治之原动力，方得赖此辈以转捩之。若如日本之制，凡为学生者不得有选举权，此何异举凡神骏，皆系枥中，而惟恃驽骀以致千里也。夫在教育未普及之时，则优秀之民，逾中年而为学生者必多，就政略上论，万不宜夺其选举权，既如是矣；若在教育普及以后，则国民在二十五岁以上者，大率已脱学生籍，此制限殆包含于年龄制限之中，而规定直同于无效。故吾以为吾国将来国会右院议员之选举权，但如日本、德国之例，以二十五岁为制限而已足，至日本学生无选举权之陋制，则其绝对的不可采者也。英国，宪政之祖国也，特设大学选举区以优异学生，而示别于齐民，善良之政略，不当如是耶？若日本之立法家，吾诚苦于索解其用心之所存耳。

（九）财产制限：普通选举与制限选举之分界，其最重要者，实在财产，各国学者之论争，此其烧点也。今请先述彼都之学说，次勘我国之情形，乃定所去取焉。代议制度者，英国之名产也，而以财产制限定选举之资格者，又其同时产出之副产物也。英国右院即庶民院。之成立，在十三世纪末，曷为发生此右院？则参与征税权，实其惟一之目的也。盖当时之理想，谓不经纳税者之许诺而擅课其税，于义为不当，故凡有纳税之义务者，则当其课税之前，有先与商议之权利，所谓不出代议士不纳租税之一格言，实当时右院成立之根本的理由也。洵如是也，是出代议士之一权利，实国家对于纳税之国民，而予以相当之报酬，其不负纳税义务之贫民，例无报酬，其不得享此权利也亦宜。虽然，就法理方面观察之，此观念其果适当矣乎，是不可不亟辨也。使选举权之性质，而属于报酬的也，则不纳税者不得受此报酬宜也。然报酬则必当比例于价值，投桃而报李，斯为报矣；投木瓜而报琼琚，则匪以为报矣。不纳税者与纳税者同一权利，报酬诚可云不公；少纳税者与多纳税者同一权利，报酬独得云公乎？诚以报酬主义为根据也，则充类至尽，必当举全国纳税之人民，而第其等差，其纳若干者得权利若干分，增纳若干者则增得若干分，又增纳若干者则又增得若干分，纳税者之等级无穷，权利之等级亦与之为无穷，必如此斯可云公矣，而试问国家有此政体焉否也？况乎租税之种类，又千差万别，直接税固租税也，而间接税亦不得谓非租税，近世财政学日进步，各国间接税之收入，且骎骎驾直接税而上之矣。一国中人，则谁不纳间接税者？虽贫至乞丐，苟尚能活其生命，则所资以活其生命之物品，国家先必有所以取之者矣。此又不徒间接税为然也，即以直接税论，凡纳税者恒转嫁其税于人，如农民纳土地税，而当其以粟入市时，则必将此税项算入谷价中，而还取诸买主，故实际担任此税者，乃食粟之人，而非耕田之人也。他例是。而谓仅纳直接税者宜有报酬，其纳间接税者则不宜有报酬，又安得云公也？不宁惟是，使以报酬主义为根据也，则凡纳税者，皆不可以无报酬，无论其愿受与不愿受、能受与不能受，而义固不可以不予之，则有未成年之孤子，有已丧偶之嫠①妇，而拥有极大之财产，其所负纳税义务独多于他人者，固不可不予之以选举权，即不尔，亦应予其代理人以选举权，而各国固未闻有此制焉，则报酬之谓何也？然则以报酬主义解释选举权，其触处皆不可通，盖章章矣。此无他焉，古代人民于公权之性质，未甚明了，往往以私权之观念比附之，而不知二者截然非同物也。夫国家与人民之关系，非以市道交也，国家命人民以义务，则命之而已，非必有所报酬而后能命也。人民对于国家所应享之权利，则享之而已，非近缘报酬而后能享也。人民之纳税，其当然之义务也，非待国家有所偿于我而后纳之，如曰必待国家有所偿于我而后纳税，则又必当待其别有所偿而后当兵也，乌乎可也？人民之有参政权，其当然之权利也，非取偿于国家而后有之，如曰缘取偿

---

① "嫠"，原作"嫠"，今改。

而后有参政权，则其他一切公权，如要求裁判权、各种自由权等。苟别无他道焉，为索偿之理由者，将遂无自以得之也，乌乎可也？然则纳税之义务与参政之权利，二者各自独立，万不容并为一谈，而谓选举权与财产，有若何之关系者，其说盖无以自完也。况乎人民之行选举也，于一方面为其权利焉，于一方面又为其义务焉，曷为谓之权利？谓当组织此国家重要机关时，人民应得参与其事也，曷为谓之义务？谓此重要之国家机关，凡国民必当尽其力以组织成之也。以权利论，苟将报酬主义之一迷见除去，则断不能谓惟有财产者宜有此权利，其无财产者则不宜有此权利；以义务论，尤不能谓惟有财产者宜负此义务，其无财产者则不必负此义务。然则谓选举权与财产有关系者，果无说以自完也。

　　就政治方面观察之，则其说之不可通，抑更甚焉。十三世纪时代，英国人之理想，盖谓凡人民缘国会之职务，而感其利害者，则不可不参与于国会之组织，纳税人则感其利害者也。盖当时国会唯一之职务，在承诺租税；其唯一之权利，在监督会计。其在今世，国会所有诸职权中，当时所能有者，惟协赞豫算、承诺决算之一职权耳。纳税人既特感苦痛，故不能听当轴之任意取盈，而必思容喙于其间，此庶民院发生之动机也。其不纳税者，既不感此苦痛，自无必须容喙之理由，衡以理论，可云至当，而当时间接税之项目甚少，其无财产者，大率无纳税之义务，此选举权所以不及之也。虽然，此惟彼时为然耳，若在今日，则间接税以附庸蔚为大国，国会所议决之财政案，其负担之者，岂必有土之人，举国上自王侯，下逮乞丐，罔不与焉。然则就令今之国会，其权限一如昔之国会，所问者仅在预算、决算而已，而感其利害者，固不徒在财产家矣。况乎今世国会之性质，则大异是，其职权非徒在协赞租税云尔。凡国家立法事业，一切参与之，而其监督权且及于行政，国会之性质，既已递嬗递进，达于今日之地位，则凡国会之一举一措，其影响直及于国民全体，无论纳税者与不纳税者，其所感之利害，皆同一焉。于此而犹划出一鸿沟，谓惟纳税者宜参预国会之组织，其不纳税者则无须焉，此诚百思而不得其解者也。夫谓与国会职权有利害相关者，斯宜参预国会之组织，此国会起源时所适用之原理也。在彼时之国会，而以财产为标准，正所以适用此原理；在今日之国会，而犹以财产为标准，则岂惟非适用此原理，毋亦适得其反而已。夫使此原理果真确，而财产制限之选举法，已无理由可以存立，而况乎此原理又非其至焉者也。夫国家之目的，一方面谋国内人民之利益，一方面仍须谋国家自身之利益，凡国家一切机关，皆兼为此两目的而设置者也。谓人民各因其个人利害之故，而始参与国政，此不过十八世纪前个人主义之理想，近世国家主义大明，此说之缺点，稍有学识者能知之矣。使国会而仅以个人利害关系而建设也，则凡一国之人，无论贵贱贫富、老幼男女，其利害孰不受影响于国会？遵此论据，则其归结，不可不举国民而悉畀以参政权，而无论何国，皆不尔尔者，则以国民参政权，实由两要素相结合而成：其一则政治上之利害关系也，其二则适当行使之能力也，必具备此两要素之人，乃畀以参政权，斯可以得完善之意思机关，而国家之目的达矣。故选举人之资格，必当以此二者为衡。而此二者之中，其第一种则凡国中人民，无不有此关系，更无所容别择之余地，可无论矣；其第二种，则当以何者为标准，以辨别国民中之孰为有政治能力而孰为无之耶，此实最难之问题也。今世各国通例，凡未成年之幼童，或私法上虽认为成年而公法上未认为成年者，与夫神经错乱须人保护者，皆确认其为无政治上之能力，而不予以选举权，此盖无所容其辨争者，其女子亦假定其为无政治上之能力，而不予以选举权，然起而为难者，且振振有词矣。但从政策上利害著想，则在今日之社会，此假定终不可以不承认，此年龄属性等制限所由立，而按诸政治学之原理，可谓不相刺谬者也。然则除此等消极的制限以外，凡丁年之男子，皆予以选举权，如当世所谓普通选举者，遂得谓其于政治学之原理适相吻合乎？是又不然。政治学之原理，谓凡有政治上之能力者，斯当有参政权，然则无政治上之能力者，不当有参政权甚明，而谓凡丁年之男子，皆有政治上之能力，则无论何国，其事实皆不尔尔也。然则欲适用政治学之原理，使圆满无遗憾，除非得一人焉具有佛世尊、耶苏基督之神慧，能随时一望而知国中人之孰有政治能力而孰为无之者，恝然划一界线以识别之，无铢黍之忒，乃因其识别，而定选举权之予夺焉，斯可矣。然此事既万不可期，既学理之圆满适用，终不可望，故曰人类不完全，而政治无绝对之美。既无绝对之美，则两害相权取其轻，两利相权取其重。多数有能力之人民，得参政权，其利甚重，而少数无能力者，滥竽其间，其害较轻，此普通选举制得以成立之理由也。若夫以财产之有无，定选举权之有无乎？苟衡以学理，必当先立一前提焉，曰凡有财产者，皆有政治能力者也；凡无财产者，皆无政治能力者也。而此前提果正确乎？不待问而有以知其不然矣。财产与政治能力，决非能常相一致，故财产与选举权决不容有特别的关系。英国之设财产制限，其历史上之遗蜕耳。英人以善保守闻于天下，其习惯无论当理不当理，皆无宁过而存之，以次递变，必千数百年，而蜕化乃尽焉。他国无历史上之理由，乃必并其缺点而学之，所谓"画虎不成终类狗"者也。英国虽号称用制限选举，然经几度之沿革，其制限已极低微，今则凡有住居能独立营生计者，皆有选举权矣。参观前所举法制，便知其详。现在日本人之有选举权者，不过百分中之二分二强，英国人之有选举权者，则百分中之十七分强，故学者往往以英国列诸普通选举之国，亦非无故也。

夫持制限选举论者，不过曰"民之为道，有恒产者有恒心，无恒产者无恒心"，以无恒心之人，而使之选举议员，则将损议员之价值，而贻隐患于国家也。且赤贫之人，易动之以货利，恐被买收其投票，而所选举者非出于良心之自由也。由前之说，则必求所以增进选举人之道德及其智识，使之能鉴别议员候补者，而择善以举之，然后议员之价值乃不损，固也。然欲达此目的，决不能取标准于财产，何也？其在教育不普及之国，则贫民之无道德、无智识者，固属多数，即富人亦岂能独优焉？彼纨袴子弟，不辨麦菽者比比然矣。孟子之言，谓比较的如是，而非谓绝对的如是，斯未可以一概论者也。若夫今世诸立宪国，以行强逼教育为原则，凡及岁之儿童，不论贫富，皆有就学之义务，其曾受国民教育者，即应认其为有国民资格，而于财产之有无，果何与也？由后之说，则贿赂运动之弊，无论用何法而皆不能尽免，但选举人数多者，则其行贿运动也较难，选举人数少者，则较易。例如仅有百票，即能选出一议员，则作弊其易，若需千票，则作弊难矣，进而及万票，则更难矣。而行财产制限，则以有选举权者甚少之故，而供作弊者以多途，试举其例。如日本现制，约平均十三万人而出议员一名，但日本每百人中，有选举权者不过二人而强，故平均得二千票内外，即可中选。英国现制，约平均五万四千人而出议员一名，但英国每百人中，有选举权者十七人而强，故必平均得九千票内外乃可中选。夫九千票之作弊，难于二千票之作弊，此不待智者而决矣。故以财产制限选举为防弊之良法者，而不知其结果乃适得其反也。

夫设立国会之本意，原欲使多数国民闻与国政，则其与国家之关系日益切密，而爱国心自油然而生。若以财产制限之故，而使大多数人，不能感国家与己身之利害关系，则将流于少数政治，其反于立宪之本意甚明。况乎国中一大部分人无选举权，则民智愈开，而不平之分子愈增，其结果必助长资本家与劳动者之轧轹，而国家将受其敝，故现今欧美各国，其大势皆趋于普通选举，而财产制限之制度，殆沦为历史上之僵石，良有由也。

以上仅就普通学理观察之，而财产制限之毫无理由，既若是矣，若按诸我国今日之国情，则其万不可采。更有可断言者，行财产制限之国，其鉴定财产之方法，虽有种种，而最直捷者，则以纳直接国税若干为标准是也。各国所行直接税，其种类繁夥，如地税、家屋税、动产税、营业税、所得税等，皆属焉。我国今日所现行者，则惟地税之一种耳，其他各种，吾信虽国会成立后，迟之又久，而犹未易采行者也。然则我国若用财产制限，其得为标准者，仅地税耳，而我国旧制，赋税极轻，每亩正供，不过一二钱。若仿日本之例，以纳十元者得有选举权，则非有地五十亩以上者，不能得此权，恐国民之有权者，千人而不获一矣。然又不能据此而遽断定国中有财产之人之果为极少数也，盖有每岁所入，视拥田百亩者之所入数倍或数十倍，而未尝纳一文之直接税于国库者，比比然矣。如显宦之俸给、干员之薪水、豪商之股份，是其类也，财产制限行，是此辈皆无选举权也。不宁惟是，我国田制，率由户领，其法律上之所有权属于户主，而各省习惯，以父子兄弟同居为美德，上流社会，辄数代不析产，故虽巨万之富，而为子弟者，终未尝以自己之名义，输正供于国家，财产制限行，是此辈皆无选举权也。不宁惟是，凡以游宦或经商而入籍于他省者，于其新入籍之地，无土地所有权者居多数，财产制限行，是此辈皆无选举权也。不宁惟是，京旗及各省驻防，大率以官为家，或恃军籍薄饷以自活，而有田之人，千不得一，财产制限行，是此辈皆无选举权也。夫以游宦经商入籍他省者，苟其本籍置有产业，犹可以申告于所流寓之地，免致失权，若夫京旗驻防，本无恒产者，岂不缘此制限，而最重要之公民权，遂永丧失耶？以立法之偶失当，使国中一部分之人惊骇迷惑，几疑国会之设，为剥夺旗人权利，莠民乘之，或反以煽动民族之恶感情，以阻宪政之进行，则其祸害及于国家者，非细故也。夫按诸普通学理，而财产制限之不可取也既如彼，衡诸中国事势，而财产制限之不可取也复如此，此吾党所为决然反对之，而不容假借也。

问者曰："今者与人言国会，犹或致疑于程度之不足，而生异论，今更与言废财产制限，是并日本所未能及者，而欲一蹴几之，其毋乃更资人以口实，而沮国会之成立，则何如仍承认制限之说，无惊里耳也。"应之曰："不然。吾党正惟冀国会急底于成，愈不得不反对财产制限之议，盖财产制限，必待税法整理，然后能实行，而非国会成立以后，恐税法终无整理之期。今若以财产制限为国会选举必要之条件，则政府将借口于税法之未整理，以谢国民之要求，是不啻为反对国会论资以武器也。吾之斤斤然排斥财产制限者，岂好辩哉？不得已也！"

（十）教育程度制限：教育程度制限，有以之为制限之唯一条件者，有以之为财产制限之解除条件者。其以之为制限之唯一条件者，则必须有及格之教育程度，乃得行选举权也，如意大利及美国中之若干州及澳洲联邦是。其以之为财产制限之解除条件者，谓以财产制限为原则，但教育程度较高之人民，则虽所有财产不及格，亦得有选举权，此其例外也，如英、比等国是。今吾党既不主张用财产制限，则所谓解除条件者，自无所附丽，不必更论。若夫不立财产制限，而惟以教育程度为唯一之制限，则按诸学理，其说较完，宜若可采者也。但此程度当以何为标准，又属一问题。若所悬之格太高，则仰攀甚难，而大多数之国民，不免向隅。例如以中学校或高等学校毕业为及格，则恐有豪农巨贾，纳多额之国税，而犹见摈于选举权以外者。若所悬之格太低，则与无制限等，何必多此一举？例如以能读书写字者，或以小学校毕业为及格，则在行强迫教育之国，凡及年之民，罔不有此程度，是亦无制限之制限而已。故此种制限，各国多弃而不取，良有由也。以中国论，现在教育尚未普及，人民之无智识者居多数，则以教育程度略示制限，实为最宜，如美国及澳洲之制，其至可采者也。虽然，于此复有一困难问题出焉，曰欲察人民之教育程度，当用何术是也。求其公平确实，势不得不出于试验，而试验之手续，非徒繁难，即流弊亦不可胜防，恐选举诉讼，层见叠出，适以增国会成立之阻力，故窃谓不如并此制限而豁除之之为愈也。

问者曰："既财产制限与教育程度制限，两皆不用，则纯粹的普通选举矣。夫普通选举之制，虽以今日之日本，犹未遽适用，而谓中国乃能贸然行之，无乃骇人。"应之曰："普通选举，为世界大势所趋，日本学者主张之者十而七八，其选举法之改正，殆将不远矣。至谓日本一般人民之程度，能远过于我国，吾不敏，未之敢承。故谓日本现行制限选举，则我必当步其后尘，无有是处。况乎吾党所主张者，又在复选举，而不在单选举，既用复选举，则第一次之选举人，更无取乎多立制限，故即使如论者之说，谓我国民程度远逊日本，仍不足以为病也。若夫主张用复选举之理由，当更端论之。"

普通选举，固为吾党最后所主张，特恐崇拜日本者流，或将引彼中解释派之学说，振振有词，以惑观听，无已，则请斟酌英、俄、意、葡之制，于普通中仍略示制限可乎？一曰须能识字、写字者，此教育程度之最低制限也。此种制限，不必别行试验，但用记名投票制其制别详次款。令选举人自书姓名及所举人之姓名，其不能书或所书舛误者，则其票即为无效，则其所寓制限固已多矣。在欧美各国，贫富悬隔，而教育普及，故此种制限，不足云制限，惟财产制限，乃足云制限。若我国现在，则贫富不甚悬隔，而教育太不普及，故财产制限反不足云制限，而此种制限，却足以为制限。二曰须自构一屋或租一屋而居者，此英、俄之制也，但我国为家族主义之国，故凡与父兄或其他尊属同居者，皆应得适用此条件焉。三曰须有职业者，此俄国之制也，惟彼专言工商业，我则当普及于一切职业，然后其义乃完。以此三种为制限，其第二、第三种，则调制选举名册时之制限也；其第一种，则投票时之制限也。似此则选举权不至太滥，而于学理事势，皆有当矣。

以上之意见，则可拟关于选举权之法文如下：

第某条：凡帝国民臣，年龄满二十五岁以上之男子，能读书写字，而具有以下二项资格之一者，得有选举权。

一、自构一屋或租一屋而居满一年以上者，但与父兄或其他尊属同居，亦可。

二、满一年以上有职业者。

第某条：左方所揭者，不得有选举权：

一、禁治产者及准禁治产者。

二、受破产宣告未复权者。

三、剥夺公权者及停止公权者。

四、受禁锢以上处刑之宣告者。

吾之为此论也，读者慎毋以我为梦想泰西之文明，而不顾本国之程度也，吾确信如此办法，于我国之现情，有百利而无一害；又确信非如此办法，则我国国会，恐无成立之期。论者犹有疑吾说者乎？毋亦其脑识中为日本现行制度所充塞，误认以为天经地义而不克自拔耳。夫日本制度，稗贩泰西，其支离灭裂不成片段者，抑多多矣。事事而步趋之，以求其肖，其不贻东施之笑者几何？

第二项　平等选举与等级选举

普通选举之衷于学理，适于我国事势，夫既言之矣，但普通选举之中，复有平等选举与等级选举之差别。平等选举者，一人一权，举国同等是也；等级选举者，限于某种类之人，特有优异权，不与齐民伍是也。其方法亦有二种：一曰复数投票制度，二曰分级投票制度。

复数投票制度者，普通人民，一人得投一票，惟法定某种之人，得投二票或三票是也。此制度约翰·穆勒极称道之，英国、匈牙利、瑞典之选举公共团体议员用之，其用以选举国会议员者，今惟比利时一国。比利时于一八九四年改定选举法，凡二十五岁以上之男子，一人得投一票；其满三十五岁已结婚者，或虽鳏而有嫡子者，且每年纳五佛郎之人税者，又满二十五岁而有价值二千佛郎之不动产者，或岁收百佛郎之地租者，皆得投二票；其卒业于高等学校者及曾任法定之某种官职者，皆得投三票。此法律颁定之后，其年行总选举，其选举人总数一百三十七万六百八十七人，内有一票者八十五万三千六百二十八人，有二票者二十九万三千六百七十八人，有三票者二十二万三千三百八十一人，总票数凡二百十一万一千一百二十七票。

分级选举制度者，将有选举权之人，统计其纳税之总额，齐其多寡，而分为若干级，每级所举议员之数同等是也。例如有选举权者十万人，其纳税之总额为一百万，其所应出之议员为九十人，分之为三级，则每级得科三十三万余，得议员三十名。以十万人所纳税额比例分之，其第一级以五千人能纳税三十万余者，则五千人之投票，得举议员三十人。其第二级以二万人能纳税三十万余者，则二万人之投票，得举议员三十人；其第三级以七万五千人乃能纳税三十万余者，则七万五千人之投票，亦仅得举议员三十人。此法日本之市、町、村会选举用之，国会选举用此法者，今有普鲁士，而索逊、瓦丁堡等国之制，亦略相似。普鲁士之制，类分全国公民，第其纳税最多额，合之而得直接税总额三分之一者，名之为第一级选举人；第一级选举人之外，其纳税次多额，合之而得所余总额三分之一者，名之为第二级选举人；自余则为第三级选举人。每级各选举议员三分之一，而据一八九三年之统计，则全国人民，属于第一级者为百分之三有奇，属于第二级者为百分之十二有奇，属于第三级者为百分之八十四有奇云。

此两种等级选举制度，凡所以救普通选举之流弊也。盖极端的普通选举行，少数之富者，或不免为多数之贫者所压，其在欧洲今日之社会，尤所难免，此调和之制所由设也。然而普国之制，其调查极繁重，而计算难精确，非税法整理后，无从实行。我国现时不能学步，固无待言，且就其制度之本质论之，亦未可称美备。盖贫者压富者，固非国家之福，即富者压贫者，亦非国家之福，而此制则愈富之人，其特权愈重故也。不宁惟是，其所谓三级者，又非能合全国而均算之，以溴为三级也。如普国之制，分全国为若干之选举区，每区各等其纳税之率，以为三级，然同此率也，在甲区列于第一级，而在乙区列于第三级者，往往有之，其不公平莫甚焉。如甲区有十万人，其纳税总额为十万元，而其中有多纳税者三十人，合其所纳之税，即当全区税额三分之一，则平均须每人纳税千元以上，乃得有第一级之选举权。乙区有八万人，其纳税总额为五万元，而其中有多纳税者三百人，合其所纳之税，乃能当全区税额三分之一，则平均每人纳税五十余元，已得有第一级之选举权。夫纳税五十余元者，在甲区应编为第三级者也，而在乙区乃得列于第一级，是不公之甚也。故此等制度，在市、乡、村会议员之选举行之，犹可以收衰多益寡之效，然日本市、町、村会选举用此制，学者犹多议之。若施诸国会选举，则利不足以偿其弊矣。

若夫比利时复数投票之制，就学理上论之，不失公平，就政策上观之，颇多善果，学者或称为最良之选举制，良非无由，但其中注重于财产条件者颇多。我国欲完全仿效之，尚须待税法整理以后，今则病未能也，或先仿其一部分，凡有科第、官职及学堂毕业文凭者，得有投两票之权，亦未始不可。

第二款　被选举权

被选举权之资格，其制限恒视选举权为宽，此近世各国之通则也。今述诸国法制沿革而比较之，推求其立法之意，以示我国所当采择焉。

（一）财产制限：前此欧洲各国，其选举权用财产制限时，被选举权亦有制限，且视选举权为更严。如纳税若干得有选举权者，其被选举权必纳税更多，乃始有之。英国旧时之国法，法国一七八九年十二月廿二日之选举法及一七九一年九月三日之宪法、西班牙之《哥特士宪法》，与夫德意志诸国旧时之国法、其他一八四八年以前欧洲多数国之国法，皆以此为原则。独比利时一八三一年之宪法，其所规定，与此正反对，选举权虽尚存财产制限，被选举权则悉免除之，而一任众望之所归，此实近世法制之先河也。其次则卢森堡首仿其例。及一八四八年以后，欧洲各国于选举权既陆续改用普通选举之制，同时于被选权，举前此之制限，悉废止之，驯至一八八五年，英国亦从其例。日本宪法成立最后，其被选权亦不设财产制限，与选举权异。今列举各国之例，分为三种：

（一）选举权、被选举权皆无财产制限者：德、奥、比、美、西、法、瑞等国。

（二）选举权有财产制限，被选权无之者：英、日、意、瑞典、卢森堡等国。

（三）选举权无财产制限，被选权有之者：葡萄牙。

由此观之，被选权以财产为制限，现今世界，除葡萄牙一国外，殆无类例，此何以故？盖推原制限之本意，不过欲使议员得适当之人才，而人物之与资产，决非可成正比例者，但使为众望所归，则虽原宪黔娄，曾无损于参政之资格，此所以免除制限之一理由也。况就令强立制限，彼贫乏之议员，临时设法增纳租税以求中程，亦非难事，则有制限与无制限等，此又所以免除制限之一理由也。虽以日本宪法之幼稚，其关于此项，犹不能不采各国普通之制，抑可见公理所在，不容诬矣。我国必当效之，更何待疑？

（二）年龄制限：各国被选举人之年龄制限，有与选举人同者，如英、德是也。英之选举人以二十一岁为及格，其被选举人亦同。德之选举人以二十五岁为及格，其被选举人亦同。有高于选举人者，如美、法、意、日是也。美、法、意选举人皆以二十一岁为及格，而美、法之被选举人须二十五岁乃及格，意之被选举人须三十岁乃及格。日本选举人，以二十五岁为及格，其被选举人，则三十岁乃及格。亦有低于选举人者，丹麦是也。丹麦选举人，以三十岁为及格，其被选举人，则二十五岁已及格。此各国法制比较之大概也。为议员以参议国政，必须稍富于经验者乃为适才，故以三十岁为制限，诚不为过。但按诸实际，则三十岁以下之人，能中选者实甚希，故此制限，殆等于无效，若其有之，此则汉诏所谓有如颜回、子奇不拘年齿者也。然则年龄制限，虽稍降格，似亦无妨，惟所关非巨，但如各国通例，亦庶几耳。

（三）住所制限：前此各国旧制，凡被选举人，必须在本选举区有住所者，乃为合格。至今美国尚仍此制，自一八四八年以后，欧洲各国皆废止此制限，其因沿未革者，今惟余瑞典与那威耳。日本为立宪之后进国，亦仿各国通制，不设此制限，住居东京之人，往长崎为议员候补，法律所不禁也。原住居制限之本意，盖缘畴昔人民国家观念未明，误以一地方所出之议员，为代表本地方之利益，故必以有籍贯于本地方者，乃得与其选，亦无足怪。今则学理大昌，而议员为代表全国，非代表该选举区之义，各国宪法且有著为条文者，则籍贯制限徒示不广，而失立法之意明矣。夫使被选之人，必限于为本选举区之住民，苟本区无适当之人才，势不得不滥竽充数，饰驽骀以为上驷，其损议员之价值莫甚焉。而他乡之人，其有奇才异能，为我所知者，亦以格于例，而不获以登荐剡，此亦非使选举人尊重良心之道也。昔汉制郡守辟曹掾①，必限于本郡人士，后以不便，乃弛其禁，今之被选举权，亦应如是矣。况我国习俗，省界、县界等谬见，深中人心，其为国家统一之障害莫甚焉。苟被选举权犹与籍贯相属，将使无知之民，与前此文学额同视，此疆彼界，较短量长，则其于国会代表国民之意，不亦远乎？故豁除住所制限，非惟学理所当然，抑亦我国情形所必要也。

（四）职业制限：各国被选举人资格，于其职业上，每立种种制限，今举数国以明其例。

英国：左方所列各种之人，不得被选为右院议员。

（一）贵族：英、苏贵族，绝对的受此制限，惟爱尔兰贵族，非现任左院议员者，则有被选权。

（二）僧侣：在英、苏之国立教会及罗马旧教会奉教职者。

（三）特种之官吏：（1）司法官；（2）管理选举事务之官吏；（3）理财官。

（四）受领恩给者：谓凡受领王室之恩给者，但受文官恩给及外交恩给者，不在此限。

（五）承办官业者。

美国：凡现任合众国之行政官、司法官，皆不得被选为议员。

法国：左方所列之各种人，不得被选为右院议员。

（一）前代君主之遗裔。

（二）服现役之海、陆军人。（但将官及参谋官，不在此限。）

（三）受禄官吏。（但国务大臣、各省次官、全权大使、星县知事、警视总监、大审院长及检事长、会计检查院长及检查官长、巴黎控诉院长及检事长、大僧正、僧正等，不在此限。）

（四）于选举区内有管辖权之某种官吏，不得为该管区所选出之议员。

日本：左方所列之各种人，不得被选为右院议员。

（一）华族之户主。

（二）现役中及召集中之陆、海军人。

（三）官立、公立、私立学校之学生及生徒。

---

① "掾"，原作"椽"，今改。

（四）神官、神职、僧侣，其他之宗教师、小学校教员，及罢此等职后未满三月者。

（五）承办官业人，及承办官业公司之役员。

（六）有关系于选举事务之官吏，不得为该管区选出之议员。

（七）宫内官、判事、检事、行政裁判所长官及评定官、会计检事官、收税官吏、警察官吏。

（八）府、县会议员，不得兼为国会议员，中选者例辞前职。

以上所举各国制度，如法国之限制前代君主遗裔，纯以维持共和国体，此我国所无，不必深论。如英国限制贵族之一部分，日本限制华族之户主，皆所以贯彻两院制之精神，使左、右院不相侵越。我国既无贵族，则此亦无取效颦。今所亟欲研究者，则为官吏得任议员与否之一问题，此实通于各国之大问题，而未易遽断者也。今请述两方之沿革及其理由，乃按诸我国情势，定取舍焉。

此项之制限，又分两种：一曰禁止中选，二曰禁止兼职。禁止中选者，谓凡在制限内之人，其中选者，法律上直认为无效也；禁止兼职者，谓凡在制限内之人，一旦中选，则或辞议员而保持前此之地位，或抛掷前此之地位而承诺为议员，二者任择其一也，明此二者之区别，则可以观诸国之法制。

凡国会种种制度，殆皆滥觞于英国，被选权之限制官吏，亦其一也。英人立法之本意，原以防国会之势力，为君主所利用，故不徒禁现任官吏之为议员而已。其现任议员，一旦经君主拔擢而为官吏，则立失其议员之资格，必须辞职后再被选举，乃得安其位。在前此为保国会之独立起见，殆不得不然，今则情势已大变，而此旧习犹因而不革，则英人保守之天性然也。

美国则左、右两院议员，其任期中皆不得就官职，盖三权鼎立主义，实为美国宪法之特色，其划为鸿沟，不相杂厕，亦固其所。

其在欧洲大陆，则分为法国法系与德国法系之两大派。法国法系，以限制官吏为原则，以不限制为例外，荷兰、葡萄牙等国属焉。德国法系，以不限制官吏为原则，以限制为例外，比利时、意大利、奥大利、匈牙利、瑞士、丹麦、瑞典、那威等国属焉。今先言法国。

法国一七九一年六月十三日之法律及同年九月三日之宪法所规定，凡任官职者，不得兼为议员，或就此，或就彼，任择其一。其立法之意，本非欲排斥官吏于国会之外，亦非防政府侵国会之权，实以当时之国会经年常开，曾无闭会之时，两职相兼，则事实上无以完其任务也。自兹以往，其制度翻覆多次，而毕竟无以大异于其旧。一七九二年六月二十四日之宪法，全解除此制限。共和三年果月五日之宪法，又复之。拿破仑之宪法，再解除之。七月革命后，以一八三〇年九月十二日之法律，又复之。当拿破仑之既亡，路易第十八之初复位也，其选举法一遵拿破仑之旧，不加制限于官吏，既而不胜其弊。盖当革命时代，地方官皆由选举而就职，故地方官干涉选举之弊，自无从生，及拿破仑得政，实行中央集权，县知事、郡长，皆在政府监督之下，屡奉政府之讽示，悍然干涉选举，以助政府党之中选。路易十八承之，益利用此策略，据一八二四年之统计，议员四百三十人中，官吏居其二百五十云，此种官吏议员，纯鹰犬于政府，国会殆为政府之隶属机关，而失其独立之性质。积弊至此，穷则思变，有固然矣。当时国民已极力运动回复限制官吏之制，而无大效，仅于关系选举事务之官吏，稍加节制而已。逮七月革命后，而此限制大加扩张，凡县知事、郡长、师团旅团司令官、收入官、支出官吏、收税官、登记所长及判事、检事，于其管辖区域内之选举区，不得为被选人，又不徒在职中为然耳，即退职后六个月间，尚受此限制，其县知事及郡长及财政官吏，全禁议员之兼职，故虽在管辖地以外之选举区被选出者，辞彼就此，只能择其一。又仿英国之制，凡现任议员拔擢为官吏者，则议员之资格随消灭。此法案前此虽屡经提出，而屡次失败，直至一八三〇年始见施行，自兹以往，议员与官吏之职，不得相兼，遂为法国确定之原则。拿破仑第三时代，更充类至尽，虽国务大臣亦不许兼为议员。及第三共和政体成立以后，始有例外之例，即国务大臣、次官、全权大使等十数种之官吏，许其兼职，前段所举之制是也。

德国之沿革，与法国正当反对。德国所采之原则，则官吏与议员之职得相兼也，此原则自初期之宪法已采用之，直至于今，守而勿失。其联邦内间有数国，限制国务大臣及最高行政官厅之官吏，不得为议员，此盖受法国之影响，迷信三权分立主义使然，一八四八年以后，变革殆尽矣。此外则有数国焉，仍存例外之例，或限制某种官吏，于其管辖区域内不得被选，所以防干涉也；或限制会计检查官，不得兼为议员，所以使会计检查院超然于政府、国会两者之外，而保其独立之地位也。然此不过仅少之例外而已，其二者得兼之原则，未尝缘此而破坏也。夫德国所以采用此原则者，其故安在？其一，缘德国联邦中，多属小国，苟将官吏摈诸国会以外，则议员将乏适当之才。其二，缘德国官吏之分限，受法律上圆满之保障，当其执行权限内之职务，纯具独立之性质，非长官所得威劫，故官吏之为国会议员者，不必其党于政府，时且为反对党之领袖，虽兼职不足为国会病，以此特别之理由，故其所采主义，与法国适成反对，亦奚足怪？坐是之故，法国政府常欲援引官吏于国会之中，而人民反抗之。德国则反是，其政府常欲排斥官吏于国会之外，而人民亦反抗之。当一八六七年，北德意志同盟诸国之讨议宪法案也，谓官吏往往在国会反对政府，破坏服务纪律，故所拟宪法草案第二十一条云："联邦各国之官吏，不得有被选举权。"此草案提出，满场一致反对之，率不得通过，故官吏之有被选资格，非特联邦内之各国为然也，即帝国国会亦有然，此德国法制沿革之大概也。

日本则斟酌于德、法两法系之间，而略近于英国。如前所引选举法，限制某种之官吏，不得有被选举权，其余普通之官吏，则但使无妨于其职务，许与议员相兼，《众议院议员选举法》第十五、十六条。此盖于日本之国情，颇适合云。

今请按诸学理，以评德、法两制度之得失。官吏与议员相兼，其弊有四：（第一）官吏为议员者多，则将旷行政之职务，就中地方官为尤甚；（第二）以官吏而为议员候补，则缘运动选举之故，常与政党生关系，坐是对于一般人民，不能公平以尽其职，就令不加入政党，而当竞争选举时，要不能不市欢于一部之人民，随在可为执法之障；（第三）若官吏于其管辖区域，得为议员候补人，难保不滥用职权，以自求中选；（第四）官吏以党于政府为恒，使官吏议员多，则政府易行其不正之势力于国会，以损国会之独立。反之，若官吏在国会，动与政府为难，则于官纪大有妨害。法国制度，凡以防此弊而设也。虽然，若将一切官吏悉摈诸国会以外，其弊亦有二：（第一）对于人民中之大阶级，剥夺其重大之权利，揆诸法理，实为不公；（第二）就国家全体利害言之，官吏社会中，其历练政务、学识才能卓越者不少，禁之使不得为议员，则国会缘此而失许多优秀之人物，就中小国寡才，尤以为病，德国制度，凡以防此弊而设也。

由此观之，此两制者各有利病，殆难骤判其劣优，若欲定所适从，惟当察本国之国情以为断。今请诇诸我国：（第一）我国境土寥阔，交通不便，外省之与京师，往返动逾年载，外官兼任议员，事实上已居不可能之数，若京官与外官异其权利，则法理宁得谓平？（第二）我国地广人众，而前此任官之法，实不足网罗国中之奇士，草野怀瑾握瑜之倚，正苦于无以自表见，国会既开，可辟一涂径以尽其才，若多数坐位为官吏所垄断，国会且销沉其朝气；（第三）我国官吏，非如德国之久经训练，其政治上之智识，实未见其能优异于齐民，国会虽缺此一部分之人，不足为病，间有振奇之辈，则辞现职以就议席，谅非所吝；（第四）我国官吏分限，未能受法律上严重之保障，故属吏伺长官鼻息，习以成性，官吏议员多，则国会必成政府之隶属机关，而损其独立。据此四理由，则我国将来制度宜采法国主义，而不宜采德国主义甚明。虽然，亦尚有例外焉：（第一）国务大臣及各部次官，宜不在此限。盖政务官与事务官，其性质本自不同，不能与普通官吏同视，若国务大臣及次官不许入国会，则国会与政府隔阂太甚，而政治之运用将欠圆滑，故法国当第二帝政时，虽曾立此制限，及第三共和后，旋且废之，若美国之株守三权分立主义，则既病于夏畦矣。此我所宜鉴也。（第二）各员外候补官，宜不在此限。我国候补、候选等官之多，为万国所未闻，此辈无丝毫之职务，原不必名之为官吏社会，而其中多中流人士，才识优越者非寡，以任议员，颇为适宜。若其现任要差者，则与实职同科，自当援普通之例，必辞差乃能就选，又无待言。

以上所举四种制限其最重要者也，此外各国制度，尚有种种制度，请一括总评之。

（一）制限军人：各国制度略同，盖军人服从之义务，视官吏为更重，其性质本不宜为国会议员。且以军人投入政争涡中，尤非国家之福，故各国率皆禁之，我国亦宜从同。

（二）制限僧侣：欧洲各国多有之，日本亦然。欧洲前此政教不分，僧侣恒跋扈于政界，以害施政之统一，其限制之，盖非得已，日本效颦，识者已笑为无病之呻吟，我国则更无取义矣。

（三）制限归化人：各国多有此制限，盖外国人新入籍于本国者，必须合于法定条件，乃得有被选权，此在新开之殖民地，诚为要着，前此杜兰斯哇与英开战，即为此问题也。但在普通之国，则初入籍而遽被选，实属必无之事，此种制限虽视同无效可也。

（四）制限小学校教员：惟日本有之，其意殆以防运动作弊，又防以政治智识混入儿童脑际，有害教育事业，但其理由皆似是而非，可勿采。

（五）制限生徒学生：惟日本有之，此制之陋，前于选举权条下已痛斥之，况乃被选权者。据日本法律，必三十岁以上者乃能享有，夫已满三十岁之人，徒以其尚在学校故，而剥夺此公权，此何理耶？其慎抑更甚矣，此万不宜采者也。

（六）制限承办官业之人：英、日等国有之，其意盖防其借议员之地位，以图私人之利益。但日本自开国会以来，为此问题提出选举诉讼者已非一次，况左院议员之多额纳税者，半属此辈，不禁诸彼，而禁诸此，法理上亦不得云平，故学者多主张削除之，我国似亦不必效颦矣。

（七）禁兼任左院议员：各国皆同，当采。

（八）禁兼任地方议会议员：各国皆同，当采。

复次，以上所列制限，皆被选举权之特别制限也。若夫禁治产者、准禁治产者、宣告破产者、刻夺公权及停止公权者、受处刑之宣告者，既不得有选举权，则亦不得更有被选举权，此无待言。

综而论之，则被选举权之制限，有消极的条件，而绝无积极的条件，此为各国共通之大原则。盖政治能力之丰啬，与货殖绝无关系，故财产制限可不立，而既为众望所归者，自必非不辨麦菽之徒，故教育程度制限可不立，立法者苟明此义，则执至简以驭之，正无事扰扰为耳。

第三款　选举方法

第一项　直接选举与间接选举

第一目　利害比较之学说

直接选举者，由有选举权之人民直接选出议员也，亦谓之单选举。间接选举者，由有选举权之人民选出选举人，再由选举人选出议员也，亦谓之复选举。在间接选举制之下，其有选举权之人民，称为原选举人，亦称为第一级选举人；原选举人所选出者，称为选举人，亦称为第二级选举人。间接选举制，德意志联邦中之普鲁士、巴威伦、索逊巴典、葛仙、索逊威玛、索逊古堡俄特及俄罗斯之右院议员选举用之，美国大统领之选举亦用之，法、美两国之左院议员选举亦略用之。直接选举制，则自余各国之左院议员选举，大率用之。此两制者，各有其利害得失，今比而议之。

（甲）直接选举优于间接选举之点：

（第一）直接选举则被选人必为选举人直接信任者，故可以代表其意见；间接选举反是，被选人虽为第二级选举人所信任，未必为原选举人所信任，故多数人民之意思，不能直接反映于国会。

（第二）直接选举，则选举人对于选举，直接而感其利害，其热心自缘而增加；间接选举，原选举人缘自己之意思不能直接反映于国会，故视投票为不足轻重，不免淡漠视之。

（第三）直接选举，仅执行一次而已足；间接选举，则须两次，手续烦杂，国家与人民两皆增其劳费。

（第四）虽用间接选举法，实则选举之结果，自原选举人选举时而已决定，盖第二级选举人，恒受命于原选举人以投票，故第二级选举人成为赘疣。

（乙）间接选举优于直接选举之点：

（第一）选举之目的，凡欲以组织最良之国会，而欲达此目的，则当使选举人能鉴别被选人之才能性行，择最良者而举之，而多数之原选举人，程度较低，鉴别之识虑之足。用间接选举，其第二级选举人之智识，必较原选举人为优，而所举易于得人，其在教育未普及之国而行普通选举者，则间接之优点益著。

（第二）且选举必遵从"举尔所知"之一格言，而多数原选举人，蛰处乡僻，交通不广，所能知者，惟在其邻里乡党近习之人，而恒于全选举区适当之人物，多非其所习，强令之选举，亦不过以耳为目，往往受运动煽惑，而所举者，非本于其自由意志。用间接选举，则第二级选举人，地位较高，交通较广，对于议员候选者，较易周知，其在广土众民之国而行大选举区制者，则间接之优点尤著。

（第三）用间接选举，则第二级选举人所就者为名誉职，能使之生自重心，而慎重将事，且既受原选举人之委托以行选举，其对于原选举人，负道德上之义务，益当以公心行之。

此两制度利害比较学说之大概也，准此以谈，直接之利四，而间接之利三，其间颇难轩轾。虽然，所谓直接优于间接者，其最重要者，不过第二、第三两项。若夫其第一项，谓用间接制，则多数选举人之意见，不能直反映于国会，按诸近世学理，国会者所以表示国家意思，而非表示选举人个人之意思，故议员所代表者乃国家，而非其举主也。故各国法制，多以选举人不得以自己之意见，束缚所选之人，著为明条，故苟使议员能得人，则虽与选举人意见不相洽，亦非为害，是此说不足以病间接制也。又其第四项，谓第二级选举人恒受命于原选举人以投票，此在美国选举大统领，诚有此种现象，但美国之所以为此者：（一）因其所举者仅为一人，故原选举人之视线，得集于一点；（二）因美国政党有特别之组织，故能以间选之名，而行直选之实，若在他国选多数议员，则罕有此弊，征诸普鲁士而可知也，故此亦不足以病间接制。不宁惟是，假使第四项所举者，为间接制必至之现象，则间接制固可以反映多数选举人之意思，而第一项之谓害者，其说又不能成立矣。若夫第三项谓间接制增国家及人民之劳费，此诚不可讳之缺点。虽然，事苟有益于国家，虽稍劳费，亦安得避？况乎在广土众民之国，无论用大选举区制，用小选举区制，其手续皆极繁杂，劳费要不能简，改用间接制，虽曰分两次执行，而当每次执行时，其劳费皆不甚，则两者之利害，亦正足以相消也。要之，天下无论何种制度，皆不能有绝对之美，惟当以所施之国，适与不适为衡，离国情以泛论立法政策，总无当也。

第二目　我国当采间接选举制之理由

吾党于我国之右院议员选举，主张用间接制，非敢谓间接制其性质必有以优于直接制也，特按诸我国情形，有不得不尔者，请言其故。

据前所论间接制之利益，第一项欲得善良之国会，宜使选举人能鉴别被选人之材能性行，而第二级选举人鉴别之识，恒较原选举人为优。我国以种种理由，不能行制限选举，前既言之矣。既不用制限选举，当此教育未普及之时，选举人之智识能力，诚不免有缺乏之感，惟用间接制，可以略矫此弊，此吾党主张间接制之第一理由也。

据前论第二项，选举人当以各举所知为正鹄，我中国果由何道，得以达此目的乎？是当有先决之一问题，即比例人口，当平均几何人，而选出一议员之问题是也。欲决此问题，又当更有先决之一问题，即将来中国国会右院应有议员若干人之问题是也。今请次第论之：

（第一）一院中议员之总数，在势不能太多。若议员太多，苟人人忠于其职，则议决往往甚难；苟不忠于其职，则以伴食而多耗国家之岁费，抑又焉取？反之，若其数太少，则选举区必太大，不能完满以代表各地方之人民，斟酌尽善，诚哉，其难也！今考各国右院议员之总数及其比例于人口之标准如下：

英国　　议员总数六百七十人　　以每四万五千人出一议员为比例标准

德国　　议员总数三百九十七人　以每十万人出一议员为比例标准

法国　　议员总数五百八十四人　同上

意大利　议员总数五百〇八人

奥大利　议员总数四百二十五人

匈牙利　议员总数四百五十三人

美国　　议员总数三百八十六人　以每十九万人出一议员为比例标准

日本　　议员总数三百八十一人　　以每十三万人出一议员为比例标准

由此观之，现今各国右院议员之总数，最少者不在三百人以下，其德、瑞联邦各小国不在此数。最多者不逾七百人以上。我国幅员之大，人口之众，虽非他国可比，然右院议员之总数，要不过在八百人或千人之间，若过此以往，非惟政策之不利，即事实上已有许多窒碍矣。

（第二）既以此假定为前提，则试以之比例于人口。我国人口，据外人所调查，谓凡四万万余人，但未尝有精密之统计，不敢信其正确，即曰相去不远，然此为十年以前之数，此十年间增殖已不少，故有谓我国人数实不下六七万万人者。今折衷假定之，则大均在五万万人内外最为近之。若议员总数为一千人者，则平均五十万人选出一员；若总数为八百人者，则平均六十五万人选出一员。

（第三）更征诸我国人口疏密之率，即以本部各行省论，据外人所统计，每一英方里，平均约得二百六十六人，据此则五十万人所散布之地，应为二千余英方里；六十五万人所散布之地，应为三千余英方里。就使用一人一区之小选举制，说详次项。而山东、江苏等人口最密之省，犹且须以千英方里为一选举区；其广西、甘肃等人口最疏之省，则须以六千乃至八千英方里为一选举区。若用大选举区制，则其所占面积，更不可思议矣。要之，我国每一议员所属之选举人，其散布之地，平均总在二千英方里内外，此推算虽不中，不远矣。

（第四）据以上所推算，以散处二千英方里内五六十万人，而使之选一议员，此就小选举区制言之。或以散处一万英方里内之二三百万人，而使之选四五名之议员，此就大选举区制言之。其对于候选员之才能性行，果由何术得以周知之？既不能周知，而使之贸贸然以行选举，则人民非徒不感选举之兴味，漠然视之而已。其势必为野心家所利用而资为运动，不能举代表民意之实，而徒以渎选举之神圣。此虽我国天然之事实，非人力所能奈何，然苟有道焉，可以减轻其弊，则固不可以不勉用间接制，则可略以数万之原选举人，而选出一名之第二级选举人，原选举人对于第二级选举人之性行，较易周知，而以自由意志委任之，第二级选举人对于议员候选者，则调查别择，较易为力，而良议员之中选，乃有可期。此吾党主张间接制之第二理由也。

间接选举之法，亦有三种：（其一）为普国选举右院议员所用之法，即前段所述，由一般人民选出第二级选举人，复由第二级选举人选出议员是也；（其二）为美国选举左院议员所用之法，其议员由各州之左、右两院议员选举，而各州之议员，实由人民选举，故亦可谓之间接选举也；（其三）为法国选举左院议员所用之法，先组织一选举会以行选举，而选举会则以人民所选举而成之种种团体组织之，故亦可谓之间接选举也。法国左院议员选举会，每县一会，其会所含之分子，则一为本县所选出之右院议员，二为本县之县会议员，三为本县之郡会议员，四为本县内各乡、镇会临时所选出之代表人也。第一种与第二、第三种之异点，则第一种由人民选出之选举人，以选举为唯一之职务，选举告终则无复他事，旋即解散。第二、第三种所用之选举人，本非以选举议员为其职务，而别有他种职务，不过借其机关，以兼行选举耳，故选举虽告终，而其机关仍如故。第二种与第三种之异点，则第二种惟借一常设之单独机关以行选举，第三种则临时联合数种复杂之机关，别为一机关以行选举也。我中国欲行间接选举制，则此三种者，当何择乎？若采美国制，则国会议员选举权全属于省议会，省议会之权未免过重，有股大于腰之患，且举政争之旋涡，悉趋集于省议会之中，将以增省界之谬见，驯致害国家之统一，此大不可也。若采法国制，则党派之竞争，将浸入地方自治之范围，而交受其病。且我国之左院，尚应有一部分代表各省之议员，此种议员之选举法，大率应仿法国选举会之制，若右院议员之选举而亦同之，则于两院制之精神，抑非有合？故亦不可也。然则我国而不采间接选举制则已，苟其采之，则自当以采普国制为宜，虽稍劳费，固非得已也。

又用间接选举制，则有相沿而生之一困难问题焉。盖此第二级选举人，其中选也，非直得为议员，又非有他种利益，绝无权利而惟尽义务，非人情之所乐，如此则愿为选举人者必少，即被选矣，或放弃其职务，不诣议员选举场以投票，而选举机关遂以破坏，此不可不虑及而预防之者也。普鲁士等用间接制之国，凡第二级选举人，既承诺中选后，苟当选举议员时，而不执行其职务，则科以严罚。我国既采间接制，则此法必当并采之。其应若何科罚之法，于次项论强制选举条下，别述鄙见。盖此为国民对国家之一种公义务，不履行者罚之，揆诸法理，匪云不当。虽然，徒有惩而无劝，犹恐或视为畏途，故凡任第二级选举人者，当其诣选举场以执行选举时，除由国家支其旅费，并给以日俸外，计日给俸，谓之日俸。说详次节。仍当别图所以奖厉之法，窃谓将来赏勋之制若定，凡任第二级选举人者，则给以一种勋章，以跻其在社会上之地位，则人自乐为之矣。夫行应行之公职务而得赏，似不衷于法理，然此种职务，乃特定之职务，非尽人而必须履行，其人既费其营私业之时日，以戮力于国家机关之组织，则国家有以酬其勋勚，亦不为过。在人民奉公思想大发达之国，诚不必骛此虚荣，若我中国今日，则似不宜惜此不费之惠也。

第二项　选举区

第一目　各国制度及学说比较

将全国分为若干区域以行选举，谓之选举区。各国制度，有不划选举区者，有划选举区者。其划选举区之国，有用大选举区者，有用小选举区者，有大、小选举区并用者。请略述其法制，而比较其利害。

（第一）无选举区制与有选举区制：无选举区制者，举全国为一选举区也，今惟比利时及瑞士联邦中之一二小国行之；有选举区制者，分全国为若干选举区也，比利时以外之各国，现皆行之。以言夫正当之学理，必以无选举区制者为正鹄。盖议员所以代表全国国民，必当以全国舆望所归之人充之，若分区选举，恐人民或生误解，以本区选出之议员为代表本区，此其弊一也。且选举比例于人口，实为今世立宪国之通则，然全国人民所居之地，非可以人力强齐之。例如法定每十万人选一议员，而甲地之人只有六万，而其地又与他地不相联属，则固不能不使之出一议员；乙地之人有十九万五千人，以所增者未及十万，故亦仅能出一议员。则甲地之一票，其效力视乙地之一票两倍而强，凡分选举区总不能免此，此其弊二也。且现世所行选举制度，以连记商数投票法为最良，别详次项。而此法则惟无选举区制乃能行之，故无选举区制，谓之最文明之制焉可也。虽然，此制有一缺点焉，值议员有出缺之时，须行补缺选举，若有选举区，则某区所选议员出缺，即由某区补选而已足。若无选举区，则每补选一次，必须合全国以举行，故此制度惟在幅员极狭之国乃能行之，而稍大之国则不能，我中国万无学步之理，可勿论也。

（第二）小选举区制与大选举区制：小选举区制，亦称之为一人一区制，每区选议员一人，若其应选二、三人，则析之为二、三区也，英、法、德、奥、匈、荷、意、美等国采之。大选举区制者，每区可选出数名之议员，比例于其区人口之多寡以为率也，瑞士、那威、西班牙、葡萄牙、日本等国采之。今各举一二国以为例。

英国之制：

英国之选举区，分为三种：一曰县，二曰市，三曰大学区。约平均五万四千人而选一议员，但施诸实际，又有种种变通。据今制则人口一万五千以下之市，编入县中，不列为独立之选举区。其一万五千以上、五万以下之市，则选议员一人；五万以上、十六万五千以下之市，则选二人；自此每加五万则增选一人。其县所选出之议员，亦以此为标准，但五万人以下之市则有之，五万人以下之县则无有耳。而凡选出数名议员之市，则分之为数选举区，县亦然，每区例选出一人。故所行者实为小选举区制者也。其大学区则不比例于人口，惟法律所指定之八大学共选九人，由大学卒业生投票，平均约二千人而选一人云。又阿士佛、金布黎治、达布棱三大学区，皆每区选出二人，为大选举区制，此其例外也。现今各县中，其小者为一选举区，其大者析为二十六选举区，各市中小者为一选举区，大者为六十一选举区，英伦、苏格兰、爱尔兰合计，共选出议员六百七十人，其选举区之数，即比例之。

德国之制：

德国以十万人选出一议员为标准，但施诸实际，亦有种种变通：（第一）选举区之界，不得越出于联邦内各国之国界；（第二）联邦中各国，其有人口不满十万者，亦选出议员一名；（第三）各国中每十万人选议员一名，但以十万起算，其奇零之数在五万以上者，即可以增选一人，例如有八十四万九千人之国，仍选议员八名，其有八十五万人之国，即得选议员九名也。现在选一名之国十有一，选二名之国三，选三名之国四，选六名、九名、十四名、十五名、十七名、二十三名、四十八名、二百三十五名之国各一，都凡三百九十六人。采一人一区之小选举区制，凡为选举区三百九十六。

法国之制：

法国无论何种法制，变革皆极烦数，其选举法亦然。一八七一年之法律，以一县为一选举区，每县选出议员数名，实为大选举区制。一八八九年改正之，以郡之行政区域为选举区域，全国凡八十九县，县之下有郡，每郡不论人口多寡，最少亦出议员一名，其人口十万以上之郡，则每十万增选一名，而选出若干名者，即析之为若干区，是为小选举区制，即现行制也。

意大利之制：

初建国时，行小选举区制，一八八二年，改为大选举区制，其议员总数五百○八名，分为百三十五区，每区最少者选出二名，最多者五名。一八九一年，复改为小选举区制，分全国为五百八区，即今制也。

日本之制：

日本初开国会时，采小选举区制。明治三十五年，改为大选举区制，以府、县之行政区域为选举区域，议员总数三百八十一人，分配于三府、一厅、四十三县，每府、县少者一人，多者十一二人，实极端之大选举区制，各国罕见其比，但其中有一例外焉，即郡部、市部之别是也。日本地方制度，府、县之下为郡，故其原则，将每府、每县下之各郡，合为一选举区，名为郡部议员，但各府、县中，有人口二万五千以上之市，则别为一独立之选举区，而不隶于其府、县，是为市部议员。日本选举法，以平均十三万人选一议员为原则，故十九万五千人以下之区选一人，十九万五千人以上、三十二万五千人以下之区选二人，三十二万五千人以上、四十五万五千人以下之区选三人。凡郡部议员，以是为差，然市部则仅三四万人者，亦得选一人，其人多之市，乃与郡部同一累进法，亦十九万五千人以上乃得增选二人，此其大较也。虽名为用大选举区制，但因有市部、郡部之别，其小市甚多，全国之市五十三，而其仅出议员一名之市四十七，则市部议员，实可谓之为一人一区之小选举区制也。又北海道凡选议员六名，分为六区，是亦小选举制。日本选举区之总数，凡一百〇九云。

请言此两种制度之得失：（第一）大选举区制视小选举区制，其议员之分配较易公平。盖国家之画分选举区，非能如饼师之捏面屑以为饼，得随意断凫续鹤也，必略依于行政区域以为界，如英国之县及市，法国之郡，日本之府、县及市皆是也。用小选举区制之国，有时其一区域之住民，远不逮其比例标准者，亦不得不许其选出一人，如法国以每十万人选一议员为比例标准，而仅有三四万人之郡亦为一选举区，而得选一人也。有时其一区域之住民，于比例标准之外而有奇零之数，则折衷其议员之增减，极难适当，如以十万人为比例标准，则在法应有二十万人，乃得别为一区，而十九万九千人麇集之地，亦依然为一区而仅选一人。夫在甲地而或以三四万人而得选一人，在乙地或以十九万余人而亦得选一人，则人民之选举者，同是一票，而价值乃相倍蓰，其不平莫甚焉！此种弊害，惟无选举区乃能尽除，苟有选举区，则无论如何区划，终不能免，但大选举区制，则游刃之余地较恢，而偏倚不至过甚，盖大选举区制，断无人口不逮比例标准之事，而比例标准外奇零之数纳入大数中，而悬隔亦不至过甚。例如二十万人之区选举出议员二名，一百零九万人之区选出议员十名，其票之价值，固相去不远也，此大选区之所长也。虽然，若大选举区制与小选举区制并用，则其分配之不公平，视专用小选举区制者为尤甚，日本是也。日本既以大选举区为原则，而复有例外之市部小选举区以杂之，故三万人之小市得选一人，十九万人之大市亦仅选一人，其选举权之差异，凡六倍以上，是小市市民一票之权，其价值等于他区之五六票。故前二年日本之总选举，有爱知区之清水氏，以七千三百三十八票而中选；有隐歧区之中沼氏，以二百票而中选①，其间相去凡三十六倍半。不宁惟是，有滋贺区之薮田氏，以四千十四票而落选，其余朽木区、长野区、石川区，以三千票落选者尚有多人，而小仓市、佐贺市、丸龟市、弘前市、秋田市等中选之人，大率不满三百票。夫以三四千人所宗仰者不得为议员，以二三百人所私爱者乃反得之，则国会代表民意之谓何矣？日本选举法之进退失据，至是而极，此虽由投票方法之不得其宜，日本选举法最大之谬点，在以大选举区而行单记投票制，次项更详论之。抑亦选举区之分划失当，有以致之，此我国所当引为殷鉴者也。（第二）小选举区制，以人口少故有选举权者亦少，运动作弊较易，大选举区一区之有权者动十数万人，岂能尽人而贿之？此又大选举区制之优点也。（第三）小选举区只能代表多数党，而大选举区则可以兼代表少数党。例如小选举区有选举权者凡五千人，属甲党者三千，属乙党者二千，而因其区内仅有一名之员额，则甲党之候选者必中选，而乙党之候选者必落选，其二千票纯归无效。若在大选举区，例如其区有四名之员额，有选举权者凡二万人，属甲党者一万，属乙党者六千，属丙党者四千，苟各党之计画得宜，则甲党固可得二人，乙党、丙党亦可各得一人。其方法次项详之。如此则与国会代表人民之本旨最为相近，此又大选举区制之优点也。（第四）用小选举区制时，或其区内乏材，勉以下驷充数，用大选举区制，则范围广而人才较易得，此又其优点也。（第五）大选举区制优点虽多，其缺点亦有焉，则投票调查之手续太烦杂，易生混乱起争议是也。（第六）不宁惟是，每遇议员出缺，应行补缺选举之时，必须合全区以行之，其劳费视小选举区为大也。由此观之，此两制者各有其利害，而大选举区制，则利余于害焉。近来各国之趋势，咸向于此，盖有由也。但大选举区亦应有范围，其大不可过甚，则第五、第六之两弊，虽不能尽免，而可以略减，大约每区选出之员，不过五名，斯为得中矣，此意大利之旧制也，若如

---

① "选"，原作"区"，据《饮冰室合集》改。

日本现制，则太流于极端，固不足取。

（第三）投票区：投票区者，于各选举区之下，更分为若干之小区，以司投票是也。其在大选举区无论矣，即在小选举区，而每区之住民总在数万或十数万，其人或处邑，或处野，若必集诸一地以投票，无论不能有此广场以容纳之也。且人民动须船车往返，废业而重以耗财，则弃权者必众，而选举之效力乃大减。故为利便选举人起见，于一区之内多设投票区，使人人得就近投票，合各投票区所投票，汇齐于选举区之中央，而公开之，此各国通行之制也。如日本以东京市为一选举区，共选议员十一人，而东京市有十六区，即分之为十六投票区，同时投票投毕，乃将十六区之票汇齐于东京市役所而检点之，以合计得票多之人为中选。各国之制，亦皆例是。

第二目　中国划分选举区私案

选举区必当略依傍于行政区，即如前论，然则我国当以何种之行政区为选举区之界乎？此最初所起之问题也。我国现在之行政区，最低级者为州、县，以一州、县为一选举区，则其幅员与日本现行之选举区略相等，理论上已嫌其太大。虽然，以我国情形按之，则并此而不能，何也？即以一州、县为一选举区，则每州、县最少应出议员一名，而我国十八省及东三省、新疆合计，为直隶厅三十七，为州一百四十七，为厅三十九，为县一千三百二十六，都凡一千五百四十九，厅、州、县各出一人，已应得一五四九员，而大州、县之人口，恒数十倍于小州、县，若以公平之比例递进之，则非有万余议员之额，不副分配。若以一府、一直隶州为一选举区，则在僻瘠之府，其人口尚不能逮比例标准。据前所假定，当以五十万或六十五万人出一议员为比①例标准。其在繁盛之府，或一府而应选出议员十人、二十人，未免陷于极端大选举区制之弊，且有大选举区与小选举区参用之弊，日本之诸弊，我皆将受之；且现制所谓府之一行政区域，按诸学理，实为赘疣，将来必应在裁废之列，其理由别论之。今以之为选举区，无有是处。若以一省为一选举区，则我一省之大，埒欧洲之一国，此与无选举区无异，非用连记商数投票制度，则选举将不能执行，而此制度为中国今日所万难遽行，可无疑义。此制度之概略及中国不能遽行之故，次项别详之。且遇有补缺选举时，骚扰及于全局，其不适又无俟论。然则以上诸法，无一而可，中国划选举区，不其

---

① "比"，原作"此"，据《饮冰室合集》改。

难哉！此无他焉，我国幅员太大，而各省之情形，又相去悬绝，故欲立一整齐画一之制度，实事势上不可致之业故也。

吾所主张，谓我国之选举区即第二级之选举区，由此区以选出议员者。当采大选举区制，以省为其界，在一省内比例人口，分为若干区，每区选出议员，少者一人，多者无过五人。其原选举区即第一级之选举区，由此区以选出选举人者。当采小选举区制，以州、县为其界，在一州、县内比例人口，分为若干区，每区限选出第二级选举人一人。请略述其区制之法及其理由。

以每五十万人选出一议员为比例标准，各省所分配议员之数略如下：

省名	人口	议员数	选举区
奉天	四二四〇〇〇〇	九	二
吉林	三七〇〇〇〇	七	二
黑龙江	一〇六〇〇〇〇	二	一
直隶	二〇九三七〇〇〇	四〇	八
山东	三八二四七九〇〇	七六	一五
山西	一二二〇〇四五六	二四	五
河南	三五三一六八〇〇	七〇	一四
江苏	一三九八〇二三五	二七	六
安徽	二三六七〇三一四	四七	一〇
江西	二六五三二一二五	五三	一一
浙江	一一五八〇六九二	一三	三
福建	二二八七六五四〇	四六	九
湖北	三五二八〇六八五	七〇	一四
湖南	二二一六九六七三	四四	九
陕西	八四五〇一八二	一七	三
甘肃	一〇三八五三七六	二一	四
四川	六八七二四八九〇	一三七	二七
广东	三一八六五二五一	六四	一三
广西	五一四二三三〇	一〇	二
云南	一二三二四五七四	二五	五
贵州	七六五〇二八二	一五	三
新疆	八八〇〇〇〇〇	一七	三
合计	四二五〇五三〇二九	八三四	一八七

据上所推算，则全国议员总数八百三十四人，为选举区一百八十七，然此不过据外人所著之统计表略示大概耳，若精细调查，则议员或应不止此数，要之，以五十万人为比例标准，则议员之总数，不逾一千人，可断言也。至于所示之各省选举区数，系以每区选出五人为标准，但施诸实际，则缘夫地理上种种差别，势不容刻舟求剑，其选出一人或二、三、四人之区，当所在有之，大约全国选举区应在二百五、六十之间，此则当俟诸实地调查之后，非今所能武断也。其人口繁密之地，可以一县为一选举区，稀疏者或合数县、十数县以为一选举区，其小省而人极少者，则划一省为二三选举区，此其大较矣。

此所言者，为第二级选举区，即由之以选出议员者也。但既用间接选举制，则选举分两次执行，于选举议员以前，尚有选举第二级选举人之役，尤不可不分区以行之，此之谓原选举区。欲定原选举区之数，又不可不先推定第二级选举人之总数。考普国之制，以人口七百五十人以上、千七百四十九人以下为一原选举区，而用三级选举之制，每一原选举区，例出选举人三员，故平均二百五十之原选举人，而出第二级选举人一员，其总员数约在十五万内外。普国选举议员之比例标准，约七万三千五百人而选一人，故亦平均二百五十之第二级选举人而出议员一员。我国人口十五倍于普国，故比例标准，不能视彼，固无俟言。虽然，推原间接选举制立法之本意，凡欲使原选举人得向于其所知之人以投票，苟其比例标准所定太高，则不能周知也如故。而间接制之特长，不能表见，故吾所主张者，谓当约以五千之原选人而出第二级之选举人一员，采一人一区之小选举区制，其市乡有三千人以上者，即为一独立之原选举区；其不满三千人者，则合于他区；其有九千五百人以上者，则析为两区；有一万四千五百人以上者，则析为三区。其累进之率例是，若用此比例，则全国第二级选举人之总数，约十万乃至十一万人，原选举区之数亦如之，其对于议员之比例标准，约每百三十人而选出议员一人。

其原选举区既用一人一区之制，且其比例标准甚低，故不必于选举区下，再分投票区；其第二级选举区，既用大区之制，且所辖之境域，或甚寥廓，故必于每区之下，更分设投票区，而此种之投票区，即可以各县之县治充之。

第三项　中选之计算法

第一目　各种制度利害比较

凡选举以投票行之，得票多者即为中选，此尽人所能解者也。虽然，中选之计算法，亦有多途，而各国所现行之法制与夫学者所计画之方案，各有异同，而终未能得一毫发无遗憾之良法，今请遍举而评骘之。

计算中选之方法，可分为二大主义：一曰代表多数主义，二曰代表小数主义。代表多数主义者，得多数选举人之投票，即为中选也；代表小数主义者，虽少数之选举人，亦使之能应于其分际，以选出代表人也。今请语此两种主义所根据之理由，次乃述其制度。

夫选举代议之制，亦起于不得已而已，以言夫正当之学理，则国家意思之机关，当以人民全体组织而成。虽然，每一事必合全国人而议之，占全国人之意见而决之，无论流弊孔多，非政策所宜尔也。且聚全国人于一堂以决焉，此惟古代雅典、斯巴达等极小之市府国家，尚可勉行，而在数万人以上之国，其道已穷，矧于今世之国家，小者数百万人，多者数万万人耶？其事实上万不能采此制，此五尺之童所能知也。不得已而代之以代议之法，令全国人民各举出代表人，而此代表人之意见，即认之为人民全体之意见，此近世国会制所由立也。善夫！德儒伯伦知理之言曰："国会与人民之关系，恰如地图之与地理，山陵、川泽、陂池、林薮，悉如其本相，以摹入诸尺幅之中，斯为佳图。"国会亦然，将全国人民各方面之势力，悉撮其影，而纳诸其间，或弱或强，各如其量，例如甲部分人能占全国势力十之六七者，固得在国会而代表其六七分之势力；乙部分人仅占全国势力十之二三，丙部分人仅占全国势力十之一者，亦得在国会而代表其二三分或一分之势力。必如此，然后国会之天职乃得完，而立宪政治之精神，乃得贯矣。虽然，此理想虽甚圆满，而实现则甚困难，盖立宪政治之与政党，如形影相附而不可离，既有宪法，有国会，有选举，则政党自必句出萌达于国中，政党既立，则必有大党焉，有小党焉，亦有无论何党，皆不依附者焉。例如其国有民一千万，其国会议员为百人，就中属于甲党之人四百万，属于乙党之人二百万，属于丙、丁、戊党之人各一百万，其不党之人一百万，则议员分配之数，甲党四十人，乙党二十人，丙、丁、戊党各十人，其不党者亦分占此十人，此论理上所当然也。无如施诸实际，决不尔尔。例如将全国画为百选举区，各党在每区所占之人数，悉比例于其总数，而以得票多者为中选，则此一百议员可以为甲党所占尽，而乙、丙、丁、戊党及不党者，不得一焉，即使有一二十区为他党所幸获，然亦仅矣。夫使所谓大党者，果能占全国人民之过半数，然选举之结果如此，且为不公，何也？过半数之人民，如其分际，亦不过应得过半数之议员已耳。例如甲党所属若有六百万人，亦仅应得议员六十。今将议员之全数而垄断之，是明以多数压少数也。以多数压少数，既为立宪政治之大忌矣，况乎今世各国，除英、美等政党最发达之一二国，罕能以一党而制全国之过半数者，其所谓多数党，亦不过能占全国民十分之三四极矣。以占十分三四之党，而垄断全院之议员，或占其十之七八，是直以少数压多数而已。夫无论为多数压少数，为少数压多数，要之，皆将中国一部分之人屏诸政界以外，而不许容喙。其敝也，能使此一部分之人，怠视公务，而减杀其爱国之热诚，否则，郁积其不平之气，久而必泄，遂生革命之祸，二者必居一于是。此各国政治家及学者，所为呕心回肠，而思有以匡其弊也。今将其现行及理想之制度胪举之。

（甲）代表多数制度。复分为二：

（子）过半数法：过半数法者，得投票总数之过半，乃为中选，如一区内有选举人五百人，必得二百五十一票以上，乃为中选也。此法欧美诸国用之者最多，骤视之似甚公平，且甚便利。虽然，若候选之人多，则票数往往分属，无论何人，皆不得过半数，如其区例应选出一人，而有候选者三人或四人，则每人或得二百票，或得百余票，或得数十票，要之，皆不能达过半数。则将如何？补救之法，惟有再选举，若再选、三选，仍无一人得过半数，又将如何？各国之法，选举之度不过三，若第三次仍无一人及格，则最后之处置有两法：（其一）则以第三次之比较多数者为中选，虽然，是明与过半数法之原意相反背也；（其二）则行决选投票，取最多者中之两人，令选举人限投其一而不许投他人也。虽然，此法用无理之手段，强制一部分之选举人，使之为与本心相反之投票，岂得谓平？坐此之故，选举人之弃权者必多，弃权谓弃其选举权，而不投票也。纵使中选者得投票人过半数之票，而投票人之总数，已非选举人之总数，谓此人为得过半数之民望，不可也。如选举人总数为五百人，其中有弃权者一百人，则所投仅四百票，得二百零一票者，亦可中选，然已不得谓之为过半数人所推荐矣。故过半数法理论上虽合于选举之本意，然流弊甚多，殆不足取。

（丑）比较多数法：此法不立限制，但以得票比较的最多，即为中选也。现在英国及西班牙行之，此法骤视若甚简易可行。虽然，其缺点亦甚多：（第一）所得议员不能代表选举人全体之意见也。例如有选举人五百之区，有甲、乙、丙之三候选者，甲得二百票，乙得百八十票，丙得百二十票，欲举甲者不过二百人，不欲举甲者三百人，而多数三百人之意见，竟为少数之二百人所压倒也。候选者之数愈多，则此弊愈甚。（第二）有时多数党仅得少数之议员，而少数党反得多数之议员也。例如有十选举区于此，每区之选举人皆五百，就中六区，甲党之候选者各以二百五十票而中选，其余四区，乙党之候选者各以四百五十票而中选，是甲党以千五百票而得六人之议员，乙党以千八百票而仅得四名之议员也。

要之，行过半数法，则惟多数党之候补者得中选，而少数党虽欲出一代表者而不能；比较多数法，以投票分配之结果，少数党虽或能偶出一二人，然亦仅矣。故此两法者，不免多数压少数之弊，甚则或为少数压多数之弊，皆反于国会之精神，各国政治家患之，于是乎所谓代表少数制度者起。

（乙）代表少数制度。复分为四，行之于大选举区制者二，行之于无选举区制者二。先言其行于大选举区制者：

（寅）有限投票法：有限投票法者，用大选举区连记名投票制，一区中选议员数名，一票得连记数人之名以投之，虽然，有限制焉。例如选五人之区，投票者限举四人或三人；选四人之区，投票者限举二人或三人是也。此法意大利自一八八二年至一八九五年行之，现今则葡萄牙、瑞士及美国联邦中之数州行之。此法凡以防多数党专擅之弊而设也，盖在小选举区，每区选一人，故每票举一人；若大选举区，每区选出四五人者，即每票亦应举四五人，故小选举区则用单记名投票，大选举区则用连记名投票，此论理之当然者也。虽然，其专利于多数党，而不利于少数党及无党之人，抑更甚焉。例如有议员额五名之区，每一票许书五名，则多数党之甲党，必出候选人五员，凡属于其党之票，皆遍举此五人，其少数之乙、丙、丁等党，无论其所出之候选者为五人或三四人。要之，其得票之数，总不能及甲党，于是五名之议员，遂为甲党所尽占，而不党者更无论矣。有限投票法，则每票所举之人，必减于其区员额之总数，可以略救此弊，盖多数党虽能尽占其票中所限之额，然尚有余额以予少数党也。此法骤视之若甚巧妙，虽然，亦有弊焉。例如有员额三名之选举区，一票许书二名，其区中甲党九百人，乙党五百人，苟甲党仅出二名之候选人，则自能余一额以待乙党，可勿论，使甲党而出候选人三名，将所应得之票，配搭均匀以书之，则每人可得票六百，九百之倍为一千八百，分配诸三人，故人可得六百也。乙党无论出候选人二名或一名，而其得票皆不过五百，故三名之议员为甲党所尽占，而乙党不得一，则所谓代表少数之目的毫不能达。反之，例如有员额五名之选举区，一票许书二名，其区中甲党一千人，乙党九百人，甲党总票数为二千，乙党总票数为千八百，甲党若出候选人五名，则 $2\,000 \div 5 = 400$，乙党若出候选人四名，则 $1\,800 \div 4 = 450$，于是乙党得议员四名，而甲党仅得一名，是予少数党以利便，而予多数党以不利便，与政党之势力为逆比例，是亦此制之缺点也。要之，在此制度之下，则议员之中选与否，全视夫党略之操纵若何，而前所举两弊，恒居其一。且惟国中仅有两政党对立，乃能行之，若第三党以下之小党，终无中选之望，而不党者更无论，是此制之不完善甚明。

其采此制而偏于极端者日本是也。日本以大选举区而行单记投票制，实为万国所无，各国行单记投票者，必用小选举区制，其用大选举区制者，必行连记投票。且其选举区之大，又无其伦比，各国之行大选举区制者，每区最多不过选议员五人，若逾此数，则析为二区矣。日本则选十二人之区一，选十一人之区三，选十人之区三，他例是。而每票只许举一人，是有限投票法之最极端者也。寻常之有限投票法，大抵有员额三名之区，得投二名；五名之区，得投三名。今日本则虽以员额十一二名之区，亦仅得投一名。其意盖以普通之有限投票法，仍不足以尽防多数党独占之弊，且不党之候选者极难中选，故以此矫之也。此法为利便不党之人起见，诚有特长，虽然，偏畸过甚，常有少数党压多数党之弊。例如有员额十名之选举区，其选举人总数一万，甲党五千人，而出候选人十人；乙党三千人，而出候选员三人；丙党二千人，而出候选员六人。其结果可以最少数之丙党，得议员六人；中数之乙党，得三人；而最多数之甲党，反得一人。何以故？若甲党五千票，十人分之，而候选员某甲得四千票，其乙、丙以下九人合得百余票；乙党三千票，候补者三人分之，各得一千票；丙党二千票，候选者六人分之，各得三百余票。则巍然为首者，固在甲党之一人，而其次则乙党之三人，又其次则丙党之六人，而甲党之余九人，反落选也。盖在此制度之下，能令选举人之投票极费踌躇，一区之中，有候选者数人，皆为吾所欲选，将择其信任最深、名望最高者选之耶，恐他人选之者已多，增吾一票，不足以为轻重。例如得一千票已足中选者增至三千、四千票，其中选之效力一而已，则此三、四千票，纯为无用，不如移之以投他人之为得。若弃其上者，而选其次者耶，固非人情之所乐，且恐人人皆存此心，而信任最深、名望最高之人，反以落选。是以选举人于此两者之间，往往迷所适从，而为稳妥起见，毋宁仍投信任最深、名望最高之人为得计。故日本之选举，以全国计之，有以七千票而中选者，有以二百票而中选者，即以同区计之，有以四千余票而中选者，有以不满千票而中选者。就被选人一面论之，等是中选也，票多何加于彼；就选举人一面论之，则以二百票之价值，而能与七千票相敌，在此则不啻以一人而有三十六个之选举权，在彼则不啻以三十六人而仅合有一个之选举权也。天下不平之事，孰有过此？此其弊一由大选举区与小选举区相错，一由以大选举区而行单记投票法。彼中学者，抨击之不遗余力，良有由也。

（卯）聚合投票法：此亦大选举区连记投票制也。与前法异者，其区有员额若干名，每票即许照数举若干名，但一票分写数人名，或一票同写一人名，惟选举人之所择，如其区有员额五名，其候选者为甲至癸等十人，选举人若欲选甲、乙、丙、丁、戊五人，则其票可书"甲、乙、丙、丁、戊"字样；若欲举己、庚两人，则其票可书"己、己、己、庚、庚"，或"庚、庚、庚、己、己"字样；若仅欲举辛一人，则其票可书"辛、辛、辛、辛、辛"字样。此法现在美国联邦中之数州行之，英国学务委员之选举亦行之，其成效颇著。盖少数党但能得其票集合于一人，即足以敌多数党也。例如有三员额之区，其选举人为七百人，甲党五百，乙党二百，甲党以其票分投三人，则（200×3＝600），乙党集其票以投诸一人（200×3＝600），则乙党之一人，以六百票而为首选，甲党之三人，各在五百内外，其二人中选，其一人落选也。此制在有选举区之国，号称最良，但亦往往缘策略之巧拙，而生意外之结果焉，如前所述有限投票法之两弊，皆不能尽免。

（辰）单记商数投票法：此无选举区制也。其法以议员之总数，除全国选举人之总数，因以其商数而定其满若干票者，即为中选，而每票只许举一人也。例如议员总数为一百，选举人总数为十万，则一千票即为中选之定数，但能达于定数，即可以中选。故小党所出代表人，恒能与其势力相应，即无党之人，但使有与定数相符之人举之，亦必无落选之患，实良法也。虽然，有一难问题焉，则议员必不能足额是也，盖得票不逮定数者，既为不及格，而得票溢于定数外者，其溢票为无用，则额之不足自无待言，于是其补救之法有两种：（第一）让与法：得票多者，许将其所溢之票，任意指出一得票未及格之人而让与之也。然私相授受，反于投票者之本意，揆诸法理，未可云当。（第二）副记法：每票除书正选者一名外，仍许书副选者一名或二名，其正选者所得票已达定数时，即将其票归诸副选者，此法不惟于投票之分配见其利便而已，且能使一票有一票之效，如日本之制，或以七千票中选，或以二百票中选，则彼得七千票之人，其六千八百票皆可谓之无效，而落选之票其为无效，更不俟论矣。而所出议员，亦能与各党之势力成正比例，其法似为甚良。虽然，票数之计算极复杂，易生舛错起争议。不宁惟是，议员中选之运命，往往悬于开票之先后。例如有书甲为正选之票千三百，书乙、丙为正选之票各九百，而甲之千三百票中，书乙为副选者二百，书丙为副选者一百，乙、丙二人，皆有赖于甲之溢票以符定数，而副记乙名之票，或不幸而开拆在前，其时甲所得票，尚未达一千，自无从移赠于乙，及甲票既满一千以后，而所开之甲票，皆副记丙名，则丙中选，而乙不得中选矣。坐是之故，争议甚多，而无术以服人心，是此制之缺点也。故惟丹麦国于一八五五年至一八六七年行之，其后旋废，而各国卒未有踵行者。

（巳）连记商数投票法：亦无选举区制也。其法使各政党列举其候选员之名，制为投票名簿，而选举人则依于名簿以投票，故亦称名簿投票法。例如议员之数为七人，而有甲、乙、丙、丁四党，甲党之名簿得票三万，乙党二万，丙、丁党各一万，以七人之议员，除七万之总票数，所得为一万，即以一万除各党之票数，以所得数为其党所出议员之数，于是甲党出三人，乙党二人，丙、丁各一人，此至易计者也。虽然，各党之票数，未有能如此之整齐画一者也，当其参差复杂之时，则将如何？例如甲党之票八千一百四十五，乙党五千六百八十，丙党三千七百二十五，都为一万七千五百五十，试以七除一万七千五百五十，而再以其商数除各党之票，则甲党得三名，而尚溢票六百二十四，乙党得二名，而尚溢六百六十六，丙党得一名，而尚溢票千二百十八，议员之总数为七名，而依此商数，仅得六名，所余之一名，当属于何党乎？则归诸溢票最多之丙党，于是：

甲党：8 145÷3＝2 715
乙党：5 680①÷2＝2 840
丙党：3 725÷2＝1 862②

是甲党以二七一五票而选一人，乙党以二八四〇票而选一人，丙党

① "5 680"，原作 "5 981"，据《饮冰室合集》改。
② "1 862"，原作 "1 892"，据《饮冰室合集》改。

以一八六二票而选一人，虽然，此其不公平甚明也。若照一八六二票选一人之比例，则甲党之票数得举四人而有余，乙党之票数得举三人而有余也。于是复有补救之法焉，曰先求得所谓分配数者，而以之除各党所得之票数，以其商数为各党所出议员之数，其求分配数之法如下：

$$
甲
\begin{cases}
8\ 145 \div 1 = 8\ 145 \\
8\ 145 \div 2 = 4\ 072 \\
8\ 145 \div 3 = 2\ 715 \\
8\ 145 \div 4 = 2\ 036
\end{cases}
$$

(1) 8 145
(2) 5 680
(3) 4 072

$$
乙
\begin{cases}
5\ 680 \div 1 = 5\ 680 \\
5\ 680 \div 2 = 2\ 840
\end{cases}
$$

(4) 3 725
(5) 2 840

$$
丙
\begin{cases}
3\ 725 \div 1 = 3\ 725 \\
3\ 725 \div 2 = 1\ 862
\end{cases}
$$

(6) 2 715
(7) 2 036 = 分配数

是故以一七五五〇总票数之区，苟仅选议员一名，则惟甲党得之；苟选二名，则甲、乙各得其一；选三名，则甲二、乙一；选四名，则甲二而乙、丙各一；选五名，则甲、乙各二而丙一；选六名，则甲三、乙二、丙一；选七名，则甲四、乙二而丙一。甲之第四位二〇三六即为分配数，以分配数除各党之票数，故甲党 8 145 ÷ 2 036 = 4，乙党 5 680 ÷ 2 036 = 2，丙党 3 725 ÷ 2 036 = 1 也。此制度比利时国于一八九九年新改定之选举法行之。

此法在现今各国选举法中，号称最为文明完备，虽手续繁杂、难于计算，是其缺点，然利余于弊，在今世固无以尚之矣。虽然，欲行此制，必须有两条件以为之前提：一曰合全国为一选举区，而无复此疆彼界；二曰凡选举人及候选人皆为政党员，而无复不党之人。二条件有一不备，则此制决无从学步也。

第二目　我国所当采之法

连记商数投票法，固为比较的最良之法，然按诸我国情形，（一）以幅员太大，万不能合全国为一选举区；（二）以政党未发达，万不能为名簿投票。此制既万不可行，其余各制，靡不各有其弊，今不得已，惟采其较少者而已。

吾既主能用间接选举，则选举当分两次执行。其第一次选举，既用小选举区制，不能为连记名投票，只能于（子）、（丑）两法中择其一，则比较多数法，可免再选、三选之烦，是可采也。其第二次选举，既用大选举区制，大选举区制而用单记名投票，则日本现状是为前车之鉴，必当用连记名，无可疑者，则于（寅）、（卯）两法中择其一，集合投票法较为公平，是当采也。

惟有一事当注意者焉，则中选票数之最少限是也。各国法制，多有以过半数为限者，是不可行，既如前述。然使漫无制限，而惟以比较多数为准则，投票分裂之结果，或以百票而分投二三十人，最多者不过十余票，而亦得中选，则于代表舆望之本意，失之远矣，此限制之所以不容已也。单记商数投票制，其制限最合于学理，具如前述。然非兼用让与法或副记法，则万不可行，而二法之流弊甚多，既不足采。且此制必须合全国为一选举区，苟分多区，斯不适用，我之不能学步，又无俟论。日本之制，以一区内员中总数除其选举人总数，所得之商数五分之一，即为合格，例如其区员额为十名，其选举人总数为一万人，以十除一万，所得商数为一千，一千五分之一为二百，即得票之最少限也。日本惟选举区失诸过大，重以行单记名投票制，故不得不尔，然其流弊已若彼矣。我国既用间接选举制，则第一级选举与第二级选举宜分别言之：第一级选举，每区仅选出一人，故当限于投票之总数得三分之一者，乃为中选，投票总数与选举人总数不同，选举人有弃票不投者，故选举人百人时而所投者仅得五六十票，若必得选举人总数三分之一，恐不免再选、三选之烦。此各国普通之制也。其第二级选举，以吾所推定，约以一百三十人而选议员一人。夫在间接选举制之国，其第二级选举人，以选举为一种公职务，不容不履行，弃票不投，悬为厉禁，则有人若干者，即有票若干，而选举人之数既少，则得票之制限，自不得太高。故当以对于其区选举人之总数，得五分之一者即为中选，用积集连记投票法，员额二名之区，总票数约五二十，约当以百票为最少限；员额三名之区，总票数约一千十有七，约当以二百票为最少限；员额五名之区，总票数约三千二百五十，约当以六百票为最少限；其他以是为差。

于本项之末，更有当说明之一名词焉，即前文屡称道之"候选人"是也。"候选人"者，非法律所规定也，以法理论，凡有被选权者，皆得谓之"候选人"。虽然，以人数太多，恐投票者不知所适从也，于是有将所知之人，推荐于大众，使大众得审其才能性行而举之，若此者谓之"候选人"。语其实际，则凡候选人皆自起而求选举者也，然其形式，往往托于他人之推荐，固以示谦让，抑亦借品题以重声价也。亦有不依托他人推荐，而自荐为候选人者。夫候选人原非法律上所必要，而各国惯例，莫不有之者，何也？譬如一区之中，有被选权者万数千人，而所选议员之额，仅有二名，使选举人任意投票，被选者多至数百人，而各人所得之票，无一能达于中选定数之最少限，则其票悉为无效，而不得不再选、三选。选举人有鉴于此，故毋宁专择众望所归之三数人而举之，而欲为议员者，亦利用选举人之此种心理，因翘其政见以示于众，冀其表同情而举我，此候选人所由发生也。不宁惟是，立宪政治之与政党，如形影之不可离，而政党欲其党之多得议员，则于候选人之分配最当注意。盖在有选举区之国，其议员中选得票之数，非合全国各区之票数而总计之，乃就每区之票数而分计之。有人于此，其誉望极高，全国所至皆仰焉，举之者凡一万人，可谓多矣，然使以一万票分散诸一百区，则每区不过一百票，无论在何区，而比较的常为少数，则其人遂落选矣。是故凡政党必将其党中可为议员之人，分布于各区，既为甲区之候选人者，即不为乙、丙等区之候选人，然后用力得有所专，而无意外失败之患。不宁惟是，每区候选人之多寡，其与得票之多寡甚有关系，如前所述，比较多数法、有限投票法、积集投票法，皆缘夫党略之巧拙，或以多数党而出少数之议员，或以少数党而能出多数之议员，所谓党略者，虽不一端，而候选人之分配，其最重要也。以此种种理由，故无论何国之选举，莫不有候选人，员额一名之区，其候选人不过二三；员额四五名之区，其候选人不过八九人。以法理论，虽曰对于全区凡有被选权之人而投票；以事实论，每区不过对于二三人或八九人而投票而已。

然则选举人对于候选人以外之人，亦得投票乎？曰：投票一任选举人之自由，虽投诸无被选权者可也，特枉费此票耳！既有候选人，则凡投票于候选人以外者，必无中选之望，实与投诸无被选权者无异，是智者所不肯出此也。

又英国前此国会议员，由县会选举，其时候选者之员数，罕有过于其法定之员额者，故其选举之法，由县会议员二人，推荐可充国会议员之人于大众，苟其余议员无异议，即作为以全会一致而选举之。现行选举法，虽对于旧法，已为根本的改正，独此点尚仍其意。今制选举人中，任有一人推荐甲某为议员候选员，得八人赞成之，即可以正式公文推荐于之于司选举之人，苟无他人照此方法于甲某之外复推荐乙某、丙某者，即作为全员一致承认此人，不必再行选举，惟当有两人以上被推荐候选员者，乃投票而行所谓竞争选举。此法虽近于幼稚，然可以省手续之烦杂，且无所谓多数压少数、少数压多数之弊。我国初行选举时，其原选举区之选举人不多，其候选者应亦不多，若遇一区仅有一①候选人之时，则采此法亦至便也。

第四项　选举手续

选举手续者，选举办理之次第也，"手续"为日本名词，颇难得相当之译语，故袭用之。无甚深学理之可比较，故今但略述日本之制，而按诸我国情形，取其可行者。

第一目　选举人名簿

选举人名簿者，将一选举区内有选举权之人名登之于册，必册中有名者，乃许投票也。日本选举法所规定如下：

（一）选举人名簿，将选举人之姓名、官位、职业、身分、住所、生年月日、纳税额、纳税地皆记载之。

（二）调制名簿之人，在郡部为郡长，在市部为市长。郡长调制名簿，以町、村长为补助机关。町、村长以每年十月一日起著手调查，至十五日调查藏事，将所调查选举人，订为正、副二本，送之郡长。郡长覆勘无误，则留其正本，返其副本，以十月三十日调制完成。市长之调查手续限期，与郡长同。

（三）调制完成之后，从十月三十一日起至十一月十五日止，将选举人名簿，置诸市役所或郡役所，许人民纵览，倘有遗漏错误，得请于市长、郡长，求其更正，惟决定当在二十日以内。市、郡长认为有误，则更正之，而告诸本人；若认为无误，则不更正，亦告诸本人。本人不服，得诉诸地方裁判所，以市、郡长为被告。

（四）名簿以每年十二月二十日为成立之期，一经成立，不得再改，改之必待翌年十月，此其大概也。欲知其详细，可观日本《众议院议员选举法》第十八条至第二十七条。

日本因行制限选举，故调制人名簿极为繁难。我国若废财产制限，则简易且将十倍，盖调查之最难而屡起争议者，莫若纳税额也。故我国欲国会之蚤成立，非废财产制限不可。

行间接选举制，其选举虽分二次，然人名簿则调制一次而已足，盖第二级选举人，乃由原选举人选出者，其名簿不劳调制，且无从先期调

---

① "有一"，原作"一有"，今改。

制也。

我国调制人名簿之职，可以知县掌之，而以市、乡、村长为补助机关，其手续可略仿日本。

第二目　投票

投票方法，有连记投票与单记投票之别，又有记名投票与匿名投票之别。连记、单记之得失，前已论之，今论记名与匿名之得失。

记名投票者，选举人自书其名也；匿名投票者，不自书其名也。以理论之，选举为光明正大之事，无所容其隐讳，当以记名为正，然现今各国，大率采匿名制者，则以当选举时，各候选人及其党人，必出种种手段，运动以求当选，而选举人或碍于情面，或胁于势力，恒不免举其所不欲举之人，故必取秘密主义，使不至缘此贾怨，然后得完其自由。而在欧美各国，大公司甚多，选举人之最大部分，实为公司中佣工之人，易为佣主之所挟制，尤不可无以匡救之，此匿名制之所以广行也。

吾既主张间接选举，其投票分两次执行，故记名、匿名之利害，亦不可不分别论之。其在第一次选举，既不立财产制限，而以能读书写字者为及格，则当以采记名制为宜。盖第一次选举，有选举权者太多，不易运动，即运动得之，亦非能直收其效，故舞弊当不至太甚。且我国大公司未兴，佣主挟制佣人之患不甚烈，虽记名不足为病也。至于第二次选举，为最后胜负所由决，竞争必剧，且投票之人数甚少，运动易施，非有以防之，为弊无穷，故不可以不采匿名制也。倘他日者虽第一次选举，亦感匿名制之必要，届时而改正之，良未为晚。

此外投票杂规：（一）必须用一定之投票用纸；（二）必须于指定之投票所行之；（三）于一定之时刻外，不许投票。此皆各国通例，自当采之。

第三目　选举机关

选举机关颇为复杂，今但举日本法制以供参考。

第一，投票管理者。

以市、町、村长任之，其职务如下：

（一）若不能确认选举人果为本人与否，则使之立誓于投票参会人之前。

（二）届一定之时刻，命闭锁投票所；投票完结，命闭锁投票箱。

（三）作投票录。

（四）其在町、村，于投票之翌日，将投票箱、投票录及选举人名簿，送致诸开票管理者。

（五）维持投票所之秩序，认为必要时，得求警察官吏之处分。

第二，投票参会人。

投票参会人者，参列于投票所以监督投票事务者也。市、郡长于各投票区内之选举人中，选任三人乃至五人以充之，参会人非有正当之事故，不得辞任。

第三，开票管理者。

开票所大率设于郡、市役所，故以郡长、市长为开票管理人，而市长则兼投票管理、开票管理之两职者也。其职务如下：

（一）其在郡部则于投票箱送到之翌日，其在市部则于投票之翌日，当开票参会人之前，开投票箱而计算投票之总数与投票人之总数。

（二）凡投票皆与开票参会人共检点之。

（三）采开票参会人之意见，以决定投票之效力。其选举法上无效之票如左：

（1）不用成规之用纸者。

（2）一票中记二名者。（案：日本用单记制，故有此条。）

（3）其所书被选人之名，不能确认为何人者。

（4）记载无被选权之人之名者。

（5）于被选人姓名外更记载他事者。（但记其官位、职业、身分、住所及加以敬称者不在此限。）

（四）作开票录。

（五）将开票之结果，报告于选举长。

第四，开票参会人。

其数三人以上、七人以下，地方长官于选举人中选任之。

第五，选举会。

选举会每道、厅及各府、县设之，以地方长官为选举长，于各选举区内之选举人中，选任会员，名曰"选举参会人"，与选举长共执行事务，调查开票之结果。

第六，选举长。

各地方长官任之，统辖选举事务，其职如左：

（一）监督开票、投票。

（二）指定选举会之场所及日时而告示之。

（三）选任选举参会人。

（四）司选举会之开闭。

（五）调查各报告书。

（六）决定中选之人，且告知之，而给以中选证书。

（七）将中选人之名，报告且告示之。

（八）取缔选举会。

（九）若无中选人，或中选人不足额之时，命行再选举。

（十）有中选无效者，则为适当之处置。

第七，选举参会人。

其数三名乃至七名，由地方长官自各选举区内之选举人中选任之。

以上各项，我国可随时随地斟酌采用，不细论。

第四目　选举权利之保障

右所述关于选举种种之法制，既严且密矣，然尚虑有侵害及选举权利者，故更为之保障，其法有三：

（第一）开票公开：管理开票之职，势不得不委诸地方官吏，然使官吏或有舞弊，以多报少，以伪乱真，则终难收公平之效。故一面既有三种之参会人，一面于开票时采公开之法，凡投票者，皆得往观，斯十目十手，无所逃匿。

（第二）不法行为之处分：行选举时，有二大患：一曰贿诱，二曰势胁。以野心家运动之手段，而失选举人之自由意志，故各国无不严定法律以防之。如日本《选举法》第十一章，自第八十六条至第百三条，规定綦详，不能枚举。要之，凡以金钱、物品、酒食，及利用其他之利益或利害关系，以煽诱选举人者，分别科以轻重之罚。各国之制大略相同。

（第三）选举诉讼及中选诉讼：选举人关于选举之效力有异议时，得以选举长为被告而起诉讼，自选举日起算，三十日以内诉诸控诉院，若判决不服得上控于大审院。落选人关于中选之效力有异议时，得以中选人为被告而起诉讼，自中选人姓名揭示之日起算，三十日以内诉诸控诉院，若判决不服亦得上控于大审院。此日本之制也。各国多有以此种诉讼，属诸行政裁判所者，但其立法之意略同，凡所以保护正当之权利，务求公平而已。

以上制度，皆我国所当采者也。

第四款　强制选举

选举权为国民公权中之最可贵者，所以行使国家之作用，而组成国家最重要之机关，各国先民，大率不知费几许之泪、几许之血，然后易得之，宜若人人永宝，莫肯抛弃矣。而按诸实际，乃有大不然者，弃权之人，往往而有，其在英国，则百分之二十二；其在德国，则百分之二十三；其在法国，则百分之三十七；其在日本，则百分之十四；其在比利时，一八九二年百分之十六，一八九四年百分之五。夫选举代议之制，将以使全国人民之意思，得反映于国会也，弃权者多，则此精神殆难贯彻，此各国爱国君子之所为隐忧也。

推原人民所以弃权之由，盖缘智识不开，不知国家与己身之关系切密，漠然置国事于度外，是以及此。欲治其本，惟有广兴教育，使国家观念普及而深中于人心，则人民不待劝而自能自尊其公权，斯固然矣。虽然，其受法制之影响者抑亦不鲜焉，各国法制，人民之行使此选举权与否，听其自由，实予人以可以弃权之途，故近世之立法家，思所以补救之，而强制选举之学说大盛。

强制选举，果衷于法理乎？此第一当研究之问题也。欲解此问题，则当先论选举之为权利乎？抑为义务乎？甲说曰："选举权者，天赋人权之一也，天之所以与我者，虽不可以弃，然此乃道德上之义务，非法律上之义务，故强制选举为不当也。"乙说曰："选举者非为个人自己之利益而行之，实为国家之利益而行之，国家一重要机关，非循此手续不能成立，故国家以此公职务课诸人民，实与纳租税、服兵役之义务无异，故强制选举非不当也。"此二说者各有其理由，今折衷以断之，则选举者为人民之权利，同时又为人民之义务者也。凡政治上之权利，即并为政治上之义务，此原则既为一般学者所公认，即选举权亦何莫不然？故比利时宪法第四十八条，特宣言"选举为国民之义务"，良非无故。然则强制选举之论，揆诸法理，无以为难也。

其第二问题，则强制能否有效之问题是也。既认为公义务而强制之，则不履行此义务者，必当有罚，质而言之，则入于刑事范围矣。然科罚之程度当若何？太轻，则不足以示惩；太重，则万无此治体。故近今各国，强制选举之学说虽甚发达，然罕能见诸实行。法国国会于一八四八、四九、五〇年，连年有倡此议者，和者尚希。一八七〇年复提议之，亦不成。最近一九〇三年，议员俾流伯爵拟草案十五条，并附详细之理由书，提出于国会，虽未通过，而表同情者甚多。德意志帝国于一八九五年，有议员桑能比尔氏，提案于国会，和者不多。日本则于前二年之议会有提出者。惟瑞士联邦中行之最早。一八三〇年，瑞士联邦中之一邦已行之，其后踵起者日多。近则比利时实行之。比利时当一八五八年，此问题已列于国会之议案，一八六五年再有倡之者，一八八七年进步党标为政纲，和者渐多，一八九○年以后成为一般之舆论，一八九三年遂渤为成法。布郎梭维继行之。德国联邦中之一邦也，一八九九年实行。今举比、布两国法制之大概。

比利时之强制选举法：

选举时无故而不到选举场者，若属初犯，则罚锾一佛郎至二佛郎。六年以内屡犯者，罚锾三佛郎乃至二十五佛郎。

十年以内屡犯者，除罚锾外，仍将该犯人之名揭诸市、村公署之大门一月。

十五年以内屡犯者，除科前两项罚则之外，仍将选举人名簿中该犯人之姓名抹去，十年不得有选举权，且于此期内，不得任官职及受荣誉之赏。

布郎梭维之强制选举法：

选举时无故而不到选举场者，罚锾十马克，惟有以下所列之事由者得免罚：

（一）患病而有医生之证明者。

（二）为国家或地方及教会之公务，不能延迟，又不能使人代理者，须有上级官厅之证明。

（三）选举之日，旅行于四十启罗迈当以外者，须有地方警察之证明。

（四）缘天灾或其他不可避之事变，不能到场者，须有证明。

此其大概也，但科罚之法，除罚锾以外，势不能施以体刑，而罚锾过重，贫者力不能堪；罚锾过轻，富者不以为意；至揭其名以耻之，亦仅可以惩一部；停其选举权，则彼固不爱此权者，所谓"民不畏死，奈何以死惧之"也。故此等制度，实不足为完全之制，然远优于此者，亦苦难得之，故至今尚以为一未定之问题。然比国于一八九二年，弃权者百分之十六，及施行此法以后，翌年选举弃权者仅百之五，则其明效固已甚著矣。此各国所以纷纷思效之也。

我国立宪思想未普及，人民多不知选举为何事，若骤行此，徒增骚扰，暂可勿采，固无俟言，特既有此学说，姑介绍之，以待将来之采择云尔。若夫第二级选举人，所负者为特别之职务，若临时规避，是无异有意破坏选举机关，苟不加以裁制，国法何由得行？考德意志联邦中，行间接选举之国，对于此事，皆渤有专条，而法国选举左院议员时，其选举会会员有不到场者，亦科五十佛郎之罚。今拟其罚则如下：

（一）凡被选为第二级选举人者，由知州或知县具文通告本人，本人若不愿就选，须于文到后三日内，具呈申辞，不申辞者，则认为承诺。

（二）凡已承诺为第二级选举人者，届选举议员时，若无故而不到场，科罚镆五十元。

（三）其再犯者，除罚镆外，仍将所有一切公权，停止十年。

（四）若有不得已之事故不能到场者，得免罚，但须有确实之证明。其不得已事故之项目，别以细章订之。

第五款　杂论

第一项　右院议员任期

右院议员任期，各国不同，今述其比较。

一年者：美国联邦中之十六邦。

二年者：美合众国及其联邦中之二十四邦。

三年者：德帝国、普鲁士、瓦敦堡、丹麦、瑞典、那威、瑞士等。

四年者：日本、比利时、巴丁、法兰西、葡萄牙、墨西哥等。

四年（但每二年改选其半）者：荷兰、亚根廷。

五年者：意大利、西班牙、英属加拿大等。

六年者：巴威伦。

六年（但每三年改选其半）者：卢森堡。

七年者：英吉利。

八年（但每四年改选其半）者：罗马尼亚。

九年（但每三年改选其三之一）者：索逊。

右院议员之任期若太短，则选举屡行，不惟徒增劳费而已，且使国民生厌倦心，而怠于执行，故惟如美国国民政治思想极发达者，可以行之，然犹不胜其扰；若太长，则虑数年前之议员，不适于数年后国民之舆望，而无以举代表之实，如英国之七年，论者或以为病，故任期稍长之国，往往于中途改选其一部，亦折衷之意也。虽然，在任期中往往遇解散则全部改选，除英国外，彼长任期之国，能满任者盖稀也。我国地广人众，每选举一次，劳费极浩，故万不可过于烦数。然亦正惟以地广人众之故，国民思想变迁之形态至复杂，若代表人久而不迁，恐无以应时势之进步，故窃谓宜采卢森堡之制，以六年为任期，而每三年改选其半，斯两弊俱免矣。至其改选之缺，则以抽签行之，此各国成例可循者也。

第二项　无选举区之地

凡划分选举区之国，苟其地无选举区者，即住居于其地之人民无选举权也，考诸各国，其例有二：

（其一）如美国，其选举区分属于联邦中之各邦，苟其地不为各邦之领地者，则其地之民即无选举权，故现在菲律宾人无选举权，八年前之夏威夷邦人无选举权，十五年前之华盛顿邦非其都城。人无选举权。而尤奇者，则华盛顿都城及其附近平方十英里以内之住民，自建国至今无选举权。其人欲选举者须归原籍。盖美国以各邦之公民，为合众国之公民，除各邦公民资格以外，更无从有合众国之公民资格，其国法之性质则然也。

（其二）新附之殖民地，无选举区，其地之住民无选举权，如英国之多数直隶殖民地，英国殖民地分两种：一曰直隶者，一曰自治者。其自治殖民地虽不出代议士于母国，然自有国会，其民皆有选举权。日本之台湾是也。缘此等殖民地，其固有之土民，为数恒远过新殖来之民，故不予以平等之权利，而宪法亦不适用于彼也。日本宪法适用于台湾与否，至今尚为彼中学者论争未决之问题。

于是而我国之内外蒙古、青海及西藏应编为选举区与否，其地之住民应有选举权与否，实为我国开设国会前当先决之问题。我国为单一国，而非联合会，凡占籍于帝国领土内者即为帝国之臣民。美国之法理，非我国所宜适用，无俟言者，而蒙、藏之民，回首面内已数百年，若犹以他国待殖民地之例待之，岂惟非法理之所可通，抑亦非政策之所宜出。故无论就何方面观之，皆无靳蒙、藏人以选举权之理由。顾吾于本节第三款第二项，置蒙、藏于不论，分配选举区及议员额数，皆不之及者，无他故焉，全出于事实上之不得已而已。盖蒙古大半尚未脱游牧之俗，且其人民绝对的服从于酋长，而西藏人又绝对的服从于僧侣，即予以选举权，亦不能以自由意志行之，而其地广人稀，无从执行选举，又无论也。要之，如吾所计画之私案，以有一定之住屋而能读书写字者为得有选举权之资格条件，而又以有五千住民之地为一原选举区。夫所谓读书写字者，必以国语、国文为标准，自无待言，倘他日蒙、藏之地日以发达，其地为合于原选举区条件之地，其民为合于有选举权条件之民，则随时施行选举法，何嫌何疑，此固吾党所日夜祷祀，愿须臾毋死，以亲睹之者也。不幸而现今事实上尚不许尔尔，故吾于左院之组织，以蒙、藏议员为一重要之分子，凡欲以弥此憾而已，而浅识者乃或致疑于将来之宪法不得适用于本部以外，是无异镮裂帝国之生命，虽谓之对于帝国而谋叛逆可也。

第三章　国会之职权

第一节　绪论

今世之国家，除中国及列强之属国外，殆无不有国会，虽然，等是国会也，而其职权之广狭、强弱，万有不齐。广狭云者，就其职权所行之范围言之也。例如甲国之国会，仅有立法权；乙国之国会，或兼有一部分之行政权、司法权是也。强弱云者，就其职权所生之效力言之也。例如甲国国会不通过之法案，政府绝对的不能执行；乙国则或有他法以执行之。又如甲国国会通过之法案，立刻即生效力；乙国则尚须加以他机关之行为始生效力等是也。此等职权之广狭、强弱，有由法文上之规定而生者，有由政治上之沿革而生者。法文上之规定者，宪法著为明条，而国会权限根据之以存立者也，于成文宪法之国多见之；政治上之沿革者，无宪法明条可依据，而国会权限，惟发达于历史上之事实者也，于不文宪法之国多见之。虽然，法律者死物也，而人类之意力则活物也，故法文所规定，其效果恒不敌政治惯习之强，政治惯习，即历史上事实之发达也。非独不文宪法之国惟然耳。即在成文宪法之国，其法文无论若何精严，而总有容广义、狭义解释之余地，故同一条文，政府据之以削减国会之权限，同时国会即据之以自扩充其权限，而各皆持之有故、言之成理者，比比然也。要而论之，国会者，国民意识能力之返影也，使国民之意识敏、能力强，则虽欲强以法文所规定缩减国会之权限而有所不能，盖不适于时势之法规，决不能保其效力，行当修正废弃耳。即暂时尚存，亦束阁不用，等于僵石耳。例如英国宪法，其国王对于国会所议决之法律，得有不裁可权。由此言之，国会职权之效力盖甚弱，然国王此权经二百六十余年未尝一行之，则英国国会之职权，不缘此法文而减杀明矣。使国民之意识昧、能力薄，则虽法文所规定，予国会以极广之权限，亦不过纸上空文。例如我国现行《谘议局章程》，权限虽不可云极广，然其应有之权，而各省议员，忽视而放弃之者，已不知凡几也。由此言之，欲比较各国国会职权之广狭、强弱，实属至难之业，盖徒沾滞于法文之解释，势固不足以得其真相，而其政治上之沿革，事实上之发达，又且变动不居，而运用之妙更往往为皮相者所难窥及，故自昔学者，恒苦于论断也。

国会职权之分野，其相对者有两界：一曰以地方议会之职权为界，二曰以元首之职权为界。地方议会之职权广者，则国会之职权狭；国会之职权广者，则地方议会之职权狭。此一种也。元首之职权广者，则国会之职权狭；国会之职权广者，则元首之职权狭。此又一种也。如国土然，此所割让之部分，即为彼所占领之部分，其强弱之相为消长也，则亦有然。各国之差别，其事项与其程度皆至复杂，殆非巧历所能算也。然则国会职权所及之范围，当以何为广狭适中？国会职权所生之效力，当以何为强弱得宜？其间亦有一定之标准可得确指乎？曰：是殆难之。盖政治无绝对之美，而惟适之为贵，甲国所适，未必为乙国所适；甲时代所适，未必为乙时代所适。欲通于各国、各时代而求一公共正当之标准焉，不可得也。然则欲规定吾国将来国会之职权，亦有道乎？曰：博考各国差别之相，而求其所以然之故，乃返按诸吾国之情实，效其相类者而弃其不相类者，采其可行者而去其不可行者，其有吾国之情实，为他国所无，则职权之断制，亦自我作古也，此本章之旨也。

抑吾更欲有言者，吾之所陈说，乃立法论也，靡论其将来能见采择与否，所不敢知，即见采择，而所期之效，仍视乎人民之所以运用之者何如。盖政治者，活力也，实权之消长，恒视实力以盾乎其后，我国民如欲得正当之实权，亦惟务养正当之实力而已矣。

第二节　参与立法之权

学者旧称国会为立法机关，立法事业，固非国会所得专，国会职权，亦非仅限于立法，虽然，立法为国会最重大职权之一，实无可疑也。国会之立法权，可大别为二：一曰参与改正宪法，二曰参与普通立法。今分别论之。

第一款　参与改正宪法之权

第一项　各国法制比较

欲研究各国国会参与改正宪法之权，当先知各国宪法之性质。各国宪法性质之种别，有成典宪法，有不典宪法。成典宪法者，特制定之，而编为一有秩序、有组织之法典者也；不典宪法者，随时发达，或以诰敕，或以批准之文书，或以寻常之法律，集合而成，未尝编为一法典者也。旧称"成文宪法"、"不文宪法"，用语不惬，如彼英国之宪法，固有文字，非恃口碑也。成典宪法之中，有硬性宪法，有软性宪法。硬性宪法者，改正之手续极为繁重，与寻常法律不同者也；软性宪法者，改正之手续较为简易，与寻常法律无甚差别者也。既明乎此，则可与语各国国会参与改正宪法之例。

第一，英国之制。

英国宪法，不典宪法也。既属不典宪法，则为软性中之尤软性者，自无待言。无论何国，其宪法之改正，总与普通立法有多少之差别，惟英国则绝无差别，故欲知英国国会参与改正宪法之权，但观其参与普通立法之权足矣。其参与普通立法之权，于次项别论之，今不先赘。简单言之，则制定变更废止一切之权，皆在国会，国会以外，无论何人，无论何团体，皆不许容喙，是英国之制也。但英国国会以国王并为其一分子。

第二，美国之制。

美国宪法，硬性宪法也，其改正手续，颇为繁难，而非国会所能专断以改正之者，今述其例。

（甲）修正案之提出及议决，其途有二：

（一）左、右两院，随时得提议修正宪法，其修正案，以两院各三分之二多数取决而通过之。

（二）各州议会，有三分之二要求修正时，则国会必须开修正宪法会议。（但此会议之构成及召集之方法，宪法上无明文，故国会得以法律自由定之。）

（乙）修正案之批准：以上二法中任取其一，皆可以提出修正案且议决之，虽然，未足以生效力也，必批准然后有效力，而批准之途有二：

（一）各州州议会四分之三批准之。

（二）各州人民会议四分之三批准之。

此二法任取其一，而欲取何法，则国会主之。故美国宪法之修正，实由下列四种方法之一而成：

（一）国会提出修正案而议决之，更由各州州议会四分之三批准之。

（二）国会提出修正案而议决之，更由各州人民会议四分之三批准之。

（三）各州州议会三分之二要求修正，国会开修正宪法会议而议决修正案，更由各州州议①会四分之三批准之。

（四）各州州议会三分之二要求修正，国会开修正宪法会议而议决修正案，更由各州人民会议四分之三批准之。

———————

① "议"，原作"议议"，据《饮冰室合集》改。

由此观之，无论用何种方法，而国会参与之权皆极重甚明。

第三，德国之制。

德国宪法，比较的软性宪法也，其改正手续，与普通立法手续同。左、右两院皆可以提出改正案而议决之，皇帝无提案权，两院议决之后，即为有效，皇帝无"不裁可权"。"不裁可权"之解说详次项。是改正之全权在国会也，但有二例外。

（一）联邦参议院（即左院）有十四票之反对，其改正案即为否决。（案：此例盖缘参议院以五十八名之议员代表二十五邦，其中普鲁士议员居十七名，若二十四邦欲改宪法，普鲁士一邦得拒之；若普鲁士与其他各邦联合欲改宪法，巴威伦、索逊、瓦丁堡三邦联合得拒之，所以剂其平也。）

（二）宪法上保障各邦特权之条项，非得各州之承诺，不得变更之。

第四，法国之制。

法国宪法，比较的硬性宪法也，前此改正手续，极为繁难，而改正之回数，各国中亦未有如法国之多者，自一七九一年至一八七五年，凡八十年间而改正十二次，其一七九一年之宪法，则于改正时，现任议员议决后，须俟其任期满时再行选举，待新议员再为议决。如是者凡三度，而改正之功乃完。其现行法，则大统领及左、右两院皆得有提议修正之权，修正与否，由两院各以过半数决之；既决修正之后，则由两院合而组织国民议会以议决其修正案。由此观之，则大统领虽得参与修正，而大权实在国会也。

第五，日本之制。

日本宪法，硬性宪法也，其改正之方法，有与他国大异者，曰：国会无提出改正案之权，而惟天皇独有之是也。天皇以敕令提出议案，两院各有总议员三分之二以上列席乃得开议，列席议员有三分之二以上赞成乃得议决，此日本之制也。故日本国会参与改正宪法之权，仅能为受动者，而不能为主动者。

第六，瑞士之制。

瑞士之改正宪法，与普通立法同一手续，故两院皆得提出议案，经议决时，即为有效，但其议案若一院可决而他院否决之时，或由人民五万人以上之要求而改正之时，则由人民直接投票以取决之此提案及议决之制也。若欲其有效，则必再经人民直接投票过半数之赞成及联邦各州过半之承诺，故瑞士国会此权不重。

第七，普鲁士之制。

普鲁士改正宪法，依普通立法之成规，国王及两院皆有发案权，两院议决，国王裁可，斯为有效。但其议决须经两次，第一次议决后，越二十一日再议一次，前后同一之议决，斯为有效。德国联邦各邦中，亦有须为二次议决者，亦有两次议决，每八日或十四日再议一次者，今不详列。

第八，索逊之制。

索逊改正宪法，其提议及议决之手续，亦与普通立法同，但其议决须亘于前后两会期，今年议决后，明年召集时再议决一次也。

合观以上各国之制，则国会参与改正宪法之权，其广狭各各不同，今分三项以比较之。

第一，改正案之提议，其形式有四：

（甲）惟国会有此权，而元首及其他之机关皆无之者，如德国。

（乙）国会及元首皆有此权者，如法国、英国。英国元首之有此权，仅属虚名，不可不知。

（丙）国会及他种机关有此权，而元首无之者，如美国、瑞士。

（丁）国会无此权，惟元首有之者，如日本。

第二，改正案之议决，其形式有三：

（甲）由国会以普通立法之手续而议决者，如英国、德国、瑞士。瑞士议决方法之一种。

（乙）由国会以特别繁重之手续而议决者，如日本、美国、美国议决方法之一种。普鲁士、索逊。

（丙）国会以外，别置一机关而议决之者，如法国、瑞士、瑞士议决方法之别一种。美国。美国议决方法之别一种。

第三，改正案之效力，其形式亦有三：

（甲）国会议决直生效力者，如德国、法国。法国虽别置机关以议决，然其机关即国会之变相，故可浑括言之。

（乙）国会议决后，更经元首之裁可，始生效力者，如英国、日本。

（丙）国会或其他机关议决后，更经人民或其他机关之承诺，始生效力者，如美国、瑞士。

第二项　我国所当采者

据上所述，各国国会参预改正宪法之权，其广狭相悬绝也若此，而各国学者，各自辩护其国法，咸能说明其法理上之根据，几使人迷所适从，今非超然于各国法律条文之外，以公平之眼观察之，不能得其正鹄也。夫宪法为组织国家之基础法，改正宪法是不啻取国家之基础而摇动之，其握有此权者，即为握有国家之主权。于是有持主权在君说者，则谓此权宜属诸君主；有持主权在民说者，则谓此权宜属诸国民全体，或代表国民全体之国会。虽然，主权在君、主权在民之两说，皆与国家之性质不相应，近世学者所抨击，殆成定论，按诸正当之学理，惟国家为有主权，然则能有改正宪法之权者，亦惟国家自身而已。虽然，国家者，非自然人而法人也，法人之性质，虽有权利而无行使权利之能力，其行使权利，必当委之于其机关，则改正宪法之权，亦势不得不以机关行之，无可疑者。然当以一机关单独行之乎？抑当以两机关以上联合行之乎？若用两机关以上联合行之，则其机关当以何种形式组织而成乎？各机关之分劳赴功，通力合作，当由何术而得正鹄乎？是皆其最当研究之问题也。今据此理想，仍分三段以论各国法制之得失，而示我国之所当采者。

（第一）改正案之提议：此问题复分为二，其一为国会应否有此权之问题，其二为国会应独有此权，抑应与他机关共有此权之问题。

先论第一①问题。凡立宪国之国会，无不有此权，其无之者，惟一日本，日本学者为之说曰：此亦一部分学者之说耳，其反对之者亦不少，不可不知。"日本君主国也，且其宪法钦定宪法也，最初宪法之成立，其渊源既出自君主，则后此宪法之变更，其主动亦应在君主。"此其言若甚辩，然按诸学理，其误谬至易见也，欲回护此说，必当以"主权不在国家而在君主"为前提。盖国家若有主权，则必为人格，其意思必借机关以发表，而立宪国家之直接机关，不只一君主得以君主而专此权，既惟君主为有此权，则必惟君主有主权而国家无有也。信如是也，则无君主之国，其主权又将安丽？既认君主国之主权在君主，则亦不得不言共和国之主权在全体人民。非在人民之个人而在其全体。如彼之说，惟有主权者能提出改正案，则共和国不将非得人民全体之同意不能提出耶？若云原宪法由君主所颁定，故改正案亦惟君主宜提出，则彼共和国之宪法由全体人民投票而始成立者，岂不亦必须全体人民投票然后提出改正案耶？则亦永无提出之时而已。若仍宗国家主权说，认君主为国家之一机关，而谓惟此机关宜专此权，他机关不许分之，是则已纯变为专制君主国，而非复立宪君主国，何则？立宪与专制之分，不过以其机关之性质权限为界线，仅有一直接机关以独裁者谓之专制，有两机关以上互相制

---

① "一"，原作"二"，据《饮冰室合集》改。

限者谓之立宪，今以变更国家基础法之一最要职权，而惟一机关得为主动，是非专制如何？然则日本此条法文，无论若何强辩，而必不能使之衷于法理明矣。日本学者既穷于回护，于是有舍法理论而遁入政治论者，谓国会不得有此权，全属政治上之理由，虑其动倡改正之议而摇及国家基础也。虽然，此说之不完，又至易见也。夫改正宪法，非徒以提议而遂毕乃事也，提议之后，尚有议决焉，有裁可焉，即国会偶为不正当之提议，而国础亦何至遽为所摇？今若据政治上之学理以绳日本此制乎？苟当宪法必须改正时，而君主不肯提议，则将若何？盖舍革命外，更无第二之手段矣。夫法律之条文，死物也，社会之情状，活物也，无论若何善良之法律，要不能历千数百年而永与社会情状相应，故改正之事恒所不免，而必应改正与否，一人所见，恒不及多人之明。今日本此制，若谓其有合于政治上之理由，则必当先立一前提焉，曰：惟君主为天亶聪明，能随时鉴察时势，定宪法之当改正与否而无丝毫之忒。使此前提而果正确也，则何必立宪，常以神圣之君主行专制，岂不更能达国家之目的耶？既以立宪为必要，是已明不承认此前提，既不承认此前提，而犹曰惟君主宜有提议改正宪法之权，吾诚不知其何取也？日本学者之著书，其言外不直此制者甚多，特不敢昌言攻击，而迁就以为文辞，乃如羝羊触藩，无适而可，实可悯也。故我国将来制定宪法，必当采万国通制，予国会以此权，毫无可疑者。

次论第二问题。各国宪法改正案之提议权，皆国会与他种机关共有之，国会之外而有此权者。其在君主国，则君主也；其在共和国，则大统领或国民也；其在联邦国，则联邦内之各邦也。此皆衷于法理者也，何以故？君主、大统领，皆与国会同为国家之直接机关，其有此权，宜也；国民又为国会之作成机关，在共和国，更以之为最高机关，其有此权，亦宜也；在联邦国，则各邦为联邦之分子，其有此权，亦宜也。虽然，于此而有种种之疑问出焉。

第一问：德国为君主国，而其皇帝不有此权者何也？

答：各国君主所以有此权者，以其为国家之元首也，而据德国国法之法理，其国家之元首，乃联邦参议院而非皇帝，皇帝不过执行联邦参议院之意思—行政长官之位置而已，行政长官不应有此权，亦固其所，故德国皇帝虽无此权，而其国家之元首固有此权也。以实际论，则德国皇帝固有此权，盖皇帝以普鲁士王兼之，而参议院中有普鲁士议员十七人，其人皆服从王之命令者。普议员之提议，即无异普王之提议，亦即无异德皇之提议，故德皇实间接有此权也。

第二问：美国、法国之国民，不能直接有此权者何也？

答：彼两国之大统领，皆由国民选举，美国联邦内各州州议会，亦由州民选举，夫两国之国民，既皆得借国会以间接行此权矣。法民复借大统领间接以行之矣，美民复借州议会间接以行之，故无取再重规叠矩也。

国民有若干人之连署，即得提议改正案者，惟瑞士为然，此制揆诸学理，匪云不合，盖一部分国民之意思，虽非可径徇之以妄改宪法，而一部分之国民，既有此意思，则以付诸讨议，亦理所当然。然此制惟瑞士有之，他国无之者，盖瑞士国小民稀，行之较易，且其联邦中各邦，多有行直接民主制者，理论上固当如是也。他国虽无此制，然其两院皆有受人民请愿之权，人民有欲为改正之提议者，可以意见达于国会之任一院，但得一院表同情，即可以提议，是人民虽以个人资格，亦得间接行使此权也。惟日本则有大可异者，其宪法既限制两院不得有此权矣，其议院法第六十七条，复规定云。（各议院不得受变更宪法之请愿。）此其立法之本意，真不可解。夫请愿书必须各院采以列于议案而议决之，乃生后效（据同法第六十四、五条），今两院既不能为变更宪法之提议，则虽受请愿，亦有何效力，而何必更悬为厉禁耶？此何异禁阉人以不许犯淫也。推原日本立法之意，凡关于宪法事项，惟君主得专之，而人民绝对不许容喙，此种宪法，虽名之为专制的宪法，亦不为过，我国将来之立法家，尚其戒之。

第三问：美国大统领不有此权何也？

答：美国宪法，采绝对的三权鼎立主义，故凡关于立法事项，不许大统领之容喙，然此制学者多议之。

第四问：德国又为联邦国，而其各邦不有此权何也？

答：德国联邦参议院之议员，凡一切行动皆受命于其本邦，与美、瑞等国议员能独立以发表其意见者异，故参议院有此权，即无异各邦有此权也。

夫宪法之改正，诚当慎重。虽然，提议不过改正手续之发轫耳，非缘是而遂决定也，故不妨以其权分畀诸各机关。我国为君主国体，则有此权者，君主并两院而三，斯最当矣。

（第二）改正案之议决：此亦分二问题，其一，即以国会为议决机关乎？抑于国会以外，临时别设议决机关乎？其二，其议决用普通之手续乎？抑特为设繁重之手续乎？

先论第一问题。改正宪法，为摇动国家基础，故所以察民意之所向者，宜勿厌其详。现期之国会，既表同情于提议，在法律上固可以认为国民希望改正矣。虽然，现期之国会，果能举代表民意之实与否，犹未敢遽信，于是思所以再行考验者。其法有四：

一、现国会不议决，解散之，行总选举而付诸新国会之议决。

二、不付诸国会之议决，而别组织国民会议以议决。

三、现任议员议决，未完全认为有效，待第二次总选举后召集议员时，复为同一之议决，乃得有效。

四、现会期议决后，未完全认为有效，俟次年开会时，复为同一之议决，乃得有效。

第一法有缺点，何以故？国家之设国会，原认为代表国民之机关，现在开会中之国会，虽不能遽认其确能举代表国民之实，亦何从断其确不能举代表国民之实，不许其议决，实无理由。况两院既各有发案权，而现今各国通例，有少数议员之同意，即可以提出议案。日本以二十人为限。若用此法，一经提议，则现议会立当解散以别行组织，是常能以少数人之意见而致议会之解散，甚无理也。

第二法亦有缺点，何以故？第一法之缺点，第二法皆同之。不宁惟是，所谓别组织国民会议者，其组织法当何如耶？若如法国现制，即将左、右两院现议员组织之，则异名同实，何必多此一举？若别召集之，则与第一法所谓新国会者无异，其弊夫既言之矣。

第三法亦有缺点，何以故？各国右院议员任期，多者七年，少者二年，折衷者三四年。今用第三法，改正案议决后，必须俟二三四年或七年以后，再为议决，是改正之业，必历若干年然后完成也。夫改正案之提议，必其应于时势之要求者也，今必阅绵邈之岁月，然后奏功，则后时之患，其难免矣。

第四法亦有缺点，盖其后时之患，虽不如第三法之甚，然已嫌其濡滞。且在同一任期中，来年之议员，即今年之议员，其意见大率同一，何必多此一举？不过假以时日，使之再思耳，然欲以借此以测验其确为代表现时国民意见与否，效盖微也。

夫仅凭现议会之议决，既病其近于轻率，而此四法者又各有其弊，则吾何途之从？吾于是欲自创一法焉，曰：先以付现议会之议决，可决之后，复解散之而组织新议会为第二次之议决是也。此法与第一、第二法有异，以彼不付现议会之议决，毫无理由而不信任现议会，此则不尔也。又与第三、四法有异，以第三法于第一次议决后，须历数年乃为第二次之议决，第四法亦须阅一年以后乃为第二次之议决，皆有后时之患，此则不尔也。是故现议会而否决也，则此次提议自同消灭，其再提议，当待来年，而议会可以不解散，既无提议一出立须解散之弊；若政府提出改正案，国会否决，而以敕命特解散之，此则与普通之解散同其原因，不在此限。若现议会而可决也，则改正为民所欲，已可概见，犹虑其不确实，而再行选举开新议会以卜之，是岂非易所谓"借用白茅无咎者"耶？故窃谓此法视各国现行法皆有一日之长也。各国中有用此法者与否，吾学谫不足以悉知之，其有之则德、美、瑞三联邦中之各国，与夫中美、南美之共和国也。

复次，论第二问题。各国以慎重改正故，故除一二国外，皆不以普通立法议决之手续而议决之，盖普通立法，但以列席之员，比较多数，以定可否，其议决宪法改正案则恒加严重。其法有五：

一、须四分之三议员列席，乃得开议；须列席议员三分之二赞成，乃为可决者。如索逊、巴比伦。

二、须三分之二议员列席，乃得开议；须列席议员三分之二赞成，乃为可决者。如比利时、日本。

三、得开议之定员数，与议普通法律案同，但须列席议员三分之二赞成，乃为可决者，如奥大利、甸维丁堡。

四、得开议之定员数，与议普通法律案同，但须列席议员四分之三赞成，乃为可决者，如汉堡、巴利米因。

五、一次议决之后，隔若干日，再为第二次或第三次议决者，如普鲁士、巴威伦。

我国若既用新旧两议会之议决，则其议决之手续，更无取过于繁重，采日本、比利时之制，其可也。

（第三）改正案之裁可：改正宪法之权，既属于国家，国家以无行使权利之能力，故委诸其机关，而在立宪国家，其直接机关，恒有二个以上相对立，然则决定国家最后之意思者当属于何机关乎？曰：于诸机关中，必有其最高机关，此权即以属之。其在君主国，则君主也；其在共和国，则全体国民或代表全体国民之国会也。故共和国之改正宪法，有以国会之议决即生效力者，有以全国民投票多数之赞成而始生效力者；其在君主国，则以君主裁可始生效力为常。共和国之国民投票，与君主国之君主裁可，其性质正同，皆最高机关之作用也。我国为君主立宪国，则宪法改正案必待裁可然后完成，此无待言。

第二款　参与普通立法之权

第一项　参与立法权之范围

第一目　各国范围广狭比较

各国国会参预立法之权，其范围之广狭，颇相悬绝，质言之，可分为二大主义：一曰概括主义，二曰列举主义。概括主义者，浑括言之，凡名为法律者，皆须经国会之议决也；列举主义者，将须经国会议决之法律条项，一一列举之于宪法之中，其不列入者，国会皆不得议决也，普通之国家，皆采概括主义，惟联邦国，则采列举主义，今举一二国以示其例。

美国之制：美国以宪法规定国会之职务，凡左方所列各件，得有议决权：

（1）关于岁入之立法：凡合众国征租税、借国债等事，其议决之权皆在国会，故租税之项目、税率、课税方法、起债条件等，皆得由国会任意决定之，但有二制限焉：（第一）不许课输出税；（第二）丁税及其他直接税等，必须比例于人口，又间接税、输入税、物品税等，全国必须均一。

（2）关于岁出之立法：凡合众国岁出之种类、数额及其支用方法，皆国会定之。

（3）关于外国通商之立法：与外国交通及贸易之立法，归国会所议决，但美国之制，其大统领有缔结条约权，或疑与国会此权相冲突，盖大统领任意结约、国会任意立法，其条件或相矛盾也。然大统领之结约，须得左院之同意，故免此弊。

（4）关于国内通商之立法：联邦各州相互通商及与红印度土人通商，其规则皆国会定之。

（5）关于归化之立法：外国臣民入籍于美国之各联邦而得享种种公权，此事与国家政治关系颇大，其法律必须统一，故此权不属诸各邦，而属诸中央国会。

（6）关于破产之立法。

（7）关于货币及度量衡之立法：联邦内各邦不得有铸造货币之权。

（8）关于犯罪之立法：伪造合众国通货证券之罪，又于外海所犯海贼重罪及国际法上之犯罪，其法规皆中央国会定之，其余各种刑法之立法权，不在国会。

（9）关于邮便之立法。

（10）关于著述及发明之立法：著述人及发明新器人其专利权之法，国会定之。

（11）关于设置裁判所之立法：合众国高等法院，虽据宪法之明文，直接设置之，但其以下之裁判所废置分合之权，全属国会。

（12）外交：美国国会有干涉外交一部分事项之权利，其详细于本节第二款别论之。

（13）关于陆、海军制之立法：全属中央国会，但各邦有募集民兵之权。

（14）关于合众国中央政府领地之立法：所谓中央政府领地者，不属于联邦中之一邦者也，如：①都城；②要塞、军库、造兵厂、造船所、造币所等，其地虽在各邦之内，然已经中央政府买收者；③新领土之未编为一邦者，如阿拉士加岛及新领之菲律宾群岛等是也。

（15）发行政命令之权：别于本节第三款论之。

由此观之，美国国会立法权之范围极为狭隘，凡民法、商法之全部，诉讼法之全部，刑法、行政法之一大部分，与夫关于教育、关于警察、关于各地方财政、关于经济诸种法规，其议决皆不在中央国会也。

德国之制：德国国会之立法权，亦与美国同，以宪法条文列举之如下。

第四条　属于帝国监督及帝国立法之事项如左：

一、自由转居、本籍住居制度、公民权、旅行券及关于外国人警察之种种规则，又营业保险及于外国殖民地迁徙诸规则，为本宪法第三条所未洫定者。（但巴威伦本籍及住居之事为例外。）

二、关于关税及贸易之立法，又帝国政费所使用之租税。

三、货币及度量衡法之规则，又不换纸币发行之规则。

四、银行规则。

五、发明品之专卖特许。

六、智能所有权之保护。

七、保护在外国德意志人之商业、航海及其船旗，及定帝国所任命之领事制度。

八、铁道规则，又为国防及交通利便起见所设之道路及水路之规则。

九、于数邦公共水路所营之舟筏航行业及水路营缮之体裁，又其他水路税及航海目标。

十、邮便电信制度。（但巴威伦、瓦敦堡有例外。）

十一、民事裁判宣告之相互制行及关于申请处理之常则。

十二、关于公证及公正证书之规则。

十三、民法、刑法及诉讼法之制定。

十四、帝国海、陆军军制。

十五、卫生警察及兽疫警察规则。

十六、关于出版及结社之规则。

第三十五条　凡全部关税法，联邦领地内收获之盐、烟草、火酒、麦酒，由胡萝卜及其他内国产物所制造之糖与糖蜜之租税，对于密卖之各国消费税之相互的保护，并共同关税疆界之安全，关税疆界以外地方必须之处置，其立法权皆专属于帝国。

巴威伦、瓦敦堡及巴典，其本国火酒、麦酒之税法，依其各自之立法权，但此三国对于此种物品之课税，须力取同一之方针。

第三十六条　关税又消费税之征收及管理，限于各国从来相沿实施者，于其领土内，仍委任之。

皇帝于得联邦议院关税租税委员会之承诺后，置官吏于各国关税租税局及其直接官厅，以监督其实遵税法所定之手续与否。

关于共同法律（第三十五条）之施行，此官吏发见其缺点而报告时，应提出于联邦议会而议之。

第三十八条　关税及第三十五条所揭其他课税之收入，应纳于帝国国库，但第三十五条所列举各种课税中，其非依帝国立法而依各国法以征收者不在此限，此收入额为自关税及其他课税总收入中，除去左记诸项而成者。

一、本于法律及诸规则之租税返还额及减少额。

二、不当征收租税之缴回额（原称拂戾额）。

三、租税征收及管理之费用：

（A）关税中，沿接于外国之疆界线，及于疆域地方内因关税之保护及征收必需之费用。

（B）盐税中，因征收及监督，于制盐所所置官吏之俸给。

（C）萝卜糖及烟草税中，时时依联邦议会之决议因此税应支给各国政府之管理费。

（D）其他租税中，收入全额百分之十五。

在共同关税疆界外之领土，应支出货币，负担帝国之经费。

巴威伦、瓦敦堡及巴典，不负担应纳希国国库之火酒、麦酒税，及前项一定之货币。

第四十一条　因德意志帝国国防及共同交通之必要，所认之铁道，其所通过之国虽有异议，然苟无害各国之主权，即依帝国法律，以帝国之经费敷设之，或许可于个人之企业者，且付与土地收买权。

原有之铁道会社，负承诺设新线连络之义务，但连络之费用，属于新设铁道之负担。

关于许原有铁道会社，对于敷设并行线或竞争线之拒绝权之法律，帝国概废止之，但于既得权不能有妨害，且于将来之免许中，亦不得付与拒绝权。

第五十二条　前第四十八条乃至五十一条之规则，不用之于巴威伦及瓦敦堡，于此二国，用次之规则以代之。

邮便电信之特权，其对于公众法律上之关系，关于邮税免除及邮便税之立法，专属于帝国，但关于巴威伦、瓦敦堡两国内部交通之规则及邮便税，不在此限。又定电信手数料（即打电费）之帝国法律，亦依此限制。

定与外国通邮便电信之规则，亦属帝国之权，但巴威伦、瓦敦堡与不属帝国领土之邻国，直接交通不在此限，特适用一八六七年十一月二十三日邮便条约第四十九条之规则。

应纳帝国国库之邮便电信收入额，巴威伦及瓦敦堡不与其列。

第六十九条　帝国之岁入及岁出，应每年立预算，制为《帝国岁计豫算表》。《帝国岁计豫算表》于每年分开始之前，依左之原则，以法律确定之。

第七十条　充共支出之用者，为前年分剩余金、关税、共同消费税及由邮便电信所生之共同收入，若以此收入充共同支出而不足时，于未设帝国税之间，以照联邦各国人口应出之分担金额补充之，其金额于豫算之定额内，帝国首相布告之。

第七十一条　共同之支出，通常限于一年而承诺之，但于特别之时，承诺得涉于数年分。

第六十条所定期限内之军队经费豫算，惟提出于联邦议会及帝国议会而为参考。

第七十二条　关于帝国总入之支出，帝国首相为解责任，须提出决算于帝国议会。

第七十三条　在需用常支出之际，依帝国立法之手续，募集公债，须以帝国负义务，而作公债证书。

奥大利之制：奥大利虽非联邦国，而其宪法中关于立法权，亦取列举主义，其第十一条之文如下：

一、贸易条约及帝国全部或局部，生负任，又命课务于国民，及帝国议会之代理诸王国及部属，其疆域变更，所有国事条约之检查及决行。

二、凡兵役执行，关于其方法及其规则期限之事件，就中关于每岁召集征兵员之定规，及预备马匹之赋课、兵士之粮食、屯营之总则诸等事件。

三、政府之《岁计豫算表》之规则，及诸租税赋课之每岁决议，政府之《决算表》，并会计管理成绩之检查、新公债证券之发出、政府旧债之变替、官地之卖易贷与专卖并特权之法律等，总通于全王国部属会计诸般之事务。

四、关于金、银、铜货及银行证券之发出之事务规则，税关、贸易、电线、驿递、铁道、运搬之事件，及其他帝国通运之方法。

五、证券银行工业之特准、度量衡制造之模型、记章保护之法律。

六、业医之业法律，及传染病、家畜疫病防护之法律。

七、国民权及归化之法律，外国人取缔法，路券，及人别点检之法律。

八、各法教之关系、集会结社之权、著刻才艺上之私有权保护之法律、公立小学校及中学校教育原旨之例规、大学校之法律。

九、惩治罪裁判所、违警罪裁判所及民法裁判所之法律，但州之布告，及依此宪法为州会之权任其事务之法律，不在此限。商法、兑换法、海上法、矿坑及藩建地之法律。

十、司法官及行政官构制之基法。

十一、国民之通权，大法院、司法院、行政权所关诸宪法执行须要之法律。

十二、各部互相之义务，及关系总体之法律。

十三、与翁古利所属诸部，认为共通之事务，其处分规程所关之法律。

以上皆取列举主义者也，虽其所列举之条件不同，其权之范围即有广狭之异，如德国国会立法权之范围，已广于美国远甚，细观前件自明。而要之其权以所列举者为界，所列举以外，丝毫不许容喙，则其权为有限的甚明。

列举主义，惟联邦国宜采之，盖联邦国本由所联之各邦以合意契约相结而成，先有各邦而后有联邦。各邦为其固有之旧国，而联邦则其创建之新国也，当其制宪法以创此新国，则将旧国一部分之权利，画而贡之。虽然，所贡者非权利之全部也，故于其所贡者之外，则各邦自留保焉，其宪法不得不以列举主义为普通之原则，皆此之由。联邦国之建国法，恰适用霍布士、洛克、卢梭辈所倡之民约说，但彼则谓人民相缔约以成为国，此则小国相缔约以成大国耳。

奥大利非联邦国，而其国会之立法权亦取列举主义，似甚可诧。虽然，考诸彼国之历史，实由兼并小国若干而成，而所兼并之小国，旧影犹存，故奥大利皇帝，实兼有三王、帕也米雅国王、大尔玛西亚国王、嘎利西亚及罗多利国王。一公、克拉阿义国公。六侯、撒尔布尔国侯、司齐利亚国侯、加林西亚国侯、喀耳尼窝拉国侯、修罗宾国侯、上下西利亚国侯。一伯齐罗尔国伯。之名义。此殆我中国人所难索解者，然在欧洲多如是。即如俄罗斯皇帝亦兼有王、大公、公、侯等十余名，英王亦兼苏格兰王、爱尔兰王、印度皇帝等名，每颁重要之诏敕，则尽列其头衔，累累如贯珠然。其国统一之基础未坚，实与联邦无异，且其国内种族分裂，各地之习尚不同，故奥国法制，予其各州之州会以广大之权，与各国之地方议会纯异其性质，以故中央国会之权力，其一大部分移于此等州会，其不能与他国同其广漠亦宜。虽然，奥国之取列举主义，终不得不指为立法者之无识，盖虽分权于州会，亦只宜将所分之条项列举之，其未分与者则中央国会留保之，故州会之职权取列举主义，而国会之职权仍取概括主义，斯为得当矣。今本末倒置若此，其危及国家统一之基础，又何怪焉！尤可异者，奥国宪法，于国会立法权，既取列举主义矣，而于州会之立法权，亦取列举主义。夫社会之情态万变，终非能以条文悉举之而无遗漏也。故据论理学之公例，此方面以积极的列举者，他方面即应以消极的而得概括，如列举甲、乙、丙等事项属于此，则甲、乙、丙等以外之事项自然当属于彼也。今奥制不然，既列举甲、乙、丙等权属于国会，又列举丁、戊、己等权属于州会，而庚、辛、壬、癸等权，既不属国会又不属州会者，则当何属耶？此则立法家之陋也，抑其中或有他理由，或别有留保权立于两者以外，则吾未专治奥律，不能知之。

除奥大利以外，凡单一之立宪国，单一国对联邦而言。其宪法所规定立法权之范围，皆取概括主义，其在共和国，则国会独行之；其在君主国，则君主与国会共行之。其宪法条文，或云君主与国会两院共行之，或云君主以国会两院之协赞行之，其事实之结果一也。要之，凡属制定法律，非经国会之议决而不为有效，故其国会立法权之范围，广漠无垠，非如联邦国之仅限于一部而已，故学者或称国会为立法机关，良非无由。

虽然，国会立法权之积极的制限，固惟联邦国为宜有之，若其消极的制限，则无论何种之国家皆有之，此又不可不察也。夫法也者，谓对于臣民而有拘束力之条规也。然对于人民而有拘束力之条规，各国率皆以两种形式发布之：其一字之曰"法律"，其他字之曰"命令"。凡以法律之形式发布者，必须君主与国会共行之；其以命令之形式发布者，则不必经国会，而君主或行政官厅得专行之。国会之参预立法者，即参预命令以外之条规也。命令者，国会立法权之消极的制限也。故国会立法权范围之广狭，与君主命令权范围之广狭成反比例，欲明此义，当先谂命令之种类。

凡命令可大别为二种：一曰行政命令，二曰法规命令。行政命令者，规定行政部内所当遵守之条项，而上级官厅对于下级官厅所发者也，其拘束力虽及于下级法规命令者，则公布国中对于一般人民有拘束力者也。行政命令，当我唐代之留司格；法规命令，当其散颁格。格者，六朝、唐以来一种法令之名也，属于曹司常务留存本司者为留司格，属于天下所共颁行州县者为散颁格。见《唐书》本志。行政命令之拘束力，不直接及于人民，与法律全异于范围，非此所当论，专论法规命令。

法规命令之种类有四：

一、执行命令：执行命令者，为执行法律而发布之命令也。法律所规定，往往仅举荦荦大端，至其施行时之细目，不能毛举，故许由行政官厅，于执行时便宜定之也。此种命令，纯为法律附属品，其不侵立法范围甚明。

二、委任命令：委任命令者，本当以法律规定之事项，而以法律之明文委任行政部以命令权者也。乃法律所委任，非君主及上级官厅所委任，勿望文生义。其与执行命令异者，彼则专为所执行之本法之附属品，本法消灭，则其命令当然消灭，此则离本法而能存在也。例如日本之《裁判所构成法》，法律也，判事、检事官等俸给令，委任命令也。《裁判所构成法》第七十六条云："关于判事之官等俸给及进级之规以敕令定之"。第七十九条检事之规定同。其规定裁判所区域管辖等种种之敕令及司法省令，执行命令也。委任命令，其命令权之渊源，由法律来，故亦不侵立法范围。

三、独立命令：独立命令者，宪法许君主于一定之范围内，独立以发命令，毋须经国会之协赞者也。如日本宪法第九条云："天皇为保持公共之安宁秩序及增进臣民之幸福，得自发或使发必要之命令。"此即离法律而独立之命令也，但其效力次于法律一等者，曰不得以命令变更法律而已。此种命令，除日本以外，他国皆无之，有可以当其一部分者，则各国之所谓警察命令是也。盖警察所应干涉之范围，其事项极琐碎，且复杂变幻，不可穷诘，终非能以法律而一一悉预定之，故假行政官厅以便宜行事，而委诸命令之范围，此各国所同也。日本此条宪法，彼中学者，解释各异，有采消极说者，谓即与各国之警察命令同一范围；有采积极说者，则谓凡关于保持秩序增进幸福者，皆得以此项命令规定之，决非徒限于警察命令而已。夫如是，则此项命令，直与法律同其范围，除旧有之法律不许变更外，其他皆得以命令行之也。而此项命令，则不须经国会之协赞者也，吾所谓命令范围之广狭，与国会立法权范围之广狭成反比例者，即指此也。

四、紧急命令：紧急命令者，谓当国会不能开会之时，遇有紧要事件，君主得发此种命令以代法律也。此种命令，其性质为代法律故，故与法律有同一之效力，可以之废止变更旧有之法律，而将来亦非以法律不能废止变更之。但有一限制焉，曰下次国会开会时，必须提出以求其承诺，若不承诺，则失其效力也。此种命令权，各国宪法多不许之，其许之者，则奥大利、普鲁士，及其他德国联邦中之一二国与日本也。而所许之范围亦有广狭，今取普、日两国宪法条文比较之。

普鲁士宪法第六十三条：为保持公共之安全或避非常之灾厄，有紧急之必要，而不能召集两院之时，政府得以连带责任，于不抵触宪法之范围内，发布与法律同效力之敕令，但下次会期，必须提出两院，求其承诺。

日本宪法第八条：天皇为保持公共之安全，或避其灾厄，依于紧急之必要，于帝国议会闭会之场合，发可代法律之敕令，此敕令于次之会期，须提出于帝国议会，若议会不承诺时，则政府须公布其向于将来而失效力。

此两条文大致相近，其差异之点，普国则于不能召集两院之时，乃得发之，故虽议会闭会中，苟可以召集，仍须召集也。日本则于议会闭会之场合，得发之，故闭会后虽能召集，亦可以不召集也。此种命令，实为以行政权侵立法权，故共和国绝对不许之，即君主国许之者亦希。英国之制，当国家遇非常变故，政府得负责任以奏请发布违宪之命令，事后则对于国会，证明其必要之理由，以求责任之解除。虽然，此其性质与普、日等国之紧急敕令，绝非相同，普、日之紧急命令，宪法上之命令也，英国则视为违宪命令而求事后之免责也。故宪法上许此命令权与否，亦国会立法权范围广狭所由判也。

由此观之，取概括主义之国，凡在命令权以外之立法事项，国会皆得参与，故命令权范围广者，国会参与权范围从而狭；命令权范围狭者，国会参与权范围从而广，此至易见者也。

除命令权以外，而国会立法权范围之广狭，尚随一事以为消长焉，即宪法内容之详略是已。宪法虽亦立法事项之一种，然其制定变更之手续，大抵与普通立法不同，故狭义之立法，即指宪法以外之法，此通称也。故宪法条文略者，普通立法之范围自广；宪法条文详者，普通立法之范围自狭。欧美各国，往往有以单纯之法律而入诸宪法之中者，就中美国联邦中之各邦为尤甚，其宪法之分量，日增于其旧，据一八七七年美国左院所编纂《北亚美加宪法全集》一书，其维阿志尼亚邦宪法，一七七六年之分，不过四叶，一八七〇年之分，增至二十一叶。狄莎士邦第一次宪法，一八四五年十六叶，一八七六年之分，增至三十二叶，此何故乎？不过将属于普通立法范围之事项，逐年抽出，以加入于宪法范围而已。例如近时美国各邦宪法所增加之条项，有关于禁止彩票者，有关于禁止贩卖火酒者，有定刑罚执行之原则者，有定劳动日及休暇日之原则者，有定各种学校之详细规则者，有定官俸者，有定铁道公司特许之条件者。其他欧洲大陆各国之宪法亦多类是。如奥大利宪法，将州会之选举法，亦规定于其中。尤可笑者，瑞士联邦新加入之宪法，有"屠宰兽畜必当先使绝息"之一条。此其规定之当否姑勿论，要其所以如此者，不外欲制限国会之立法权，使之趋狭，盖章章也。

君主国以命令由君主所发故，则以扩张命令权范围为制限国会立法权之手段；共和国以改正宪法往往须由人民总投票故，则以扩张宪法范围为制限国会立法权之手段。其手段之正当与否暂勿论，要之，除取列举主义之国以外，其国会参与立法权之范围，上之以宪法所未规定之事项为界，下之以命令权不能行使之事项为界，持此以校各国之宪法，朗若列眉矣。

第二目　我国所当采者

今请言我国所当采择：（第一）我国为单一国而非联邦国，其必当取概括主义而不当取列举主义，不俟论。（第二）宪法为国家之基础法，自有其体裁，不当以无关宏旨之条件入之，且致基础法或以小故而摇动。况我国幅员太大，五方异宜，宪法尤当总揽大纲，匪可毛举细故，其不应以宪法占法律之余地又甚明。（第三）此外所余者，则命令权之问题是也。故欲语中国国会立法权范围广狭之程度，则尤当先论中国宪法上命令权广狭之程度，今请平心以研究之。（但行政命令、执行命令、委任命令之三种，与立法权不相杂厕，不在此论，今所论者，以独立命令、紧急命令两种为范围。）

紧急命令，明以行政权侵立法权，揆诸学理，合应排斥。虽然，国会非永年常开者也，有其期焉，期过则休，国家若有非常事变，不能待国会之召集，苟不假行政首长以便宜行事，恐事机一逸，贻国家以不可复之损害，故宪法许以此权，实有其正当之理由，况又有"事后承诺"一条件以为之限制，则立法权仍非全受其侵越。窃以为我国固当采之，但其条文则普鲁士较密于日本，我所宜师也。若虑政府滥用此权，危及宪政之基础，此亦有防之之法，吾将于本节第二款"论事后承诺"项下别论之。

独立命令，依日本宪法第九条所规定，殆与法律同其范围，若徇积极论者之说，则虽取一切立法作用而尽纳于其中可也。夫立宪政体之所以异于专制者，亦于其君权之有限无限判之而已，故立法权则君主以国会之协赞行之，行政权则君主以国务大臣之副署行之，司法权则以君主所任有独立地位之裁判官行之，君主总揽三权，而一无所专，此立宪君主制之特色也。由此言之，则凡制定法规直接对于臣民而生拘束力者，皆须经国会之协赞，其理甚明，若以不须经协赞之命令，而与必须经协赞之法律，得活动于同一之范围，则一切法规，或以法律之形式制定之，或以命令之形式制定之，一惟君主之所欲，而君主及其大臣，为自便起见，恒欲取命令之形式而不欲取法律之形式，人之情也。则所谓国会参预立法之权，将日被侵蚀，其不复返于专制者几何哉！夫在专制国，则无法律命令之区别也，孔子对定公问所谓"余无乐夫为君惟其言而莫予违"，专制国君主之地位盖若是，故君主个人之意思，即为国家之意思，君主一话一言，即为神圣不可侵之法律，故我国旧称，虽有

"律格式"等名，与"令制敕"等若为殊科，但其范围效力皆相等，固可以"律格式"变更"令制敕"，亦可以"令制敕"变更"律格式"，两者之性质，殆无差异，即欧洲诸国及日本，当宪法未布以前，亦皆有然。质言之，则凡皆以君主单独行为所制定者而已。及立宪政体发生，然后此两者画为鸿沟，而不许逾越，即凡对于人民有拘束力之条规，皆谓之法律，而执行法律时，以便宜规令其细目者，谓之命令，前者君主与国会共行之，后者君主得自行之，宪政之大精神实在于此。今征诸各国宪法所规定，则：

	关于法律之规定	关于命令之规定
比利时	宪法第二十条　立法权由国王与代议士院及上院共同行之。	第六十七条　国王为施行法律得发必要之规则及命令，但不得以之停止或特免法律之施行。
意大利	宪法第二条　立法权国王与元①老院、代议院共同行之。	第五条　国王及其官吏为施行法律得发必要之规则及命令，但不得以之停止或特免法律之施行。
普鲁士	宪法第六十二条　立法权国王与两院共行之，凡制定法规必须王与两院协议同意。	第四十五条　国王命法律之执行且为执行而得发必要之命令及详细之规则。
德帝国	宪法第五条　帝国之立法权由联邦参议院及帝国议会行之。	第十七条　皇帝监督帝国法律之实施。 第七条第二项　联邦参议院为实施帝国法律得议定必要之行政规则。
奥大利	国会根本法第十三条　凡法律须以上下两院之妥协决议及皇帝之认可而成行政根本法。	行政根本法第十一条　政府于其权限范围内得发准据法律之规则命令。
日本	宪法第五条　天皇以帝国议会之协赞而行立法权。	第九条　天皇为执行法律又为保持公共之安宁秩序、增进臣民之幸福得发，又使发必要之命令，但不得以命令变更法律。

由此观之，除日本以外，无论何国，其法律与命令之界线皆甚分明。命令者，非徒其效力不得与法律并而已，即其范围亦不得与法律并。质而言之，则所谓独立命令者，遍征诸各国宪法条文，绝无蛛丝马迹之可寻，而自我作古，实创自日本。夫日本宪法，本以德意志联邦中

———————

① "元"，原作"元元"，据《饮冰室合集》改。

之诸君主国宪法为其渊源，而取范于普鲁士者尤夥，而忽有此与母法绝不相应之条文者何也？请不避词费，先述其所由来，然后论其得失。

日本伊藤博文之游历欧洲考察宪法也，左右之者，实惟普鲁士之格奈士德氏，而格氏则德国学者中首倡"命令独立权"之论者也。格氏以专精英国法闻，其立论即根据英制。英国惯习，有所谓枢密院令者，与法律同时并行，其军事、外交、殖民之三大事业，并教育事业之一部分、宗教制度之一部分，向不以入于法律之范围，皆以枢密院全制定颁布之，尔来虽法律之范围日以扩张，枢密院令范围日狭，而余影犹存。又德国各联邦中，为行政便利起见，往往有所谓"警察命令"者，其制定之权，往往委诸各地方官厅，不尽用法律之形式，而学者目为违宪，攻论蜂起，故格氏以谂伊藤，谓不如将此权明规定之于宪法之中，故日本宪法"第九条"云云，全出于格氏之创意也。

虽然，彼英人以保守性闻于天下，其法制半以习惯而成，其习惯徐徐蜕化，不见其嬗代之迹，故常有实质变迁而形式犹留者，即如枢密院令之为物，就表面观之，固全非待国会之协赞，实则其发布全出政府之意，而政府惟得多数于右院者尸之。故一切命令，实与经国会协赞无殊，此惟英国为然，非他国所能学步也。制定宪法，而刺取英国惯习之一节以屡入条文之中，未有不进退失据者。

然则此独立命令权，于法理上亦别有其可依据之理由乎？自格氏倡此说后，德国学者群起致难，然亦有一二附和者。其主张最力者，则安德氏也，而反驳最力者则安莎的士氏也。安德与安莎的士前后舌战之论文凡数十篇，遂使此问题大喧于德国学界，认为宪法上最重要问题之一，而其波直荡于日本。安德之言曰："君主国宪法与民主国宪法，其精神全异。在民主国，其行政首长之权，全由国民所新赋与之者，故宪法无明文以赋与之，即当然无此权。君主国不然，未立宪以前，一切大权，本皆君主所固有，立宪者，则君主自为限制而已，故苟于宪法上无限制之明文者，其固有之权，自当保留之。命令权者，君主所固有也，故除宪法上以明文规定专属于法律范围之事项，始必须与国会共行之，自余一切，其付诸协赞与否，一惟君主之自由。"安莎的士之言曰："宪法无限制之明文，其固有之留保权，当属诸君主，固也。然所谓限制者，非必为列举的限制，但为概括的限制而已足；非必为积极的限制，但为消极的限制而已足，如云'立法权国王与两院共行之'，则凡制定法规之事项皆概括焉可知；如云'国王为执行法律得发命令'，则除执行以外不能发可知。委任命令以法律明文委任者，又不在此限。"辨论至此，势不能不就宪法之条文而解释之，安莎氏乃遍征各国条文，滔滔雄辩，靡坚不摧，其详具见所著《法律命令论》中，今不具引。夫在德国，其各国宪法文，绝无认许独立命令权之明文，故学者袒其说者实属少数。日本不然，既有此第九条之文，以为此权后盾，故赞成派实占形胜，而反对派不得不取守势。当宪法初布时，男爵伊东己代治己著《法律命令论》一书，祖述格氏及安德之说，学者靡然从之，如博士种积八束、博士有贺长雄、博士清水澄，其著者也。其反对派，如博士副岛义一、博士美浓部达吉，殆陷我四面楚歌之中，仅恃解释条文以持其说，然新进之士，表同情者渐多，今已有占胜著之势矣。要之，不名为立宪国则已耳，既名为立宪国，斯决不容独立命令与法律有同一之范围，即按诸日本宪法全体之精神，亦必非欲以此扩充君主之留保权以与国会争席甚明。观其于君主之大权，取列举主义（第七条至第十六条），而于君主与国会共行之立法权，取列举主义，第七条至第十六条。而于君主与国会共行之立法权，取概括主义，第五条、第三十七条。已足证明之而有余。然则其第九条云云，在势亦只能为委任命令之一种。但逐事而委任之，未免繁难，故为概括的委任而已，然以条文之规定不明了，遂生尔许异说，斯则起草者之责也。

然则我国所当采者如何？以学理论，万不容于普通立法权之外，更许独立命令权之存在，苟其许之，小之滋权限之争议，大之或招命令权之滥用，而反于立宪之精神。故宪法中关于"命令权"之规定，除紧急命令不可废外，自余之命令，则仿各国通制，以"为执行法律"或"遵据法律"等字样定其范围。虽然，于此而有一至困难之问题出焉，以我国之大，而各省社会状态，樊然不齐，若取全国人民应遵守之条规，皆由国会议决乃定之，若所规定太简略，则无以为遵守；若所规定者太致密，则适于此者必不适于彼，而法将为具文，若非赋予行政部以广大之命令权，则事实上无往而不障碍，此不可不熟审也。吾于是因此问题，而得一相连而解决之他问题。

夫日本宪法所谓"独立命令"者，即如其本文所示，以保持公共安宁秩序、增进臣民幸福为目的。要之，不能从积极的解释，只能从消极的解释，大率其范围只能涉于警察行政与助长行政，故美浓部博士以之当各国之警察命令，殆可为定论。信如是也，则各国先例，又有足引吾研究之兴者，曰此等命令权，各国大率以许诸地方官厅为原则，以许诸中央官厅为例外是也。德国博士查尔克玛耶所著《德意志国法论》引例极博，见东译原著第七二〇叶。其所以尔尔者，良以地方各有其宜，中央政府一一代为谋之，势不能周且适也。夫以欧洲诸国，大者不过比我两省，小者或仅比我一县，如德联邦中小国。然其规定犹且若此，况我为世界空前之大立宪国耶？若取一切立法权，无洪无纤，而悉纳诸中央国会，是治丝而棼之也，则夫所谓保持公共安宁秩序、增进臣民幸福之事项，必应有一大部分毋须经国会协赞而能规定者，殆无待言。然则此等事项，即模范日本，属诸君主命令权之范围可乎？夫君主不能周知各省之所适宜，其校国会，抑更甚也。君主与国会共同行之，犹惧不葳，君主单独行之，又安见其可？难者曰："凡所谓君主命令权者，非必君主躬自行之，得命其所属之行政各官厅以行之，然则宪法以此权委任于君主，而君主复委任于地方官厅，不亦可乎？"应之曰："斯固然也。虽然，凡地方官厅，以服从上级官厅为原则，而上级官厅，又有监督之义务，苟其所发命令有不当者，则上级官厅当取消之或停止之。学者皆称此等为上级官厅之权利，然政治上之权利，同时即为政治上之义务，此政治学上之大原则也。不尔者，则上级官厅当任其责，而以我中国之大，重以交通未开，中央之最高官厅，果能举监督地方官厅之实乎？果能常察其所发命令果为适当乎？若其不能，万一地方官厅假君主委任之名，滥用此广漠无垠之命令权，加人民以不正当之束缚，即不尔者，或戾于立法政策，不能达所谓保持秩序、增进幸福之目的，而一般人民对之无可以求救济之途，则其有以异于昨今之专制政治者几何？故以吾党所计画，谓宜于国会之下，置省议会而假之以稍广之参与立法权，举日本所谓'独立命令权'之范围，悉以畀之，既省国会越俎代庖之劳，又免地方官厅狐假虎威之弊，此所谓一举而数善备也。不宁惟是，省议会既立，即欧美、日本各国所列于法律范围之事项，即不许命令权侵入之事项。尚可分出其一小部分之议决权以畀之，其所分与者，虽不必如联邦国之多，然要之使各省人民，有便宜行事以规定其本省最适法规之余地，此实大立宪国与小立宪国不能苟同之政策也。若夫以何者为省议会立法之范围，以何者为国会立法之范围，此当别著论言之，此暂不及也。"

征诸他国，亦有与此类似之法例焉，则日本在台湾所施行之律令是已。据日本宪法，行政官厅只有发命令之权，断无制法律之权，甚明白也。故台湾总督府有府令，此与阁令、省令、府县令、道厅令、郡令、岛厅令等同其性质，无待细论。然又以新附之地，社会状态与内国悬绝，于是许其自制定各种可以代法律之命令，名曰"律令"，以施行于其地。其立法之手续，则以台湾总督府评议会之议决，经君主裁可公布，斯为有效。此种律令，其在台湾，与法律有同一之效力，而毫无待于中央国会之协赞也。其不予国会以协赞权者，岂故有靳哉？毋亦以台湾之利病，非东京国会议员所能审也。我国之各省，虽与日本之台湾性质绝殊，然地理上及其他种种事实，亦则大有相类者，故赋与之以稍广之立法权，使之能制定各种与法律同效力之条规以行于其省，即袭日本之名，字之曰"律令"焉，实至当不易之政策也。

虽然，有不能效颦之点二焉：（其一）台湾之律令，以台湾总督府评议会之议决为成立之手续，而其评议会之议员，则皆官吏由君主任命者，以总督为议长，对于总督为补助机关，非监督机关，与国会对于政府之性质绝殊，此无他焉，日本不许台湾土人有参政权，故其议决机关不得不出于此也，故彼中学者，多谓台湾为未适用宪法之地，诚哉然也！我国若尔，是仍与专制无异，是故我各省之制定律令议决权，必当属诸省议会也。（其二）台湾既有律令以代法律，故通行之法律，非尽适用。其适用某法，或适用某法之一部分，别以敕令定之，敕令所不举者，即其不适用者也。坐是故，律令与法律牴触，亦非所禁。我国各省之律令，则不能以之变更法律，且不许与法例相牴触，盖非此无以保国家之统一也。

此外更有一相类似之例焉，则奥大利州会之立法权是也。奥大利州会之立法权，以宪法规定之，能制定与法律同效力之条规，一如日本台湾之律令，而其州会即以州民选举成之，一切须经其议决，然后裁可公布，此我所最当师者也。虽然，亦有不能效颦之点一焉，则奥大利国会之立法权，为其州会立法之所限制，盖其宪法于国会立法权取列举主义，于所列举者之外不许容喙，此误采联邦国之原则以施诸单一国，其害国家之统一莫甚焉。我国则惟当于省议会之立法权取列举主义，除所列举以外，其留保权皆存诸中央。不宁惟是，中央国会常得以法律变更省议会立法事项之范围，或广或狭，惟其所欲，夫然后于单一国之原则有合也。

综以上所论，则我国国会参与立法权之范围，从可决矣。

一、除宪法所已规定之范围外。

二、除君主命令权之范围外。

三、除各省律令权之范围外。

其所余者，即国会得参与之权也。虽然，尚有当注意者二事焉：

一、命令权以执行法律或法律所委任为界，故其渊源实在法律。

二、律令权为法令所委任，且得以法律随时伸缩之，故其渊源亦在法律。

夫宪法既贵简单，多留余地以待普通法律，彼两种权者又法律之支与流裔，而法律则必须经国会参与者也。则我国会所当有之参与立法权，其广大可概见矣，此在凡单一之立宪国莫不有然，而我亦匪能立异者也。①

第二项　参与立法权之效力

第一目　各国效力强弱比较

凡立法事业，大率经三种之手续而成：一曰发案，二曰议决，三曰裁可。国会参与立法权之作用，全在其议决，此易知者也。议决之方法，各国无甚异同，故其效力强弱无比较之可言，其与议决之效力相消长者，实为发案权与裁可权，而裁可权所关尤巨，今次第论之。

第一，发案权。

凡立宪国法律之发案权，必国会两院各皆有之，虽然，有此权为国会两院所专，而其他机关不许有之者，亦有国会两院与第三机关共有之者，其第三机关即国之元首及其所属之行政部是也。大抵君主国以三机关共有为原则，以国会两院专有为例外；共和国以两院专有为原则，以第三机关共有为例外，今举数国以示其例。

（一）德国：德意志帝国之议案，惟国会两院得提出，此其宪法第七条、第二十三条所明定也。德国为君主国，而其皇帝乃无发案权，此实骤闻之而颇难索解者也。虽然，德国联邦参议院（即左院）之发案权，非其议员各自行之，实代表各邦政府之意思而行之。宪法第七条泐为明文。参议院中有普鲁士议员十七人，其发案权即普王之发案权也，而普王即德国皇帝也，故皇帝于法理上无此权，于事实上则有之。质言之，则皇帝以皇帝之资格，虽不能直接有发案权，然以普鲁士王之资格，得间接有发案权也。

（二）美国：美合众国之议案，惟国会两院得提出，盖美国绝对的取三权分立主义，务使立法权与行政权不相杂厕，则此权之不许旁溢也亦宜。虽然，据其宪法第二条第三节所规定，大统领所认为必要且有益

----

① 《饮冰室合集·文集》之二十四至此结束。

之政策，得述其所计画于国会两院以请其审议，而所谓述其计画者，当用何形式，宪法无明文，在法宜听大统领之自由。故实际上大统领虽以议案之形式移文国会，固非所禁，但不能径认为议案必俟两院中有一院采之以为议案耳，两院采之与否，属于彼之自由，故其移文在法理上盖无效力，虽然，不采者实希也。

（三）法国：法国虽共和国，然其大统领与两院共有发案权，与君主国同。

（四）瑞士：瑞士联邦之议案，国会两院及联邦评议会得提出之，而大统领无明文，实则瑞士以联邦评议会为行政部之首脑，由国会议员互选七人任之，而大统领、副大统领为其中之一人，故瑞士之元首，非独裁体而合议体也，联邦评议会有发案权，即与各国之元首有发案权无异。

其他诸国，皆君主与两院共有发案权，不必枚举。夫所谓君主之发案权者，岂必君主亲自发之？不过委其权于政府而使发之耳。故凡在君主与两院共行立法权之国，其政府提出议案之权，皆宪法所明认也。在昔孟德斯鸠倡三权分立之论，一时风靡天下，各国立宪制大率循此大原则以行，以严格论之，立法事业宜丝毫不许行政部之容喙者也。虽然，此极端的分立主义，果能施诸实际而无所于碍乎？

（第一）制定法规草案，须有深广之经验及专门之才艺，专委诸人民选举之议员果能适任乎？（第二）政府当施行法规之任，使法规全成于局外之手，当局者果能如其所怀抱以实行乎？（第三）议员于法律之适否，不负责任，一切法案全委诸无责任之人，得无畸于空想，陷于轻率乎？坐此之故，议决权虽归两院，而发案权则两院不得专之，而必分以与政府，此事势上不得不然者也。岂惟如是而已，今世各国，其现于国会议事日程之法案，大抵政府提出者十而八九，各院自提出者不过十而二三，即以墨守分权主义之美国，而其法案大率由两院之委员会发之，而委员会则先与行政部协议，且泰半用行政部之原案者也。然则此权不当专属诸国会，而当使国会与行政部共行之甚明。

惟关于财政之议案，独政府得提出之，而国会两院不得提出之，此为英国之惯例，他国或著诸宪法或否，要皆循此惯例以行，此则法理上别无解释之理由，惟实际上必如此乃为便利耳。

第二，裁可权。

裁可权者，谓法律议决后，必须经元首之裁可，乃为有效也。国会立法之作用，在其议决；君主立法之作用，在其裁可。故曰君主与国会共行立法权也。有必须经裁可之国，非裁可则虽国会议决之法律，不为有效也；有不必经裁可之国，国会议决之法律，即为有效也。夫既有裁可权，则裁可与不裁可，听其自由，故国会参与立法权效力之强弱，与裁可权之有无及其强弱成反比例。凡君主国之君主，皆得完全以行其裁可、不裁可之权，其无此权者，惟德国皇帝耳，故德国法律，但通过于国会两院，斯为有效者也。虽然，有当注意者二点焉：（第一）帝国陆、海军制度及租税之议案，遇联邦参议院意见参商时，则依普鲁士代表议员之意见而决；（第二）参议院各邦投票可否同数时，依普鲁士代表者之投票而决。夫普鲁士代表议员受命于普王，而普王即德帝也。由此观之，德帝虽名为无裁可权，而其裁可权实甚强也。

法国之大统领无裁可权，故其法律，但通过于两院，斯为有效。虽然，亦有一当注意之点焉：其通过两院之法律，必须移呈大统领，大统领则于一月以内，例须公布之，其紧急决议，则三日内须公布之，若大统领认所决议为不当，得陈所见而返其议案，命两院再议。两院有必须再议之义务，其议决以普通之方法，但再议而所决者仍一如其前，则大统领虽反对，亦无效矣。由此观之，此命再议权与不裁可权，略同其性质，然效力之强弱，相去远矣。

美国之大统领有裁可权，虽然，亦有当注意者二点焉：（第一）议会通过之议案，必牒移于大统领，大统领若同意，则署名裁可之，若不同意，须以十日内返诸国会，逾期不返，则认为默许之裁可。但于此期内，议院闭会，不能牒返者，不在此限；（第二）大统领将议案牒返国会时，两院有再议之义务，其再议，各院皆须以列席议员三分之二以上之同意，乃得通过，既以此法通过时，则大统领不裁可亦为有效。由此观之，美国大统领之裁可权，乃制限的，而非绝对的，实则与法国大统领之命再议权无异，特法之再议，以通常手续而议决，美之再议，以特别繁重之手续而议决，故美大统领命再议权之效力强于法，而法国会立法权之效力强于美也。

瑞士则绝对的无裁可权，议案通过两院，效力立生，虽然，亦有一当注意之点焉：其宪法第八十九条所规定，凡通过两院之法律，苟非须紧急施行者，若有有选举权之人民之三以上，或联邦二十二邦中八邦以上，提出异议，则须以付诸人民全体投票，若反对之投票多数，则其法律不生效力。由此观之，此人民投票之制，其性质与他国元首裁可之制正相当，其裁可权不在一人而在多数人也。夫法律为国家意思之表现，裁可则国家意思最后之决定也，君主国以君主为国家最高机关，故决定最后意思之权，宜属诸君主；共和国以全体人民为国家最高机关，故决定最后意思之权，宜属诸全体人民。瑞士则行共和制而能贯彻之者也，但其制以两院通过即生效力为原则，以付诸人民投票为例外，故其变体的裁可权亦非甚强。

自余各君主国，其君主裁可权，皆明著诸宪法，不枚举。

夫裁可权为国家意思最后之决定，苟不裁可，则国会所议决全属徒劳，君主得用此种以钳制国会，杀其效力。然则有裁可权之国，其国会之立法权宜极薄弱而不确实；而无裁可权或有之而其权较微之国，其国会之立法权宜极完满而且得专横矣。乃征诸过去、现在之事实，非惟不尔，而适得其反。英国君主之不裁可权，二百年来，未尝一行之；日本君主之不裁可权，自明治二十三年开国会以迄今日，亦未尝一行之；其余欧洲诸君主国，大率类是，就中屡行之者，惟一比利时耳。反之，如美国，自一七九一至一八九二凡百年间，其大统领不裁可之法律，多至四百三十三件，虽据其宪法所规定，苟再议而仍通过，则不裁可亦为有效，然此四百三十三件中，缘此而有效者，仅二十九件耳，二十九件中，又有十五件实起于一八六五至一八六九年间，则由当时大统领约翰逊氏滥用此权致之。准此以谈，则裁可权之为用最广、为力最强者，乃不在君主制诸国，而在民主制之美国。而比利时者，又世所称共和的君主国也，而此权之屡行，则亦与其他诸君主国异，果何为而有此奇异之现象乎？或曰全属习惯，非有理由。德国伊陵尼博士说。吾则以为美国采极端的分权主义，行政部与立法部难于融洽，而诸多数之立宪君主国则反是也，此更于次款详之。

美国所以限制国会立法权之效力者，于大统领不裁可权之外，尚有一焉，曰：裁判官有宣告法律无效之权是已。美国裁判官适用法律时，有认为违[①]反合众国宪法或各邦宪法者，有宣告其无效之权利，且有应宣告之义务。裁判官之实行此权者甚多，数见不鲜，近年尤甚，此权之强弱，亦与国会立法权效力之强弱成反比例甚明，美国取极端的三权分立主义，而结果乃适得其反，此亦其一端也。若他国之裁判官，则只有对于法律而自由解释之权利，无消灭法律效力之

---

① "违"，原作"速"，今改。

权利。

第二目 我国所当采者

发案权当以政府与两院共之，此各国通例，无俟再论。裁判官得消长法律之效力，惟美国以特别理由许之，非他国所宜学，亦不俟论。今惟于最重要之裁可权附一言，或曰："今世各君主国，名虽有此权，实已废而不用，则留之何为？"此大谬也。夫君主之当有裁可权，非徒就法理上论，君主国体应如是也，即就政治上论，亦有其极正当之理由焉。夫欲制作最善良之法律，果由何道而得达此目的乎？此有史以来迄今数千年未尝解决之问题，恐亦为永不能解决之问题也。无论何途，皆不能绝对的有利而无害，则亦权诸利取其重、权诸害取其轻而已。专制之国，立法权全在君主，既已不胜其敝，于是乃谋移诸国民。移诸国民，宜也！虽然，欧洲中世有恒言曰："察民意者，当以其量而不以其数。"孔子亦言："众好之，必察焉；众恶之，必察焉。"孟子亦言："左右皆曰不可，勿听；诸大夫皆曰不可，勿听；国人皆曰不可，然后察之，见不可焉，然后去之。"夫今世之代议政治，万事凭多数以取决，谓多数者必为是，而少数者必为非，此决非论理学上所能许也。而今世诸国相率用之者，则以舍此实无他途，苟出他途，弊且滋甚，不得已而姑即安耳！然多数压少数之弊，近今欧美学者已嚣然群起而鸣之，谓苟无以济其穷，则多数党之专制，代君主专制、贵族专制以兴，等于以暴易暴，而其所谓救济之法，不外使少数之机关，有可以与多数之机关互保平衡之力而已。两院对立之理由，君主有裁可、不裁可权之理由，皆根于是，而与孔子所谓"必察焉"、孟子所谓"然后察之"之言，正有合者也。夫以君主任察之之责，其果适当与否，虽不敢言，然舍此亦更无其途。况今世之君主，有责任大臣及枢密顾问以左右之，其察之之能力，亦不可谓无，此裁可权之所以不能废也。夫今世各君主国之于此权，虽阁置勿用，然既为宪法所规定，则一旦遇事势所必要，得随时用之，而无待外求，非如民法上之权利，罹时效而消灭也。告朔饩羊，犹且存之，矧其为用不仅饩羊之微末者耶！

问者曰："君主若滥用不裁可权，以杀国会议决之效力，将何以待之？"应之曰："斯则视国民之政治能力何如耳！夫二百年前英国之君主常滥用此权，而近二百年乃不一用者，岂前主皆桀而后主皆尧哉？则其故可以思矣。"

将来百论[*]
（1911 年 2 月 9 日至 6 月 26 日）

《记》曰：凡事豫则立，不豫则废。业无大小，其成也非成于成之日，其败也亦非败于败之日，盖有管之于其先者矣。吾闻诸善奕者，心力目力，先人三著，则所向无敌；先人二著，立于不败；先人一著，可以自守。虽小技也，通乎道矣。善治事者，必谨观天时人事，察其势之所趋而善应之，每一举措，常计其利害之所究极，故百变莫能挠也。而不然者，或委心任运，或冥行锐进，一遇事势相袭，则狼狈不知所为，蔑弗败绩矣。夫神以知来，谈何容易，虽有明哲，固不能料事于几先而悉中，然而不之废者，人之有远虑，斯乃所以自别于禽兽也。夫不知来，视诸往，比而推之，不中不远，岂必明哲，虽中人固可勉焉。岁晏多感，独居深念，流览时事，有所怅触，辄为推论其方来所趋向，譬诸睹月晕础润而说风雨也。岂敢云当，顾其事大率为人人所欲睹其后效而未有所决者，拟议以穷其变化。匪直可资谈助，抑亦以常识相淬厉也。随念所及，都得百事，名曰《将来百论》，中外杂陈，大小互见，时复涉笔琐末，间以诙谑。匪云述作，故弗诠次也。

宣统庚戌腊不尽五日　著者识

（一）责任内阁之将来

宣统三年春，必建责任内阁，兹事殆无复反汗之理。然而举国人属

---

　　[*] 录自《国风报》第二年第一、三、五、六、十五期，宣统三年正月十一日、二月初一日、二月二十一日、三月初一日、六月初一日（1911 年 2 月 9 日至 6 月 26 日）出版，署名"沧江"。收入《饮冰室合集·文集》之二十五上。

望于新内阁者甚希，盖共知其无可望也。易法而不易人，无可望者一。虽欲易人，顾不知谁易而可，无可望者二。所谓易法，亦不过名而非实，无可望者三。

欲起中国于濒死，百事皆可缓。惟以行政上综核名实为第一义，故将来为新内阁大臣者，其学识才略何如，且勿论，而其最不可缺者二：曰公忠之心，曰强毅之气。今举朝中具此资格者，求一人而不可得，况内阁员非可以一人成哉！

责任内阁与国会相依为命，稍知宪政性质者皆能言之，今虽有内阁而无国会，其第一不可解之问题，则内阁果对于谁而负责任乎？为之说者，必曰对于君上也。然对于君上而负责，岂必内阁，即军机大臣亦何莫不然。夫对于君上负责，法理上容或可作此解释，若语于政治上之实际，则最要当问纠察责任之权之谁属，若以此责诸君上，匪惟大悖君上无责任之原则，而事势先有所万不能周，君上必且寄耳目于外吏或小臣已耳，是尚得为立宪国之内阁矣乎？

我国将来之内阁，无论在未开国会前、在既开国会后，欲期举负责之实，必以建置国务审判院为之键，此院不建，凡百等于无有耳。

（二）司法独立之将来

司法独立，号称今年实行，又将为各省奏报宪政成绩之一资料矣。然其结果如何，又不待智者而决也。欲使国民沐司法独立之泽，（第一）当求所司之法，善美完备，实足以为人民公私权之保障。（第二）当求司法官有相当之法律智识，且有独立不挠之气节。第一事非一蹴可几，今且勿论，但使司法官得人，则神明于法理以为比决，虽法文未具，而效固可渐睹。日本当民法未布以前，其法官率以法兰西民法为条理，日本明治八年布告云：法律无成文，则依惯习。成文、惯习并缺，则推条理以为裁判。条理者，司法官所认为有当于法意者也，如汉代之以《春秋》折狱矣。是其例也。我国今日，法文之阔疏陈旧陋劣虽可患，而尚非不治之病，独至法官不得人，则微论法之不善如今日也。即有良法，其异于故纸者几何？

去年试验法官，及第者数百人以上，其人则前此刑幕及候补官吏什之九，留学生及各省法政学生什之一。采用旧官吏及刑幕以充法官，骤视之若甚当于理。虽然，刑幕及旧官吏，什九皆人格卑劣，几等于社会之蟊贼，其中固非无自爱者，此但就多数言耳。今赋以独立权，得毋更为虎傅翼乎？采用彼辈，谓其于旧法律之智识养之较有素也，然按诸实际，果尔尔乎？且法律各有系统，不能相蒙，今国家方将采欧美新法系，期与现社会相应，与彼辈之旧思想，能相容乎？彼辈以啖饭为惟一之目的，且皆已逾中年，能望其于法理咀嚼有得乎？干进之念，日横胸中，能望其不畏强御，以保司法之神圣乎？是皆不可望。然则司法独立，不过为无数老猾辟一仕进之途已耳。

欲使司法独立而民受其赐，其必自奖厉私立法律学校始矣。

（三）银价之将来

世界之银价，自康熙二十七年西人记述，多自此年起。至光绪元年，大率来往于十五、六换之间，变动绝少。自光绪二年至十七年，渐次低下，至二十换。十八年低至二十三换七二，十九年低至二十六换四七，二十年更骤低至三十二换五六，全由德国改行金主位币制，各国纷纷继之也。自兹以往，更一落千丈，每下逾况。二十八、九年两年，直落至三十九换有奇，其最低时，银块一安士，值英币二十一片士四七分之三，实为四十二换，其时我国偿还外债，磅亏岁至千万。及二十九年，忽然回复，腾至三十五换七五，三十年更腾至三十三换八七，三十一年更腾至三十换五四。三十二年稍落，其年十一月，且腾至每安士值三十三片，盖二十八换矣，仍得三十一换二四。则以此数年中，日俄战争及战后经营满洲，需银至夥也。三十四年，又骤落至三十八换八四。宣统元年，更落至三十九换七二。盖最低时，银块一安士，值英币二十二片士有奇耳。昨年宣统二年上半年，来往于二十三、四片士之间。阳历七月，忽腾至廿五片八分之五，则以我国及印度皆有丰年之征，印度各银行居积之为奇货也。其月下旬，仍落至廿四片。八、九两月，无甚变动。十月中旬，忽腾至廿六片四分之一，约为三十五换，几至光绪二十四、三十两年用价，则以此两地之丰获，已现于实，出口货渐增，亦以我国新颁币制，暂用银为主位，银块之见吸收者多也。而近两三月中，仍复低落，来往于廿四、五片之间，此近年来银价涨落之大略情形也。

银价所以日趋于落之故，（其一）由于银之产额日增，考同治十年，全世界产银仅六千三百二十六万七千安士。光绪六年，仅七千四百七十九万一千安士。光绪十六年，骤增至一万万二千六百零九万五千安士。十七年，更增至一万万七千三百五十九万一千安士。自兹以往，年年所产，略同此数。夫金银之为物，与布帛菽粟异，其损失毁灭盖至不易，故全世界每年增产若干，即增积若干，虽不能绝无损毁，然以较于其历年积存之总量，则其细已甚。量多而值缘以贱，自然之数也。（其二）由于银之用途日狭，银之为物，除作币材及装饰品外，更无他用。前此各国币制，多用银主位或金银复主位，及同治十二年，德国改用金主位，丹麦、瑞典、那威继之，美、法、比、意、瑞士、希腊、和兰，亦于先后三年间，悉改跛行本位制。光绪二十年，奥、匈亦改跛行。二十三年，日本改金主位。二十五年，俄罗斯继之。同年，印度改虚金主位。二十九、三十、三十一等年，美属菲律宾、英属海峡殖民地及巴拿马、墨西哥两国继之。自兹以往，全世界几无复许银币自由铸造之国，所有银块，除作辅币及装饰品外，殆无用途。夫供给既已岁增，而需求又复岁减，则价之滔滔日落，固其所也。

然学者亦有持今后银价且将渐腾之说者，盖谓银之岁产额虽增加，而金之岁产额增加则又过之，后此金银比价之趋势，必且渐变也。夫金价对于物价，日见其落，物价对于金价，日见其腾，此诚近十年来显著之现象，银亦百物之一种，安能独逃此例？故谓今后银价下落之大势，犹复如十九世纪末之剧甚，此殆为事理所无。虽然，银之为物，终不能谓与百货同一性质，其用途之狭，罕与伦比，虽人口岁增，而利用之道，绝不能比例之以俱恢，则其徐徐下落之象，终不能免。论者徒见光绪廿九年至三十二年间偶然之现象，而谓大势将变，未免太早计矣。

自今以往，银价涨落，其利害影响所及，惟我国为最。我国苟不速行虚金本位制，则全球之银块，将悉以我为尾闾，银等于瓦砾，而米薪则等于珠桂矣，可不惧欤！

（四）英、日同盟之将来

英、日同盟，实日本外交上莫大之成功，而日人十年来所以能大得志于东方，胥恃此也。今有效期限仅余五年，此后当作何变迁，实世界一大问题，而我国人尤亟宜措意者也。

英人之与日本同盟，其动机全在防俄。盖俄人守大彼得遗训，以侵略为国是者垂二百年，所至皆与英利害相触，故英人所以防遏之者，无所不用其极。若巴尔干半岛，若中亚细亚，若印度，皆其冲也。而最近二十年来接轴冲突，尤在中国。自甲午、乙未以还，所谓极东问题者，殆全决于英、俄两雄之折冲，稍明史迹者，当能知之矣。乃忽焉而有杜兰斯哇之事，英人不能不竭师子搏兔之力以有事于南征，俄乘其机，急起直追，并日以成西伯利亚及东清铁路，将长驱以蹂躏黄河以北，英欲御之，则狼顾有所不及。环顾全球，惟日本与彼同一敌，而力又足以为援，故数百年来以名誉孤立自豪于天下之英国，乃忽然降心以交欢于蕞尔之日本，凡以此也。

至最近数年来，则形势既与昔殊，《菩孜玛士条约》既成，俄人在极东之势力，所丧过半，其结果略如柏林会议之取俄人在近东之势力而摧坏之也。英人畴昔所引为嫉痛之现象，今乃不在俄而反在日，此与昔殊者一也。俄经内乱之后，变专制为立宪，今方汲汲整顿内治，未暇有事于外。复兴海军，屡议无成，边境铁路，且作且辍，此与昔殊者二也。加以英、俄协商之结果，两国百年来交讧之宿案，解决什九，夙憾既释，新交方睦，此与昔殊三也。由此言之，英人与日本结盟之目的，虽谓今者悉已消灭焉可也。

凡物象缘一目的以构成者，目的既消灭，则其象固不能以长存，今日人与英结盟之目的虽尚在，英人与日结盟之目的则既亡矣。则此象之更能赓续与否，殆不待智者然后能察也，况乎日本今者朝野汲汲以改正条约恢复税权为事，日本当维新前与各国所结约，权利不能平等，略与我国现行条约同，其最受亏者，则领事裁判权与税率协定权也。甲午战胜后，改正条约之业，略成其半，则领事裁判权之拒回是也。其税权则虽有国定税率法颁行，然其与英、法、德、奥四国，仍以协定税率著诸约中，则国定法不能适用，然此四国既有协定，则他国又得引最惠国条款之义以相要求，故其国定税率适用之范围盖至狭。日人今者为生计上竞争起见，势不得不采保护贸易主义，而欲实行此主义，非改正条约恢复税权，则无所用力，故举国亟亟于此也。若惟英约不改，则他国之约虽改，亦等于无效。以其竞援最惠条款也。最惠条款即吾国约文所谓利益均沾是也。而英人则行自由贸易主义者也，英人于外国入口货，皆不课关税，其烟酒等奢侈品虽课税，然与本国所产者课同一之税率以期均衡。日人恃英援以有今日，日货适英者，津梁无禁，英货适日者，需索惟欲，此英人所为大不平也。而日人又不能以媚英故而堕其百年大计，此所以进退维谷也。由此言之，则英、日同盟之危机，可以思矣。

日本今岁众议院第一日议事，即有议员质问政府以关税问题及对英外交之现状，其外务大臣小村氏答言，现与英谈判，方极顺适，政治现象，决不至缘此而生波动，其言若深有所以自信者然。至于实际若何，尚疑莫能明也。大约英、日同盟于此五年之有效期间，必当维持，不至破裂，期满以后，斯难言矣。

（五）资政院之将来

宣统五年开国会，既奉明谕。国会成立以后，则今之资政院，当遂废止，即不尔，亦当改为上院，而现行院章，决不复适用。然则资政院之将来，为时至有限，不过自今以往二年间耳。此二年间之资政院，当作何状，此治国闻者所亟欲讲也。

资政院之初开院，国民所以希望之者良厚，已而渐薄薄之不已，迨闭院时而殆无复希望。资政院之初开院，政府所以严惮之者亦至。已而渐轻，轻之不已，迨闭院时而殆无复严惮，此其所以致此者有二：一则政府敢于觍然以不负责任自居，资政院失其对待之机关，凡所决议，如击空气，虽竭全力，终无回响，其令人失望宜也；二则资政院自身能力薄弱，其议员中之过半数，视其职为儿戏，而少数之忠实者，亦复人自为战，未尝能稍团结，以为一致的行动，而其学识能与其职务相应者，盖寥寥无几，政府之力，虽极脆薄，而资政院之脆薄，抑又甚焉，其不为所惮亦宜也。

若现状长此不变，则所谓为议政基础之资政院，遂将成为一种无用之装饰品，而中国宪政之前途，遂不可复问。虽然，责任内阁将以今春成立，其势殆难反汗，彼组织内阁者为何等人物且勿论，要之终不能以不负责任昌言于众明矣。则自今以往之资政院，已非复如前此之无的而放矢，其议决之效力，将次第表现，则其能造福于国家与否，亦在资政院议员之自身而已矣。

（六）弼德院之将来

新改正之宪政筹备案，定以今年设弼德院，此殆与新内阁同时成立，尽人所同悬揣也。其院章今尚未发布，吾侪聊欲臆测其将来。

我国之议设弼德院，其模范盖取之于日本之枢密院，而日本枢密院，其渊源又出于欧美诸国之喀温些尔（Council），然日本之枢密院，与欧美诸国之喀温些尔，其职权固大相径庭，即欧美诸国，其喀温些尔之职权，亦各各不相袭。我弼德院制度果将何采，此立法上一大问题也。

各国喀温些尔制度之异同得失，今不能具述，参观次号"论说门"《论弼德院》。而要之有一公共之原则焉，曰与内阁权限不相侵越，而权力又常出内阁下也。若今置弼德院而不循此原则，则其敝也，非使一国中有两政府，则使举国等于无政府。二者必居一于是，何也？弼德院与内阁争权，是则有两政府也。内阁服从弼德院，而弼德院自隐于君主大权之下而不负责任，内阁又自隐于弼德院之下而不负责任，是则仍以君主当人民之冲，而不睹有所谓政府也。信如是也，则立宪精神，其必以有弼德院之故而破坏无复余也。我国现在之政治现象，为人择官也，非为官择人也，使以现在最有权力之人领内阁，则政权之中坚必在内阁，苟以其人领弼德院，则政权之中坚必移于弼德院。夫易法而不易人，则政权中坚在何机关？似无所择。虽然，钧是人也，吾以为与其使之弄权于弼德院，毋宁使之弄权于内阁，何也？阳恶有自毙之日，而阴恶则痛毒，恐将无已也。

（七）三国同盟之将来

德、奥、意三国同盟者，近三十年来欧洲外交界一最重要之现象，而举世言国闻者所共注视也。其利害关系于我虽浅，然周知四国，固士君子所宜有事也。故吾侪乐揣其将来而论之。

三国同盟之趋势，当由两方面观察之，其一则德与奥之关系，其一则德、奥与意之关系也。德、奥之交，久而弥笃，近者对外政策，互相倚重，盖确举同盟之实。四年以前，为摩洛哥问题，德、法交恶，卒开列国会议于亚尔支士拉，而奥实为德人极有力之后援。及一九〇八年末，宣统元年。奥人背柏林条约，并吞坡士尼亚、赫斯戈维纳二州，虽列强责言纷起，卒贯其初志，则以德人立乎其后也。时则德人以忠于同盟国之故，蓄志执干戈以相卫，最近德皇如奥京，语奥人曰："其时朕既摄先人之甲，思为我友邦有所尽。"其果有爱于奥与否，虽不敢知，而事实则既不可掩也。夫奥国比年以来，以储君飞蝶南之精明，佐之以宰相埃连达之勇毅，其必非复如前此之托德人之庇以自即安，固无待言。独至其对外关系，则固常与德共其利害，邦交之挚，且有加无已，此天下所共见也。

　　若夫德、奥与意之关系则反是，二三年来，意人集兵力于东境，且于亚多里遏狄海大加海军力，其意何居，凡以待其同盟之奥大利而已。而奥人陆海军备之增加，亦以意为标准，不肯稍让。夫以号称攻守同盟之两国，而相猜至于此极，骤视之若不可思议。虽然，苟深通于国故，则知其所由来非一朝也。夫意大利当独立以前，为奥人所羁轭数百年，至今宿憾未解，而北部之意人，含怒逾甚。今者国基大定，休养生息数十年，其所谓"大意大利主义"，即合一切意大利民族为一国之意也。日思扩充，殆无往而不与奥冲突。当三国同盟之初缔也，意人方欲有事于非洲北境之周尼士，厄于法而不得逞，意人以敌法故，不得不求同盟于德，而德、奥之同盟，先已成立，意之强交欢于其世仇之奥者，为德所胁而已。意虽结德、奥，然遂终不能得志于周尼士。及一八九六年，光绪二十二年。更大挫于亚比西尼亚，于是意人经略非洲之念遂绝，不得不转其进取之方向于巴尔干半岛，恒欲收亚多里遏狄海为其领海，且于其东岸之亚尔拔尼，深不愿有他国之蟠踞。而奥人为发达海权起见，此二地又在所必争。近者奥人并吞坡、赫二州，其南下于巴尔干之势，骎骎日著，此意人所刻不能忍也。故今者奥、意二国，以维持巴尔干现状相要约，外观若辑睦，及窥其隐，则杌陧之情，殆岌岌不可终日也。

　　夫意人所求于德者，徒以抗法耳。意、法违言，徒以争霸于非洲耳。近十余年来，意既弃非洲以图巴尔干，则无取乎更结德以仇法，且意之前相格里士比实为排法政策之中坚，秉政十余年，三国同盟实成于其手。而于一九〇一年，则既奄逝，故意、法之交，自兹一变。一九〇二年，两国遂结协约，对于地中海问题，一捐宿嫌，比者英、俄、法结三国协商以抗德，而意人之关于巴尔干问题，实与英、俄同其利害。故以欧洲外交大势论之，意大利虽为三国同盟之一主体，而其意向乃大反与三国协商团相接印，斯亦一奇也。比年以来，其国舆论，厌三国同盟益甚。一九〇八年末，即奥人并坡、赫二州之时。其议员福尔特昌言于议会，谓此同盟久已不适于欧洲之现势，彼以兵力威胁我者非他，即我之同盟国也。吾意人今日实不容不与奥分携，此非吾私言，实一国之公言也。观于此，则意之民情亦可见矣。今者此同盟有效之期限，仅余四年有奇，故论者多谓至一九一四年，则三国同盟殆将解体，而欧洲均势，缘以破裂非无因也。

　　虽然，意之舆论，纵极嚣张，而彼政府犹极力镇压之不肯妄徇者，则以意、奥之交，虽在今日借载书以相维系，然且不免于携贰，若一旦逃盟，益将僬焉不复能终日。德、奥相结，而致命于一意，非意之所能堪也。然则此后同盟，殆仍不免赓续，惟其性质必且蜕变而有以异于前耳。夫当一九〇二年寻盟之时，意人已稍变其载书之条件而自弛其负担之一部，然则今后之寻盟，其所弛者殆将益多，三国同盟虽存其名，实际胶漆不解者，或仅余德、奥二国乎？

（八）三国协商之将来

最近三四年间，欧洲国际政局分野，画然著明，则英、俄、法三国协商与德、奥、意三国同盟并峙、对抗之局是也。英国二百年来，以名誉之孤立自豪于天下，及爱华德第七嗣统，乃尽变前代政策，遂使伦敦忽成为欧洲外交之中心点，其促此动机者，则德人对英之野心使然也。昔德相俾士麦欲就其统一守成之业，常弄权术以陷法国于孤立，何图事过境迁，英人反师其故智，以麋德人于孤立之地，而其最有力之武器，则三国协商也。

三国协商之主动者，其重要之人物有四：其一即英前皇爱华德第七，其二则英前外相朗士达温，其三则法前外相狄尔卡些，其四则俄前外相伊士倭士奇也。今者英先帝既即世，而三相复相继去其位，论者或疑协商之基础行将动摇。虽然，此协商之成立，非特当局者私人之交谊，而实有一共同之目的以绾之，目的维何？则欧洲势力之均衡是已。但使此目的一日未变，则三国协商终当维系于不敝。当英、法协商之初发表也，局外者每致疑于其效力之绵薄，后此屡经盘错，而利器之实乃益著。盖一试之于日战役时，再试之摩洛哥会议，最近复试之于土耳其问题，两国当局，恒举相友助之实，天下所同见也。即英、俄两国之交，自一九〇七年协约成立以来，亦日似加密。一九〇八年，两皇会于黎拔尔，宣言关于远东问题，两国政策互相一致，斯益可证也。

虽然，最近一二月间，而形势若将骤变。夫三国协商之目的，原在与三国同盟对抗，更质言之，则与德对抗而已。德与法，夙仇也；德与英，将来之敌也。彼二国常以此目的相结，固不俟论。俄、法本为同盟，其不能任意分携，亦不俟论。所疑问者，则今后英、俄两国之关系而已。俄、德之交夙睦，决非如英、法之有所不慊于德，今必从两国之后以自树敌，则于俄何利焉？故去腊忽有俄、德两皇相会互订协约之举，此实足以杀三国协商之效力，而使英人相顾失色者也。其将来结果如何，吾将别为专条论之。参观次条《论俄德协商之将来》。夫协商之为物，不过取过去之悬案，交让以图解决云尔。为效力之及于将来者本至薄，英人怖德之念既日炽，故其国中舆论，多有谓宜将英、法协商，变其性质，进而为攻守同盟者。夫两国既同以德为公敌，则其计虑及此，良不足怪。虽然，果可见诸实行乎？此一疑问也。试就法国一面观之，德、法若有事，则胜败全决于陆战，然以英国现在陆军之组织，其不能恃为陆上同盟国，事势至易睹也。英国陆军额，本已极少，且其价值亦远出欧大陆兵之下，《泰晤士报》之通信访事员，尝明言英陆兵与欧陆诸国陆兵遇，二不当一，其自知可谓极明。故法国《旦报》亦昌言云："英、法同盟，固我法之所愿，但英国非采大陆各国征兵制度以改良军制，则殊不能有与法结盟之价值。"此实一针见血之言也。夫同盟之为物，必两国各有所挟以为重而互相倚赖，然后可以图成。夫英人所挟以为重者海军也。而法人拒德，曾无所借重于英之海军，法之陆军虽足以为英重，而英殊无物焉足以为法重。然则法人果何求而与英盟哉？是故英、法之交，今后虽可加亲无已，然其形式亦不过赓续协商或扩充其范围而止，若欲有进于此，则恐非旦夕所能几也。

（九）俄、德协商之将来

去冬十二月，俄、德两皇忽相会于德之砗丹，未几而有两国关于波斯之协商文牒出现，此实最近外交界之轩然大波也。

当俄之见蹶于日也，兵力锐减，内乱蜂起，德人乃以其时屯重兵于东偏以压俄境，其意非必谓遽可以蹙俄于死，不过欲示威而使之昵就己，以弱法人之援云尔。当此之时，俄方疲敝，其力固不敌方张之德，为俄计者，非屈而就德，则别求系援于与德积怨之英以御德，二者必当居一于是。廷议盖久而不决，其毅然持亲英主义者，则外相伊士倭士奇也，俄皇亦听纳之，此则英、俄协商所由起也。

三国协商既成，全欧外交中心点移于伦敦，德遂陷于孤立者垂四五年。虽然，以德皇之雄鸷不可一世，决非肯以一时之困横而自馁明也。故其前年大阅时，尝申儆军士曰："吾德人今已四面受敌，虽然，必当有以胜之。"识者早有以察其几矣。夫法为德世仇，英又为其将来所指目之敌，德虽多谋，而于此二国决无所施，至易见也。其可以有展布之余地者，则惟间俄以弱三国协商之力而已。果也，去年十一月而有伊士倭士奇见放之事，越一月而有俄、德协商之事。

伊士倭士奇之主亲英也，以谓既不能得志于东方，则宜转其锋以向巴尔干半岛，得英之助，其将有所获，岂期事与愿违。前年末奥人并吞坡、赫二州，实举俄人之巴尔干政策，摧于一击之下，英人虽与俄一致，竭全力以抗议，其奈德人之所以祖奥者尤力。兹事终非可以口舌争，英既未能与德战，则力遂已穷于抵抗，德皇复以此时亲发玺书于俄皇，隐示己之与国之不可侮，俄人乃不得不忍辱含垢，以恣奥之所欲。自兹以往，始蹙然有感于三国协商之不可恃，而伊士倭士奇之政策，渐益为俄皇所不能慊焉已矣。夫俄之与德，本无积嫌，不宁惟是，三帝神圣同盟之旧交，积之殆将百年，其相昵就，本甚顺也。故自倭氏之去位，识微者早有以窥大局之将变，今两皇之成言何若，虽不可知，然交欢之实，则固章章不可掩矣。

波斯者，英、俄之囊中物，而以协约中分其利益者也。波人不堪两国之逼，而欲引德以自卫，德之染指于波斯，其为英、俄公害明也。故德人欲敷设巴克达特之铁路，俄人力沮其成，相持久不决，且法人亦以祖俄之故，屡从金融市场上施以妨害，此两年来之情实也。乃自砰丹燕会以后，俄人忽认德人之敷设权，且许其与俄国之波斯铁路相衔接，此实大反于英、俄协商之精神，而予英国以至难堪者也。由此言之，则俄、德协商之效力，与三国协商之效力，正成反比例。英人之啧有烦言，而举世之治国闻者，咸视为欧洲外交界一大变动之征兆，亦何足怪。

抑吾尚有一言欲警告我国民者，俄、德交欢，其影响非徒在欧洲外交界耳，行且将波及于我国。据近二十年来历史所明示，凡俄、德目成之日，即远东多事之日。前此三国相结还辽，未几遂有胶州、旅顺之祸，而团匪事变后，俄踞满洲不撤兵，德实阴嗾之，其秘密久已暴著于天下。今者俄人既许德以波斯之利，德人宁能无所以为偿？其所以为偿者何在？舍中国外，吾苦不能求得之。吾深恐俄人前此受德之威逼而不克逞于巴尔干者，行将赖德之声援以取盈于我耳。由此言之，吾国民于列强之操纵离合，宁得漠焉不省，若秦人视越人之肥瘠矣乎？

　　编者案：《将来百论》之原稿，以去腊寄到本编辑所者五十六则，此三则原文目次则第二十、第二十一、第二十二则也。今以其与最近发见之中、俄交涉问题，极有关系，故擅移其次而提前登于本号。

编者识

（十）新外债之将来

一万万圆新外债之举，自去年秋冬间与美国交涉，至今迄未有成议。将来结果如何，实内政上、外交上之一大问题也。

兹议之久不成，则美人要求派财政顾问之一事实为之梗也。而反对此事者，又有两方面：（其一）则英、德、法三国也。盖此事虽由美人向我政府承办，然草约初成，士德列即往欧洲，士德列为美国前任奉天总领士，即此次外债之张本人。与英、法、德资本家协议，公同引受，于是一国借款，遂变为四国借款。夫美人所以将此利权公诸四国者，则亦有故。前年川汉、粤汉两路之借款，本由英、法、德引受，而美则中途加入，当时四国当有公约，谓此后凡有中国借款，必须利益均沾。美人之不能单独行动，势使然也。然以中国今日之现象，凡借款与我者，殆莫不含有政治上之意味。而财政顾问，则于政治上之关系尤密切者。四国既公同引受此借款，而美国徒以最初发起之故独享此特派顾问之优先权，是彼三国所不肯服也，是故缘此猜忌，久相持而不能下也。

（其二）则我政府也。夫以债务国而聘债权国之人以为财政顾问，本属天下至险之事。我国人惊心动魄而思所以拒之，宜也。惟现政府所以毅然反对此举者，其用意或别有在。财政顾问之是否贻祸于国家，现政府或未暇深问。何也？国家利害问题，向来不足以芥蒂现政府之胸也。虽然，现政府别有其所私忧者一事焉。彼徒恃现在财政之紊乱，乃得以舞文作弊，以饱其私人之欲壑，而既有外国人为顾问，彼自是乃不复得自恣，即如此次一万万圆之外债，政府之初与美人约也，固云借之以为改革币制之用也。而既聘美人为顾问，颇闻此次拟聘之顾问，即美人精琪氏，首劝我国行虚金本位之币制者也。则除供改革币制用外，势不能挪动此款，然现政府则曷尝有改革币制之诚心者，不过欲借此名目，攫得巨款，则聚而咕嗫之耳。缘有顾问而不能挪用，则与政府借债之本来目的已大相反，其竭全力以反对之，亦固其所也。

然则兹事遂从兹罢议乎？恐未必然。就我政府一面言之，无论中央与地方财政，舍借债外复何道以自活，他勿具论，即以宣统三年豫算案，不足者七千余万，外债不成，则今年既无以卒岁，其究也，则将无论以若何吃亏之条件，宁牺牲凡百利益以为易，而惟求得债以救然眉，此事理之至易睹者也。就美国人一面言之，彼方借此以市恩于我，且英、法、德三国之加入，亦由其所招致。若荏苒经岁，终成虚语，则彼笼络我国之政策，遂从兹失败，而其对于国际团体之信用，亦将缘而堕落，故美人之必排万难以期其成，亦势使然也。

然则此事之趋势将若何？曰：美人对于英、法、德三国，必将大有所让步，以期免冲突，其对于我国，必将乘其危而胁我以必从，大抵顾问问题，终不能免。或于四国之外，别求一无关系之国，而置其人以为顾问，则债权团体，庶可免猜忌矣。特未审我政府将何以待之，我国民又将何以待我政府也？

长孺案：此文乃去腊寄到本编辑部者，今据最近外电，则有美国人愿将顾问权让与法国人之说，又有将此项外债与川汉、粤汉路债归并一谈，合为一万五千万元。而日本与比利时亦加入，共为六债权国，而财政顾问则用比人之说，虽未知信否。要之今年必将有一宗大外债出现，而财政顾问，恐遂不能免矣。呜呼！

宣统三年二月十四日　长孺识

（十一）墨西哥革命之将来

自顷墨西哥共和国之革命军，颇极猖獗。盖墨西哥之无内乱，三十余年于兹矣。今兹警报，有心人颇欲观其后也。

中美、南美诸共和国，本皆葡、西两国之殖民地，自十九世纪之前半纪，纷纷独立。虽然，内乱曾无已时，大抵每经四五年，必起一次革命，此各国之所同。而墨西哥当四十年前，亦与彼诸国并为一丘之貉者也，而墨西哥卒能翘然有以异于他国者，则现大统领爹亚士实再造之。

爹亚士之得政权，亦由革命来也。初，墨西哥僧侣党与自由党之争，亘数十岁不绝。一八七二年，大统领福亚连卒，的查达代之，时爹亚士以一小兵官，煽动叛党，遂倾政府，旋被举为大统领，四年任满辞职。一八八四年复被举，自兹以往，赓续被举以迄于今。盖爹氏为墨国元首，三十一年于兹矣，其位望之崇，权力之专，视世袭君主犹将过之。爹氏在职中，其所造于墨国者良厚，首裁抑僧侣，举政教分离之实，使政权得归于一。简练少数精锐之军队，镇抚反侧，绝内乱之根原。教育事业，中美、南美诸国所最漠视也，爹氏则全力注之，而于实业教育，尽瘁尤甚。大利用外债，以促进国内诸业，成铁路七千余英里。厉行法律，绝无假借，举全国民整齐而画一之。盖爹氏者，实开明专制之模范也，求诸他国，则俄之大彼得、普之腓力特列、英之克林威尔、法之立殊理，庶足比之。论者谓近三十年来，并世诸国之元首，无一人能逮爹氏，非虚言也。

虽然，爹氏今年则既七十有九矣，最近数次任满选举，彼皆以极恳挚之辞，向国民乞骸骨，卒以不得替人，牵率留任。盖墨西哥之命脉，全系于爹氏一人之手久矣。论世者咸谓爹氏一旦不讳，则墨国前途，实可寒心，而初不谓其祸遽发于今日也。

夫以爹氏本以峻整为治，国中不平之徒，自所不免，特惮其威望，不敢发耳。而爹氏则已达颓龄，积劳婴病，固不能无倦勤，而所属阁臣，德望无一足以服众者，此今次革命之第一原因也。加以美人复从中煽之，此今次革命之第二原因也。

夫墨之与美，其地势本相毗连，合并为一，于事至顺，且其历史上关系本极频繁。一八四五年墨、美交战，美人夺其领土五分之二。一八六一年，以内乱故，为英、法、西三国联军所陷，戴奥国皇族为帝，其后亦借美援，始能光复。一八六七年事也。自爹氏受事以来，大利用外债以图殖产兴业，而现在美国资本之在墨境者，其总数实十万万打拉以上，此非专指公债，盖合外国人投资企业者而言。若以公债论，则墨政府财政基础甚巩固，未尝予人以借口干涉之机也。而彼此皆行保护关税，其于两国产业发达之自由，滋多不便，故美人日眈眈其侧，狡焉思启，亦不足深怪者。

煽乱之举，吾固信其非出自美政府也。然美为民主国，往往以一部分人民之意向，渐积成为舆论，而政府乃不能不举国以从之。前此古巴之乱，亦由英国少数冒险任侠之士，阴为构煽，遂酿成美西战争，其已事矣。然则今兹之乱，倘久而不戢，其能否不扰及美、墨和平之局，吾不敢言。果不幸而出于此，则墨之存亡，未可知耳。

呜呼！以一英雄数十年缔造之而不足者，数竖子一旦败坏之而有余，有心人不禁为爹亚士下一掬同情之泪耳。

长奥案：据八月来外电所报，则爹亚士扶病厉精，从事镇抚，正月间乱事殆就熄灭，而所擒获叛党之将官，则美国人盖二十有三人云。二月初旬，则报爹亚士疾大渐，殆将不起。革命军之势力，亦日益猖披，而美政府忽下动员令，以陆军二万由旧金山向散地哥进发，以压墨境。复以四军舰监其港口，美政府宣言有事演习绝无他意，然列国莫之肯信也。自今以往，墨其益多事乎！

宣统三年二月十四日　长奥识

（十二）中国冗官之将来

人生于天地间，不可以无事而食。凡国中有游手无业之一阶级，则其国必殆，此阶级之人数愈多，则其国愈以衰颓，此阶级之人既多，而又居国中最上流之位置，则国之亡必矣。百年前欧洲各国之无数贵族、僧侣，是其例也。而我国现在之无数大小官吏，亦其例也。

官吏在理宜非游手无业之民也。孟子曰：或劳心，或劳力。又曰：不素餐兮，孰大于是。是其义也。在完全法治之国，一切官吏，皆以相当之勤劳，受分内之俸给，故无所于怍。就中如英、美等国，其官吏之多数，皆名誉职，不受薪水。则只负特别之义务耳，而更无特别之权利，故官吏宜为社会所敬也。我国官吏不然，社会上有此种人不为多，无此种人不为少，惟优游暇逸，自恣于宫室之美妻妾之奉，日为鼠以盗大仓之米，受社会莫大之恩惠，而曾无丝毫报答社会。此等人有一于此，固足以减杀社会自存之力，今盈目皆是，则社会如之何其不干瘪以死也。

夫不劳而获，无事而食，此志行薄弱之徒所最歆慕也。以故国运愈蹙，民生愈艰，而官吏之数乃愈增。近十年来，国中百业皆废，凡求衣食者，皆辐辏于官吏之一途。官吏之供给，固日增加，而其需要增加之速率，则又过之。律以生计上原则，则官吏一业，已入于报酬递减之限界，向此途以投资营利者，不复如前此之易易矣。而近者复以财政竭蹶豫算实行之故，不得不裁减冗员，于是供给之逾益骤狭，今后一二年间，诚官吏市场之恐慌时期哉。

凡负债者终必无所逋，不如期如分以偿之，及乎后期，则所偿或有逾于其分者矣。今我国官吏，皆逋社会之债者也。自今以往，恐社会索偿之期至矣，不偿以相当之勤劳，行且偿以无量数不可堪之苦痛，彼其人者，除做官外，一无所知，一无所能。官既无可做，则虽欲执一贱役以糊其口亦将不可得，何则？凡世界上有独立之人格者，无不自食其力，彼辈则无自力可食，而惟食他人之力者也。彼辈在此高天厚地中，全然无独立之资格、无独立之能力者也。夫以盗贼为生涯者，至于无可盗，则饿死乃其分。今举国中官吏之大部分，皆盗社会共同生活之资料，以自肥其身而长其子孙者也，可盗之资料既尽，则其宛转就死也亦宜。

问者曰：今之投身于官吏社会者，多半皆出于不得已，未必皆其所自召。《诗》曰：行有死人，尚或墐之。吾子见彼辈之失职冻馁，曾无所恻隐于中，乃视溺而笑乎？且官吏中岂无贤者，而子乃一概侪之于蠹鼠盗贼，毋乃太善骂乎？应之曰：吾侪有恻隐之心，其于鳏寡孤独废疾者，固当怜之，虽彼无所贡献于社会，而社会各人出其共同生活之资料以养之，亦义所宜，何也？以彼所受于天者本薄，其聪明才力不能完全发达，其能力不足自给，非其所自取也。若官吏岂非齐民中之优秀者乎？谁令其自幼及壮曾不自爱，不务正业，以致成为世界上一物不知、一艺不能、蠢如鹿豕、脆如蒲柳之一种厌物乎？故凡百皆当恻隐，独对于彼辈，则真无从行其恻隐也。抑《传》不云乎，善牧马者则去其害马者而已。以彼一人一家之饱暖淫泆，而举国中坐是以转于沟壑者，不知几何人几何家矣。何也？全社会共同生活资料，只有此数，而此等无业游民，乃耗其三分之二，不必其直接以操刀杀人，而所杀已不可以数计矣。吾侪宜恻隐此终岁勤动之良民乎，抑恻隐彼游惰之败类也？若夫官吏中自当有贤者，则正孟子之所谓不素餐兮，彼固终不至为社会所淘汰，而我虽善詈，亦非所以施于彼耳。

问者曰：今兹之汰裁冗官，苟所汰者果皆为蠹食之人，而所存者则皆有相当之能力，则被汰者亦将无怨，其奈结果终非尔尔。其失职者，不过竞争于官吏社会中而劣败淘汰耳。夫竞争于官吏社会中而劣败者，未必不为全社会之健全分子，而官吏社会中之优胜者，正乃对于全社会而肆毒最甚者也。子言负债者终无可逭，此又何说？应之曰：是固不足以破吾说也。吾固言之矣，愈后期而偿，则所偿将愈逾于其分。夫今日我国之官吏与百年前法兰西之贵族，皆以无业游民而握社会之大权，以蠹社会者也。今日被汰之官吏，不过以将来生计上之苦痛，偿其前此非分之逸乐云耳。法兰西之贵族，乃至捧其财产之全部分以偿之，捧其生命以偿之，然则今日之被汰者，亦安知其非福也耶？夫全社会之物力，而许无业游惰之民得安坐而久享，伊古以来，未之闻也。

吾所最愍者，今以多少之少年好身手，积岁月之力，以游学于数万里外，亦既有所成就矣。此其人实社会健全分子中之尤健全者。苟稍自振以奋斗于社会中，亦岂患无立足地，顾乃歆羡彼无业游民之所享，嗫嚅厕身于其间以图与鸡鹜争食，卒至渐斲丧其独立之资格以与彼等俱毙。噫嘻！是亦不可以已乎。

（十三）北京之将来

昔唐人朱朴之论建都也，曰：关中周、隋所都，我实因之。凡三百岁，文物资货奢侈僭伪皆极焉。又曰：自古中兴之君，去已衰之衰，就未王而王。宋郑樵作《通志》，论长安、洛阳三都，谓虽金汤之业，屡为车毂之场，劚土既多，地绝其脉，积污复久，水化其味，所谓甚不宜人者也。其言盖含至理，说地运者常称道焉。

北京之为帝都，盖自黄帝邑于涿鹿之阿，然遐哉邈乎，不可深考矣。石晋以燕云入契丹，耶律德光于晋之天福二年始号为南京。耶律隆绪又于宋之祥符①五年改为燕京，及女真得其地，废主亮以宋之绍兴二十三年定都于燕，改为中都。蒙古铁木真于宋之嘉定八年克燕，谓之燕京路。忽必烈以至元元年复号为中都，四年更置城郭而徙都焉。北京者，实辽、金、元之故都也。明成祖本分藩于燕，既篡大统，取为帝家。本朝承之，以迄于今，于是帝王之宅于兹，盖九百二十余年矣。地运之久，虽长安、洛阳未之或逮，他更无论也。

夫辽、金、元皆起朔漠，安其所习，宅此固宜。明成祖虽云顾恋潜邸，然当时亡元余孽犹盛，岁事征讨，居燕资控驭，良称得地。本朝起辽沈，因明故宅，于势亦顺。北京之久为帝京，其所由来深厚也。虽然，地本寒苦泻卤，物产觳薄，自千年来，恒仰东南之漕以为养，自昔引为博患。而又以政令所出，冠盖所辏，洵有如朱朴所谓文物资货奢侈僭伪皆极者。昔人常称京师为首善之区，今京师实首恶之区也。盖举世界之千罪万诟，奇毒痼病，无不丛集于京师，又岂仅如夹漈所谓地绝其脉水化其味而已。自今以往，苟一国政治之中心点，不移于他地，恐中国遂永无清明之日也。

且北京畴昔之所以可都者，东距海以为固，而北界以长城，于以控制西南，有建瓴之势，利甚博也。自西力东侵，海道撤险，庚申之役，庚子之役，外敌乘陷，殆如破竹。甲午之役，苟和议稍濡滞者，事盖未可知耳。加以近年以来，南满为人外府，旅顺天险，又以资敌，北京藩篱尽撤，建都之价值，盖久失矣。

自今以往，为利用东南物力计，则或徙宅江关；为巩固西北国防

---

① "符"，原作"苻"，今改。

计，则或返居丰镐。要之中国而亡则已，苟犹不亡者，则将来政治之中心点，其必不复在北京也。

（十四）上海之将来

自海禁既开以后，上海遽一跃而成中国之第一都会，非直中国第一都会，抑亚细亚东部之中枢也。

然自西伯利亚铁路与东清、南满两铁路既开通，我京奉、京汉两路与之接续，形便渐移于陆运，而上海大受其影响。近数年来，上海寥落萧索之象，视二十年前如隔世矣。将来粤汉、川汉两路既通，或在北方络之以锦爱、张恰，则欧亚通道之中轴，将全去上海而之汉口，上海衰落，或更当数倍于今日，此稍明地势者所常称说也。

虽然，上海之趋势，果如是其每下愈况乎？一方面则日本之产业界，岁岁向荣，方将以我国为尾闾。其在北部，固以大连及满洲各口岸为策源地；其在中部、南部，仍集散于上海。再东则美国，亦乘方兴之运，而距今四年以往，巴拿马运河开通，其东部、南部物产，取道以转输诸我，视前利便数倍，而皆走集上海。即以欧洲论，虽有铁路之便，而货物输送，终以海运为廉，铁路不足以妨海港之发达，自昔然矣。况乎印度、澳洲及南洋群岛，将来之兴，且未有艾，其与中国贸迁，皆不能不取径上海耶。然则上海前途，至竟乐观多于悲观耳。

比年上海之凋敝，非上海一隅之凋敝，实全国国民生计之凋敝，而上海不能以独荣也。全国生产力消费力日日减杀，则小都市芜废，而大都市衰谢，斯岂独上海之忧哉！

（十五）罗马教皇之将来

凡天下不适于时势之物，未有能终存者，虽其陈迹，至极盛大，亦只以供后人考据凭吊之具，僵石层中之恐龙飞鳄，是其类也。今后之罗马教皇，亦其类也。

欧洲中世史之后半期，全欧称黑暗时代，其一线光明，惟有罗马教会，当时罗马教会，固时势所必需也。当其全盛也，列国帝皇，必待教皇灌顶加冕然后即真，受教皇宣告破门之罚，则如堕冱渊，不能自拔。以亨利第四，号称不世出之英主，而跣足垢面，冒风雪立加那萨城外者三日，以冀回教皇之怒，举天下之物，其势力之伟，岂有比教皇者哉！然而权力滥用之既极，则人厌之，天亦厌之。马丁·路得也，喀尔温也，无拳无勇一布衣耳，振臂一呼，天下响应，宗教革命之巨浸，遂泛滥全欧。间接以助国家主义之发达，展转数百年，悬崖坠石之势，愈接愈厉。至意大利建国，奠都罗马，尽籍没教皇所领地，则固已为罗马教会属纩之时，过此则营魂已谢，余息空留，于世界史上不复有丝毫之价值焉矣。而近数十年来，意、法、葡、班等国，尚频频以政教分离问题，劳政治家之旰食，则直余孽之未肃清者而已。

罗马教皇，若能审大势所趋，知白守黑，稍纡降尊贵，以与时推移，则此虚号尚或可更拥数纪，而教皇之举措，一若犹梦想千年前之盛轨，不能去怀，傲然自谓尊无与上也，最近之事实足征矣。去年美前大统领卢斯福游欧洲，竭诚请谒，而教皇乃要以不许往访美梭的士特教会，卢氏愤其干涉个人之行动自由，拂衣而去。今年阳历二月十九日，为意大利统一建国五十年纪念之期，意帝既以恐伤教皇感情，不肯盛张祝宴。而各国君主有欲修私觐者，教皇辄下令尼之，坐是与德帝生意见，此皆其最近而最著之事实也。呜呼！教皇若犹率此度不变，吾恐其并此虚号且不可以久耳。

呜呼！彼过去时代之遗物，瞢然不知量，枵然自大，逆时势之潮流以自取灭亡者，又岂独一罗马教皇乎哉！

（十六）朝鲜贵族之将来

日本并韩，网罗其门第华贵者与夫功在新朝者，赍以五等之爵，列为贵族。复应于其分位，授以公债，俾得丰殖其子孙。此辈新贵族，感高天厚地之恩，嚣嚣然其有以自乐也。

未半岁，朝鲜总督下令，命新贵族散其僚从，举所得公债量给之，使各归乡里，毋得麕聚坐食于京城。其万不得已者，只准留少许，而其数当俟命于总督。凡贵族当尽其力所能至，自治其生，毋许不事事而役人。以天理论，以人道论，此令原殊不为苛。盖天地物力，本待农而食之，虞而出之，工而成之，商而通之，或劳心或劳力，各应于其勤劳之分际以受报酬。夫安可有无事而食以虱于社会者哉！虽然，朝鲜之两班，其垄断全社会之生活资料者已数百年，直至今日，脂膏腴尽，皮骨仅存，犹复养尊处优，侈然迥异于齐民。巨室动役数百人，次者亦数十，执唾壶虎子香炉麈尾者，列侍左右，一步趋须人扶掖，盖朝鲜贵族虽穿衣吃饭，亦几于不能自了。其四肢五官，皆久已弃塞不用，失其本能，仅能借他人之耳目手足，以为己视听言动之助。今兹总督之命令，实不啻加彼等以劓刵刖黥之刑也。呜呼！此辈在理本宜列于天然淘汰之数，今复加以人为淘汰，其化为粪壤，可立而待。夫此辈则何足怜惜。最可笑者，则方扬扬然以卖国为得计，至今不寤也。

呜呼！应受天然淘汰者，岂惟朝鲜贵族，中国最高贵之无业游民一阶级视此矣。

（十七）中国政党之将来

立宪政治，惟有政党为能运用之。今中国固俨然号称立宪，且国会之开，距今不过两年，则政党之发生，在今日已相需甚殷，更迟焉益恐不及事。今国中先觉之士，汲汲焉从事于此，诚知务也。自去冬以来，其以政党之名义报部存案者，亦既三四，其将来影响如何，此治国闻者所亟欲知也。

立宪政体，固非借政党不能运用，然政党尤必在立宪政体之下乃能发育，是故政党所标之政纲，必以不摇动政事基础为界线，盖凡行立宪政体之国，必有政治上种种共通之原则，为举国君民上下所公认，而凡活动于政界者，皆遵此原则而莫敢犯，故学者或称宪法为政党之交战条规，洵不诬也。若政府于此种原则漫无所知，或虽知之而敢于悍然犯之，则虽托名立宪，而实与专制无异，既在专制政体之下，则人民所当有事者，其第一着惟在改革政体，而改革政体，决非堂堂正正之政党所能奏功也。故政党之为用，恒远不逮秘密结社，今中国之国民，实生息于专制政体之下，而非生息于立宪政体之下者也。此政党之所以难成立，其原因一也。

复次，政党之所以发生，必赖国中有多数人具政治上之智识，感政治上之兴味，其人皆视国事如私事，确见夫一政策之得失，其利害实切于我躬，故其对于一切政治现象，恒留心观察，丝毫不肯放过。闻先觉之士，与之剖说政策利病，则听之津津有味，而自己复略具判断力，能听言而择所从违。夫如是然后结集政见相同之人以为一党，故抟而不易散也。我国人政治思想，太不广被，能领略政治兴味之人，举国中殆稀如星凤。此政党所以难成立，其原因二也。

　　复次，政党之所以发生，必由多数人欲达一公共之目的，而各自感其力量之不足，乃皇皇然求友求助，彼此皆有是心，则相倚以为重。故当其既以公共之大目的相结集也，则私人之小目的，不搀杂乎其间。故常有私交极乖睽，而同尽瘁于一党者；亦常有私交极浓密，而各投异党以相为政敌者。苟非有此精神，则强固之政党，决不可得见矣。今我国政客，其真能认实一公共大目的死生以之者，虽不敢谓无其人，然其欲借政治活动为达私人目的之一手段者，亦所在皆是。故阴险倾轧之风，所在皆是，而永久持续之团体，殆无可望。此政党所以难成立，其原因三也。

　　复次，政党之结集，其最要之条件，在得领袖一党之人物，而凡能领袖一党者，其人必须具有若干之资格，若德量也，学识也，才气也，地位也，名誉也，皆其不可缺者也。今国中能具备以上之资格者，在朝在野，皆无一人，即或有人能具其一二，而其人又不肯投身于政党，欲求如美国之遮化臣、哈弥尔顿，如日本之大隈重信、板垣近助其人者，杳然不可得。故欲组织政党者，以失其中心点而末由吸集分子，此政党所以难成立，其原因四也①。

　　准此以谈，则欲我国政党之成立，欲政党能为重于国家，其前途亦辽乎远哉。愿国中言政党者，先措意于此诸点，而思所以排除其魔障也。

---

　　① 原作"其原因三也"，据《饮冰室合集》改。

中、俄交涉与时局之危机[*]
（1911 年 2 月 19 日）

一、自由行动之文牒

宣统三年正月十八日，俄人借光绪七年《伊犁条约》为口实，肆种种无理之要挟，迫我覆答，其牒文中声言，苟不餍其欲，则彼将为自由行动。我国受他国自由行动之文牒，此其第二次矣。昔日本为安奉铁路事，尝以自由行动胁我，我无以拒也，而一切惟其所欲为。坐是世界万国，益有以窥我之不竞，而相率以此道加诸我，俄人今兹之无状，则亦师日本之故智而已。夫自由行动非他，即绝交之谓也。国与国对立，各有其主权所及之领域，于他国领域内而欲有所行动，除条约所许之范围外，丝毫不能自由，此国际之通义也。于他国领域内而自由行动，惟交战时得行之，故自由行动之文牒，质言之则挑战之文牒也。凡国家而被他人以此种文牒相加者，苟有血气，则不能不出于一战，而我国之决不能与人一战，则普天下所共见也。此自由行动文牒之相加，所以一再而未有已也。

二、俄人最近对外政略之变迁

俄人之侵略主义，受自大彼得，历二百余年而至今未始有变。而

* 录自《国风报》第二年第二期，宣统三年正月二十一日（1911 年 2 月 19 日）出版，署名"沧江"。文末注"宣统三年正月二十四日稿"，则应撰于 1911 年 2 月 22 日。据文末"编者案"，"二月初一日"此文寄至编辑所，可知本号《国风报》亦延期出版。收入《饮冰室合集·文集》之二十五下。

其进取之方向，则其一在巴尔干半岛，其二在中亚细亚，其三在中国。而在中国者复有二途，东则满洲，西则新疆及蒙古。其在巴尔干半岛者，命之曰近东侵略；其在中国者，命之曰远东侵略。而俄国之近东侵略政策与远东侵略政策，恒迭相消长，此最近历史之所明示也。俄人自俄土战争以来，狡焉日思启于巴尔干半岛，及柏林会议以后而其锋渐挫，乃一转而向于远东，西伯利亚铁路与东清铁路既成，方当一举奋飞，而遽蹶于日俄战役，战败之后，而其外交上生一大变动焉，则亲英政略是已。俄与英本世仇，其相疾视者垂百年。比乃日相接近，至一九〇七年，遂有所谓英俄协约者出现。举数十年来相持不下之争端，互让而解决之，俄廷之主持此策最有力者，则其外务大臣伊士倭尔奇也。故数年以来，俄人集其兵力于欧境，将借英助以再逞志于近东，英人亦欲利用之以共敌方张之德意志，于是欧洲外交之大局，所谓三国协商英、法、俄。与三国同盟德、奥、意。对抗者，为举世之所注目，而远东问题，反若借以小康，此一年前之形势也。及前年之末，奥人突然蔑视柏林条约，举坡士尼亚、赫斯戈维纳二州以合并于己国，俄人殚其力之所及欲以干涉之，而伊士倭尔奇遂为奥相埃连达所卖，袖手而末如之何。夷考其实，则奥人全恃德国同盟之后援，当合并之议初起，德皇亲贻玺书于俄皇，公然出以恫喝，俄之屈，屈于德，非屈于奥也。自兹以往，俄人深有感于疏德之不利，渐即而与之亲，而欧洲外交之大势，又将一变。去年十一月，阳历也，下同。伊士倭尔奇忽免外务之职，出为法国公使，亲英政策之张本人去，识者固有以窥俄、英国交之将变矣。果也？十二月而俄、德两皇会于砰丹，俄人忽承认德人巴克达特铁路之权利，且许其与俄之波斯铁路相联络，于是俄、德之新睦，益暴著于天下。征诸史迹，凡俄、德交欢之时，即俄人有事于东方之时也。况当俄日新协约方成，俄人于满洲方面，不畏日人之议其后，而巴尔干方面，今方渐收其锋，波斯方面，又为英俄协约所束缚，无大展布之余地，以彼野心蓬勃之俄国，其必将更求奋飞于他方面，既洞若观火矣。故吾党尝论此事，谓其影响行且及于我国，而遂不料其发之竟如是其骤也。参观拙著《将来百论·论三国协商之将来》、《俄、德协商之将来》诸条。编者案：《将来百论》篇之原稿久寄到，上海限于篇幅，未能全文刊布，今将此两条提前登于本号，可参观。

三、俄国在新疆、蒙古方面之势力

今兹之事，发之虽骤，然所由来实甚远，稍留心时事者，当知俄人之处心积虑非一日也。今得取俄国在新疆、蒙古方面之势力，论其概略。

（一）边境铁路。俄国以铁路为侵略远东之武器，而畴昔之压我东北部者，则西伯利铁路及东清铁路也。今兹之压我西北部者，则新中央亚细亚铁路也。今请将新中央亚细亚铁路示其形势。

第一线，由西北利线之格尔干驿起，在多波尔河畔。东南行，经厄摩灵士克及些米巴兰丁士克两州，以达于哥巴尔，哥巴尔距伊犁仅二百启罗迈当耳。

第二线，由格尔干迤东之阿谟士克驿起，沿伊尔的苏河，经些米巴兰丁士克州，直达阿尔泰士克，阿尔泰士克即与我蒙古西境紧接者也。

第三线，自额尔齐斯河畔，设巴尔拿威支线，以东接于我境，复自巴尔拿威北行达阿北河，还接西伯利线。

此三线共延长八千启罗迈当，而其东南端皆接于我国境，其用心所在，盖路人皆见也。夫俄国在中亚细亚之属地，庞大辽廓，筑铁路以便其交通，原属统治政策上所当然，不足为怪。俄领中亚细亚，北与西伯利亚及欧洲本境相接，东邻我蒙古及新疆，南界阿富汗斯坦及波斯，西滨里海，广袤殆当德意志帝国之七倍，人口仅八百万，全数皆奉回教，与我回部之习俗大相类，其行政区域则分为七州云。所异者，彼其在此境内，本已有一大铁路，起阿伦布克，经塔思干迤安集延，长一千九百启罗迈当，于四年前方始告成。今忽筑此新路，殆与旧路成平行线，曾不以叠床架屋为病，而此新路所贯之域，乃在奇尔基士之大旷原，在该境中，人烟最称稀薄。然则此新路者，就政治上、生计上论之，可谓绝无价值，而彼顾乃不惜糜重帑以急就之，其目的所在，岂不昭然若揭矣乎？故当此新路之议初起也，其最有力之报馆那威《阿乌黎米亚报》此报实俄国之半官报，其所主张，各国殆皆认为即俄政府之意思。论之曰："若一旦有事于远东，为作战上利便起见，此路实万不可少。"盖已公言其目的所在，毫不自讳矣。所尤奇者，此新路自去年三月决议起工，而克期以今年六月完成，一若专以《伊犁条约》期满改订之时日为标准者然。此次之事变，全由改约问题，制我机先，下方别论之。使我当局而稍有人者，则于一年以前，必能早料有今日之事，此其征兆之显著，固不仅如月晕础润之于风雨而已。

（二）住民及商业。今兹争论之地域，亘于天山南北路及外蒙古之全部，而在此诸地，我国虽于名义上有统治权，实则俄人之势力，日骎骎驾我而上，试述其概。

其在新疆一带，俄国领事馆所在地，虽仅有伊犁、塔尔巴哈台、乌鲁木齐、喀什噶尔四处，而其政治上、生计上之权力，实奄及全部。盖俄国臣民，其移住于伊犁附近各地，土著以从事农业者，与夫游牧于天山北路各处者，其数虽不能确知，据专门地理学者所调查，谓最少亦当在十万人以上。夫俄民则曷为而相率移住于此地，且曷为而得自由杂居无所于阁乎？盖伊犁一带，在中亚细亚全部中，称最饶沃，其与俄属土耳其斯坦，即俄属中亚细亚七州之总称也。丰确相去，不啻霄壤，而彼地住民，自始未尝有国家观念，逐水草迁徙以为常，加以其种族宗教言语习俗，率皆同一，国籍虽异，而彼此杂居，可以耦俱无猜，我新疆土民与俄属土耳其斯坦人民，大半皆回族回教。而据光绪七年《伊犁条约》所定，则明许俄民以治外法权，而于土地所有权，又未尝严立专条以为限制。今兹俄人要索之六条件，此即其二也。于是俄人乃利用之，日奖厉其民之越境杂居，且诱吾民使入俄籍，而予之以同等之权利。彼既置总领事以统辖凡有俄籍之民，复颁自治制，选其民为村长、里长等以资统摄，以是天山诸路，俄国式之村落星罗棋布，我官吏惟利是视，且以无动为大，以是为固然，莫或一过问也。此俄人势力所由滔滔侵入而莫知所届也。

其农民及游牧民则既若彼矣，商民亦然。于新疆省内各要镇，到处潜植其势，总数虽不可知，最少亦当在一万人以上。盖伊犁略占其半，殆五千人，塔尔巴哈台次之，约二千人，喀什噶尔约千人，乌鲁木齐、乌什各数百人，其他各都会，大率亦皆有数十人云。我国商业上之智识，本出人下，而边地商才，缺乏更甚，而彼多数之俄商，率皆自欧洲本境来，与农民、游牧民之由土耳其斯坦移住者不同。智识经验，悉优于我，我与之遇，蔑不败矣。以故全省商权，殆尽握于彼辈之手。彼辈所输入本省之总额，每年在一千万两以上，内一半经伊犁，其他一半经塔尔巴哈台及喀什噶尔。其主要品，则更纱、铁器、陶器等，其所购致于本土者，则家畜、羊毛、茶叶，大率以制作品易我原料，此商业情形之大概也。

夫商业恒托命于金融机关，此稍明斯道者所能知也。我国在新疆省内，公私之金融机关，一无所有，而俄人则于伊犁、塔尔巴哈台、乌鲁木齐、喀什噶尔四处，皆有华俄银行支店，其他重要都会，皆有代理店。我国货币紊乱，在省中曾无一画一通用之交易媒介品，故俄国之卢布与华俄银行之钞币，其效力之及于彼地者，殆与国币同视。故就政治上言之，新疆虽俨然为我领土；就生计上言之，其不全化为俄国领土者，抑几希矣。其他若邮政电报，皆为政治上、生计上重要机关，而俄人则在宁远城有一电报总局，线路直通其国境，塔尔巴哈台、喀什噶尔皆有电报分局，凡各都会皆有邮政局，其设备之周密，远出我上。又如境内道路，大率皆由俄人手辟，自蒙古至俄东南境，自伊犁至土耳其斯坦，畴昔仅有羊肠小径，足为商家通行之路者，今多成为大道。即如由塔城抵俄属之些米巴兰丁士克，俄属土耳其斯坦七州之一，与我接境者也。前此骆驼逶行，不能成列，今则炮车方轨，绰然有余，实俄人所自为也。而所以致此者，率皆由我官吏放弃权责使然。试举其一例，前此由喀什噶尔西入俄境，有喀喇铁列克达坂，其高实拔海一万二千零七十尺，险峻不度车马，俄人要求喀什噶尔道，使迤北经图鲁噶尔特坂，别辟一道，我以费无所出，向华俄银行借三万两充之，俄领事立与承诺，且声言此路彼此交利，不敢索偿，以是市恩于我。此前年事也，则俄人所以揽取实权之术，略可睹矣。由此观之，俄人之在新疆，直视之为彼国领土，而心目中殆无复中国主权，盖已久矣。

其在蒙古一带，俄人农业、商业上之势力，虽不如新疆之显著，然其处心积虑以图进取，则又甚焉。俄本希腊教国，而以佛教护法自居，其于库伦之哲布尊丹巴呼图克图，即所谓活佛也，其势力亚于达赖喇嘛。所以笼络之者无所不至，又愚弄达赖喇嘛，而为其国人德尔遮氏以重金运动得列职为堪布，堪布者，达赖部下之行政官也。德尔遮氏，俄属中亚细亚布里逸州之人也。每年给以莫大之机密费，其怀柔达赖，非为西藏也，为蒙古也。彼盖以宗教上之权术，深结蒙古王公之欢心，而复以金钱之力随其后。比年以来，蒙古王公之负债于俄国者，其数盖不知凡几，今所播殖，其获实盖期于后也。

俄商在外蒙古一带之势力，其进步亦一日千里。据昨年所调查其总数已在二万人以外，盖乌里雅苏台千四十七人，葛须七百人，科布多千五百八十人，其附近地方四千人，库伦二千八百人，其附近地方五千六百人，贝加尔州一带二千五百人，其他散在各墟落者尚二千余人云。此外尚有屯驻各地小部队之兵士，定期来往之队商与夫探险游历者，每年总在五六万人内外，而蒙古人之入俄籍者，且岁不计其数。我政府前年颁国籍法，尝译之示俄吏，其意即以防此，然收效仅矣。俄人之俨视蒙古为怀中物，固不异新疆矣。

（三）兵力。俄人在新疆、蒙古一带之兵力，其庞大实有足惊者，其在西伯利亚一带，即德谟士克以东。本有十一镇，一镇凡一万八千二百余人。在土耳其斯坦一带，本有四镇，及去年日俄协约既成，无复东顾之忧，乃将原驻黑龙江北岸之六镇，调至贝加尔湖东岸，合计俄兵之压我西北境者，其总数殆将及四十万。去冬且以两镇在我库伦地方举行大操，瞷然若忘领土主权之谁属也。而我国边防，言之实令人颜汗，彼挟此以示威于我，其如以千钧之砮溃痈矣。

四、今兹威胁之动机

俄人在新疆、蒙古各处之势，其弥漫充实固若彼，乃其忽发于今日，且更不从容折冲，而辄出于无理之要挟者，其动机又可得言焉。

第一，俄人在新疆、蒙古，其实际上既拥有尔许势力，然名义上为我领土，则彼之施设，仍不免种种障碍，故特为无理之要挟，予我以不能受，我若与抗，则彼竟借口开衅，挟大军深入，占领诸地，易其主权。

第二，我若悉从其请，彼固无用兵之口实，然其既得权、既缘此确保，未得权亦从此伸张，益可增大其实力，而收果于数年以后。

第三，光绪七年之《伊犁条约》，以今年七月二十五日满期，照例欲有改订，须于六个月前互相知照。据此约文，则我之权利所损本多，俄人虑我提出改正条件，致费唇舌，乃为先发制人之计，诬我以不守条约，使我无复要求改约之余暇。

第四，前此安奉铁路事件，日人加我以无礼，我受之而不能报。俄人有鉴于此，乃利用我茹柔吐刚之劣根性，悍然蹴踏之，无所假借。

第五，俄国哥士罗夫之蒙藏探险队与梭巴黎夫博士之蒙回探险队，皆以去年末竣事归国，其度支大臣哥哥福缁夫，亦新巡阅极东而归，其进取方针，于兹决定。

第六，俄人侵略之锋，前此既挫于满洲，今兹复顿于巴尔干，愤懑无所泄，亟欲取偿于他方面。

第七，新与日本缔结协约，其在满洲方面，无复东顾之忧，因得专力以谋肆其西封。

第八，俄、德两皇会合之际，殆有秘密之成言，俄人于波斯方面，以权利予德，德人必有所以援俄者相酬报，俄人得此奥援，不复惮他国抗议，可以惟所欲为。

五、今次威胁之条件与其无理

今次俄国所借口要胁之条件，吾所知者，仅据外报译电，未尝得见原文。要其崖略，则有六事。

一、关于增设领事者。于现有领事之外，更在恰克图、张家口、乌里雅苏台、哈密、科布多、古城、乌拉圭、库车、承化寺等处添设之。

二、关于课税者。彼在我国境要求有征课保护税之权利，而谓我所颁茶叶专卖制度，有悖自由通商之约。

三、关于治外法权者。彼谓我地方官吏，对于有俄籍之人民，常拒绝其受混合裁判之权。

四、关于土地所有权者。彼以我对于彼，常限制其臣民购地建屋之权利。

五、关于领事权限者。彼谓我对于其领事应行之权动加侮辱。

六、关于界务者。俄人以泰纽拉山为满俄分界，我则以伊西司克山为分界。

此其大概也。就中界务一项，非有专门智识，不能断其是非，吾诚不敢赞一辞。其他各项，内中有关于事实者，其事实之有无，非可以空言武断，吾亦非敢妄自袒护。今惟据条约原文，合以吾所知者，以证俄人要挟之无状焉。

第一，关于添设领事者。

《伊犁条约》第十条云：俄国照旧约，在伊犁、塔尔巴哈台、喀什噶尔、库伦设立领事官外，亦准在肃州即嘉峪关及吐鲁番两城设立领事，其余如科布多、乌里雅苏台、哈密、乌鲁木齐、古城五处，俟商务兴旺，始由两国陆续商议添设。

此约文之要点有二：（其一）则将来得添设领事之地，指定五处也；（其二）则应添设与否，俟商务兴旺后，由两国商议也。今俄人要求设领事之地，有九处之多，全轶出于条约所指定范围之外。背约之责，全在俄人，实天下所共见。即在遵约应设之处，仍必须以商务兴旺为前提，现在商务果已兴旺与否，此属于程度问题，彼我各执一是，固无足怪。然约中明云商议，则其间尽有商议之余地。若商议不决，以付诸海牙之居间裁判亦所宜然。今俄人乃突然借此为口实，以自由行动相恫喝，其蔑视国际上之礼法，不亦甚耶！

第二，关于课税者。

> 《伊犁条约》第十二条云：俄国人民准在中国蒙古地方贸易，照旧不纳税，其蒙古各处及各盟设官与未设官之处，均准贸易，亦照旧不纳税，并准俄民在伊犁、塔尔巴哈台、喀什噶尔、乌鲁木齐及关外天山南北两路各城贸易，暂不纳税，俟将来商务兴旺，由两国议定税则，即将免税之例废止。

我国与列国所订约，税率皆被限制，其损我主权已甚，此约所规定，乃至并征税权而无之，其吃亏之大，固不待论。但既有此约，以我国官吏之巽懦，何至敢公然背弃，妄有所征？故俄人责我背约，以事理推之，可以断其必无者也。乃观俄人之设辞，则有深可诧者。那威《阿乌黎米亚报》，俄国之半官报也，其论著常代表彼政府之意见。今据本年阳历正月廿八日该报所言云：该报此文发表后旬日，即有今兹之事。

> 北京政府将伊犁及塔尔巴哈台之茶专卖权，专畀诸一新设之公司，其结果使俄人运茶之业，自然中止。夫一八八一年之《中俄条约》，案：即《伊犁条约》。明许俄商以在长城外贸易之权，今该约第十二条，俨然尚存，清政府乃悍然敢剥夺吾俄人之权利云云。

嘻！此即俄人所指为我国悖约之论据乎，其无状亦甚矣。凡一国政府，赋与其国中一私人或一法人以某种特权，此常有之事，而他人之通权，不能谓因此而遂剥夺也。他勿具论，即以茶业言之，我国凡贩茶者，必须领有茶引，此即数百年来相传之一种特权专卖制度，俄人畴昔之运茶者，果能不转贩之于茶商而直向茶农采办乎？又能于领有茶引者之外而别得一种自由之茶商以资交易乎？今之专卖公司，亦茶引之变形而已。前此贩之于领有茶引之茶商，今兹贩之于领有专卖权之茶公司，两者亦何所择，而坐是欲以违约之责归我，其亦诐辞而已矣。

此课税问题，所争论者，不徒在我国之课税权而已，即彼国之课税权，亦其一也。此权限之根据，则在光绪七年《改订中俄陆路通商章程》之第一条，其文曰：

> 两国边界百里之内，准中、俄两国人民任便贸易，均不纳税。

据此约文，则在边界百里之内，不惟俄商对于我享有免税之权利也，即我对于彼所享权利，亦应同等。乃俄政府蔑视约文，擅向我商民抽入口货物之保护税，我政府据约与争，谓须俟今年改约后，乃能议及，此实吾国重友让守信义之明证，俄人既无可置辩，暧昧阁置。今无端乃谓我限制其自由课税，损彼主权，曾亦思此非我之限制彼，实乃由彼全权大臣所订之约经彼君主画诺而自设限制者乎。夫以条约上交让之事项，而指为友邦之侵我主权，则天下万国之主权，亦安有一焉而不被侵者。人之相处，惟忠恕乃可久，国交亦何莫不然，则试问俄之所以施于我者，我还以施诸彼，其能受焉否也？

第三，关于治外法权者。

此亦为《伊犁条约》第十条所规定，我虽茹痛，固末如之何。俄人谓我侵害此权，其事实之有无，非吾辈所得以空言争。然前此因国籍法未颁定，俄吏常诱我善民入彼籍，以佾法而抗长官，凡此等事，抑又有不能尽为吾咎者矣。

第四，关于土地所有权者。

《伊犁条约》第十条云：按照一千八百六十年即咸丰十年《北京条约》第五、第六两条，应给予可盖房屋、牧放牲畜、设立坟茔等地，嘉峪关及吐鲁番亦一律照办。

又第十三条云：俄国应设领事官及张家口准俄民建造铺房行栈，或在自置地方，或照一千八百五十一年即咸丰元年所定《伊犁、塔尔巴哈台通商章》第十三条办法，由地方官给地，盖房亦可。张家口无领事，而准俄民建造铺房行栈，他处内地不得援以为例。

咸丰元年《通商章程》第十三条云：俄商往来贸易，存货住人，必须房屋，即在伊犁、塔尔巴塔台贸易亭就近，由中国指一定区，令俄商自行盖造，以便住人存货。

咸丰十年《北京条约》第六条云：试行贸易，喀什噶尔与伊犁、塔尔巴哈台一律办理。在喀什噶尔，中国给与可盖房屋建造堆房圣堂等地，以便俄商居住，并给与设立坟茔之地，并照伊犁、塔尔巴哈台给与空旷之地一块，以便牧放牲畜。

又《伊犁条约》第四条云：俄国人在伊犁地方，置有田地者，交收伊犁后，仍准照旧管业，其伊犁居民交收伊犁时入俄国籍者，不得援此为例。

综绎以上各条文，其严正之解释，可得三端：（其一）俄人得建造房屋住人存货者，以商民为限，其他若农民耕地，约中未尝许可。（其二）俄国人盖房屋用之地，系由中国指定给与，则凡非经指定给与者，应不得擅行购置管业。观《伊犁条约》第四条，声明在交收前置有田地者得照旧管业，然则除此例外，其他应皆有待于指定给与。（其三）即从广义解释，引《伊犁条约》第十三条中有"或在自置地方"一语作为准其自置之据，此条中此一语，实甚突兀无根，因遍查前此各种条约，从未有许俄人在中国境内自置田地之明文也。若从狭义解释，则此语应专指本约第四条所规定之事项而言。则其范围亦仅限于设有领事之地方。且约文尚申言除张家口外，他处内地，不得援以为例，实已斩钉截铁，更无可容疑议之余地。今俄属土耳其斯坦之农牧人民，私圈田地耕住者，以十万计，而商民在约定通商地段外，即领事驻扎地域外。复任意占地盖房，我国官吏瞀昧孱弱，漠视不较，殆同默认，其罪诚不可胜诛。而俄政府纵容其民，使任意蹂躏条约，且从而奖厉之，曾是文明国对于友邦之义务而宜出此耶？那威《阿乌黎米亚报》痛诋我新置阿尔泰州之州长，谓其擅将俄民所建房屋拆毁，指为显背条约，吾诚不知该报所据者为何种条约，而俄民果以何种根据而得有建造房屋于阿尔泰州之权利也。嘻！天下颠倒是非之论，至是而极矣。

第五，关于领事权限者。

俄人公牒有谓我国官吏不尊重其领事权限之一条，吾未见原文，不知所指者为何事。其虚实是非，无自臆断。顾以吾国近年官吏，对外交际，惟事圆滑，谓其肯悍然侮辱外吏，殆为情理所必无。据那威《阿乌黎米亚报》有一条，称俄政府于去年派有承化寺领事就任，我国官吏，以未奉公文，不肯待以外交官之礼。该报指为暴慢不逊，吾不知俄政府今次所抗议者，是否即指此事。谅未必荒唐至此耶！如信然也，则吾以为俄人心目中，真不复知有国际法为何物也。夫即在《伊犁条约》所许设立领事之诸地，犹必须俟两国商议决定后，乃能设置。况承化寺始终未尝有议设领事之事，而俄廷乃以单独之意思，突然派往，而责人以不接待。若是则国际条约，皆成无用之长物矣，复何取仆仆缔结为哉！

第六，关于界务者。

吾未经研究，且无确实之资料供参考，不敢置议。

以上略举俄人要挟之诸点，而就吾所知者以辨其诬罔，实则吾于此方面之事实，前此曾未能悉心研核，所能道者不逮万一。其谬误之多，更所难免，而要之俄人之显然加我以无礼，则章章不可掩也。昔晋侯使吕相绝秦，举凡晋人违信背义之事，悉反其辞以入秦罪，吾于今兹俄人之通牒见之矣。德故相俾士麦有言，天下安有公法，惟有黑铁耳，赤血耳。始吾以为过今乃信之。

六、我国所以待之者如何

我国所以待之者如何？呜呼！盖难言之矣。夫人以横逆加我，既至此极，彼其意凡以挑战而已。不能一战，则我固有正当之权利，终无术以瓦全。然此事顾为我今日所敢齿及乎。现在屯驻蒙、疆之旧军，其数之寡单，其内容之窳败，不足以当敌军之一蹴，诚不俟论。而所谓新军者，又未尝有一镇一协在边境，万里调遣，云何能致。即曰可致，而此有形式无精神之新军，又可以一战乎？是故以武力拥护权利，虽有国之天职，而吾国今日则非惟不敢有此言，且不敢出此言，非惟不敢出此言，且不敢动此念也。耗矣哀哉！

不能战而思其次，则惟有提出于万国保和会以求居间裁判。虽然，是果能有效乎？列于保和会之国虽数十，然其对于远东问题有发言权者，实仅六国，法则俄之同盟国也，英则对于远东问题，与俄夙有协商者也，日本则与俄新为协约者也，德则与俄交欢最新者也。夫俄日、俄德之间，据道路所传言，咸谓其别有密约。今兹俄之发难，其是否先与德、日有成言，尚未可知。若英、法者，宜若无他。顾何以适当俄人发难之时，而英、法之在云南，英之在西藏，乃先后迭起而乘我，谓其间无相互之关系，孰能信之？其超然立于局外，可望其稍存直道者，惟一美国，亦安见其肯出死力以卫我？借曰能之，以一敌五，其效几何？呜呼！不能自振，而希他人之我庇，亦无往而不穷已耳。

然则我政府之所以待之者，岂待问矣。其必悉弃掷我正当之权利，而一切恣其所欲求也。即稍进焉，亦不过于一二小节，勉与磋商，乞其于无关紧要之节目，略为让步，以还我体面于万一也。夫如是也，则目前之暴风疾雨，固可休息，而政府亦得以偷安一年数月，无损其黩货怙权酣嬉歌舞之本业，而俄人在西北之势力，乃益深根固蒂而不可复拔矣。而他国之效尤继起者，又安知其所终极。《诗》曰："我生不辰，逢此鞠凶。"又曰:"天之沃沃,乐子之无知。"呜呼!吾尚何言。

宣统三年正月二十四日稿

编者案:本文以二月初一日寄到本编辑所,据近日各报所载,则我政府已具公文回答。今将彼我往复公文别登于本号"特别纪事"门,可参观。

编者识

英、美与英、日[*]
(1911 年 3 月 11 日)

　　吾前著《将来百论》，曾论英、日同盟之将来，谓其恐难赓续，据最近所发生之事实，更有足为显证者。

　　昨日英、美发表协商结平和条约，其文云："本条约以保障两国永久平和为目的，凡两国间所起纷争事件乃至关于国家威严名誉之事项悉包含之。"此实英、美两国于条约有效期间绝对的无交战之保证也。而英、日之第二同盟条约，则两同盟国间，苟有一国缘东方之事而与第三国战争，则两国有互相出兵应援之义务。据此条约，则日本于此四年中若与美战，英不得不援日以敌美，而果有此事，则与今次之英、美条约相冲突，故今次之英、美条约，实无异取消前次之英、日条约也。夫既为条约，则安能取消？而英之出此，其意可知矣。质言之，则使美、日战争无从起也。

　　呜呼！日本人之骄气，亦庶几一挫，而思所以自警乎。

---

　　* 录自《国风报》第二年第四期"时评"栏的《时事杂感》，宣统三年二月十一日（1911年 3 月 11 日）出版，署名"沧江"。收入《饮冰室合集·文集》之二十七。

学与术[*]
（1911 年 6 月 26 日）

  吾国向以"学术"二字相连属为一名辞，《礼记·乡饮酒义》云：古之学术道者。《庄子·天下篇》云：天下之治方术者多矣。又云：古之所谓道术者恶乎在。凡此所谓术者即学也。惟《汉书·霍光传》赞称：光不学无术。学与术对举始此。近世泰西，学问大盛，学者始将学与术之分野，厘然画出。各勤厥职以前民用，试语其概要，则学也者，观察事物而发明其真理者也；术也者，取所发明之真理而致诸用者也。例如以石投水则沉，投以木则浮，观察此事实，以证明水之有浮力，此物理学也。应用此真理以驾驶船舶，则航海术也。研究人体之组织，辨别各器官之机能，此生理学也。应用此真理以疗治疾病，则医术也。学与术之区分及其相关系，凡百皆准此。善夫生计学大家倭儿格之言也，曰："科学英 Science，德 Wisseveschaft。也者，以研索事物原因结果之关系为职志者也，事物之是非良否非所问。彼其所务者，则就一结果以探索其所由来，就一原因以推断其所究极而已。术英 Art^①，德 Kunst^②。则反是，或有所欲焉者而欲致之，或有所恶焉者而欲避之，乃研究致之避之之策以何为适当，而利用科学上所发明之原理原则以施之于实际者也。由此言之，学者术之体，术者学之用，二者如辅车相依而不可离。学而不足以应用于术者，无益之学也；术而不以科学上之真理为基础者，欺世误人之术也。"

  倭氏之言如此，读此而中外得失之林可以见矣。我国之敝，其一则

---

  * 录自《国风报》第二年第十五期，宣统三年六月初一日（1911 年 6 月 26 日）出版，署名"沧江"。收入《饮冰室合集·文集》之二十五下。

  ① 《国风报》作"Uot"，据《饮冰室合集》改。

  ② 《国风报》作"Unnst"，据《饮冰室合集》改。

学与术相混，其二则学与术相离。学混于术，则往往为一时私见所蔽，不能忠实以考求原理原则；术混于学，则往往因一事偶然之成败，而胶柱以用诸他事。离术言学，故有如考据帖括之学，白首矻矻，而丝毫不能为世用也。离学言术，故有如今之言新政者，徒袭取他人之名称，朝颁一章程，暮设一局所，曾不知其所应用者为何原则，徒治丝而棼之也，知我国之受敝在是，则所以救敝者其必有道矣。

　　近十余年来，不悦学之风，中于全国，并前此所谓无用之学者，今且绝响，吾无取更为纠正矣。而当世名士之好谈时务者，往往轻视学问，见人有援据学理者，动斥为书生之见，此大不可也。夫学者之职，本在发明原理原则以待人用耳。而用之与否，与夫某项原则宜适用于某时某事，此则存乎操术之人，必责治学者以兼之，甚无理也。然而操术者视学为不足轻重，则其不智亦甚矣。今世各科学中，每科莫不各有其至精至确之原则若干条，而此种原则，大率皆经若干人之试验，累若干次之失败，然后有心人乃参伍错综以求其原因结果之关系苦思力索而乃得之者也。故遵之者则必安荣，犯之者则必凋悴，盖有放诸四海而皆准，俟诸百世而不惑者。试举其一二，例如言货币者有所谓格里森原则，谓恶货币与良货币并行，则良者必为恶者所驱逐，此一定之理，凡稍治生计学者皆能知之，而各国之规定币制者，盖莫敢犯之也。而我国当局，徒以乏此学识，乃至滥铸铜元以痛毒至今矣。例如银行不能发无准备金之纸币，不能发无存款之空票，放款与人，最忌以不动产为抵押，此亦稍习银行学者所能知而莫敢犯也。而我国以上下皆乏此学识，故大清银行及各私立银行纷纷不支矣。例如租税以负担公平为原则，苟税目选择不谨，或税率轻重失宜，则必涸竭全国税源，而国与民交受其敝，此亦凡稍治财政学者所能知而莫敢犯也。而我国当局徒以乏此学识，乃至杂税烦苛，民不聊生，而国库亦终不能得相当之收入矣。凡此不过略举数端，而其他措施，罔不例是。夫当局苟实心任事，则误之于始者，虽未尝不可以补救之于终，然及其经验失败而始谋补救，则中间之所损失不已多乎。而况乎其一败涂地末从补救者，又往往而有也。又况乎其补救之策，亦未必遂得当，而或且累失败以失败也，实则此种失败之迹，他国前史，固已屡见，曾经无量数达人哲士，考求其因果关系，知现在造某因者，将来必产某果，为事万无可逃，见现在有某果，知其必为前此某因所演成，而欲补救之，则亦惟循一定之涂轨，丝毫不容假借。凡此者在前人经几许之岁月，耗几许之精力，供几许之牺牲，乃始发明之以著为实论，后人则以极短之晷刻，读其书，受其说，而按诸本国时势，求用其所宜而避其所忌，则举而措之裕如矣。此以视冥行踯躅再劳试验，再累挫败然后悟其得失者，岂止事半功倍之比例而已哉！夫空谈学理者，犹饱读兵书而不临阵，死守医书而不临症，其不足恃固也，然坐是而谓兵书医书之可废得乎？故吾甚望中年以上之士大夫现正立于社会上而担任各要职者，稍分其繁忙之晷刻，以从事乎与职务有关系之学科。吾岂欲劝人作博士哉，以为非是则体用不备，而不学无术之讥，惧终不能免耳。

五十年中国进化概论 [*]
(1922 年 10 月 10 日)

一

申报馆里的朋友，替他们"馆翁申老先生"做五十整寿，出了许多题目找人做寿文，把这个题目派给我，呵呵！恰好我和这位"申老先生"是同庚，只怕我还是忝长几天的老哥哥哩，所以我对于这篇寿文，倒有点特别兴味。

却是一件，我们做文章的人，最怕人出题目叫我做，因为别人标的题，不见得和我所要说的话内容一致，我到底该做他的题呀，还是该说我的话呢？即如这个题目，头一桩受窘的是范围太广阔，若要做一篇名副其实的文章，恐怕非几十万字不可。再不然，我可以说一句"请看本书第二、第三两编里头那几十篇大文"，我便交白卷完事。第二桩受窘的是目的太窄酷，题目是五十年的进化，许我说他的退化不呢？既是庆寿文章，逼著要带几分"善颂善祷"的应制体裁，那末，可是更难著笔了。既已硬派我在这个题目底下做文章，我却有两段话须得先声明：

第一，我所说的不能涉及中国全部事项，因为对于逐件事项观察批评，我没有这种学力。我若是将某件某件如何进步说个大概，我这篇文章，一定变成肤廓滥套的墨卷，我劝诸君，不如看下边那几十篇大文好多著哩。诸君别要误认我这篇是下边几十篇的总括，我不过将我下笔时候所感触的几件事随便写下来，绝无组织，绝无体例。老实说，我这篇只算是"杂感"，不配说是"概论"。

　＊　录自《饮冰室合集·文集》之三十九，写于 1922 年 10 月 10 日。

第二，题目标的是"进化"，我自然不能不在进化范围内说，但要我替中国瞎吹，我却不能。我对于我们所亲爱的国家，固然想"隐恶而扬善"，但是他老人家有什么毛病，我们也不应该"讳疾忌医"，还是直说出来大家想法子补救补救才好。所以我虽说他进化，那不进化的地方，也常常提及。

这样说来，简直是"文不对题"了，好吗，就把不对题的文胡乱写出来。

二

有一件大事，是我们五千年来祖宗继续努力，从没有间断过的。近五十年，依然猛烈进行，而且很有成绩。是件什么事呢？我起他一个名，叫做"中华民族之扩大"。原来我们中华民族，起初不过小小几个部落，在山东、河南等处地方得些根据地，几千年间，慢慢地长……长……长成一个硕大无朋的巨族，建设这泱泱雄风的大国。他长的方法有两途，第一是把境内境外无数的异族叫他同化于我。第二是本族的人年年向边境移殖，把领土扩大了。五千年来的历史，都是向这条路线进行，我也不必搬多少故事来作证了。近五十年对于这件事，有几方面成功很大，待我说来：

一、洪、杨乱后，跟著西南地方有苗乱，蔓延很广，费了十几年工夫才平定下来。这一次平定，却带几分根本解决性质，从此以后，我敢保中国再不会有"苗匪"这名词了。原来我族对苗族，乃是黄帝、尧、舜以来一桩大公案，闹了几千年，还没有完全解决，在这五十年内，才把黄帝伐蚩尤那篇文章做完最末的一段，确是历史上值得特笔大书的一件事。

二、辛亥革命，清逊位，在政治上含有很大意义，下文再说。专就民族扩大一方面看来，那价值也真不小。原来东胡民族和我们捣乱捣了一千七八百年，五胡南北朝时代的鲜卑，甚么慕容燕、拓拔魏、宇文周。唐宋以后，契丹跑进来叫做辽，女真跑进来叫做金，满洲跑进来叫做清，这些都是东胡族，我们吃他们的亏真算吃毂了。却是跑进来过后，一代一代的都被我们同化，最后来的这帮满洲人，盘据是盘据得最久，同化也同化得最透，满洲算是东胡民族的大总汇，也算是东胡民族的大结束。近五十年来，满人的汉化，以全速率进行，到了革命后个个满人头上都戴上一个汉姓，从此世界上可真不会有满洲人了，这便是把二千年来的东胡民族，全数融纳进来，变了中华民族的成分，这是中华民族扩大的一大段落。

三、内地人民向东北、西北两方面发展，也是近五十年一大事业。东三省这块地方，从前满洲人预备拿来做退归的老巢，很用些封锁手段，阻止内地人移殖。自从经过中日、日俄几场战争，这块地方变成四战之区，交通机关大开，经济现状激变，一方面虽然许多利权落在别人手上，一方面关内外人民关系之密度，确比从前增加好些，东三省人和山东直隶人渐渐打成一片了。再看西北方面，自从左宗棠开府甘陕，内地的势力日日往那边膨胀，光绪间新疆改建行省，于是两汉以来始终和我们若即若离的西域三十六国，算是完全编入中国版图，和内地一样了，这种民族扩大的势力，现在还日日向各方面进行，外蒙古、阿尔泰、青海、川边等处，都是在进步活动中。

四、海外殖民事业，也在五十年间很有发展，从前南洋一带，自明代以来，闽粤人已经大行移殖，近来跟著欧人商权的发达，我们侨民的经济势力，也确立得些基础。还有美洲、澳洲等处，从前和我们不相闻问，如今华侨移住，却成了世界问题了。这都是近五十年的事，都是我们民族扩大的一种表征。

民族扩大，是最可庆幸的一件事，因此可以证明我们民族正在青春时代，还未成年，还天天在那里长哩。这五十年里头，确能将几千年未了的事业了他几桩，不能不说是国民努力的好结果。最可惜的，有几方面完全失败了，第一是台湾，第二是朝鲜，第三是安南。台湾在这五十年内的前半期，很成了发展的目的地，和新疆一样，到后半期被人抢去了。朝鲜和安南，都是祖宗屡得屡失的基业，到我们手上完全送掉。海外殖民，也到处被人迎头痛击。须知我们民族会往前进，别的民族也会往前进，今后我们若是没有新努力，恐怕只有兜截转来，再没有机会能继续扩大了。

<h1 style="text-align:center">三</h1>

学问和思想的方面，我们不能不认为已经有多少进步，而且确已替将来开出一条大进步的路径。这里头最大关键，就是科举制度之扑灭。科举制度有一千多年的历史，真算得深根固蒂，他那最大的毛病，在把

全国读书人的心理都变成虚伪的、因袭的、笼统的，把学问思想发展的源泉都堵住了。废科举的运动，在这五十年内的初期，已经开始，郭嵩焘、冯桂芬等辈，都略略发表这种意见，到"戊戌维新"前后，当时所谓新党如康有为、梁启超一派，可以说是用全副精力对于科举制度施行总攻击。前后约十年间，经了好几次波折，到底算把这件文化障碍物打破了。如今过去的陈迹，很像平常，但是用历史家眼光看来，不能不算是五十年间一件大事。

这五十年间我们有什么学问可以拿出来见人呢？说来惭愧，简直可算得没有，但是这些读书人的脑筋，却变迁得真厉害。记得光绪二年有位出使英国大臣郭嵩焘，做了一部游记，里头有一段，大概说："现在的夷狄，和从前不同，他们也有二千年的文明。"嗳哟！可了不得，这部书传到北京，把满朝士大夫的公愤都激动起来了，人人唾骂，日日奏参，闹到奉旨毁板才算完事。曾几何时，到如今"新文化运动"，这句话，成了一般读书社会的口头禅，马克思差不多要和孔子争席，易卜生差不多要推倒屈原，这种心理对不对？另一问题，总之这四十几年间思想的剧变，确为从前四千余年所未尝梦见。比方从前思想界是一个死水的池塘，虽然许多浮萍荇藻掩映在面上，却是整年价动也不动，如今居然有了"源泉混混不舍昼夜"的气象了，虽然他流动的方向和结果现在还没有十分看得出来，单论他由静而动的那点机势，谁也不能不说他是进化。

古语说得好："学然后知不足。"近五十年来，中国人渐渐知道自己的不足了，这点子觉悟，一面算是学问进步的原因；一面也算是学问进步的结果。第一期，先从器物上感觉不足。这种感觉，从鸦片战争后渐渐发动，到同治年间借了外国兵来平内乱，于是曾国藩、李鸿章一班人，很觉得外国的船坚炮利，确是我们所不及，对于这方面的事项，觉得有舍己从人的必要，于是福建船政学堂、上海制造局等等渐次设立起来。但这一期内，思想界受的影响很少，其中最可纪念的，是制造局里头译出几部科学书，这些书现在看起来虽然很陈旧很肤浅，但那群翻译的人，有几位颇忠实于学问，他们在那个时代能够有这样的作品，其实是亏他，因为那时读书人都不会说外国话，说外国话的都不读书，所以这几部译本书实在是替那第二期"不懂外国话的西学家"开出一条血路了。

第二期，是从制度上感觉不足。自从和日本打了一个败仗下来，国内有心人，真像睡梦中著了一个霹雳，因想道堂堂中国为什么衰败到这田地，都为的是政制不良，所以拿"变法维新"做一面大旗，在社会上开始运动，那急先锋就是康有为、梁启超一班人。这班人中国学问是有底子的，外国文却一字不懂，他们不能告诉人"外国学问是什么，应该怎么学法"，只会日日大声疾呼，说："中国旧东西是不够的，外国人许多好处是要学的。"这些话虽然像是囫囵，在当时却发生很大的效力，他们的政治运动，是完全失败，只剩下前文说的废科举那件事，算是成功了，这件事的确能够替后来打开一个新局面。国内许多学堂，外国许多留学生，在这期内蓬蓬勃勃发生。第三期新运动的种子，也可以说是从这一期播殖下来。这一期学问上最有价值的出品，要推严复翻译的几部书，算是把十九世纪主要思潮的一部分介绍进来，可惜国里的人能够领略的太少了。

第三期，便是从文化根本上感觉不足。第二期所经过时间，比较的很长——从甲午战役起到民国六七年间止，约二十年的中间，政治界虽变迁很大，思想界只能算同一个色彩。简单说，这二十年间，都是觉得我们政治法律等等，远不如人，恨不得把人家的组织形式，一件件搬进来，以为但能够这样，万事都有办法了，革命成功将近十年，所希望的件件都落空，渐渐有点废然思返，觉得社会文化是整套的，要拿旧心理运用新制度，决计不可能。渐渐要求全人格的觉悟。恰值欧洲大战告终，全世界思潮都添许多活气，新近回国的留学生，又很出了几位人物，鼓起勇气做全部解放的运动，所以最近两三年间，算是划出一个新时期来了。

这三期间思想的进步，试把前后期的人物做个尺度来量他一下，便很明白。第一期，如郭嵩焘、张佩纶、张之洞等辈，算是很新很新的怪物；到第二期时，嵩焘、佩纶辈已死去，之洞却还在，之洞在第二期前半依然算是提倡风气的一个人。到了后半，居然成了老朽思想的代表了。在第二期，康有为、梁启超、章炳麟、严复等辈，都是新思想界勇士，立在阵头最前的一排。到第三期时，许多新青年跑上前线，这些人一躺一躺被挤落后，甚至已经全然退伍了。这种新陈代谢现象，可以证明这五十年间思想界的血液流转得很快，可以证明思想界的体气实已渐趋康强。

拿过去若干个五十年和这个五十年来比，这五十年诚然是进化了。拿我们这五十年和别人家的这五十年来比，我们可是惭愧无地。试看这五十年的美国何如？这五十年的日本何如？这五十年的德国何如？这五十年的俄国何如？他们政治上虽然成败不同，苦乐不等，至于学问思想界，真都算得一日千里，就是英、法等老国，又那一个不是往前飞跑？我们闹新学闹了几十年，试问科学界可曾有一两件算得世界的发明？艺术家可曾有一两种供得世界的赏玩？出版界可曾有一两部充得世界的著述？哎！只好等第三期以后看怎么样罢。

四

"五十年里头，别的事都还可以勉强说是进化，独有政治，怕完全是退化吧。"这句话，几几乎万口同声都是这样说，连我也很难得反对。虽然，从骨子里看来，也可以说这五十年的中国，最进化的便是政治。

原来政治是民意所造成，不独"德谟克拉西"政治是建设在多数人意识之上，即独裁政治、寡头政治，也是建设在多数人意识之上。无论何种政治，总要有多数人积极的拥护——最少亦要有多数人消极的默认，才能存在，所以国民对于政治上的自觉，实为政治进化的总根源。这五十年来中国具体的政治，诚然可以说只有退化并无进化，但从国民自觉的方面看来，那意识确是一日比一日鲜明，而且一日比一日扩大，自觉，觉些甚么呢？

第一，觉得凡不是中国人都没有权来管中国的事。

第二，觉得凡是中国人都有权来管中国的事。

第一种是民族建国的精神，第二种是民主的精神。这两种精神，从前并不是没有，但那意识常在睡眠状态之中，朦朦胧胧的，到近五十年——实则是近三十年——却很鲜明的表现出来了。我敢说，自从满洲退位以后，若再有别个民族想钞袭五胡、元魏、辽、金、元、清那套旧文章再来"入主中国"，那可是海枯石烂不会出来的事。我敢说，已经挂上的民国招牌，从今以后千千万万年再不会卸下，任凭你像尧、舜那么贤圣，像秦始皇、明太祖那么强暴，像曹操、司马懿那么狡猾，再要想做中国皇帝，乃永远没有人答应。这种事实，你别要看轻他了，别要说他只有空名并无实际，古语说得好："名者实之宾"，凡事能够在社会上占得个"正名定分"，那么，第二步的"循名责实"，自然会跟著来。

总之，在最近三十年间我们国民所做的事业：第一件，是将五胡乱华以来一千多年外族统治的政治根本划除。第二件，是将秦始皇以来二千多年君主专制的政治永远消灭。而且这两宗事业，并非无意识的偶然凑会，的确是由人民一种根本觉悟经了很大的努力，方才做成。就这一点看来，真配得上"进化"这两个字了。

民国成立这十年来，政治现象，诚然令人呕气。但我以为不必失望，因为这是从两个特别原因造成，然而这些原因都快要消灭了。第一件，革命时候，因为人民自身力量尚未充足，不能不借重固有势力来做应援，这种势力，本来是旧时代的游魂。旧时代是有二千多年历史的，他那游魂，也算得"取精用宏"，一二十年的猖獗，势所难免，如今他的时运，也过去大半了，不久定要完全消灭。经过一番之后，政治上的新时代，自然会产生出来。不是委心任命的话，其实事理应该如此。第二件，社会上的事物一张一弛，乃其常态，从甲午、戊戌到辛亥，多少仁人志士，实在是闹得疲筋力倦，中间自然会发生一时的惰力，尤为可惜的，是许多为主义而奋斗的人物，都做了时代的牺牲死去了。后起的人，一时接不上气来，所以中间这一段，倒变成了黯然无色，但我想这时代也过去了。从前的指导人物，像是已经喘过一口气，从新觉悟，从新奋斗，后方的战斗力，更是一天比一天加厚，在这种形势之下，当然有一番新气象出来。

要而言之，我对于中国政治前途，完全是乐观的。我的乐观，却是从一般人的悲观上发生出来。我觉得这五十年来的中国，正像蚕变蛾蛇蜕壳的时代，变蛾蜕壳，自然是一件极艰难极苦痛的事，那里能够轻轻松松的做到？只要他生理上有必变必蜕的机能，心理上还有必变必蜕的觉悟，那么把那不可逃避的艰难苦痛经过了，前途便别是一个世界。所以我对于人人认为退化的政治，觉得他进化的可能性却是最大哩。

五

此外社会上各种进化状况，实在不少，可惜我学力太薄，加以时日仓卒，不能多举了。好在还有各位专门名家的论著，可以发挥光大。我姑且把我个人的"随感"，胡乱写出来，并且表示我愿意和我们老同年"申老先生"继续努力。

梁启超年谱简编

　　梁启超，字卓如，号任公、沧江，又号饮冰室主人。祖父是举人，父亲是庠生，母亲也知书识礼。他从小聪明好学，深受祖父、父母的钟爱，也受到很好的家庭教育。

同治十二年癸酉（1873 年）　一岁

　　正月二十六日，生于广东新会县熊子乡茶坑村（今广东省新会市会城镇茶坑村）。

光绪二年丙子（1876 年）　四岁

　　弟梁仲策启勋生。

光绪三年丁丑（1877 年）　五岁

　　自称："四五岁就王父及母膝下授《四子书》、《诗经》，夜则就睡王父榻，日与言古豪杰哲人嘉言懿行，而尤喜举亡宋、亡明国难之事，津津道之。"

光绪四年戊寅（1878 年）　六岁

　　自称："六岁就父读，受中国略史、五经卒业。"

光绪六年庚辰（1880 年）　八岁

　　自称："八岁学为文"。

光绪七年辛巳（1881 年）　九岁

　　自称："九岁能缀千言"。

光绪八年壬午（1882 年）　十岁

　　初应童子试，"得神童之名"。

光绪十年甲申（1884 年）　十二岁

　　初补博士弟子员。

光绪十一年乙酉（1885 年）　十三岁

　　始治段、王训诂之学，"大好之"。

光绪十四年戊子（1888 年） 十六岁

"入学海堂为正班生"。

光绪十五年己丑（1889 年） 十七岁

广东乡试，中举人第八名。"当时典试之正座乃贵州之李苾园（端菜），副座乃福建王可庄。榜发，李请王作媒，以妹字伯兄"。

光绪十六年庚寅（1890 年） 十八岁

春，入京会试，始见《瀛寰志略》和上海制造局译出各书。

学海堂同学陈千秋介绍谒见康有为，康"以大海潮音，作狮子吼，取其所挟持之数百年无用旧学更端驳诘，悉举而摧陷廓清之"。自感"冷水浇背，当头一棒，一旦尽失其故垒，惘惘然不知所从事，且惊且喜，且怨且艾，且疑且惧"。"明日再谒，请为学方针。先生乃教以陆、王心学，而并及史学西学之梗概"。自称"生平知有学自兹始"，"遂执业为弟子"。

光绪十七年辛卯（1891 年） 十九岁

康有为徇梁启超与陈千秋之请，"始讲学广东省城长兴里之万木草堂"，"大发求仁之义，而讲中外之故，救中国之法"。自此追随康有为。

冬，入京结婚。

光绪十八年壬辰（1892 年） 二十岁

二月，入京会试。

光绪二十一年乙未（1895 年） 二十三岁

二月，入京会试。时中日战争，订立《马关条约》。自称"代表广东公车百九十人，上书陈时局"，康有为"联公车三千人，上书请变法，余亦从其后奔走焉"。随康有为"立强学会于京师"。

光绪二十二年丙申（1896 年） 二十四岁

自称："三月，去京师至上海，始交公度（黄遵宪）"。

"七月，《时务报》开"，"任撰述之役"。撰《变法通议》，谓："吾今为一言蔽之曰，变法之本在育人才，人才之兴在开学校，学校之立在变科举，而一切要其大成，在变官制。"

冬，到澳门，创《广时务报》（后改名《知新报》）。

光绪二十三年丁酉（1897 年） 二十五岁

正月二十一日（2 月 22 日），《知新报》在澳门创刊。梁启超文字通俗易懂，言论激昂慷慨，说理深入浅出，新学士子"无不知有新会梁氏者"，梁启超名声大著。

主讲湖南时务学堂，培养进步青年，促使湖南学风转变。撰《读〈春秋〉界说》、《读〈孟子〉界说》、《读西学书法》等。

光绪二十四年戊戌（1898年）　二十六岁

入京师，自称："南海先生方开保国会，余多所赞画奔走。"四月，以徐致靖荐，"总理衙门再荐，被召见，命办大学堂译书局事务"。维新百日，变法失败，逃亡日本，仍追随康有为展开"勤王求救"。

十一月十一日（12月23日），在横滨发刊《清议报》旬刊，《叙例》中说明要以之"为国民之耳目，作维新之喉舌"，所刊四条宗旨，第一条是"维持支那之清议，激发国民之正气"；第二条是"增长支那人之学识"。

光绪二十五年己亥（1899年）　二十七岁

自称："稍能读东文，思想为之一变。己亥七月，复与滨人共设高等大同学校于东京，以为内地留学生预备科之用。"

十一月，"道出夏威夷岛，居半年"。

光绪二十六年庚子（1900年）　二十八岁

七月抵沪，汉口难发，唐才常等就义。适香港，"渡南洋，谒南海，遂道印度，游澳洲，应彼中维新会之招也"。

光绪二十七年辛丑（1901年）　二十九岁

"居澳半年，由西而东，环洲历一周而还。辛丑四月复至日本"。

十一月，《清议报》出版至一百号，始行停刊，撰《本馆第一百册祝辞并论报馆之责任及本馆之经历》。

光绪二十八年壬寅（1902年）　三十岁

正月初一日（2月8日），《新民丛报》出版。十月，《新小说》出版。开始著《中国通史》。撰《论中国学术思想变迁之大势》和《新史学》。

光绪二十九年癸卯（1903年）　三十一岁

正月，应美洲保皇会之邀，游历美洲。十月，复回日本。

光绪三十年甲辰（1904年）　三十二岁

正月，以开保皇大会于香港归国。三月，复返日本。四月，《时报》出版。五月，癸卯年份《新民丛报》出毕。九月，有伯姊之丧。

冬著成《中国之武士道》、《中国国债史》两书。所著《中国民族外竞史》改名《国史稿》，即前名之《中国通史》已成二十余万言。

光绪三十一年乙巳（1905 年） 三十三岁

仍主持《新民丛报》。六月，重订本《饮冰室文集》出版。撰《德育鉴》和节本《明儒学案》。

光绪三十二年丙午（1906 年） 三十四岁

仍居横滨，主持《新民丛报》。七月，清政府下预备立宪之诏。十月，移居须磨怡和山庄。"是年，与革命派辩论立宪、共和主张最烈"。冬，与熊希龄等酝酿组党未成。

光绪三十三年丁未（1907 年） 三十五岁

一月，《新民丛报》停刊。九月，政闻社于日本东京成立。十月，《政论》出版。

光绪三十四年戊申（1908 年） 三十六岁

七月，清政府谕令查禁政闻社。十月，光绪帝逝，醇亲王载沣以摄政王执政。

宣统元年己酉（1909 年） 三十七岁

"以读书著述为业"。三月，成《管子传》一书。四月，著《财政原论》。八月，《宪政新志》出版。

宣统二年庚戌（1910 年） 三十八岁

正月，《国风报》出版，旬报。五月，各省谘议局国会请愿速开国会。九月，资政院开会。十月，清政府谕令改于宣统五年召集国会。十一月，梁氏有发起国民常识学会之议。

宣统三年辛亥（1911 年） 三十九岁

二月，游台湾。五月，康有为抵日本。八月十九日（10 月 10 日），武昌起义爆发。九月，返国，抵奉天，以事未谐，复返日本。十月，与康有为发表"虚君共和"主张。十一月，南北议和成。

1912 年 四十岁

2 月 12 日（十二月二十五日），清帝宣布退位。4 月，著《中国立国大方针商榷书》。6 月，著《财政问题商榷书》。

11 月，主编《庸言报》。12 月，《中国立国大方针》发表。

1913 年 四十一岁

2 月，正式加入共和党。5 月，进步党成立。9 月，熊希龄内阁成立，任司法总长。

1914 年 四十二岁

2 月 19 日，任币制局总裁，辞去司法总长职。6 月 20 日，参政院开幕，任参政。12 月，辞币制局总裁职。

冬，假馆清华园，著《欧洲战役史论》，并于北京青年会演讲欧战后思想之变迁。

1915 年 四十三岁

正月，《大中华》杂志在中华书局发行，为主任撰述。4 月，返粤省亲。袁世凯拟恢复帝制，致信曰："临书恻怆，墨与泪俱"，"愿大总统提倡名节，奖励廉隅"。6 月，过沪北返。8 月 14 日，杨度等人在京发起筹安会，推行帝制。梁启超表示反对，支持蔡锷领导的"云贵首义"。

1916 年 四十四岁

支持反袁斗争。6 月 6 日，袁世凯病死。11 月 8 日，蔡锷病逝。12 月，发起创办松坡图书馆以纪念之。

1917 年 四十五岁

7 月 1 日，安徽督军张勋拥戴废帝溥仪复辟，通电反对。7 月 19 日，段祺瑞内阁成立，任财政总长。11 月 15 日，内阁全体呈请辞职；18 日，梁再上辞呈。

1918 年 四十六岁

"致力于通史之作"，"数月间成十余万言"。旋因呕血搁笔。12 月，"偕蒋百里方震、刘子楷崇杰、丁在君文江、张君劢嘉森、徐振飞新六、杨鼎甫维新等由沪乘日本邮船会社之横滨丸放洋"。

1919 年 四十七岁

2 月 11 日抵伦敦，18 日至巴黎。旋考察各处战地，仍返居法国。6 月 7 日起游英国一月。7 月末旬游比利时。8 月初旬游荷兰，末旬游瑞士。9、10 月间游意大利，游毕仍返巴黎，居两月。12 月 10 日起游德国一月。

1920 年 四十八岁

1 月 9 日，由德国返巴黎，再赴马赛。22 日，由马赛乘法国邮船归国，3 月 5 日抵上海。

撰著除《清代学术概论》、《墨经校释》外，尚有《老子哲学》、《孔子》和《老孔墨以后学派概观》等。又有著《中国佛教史》之计划，写有论文。

1921 年 四十九岁

秋，应天津南开大学之聘，主讲中国文化史。

是年，《墨子学案》由去冬在清华学校所讲之一部分删订而成，11月，由商务印书馆出版。又有《中国历史研究法》。

1922 年　五十岁

1月，《中国历史研究法》出版。春，在清华学校讲学。7月，游济南，于中华教育改进社演说。8月初，赴南京，中旬至上海，末旬在南通讲演。

1923 年　五十一岁

1月15日，由南京北返，在天津创办文化学院。3月，著《陶渊明》成。5月7日，梁思成、梁思永遭汽车轧伤。7月，主讲南开大学暑期学校。8月，赴北戴河避暑。9月起在清华学校讲学。10月，发起"戴东原二百年生日纪念会"。11月4日，松坡图书馆建成。

1924 年　五十二岁

4月，印度诗人泰戈尔来华。撰《亡友夏穗卿先生》。春，讲学南开。著《清代学者整理旧学之总成绩》。

9月，夫人以乳疾去世，撰《悼启》。

1925 年　五十三岁

3月12日，孙中山逝世。9月，至清华主持研究院。10月，葬夫人于北京西山卧佛寺旁新营坟园。12月，《要籍解题及其读法》由清华周刊社印刷出版。

是年，任京师图书馆馆长。

1926 年　五十四岁

春，因便血入北京德国医院医治。3月，转入协和医院，手术割去右肾。就任北京图书馆馆长，仍讲学著述，并常为学术讲演。

1927 年　五十五岁

1月，司法储才馆开学。3月，康有为逝世。6月，王国维投昆明湖死。

是年，便血病时愈时发，但仍工作不止。著《中国文化史》、《图书馆大辞典簿录之部》、《儒家哲学》、《书法指导》和《古书真伪及其年代》等。

1928 年　五十六岁

1、2月间，再入协和医院检查身体。3月，梁思成和林徽因在加拿大结婚；8月，梁思成夫妇返国省亲。撰《辛稼轩年谱》，稿未成而疾大作，终成绝笔。

1929 年　五十七岁

1 月 19 日，在北京协和医院逝世。

梁启超的著作，涉及史学、哲学、文学、政治、经济、宗教、语言文字等各方面。他虽然只活了五十七岁，却留下了约两千万字的著作和讲演录、来往函札。

梁启超的著作，有《梁启超文集》、《梁启超近著》、《梁启超学术讲演集》、《梁启超文存》和《中国历史研究法》、《中国历史研究法补编》等多种，以《饮冰室合集》（包括文集、专集）收录较多，但佚文还有不少，函札包括《给孩子们的信》，以及很多讲演录，都没有辑入《饮冰室合集》。《梁启超全集》二十多卷本正在编辑，即待出版。

中国近代思想家文库

康有为卷 张荣华 编
宋育仁卷 王东杰、陈阳 编
汪康年卷 汪林茂 编
宋恕卷 邱涛 编
夏曾佑卷 杨琥 编
谭嗣同卷 汤仁泽 编
吴稚晖卷 金以林、马思宇 编
孙中山卷 张磊、张苹 编
蔡元培卷 欧阳哲生 编
章太炎卷 姜义华 编
金天翮、吕碧城、秋瑾、何震卷 夏晓虹 编
杨毓麟、陈天华、邹容卷 严昌洪、何广 编
梁启超卷 汤志钧 编
杜亚泉卷 周月峰 编
张尔田、柳诒徵卷 孙文阁、张笑川 编
杨度卷 左玉河 编
王国维卷 彭林 编
黄炎培卷 余子侠 编
胡汉民卷 陈红民、方勇 编
陈撄宁卷 郭武 编
章士钊卷 郭双林 编
宋教仁卷 郭汉民、暴宏博 编
蒋百里、杨杰卷 皮明勇、侯昂妤 编
江亢虎卷 汪佩伟 编
马一浮卷 吴光 编
师复卷 唐仕春 编
刘师培卷 李帆 编
朱执信卷 谷小水 编
高一涵卷 郭双林、高波 编
熊十力卷 郭齐勇 编
任鸿隽卷 樊洪业、潘涛、王勇忠 编
蒋梦麟卷 左玉河 编
张东荪卷 左玉河 编

图书在版编目（CIP）数据

中国近代思想家文库. 梁启超卷/汤志钧编. —北京：中国人民大学出版社，2014.11

ISBN 978-7-300-20301-0

Ⅰ. ①中… Ⅱ. ①汤… Ⅲ. ①思想史−研究−中国−近代②梁启超（1873～1929)−思想评论 Ⅳ. ①B250.5

中国版本图书馆 CIP 数据核字（2014）第 272777 号

中国近代思想家文库

梁启超卷

汤志钧　编

Liang Qichao Juan

出版发行	中国人民大学出版社			
社　　址	北京中关村大街 31 号		**邮政编码**	100080
电　　话	010 − 62511242（总编室）		010 − 62511770（质管部）	
	010 − 82501766（邮购部）		010 − 62514148（门市部）	
	010 − 62515195（发行公司）		010 − 62515275（盗版举报）	
网　　址	http：//www.crup.com.cn			
经　　销	新华书店			
印　　刷	涿州市星河印刷有限公司			
开　　本	720 mm×1000 mm　1/16		**版　　次**	2014 年 11 月第 1 版
印　　张	32.5 插页 1		**印　　次**	2025 年 1 月第 3 次印刷
字　　数	519 000		**定　　价**	116.00 元